우리말 연구사

우리말 연구사

김석득

연희대학교 문과대학 및 연세대학교 대학원 졸업(문학박사), 파리7대학 대학원 언어학과 국가박사과정 수학. 연세대 교수, 파리7대학 동양학부 (강의) 교수, 한국언어학회 회장, 문교~문광부 국어심의위원, 연세대, 국학연구원장, 대학원장, 부총장 지냄. 외솔회 명예회장(현), 연세대 명예교수(현)

저서로는『국어구조론』(1971),『국어방언학』(1971, 이숭녕, 최학근 외 공저),『한국어연구사』 상권(1975), 『한국어연구사』 하권(1975), 『주시경문법론』(1979), Initiation à la langue coréenne(1985, 이옥, 홍재성과 공저),『우리말 연구사』(1983),『국어음운론』(1985, 김차균, 이기백과 공저),『국어형태론』1(1987, 글쓴이의 논문모이 편),『국어형태론』2(1989, 글쓴이의 논문모이 편),『고운말사전』(1991, 서정수, 최기호와 공저),『역주 석보상절』 제6·9·11(1991, 허웅, 김영배와 공 역주: 글쓴이 제6권 역주),『우리말형태론』(1992),『국어음운론연구』1(1993, 글쓴이의 통시음운론 논문모이 편),『외솔 최현배 학문과 사상』(2000) 등이 있다.

우리말 연구사 −언어관과 사조로 본 발전사−

초판 제1쇄 인쇄 2009년 10월 1일
초판 제1쇄 발행 2009년 10월 5일

지은이 김석득
펴낸이 지현구
펴낸곳 태학사
등록 제406-2006-00008호
주소 경기도 파주시 교하읍 문발리 파주출판도시 498-8
전화 마케팅부 (031) 955-7580~2 편집부 (031) 955-7585~89
전송 (031) 955-0910
홈페이지 www.thaehaksa.com
전자우편 thaehak4@chol.com

ISBN 978-89-5966-342-2 93710

우리말 연구사

언어관과 사조로 본 발전사

김석득

태학사

머리말

　　『한국어연구사』 상·하 두 권(연세대 출판부, 1975)을 고치어 한 권의 『우리말 연구사』(정음문화사, 1983)를 펴낸 지도 벌써 스물여섯 해가 되었다. 이 책은 펴낸 지도 오래되지만 잘못되거나 모자라는 곳이 많아 늘 마음에 걸리곤 했다. 더구나 그동안 연구 역사가 발전하는 선 위에서 볼 때 특히 빼어나게 체계화된 연구가 많이 있었음에도 이를 논문으로 더러 밝혀 왔을 뿐, 연구사의 한 책 안에 앉히지 못하였고, 또한 본 연구사의 관점에서 흐려진 점도 없지 않아 늘 안타까워했던 것이 사실이다.

　　이제 이 책을 새로 내는 뜻은 그동안 빠진 많은 자료들을 더욱 풍부하게 넣어 본 연구사의 관점, 곧 연구사관을 더욱 명백하게 함으로써 15세기 이래 오늘에 이르기까지의 우리말 연구사의 사조적 발전을 분명하게 밝히려는 데 있다.

　　연구사의 특별한 연구사관이란, '연구 사조의 흐름에 따른 우리말글 연구의 발전적 고비를 이루는 발전사'의 시각이라 할 수 있다. 이것은 "말은 독립의 성(性)이요, 성이 없으면 몸이 있어도 몸이 아니다"라는 주시경 선생의 말과, "말은 정신이다"라는 훔볼트의 말과 같이, 글월에는 글 쓴 이의 이론과 정신과 사상 및 철학관이 깃들여 있다는 말과도 상통하는 것이다. 그런데 글에는 글 쓴 이의 이론과 사상과 철학이 잘 잡히지 않는 아쉬운 경우도 있다.

　　학문은 이론적 바탕 위에 서야 하고, 그 이론은 철학과 언어관의 뒷받침을 받아야 한다. 만일 이를 잘 갖추지 못한다면, 그것은 학문의 발전적 맥을 잇는 연구역사의 바탕이 되기는 어렵다고 본다.

글쓸이(필자)는 오래전부터 현대 언어학의 이론과 언어철학에 가까이 해 왔다. 그렇지만 그 깨침이 아직도 심히 여리어 들어 말하기 부끄럽기까지 하다. 그러나 수년 동안 우리 역대 선배 학자들이 갈고 닦은 우리말(글)에 대한 연구서를 대할 때마다, 그 이론이 특출하고 학철학이 심오하며, 학문하는 사상이 튼튼함에 감탄하여 마지않곤 했다. 그리하여, 모자라는 힘이나마 그분들의 이론을 분석하고, 그 언어관을 모색하여 냄으로써, 국어학 연구의 학맥(學脈)을 찾아 잇고, 앞으로 이를 발전적으로 이어나갈 기틀을 마련하여야겠다는 생각을 했다.

이러한 시각에서 역사를 보는지라, 이 글을 씀에 그 감(자료)을 가려냄에 제한을 받아야 했다. 왜냐하면, 여기 감이란, 이론과 언어관이 뚜렷함으로써 학의 발전적 맥을 잇거나, 획기적인 이론의 전환점을 이룰 만한 연구의 결실에 한하는 것이어야 하기 때문이다. 한편 객관적으로 선정된 감에 대해서는, 될 수 있는 대로 속 깊이 분석하여, 언어이론과 언어관이 부각되도록 노력하였다.

우리말 연구의 시대 구분은, 이러한 원칙 아래에서 크게, 조선조, 근대, 현대 국어학 시대로 나누었다. 이 시대에 따라 우리말의 연구사를 엮어 나가되, 역사적 시점을 고려, 자가학의 노력의 결실로 드러난 것들만을 골라 다루었다. 특히 현대 국어학 시대는 1950년대에서 오늘에 이르는 기간으로 보고, 이를 전·후기 구조 언어학으로 나누어 살핌으로써, 우리말 연구에서 나타나는 새로운 언어학 사조의 태동과 정착 문제를 다루어, 그 역사적 흐름을 밝히려 했다.

　　그리고 앞으로 변화 발전의 때를 남겨 둔 오늘의 눈여겨 둘 만한 여러 연구들은 현재를 인식하고 미래를 전망하는 뜻에서 한두 마디로 평설할 뿐(그러나 많은 연구들을 죄다 챙기지 못하고 빠뜨린 것은 또한 아쉬운 일이다), 역사 기술이라는 특수성에 비추어 그 깊은 분석은 미래의 연구사 몫으로 남겼다. 읽는 이의 깊은 이해를 바란다.

　　물론 이 책은 모자람을 많이 안고 있음을 잘 안다. 그러함에도 이 지음은 선각들의 지적인 업적을 엮는다는 자부심과, 이를 바탕으로 오늘을 알고 내일의 이상을 세우려는 데서 비롯한 것이니, 아쉬운 점이 있더라도 읽는 이들의 너그러운 양해와 가르침을 바란다.

　　이 하찮은 글을 통하여, 어려운 역사 속에서도 면면히 이어오는 이 겨레의 특출한 학문과 철학과 사상을 세계 언어학사 상에서 인식할 수 있다면 지은이의 한 보람이 되리라 믿는다.

　　이 책을 펴내는 과정은 여간 어려운 일이 아니다. 이 일을 마다 않고 맡아서 이루어내 주신 태학사 지현구 사장님과 편집 출판에 관계한 여러분의 노고에 위로와 고마운 인사를 보낸다.

2009년 9월
갈음 서재에서
지은이 적음

차 례

3장__18세기 국어학　　137

4장_근대 국어학   278

1장
연구사의 언어관과 사조 흐름의 대강

1. 우리말 연구사의 시대 구분

　『우리말 연구사』(國語研究史)란, 역대 국어학자들이 이룩한 우리말과 글에 대한 학술적 연구를 분석하여, 이 발전적 연구의 흐름을 모색하는 학문이라 할 수 있다. 그러므로 엄격히 말하면, 우리말과 글에 대한 교육이나 정책적인 문제와 같은 것은, 우리말 연구사의 본줄기에서 제외되어야 한다.

　무릇, 학술적인 연구에서는 그 학문적인 이론 체계를 끌어 낼 수 있어야 하고, 그 이론의 이면에 자리잡고 있는 연구자의 철학(혹은 사상)관을 끌어낼 수 있는 것이라야 한다. 그러므로 만일 어떠한 학술 연구서를 분석하여 본 결과, 그것이 체계적인 이론이 없거나, 그 학문의 철학적 배경이 없다면, 그것은 학술 연구서로의 값어치가 크지 않다고 해도 지나친 말이 아니다. 왜냐하면, 이론과 철학이 있는 학문일수록 더 그 시대적 학문의 의의를 발견할 수 있고, 그 시대의 학문의 획기적 금을 글 수 있으며, 그 뒷시대로의 학문적 발전을 기약해 주고, 미래의 발전적 학문을 약속해 줄 수 있기 때문이다.

　이와 같이 그 시대적 철학을 배경으로 하여 이루어진 이론적 학문을 통시적으로 연결 지워 놓으면, 이것이 이른바 그 학문의 발전사라는 것이 된다. 무릇, 어떠한 학문이든지, 이 발전적인 맥을 이루지 못하거나, 이룰만한 값어치가 적다면, 그것은 그 시대의 학문적 철학과 이론의 배경이 그만치 나약함을 입증해 주는 것이다.

역사를 통하여 국어학의 발전적인 맥을 이룰만한 학술적 연구서를 하나하나 분석하여 보면, 그 학자 개인의 언어관 사상, 철학관, 그리고 의식 구조까지 파악할 수 있을 뿐만 아니라, 나아가서는 그 시대의 학자들의 공통적인 학철학과 의식 구조를 모색해 낼 수도 있을 것이다. 따라서 만일, 그 시대의 국어학자들의 저서를 통하여 그들의 공통적인 언어철학관과 의식 구조를 모색할 수 있다면, 그와 같은 언어철학에 의한 우리말 연구사의 체계가 새로이 수립되지 않겠는가 하는 것이다.

시대가 변하면 그 시대의 철학과 공통적인 의식 구조도 변하겠지만, 또한 모든 것은 쉽사리 변하는 것만은 아니다. 인간의 본질이 그 깊은 곳에서는 보편성을 가지는 것처럼, 배달겨레의 본질적이고 핵심적인 요소는 쉽사리 변모되지 않음으로써, 예나 이제나 불변의 공통적 보편성을 가지고 있을 수 있는 것이다. 글쓴이(필자)는 국어학의 연구사를 통하여, 이와 같은 본질적인 우리 철학이 있을 것으로 추정하며, 이에 따라 우리나라 국어연구사의 특성을 볼 수 있으리라고 생각한다.

우리나라에서 문자가 창조된 이래, 최초로 연구된 학문은 15세기 문자 음운을 다루는 국어학이었다. 그러므로 국어학은 우리 학문, 우리 국학의 효시가 된다고 본다.

국어학의 학문적 연구는 그 철학관과 사상 및 그 연구 대상에 따라, 다음과 같이 크게 세 시기로 나눌 수 있다.

첫째, 1446년 『훈민정음 해례(訓民正音解例)』가 나온 때부터 갑오경장까지이니, 이를 줄잡아 조선조 국어학이라 할 수 있다. 이는 경향성으로 보아 역 사상(철학)을 배경으로 한다.

둘째, 갑오경장으로부터 1950년 전까지이니, 이를 근대 국어학이라 할 수 있다. 이는 탈 역 사상과 규범 과학적 구조관 및 민족주의 언어관을 배경으로 한다.

셋째, 1950년으로부터 현재까지이니, 이를 현대 국어학이라 할 수 있다. 여기에서는 일반언어학적 전·후기 구조주의 시대를 이룬다.

2. 조선조 국어학과 언어관의 흐름
　　　－조선조 국어학과 역(易) 사상－

조선조 국어학에 있어서, 국어학의 대상은 대체로 음성 및 문자의 생성과 구조에만 국한하였으며, 음성 및 문자의 연구는 동양철학인 역학(易學)에 기반을 둔 연구이었다.

국어학 곧 문자나 음성에 대한 조선조 국어학의 연구가 동양 역(易)철학에 기본을 두었다 함은, 모든 소리 및 문자의 생성 과정을, 역(易)의 태극 음양(太極 陰陽)과 오행(五行: 金木水火土)설로 풀이하였다는 말이다. 곧 모든 음성이나 문자의 생성 과정에 대한 그 설명이, 태극(太極)이 음양(陰陽) 사상(四象), 팔괘(八卦), 육십사괘(六十四卦) 그리고 만물을 생성한다는 연역법적, 우주적 합리주의를 배경으로 하고 있다는 것이다. 그리고 음성문자의 이치를 하늘, 땅의 법칙과 사람의 법칙에 결부시키되, 만물 중 가장 귀중한 삼재(三才)인 하늘(天), 땅(地) 사람(人)의 상호 작용과 이에 관계되는 네 방위(四方), 네 계절(四季節)의 자연 순환과 변화 발전 관계에 일치시켜 풀이하는 것이다. 뿐만 아니라, 음성이나 그 음성 글자의 변별적 자질을 만물 형성의 다섯 가지 요소인 오행(五行)으로 분배 설명하는 것이다.

이와 같은 동양철학의 근간을 이루는 태극 음양오행(太極陰陽五行)설은 동양 사람의 우주관이요 자연관이기도 하다. 조선조의 국어학자는 이와 같은 철학관을 가지고, 모든 현상을 우주 창조의 본체론적(本體論的 ontological)인 입장에서 보았다. 그리하여, 형이하학(形而下學)적인 문제를 역이론(易理論)이라고 하는 형이상학(形而上學)적인 법칙으로 처리했던 것이다. 그들은 인간은 하나의 대우주(macrocosm)에서 생성된 소우주(microcosm)로 보고, 소우

주인 인간의 마음과 기운(心氣)의 작용으로 말미암아 생성된 음성과 문자도 또한 그것대로의 소우주로 보았다. 그리고 이 소우주들은 대우주의 법칙의 지배를 받는 상호 유기적인 구조 관계(構造關係)로 이해 처리했던 것이다. 그들에게는 우주론적 합리적인 법칙 밑에서 얻어진 한글과 그 소리는 가장 우주론적이요, 가장 보편적(普遍的)인 것으로 확신하고 또한 그것에 대하여 자부까지 하였던 것이다. 이 우주 이론의 보편성을 가진 한글 낱낱의 글자와 그 소리는 단순한 무의미한 기호가 아니라 자연율(自然律)과 우주의 생성법칙과 우주 정신(宇宙精神)의 일치에서 생동(生動)하는 철학적인 의미의 실존물(實存物)로 인식했던 것이다. 따라서 이러한 한글과 그 소리의 연구는 그들에게 있어서는 곧 자기 철학의 수행이요, 자기 실존의 발견이요, 자기 성장의 연모이며, 우주 정신의 실천으로 자각하였던 것이다. 그와 동시에, 이 길을 걷는 것만이 자연 법칙과 보편적 우주 법칙과 우주 정신에 순응하는 일이라고 확신했던 것이다.

이러한 점에서 한국어(음성, 글자) 연구는 그 15세기 연구의 시발점부터 민족 자각(民族自覺)과 민족 실존(民族實存)에 뿌리를 내리게 되었던 것이다. 이러한 사상적 경향은 15세기에서 18세기 실학 시대를 거쳐 갑오경장에 이르는 조선조 국어학자의 사상이요, 철학이었던 것이다.

물론, 같은 조선조의 국어학이라 하더라도, 18세기말과 19세기 근대에 접근해서는 역철학이 현저하게 동요되기 시작함은 주목할 만한 일이다. 그러나 대체로 조선조 국어학의 철학적 배경은 동요기를 포함해서 역철학인 것만은 부인할 수 없다. 조선조 국어학의 역리철학은 대상의 설명 과정과 연구 방법으로 볼 때, 그 시대의 각 학자에 따라 다르다. 그러나 그 저변에 흐르는 심층적인 철학관은 같은 '역철학'이었고 사상은 민족 실존의 사상이었다. 비록 근대 국어학이나, 현대 국어학에서의 철학적 입장은 달라졌다고는 하지만, 오랜 전통으로 말미암은 민족 실존의 그 사상만은 굵게 이어지고 있는 것이다.

3. 근대 국어학과 철학관
―탈 역 사상, 규범과학적 구조관, 민족주의 언어관―

갑오경장(甲午更張) 뒤 1950년대까지의 국어학은 인간의 정신과학으로서 구체적으로 뿌리를 내리게 된다. 이러한 사실은 '말본갈(음성론, 품사론, 문장론)' 이라는 새로운 출현에서 볼 수 있다. 국어 말본은, 우리나라 사람의 정신 작용의 현상을 말의 본을 통하여 규명하는 동시에 올바른 말의 본을 배움으로써 옳은 정신의 뻗어남을 꾀하였다. 여기에, 국어학은 국어의 규칙을 규명해야 되었고, 그 규칙을 규명하기 위하여 보조 과학으로, 분석철학과 논리학, 때로는 심리학을 끌어오게 된 것이다. 이러한 언어관과 언어 연구의 보조과학으로 말미암아 국어학은 규범 말본갈을 형성하고 이러한 규범 말본갈은, 한 시대를 이루어, 전기 구조주의(1950~1960)가 나타나기 이전까지 계속하였다. 한편, 이 시대는 대체로 외세로 말미암아 정치적으로 사회적으로 민족의식을 고취하지 않을 수 없는 때였다. 그러기 때문에 "모든 언어의 차이는 바로 세계관의 차이요, 언어야말로 각 민족의 정신적 표현이며, 모국어의 법칙은 그 나라 사람에게 정신적인 새김(精神的刻印)을 깊게 주어 언어 공동체의 사고, 행동의 세계에 분속(分屬)시킨다"라는 훔볼트(Humboldt, 1767~1835)의 언어철학이 그대로 이 시대에 받아들여졌던 것이다.[1] 이러한 언어철학관

---

1) 훔볼트(Humboldt, Wilhelm, 1767~1835)의 학문의 중핵(中核)을 이루는 것은 언어철학이다. 그는 어떠한 언어든 간에, 각각 독자적인 세계관이 있다고 본다. 언어 연구에 임한다는 것은 언어 내용의 연구에 종사하는 것이며, 그 언어 안에 새계[刻印]져 있는 세계관을 문제로 삼는다는 것이다. 모든 언어의 차이는, "소리나 기호의 차이가 아니라, 세계관 그 자체의 차이다"(Humboldt, W.: *Über das vergleichende Sprachstudium in Beziehung auf die verschiedenen Epochen der Sprachentwicklung*, Leipzig, 1910, p.152)라고 말하고 있다.
   훔볼트에 있어서는 어느 민족의 정신적 특성과 언어 형성과는 긴밀하게 융합되어 있어서, 어느 한 쪽이 주어지면, 다른 한 쪽은 거기에서 완전히 도출(導出)된다고 본다. 그리하여 언어는 각 민족의 정신적인 외적 표현으로서 그 언어는 그 민족의 정신이요, 그 정신은 바로 그 언어이라고 생각하고 있다. 훔볼트는 또한 이와 같은 언어는 단순

은, 전통적인 '고전적 인문과학'의 역철학(易哲學)이 낳은 민족자존의 사상과 결합하여, 근대(특히 최근대) 국어학의 민족주의 사상을 불러일으키게 된 것이다.

이러한 근대 인문과학으로서의 근대 국어학은 언어관에 따라, 근대 초기 국어학과 최근대 국어학으로 나누어진다.

근대 국어학과 최근대 국어학은, 말본을 규범적으로 연구하고, 학문의 사상을 민족주의에 터 잡고 있다는 데서 같은 근대 국어학의 범주에 들어간다. 그러나 이들은 언어관에서 서로 차이를 보이고 있다. 근대 국어학에서는 사상(事象)의 연구 처리에 있어서 분석주의적 관점에 선다. 이에 반하여, 최근대 국어학에서는 근대와 같이 분석주의에 입각한 연구처리를 하는가 하면 한편, 실증주의와 심리학 및 논리학의 영향으로 종합론적 관점에 서는 연구가 맞서 나온다. 최근대 국어학은 이른바 분석주의와 종합주의의 양립 시대라 할 수 있다. 그런데 실질적으로는, 종합주의는 분석성을 어느 정도 보이면서 종합적 경향으로 기울어지는 분석적 종합주의와 완전한 종합 일변도의 종합주의로 갈린다. 따라서 결국 최근대 국어학(말본갈)은 분석, 분석적 종합, 종합의 세 큰 체계로 갈린다고 할 수 있다. 물론, 이와 같은 분석과 통합의 기반이 되는 것은 행동주의 철학과 경험주의 철학이라 할 수 있다. 그러나

히 지어지고 존재하는(ergon)것이 아니라, 작용하는 힘(energeia, 말의 힘)이며, 일정한 세계관을 가진 내부 형식(內部形式)의 표현이라고 본다.

홈볼트의 이와 같은 사상(언어철학)을 이어 받은 사람은 신 로망파의 중심 인물인 바이스게바(Weisgerber, Leo, 1899~)이다. 바이스게바는 홈볼트의 사상을 이어받아, 전 인류는 언어 공동체에 분속되어 있다고 보며, 모든 사람은 그 모국어에 의하여 깊은 정신적인 새김(刻印)을 받아 언어 공동체의 사고 행동의 세계에 분속되어 있다고 보는 것이다.

그러나 홈볼트의 사상은 잘못하면 언어의 자기 법칙성을 잊고, 언어학을 정신사의 수단으로 볼 위험성을 가지고 있다. 홈볼트의 언어학에 선험설(先驗設, apriorismus)이 나오지만, 잘못하면, 이는 언어 안에, 언어 이외의 요소를 불러일으킬 위험이 있음 (Helbig, Gerhard: *Geschichte der neueren Sprachwissenschaft.* 일 번역 p.15)에 주의할 일이다.

이러한 구체적 철학은, 전기 구조주의 시대를 형성하는데 큰 역할을 했을 뿐, 최근대 국어학에는 별로 작용을 못했다.

　최근대 국어학 시대에는, 전기 현대 언어학에서 볼 수 있는 언어의 구조관이 상당히 노출된다. 따라서 최근대 국어학이 전기 구조주의(전기 현대 언어학)의 효시가 되었음을 간과할 수 없다.

4. 현대 국어학과 철학관
―전·후기 구조주의 형성―

　현대 국어학은 최근대 국어학을 기반으로 하고, 1950년대 이후 서구에서 들어온 철학과 언어관에 입각한 방법론의 도움을 받아 이루어진다. 이 시대는 명실공히 국어학이 구조주의 시대를 형성함으로써 현대 인문과학 시대를 형성한다. 현대 국어학은 그 철학과 언어관의 다름에 따라서 전기 구조주의 시대(기술 언어학 시대)와 후기 구조주의 시대(생성 변형주의 시대)로 나뉜다.

　전기 구조주의 시대의 특징은 분포(distribution)의 기계주의적 분석 방법의 도입이다. 이와 같은 것은, 본래, 경험주의자 존 로크(John Locke, 1632~1704)의 "귀납적, 일반적 방법에 의하여 무든 지식을 감각적 경험에 환원시킨다"는 경험주의 철학과 아울러, 분포, 분류학적 행동주의의 사고에서 온다.

　이와 같은 철학에서는 대체로, 한 사상(事象)을 설명하는데 있어서, '자극과 반응', '습관, 환경, 조건과 반응'이라는 상관관계로 보기 때문에, 필연적으로 귀납법적인 방법을 유도한다. 따라서 언어를 연구함에 그 언어의 환경과 분포와 조건의 기술 조사에 최대한의 노력을 기울인다. 그 결과, 귀납적으로, 그 언어의 유형을 모색하는 작업을 한다. 언어의 유형 연구는 음소(구조)론, 형태(구조)론, 통어(구조)론 등으로 각립하여 연구된다. 한편, 이들의 유형을 통하여, 민족의 사고 유형을 추출해 낼 수 있다고도 보는 것이다. 이러한 작업은 자연적으로 민족 단위의 작업이 된다. 이러한 민족 단위의 작업은 정통적인 주시경의 언어관을 이은 그 후계 학자들의 말·글과 겨레얼의 일체

설에 접근한다. 그리하여, 민족 단위의 연구 작업은, 조선조 국어학과 최근대 국어학의 민족 자존의 민족 사상을 이의 없이 받아들이게 된 것이다.

글쓴이는 위에 말한 바와 같은 행동주의와 경험주의에 입각하여, 언어의 구조를 기술 분석하고, 그 유형을 추출하는 국어학 시대를 구조주의 시대라고 하며, 혹은 전기 구조주의 시대, 또는 기술언어학 시대라고 부른다. 이와 같은 구조주의는 멀리 훔볼트와, 보아스(F. Boas, 1858-1942)의 구조주의와, 드 소쉬르(F. de Saussure, 1857-1913)의 기술적 방법으로부터 암시받은 미국 언어학파의 시조인 불름필드(L. Bloomfield, 1887-1949) 학파가 우리나라 학계에 영향을 준 것이다. 물론, 불름필드 밖에 창의적 미국 언어학을 개척한 사피어(E. Sapir, 1884-1939)가 언어의 유형화에 대한 관심을 불러일으키고 언어적인 요소와 심리적인 요소와 인류학적인 요소 사이의 유사성을 밝혀 언어와 문화와의 관련을 강조는 하였으나, 우리나라 전기 구조주의 시대 형성에는 영향을 주지 못하였다. 또한 퍼쓰(J. R. Firth, 1890-1960)는 언어 연구에서 장면(situation)에 비중을 두었으나, 역시 불름필드 학파에 속한다고 보아야 한다. 프라그 학파의 중심을 이루는 옐므스레브(L. Hjelmslev, 1890-1965)는 논리적 연역법적 방법으로 언어 연구를 조직화했는데, 이는 우리나라의 구조주의 형성(직접 구성요소 분석 확립)에 꽤 영향을 준 것 같다. 그러나 무어니 해도 불름필드 이후, 우리나라에 계속 구조주의가 발전 형성됨에 영향을 준 이는 분류 분포주의자 하리스(Z. S. Harris)이다. 물론 파이크(K. L. Pike)나 허켓(C. F. Hockett), 그리고 글리슨(H. A. Gleason)같은 이도 우리나라 구조언어학 형성에 한 영향을 주었던 것이다. 이와 같은 언어학자의 철학적 배경은 행동주의와 경험주의적인 데 두고 있음은 두말할 나위도 없다. 그리고 또한 이것은 정통적인 주시경의 분석주의의 후계 학자에 접근하여 그 정통학문의 새로운 "전기 구조주의"로의 발전을 꾀하였던 것이다.

최신 국어학(후기 구조주의)에 있어서, 연구의 대상은 생성음운론과 생성문법론이 위주가 되어 있다. 그런데 그것은 특히 문장 구조의 생성변형적인 면에 관심을 기울인다. 여기에는 이른바 경험주의와 행동주의에 반대하는 합리주의 철학이 연역법적 변형 생성 언어 구조관을 들고 나온다.

이와 같은 합리주의적 언어 철학관은 촘스키(N. A. Chomsky)에 의하여 창도되고, 그 영향은 우리나라 국어학계에까지 주었다.

촘스키는 데카르트(Descartes, 1596-1650)와 훔볼트 철학의 '언어의 창조적 힘'의 설을 받아들인다. 그리고 특히 그는 모든 사람의 정신적 과정은 공통적이고 보편적이며, 또한 생득의 선험(gnoseologischer apriorismus)을 가졌다고 하는 데카르트의 인식학적 선험주의 철학을 받아서, 언어의 이론을 개척하고, 언어의 번역 가능성까지를 항상 보증하기에 이르렀다. 그리하여 그는 언어 구조는 사람의 심성(心性, mind)의 구조에 의하여 결정된다고 믿는다. 이 심성은 겨레와 계층과 지적 차를 막론하고 모든 종개념(種槪念)에 공통적이라고 믿는다. 여기에서 모든 언어 구조의 보편성(universality)을 들고 나온다. 이와 같은 보편성에는 끊임없이 개방된 선험적 생래의 창조성(creativity)이 있다는 것이다. 그 증거는, 그 나라 말을 하는 이가, 전에 들어 본 경험이 없는, 또 누구에 의하여서도 말하여지지 않았던 생판 다른 말과 문장을 무한정으로 이해하고 또 생성해 낼 수 있다는 '창조적 지배 능력'을 인정할 수 있는 데서 구하여 진다는 것이다. 또한 이 언어의 보편성의 창조 지배 능력은 동물에게는 전혀 없고 사람만이 가지고 있음으로써, 그것은 '사람의 있음'의 유일한 이유가 된다는 것이다. 이러한 견해는 훔볼트의 구조주의 및 "각 언어는 특유하고 다양한 문법 체계를 가졌다"라고 하는 보아스의 구조주의에 반대하게 된다. 또한 그것은 언어는 자극, 반응, 습관, 환경 조건 등에 의하여 설명된다는 불름필드의 행동주의에 반대하게 된다. 나아가서 그것은 경험주의에서 말하는 '자극-반응'의 관계에서 얻어지는 한정된 기계적 비창조적 생산을 부정한다. 또한 사람의 모든 행동과 지혜와 사상 감정이 단순히 그가 처한 환경 조건과 관찰할 수 있는 행위나 과거의 경험에 의하여서만 결정되고 재구성된다고 보는 경험주의 및 분포 분류학의 귀납법적인 인과 법칙에 정면으로 반대하는 것이다. 또한 그는, 사람과 동물이나 기계 사이에 근본적인 차이가 없다고 보는 주장에 반대한다. 그러면서, 사람은 동물과 기계에 그 무엇이 더한 고귀한 존재라고 떠받치는 것이다. 이와 같이 보는 촘스키는 말의 직관성 (intuition)과 합리주의 철학을 끌어 오는 것이다. 이 사실은 그의 『언어와 심성』(*Language and Mind*, 1968)에 잘 나타내 보인다. 합리주의는 본래 심성 또는 이성(reason)이 곧 사람의 지혜의 유일한 본질적 근원이라고 생각하는 것이다. 그리하여 그는 외부 세계의 이해는 환경과 외부적 자극에 의하여 결정되는 것이 아니라, 데카르트처럼, 외부세계의 이해는 "이데아"에 의존되며 또 보편적 창조적 권능체인 심성(心性)에 의한다고 하는 합리주의를 제창한다.

여기서 그는 사람의 말에 창조적 능력의 보편적 공통성을 모색하게 되고, 그 창조적 능력의 보편적 공통성을 능력체(competence)라고 하게 되었다. 그리고 이 능력체로 말미암아 보편적 자질이 표면을 향하여 연역적으로 수행 (performance) 생성된다는 언어 이론을 전개한다. 이와 같은 촘스키의 언어 능력의 공통적 유사성은 보아스의 언어의 다양성에 대립 된다. 유사성이란, 더욱 속 깊은 개념이고, 다양성이란 표면적인 개념이다. 이렇게 보면 촘스키는, 더욱 깊은 속구조(underlying structure) 또는 속뜻에서 그 유사성을 인정하고, 거기에서 생성되어 나오는 것이 겉구조(surface structure)로서의 다양성이라고 보는 것이다. 그리고 이 두 구조 사이를 드는 힘(in put)과 나는 힘(out put)의 생성 변형 관계로 이해한다. 이것이 이른바, 그의 이상인 보편 문법 (universal grammar)이요, 생성 변형 문법이다.

이와 같은 언어 철학에 입각한 언어 이론은, 현대 국어학계에도 영향을 준 것은 사실이다. 그러나 이러한 영향은 우리나라의 경우 초기 소수의 청년 학자들에 의하여, 합리주의에 입각한 연역법적 방법론이 받아들여지고 있을 뿐, 대부분의 학자는 주시경과 그 후계학자들의 정통적 학문 위에 다져진 전기 구조주의에서 머무르고 있는 실정이다. 그 이유는 무엇일까?

첫째는, 촘스키 이론은 끊임없는 반 촘스키 안에 의하여 수정과 비판을 받고 있음을 보고 있기 때문이다. 뿐만 아니라,

둘째는, 육체와 심성의 대립, 유전과 환경의 대립 등, 심리학과 철학의 문제가 속 시원하게 풀리지 않는 한, 촘스키의 이론은 성공하기 어려운 것으

로 판단하는데, 이러한 것이 속 시원하게 풀릴 날은 요원하기 때문이다.

셋째는, 오랜 전통을 이룩한 정통적 국어학의 민족언어관과 오늘날 보편 언어관의 차이 때문이다.

오늘날 변형 생성 구조주의는 말과 관련한 인간의 뇌를 연구하는 "언어의 뇌과학"으로 들어가, 민족 단위를 초월한 모든 인간의 사고 규칙의 보편적 이론을 더욱 합리화하려 한다. 이 보편성의 추구는 생성론자에 있어서는 최상의 이상이다.

이에 반하여, 조선조 500년간의 국어 연구는 동양의 역철학에 입각한 것이었다. 동양 역철학에서는 우주 법칙 아래 생성된 인간 자기가 곧 우주요, 자기가 곧 세계요, 자기가 있는 곳이 모든 것의 중심이 된다는 관념을 갖게 된다. 그러므로 자기의 음성과 글자는 합리적 우주 법칙 아래서 파생되는 인간 자기의 문제라고 인식한다. 이리하여, 한글과 그 음성은 가장 우주론적이요, 가장 보편적인 것으로 확신하면서, 이러한 자기 문자와 자기 음성을 다루는 것은, 곧 자기 수행이요, 자기 있음(實存)의 발견으로 여겼던 것이다. 이러한 사실은 필연적으로 그때의 국어학자로 하여금, 민족 자각과 민족 실존을 불러일으키게 되었던 것이다. 이러한 국어학을 통한 민족 자각과 민족 실존에 입각한 민족주의는, 그간에 기복은 있었다고는 하지만, 500여 년간 계속되었다. 뿐만 아니라, 갑오경장 이후의 주시경의 우리말·글의 민조관과 그 후계 학자들에 의하여 다져진 우리말·글·얼의 민족관이 현대의 변형생성 철학의 인류 보편(人類普遍)주의와 마주치게 됨에, 그 급작스러운 인류 보편주의에 대한 수용을 일단은 거절하지 않을 수 없게 된 것이다.

이와 같이, 동양철학의 우주론적 합리주의와 정통적 말·글·얼의 민족관은, 데카르트나 촘스키 철학의 인간 두뇌 중심의 합리주의와의 충돌에서 인류 보편주의의 수용을 꺼리게 된 것이다.

그러나 동양철학이나 현대 언어철학은 다 같은 합리주의라는데서, 숙명적으로 밟지 않을 수 없는 사상(事象)의 유도 설명에 대한 연역법적 방법론에 유사성을 가지고 있다. 더구나 주시경이 개척한 "속뜻" 구조론은 속겉의 생성론과 닮았다. 이리하여, 오늘날 국어학자들이, 인류 언어의 보편적 이론에는 선뜻 동의하지 않으면서도, 민족어를 단위로 한 우리 국어의 구조를 속 겉 구조의 연역법적 변현 생성론에 의하여 연구하는 경향을 띠고, 또한 그것은 우리말 체계 확립에 이바지하게 된다. 이것은 우리말 연구사 상 "후기 구조주의" 시대를 뜻한다.

여기에 덧붙여 말할 것은, 지난 얼마 동안 우리 국어학계의 한 모퉁이에서는 미국 언어학 일변도의 변현 생성주의에 치우친 느낌이 없지 않다는 것이다. 세계 언어학의 연구 경향은 서로 유사하면서도 또한 매우 다양하다는데 관심의 눈을 돌릴 필요가 있다. 그러나 더욱 필요하고 중요한 것은, 밀물처럼 들어오는 이들 세계 언어학 이론에 대한 그때마다의 맹목적인 수용 수입 태도는 경계해야 할 일이다. 이들은 항상 전통적인 우리 국어학에 조명되어야 하고, 우리 국어학을 어떻게 발전시켜 나갈 것인가의 뚜렷한 좌표 위에서, 이들에 대한 냉정한 비판과 상당기간 중간 세계에서 걸러내는 신중한 작업이 필요한 것이다.

이상에서 글쓴이는 국어학을 철학적 배경에 따라, 조선조 국어학, 근대 국어학, 현대 국어학으로 나누어 보았다. 그리고 그 각 시대의 철학적 특성을 말하면서, 현대 국어학이 선뜻 인류 언어의 보편성에 찬성하여 들어가지 않는 이유를 설명하였다. 그러나 한편, 현대 언어학에서는 전통적 바탕에서 전기구조주의와 후기구조주의 사조시대가 이루어졌음을 살폈다. 그리고 오늘날 또다른 다양한 세계 언어이론이 물밀 듯이 들어오고 있는 바 그 세계언어학에 대한 맹목적 수용을 경계해야 할 것이며, 뚜렷한 전통적 국어학의 좌표 위에서 냉정한 비판과 신중한 수용 작용이 항상 계속되어야 한다는 것을 말했다.

2장
15세기 국어학
—『훈민정음 해례』, 「동국정운(서)」—

　　"국어학"은 우리말(국어)에 대한 연구이다. "우리말 연구사(국어학사)"는 우리말에 대한 연구의 역사이다. 여기에서 우리말 연구사의 시발점의 문제가 제기된다. 이는 연구사 기술의 대상을 보는 시각에 따라 다를 것이다. 우리말(말소리, 글자 문제를 모두 포함)에 대하여 특정인이 자기의 논지를 전개하여 확고한 체계를 세웠다면, 더욱 그 체계가 일관된 말의 철학을 배경으로 하고 있다면, 그리고 그 연구가 벌전의 역사에 이바지했다면 이는 우리말 연구사의 훌륭한 대상이 된다고 본다. 이와 같은 시각에서 보면, 우리말의 연구사는 15세기가 그 시발점이 될 것이다. 다시 말하면, 우리말의 음운 이론과 글자 창제의 과학 철학적 이론 풀이를 통하여 우리 음운 체계와 글자 체계를 확립한 『훈민정음 해례(訓民正音解例)』와 우리 한자음 체계를 세운 『동국정운』, 특히 그 이론 면을 엿보인 「동국정운 서(東國正韻序)」는 15세기 우리말 연구사의 시발점이 될 것이다. 물론 주도면밀한 과학 철학론에서 보면 훈민정음 해례가 15세기 연구 성과의 으뜸 대상이다.

　　15세기 우리말 연구와 관련하여, 『사성통고(四聲通攷)』, 특히 「사성통고 범례(四聲通攷凡例)」나 『훈민정음 언해』는 어떻게 볼 것인가? 『사성통고』는 주장으로 중국의 현실음을 다룬 것이다. 그러나 그 범례에서는 우리말 소리와 견주는 점이 있으니, 이는 상당한 참고(붙임)의 대상이 될 만하다. 『훈민정음 언해』는『훈민정음』본문에 해당하는 예의 편만 언해한 것이다. 그나마 이에는 역자가 잘 밝혀있지 않다. 뿐만 아니라 그 표기 체계는『동국정운』의 것을 따른 것이다. 이런 까닭으로 이는 다만 참고(붙임)의 대상이 된다.

훈민정음 곧 한글이 창제된 뒤, 역대의 통치자나 정치가, 문인이나 종교가, 그 밖의 문화 사업가들로 말미암은 한글의 보급 발전 문제는 우리말 연구사의 대상이라기보다는 한글발전의 역사로 봄이 좋을 것이다. 이와는 달리 훈민정음이 반포된 뒤 이를 갈고 닦아 그 진리를 캐어 밝히며, 그 운용을 합리화하고자 한 여러 학자들의 학설은 연구사의 핵심을 이루는 것이라 하겠다.

1. 『훈민정음 해례』에서 본 정인지 등의 학설

『훈민정음』에 대해서는 그간 연구가 상당히 많다. 글쓴이(필자)는 다음과 같은 시각에서『훈민정음 해례』를 다룬다.

① 인문과학으로서의 국어학의 자리를 더 명백히 밝힌다.
② 언어학 이론으로 그 현대적인 가치를 재조명한다.
③『훈민정음 해례』안에 안긴 과학성과 철학의 이해를 통하여, 훈민정음에 대한 새로운 가치 발견과 아울러 그 때 학자들의 언어관 및 세계관을 이해한다.

『훈민정음 해례』는 당시 세종과 세종을 보필한 두뇌들의 한글 창제의 합리적 연구의 결정체이다. 이와 같은 해례가 나올 때의 세계의 현상은 어떠했는가? 유럽에서는 문예부흥 운동이 일어나기 시작할 때다. 유럽 여러 나라에서는 중세기의 라틴말의 낡은 권위로부터 탈출하여, 각 겨레가 제 고유의 말을 숭상하여 문화적으로나 정치 종교 등 여러 면에 새로운 활동을 하던 때다. 이 무렵 세종대왕의 자주국가주의와 위민 민본주의 및 자주적 민족 문화

주의를 어제『훈민정음』서문 안에 담게 된 것은 우연의 일치치곤 절묘한 점이 있다.

해례본(훈민정음 해례본, 1446)은 문자 창제의 생성 이론과 문자 운용 관계를 담고 있다. 이러한 해례본의 짜임은 다음과 같다.

> 훈민정음
>   훈민정음 본문
>   어제 훈민정음 서문
>   훈민정음의 예의편
>   훈민정음 해례(정인지 등의 풀이)
>   제자해
>   초성해
>   중성해
>   종성해
>   합자해
>   용자례
>   정인지 발문(서문)

이 가운데, 훈민정음 해례(풀이)부분만이 정인지 등의 학설에 해당한다.

이제 이 해례 부분만을 통하여 볼 때 그것은 이 글에서 다루어야 할 다음과 같은 언어학적 중요 논점으로 요약된다.

① 조음음성학과 변별 바탕론
② 음소의 인식론
③ 생성철학관과 역(易)의 관점
④ 맞춤법론
⑤ 정인지 발문(서문)이 가지는 뜻

해례의 낱낱의 풀이에 대해서는 여기서 피하기로 하고[1] 다만 위에 든 각 논점에 대하여 자세히 살피기로 한다.

1.1. 조음음성학과 변별 바탕의 문제

언어 과학에서의 중요한 연구 분야의 하나가 음성학(phonetics)이다. 음성학이란 본시 음성의 물리적 생리적 성격을 띠는 과학이다. 음성을 조음면에서 기술하면 조음음성학(articulatory phonetics)이고, 음향학적인 면에서 기술하면 음향음성학이다. 오늘날 언어학에서 음성학은 주장으로 조음음성학의 경향을 띤다. 조음음성학은 오늘날 생성음운론과의 관계에서, 조음음성의 변별 바탕(distinctive features)까지 주어, 그 음성의 정밀한 속성을 드러내기도 한다.

우리말 연구 역사상에 조음음성학이 나타난 것은 15세기 『훈민정음 해례』[2]에서 비롯된다. 비록 오늘날 언어학의 눈으로 보면 글자와 음성의 혼동, 음성과 음소의 혼동이 더러 있기는 하지만 그러나 초기 음성학치고는 아주 오묘한 면을 보인다. 음성의 특수한 변별적 바탕까지를 분석해 낼 수 있으니 일반 언어학상으로 보아 놀라지 않을 수 없다. 그런데 조음음성학이나 조음음성학에서 추출되는 변별 바탕만으로 『해례』를 모두 이해했다고는 할 수 없다. 거기에는 『해례』만이 가지는 또 다른 변별 바탕 곧 역학적 변별 바탕이나 음성상징(symbolism)까지 함께 들어 있어서, 이에 대한 이해가 또한 필요하기 때문이다.

---

1) 『해례』의 낱낱의 풀이에 대해서는 최현배, 『고친 한글갈』, 264~86쪽을 볼 것.

2) 『훈민정음 해례』와 『훈민정음』 또는 『훈민정음해례본』은 구별해야 한다. 앞 것은 정인지의 『훈민정음』에 대한 풀이를 한 것이고, 뒷 것은 『훈민정음』의 책 이름이다. 그러나 여기에서는 어느것이나 『 』으로 나타내기로 한다.

1.2. 초성 체계와 변별 바탕

『해례』의 초성 체계에 나타난 변별 바탕은 대체로 다음과 같이 나누어 볼 수 있다.

① 조음점과 조음방법에 의한 바탕의 인식

② 조음방법으로서의 맑음·흐림(淸濁), 깊음·얕음(深淺), 가벼움·무거움(輕重) 등에 의한 바탕의 인식.

③ 느림·급함(緩急) 및 가벼움·느림(舒緩)에 의한 바탕의 인식.

④ 소리의 인상(음성상징)과 역(易)의 상징적 바탕의 인식.

(1) 조음점과 조음방법: 변별 바탕 1

초성에 대한 조음점과 조음방법에 의하여 변별 바탕을 설명한 것은 다음과 같은 「제자해(制字解)」에서 찾을 수 있다.

初聲十七字, 牙音ㄱ。 象舌根閉喉之形。 舌音ㄴ。 象舌附上腭之形。 唇音ㅁ。 象口形。 齒音ㅅ。 象齒形。 喉音ㅇ。 象喉形。 ㅋ比ㄱ。 聲出稍厲。 故加畫。 ㄴ而ㄷ。 ㄷ而ㅌ。 ㅁ而ㅂ。 ㅂ而ㅍ。 ㅅ而ㅈ。 ㅈ而ㅊ。 ㅇ而ㆆ。 ㆆ而ㅎ。 其因聲加畫之義皆同。 而唯ㆁ爲異。 半舌音ㄹ。 半齒音ㅿ。 亦象舌齒之形而異其體。 無加畫之義焉。

물론 이것은 한글 글자의 상형 제자에 관한 설명이다. 이 설명에서 주목할 것은 초성 17글자의 상형 제자 과정이 조음음성학의 이론을 배경으로 삼고 있다는 사실이다.

여기에서 중요한 사실은 당시 국어 음운체계의 연구가 선행 완료되어 있다는 전제이다.[3] 왜냐하면 이 음운체계가 결정되어 있지 아니한 상태에서는 만들어야 할 글자를 논의할 수 없기 때문이다. 다시 말하면 음운이 먼저 결정되어 있어야 그에 해당하는 글자를 만드는 과정이 뒤따를 수 있는 것이다. 이미 결정되어 있는 음운에 해당하는 글자를 만드는 과정에서 동원된 것이 조음음성학이요, 이 조음음성학의 바탕 위에서 조음기관이 작용할 때의 모양과, 다만 조음기관의 모양을 본떠서(상형)초성 17자를 생성한 것이다.

생각하건데, 사람의 사상(생각, 사고)이 말로 나타나되, 말이 조음기관(발성기관)을 통하여 수행되는 것이니, 이 말의 소리를 드러내는 글자의 모양을, 다른 것이 아닌 바로 그 조음기관의 모양을 상징했다는 사실은 참으로 놀라운 창의적 발상이다.

사상(생각) → 조음기관 → 말소리(음운) → 글자

상징

앞에서 따 보인(인용) 「초성해」에서 보면,

첫째, 기본 5초성자의 경우, 해당하는 각 기본음을 발음할 때의 조음기관(발성기관)이 일하는 (작용) 모양이나 조음기관의 모양을 본떴다는 것이요,

둘째, 그 각 기본음에서 단계적으로 소리가 조금씩 세어지는 변별성에 따라서 같은 계열의 기본 초성자에 획을 더하여 변별적 글자 계열을 만들어 냈다는 것이요,

셋째, 예외로 계열상의 획의 더함이 없이 다만 그 자체 홀로 조음기관의 모양을 본떠서 글자를 만들었다는 것이요,

그 결과 17초성자가 만들어졌다는 것이다.

이것은 음운 글자 제자상의 훌륭한 조음음성학의 이론이다. 여기에서

---

3) 당시 국어의 음운 체계의 연구 성과는 물론 중국 운학(中國韻學)의 연구 결과에 힘입은 바가 컸을 것으로 짐작한다. 그런데 중국 운학에 힘입어 국어에 알맞은 국어 음운체계를 도출한 것은 귀중한 창의성이다.

다음과 같은 현대음성학적 의미를 찾아 볼 수 있다.

ㄱ. 5개의 기본 초성자의 생성 설명에서, 조음체(articulator), 조음점(point of articulation)을 끌어내어, 현대적인 음성학의 시각에서 조명할 수 있다는 점.

ㄴ. 5개의 초성을 기본으로 하여, 성음이 조금씩 달라짐에 따라 같은 계열상의 글자가 꼴바꿈하여 새로이 만들어지는(加畫之義字) 데서 조음방법(manner of articulation)상의 변별 바탕을 끌어낼 수 있다는 점.

ㄷ. 기본 글자가 꼴바꿈한 글자가 아닌 글자(無加畫之義字)의 조음점과 변별 바탕을 추정할 수 있다는 점.

이제 위에 세 가지(ㄱ~ㄷ)를 다시 다음에서 논하기로 한다.

가. 조음체와 조음점의 끌어냄

기본 초성의 제자 설명에서 조음체(움직이는 부분)와 조음점(움직이는 부분이 가까이 가거나 닿는 부분)을 끌어내는 현대조음음성학의 뜻을 찾아본다.

「초성해」에서 5개의 기본 초성의 상형 제자를 조음 기관의 조음 작용을 할 때에 그 조음기관의 모양을 본뜬 것과, 단순히 조음기관의 모양을 본뜬 것임을 알 수 있다. 곧 'ㄱ'과 'ㄴ'은 조음 작용을 할 때에 조음 기관을 본뜬 것이니, 'ㄱ'은 [k]소리를 낼 때 혀뿌리가 목구멍을 닫는 꼴을 본뜬 것(象舌根閉喉之形)이요, 'ㄴ'은 [n]소리를 낼 때 혀가 윗잇몸에 닿는 꼴을 본뜬 것(象舌附上腭之形)이다. 'ㅁ, ㅅ, ㅇ'은 단순히 조음 기관의 모양을 본뜬 것이니, 입술소리글자 'ㅁ'은 입술소리 [m]소리를 내는 입의 모양을 본뜨고(象口形), 잇소리글자 'ㅅ'은 [s]소리를 내는 이의 모양을 본뜨고(象喉形)이다. 'ㅁ, ㅅ, ㅇ'은 단순히 발성 기관의 모양을 본뜬 것이라고 말했으나, 사실상 이들은 소리를 낼 때의 각 해당 발성 기관이 작용하는 모습을 본뜬 것으로 보아도 들어맞는다. 이를 더욱 조음음성학의 설명으로 발전시키기 위하여 조음체와 조음점에 대하여 말하겠다. 아·설·순·치·후(牙舌脣齒喉)는 글자의 이름인 동시에 소리의 이름이지만, 또한 글자를 소리로 낼 때에 중요한 일을 하는 조음체 및 조음점과 관계가 있다.

조음체 쪽에서 보면, 아(牙)는 혀뿌리이요, 설(舌)은 혀끝이요, 순(脣)은 아랫입술이요, 치(齒)는 혀 앞이요, 후(喉)는 목이 된다.

조음점으로 보면, 아음(牙音)은 조음체인 혀뿌리가 목구멍을 막는 조음 작용을 하므로 대게 소리는 어금니쪽에서 조음된다. 따라서 그 조음점은 여린입천장(velar)이다. 설음(舌音)은 조음체인 혀끝이 윗잇몸에 닿으니 조음점은 윗잇몸(aveolar)이다. 순음(脣音)은 그 조음 작용의 설명은 없으나, 입술소리이니 조음체인 아랫입술이 윗입술에 합하여 이루어지므로 그 조음점은 양입술(bilabial)이다. 치음(齒音)은 이의 모양을 본뜬 것이라 했을 뿐 조음 작용의 설명이 없으나, 그 소리가 일어나는 작용을 보면, 혀앞쪽이 잇몸과 입천장 사이에 접근하여 나는 소리이므로 그 조음점은 잇몸-입천장(alveo-palatal)에 해당한다. 후음(喉音)도 그 조음 작용이 설명되지 아니하였으나 그 목소리가 나는 조음점은 목구멍(glottal)임이 짐작된다. 후음의 ‘ㅇ’는 조음체의 특정한 곳으로의 접근 작용은 없는 것 같다.

그러나 같은 후음의 ‘ㆆ, ㅎ’은 목구멍의 움직임이 분명하다. 따라서 후음의 조음체는 목이다.

위와 같이 글자의 이름인 아, 설, 순, 치, 후에서 조음체와 조음점이 유도된다. 이 조음체와 조음점의 합작에서 기본 5초성이 조음되어 나온다. 여기에서 기본 5초성의 소리값도 다음과 같이 추정할 수 있다.

ㄱ: [k], ㄴ: [n], ㅁ: [m], ㅅ: [s]. ㅇ: [ø](영의 소리값)

제자해에서 볼 수 있는 기본 5초성론에서는 현대 조음음성학과 일치하는 조음 이론을 찾아 볼 수 있다.

나. 기본 초성자의 같은 계열상의 변형 및 생성과 변별 바탕의 끌어냄

5개의 기본 초성자는 그 기본 글자가 발음될 때 성음이 조금씩 달라짐에 따라, 같은 계열상에서 조금씩 꼴을 바꾸는 글자를 만들어낸다. 이 과정에서 조음상의 변별 바탕론이 이끌리어 나온다.

앞에 든 인용(제자해)에 따르면 아·설·순·치·후의 기본음 글자에서 점을 더한 소리를 좀 센소리 냄(聲出稍厲)이라고 하였으므로, 기본자의 소리는 조음방법으로 볼 때 "예사"라고 할 수 있다. 따라서 좀 센소리는 예사소리를 좀더 힘주어 내는 조음 방법을 취하게 된다고 풀이된다. 그러므로 '기본 글자 계열'과 '점 더한 글자 계열'사이에 나타나는 변별 바탕은 각각 '예사'와 '좀센소리'라 하겠다. 물론 위에서 인용된 '좀센소리'를 모두 똑같은 '센소리'라는 변별 바탕의 개념으로 볼 수는 없다. 왜냐하면, 'ㄴ'에서 좀센소리가 된 소리 'ㄷ'은 음성학 상으로 보면 콧소리가 없어지고 파열음 곧 터짐소리로 바뀐 것이라고 할 수 있고, 'ㄷ'에서 좀센소리가 된 'ㅌ'은 유기음 곧 '거센소리 되기(aspiration)'에 해당한다고 풀이할 수 있기 때문이다. 이와 같이 볼 때 '좀센소리'라는 말은 문제 소리 사이에 상대적 개념으로 받아들여진다. 따라서 글쓴이는 편의상 기본자의 소리는 '예사소리'라 하고, 그 예사소리에서 소리가 조금이라도 바뀌면, 단계적으로 '좀센소리$_1$', '좀센소리$_2$'와 같은 상대적인 변별 바탕으로 나타내기로 한다. 이제 'ㄴ, ㄷ, ㅌ'을 보기로 하여 그 변별 바탕의 바뀜을 기술하면 다음과 같다.

혓소리(설음)

ㄴ[n]:　┌　+코
　　　　│　+잇몸
　　　　│　−터짐
　　　　└　−거셈 ┘ 예사, 콧소리

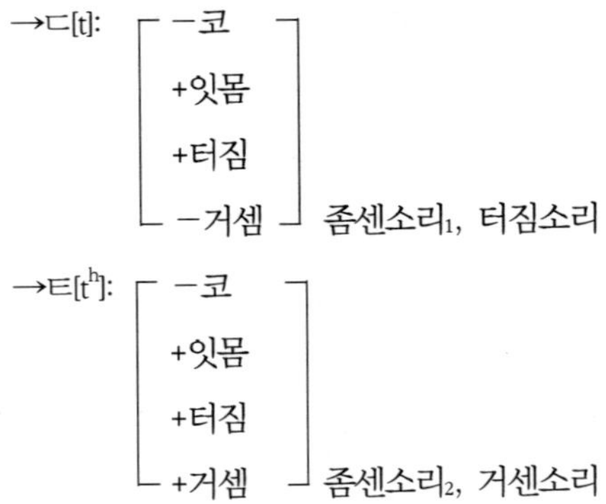

또한 주의할 일은 '좀센소리'의 1과 2가 모두 위와 똑같은 변별 바탕을 뜻하는 것은 아니라는 것이다. 가령 'ㅅ'[s]이 'ㅈ'[ɕ]으로 된 것은 '예사갈이소리'가 '터짐갈이소리'로 바뀐 것이기 때문이다. 그러나 이 따위도 그 계열상에서 볼 때 모두 예사소리에서 좀센소리로 그 소리바탕을 바꾼 것이라고 해석해도 무방하다. 왜냐하면, '좀센소리'란 계열상의 상대적 개념으로 쓰였기 때문이다.

다. 꼴바꿈하여 된 글자가 아닌 글자의 조음점 및 변별 바탕 추정

기본 초성자가 꼴바꿈하여 이루어진 글자가 아닌 글자(無加畫之字)에는 ㅇ, ㄹ, ㅿ이 있다. 이들의 조음점과 변별 바탕을 추정해 보기로 한다.

ㅇ은 앞에서 인용한 '제자해'에는 그 조음에 관한 언급이 없다. 그런데 같은 '제자해'에서 "唯牙之雖舌根閉喉聲氣出鼻"라 했으니, 'ㆁ'은 아음 계열 곧 여린입천장의 조음점에 해당한다. 그리고 조음 방법으로 본 그 변별 바탕은 콧소리이다. 그런데 저 앞에 든 인용문에 따르면, 'ㆁ'은 무엇에서 꼴바뀌어 된 것이 아니므로 이제까지 보아 온 '예사 / 좀센소리'라는 대립적 변별 바탕을 끌어낼 수 없다.

'ㄹ'은 반설음(半舌音)이요, 'ㅿ'은 반치음(半齒音)이니, 'ㄹ'은 설음 계열 곧 윗잇몸의 조음점을 차지하며, 'ㅿ'은 잇몸·입천장의 조음점을 차지한다.

이제까지 기술한 ㄱ~ㄷ을 함께 표로 보이면 다음과 같다.

	조음점	아	설	순	치	후
		여린입천장	윗잇몸	윗입술	잇몸-입천장	목
	조음체 조음방법	혀뿌리	혀끝	아랫입술	혀 앞	목
기본	예 사	ㄱ	ㄴ	ㅁ	ㅅ	ㅇ
가획의 뜻	좀센소리1		ㄷ	ㅂ	ㅈ	ㆆ
	좀센소리2	ㅋ	ㅌ	ㅍ	ㅊ	ㅎ
무가획의 뜻		ㆁ	ㄹ		ㅿ	

위에 든 조음점의 차이와 조음 방법의 차이는 그대로 그 소리의 변별 바탕이라 하겠다. 그런데 '좀센소리'는 예사 곧 '안센소리'와 대립된다. 이제 이 대립 관계를 양립적 변별 바탕(binary distinctive features)의 표로 보이면 다음과 같다. (안센소리=ㅡ, 좀센소리= +)

닿소리(자음) 변별바탕	ㄱ	ㅋ	ㆁ	ㄴ	ㄷ	ㅌ	ㄹ	ㅁ	ㅂ	ㅍ	ㅅ	ㅈ	ㅊ	ㅿ	ㅇ	ㆆ	ㅎ
안센소리 / 좀센소리	ㅡ	+		ㅡ	+	+		ㅡ	+	+	ㅡ	+	+		ㅡ	+	+
아	+	+	+														
설				+	+	+	+										
순								+	+	+							
치											+	+	+	+			
후															+	+	+

(2) 조음방법으로서의 맑음 · 흐림(淸濁), 깊음 · 얕음(深淺), 가벼움 · 무거움(輕重), 그밖: 변별 바탕 2

맑음 · 흐림(淸濁), 깊음 · 얕음(深淺), 가벼움 · 무거움(輕重) 등에 따라서 변별적 바탕을 설명한 것은 '제자해의 다음과 같은 대문에서 잘 드러나 있다.

又而聲音淸濁而言之。ㄱㄷㅂㅈㅅㆆ。 爲全淸。 ㅋㅌㅍㅊㅎ。 爲次淸。

ㄲㄸㅃㅉㅆㆅ。 爲全濁。 ㄴㅁㅇㅿ。 爲不淸不濁。 ㄴㅁㅇ。 其聲最不厲。 故次序雖在於後。 而象形制字則爲之始。 ㅅㅈ雖皆爲全淸。 ㅅ比ㅈ。 聲不厲。 故亦爲制字之始。 唯牙之ㆁ。 雖舌根閉喉聲其出鼻。 而其聲與ㅇ相似。 故韻書疑與喩多相混用。 今亦取象於喉。 而不爲牙音制字之始。 蓋喉屬水而牙屬木。 ㆁ雖在牙而與ㅇ相似。 猶木之萌芽生於水而柔軟。 尙多水氣也。 ㄱ木之成質。 ㅋ木之盛長。 ㄲ木之老壯。 故至此乃皆取象於牙也。 全淸並書則爲全濁。 以其全淸之聲凝則爲全濁也。 唯喉音次淸爲全濁者。 蓋以ㆆ聲深不爲之凝。 ㅎ比ㆆ聲淺。 故凝而爲全濁也。 ㅇ連書脣音之下。 則爲脣輕音者。 以輕音脣乍合而喉聲多也。

이 부분은 조음 방법을 맑음·흐림(淸濁)의 별로 보아 기본이 되는 성음 체계를 세우고, 그 보충적 설명을 더한 것이다. 이와 같은 설명에서는 닿소리의 변별 바탕을 여러 가지 끌어 낼 수 있으니, 맑음 / 흐림(淸濁), 깊음 / 얕음(深淺), 가벼움 / 무거움(輕重) 등이 그것이다.

먼저 맑음 / 흐림의 다름에 따른 기본 성음 체계를 추출하여 보면 다음과 같다.

맑음/흐림	아	설	순	치	후	반 설	반 치
전 청	ㄱ	ㄷ	ㅂ	ㅈㅅ	ㆆ		
차 청	ㅋ	ㅌ	ㅍ	ㅊ	ㅎ		
전 탁	ㄲ	ㄸ	ㅃ	ㅉㅆ	ㆅ		
불청불탁	ㆁ	ㄴ	ㅁ		ㅇ	ㄹ	ㅿ

위 표에서 보면 전청 계열은 안울림소리(voiceless)이고, 차청 계열은 거센소리(aspiration)이며, 전탁 계열은 된소리(tension)이고, 불청불탁 계열은 울림소리(voiced)("ㅇ"은 제외, 소리값은 영)이다.

이와 같은 기본 체계에 대한 보충적인 설명은 다음과 같이 이루어져 있다.

① ㄴ, ㅁ, ㅇ은 가장 세지 아니한 소리(聲最不厲)이다(위 표에 따르면,

ㄴ, ㅁ, ㅇ은 불청불탁음 곧 유성음 계열이다. 그렇다면 ㅇ은 유성음의 소리 바탕을 가진 것일까?).

② ㆁ의 발음법은 혀뿌리가 목구멍을 막고 소리의 기운을 코로 내 보낸다(舌根閉喉聲氣出鼻). ㆁ은 ㅇ와 서로 비슷하다(그런데 ㆁ은 혀뿌리가 목구멍을 닫고 소리 기운을 코로 낸다고 하였으니, 여린입천장 콧소리[ŋ]에 틀림없는데, 그 소리가 ㅇ과 서로 비슷하여 운서에서 의모(疑母)와 유모(喩母)가 서로 많이 혼용된다는 말은 의심이 간다. 과연 ㆁ은 [ŋ]의 소리값에 가까운 목청떨음과 얼마나한 정도의 콧소리 바탕을 가졌다는 것인가? 이 문제는 뒤의 '음소관'에서 다시 논할 것이다).

(아음 ㆁㄱㅋㄲ 계열에 대해서는 특별히 역(易)의 바탕으로 풀이하였다. 곧 ㆁ은 ㅇ와 비슷하지만, ㆁ(牙)은 오행(五行)으로 보면 나무(木)이며, 그것은 나무의 움이 물(水)(후음 ㅇ은 오행으로 보면 물(水))에서 나와서 아직 부드러움(柔軟)과 같으며, ㄱ은 그 나무의 바탕(質)을 이룸이요, ㅋ은 나무가 성장한 것으로 볼 수 있고, ㄲ은 그 나무가 노장함을 보임이라고 비유(상징) 풀이 하였다. 이를 간단히 먼저 틀로 보이면 다음과 같다.

ㅇ ≒	ㆁ	→	ㄱ	→	ㅋ	→	ㄲ
물(水)	나무(木), 싹		나무, 바탈		나무, 성장		나무, 노장
喉	牙1		牙2		牙3		牙4

다시 말하면 조음점인 목구멍(glottal)과 연구개(velar)는 이웃하고 있으므로 그곳에서 나는 소리 ㅇ과 ㆁ은 비슷하다고 할 수 있다. 그런데 구체적으로 보면 목구멍이 연구개보다 아래쪽에 차지하고 있으므로, 목구멍을 역(易)의 오행으로 보면, 자연 요소 중 생명의 근원인 물(水)에 상징되고 목구멍은 모든 소리 생성의 근원이 된다. 목구멍 위에 있는 연구개는 물에서 생명체를 얻는 나무(木)로 상징된다. 따라서 연구개에서 생기는 최초의 생명체는 물을 상징

한 ㅇ에서 부드러운 싹이 돋아나는 형상인 ㆁ이 된다. 이 나무 싹의 자연적 성장은 우선 나무 바탕(質)을 형성하고, 성장하고, 노장하는 과정을 밟는다. 이와 같은 자연 법칙에 따라 연구개에서, 소리가 조금씩 달라짐에 따라 획을 더하는 과정을 거치게 되니, 나무 바탈 상징의 ㄱ, 성장의 상징 ㅋ, 노장의 상징 ㄲ 등, 일련의 연구개 개열의 생성적 상징성을 볼 수 있다. 여기에서 조음점, 소리바탕, 글자의 생성에 이르기까지 역(易)과 자연 현상의 상징적 질서가 정연한 체계를 이루고 있음을 알 수 있다. 훈민정음에서 이러한 소리글자의 상징성은 매우 특이한 것이다. 이 대목은 소리의 변별 바탕을 논의하는 자리이므로 역(易)의 바탕은 뒤로 미룬다. 다만 훈민정음이 차지하는 상징성은 역의 바탕과 그 밖의 변별 바탕의 차이에서 다시 논의해야 할 중요한 분야임을 밝혀 둔다.)

③ '전탁'은 '전청'을 병서한 소리(된소리)이다. ㆅ은 '전청'이나 '차청'인 ㅎ보다 소리가 깊어, 후음의 '전탁'은 '차청' ㅎ의 병서로 한다(여기에서, ㆆㅎ은 같은 '후음'이지만, 깊고 얕음의 상대적 소리임을 알 수 있다. 그런데 ㅎ보다 깊은 ㆆ은 과연 어떤 소리값을 가진 것인가? 목청 긴장음[ʔ]일까? 또한 실제로 언어 사실에 쓰인 음운일까? 이 문제는 뒤의 '음소판'에서 다시 논할 것이다).

④ 순경음 ㅸ의 발음법은 두 입술을 살짝 합하면서 목소리를 많이 내는 가벼운(목청떨림 있는) 소리다(脣乍合而喉聲多). (여기 "脣乍合"은 글자 그대로는 두 입술이 잠깐 합하였다는 뜻이다. 그러나 입술이 합하였다는 것은 간극(間隙)이 영도가 되었다는 것이다.)

그런데 "脣乍合而喉聲多"라 하였으니, '脣乍合'을 간극 영도로 본다면 그것은 "喉聲多"와는 모순이다. 따라서 '脣乍合'은 입술을 합하려다 합하지 아니한 조음상태, 곧 간극 1도 정도가 될 것이다. 간극 1도에서는 "喉聲"이 나올 수 있다. 이러한 해석은 다음과 같이 신숙주(申叔舟)나 신경준(申景濬)의 설이 뒷받침해 준다. 신숙주, 『四聲通攷』(최세진, 『四聲通解』 하권의 「四聲

通攷凡例」)의 "爲ㅂ之時 將合勿合 吹氣出聲爲ㅸ"이나 신경준, 『訓民正音韻解』의 "ㅱㅸㆄㅹ之時 將合勿合 吹氣出聲 故其空圈ㅇ乃不合吹氣之象也"가 그것이다.4)

앞든 「제자해」에 의거하여 구체적 음성 체계를 기술하면 다음과 같다.

		순	설(반설)	치(반치)	아	후	
						얕음	깊음
전청(무성)		ㅂ	ㄷ	ㅅㅈ	ㄱ		ㆆ
차청(거셈)		ㅍ	ㅌ	ㅊ	ㅋ	ㅎ	
전탁(됨)		ㅃ	ㄸ	ㅆㅉ	ㄲ	ㆅ	
불청불탁 (유성)			(ㄹ)	(ㅿ)		ㅇ	
	콧소리	ㅁ	ㄴ		ㆁ		
가벼운 소리		ㅸ					

이를 다시 현대적인 변별적 바탕표로 바꾸어 보면 다음과 같다.

변별바탕 \ 닿소리	ㄱ	ㅋ	ㄲ	ㆁ	ㄴ	ㄷ	ㅌ	ㄸ	ㄹ	ㅁ	ㅂ	ㅍ	ㅃ	ㅸ	ㅅ	ㅈ	ㅊ	ㅆ	ㅉ	ㅿ	ㅎ	ㆅ	ㅇ	ㆆ
전청(무성)/불청불탁(유성)	+			−	−	+			−	−	+				+	+				−			−	+
차청(거셈)		+					+					+					+				+			
전탁(됨)			+					+					+					+	+			+		
콧소리				+	+					+														
얕음/깊음																					+			−
가장안셈					+					+													+	
목소리 있음/목소리 없음											−			+										
가벼움/무거움											−			+										

위에서 조음 방법으로 본 변별 바탕, 곧 맑음/흐림(청탁), 깊고/얕음(심

---

4) 더욱 최현배: 『고친 한글갈』, 김석득: 「중세 순경음 음소고」(연세대 인문과학연구소 『인문과학』 12집, 1969, 6쪽을 볼 것.

천), 가벼움/무거움(경중) 등의 변별 바탕은 현대 음성학의 과학성을 방불케 한다.

그런데 이러한 변별 바탕에서, 의문나는 것들이 있으니, 이제 그것을 골라보면 다음과 같다.

첫째, ㅇ은 ㆁ과 비슷하다고 했는데 ㅇ은 콧소리가 아니므로 다르지 않은가? 또한 ㅇ은 불청 불탁음 곧 유성음으로 보았다. 과연 ㅇ의 소리값은 무엇인가?

둘째, ㆆ은 ㅎ보다 깊다고 했는데 ㆆ의 소리값은 무엇일까? 만일 'ㆆ=ʔ'이라면 이것은 15세기 현실 음소로서 실재했던 것인가?

셋째, ㅸ의 설명에서 "脣乍合喉聲多"는 모순임을 이미 밝혔다. 이를 수정하면 입술이 달락말락하는(간극 1도) 입술가벼운 소리(유성) 소리값을 가진 것이라고 하겠다. 그런데 과연 순음에 무성성 ㅂ과 유성성 ㅸ의 양립 음소 체계(유/무 대립 체계)가 15세기에 실재하였던가? (아·설·후음 계열에는 이러한 유/무 대립의 양립성이 없지 않은가?)

넷째, 불청불탁음의 유성성을 띠는 ㅿ이 전청의 무성성을 띠는 ㅅ과 대립되는, 치음의 유/무 대립의 음소 체계가 과연 15세기에 실재하였던가?

다섯째, 조음점 상으로 후음계 ㅎ의 전탁음(된소리) ㆅ이 과연 어렵지 않게 발음되고 인식되는 실재 음소였던가?

이러한 문제들은 뒤에서 밝힐 "음소관"에서 다른 문제들과 함께 밝히기로 한다.

(3) 느림 / 급함(緩急), 가벼움 / 느림(輕舒緩)에 의한 바탕: 변별 바탕 3

느림·급함(緩急)이란 소리를 조음할 때에 느리게 조음하거나 빠르게 조음하는 조음상의 대립적 조음 방법을 말한다. 가벼움 / 느림(輕舒緩)이란 조음할 때에 가볍고 느리게 조음하는 조음 방법을 말한다. 이러한 풀이에 해당하는 것은 "종성해"의 다음과 같은 때문이다.

五音之緩急。 亦各自爲對。 如牙之ㆁ 與ㄱ爲對。 而ㆁ 促呼則變爲ㄱ 而急。 ㄱ舒出則變爲ㆁ 而緩。舌之ㄴㄷ。 脣之ㅁㅂ。 齒之ㅿㅅ。 喉之 ㅇㆆ。 其緩急相對。 亦猶是也。且半舌之ㄹ。 當用於諺。 而不可用於文。如入聲之彆字。 緩聲當用ㄷ。 而俗習讀爲ㄹ。 蓋ㄷ變而爲輕也。若用ㄹ爲彆之終。 則其聲舒緩。 不爲入也。

위의 글은 대체로 오음(五音)의 양립 체계(binary system)를 변별적 자질에 의하여 대립시켜 놓은 것이다. 그런데 이 양립 체계는 자세히 보면 완전한 양립 체계는 아니다. 그것은 다음과 같은 두 가지 체계로 나누어 볼 수 있다.

하나는 '오음'에 대하여 느림 / 급함(緩急)의 양립 체계를 이루는 2항 대립의 2지적 상관뭇(faisceau de correlation)[5]을 들 수 있다.

다른 하나는 느림 / 급함의 변별적 바탕을 가지는 설음이 다시 '가벼움 느림'의 자질을 가지는 반설음과 상관관계를 가지는 삼항 대립(느림 / 급함 / 가벼움 느림)의 상관뭇을 들 수 있다.

첫째의 오음의 느림 / 급함의 대립에 의한 2항 대립의 2지적 상관뭇을 보이는 것은 다음과 같다.

ㆁ ↔ ㄱ(아), ㄴ ↔ ㄷ(설), ㅁ ↔ ㅂ(순), ㅿ ↔ ㅅ(치), ㅇ ↔ ㆆ(후)

이 각 상관뭇의 소리들은 각각 그 같은 서열 곧 조음점은 같으나 조음방법에서, 느림과 긴장도를 풀면(緩) 유성 계열이 되고(다만 ㅇ은 유성이 아닌 것으로 추정), 그 반대로 조음방법이 급하거나 촉호(促呼)하면, 무성 계열이 된다. 이와 같이 양립 체계의 상호 변음 관계를 변별 바탕인 느림 / 급함의 대립으로 설명한 것은, 오늘날 이론으로 보아도 매우 합리적인 것이라 하지 않을 수 없다.

---

5) 상관뭇(상관속)에 대한 자세한 것은 N. S. Trubetzkoy: *Principles de phonoiogie* (Grundzüge der Phonologie의, J. Cantineau 번역, 1976) 90쪽을 볼 것.

둘째의 설명에서 반설음을 포함한 3항 대립의 3지적 상관뭇은 다음과 같다.

ㄴ↔ㄷ↔ㄹ

이는 특히 ㄷ↔ㄹ의 경우, 'ㄹ'이 우리 국어음에만 쓰이고 한자음에는 쓰이지 않으며, 한자음 '彆'자와 같은 것의 종성은 마땅히 'ㄷ'을 쓸 것이지만 속습에서 'ㄹ'로 읽고 있는데, 이는 대개 'ㄷ'이 바뀌어 가볍게 된 것이라 한다. 여기에서, 'ㄷ'이 'ㄹ'로 변할 수 있는 조음상의 이유를 찾을 수 있다.

생각하건데, 'ㄷ'과 'ㄹ'은 그 조음점이 잇몸(alveolar)이라는 점이 같다. 다만 'ㄷ'은 간극(間隙, aperture)이 영도이고 'ㄹ'은 간극이 3도이다. 따라서 혀의 끝을 윗잇몸에 붙였을 때는 'ㄷ'이고 조금 떼면서 동시에 혀 옆으로 공기를 흘려 보내면 'ㄹ'이 된다. 그러므로 국어의 이른바 "ㄷ벗어난 규칙(변격)"의 경우, 'ㄷ'은 간극 닮음에서 'ㄹ'로 변하는 '간극 닮음 규칙'이 다음과 같이 성립된다.[6]

들 - 다   →   들 - 어

에서,

tɨt - ta   →   tɨl - ə

곧,

$$\begin{bmatrix} V/t/V \\ 4\ 0\ 6 \end{bmatrix} \rightarrow \begin{bmatrix} V/l/V \\ 4\ 3\ 6 \end{bmatrix}$$

규칙: /t/ → /l/ ／ V - V

(위에서, V=홀소리, 숫자=간극의 도수)

---

6) 김석득: 『우리말 형태론』, 1992, 69~70쪽을 볼 것.

다시 말하면 간극 영도의 ㄷ(t)은 홀소리 사이(간극 4도와 6도)에서 이 홀소리를 닮아 간극 3도의 ㄹ(l)로 바뀌는 것이다.

우리말 'ㄹ'을 발음할 때에 혀끝을 조금만 잘못 움직이면, ㄷ이 나온다든가(바람→바담), 영어 발음에서 't→l'의 현상을 자주 들을 수 있다는 것은 모두 음성 바탕으로 보아서 그리 넘나들 수 있는 까닭이 있기 때문이다. 이와 같이 볼 때, 정인지 등의 'ㄷ↔ㄹ'의 변화 가능성을 중국 한자 '彆'자 입성 종성이 우리말에서의 속습 'ㄹ'로 나타남을 말하면서 그렇게 될 수 있는 음성학적 설명을 한 것은 현대 음성학으로 볼 때 매우 합리적인 것이라 하겠다.[7] 결론삼아 말하면, 정인지 등의 이 대목의 설은 같은 서열(같은 조음점)상의 소리들의 변별 바탕을 설명해 준 좋은 자료가 된다.

이제 다시 보면, ㄴ↔ㄷ은 같은 조음점을 가지나 느림 / 급함의 바탕에 따라서 대립(판별)되고, 또 그 바탕의 변함에 따라 서로 변동 관계를 가진다. ㄷ↔ㄹ은 조음점은 같으나 다만 급함 / 가벼움 느림의 바탕에 따라 대립되고, 또 그 바탕에 따라 서로 변동 관계를 가진다. 이 설음 서열을 다른 것과 함께 다시 정리하면 다음과 같다.

느림 / 급함 / 가벼움 느림

ㅇ ↔ ㄱ	(아)
ㄴ ↔ ㄷ ↔ ㄹ	(설)
ㅁ ↔ ㅂ	(순)
△ ↔ ㅅ	(치)
ㅇ ↔ ㆆ	(후)

---

7) 'ㄷ'과 'ㄹ'은 음성적 바탕으로 보아 서로 넘나듦의 가능성이 있어, 중국의 '彆'자 입성 종성이 우리 한자음 'ㄹ'로 나타나는 것이다. 그런데 신숙주(申叔舟)의 「동국정운 서(東國正韻序)」에서 우리 한자음의 '質, 勿' 등의 운(韻)을 중국음 입성 'ㄷ'음에 가깝게 맞추기 위하여 '影母'(ㆆ)로서 '來母'를 깁는다(以影補來)고 한 것은 음성학적 합리성이 있는 것 같다. 그러나 역시 'ㄷ'(t)과 ㆆ(l?)의 음성적 차이(단순조음과 이중조음)는 크다. 그리고 이는 당시의 우리 한자의 현실음을 억지로 중국 한자음에 맞추려는 잘못된 것이다. 이러한 동국정운식 억지 표기는 『훈민정음 언해』에 그대로 반영되고 말았다.

위를 양립의 변별 바탕 표로 보이면 다음과 같다.

변별바탕	아		설			순		치		후	
					반설						
	ㆁ	ㄱ	ㄴ	ㄷ	ㄹ	ㅁ	ㅂ	ㅿ	ㅅ	ㅇ	ㆆ
느림/급함	+	−	+	−		+	−	+	−	+	−
가벼움 느림				−	+						

(4) 소리의 인상과 역(易)의 상징적 바탕: 변별 바탕 4

'제자해'에서는 초성에 대하여 그 소리를 조음하는 조음체의 성질 상태를 보고, 소리의 바탕을 인상적으로 설명하였으며, 또 나아가서 이를 역의 상징적 바탕으로 설명하였다.

> 夫人之有聲。 本於五行。故合諸四時而不悖。 叶之五音而不戾。喉邃而潤。 水也。聲虛而通。 如水虛明而流通也。於時爲冬。 於音爲羽。牙錯而長。 木也。聲似喉而實。 如木之生於水而有形也。於時爲春。 於音爲角。舌銳而動。 火也。聲轉而颺。 如火之轉展而揚揚也。於時爲夏。 於音爲徵。齒剛而斷。 金也。聲屑而滯。 如金之屑瑣而鍛成也。於時爲秋。 於音爲商。脣方而合。 土也。聲含而廣。 如土之含蓄萬物而廣大也。於時爲季夏。 於音爲宮。然水乃生物之源。 火乃成物之用。 故五行之中。 水火爲大。喉乃出聲之門。 舌乃辯聲之管。 故五音之中。 喉舌爲主也。喉居後而牙次之。 東北之位也。舌齒又次之。 南西之位也。脣居未。 土無定位而寄旺四季之義也。是則初聲之中。 自有陰陽五行方位之數也。

먼저 이 글의 요지를 보면 다음과 같다.

> 사람의 소리는 오행(五行: 金木水火土)에 근본을 두었기 때문에, 그것은 사시(四時: 春夏秋冬)와 합하여 어그러짐이 없고 오음(五音: 宮商角徵羽)과도 맞아서 어긋남이 없다. 목구멍은 깊숙하고 윤택하므로, 이는 오행으로 보면

물에 해당하며, 이때에 목구멍에서 나오는 소리는 허하고 거침없이 통하니, 마치 물이 허명하여 잘 유통됨과 같다. 그리하여 때로 보면 겨울에 해당하고, 오음의 소리 바탕으로 보면 낮고 부드럽고 평온한 우음(羽音)에 해당한다.[8]

　　어금니는 착잡하고 기니 오행 중 나무에 해당하고, 어금니를 조음점으로 하는 어금닛소리는 목구멍소리와 비슷하나, 그 다른 점은 목구멍소리보다 단단하니, 이것은 마치 나무가 물에서 나서 꼴(모양)이 있음과 같다. 따라서 계절의 때로 보면 봄이고, 오음의 바탕으로 보면 촉성(觸聲)을 띠는 각음이다.

　　혀는 각 작용이 예민하고 잘 움직이기 때문에 오행 중 불에 해당한다. 이 혀에서 조음되는 혓소리는 구르고 날리는 소리의 바탕을 가지니, 이는 마치 불이 퍼지며 활활 타며 날리는 것과 같다. 그러므로 계절의 때로 보면 여름에 해당하고, 오음으로 보면 빠르고 들날리는 치음(齒音)에 해당한다.

　　이는 단단하고 사물을 끊으니, 오행 중 쇠에 해당한다. 이에서 나는 잇소리는 소리가 부스러지고 걸리는 소리 바탕을 가지니, 이는 마치 쇠가 부스러지나 다시 불려서 무엇이든 이루어내는 것과 같아서, 계절로 보면 가을이요, 오음으로 보면 빠른 소리 바탕을 가지는 상음(商音)에 해당한다.

　　입술은 모양이 모지고 합하여 있으니 오행으로는 흙이요, 입술을 조음점으로 조음되는 입술소리의 바탕은 무엇을 머금어 있는 것과 같고 넓어서, 마치 땅이 만물을 품어 간직하면서 또한 넓고 큼과 같다. 그리하여 계절로는 늦은 여름에 해당하고, 오음으로는 무겁고, 두터운 소리의 바탕을 가지는 궁음(宮音)에 해당한다.

---

8) 우(羽)음은 오음 중 소리의 바탕이 낮고 부드럽고 평온한 소리이다. 오음의 궁·상·각·치·우(宮商角徵羽)는 여기서 대체로 음계보다는 소리의 바탕을 뜻한다. 오음의 소리 바탕은 "爾雅釋樂", "郝懿行義疏"에 따르면 다음과 같이 규정하고 있다.

[爾雅釋樂]	[郝懿行義疏]
宮(土): 重	中, 聲綱, 聲重
商(金): 敏	章, 聲敏迭
角(木): 經	觸, 聲圓長經貫淸濁, 輕
徵(火): 迭	祉, 聲柳揚遞讀, 音迭
羽(水): 柳	宇, 聲低平掩映, 柳

오행의 물은 만물을 살게 하는 근원이요, 불은 만물을 이루어 냄에 근본적인 작용을 하기 때문에 오행 중에서 물과 불이 가장 중요한 것처럼 물에 해당하는 목구멍은 소리를 내는 문이 되고, 불에 해당하는 혀는 말소리를 분간해 내는 관이 되므로 오음(아 · 설 · 순 · 치 · 후) 가운데, 목구멍소리와 혓소리가 으뜸이 된다.

또한 방위로 보면, 목구멍은 맨 뒤에 있으니 북쪽의 자리요, 어금니는 그 다음에 있으니 동쪽의 자리이다. 혀와 이는 또 그 다음이니 각각 남쪽과 서쪽의 자리이다. 입술은 맨 끝에 있으므로 흙이 일정한 방위가 없이 네 계절에 붙어 왕성함을 뜻한다. 이와 같이 첫소리(초성)는 그 스스로 음양(陰陽)과 오행(五行)과 방위(方位)의 수를 가지고 있다.

위에서 보면, 첫째로, 사람의 소리는 본시 오행에 근본을 두었기 때문에 사시와 오음의 합하여 어그러짐이 없다는 근본 원리를 설명함으로써 사람의 소리와 역(易)의 유기적 관계를 밝혀 놓았다. 둘째로, 그러면 그와 같은 사람의 소리가 역에 어떻게 부합하는가를 증명하였다. 셋째로, 사람의 소리를 조음하는 발성기관의 위치의 순서에 따라 방위로 설명하되 사계절의 뜻과 맞추어 설명하였다.

위와 같은 것을 모두 휩싸 안은 대원칙은 「제자해」의 가장 앞머리에서 다음과 같이 밝혀 놓았다.

天地之道。 一陰陽五行而已。 坤復之間爲太極。 而動靜之後爲陰陽。凡有生類在天地之間者。 捨陰陽而何之。 故人之聲音。 皆有陰陽之理。 顧人不察耳。 今正音之作。 初非智營而力索。 但因其聲音而極其理而已。
(하늘과 땅의 도리는 하나의 음양오행뿐이다. 곤괘와 복괘의 사이가 태극이 되고, 움직이고 멎고 한 뒤가 음양이 된다. 무릇 하늘과 땅 사이에 있는 어떤 생물이든 어찌 음양의 이치를 버리랴? 그러므로 사람의 말소리도 모두 음양의 이치가 있건마는 사람들이 살피지 아니했을 뿐이다. 이제 정음의 만듦도 처음

부터 지혜로써 경영하고 힘써 찾아 낸 것이 아니라 다만 그 소리에 따라서 그 이치를 다하였을 뿐이다.)

위에서 말한 요점은, 하늘과 땅의 도리는 태극의 동정에서 생성되는 음양오행의 이치뿐이니, 하늘과 땅 사이에 있는 모든 삶들은 이 음양오행의 이치를 버릴 수 없으므로 사람의 말소리도 모두 음양오행의 이치를 따라야 하며, 훈민정음의 지음도 이 이치를 다한 것임을 밝힌 것이다. 여기에서, 말소리에 따른 글자 제작의 바탕에는 음양오행의 역리론이 순리로 자리잡고 있음을 알 수 있고, 훈민정음 해례자들의 훈민정음의 역리적 상징의 바탕론은 필연적인 것일 수밖에 없음을 알 수 있다.

조음 기관에서의 조음체의 순차적 위치를 공간 개념인 방위(方位)로 설명한 것이나 시간 개념인 사시(四時)의 순환관계로 논의한 것은 당시 해례 학자들의 우주론적인 언어 철학관이다. 그런데 이러한 관점은 이미 한대(漢代) 경씨역전(京氏易傳)에서 보인 오행(五行), 오시(五時), 오방(五方), 오음(五音)의 배당론에서 찾을 수 있다.9) 앞에서 인용된 「제자해」를 보면, 이와 같은 역(易)의 공식과 일치한다. 따라서 제자해의 아·설·순·치·후는 이 공식에 합리적으로 일치시키고, 그 까닭을 설명한 것이 아닌가도 생각된다. 곧 조음체의 성질상태를 설명하고, 소리의 바탕을 인상적으로 설명함으로써, 이를 역의 공식에 결부시킨 것으로 추정된다. 어떻든 오성음(五聲音)을 역의 공식에 합리적으로 결부시키면서 그 까닭을 설명하는 데서, 그 당시의 훈민정음 해례자들의 다음 표와 같은 이원적(조음음성학과 역학)이고 입체적인

---

9) 모든 현상과 이데아의 세계는, 그 뒤 이 공식에 따라서 설명된 것이니, 양촌(陽村(權近): 1352~1409)의 오성팔음도(五聲八音圖)를 보아도 이에 잘 맞아 들어간다(양촌: 입학도설(入學圖說(全))).

    오행: 목 - 화 - 토 - 금 - 수
    오시: 춘 - 하 - 토용 - 추 - 동
    오방: 동 - 남 - 중앙 - 서 - 북
    오음: 각 - 치 - 궁 - 상 - 우

음성학을 엿볼 수 있다.

	조음음성학		역	
	조음체의 성질, 상태	소리 바탕(음감)	오행	사시
후	깊고 윤택함	허하고 통함	수	동
아	착잡하고 길음	아무지고 실함	목	춘
설	예민하게 움직임	구르고 날림	화	하
치	단단하고 끊음	부스러지고 걸림	금	추
순	모지고 합함	머금고 넓음	토	계하

이제 이를 변별 바탕표로 바꾸면 다음과 같다.

변별 바탕	조음음성학(조음체의 성질, 소리바탕)					역				
	깊고윤택 허하고 통함	착잡하고 길음, 아무지고 실함	예민하게 움직임, 구르고 날림	단단하고 끊음, 부리지고 걸림	모지고 합함 머금고 넓음	수, 동	목, 춘	화, 하	금, 추	토, 계하
후	+	−	−	−	−	+	−	−	−	−
아	−	+	−	−	−	−	+	−	−	−
설	−	−	+	−	−	−	−	+	−	−
치	−	−	−	+	−	−	−	−	+	−
순	−	−	−	−	+	−	−	−	−	+

이러한 이원적인 관점은 그 당시 학자들의 형이하학적인 문제를 형이상학적인 문제로 설명 해결하려는 철학으로 이해된다.

1.3. 중성(단모음) 체계와 변별 바탕

이제까지 초성 체계에 대한 정인지 등의 풀이를 통하여 변별 바탕을 생각해 보았다. 여기에서는 중성(단모음)의 음성학 및 문자 생성학에 대한 그들의 풀이를 통하여 변별 바탕을 살펴보기로 한다. 물론 이 문제도 조음음성학과 함께 보충적인 역학적 상징 바탕이 함께 논의된다.

조음음성학과 역학적 바탕: 변별 바탕

「제자해」에서 중성(단모음)의 음성적 특질과 중성 글자의 생성에 대한 대문을 들어 보이면 다음과 같다.

舌縮而聲深。 天開於子也。形之圓。 象乎天也。一舌小縮而聲不深不淺。 地闢於丑也。形之平。 象乎地也。ㅣ不縮而聲淺。 人生於寅也。 形之立。 象乎人也。此下八聲。 一闔一闢。ㅗ與・同而口蹙。 其形則・與一合而成。 取天地初交之義也。 ㅏ與・同而口張。 其形則ㅏ與・合而成。 取天地之用發於事物待人而成也。ㅜ與一同而口蹙。 其形則一與・合而成。 亦取天地之初交之義也。ㅓ與一同而口張。 其形則・與ㅣ合而成。 亦取天地之用發於事物待人而成也。

(ㅗ, ㅏ, ㅜ, ㅓ의 본 글자는 ㆍ,ㅏ,ㅡ,ㅣ. 아래 모두 같음)

위의 '제자해'의 대문은, 중성 7홀소리(단모음)의 조음방법의 설명과 이에 따른 중성자 생성의 역학적 설명을 한 것이다.

위에서 인용한 '제자해'의 글의 전개 순서대로 보면 다음과 같다.

① 글자의 모양을 먼저 내세우고,
② 그 글자의 소리값을 말하고,
③ 글자가 그러한 모양으로 만들어진 역(易)의 상징론을 폈다.

그러나 이것은 결과론적인 설명이고, 사실상 글자 모양보다는 홀소리의 체계가 선행되어야 하는 것이다. 다시 하면, 일차적으로 먼저 당시의 현실 말을 구성하고 있는 홑홀소리의 체계가 이루어진 뒤에야(이 홀소리 체계는 물론 닿소리 체계와 함께 중국 운학의 연구에 힘입은 바가 클 것이다) 2차적으로 그러한 홀소리 낱낱에 대한 문자 체계가 이루어질 수 있을 것이다. 위에

서는 당시 국어에 맞는 음운 체계로 7홀홀소리 체계가 있음을 전제한다. 7홀
홀소리 가운데, 더욱 기본적인 3개의 홀소리를 정하되, 입안(구강)의 조음점
(조음자리)을 양극(극과 극), 그리고 그 중간 단계라는 3분법에 의하여 자리
잡음을 전제하고 있다. 그리고 그 나머지 4홀소리 체계가 이를 중심으로 어
떻게 배치하고 있는가를 해례자들은 인식하고 있었을 것이다. 결과적으로 해
례자들은 7홀소리의 조음점 배치의 그림을 읽고 있었다고 보아야 한다. 이러
한 인식하에 그 음운체계에 해당하는 글자의 모양 만들기 과정이 진행되었다
고 보는 것이 순리이다. 적어도 위에 인용된 '제자해'가 가지고 있는 내적인
질서는 이러한 것이다. 여기에서 우리가 알 수 있는 것은 다음과 같은 것이다.

첫째, 해례자들이 세운 7홀소리의 소리값 추정

둘째, 그러한 소리값에 해당하는 글자만들기에서의 역리론(易理論)의 읽
　　어냄

먼저 해례자들이 당시 국어 홀소리의 가장 기본적(핵심)인 것으로 양극
과 중간이라는 3분법에 의하여 입안의 3군데 조음점을 지적하되, 이를 조음
기관 중 혀 모양의 "縮 / 小縮 / 不縮"과 이때에 나타나는 소리느낌(음감)인
"深 / 不深不淺 / 淺"으로 각각 3대립 시켰다. 여기에서 나타나는 조음점을 글
쓸이(필자)가 이를 임의의 기호로 "α, β, γ"라고 하자. 다음의 기술이 바로 그것
이다.

조음점	[α]	[β]	[γ]
혀모양	縮	小縮	不縮
소리느낌	深	不深不淺	淺

여기서 상정되는 입안에서의 조음자리는 다음과 같다.

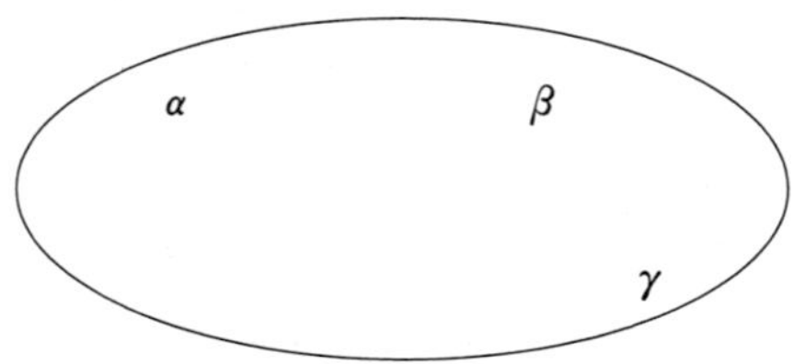

그런데 위에서 [α]와 [β]는 각각 같은 혀 모양과 소리 느낌(인용된 「제자해」에서는 "同"이라 함)밖에 입 열기의 2분법(쭈그림(蹙), 폄(張))의 변별 바탕에 따라 2개씩의 음운을 파생하면서 동아리 체계를 이룬다. 이를 각각,

$$\alpha \langle \begin{matrix} a_2 \\ a_1 \end{matrix} \qquad \beta \langle \begin{matrix} b_2 \\ b_1 \end{matrix}$$

라고 하자. 그러면, 다음과 같이 기술된다.

$$\alpha - 縮 \cdot 深 \langle \begin{matrix} a_1 - 縮 \cdot 深 \cdot 蹙 \\ a_2 - 縮 \cdot 深 \cdot 張 \end{matrix}$$

$$\beta - 小縮 \cdot 不深不淺 \langle \begin{matrix} b_1 - 小縮 \cdot 不深不淺 \cdot 蹙 \\ b_2 - 小縮 \cdot 不深不淺 \cdot 張 \end{matrix}$$

$$\gamma - 不縮 \cdot 淺$$

위를 입안의 조음점으로 보이면 다음과 같다.

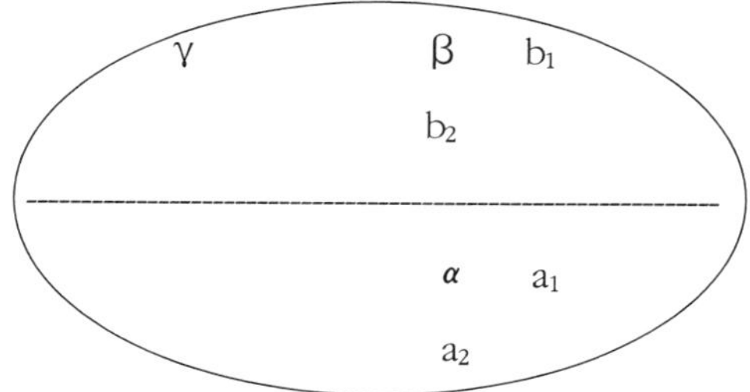

이것은 7홑홀소리가 차지하는 자리이다. 그러면 이 홀소리, 곧 α a_1 a_2 β b_1 b_2 γ 에 해당하는 글자의 모양은 어떻게 만들어지는가? 이것이 7홑홀소리의 제자 원리의 문제이다.

해례자들은 다음과 같이 역리적 바탕 곧 하늘(天)·땅(地)·사람(人)의 삼재(三才)의 상징과 뜻을 주어 7홑홀소리글자를 만들어 냈음을 밝혔다.

α = •, 하늘의 둥긂을 본뜸. 하늘이 자(子)에서 열리는 뜻

β = ㅡ, 땅의 평평함을 본뜸. 땅이 축(丑)에서 열리는 뜻

γ = ㅣ, 사람의 서있는 모양 본뜸. 사람이 인(寅)에서 남을 뜻

a_1 = ㅗ, • + ㅡ, 하늘과 땅이 처음 사귄다는 이치

a_2 = ㅏ, ㅣ + •, 하늘과 땅의 작용이 사물에 피어나되 사람을 기다려서
  이루어짐을 뜻

b_1 = ㅜ, ㅡ + •, 하늘과 땅이 처음 사귄다는 이치

b_2 = ㅓ, • + ㅣ, 하늘과 땅의 작용이 사물에 피어나되 사람을 기다려서
  이루어짐을 뜻

이리하여 일정한 소리값을 가진 홑홀소리 음운 글자가 역리 상징의 상형의 모습을 갖추어 다음과 같은 조음자리를 차지하게 되었다. 이것은 글쓴이(필자)가 해례자들의 풀이를 통하여 구성해 본 7홑홀소리의 음운 구도이다.

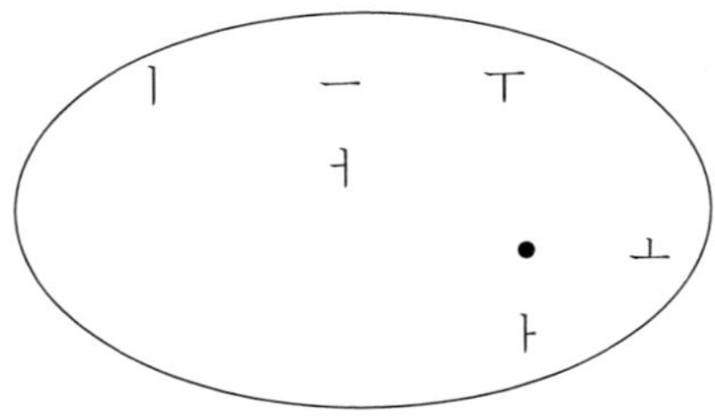

다음에는 7홑홀소리 곧 중성 체계를 변별적 바탕으로 이끌기 위하여, 이제까지 살핀 것을 토대로 하여 먼저 다음(편이상 원문 표기로 함)을 제시한다.

	혀모양	소리느낌	입열기	역 바 탕	
				본뜸	뜻
●	縮	深		天	天開於子
一	小縮	不深不淺		地	地闢於丑
ㅣ	不縮	深		人	人生於寅
ㅗ	縮	深	闔		天地初交
ㅏ	縮	深	張		天地之用發於事物待人
ㅜ	小縮	不深不淺	闔		天地初交
ㅓ	小縮	不深不淺	張		天地之用發於事物待人

한편, 중성은 하늘(天)을 상징하는 양(陽) 글자인 원(●)이 어디에 놓이느냐에 따라서 음, 양으로 구별된다. 곧 원이 위(上)와 밖(外)에 놓인 것은 하늘에서 나와 '양이 되고, 원이 아래(下)와 안(內)에 놓인 것은 땅에서 나와 '음'이 된다는 것이다.10)

ㅗㅏ…之圓居上與外者。 以其出於天而爲陽也。ㅜㅓ…之圓居下與內者。 以其出於地而爲陰也。(제자해)

이와 같은 사상은 바로 주역 상경(周易上經)에 나오는 건양(乾陽), 곤음(坤陰)의 '음양관인 것이다.

이제 중성 글자의 역의 '음양관을 함께 넣어 7개의 홑홀소리와 그 글자의 변별 바탕을 보이면 다음과 같다.

---

10) '●'의 놓이는 자리에 따른 음/양의 변별론은 사실상 발음상의 밝음/어두움의 느낌 또는 말맛과 일치한다: 양 = 밝음, 음 = 어두움.

7홀홀소리 (글자) 변별바탕		·	─	ㅣ	ㅗ	ㅏ	ㅜ	ㅓ
조음 음성학	혀오그림/안오그림/조금오그림	+	±	−	+	+	±	±
	깊음/얕음/깊지도 얕지도 않음	+	±	−	+	+	±	±
	입쭈그림/펌/쭈그리지도 펴지도 않음	±	±		+	−	+	−
역학 (문자의 바탕)	하늘	+						
	땅		+					
	사람			+				
	양/음	+	−	±	+	+	−	−

※ 혀오그림[縮] ＝+,　　안오그림[不縮]＝−,　　　　조금오그림[小縮]＝±
　　깊음[深] 　　＝+,　　　얕음[淺]＝−,　　깊지도 얕지도 않음[不深不淺]＝±
　　입쭈그림[蹙] ＝+,　　　펌[張]＝−,　　　쭈그리지도 펴지도 않음＝±
　　양(陽) 　　　＝+,　　　음(陰)＝−,　　　중성(음도 양도 아님)＝±

　　위에서 중성 7홀홀소리는 조음음성학 바탕과 역학의 바탕의 이원적 바탕으로 변별하고 있음을 알 수 있다. 이를 역 바탕의 글자론을 떠나서 순수한 조음적 바탕에 따라 다시 정리하여 본다.

　　조음적인 변별 바탕에 따르면, 결과적으로 홀홀소리 7개는 모두 다른 소리로 식별됨을 알 수 있다. 그러면서도 세 개의 비슷한 유사음(ㅣ는 빼고)의 떼(동아리)로 묶이어 있음을 알 수 있다. ①은 '•ㅗㅏ'이요, ②는 '─ㅜㅓ'이요, ③은 'ㅣ'이다.

　　①은 혀 모양이 오그라지고(縮), 소리느낌(청각 영상이나, 말할이 자신의 심리적 느낌)은 깊으며, 또 '양(陽)' 곧 밝은 소리 느낌(말맛)이라는 점에서 모두 공통적이다. 다만 '•'에서 입을 쭈그리면(蹙) 'ㅗ'가 되고 펴면(張) 'ㅏ'가 됨만 다르다(이러한 세 개의 상대적 개념에서 '•'는 입을 쭈그리지도 펴지도 않는다고 할 수 있으니 표에서 'ㅗ'가 그것이다).

　　②는 혀 모양이 조금 오그라지고(小縮) 소리 느낌은 깊지도 얕지도 않으며(不深不淺), 또 '음(陰)' 곧 어두운 소리 느낌(말맛)이라는 점에서 모두 공통

적이다. 다만 '一'에서 입을 쭈그리면(蹙) 'ㅜ'가 되고, 입을 펴면(張) 'ㅓ'가 됨만 다르다(이러한 상대적 개념에서 '一'는 입을 쭈그리지도 펴지도 않는다고 할 수 있으니, 표에서 'ㅡ'가 그것이다).

③은 혀 모양이 오그라지지 아니하고(不縮) 소리 느낌이 얕으며(淺) '음'(어두움)도 '양'(밝음)도 아닌 중성(中性)이다.

위에서 ①(·ㅗㅏ)과 ②(ㅡㅜㅓ)와 ③(ㅣ)을 변별하는 조음 바탕은 혀 모양과 소리 느낌이다. ①의 내부에서 각 소리를 변별하는 바탕을 '입쭈그림/ 쭈그리지도 펴지도 않음 / 폄'이다. 이것은 ②의 경우도 같다(만일 '입쭈그림 / 폄'을 '입술둥긂 / 안둥긂'으로 풀이한다면, 위는 '입술둥긂 / 둥글지도 안둥글지도 않음 / 안둥긂'이 될 것이다). 결과로 7홑홀소리는 서로 변별되는 바탕(자질) 현상을 다음과 같이 보인다.

혀 안오그림 얕은 소리 중성	혀 조금 오그림 깊지도 얕지도 않은 소리 음(어두움)			혀 오그림 깊은 소리 양(밝음)		
	입폄	쭈그리지도 펴지도 않음	쭈그림	입폄	쭈그리지도 펴지도 않음	쭈그림
ㅣ	ㅓ	ㅡ	ㅜ	ㅏ	·	ㅗ

정인지 등 훈민정음 해례자들이 전개한 순수 조음 바탕(소리 느낌[말맛]도 포함)은 7홑홀소리의 변별성을 분명히 함으로써 그 조음 자리를 명시한 것이니, 음운론으로 보아 매우 논리적 타당성을 지닌다.

이것으로써 15세기 국어의 홑홀소리 체계를 이해할 수 있고, 15세기 국어(음운론)의 공시적 연구와 통시적 연구에 기틀이 마련된 셈이다.

다만 여기서 살피고 넘어가야 할 문제가 있다. 그것은 '·'의 소리값 문제이다.[11] 이 소리값 문제는 당시 실재하는 홀소리 체계의 규명과 직접 관계

---

11) 이 소리값에 관한 것은 없어진 글자의 소리값의 추정에서 다루어야 할 일이나, 편의

가 있을 뿐 아니라 음운 변천사 및 국어 변천사도 직접 관계가 된다.

'·'의 소리값에 대해서는 여러 소견이 있다.[12] 여기에서는 다만 『해례』에 나타난 정인지 등의 설을 보기로 한다.

정인지 등의 『훈민정음 해례』에서 본 학설: 앞에 밝힌 7홑홀소리의 변별 바탕의 설명으로 본 바에 따르면 다음과 같이 정리된다.

'· ㅗ ㅏ'는 뒤홀소리 계열

'ㅡ ㅜ ㅓ'는 가운데 홀소리계열

'·'의 소리값은 'ㅏ ㅗ ·'의 사이소리다.

이를 좀더 현대 기술로 바꾸어 설명해 본다. '· ㅗ ㅏ'는 모두 혀오그림의 정도와 소리 인상이 같다. 다만 입쭈그림의 정도(입술 모양)가 다를 뿐이다. 다음은 이들의 소리 바탕을 현대적 기술로 보인 것이다.

(+R=입쭈그림. 입술둥긂. −R=입안쭈그림. 입술안둥긂. ±R=입쭈그리지도 펴지도 않음. 입술둥글지도 안둥글지도 않음.)

$$
\cdot = \begin{bmatrix} +혀오그림 \\ \pm깊음 \\ \pm R \end{bmatrix}
$$

$$
ㅗ = \begin{bmatrix} +혀오그림 \\ +깊음 \\ +R \end{bmatrix}
$$

$$
ㅏ = \begin{bmatrix} +혀오그림 \\ +깊음 \\ -R \end{bmatrix}
$$

에 따라 여기에서 언급하기로 한다.

12) 이 소견들의 구체적인 내용과 비판에 대해서는 『고친 한글갈』(최현배), 398~525쪽을 볼 것.

위의 소리 바탕에 따라서 '‧ ㅗ ㅏ'의 변별바탕은 입술의 모양(+R, −R, ±R)이고, 혀모양과 소리 인상은 나머지 바탕(redundant features, 잉여자질)이다. 이것으로 보아 '‧'는 'ㅏ ㅗ'의 사이소리이다. 이와 같은 결론은 정인지 등의 설을 현대식으로 풀어 본 것이다(그러나 실제 홀소리(ㅣ를 뺀)구도로 보면, '‧'는 그들에 둘러싸여 있음에 유의할 필요가 있다).

1.4. 얹힘 음소 체계와 변별 바탕

음성학이나 음운론에서는 분절요소(segmental elements)와 비분절 요소인 얹힘 요소(suprasegmental elements, 운율 요소(prosodic features)를 아울러 연구해야 하는 것은 다 아는 사실이다.

『해례』에서는 이제까지 보아 온 분절요소에 대한 조음음성학의 바탕과 역학의 바탕을 이끌어 낼 수 있지만, 또한 얹힘 현상에 대한 조음음성학의 바탕과 역학의 바탕을 이끌어 낼 수 있으니, 다음 「합자해」의 부분이 그것이다.

> 諺語平上去入。 如활爲弓而其聲平。 :돌爲石而其聲上。 ‧갈爲刀而其聲去。 ‧붇爲筆而其聲入之類。 凡字之左。 加一點爲去聲。 無點爲平聲。 而文之入聲。 與去聲相似。 諺之入聲無定。 或似平聲。 如긷爲柱。 녑爲脅。 或似上聲。 如:낟爲穀。 :깁爲繒。 或似去聲。 如‧몯爲釘。 ‧입爲口之類。 其加點則與平上去同。 平聲安而和。 春也。 萬物舒泰。上聲和而擧。 夏也。 萬物漸盛。去聲擧而壯。 秋也。 萬物成熟。入聲促而塞。 冬也。 萬物閉藏。 (合字解)

위의 글에 따르면, 그 때 국어에는 '평‧상‧거‧입'(平上去入)의 사성이 있음을 안다. 그리고 그 사성의 맞춤법도 알 수 있다. 곧 '거성'은 왼쪽에 한 점을 더하고, '상성'은 두 점을 더하고, '평성'은 점이 없다. 그리고 한자음(文)의 '입성'은 '거성'과 비슷(상사)하나(곧 한 점을 더함) 우리말의 '입성'은 일정하지 아니하여서, 혹은 '평성'과 비슷하여 점을 찍지 아니하고, 혹은 '상성'과 비슷하여 두 점을 찍고, 혹은 '거성'과 비슷하여 한 점을 찍는다. 곧 '입성'의 점찍는 법이 '평·상·거'와 같다. 여기서 문제가 생긴다.

① 과연 '평·상·거·입'의 사성의 정체는 무엇인가? 그것은 얹힘 요소로서의 높낮이를 나타내는 것일까?

② 위의 '입성'의 언급 쪽에서 "似"(비슷하다)가 가지는 뜻은 무엇일까? 그것은 맞춤법상의 유사성을 뜻함인가? 맞춤법상의 유사점만이라면 왜 "其加點則與平上去同"의 "同"과는 다른 "似"를 썼을까?

"한자의 '입성'은 거성(우리말)과 비슷하나 우리말의 '입성'은 일정함이 없어서,..."에서 '평·성·거·입'이 높낮이를 암시하고 있으나 설명이 미흡하다. 사성이 높낮이를 암시하는 것에 상징적 표현을 들 수 있다. 곧 위에서 따온 글 중에 조음 인상과 역의 바탕은 높낮이를 상징하고 있다고는 할 수 있다. 이를 보자. '평성'은 편안하고 부드러운 인상을 주니 봄이라, 이는 만물이 펴이고 편안함이며, '상성'은 부드럽고 들리니 여름이라, 만물이 점점 성하여짐이고, 거성은 들리고 씩씩하니 가을이라, 만물이 열매를 맺어 익음이며, '입성'은 빠르고 막히니 겨울이라, 만물이 닫히고 갈무리됨이라. 이것은 운율의 바탕을 상징한 것이라 할 수 있다. 그러나 그렇다 하더라도 『훈민정음 해례』의 「합자해」 쪽에 있는 '평·상·거·입'은 그 운율의 정체를 분명히 밝혀 풀이해 주는 데는 미치지 못하였다고 하겠다.

사성의 정체가 높낮이를 뜻하는 분명한 풀이는 『훈민정음 언해』에서 나타난다. 밝히기를, '거성'은 왼쪽에 한점을 더함인데 "뭇노푼소리"이고, '상성'은 왼쪽에 두 점을 더함인데, "처서미눗갑고 냉즁이 노푼소리"며 '평성'은 점이 없음인데 "뭇눗가분소리"라 하였다. 이로써 입성은 우선 놓아두고, '평·상·거'를 보면, 이는 성조이며, 그것은 "굴곡조(상)를 가진 수평조(평, 거) (register-tone with contour overlap)"라 하겠다.

그러면 '입성'은 무엇인가? '입성'은 『훈민정음』 '본문'에서 "점더함이 같으나 촉급하다(加點同而促急)"고 했고, 『언해본』에서는 "점더우믄 흔가지로

디 샌르니라" 또는 "샐리 긋듣는소리"라고 했다. 또한『훈민정음』「합자해」중 앞에 보인 따온말에서, "국어의 입성은 일정하지 아니하여 혹은 평성과 비슷하여 긷(柱) 녑(脅) 따위와 같고, 혹은 상성과도 비슷하여 :낟(穀), :깁(繒) 따위와 같고, 혹은 거성과도 비슷하여 ·몯(釘), ·입(口) 따위와 같다."고 했다. 곧 '입성'은 그 점더함이 '평·상·거'와 같다는 말이다.

위는 '입성'을 아래와 같은 두 가지 차원으로 설명한 것이다.

1. 음성 바탕의 차원: 촉급하다, 빠르다, 빨리 긋닫는다. 이는 "ㄷ, ㅂ"과 같은 무성폐쇄음을 뜻한다.
2. 높낮이 음조의 차원: 점없음은 '평성'이니, 가장 낮은 소리요, 한 점 더함은 '거성'이니, 가장 높은 소리요, 두 점 더함은 '상성'이니, 처음이 낮고 나중이 높아가는 소리이다.

곧 이것으로 보아 '입성'은 무성 폐쇄음 끝소리를 가지되, 그 자체 "굴곡조를 가진 수평조"의 바탕을 가진 것이라 하겠다. 다시 말하면 입성 밖의 '평·상·거'는 무성 폐쇄음 밖의 끝소리(「종성해」쪽에 보면, 불청불탁의 6글자소리 "ㆁㄴㅁㅇㄹㅿ"는 '평·상·거'의 끝소리라 함)를 가진 말의 음조(굴곡조를 가진 수평조)라 하겠으며, '입성'은 무성 폐쇄음 끝소리(「종성해」쪽에서 보면, 전청, 차청, 전탁)를 가진 말의 음조('평·상·거'와 비슷한 굴곡조를 가진 수평조)라 하겠다.

'평·상·거·입'은 자칫하면 종성의 종류로 오해하기 쉽다. 다음『훈민정음 해례』의「종성해」쪽을 보기로 한다.

聲有緩急之殊。　故平上去其終聲不類入聲之促急。不淸不濁之字。　其聲不厲。　故用於終則宜於平上去。全淸次淸全濁之字。　其聲爲厲。　故用於終則宜於入。所以ㆁㄴㅁㅇㄹㅿ六字爲平上去之終。　而餘皆爲入聲之終也。

위에서 보면, 느린소리(緩, 유성음) 인상을 주는 불청불탁의 여섯소리 ㅇ
ㄴㅁㅇㄹㅿ은 '평·상·거'의 종성이 되고, 그 밖의 급한소리(急, 무성 폐쇄:
예사, 거센, 된) 인상을 주는 전청·차청·전탁의 소리는 모두 '입성'의 종성
이 된다는 것이다. 여기의 '평·상·거 종성'과 '입성 종성'은 종성의 분류 중
심으로 본 것이다. 그러한 종성을 가진 말의 음조는 나타내지 아니하고 숨어
있다고 보아야 한다. 이러하므로『훈민정음 해례』만으로 보면 음조의 바탕
문제가 분명히 밝혀 있지 못함이 지적된다.

이제 '입성'도 높낮이가 있을 수 있음을 인정하면서『훈민정음 해례』에
나타난 사성에 대한 설명을 정리하면 다음과 같다.

<table>
<tr><td colspan="2" rowspan="2"></td><td rowspan="2">맞춤법</td><td colspan="2">높낮이</td><td colspan="2">종성바탕</td></tr>
<tr><td>조음 인상</td><td>역(易)</td><td>음성바탕</td><td>역</td></tr>
<tr><td colspan="2">거</td><td>한 점</td><td>거-장(擧而壯)</td><td>가을, 만물 성숙</td><td rowspan="3">느림
불청불탁</td><td rowspan="3"></td></tr>
<tr><td colspan="2">상</td><td>두 점</td><td>화-거(和而擧)</td><td>여름, 만물 점성</td></tr>
<tr><td colspan="2">평</td><td>점없음</td><td>안-화(安而和)</td><td>봄, 만물 서태</td></tr>
<tr><td rowspan="3">입</td><td>거</td><td>한 점</td><td></td><td></td><td rowspan="3">급하고 막힘
전청
차청
전탁</td><td rowspan="3">겨울
만물 폐장</td></tr>
<tr><td>상</td><td>두 점</td><td></td><td></td></tr>
<tr><td>평</td><td>점없음</td><td></td><td></td></tr>
</table>

위에서 종성 바탕은 '거·상·평' 종성과 '입성' 종성을 구별하기 위한 것
일 뿐, 얹힘요소(suprasegmental features)와는 관계가 없다.

그런데 '입성'의 점더함이 '평·상·거'와 같으므로 높낮이는 '거·상·평'
으로 합쳐져서, 결국 얹힘 요소인 높낮이는 '거·상·평'일 뿐이고, 그것은 조
음 인상과 역(易)의 바탕으로 변별된다. 다음이 그것이다.

변별 바탕 ＼ 얹힘 요소		거	상	평
조음인상	장(壯)	+		
	거(擧)	+	+	
	화(和)		+	+
	안(安)			+
역	가을	+		
	여름		+	
	봄			+

이와 같이 해례 학자는 높낮이에 대하여도 조음 인상과 역의 바탕을 주는 이원적 관점을 가지고 있음을 알 수 있다. 그리고 또한 얹힘 요소의 자질로 보아 "安和(平) → 和擧(上) → 擧壯(去)"으로 점점 높임의 성조가 변하여 감을 알 수 있다. 그러나 역시 이것만으로 사성의 성조의 정체가 분명하게 밝혀지는 것은 아니다. 그 정체는 앞에서 말한 바, 『훈민정음 언해』를 기다려 분명히 드러난다.

1.5. 음소관(音素觀)

훈민정음을 창제하기 위하여, 창제에 앞서 해결해야 할 것은 음운 체계의 확립이다. 이를 위하여 세종을 주축으로 한 당대의 운학자들은 중국의 운학을 연구해야 했을 것이고, 이를 바탕으로 당시의 우리말의 음운 체계를 확립했을 것이며, 이 음운 체계에 맞는 글자를 창제하기에 이르렀을 것이다. 그러면 훈민정음 해례자들은 과연 음소관(현대언어학에서와 같은)을 얼마나 정확하게 인식하고 있었을까? 그들은,

(1) 음소(phoneme)와 변이음(allophone)의 구별을 분명히 파악하고 있었던 것 같다.

(2) 표준음 체계의 설립을 위하여서는 표준 음소 밖의 요소들 곧 개인적인 음차(diaphones)와 방언(dialect)의 차이는 불필요한 것으로 분명히 인식한 듯하다.

(3) 말소리와 말소리 사이의 변별을 위하여 최소대립(minimal pair)의 방법을 이용한 것으로 보아 음소의 개념을 음성적 시차 기능의 낱덩이(단위)로 인식한 듯하다.

(1) 음소와 변이음의 구별

『훈민정음』「합자해」에 밝힌 다음의 구절은 음소와 변이음의 구별을 분명히 하였음을 보여 준다.

半舌有輕重二音。　然韻書字母唯一。且國語雖不分輕重。　皆得成音。若欲備用。　則依脣輕例。　ㅇ連書ㄹ下。　爲半舌輕音。　舌乍附上腭。

이를 먼저 요약하면 다음과 같다.

"반설음에는 혀 무거운소리(중설) ㄹ과 혀 가벼운소리(경설) ᄛ이 있으나 국어에서는 이 둘을 나누어 쓸 필요가 없다. 따라서 자모는 ㄹ 하나만으로도 족하다. 그러나 만일 혀가벼운 소리를 쓸 필요가 있을 때는 입술가벼운소리(脣輕音)의 보기에 따라 ㄹ 아래에 ㅇ을 이어 쓴(ᄛ)다. 그리고 그 발음법은 혀를 윗잇몸에 살짝 댄다." 이는 음소에 관한 것과 음소 글자에 관한 기록이다.

첫째, 음소에 관한 것으로는, 혓소리에 무거움과 가벼움의 두 개의 소리가 있으나 국어에서는 이 둘을 나누지 아니하고 하나로 써도 족하다는 것이다. 이는 당시 국어의 혓소리에 두 소리(이를 XY라 하자)가 있으나 말무리(언중)의 심리에서는 이 둘이 시차적 기능이 있는 것으로 인식되지 아니하고 오직 하나(이를 X라 하자)로 인식한다는 것이다. 이를 기호로 보이면 다음과 같다.

[X Y]→/X/

곧 [X Y]는 /X/ 음소의 변이음이다.

둘째, 음소 글자와 변이음의 글자 문제이니, /X/ 음소 글자를 'ㄹ'로 표기한다면 변이음의 [Y]의 글자는 'ᅙ'로 표기할 수 있다는 것이다. 위의 음소 글자와 변이음 글자를 빌어 기술하면 다음과 같이 된다.

[ㄹ ᅙ]→/ㄹ/

여기 또 하나의 문제가 있다. 그것은 '依脣輕例'라는 기술이다. 이는 순경음자 곧 입술가벼운소리글자 'ᅙ'임이 전제된 표현이다. 그런데 이러한 전제가 [ㅂ ᅙ]도 /ㅂ/이 됨을 전제한 것인가? 곧

[ㅂ ᅙ]→/ㅂ/의 문제가 제기된다.

'ᅙ'의 음소 문제: 'ᅙ'의 기록은 앞에서 든 「합자해」에 나올 뿐 『훈민정음』의 어느 부분에도 없다. 15세기 문헌에도 실제 쓰이지 아니했다. 그러나 'ᅙ'은 다르다. 'ᅙ'은 『훈민정음』 본문에서 다음과 같이 기록했다.

ㅇ連書脣音之下。 則爲脣輕音。

이것은 'ᅙ'의 맞춤법(이어씀)과 그 이름(순경음)을 밝힌 것이다. 『훈민정음』「제자해」에는 그 발음법(소리값)까지 기술하고 있다.

脣輕音者。 以輕音脣乍合而喉聲多也。

곧 순경음은 가벼운 소리로써, 그 발음법은 입술이 살짝 합하고 목소리가 많이 난다는 것이다. 물론 이 표현은 이치에 어긋난다. 그것은, 입술을 살짝 합했다 하면 간극은 영도가 되므로, 이런 상황에서는 목소리(유성음)가 나올 수 없기 때문이다. 따라서 이를 보충하는 설명이 나오게 된 것이다. 최세

진의 『四聲通解』하권의 「번역노걸대 박통사 범례(飜譯老乞大朴通事凡例)」
에 나오는 다음 기록이 그것이다.

> 合脣作聲爲ㅂ 而曰脣重音 爲ㅂ之時 <u>將合勿合 吹氣出聲爲ㅸ</u> 而曰脣輕
> 音 制字加空圈於ㅂ下者 卽虛脣出聲之義也(띄어쓰기와 밑줄은 글쓴이가 함)

이는 ㅂ과 ㅸ의 소리값(조음방법 및 조음점)의 차이를 구별해 놓은 것이
다. 위에서 'ㅸ'에 대하여 "장차 합하려다 합하지 않고 숨을 불어내어 소리를
낸다(將合勿合吹氣出聲)"[13]라든가 "입술을 비워(떼어) 소리를 낸다(虛脣出
聲)"는 풀이는, 'ㅸ'이 간극 1도 정도에서 목청 떨음이 있는 것으로 추정되는
바 'ㅸ'은 [β]의 소리값을 가진 것으로 추정할 수 있다.

입술소리에는 이러한 'ㅸ'과 'ㅂ' 두 소리가 있으되, 결코 한소리만으로
넉넉히 쓸 수 있다는 표현은 『훈민정음』 어디에서도 찾아볼 수 없다. 이것은
'ㅭ'의 경우와는 달리 'ㅸ'의 독립적 존재를 가정케 하는 것이다. 오히려 『훈민
정음』 「용자례」에는 'ㅂ'과는 별개로 보이는 'ㅸ'의 용례가 나온다.

사ㅸ|爲蝦, 드 ·뵈爲瓠

그러함에도 'ㅸ'이 『훈민정음』 본문의 초성 17자 안에는 들어가지 아니하
고, 다만 본문 중 끝부분의 맞춤법에서만 순경음의 연서(連書)법으로 보임으
로써 그 분명한 정체에 대한 풀리지 않는 의문을 남기고 있다.

'ㅸ'에 대한 분명한 실체는 15세기 문헌에 의하여 밝혀진다. 곧 『용비어
천가』, 『월인천강지곡』, 『석보상절』, 『월인상보』 등에는 그 쓰임이 비교적 규
칙적이다. 그러다가 1460년대 세조조의 불경언해류에서는 이 글자가 나타나
지 아니한다. 이 짧은 연대 상에 쓰인 ㅸ에 대하여 그 실체에 대한 논란이

---

13) 신경준(申景濬)의 『훈민정음운해(訓民正音韻解)』 중, 「오음변성(五音變成)」쪽에도
   비슷한 기록이 보인다.
   蓋 ㅁㅂㅍㅃ 合脣作聲 而爲ㅱㅸ퐁뼝之時 將合勿合 吹氣出聲 乃合吹氣之象也

분분하다.[14] 그러나 고구하건데, 'ㅸ'은 [β]이고 [β]는 음소 /β/ 곧 /ㅸ/이라 추정된다. 그것은 음소 성립이 안 되는 음성(변이음)은 표기상에 나타나지 않는 것이 문헌의 표기법인데(음소 표기가 됨이 원칙), 'ㅸ'은 이미 보인 바 훈민정음용자례에 나타날 뿐 아니라, 앞에 든 15세기 문헌에서 음소로 인식되는 법으로 나타난다. 또한 훈민정음 'ㆆㄹ'은 'ㄹ' 하나로 족하다고 했으나 'ㅸㅂ'의 경우는 그러한 언급이 전혀 없다. 한편 1445년의 『용비어천가』에서 1459년 『월인석보』에 이르는 문헌에 쓰인 'ㅸ'의 분포(distribution)를 보면, [β](ㅸ)은 [b]와 동일 환경인 a-i 사이에 나타날 수 있다.

사비〈훈, 용자〉 ㅸ = [β]

하나비〈용, 19〉 ㅂ = [b]

뿐만 아니라, 준동음어(minimal pair)로도 나타난다.

구버(구워서) 〈월석, 21:53-4〉

구버(구부리어) 〈월석, 9:35 상〉

고비(막다른 절정) 〈법화, 3:163〉

---

14) ㄱ. [b]의 이상 표기설
    남광우(1960): "ㅸ ㅿ 論攷"에서 "ㅸ, ㅿ은 동국정운식 한자음 표기상 등장한 문자로서, 국어표기에도 사용된 것이니, ㅸ은 [b]의 이상(理想)적 표기였다"라고 함.
   ㄴ. 이음 및 상징적 표기설
    유창돈 ㉠ (1962): 『15세기 國語의 音韻体系』, ㉡ (1964): 『李朝 國語史硏究』 등에서, "ㅸ의 음가는 유성음 ㅂ의 이음이거나 또는 ㅂ〉오/우의 변화의 상징적 표기이며 독립된 음운표기는 아니다"라고 함.
   ㄷ. 음소설
    최현배(1971): 『고전 한글갈』에서, "ㅸ은 순 국어 적기에 가장 많이 쓰인 것이며, 홀소리와 홀소리 사이, ㄹ과 홀소리 사이 등에서 쓰이며, 그 소리 둘레(쓰인 환경: 글쓸이)가 달라지는 경우에는 ㅂ으로 바뀌어 쓰인다"고 한 바, 이는 ㅸ과 ㅂ과의 관계를 음소변동으로 본 것으로 이해된다.
    허 웅(1985): 『국어 음운학–우리말 소리의 오늘·어제』에서는, "ㅸ은 [β]이며" (319쪽), "그것은 음소이다: [β]→ /ㅸ/이다"(393~395쪽)라고 했음.

고비(곱게) 〈월석, 7:18〉

또한, 'ᄫ'은 독립 형태에도 나타난다.

셔ᄫᆞᆯ使者 〈용, 18〉
ᄒ ᄫᅡᅀᅡ 〈용, 35〉

그리고 'ᄫ'은 형태 배합에서 변이형태 형성의 음소 변동으로 나타난다.

대 + 범 → 대범 〈용, 87〉 ({범} / 범) (견줌: 한 + 비 → *한ᄫᅵ)
숩 + ᄋᆞ리 → 술ᄫᅥ리 〈용, 26〉 ({숩} / 술ᄫ/)

한편 방언으로 보아, 남부 방언에서, 과거의 ᄫ 끝바꿈형이 ㅂ 바른끝바꿈으로 남아 있다.

눕다, 눕어, 눕으니, …
곱다, 곱아, 곱으니, …

문헌상으로 쓰임의 때가 1445~1459년으로 매우 짧기는 하나, 이는 고려시대를 거쳐 조선 초기까지 쓰인 것으로 1460년 직전에 소멸되었다고 추정함이 옳다[15]. 따라서 결론적으로 앞에서 제기한 [ㅂ ᄫ]은 /ㅂ/인가의 문제에서 'ᄫ'이 'ㅂ'의 변이음은 아니며, 'ㅂ'과 각립하는 음소임이 확인된 것이다.

$$[\text{ㅂ ᄫ}] \rightarrow \left\{ \begin{array}{l} /\text{ㅂ}/ \\ /\text{ᄫ}/ \end{array} \right\}$$
$$[\text{ㅂ ᄫ}] \rightarrow */\text{ㅂ}/$$

이상으로 보아 훈민정음 해례자들의 'ᄫ'의 정체(음소 글자임)에 대한 분명한 풀이가 있었으면 하는 아쉬움이 있다.

---

15) 더 자세한 것은, 김석득(1964): 「중세 순경음 'ᄫ'음소고」, 연세대학교 『인문과학』 9집을 볼 것.

(2) 표준음화를 위하여 개인 음차와 방언의 불필요성 인식
'합자해' 마지막 대목에는 다음과 같은 기술이 있다.

> •ㅣ起ㅣ聲。 於國語無用。 兒童之言。 邊野之語。 或有之。 當二字而
> 用。 如기긔之類。

이는, 'ㅣ' 다음에 '•'나 '一'를 어울러 발음할 수 있는 소리([y, yɨ])가 있어서, 이를 글자로 맞출 때 두 자를 어울러 기긔따위와 같이 맞추어 쓸 수 있지만 (맞춤법), 이러한 소리는 아이들 말이나 시골말에는 혹 있으나 국어(우리 표준발음)에는 쓰이지 않는다는 것이다. 곧 이는 소리로서는 아이들 말과 같은 개인적인 음차(diaphones)나 시골말(방언)의 차이가 있어 이러한 섬세한 음차까지 쓸 수 있는 훈민정음의 문자적 우수한 기능과 그 맞춤법 규정을 지시한 것이지만, 결국 표준어에는 그러한 발음이 없으므로, 그것은 국어의 표준화로 삼을 수 없다는 것이다. 이와 같이 우리말 소리의 표준화 문제를 개인적인(무한한) 음차나 시골말의 소리와는 분명히 구별하고 있다는 사실에 주목하게 된다. 여기에서 정인지 등이 나라의 표준음 체계를 세우는 데는 표준 대상을 개인 음차나 방언 음과 혼동하지 않으려는 의도를 읽을 수 있다. 이 점에서 그들은 한 사회에 계약된 언어 재보로서의 음소 인정에 대한 정확한 언어학적 기준 판단이 서있었던 것으로 평가가 가능하다.

(3) 음성의 시차적 기능의 낱덩이 인식
훈민정음 '합자해'에는 다음과 같은 기술이 있다.

> 各自並書。 如諺語 •혀爲舌而 •혀爲引。 괴 •여爲我愛人而괴 •여
> 爲人愛我。 소 •다爲覆物而쏘 •다爲射之之類。

이는 각자병서(各字並書) 글자의 맞춤법(예사 글자의 아울러 씀)을 보인 보기이지만 그 각자병서자가 가지는 음소 문자의 시차적 기능을 보이는 것이

기도 하다. 그 시차적 기능은 준동음어(프. quasi-homonyme) 또는 최소대립의 짝(minimal pair)으로 보이고 있다. 음소론에서 준동음어의 형성은 대립 음소로 본다는 규칙에 따라, 각자병서자음('ㅇㅇ'을 빼고는)이 그때 순수한 우리말에서 음소적 기능을 수행하고 있었음을 알 수 있다. 다음이 그것이다. 혀

'·혀'와 '··혀'에서 /ㅎ/(/h/) : /ㆅ/(/ɕ'/), '소·다'와 '쏘·다'에서 /ㅅ/(/s/) : /ㅆ/(/s'/) 해례자는 이러한 준동음어의 방법을 통하여 대상되는 자소(grapheme)가 음소됨을 제시해 준 것이라 하겠다. 'ㆅ'을 /h'/로 보지 않고 /ɕ'/로 보는 까닭은, 무엇인가? 한자음에서는 『훈민정음 해례』의 ·(洪)자 이외에, 『훈민정음 언해』에 ·(喉), ·(合), 『동국정운』에 ·(橫), ·(學) 등이 나타난다. 따라서 한자음의 경우는 h'(ㆅ)라 하겠다. 그러나 신숙주의 「동국정운 서(東國正韻序)」에, "我國語音其淸濁之辯與中國無異於字音獨無濁聲"이라 했으니, 당시 우리 한자의 현실음에는 탁성(된소리)이 없었은즉, 『동국정운』의 내용에 나타난 'ㆅ' 역시 현실음이 아닌 중국 운서에 억지로 맞춘 교정 한자음이며,[16] 그것은 예사소리 [h]였을 것이다. 따라서 『훈민정음』의 ·(洪)의 'ㆅ'이나 동국정운식 한자음 표기를 한 『훈민정음 언해』의 'ㆅ'의 표기는 모두 [h]일 것이다. 'ㆅ'의 순수 우리말의 보기로는 앞에 든 『훈민정음』「합자해」의 준동음어의 보기를 비롯하여 15세기 문헌에 다음과 같이 나타난다.

> ·치 ·혀〈용, 87〉
> 도르 ·혀〈월, 2:60〉, 〈능, 1:110〉
> 두르 ·혀〈월, 2:61〉
> 두위 ·혀〈능, 1:16〉, 〈법화, 2:160〉

곧 'ㆅ'은 언제나 V–y/의 환경에 나타난다. 그러므로 우리말에서 'ㆅ'은 [ʔhy] 곧 구개음화한 [ʔɕ'] 또는 [ɕ']이요, 음소로는 /ʔɕ/ 또는 /ɕ'/이다. 이러한

---

16) 이 글 『동국정운(東國正韻)』쪽과 『훈민정음 언해(訓民正音諺解)』쪽을 볼 것.

사실을 단적으로 증명해 준 것이 해례자들이 「합자해」에서 기록한 준동음어법의 탁론적 보기이다. 다만 ‘00’은 문제가 있다.

‘00’의 풀이

‘괴·여[我愛人]’와 ‘괴·예[人愛我]’는 제힘(능동)과 입음(피동)의 뜻 차이를 나타내는 최소대립의 준동음어로 보인다. 그렇다면 이들은 음운적 대립일까?

/ ○/: / 00 / ?

‘○’은 「제자해」에서 불청불탁(不淸不濁)이라는 유성 계열에 넣고, 또 콧소리 ‘ㆁ’과 ‘○’이 비슷하여 운서에서는 이 둘이 많이 혼용된다고 하고 있다. 다음이 그 기록이다.

> 唯牙之ㆁ。 雖舌根閉喉聲氣出鼻。 而其聲與○相似。 故韻書疑與喩多相混用。 …

그러나 「종성해(終聲解)」에서는 ‘○’의 소리가 맑고 비어서 반드시 끝소리에 쓰지 않더라도 가운뎃소리가 소리를 이룰 수 있다고도 기술하고 있다. 다음이 그것이다.

> 且○聲淡而虛。 不必用於終。 而中聲可得成音也。

그런가 하면 같은 「종성해」에서는 또한 ○ㆆ의 느림 / 급함의 상대론에서, 같은 조음점(후음)상에 있는 ㆆ은 무성, ○은 유성계열로 들어가 있다. 다음이 그것이다.

> 牙之ㆁ 與ㄱ爲對 。 而ㆁ 促呼則變爲ㄱ而急 。 ㄱ舒出則變爲ㆁ 而緩。
> …喉之○ㆆ其緩急相對。 亦猶是也。

곧 「제자해」에서는 'ㆁ'과 'ㅇ'이 비슷하다(ㆁ≒ㅇ)고 함으로써 'ㆁ'의 유성성을 띤 닿소리 바탕을 가진 것으로 풀이했다. 그러나 「종성해」에서는 'ㅇ'이 맑고 비어서 종성으로는 그것이 있으나마나한 것(ㅇ=Zero)으로 풀이하고 있는가 하면, 또한 후음의 유성 계열로 처리하고 있는 등, 엇갈린 모순을 드러내고 있다. 그런데 'ㅇ'의 실제 말의 쓰임 예로 보면 초성 종성에 모두 무음가로 밖에 볼 수 없다. 이것은 이른바 음소적 차원에서 보면, "영 음소"(zero phoneme)라 할 수 있다(국어 정서법에서는 이 영 음소를 표기해 주도록 되어 있는 것이 어느 나라 맞춤법에서보다 특징적이다).

그렇다면 'ㆀ'은 'ㅇ'이 겹친 것이므로 결국 'ㆀ'도 소리값 없는 "영 음소"에 지나지 않는다. 따라서 '괴ㆍ여'와 '괴ㆍ뼈'의 시차적 기능은 'ㅇ'/'ㆀ'에 있는 것이 아니라, 다른데 있다고 보아야 한다. 아마도 그것은 '여'([yə])의 예사 반홀소리 [y]와 '뼈'([y'ə])의 된반홀소리[y']에 있다고 볼 수밖에 없다. 이와 같이 풀이하면 최소대립의 준동음어와 음소적 대립은 다음과 같이 기술된다.

괴 ㆍ여 / 괴 ㆍ뼈

→koy yə / koy y'ə

음소 대립 =/y/ / /y'/

이와 같은 풀이에 따라서 15세기 우리말에는 된반홀소리 /y'/가 있었음을 확인할 수 있다. 한편 당시에는 된홀소리 /i'/도 있음을 확인할 수 있는데, 그것은 다음의 보기 따위가 있기 때문이다.

믜옌(미움을 받는) 〈몽산법어, 19〉

(옌=i'n)

곧 15세기 말에는 입음(피동)의 말본 기능을 하는 음소에는 /y'/, /i'/가 있음을 확인할 수 있다.

이와 같은 풀이에서 보면, 앞에서 풀이한 ‘ㆆ/ㆅ’, ‘ㅅ/ㅆ’의 음소 대립의 질서는 ‘ㅇ/ㆀ’의 대립의 질서와 다르다고 할 것이다.

훈민정음 해례자들은 ‘ㅇ’의 소리값에 대하여 불투명성을 빚어내면서, 또한 단순히 ‘ㅇ’과 ‘ㆀ’에 의한 시각적 문자 관념의 최소대립의 준동음어가, 내용상으로는 예사홀소리 대 된반홀소리의 음소적 대립의 준동음어를 보이고 있는 것으로 해석하도록(의도적이건 비의도적이건) 뒷사람들에게 맡기고 만 셈이다.17)

그런데 ‘ㅇ’과 관계되는 것으로, ‘ㆆ’의 문제가 제기된다. 왜냐하면 ‘ㅇ’의 소리값 문제에서 ‘ㆆ’이 함께 등장하는 일이 있고, 또한 ‘ㆆ’은 훈민정음에서 초성 17자 중의 하나였으나 뒤에 없어진 글자로서 15세기 음운 체계 과정에서 그 소리값이 문제되기 때문이다.

‘ㆆ’의 문제
‘ㆆ’과 관계있는 대목을 보면 다음과 같다.

    ㆆ。喉音。挹字初發聲 (훈민정음 본문)

    ㄱㄷㅂㅈㆆㅇ 爲全淸。(제자해)

    蓋以ㆆ聲深不爲之凝。 ㆆ比ㅇ聲淺。 故凝而爲全濁也.(제자해)

    喉之ㅇㆆ其緩急相對(종성해)

    初聲之ㆆ與ㅇ相似。 於諺可以通用也.(합자해)

「용자례(用字例)」에는 ‘ㆆ’의 보기가 없다.
그러나 15세기 문헌에는 끝소리에 여러 방법으로 쓰인다.

---

17) ‘ㆀ’에 대한 자세한 것은, 김석득(1965): 「소실자운(graphemes) –중세 ㅿ, ㆆ, ㆅ, ㆀ, ㅸ을 중심하여–」, 연세대학교 『인문과학』 13집 91~2쪽을 볼 것.

“以影補來”식의 ‘ㄹㆆ’:

　　不붊, 八밣, 日싫, …

순수 국어에서:

　ㄱ. 올적(미래) 형태소와 닿소리 사이

　　도라옳軍士〈용, 25〉

　　길넗사름〈석, 6:4〉

　ㄴ. 사잇소리

　　先考ㆆ뜯〈용, 25〉

　　하늟 쁘들〈용, 86〉

① ‘ㆆ’의 한자 첫소리는 『동국정운』 교정 한자음이다. ‘ㆆ’이 ‘挹’(『훈민정음 언해』에서 ‘흡’)의 첫소리라 하는 것은 동국정운(東國正韻)식 교정 한자음 문제이니 국어의 실제음과는 관계가 없다. 다시 말하면 여기 ‘흡’을 포함해서 『훈민정음 언해』와 『월인석보(月印釋譜)』 등에 보이는 音흠, 於허, 安한, 嗚 호 따위 한자의 국음은 『동국정운』의 교정음으로 당시 실제 한자음과는 다르다.

② ‘ㆆ’는 목구멍소리(喉音)이고, 전청(全淸) 계열이다. 목구멍소리 계열 에는 ‘ㆆㅎㅇ’가 있다.

③ ‘ㆆ’과 ‘ㅎ’과의 관계에서, 이 둘은 같은 목구멍소리라 하더라도 ‘ㆆ’은 ‘ㅎ’보다 더 소리가 깊다는 것이다. 이는 ‘ㆆ’이 ‘ㅎ’보다 조음점이 더 목청쪽으로 내려간다는 것이다.

그러므로 그러한 깊은 조음점에서는 소리가 엉기기 어려우므로 전청음 (무성예사소리)이 엉기어 전탁음(全濁音, 된소리)을 만드는 원칙에서 벗어나 서 조음점이 더 얕은 차청(次淸)이 엉기어 전탁음 ‘ㆅ’을 이룬다는 것이다.

④ ‘ㅇ’과 ‘ㆆ’과의 관계에서, 이 둘은 같은 목구멍소리로서 느림 / 급함의 상대성 관계에 있으며, ‘ㆆ’은 급한 바탕을 띤다는 것이니, 이는 ‘ㆆ’이 목청 폐쇄의 조음 방법을 수행함을 알 수 있다. (‘ㅇ’이 사실상 느린 유성의 바탕을 띤 것이냐는 문제이다. 이는 영의 음가임을 글쓸이는 앞에서 이미 밝혔다).

⑤ 첫소리에 환경에서 'ㆆ'과 'ㅇ'은 비슷하여 서로 통하여 쓴다는 것이다. 이것은 문제이다. 'ㆆ'은 목청폐쇄음이므로 이른바 유성 바탕의 'ㅇ'과 상대성 관계에 있다고 해 놓고, 우리말 첫소리에서 서로 통하여 쓴다는 풀이는 모순이기 때문이다. 특별한 환경 곧 첫소리라는 조건이 붙었음에 뜻을 주면 이해가 안가는 것은 아니다. 어떻든 'ㅇ'이 영 음소이므로(이미 앞에서 밝힌 바 있음) 첫소리에서 이와 비슷한 'ㆆ' 또한 영 음소라 하겠다.

⑥ 15세기 문헌에서, 끝소리에 쓰이는 여러 가지 방법 중, "以影補來"식의 맞춤법에 동원되는 'ㄹㆆ'의 'ㆆ'은 사실 한자음과는 다른 교정음에 쓰인 것이다. 그러나 "影母" 'ㆆ'은 목청폐쇄(따라서 목청에 긴장성을 띠기도 함)의 효과를 거두려는 의도에서 선택된 것으로 매우 합리적 동원 방법이다. 또한 순수 국어음에서 올적(미래) 형태소와 'ㄹ' 사이에 쓰인 'ㆆ'도 뒤잇는 소리의 유성화를 막기 위하여 동원된 것이니 그것은 폐쇄의 바탕(자질)이다. 이러한 폐쇄 바탕은 뒤잇는 첫소리를 된소리로 만드는 결과를 가져온다.

> 받즈볼쩌긔〈석, 6:18〉
> 못홀꺼시라〈석, 6:38〉

또한 사잇소리 'ㆆ'도 이른바 유성 바탕의 'ㅇ' 아래에서 같은 조음점의 무성 폐쇄 바탕의 'ㆆ'을 쓴다는 법칙에서 동원된 것이다.

이상으로 보아, 'ㆆ'은 교정 한자음의 첫소리에는 올 수 있지만 이는 논의의 주된 대상이 못된다. 'ㆆ'은 'ㅎ', 'ㅇ'과 같은 목구멍소리 계열로, 'ㅎ'보다는 깊은 목청 쪽에 조음점을 차지한다. 그리고 'ㅇ'과의 상대성 관계나, "以影補來"식의 표기 방법이나, 우리말에서 올적 'ㄹ'과 닿소리사이 및 사잇소리의 쓰임법에서 볼 때 'ㆆ'은 목청폐쇄음을 확인 할 수 있다. 이를 만국음성기호로 보이면 [ʔ]에 해당한다. 'ㆆ'이 첫소리에 쓰일 때는 'ㅇ'과 같은 영음소이다. 그러나 우리말에서는 사실상 'ㆆ'이 첫소리에 쓰인 보기가 없고 모두 'ㅇ'을 썼다. 따라서 이는 'ㅇ'의 문제이요, 'ㆆ'의 문제는 아니다.

'ㆆ([ʔ])은 또 다른 문제를 부른다. 이것은 버젓한 분절음소(segmental phoneme)인가, 아니면 성분음소(componental phoneme)인가? 'ㆆ'은 닿소리를 된소리로 만드는 목청폐쇄성을 띠는 기호임에는 틀림없다. 이러한 음성 바탕은 현대 국어에서도 [ʔ]의 있고 없음이 시차적 기능을 가지므로 음소 재분석(rephonemizization)에서 성분 음소(componental phoneme)로 본다.[18] 15세기 국어에서도, 'ㆆ'이 닿소리 17자 가운데 하나요, 또한 실제 쓰임에서 인지된 요소였으므로 이를 당시의 성분 음소 /ʔ/ 또는 '조직밖의 음소(extrasystematic phoneme)' .ˑʔ.ˑ라 하겠다.[19]

훈민정음 해례자들은 『해례』에서 이에 대한 풀이에 모순이 없지 않았다. 또한 이에 대한 밝힘이 명쾌하지도 못하였다. 그러나 'ㆆ'의 소리바탕을 드러내려는 노력과 'ㆆ'이 언어 수행상 인지적 존재(음소)임을 암시하려는 의도가 있었음은 사실이다.

1.6. 생성 철학관: 역관(易觀)

「제자해」의 첫머리에는 역(易)의 생성 원리에 바탕을 두고 있음을 큰 전제로 밝히고 있다. 다음이 그것이다.

> 天地之道。 一陰陽五行而己。坤復之間爲太極。 而動靜之後爲陰陽。
> 凡有生類在天地之間者。 捨陰陽而何之。故人之聲音。 皆有陰陽之理。 顧
> 人不察耳。

위의 요지는 다음과 같다.

1. 대전제: 하늘과 땅의 이치는 음양오행(음양과 만물의 5원소 곧 쇠(금),

---

18) 김석득(1960): 「국어 음운 분석론」, 『한글』 126호.
19) K. L. Pike(1947): *Phonetics, A Technique for Reducing Language to Writing.* 143쪽에서는 '조직 밖의 음소'를 .ˑʔ.ˑ로 기술하고 있다.

나무(목), 물(수), 불(화), 흙(토))에 있다.
2. 소전제1: 음양은 모든 힘의 근원인 태극의 운동 양식에서 분화 생성한다.
   소전제2: 모든 삶의 존재들은 이 음양의 이치에 따른다.
3. 결론: 그러므로 사람의 말소리도 음양의 이치를 따른다.

위에서 볼 수 있는 것은 역의 근본적인 힘의 요소의 생성 원리(태극→음/양)와 생성된 요소들은 모든 삶을 지배하는 이치 곧 힘을 가진다는 것이다. 그리고 삶의 하나인 사람의 말소리도 이 이치(힘)에 따라야 한다는 것이다. 이러한 설명에는 생성과 운행의 이차원적 내용이 함축되어 있다고 할 것이다.

첫째, 생성 이치의 면에서 본다. 태극의 운동이 에너지 양대 요소인 음과 양을 생성한다는 것은, 더 나아가서 음양의 순차적 교합작용에 의하여 요소들의 순차적 생성을 진행하여, 드디어 만물 생성에 이른다는 본래의 역의 생성론을 함축하고 있다.

$$A \Longrightarrow a \cdot b \Longrightarrow a_1^n \cdot b_1^n$$

아울러 이 생성물은 음양의 이치를 벗어날 수 없음을 또한 함축하고 있다.
둘째, 운행적 이치 면에서 본다. 생성된 만물의 기본 구성요소는 오행이라는 5원소로 집약되는 바, 이 오행 또한 생성의 기본 요소라 할 수 있겠고, 아울러 그것은 삶의 운행[20]의 이치를 가지고 있음을 또한 함축하고 있다.

삶의 범주에서 중요한 자리를 차지하는 사람의 말소리는 이러한 음양 생성의 원리와 이치를, 오행 생성의 원리와 이치를 벗어남이 없이 따라야 한다는 것이다. 이것은 훈민정음 창제자의 말소리 체계와 글자 체계 세움의 바탕에 깔린 근본적인 생성 철학이기도 하겠다. 해례자들은 이러한 철학을 찾

---

20) 훈민정음 제작 과정에서는 역의 바탕(자질)으로 작용한다.

아 「제자해」의 앞머리를 장식하고 있다. 이 철학은 현상 설명에서 필연적으로 연역법적 전개 과정을 전제하고 있다. 그리고 그것은 단순한 수에서 그 주어진 입력(input)의 기능을 따라 다변적인 수로의 순차적 출력(output)을 가져 오는 생성 원리를 깔고 있다. 마치 이는 현대의 변형 생성 이론과 비슷하다 할 것이다. 해례자들의 훈민정음 글자의 생성론은 이러한 원리를 철저하게 따르고 있다는데, 그 구조 과학적 의미를 가지고 있다 할 것이다.

(1) 닿소리(초성) 글자의 생성

해례의 닿소리(초성) 글자는 훈민정음 본문에 있는 17자와 글자의 운용에 따라서 만들어진 15자, 모두 32자이다. 이를 풀이하면 이러하다. 먼저 '제자해'에서 다음과 같은 사실을 알 수 있다. 발성기관의 기본적인 5조음자리를 아·설·순·치·후로 잡고 그 발성기관의 상형으로 된 5자 'ㄱㄴㅁㅅㅇ'를 만든다. 그 다음으로 이 기본 글자를 바탕으로 획 더함(加畫)의 뜻(소리남이 세어짐, 聲出稍厲)을 따라서 9자 'ㅋㄷㅌㅂㅍㅈㅊㆆㅎ'를 만든다. 한편 획더함의 뜻 없이 다만 발성기관을 상형한 3자 'ㄹㅿㆁ'를 더 만든다. 이상은 본문 17자에 해당한다. 「제자해」에서는 이어서 말소리는 오행에 근본을 두고 있으므로 네 계절(四時)과 다섯음(궁·상·각·치·우)에 어그러짐이 없다는 원리 아래, 자연 현상과 역의 관점에서 그 글자가 가지는 소리의 바탕을 합리적으로 상징화하였다.

한편 글자 운용면에서 ㅇ연서(連書)한 순경음 글자 'ㅸ'을 더 만들고 ('본문' 및 「제자해」에서) 같은 전청(全淸)자를 배합한 각자병서(各自並書) 6자 'ㄲ, ㄸ, ㅃ, ㅉ, ㅆ, ㆅ'[21]와 불청불탁(不淸不濁)자를 각자병서한 'ㆀ'(이는 '합

---

21) '본문'에서는 병서(並書)라고만 하고, 「제자해」에서는 전탁(全濁)이라 하여 처음 밝혔다. 「초성해」에서 'ㄲ'의 보기 'ㅥ'가 나오며, 다른 것도 모두 첫소리에 쓰임이 같다고 하였다. 또한 「종성해」에서도 'ㆅ, ㄸ'의 보기가 '홍, 땀'과 같이 보인다. 위에서 첫소리에 나타난 'ㄲ, ㆅ, ㄸ'의 보기들은 모두 『동국정운』식 교정 한자음이다. 앞에서 밝힌 바 각자병서는 본문에 '병서'라고만 나오고 본문 닿소리 17자 안에는 들어가지 아니했다. 또한 「용자례(用字例)」에는 각자병서의 보기가 전혀 없다. 다만 「합자해(合字解)」

자해'에서 처음으로 '괴 ·여'의 보기로만 쓰인다. 15세기 문헌에는 다른 각자
병서 표기와 함께 쓰인다)을 만들어 낸다. 어찌하여 각자병서자가 이처럼 일
사불란한 체계없이 혼란을 거듭하고 있는가? 이 문제가 15세기 음운체계상의
문제로 제기되는 요인이 되는 것이다.[22] 다만 여기에서 밝혀 둘 일은, 이들 각
자병서는 운용상 필요에 따라 만들어 쓰인 글자임에는 틀림없다는 사실이다.

이 사실은 다양한 운용상의 필요에 따라 만들어진 '합용병서(合用並書)'
자의 경우에도 같다. 합용병서는 「합자해」에 나온다. 그에 따르면, 서로 다른
글자를 두 자 석 자 합하여 만드는 합용병서의 운용 글자는 두자 합용(二字
合用)자에 'ㅅㄷ, ㅄ, ㄹㅎ, ㄱㅅ', 석자 합용(三字合用)자에 'ㅄㄱ, ㄹㅺ, ㅄㄷ'이 있다.[23] 이
리하여 『훈민정음』에 나타난 본문 글자 17자와 운용 글자 15자를 합하여 닿
소리글자는 모두 32자가 된다('ㆁ'에 대한 언급도 있었으나 국어에는 불필요
하다고 했으며, 또한 실제로 쓰인 일이 없다). 이 32자는 하나하나가 단순한
개체로 이해되는 것이 아니다. 그것들은 역(易)의 변형의 뜻을 바탕으로 한
기본 글자의 구조 변형에 따른 생성으로 이해되는 것이다. 글자 창제의 위대
성은 바로 이러한 구조 변형에 따른 생성에 있다. 곧 기본 글자의 근본적 생
성과 그 기본 글자의 소리의 순차적 변별 바탕에 따라 변형되는 단순 글자를
만들어 내되, 인식의 낱덩이로서의 한정된 수에 머물러 이를 본문 글자로 삼
는다. 그리고 기본 단순 글자를 배합의 방식인 연서와 병서(각자병서 및 합
용병서(두자 석자 합용))에 따라 순차로 운용 글자를 만들되, 『훈민정음 해례』
에는 이미 밝힌 15자를 만들어 냈다. 이는 이른바 글자 창제의 생성적 시각

에서 'ㆅ, ㅇㅇ, ㅆ'의 보기 '혀', '괴여', '쏘다'가 나올 뿐이다. 그런데 15세기 당시 문헌에
는 순우리말 표기에 모든 각자병서의 맞춤법이 나타난다. 물론 이들의 '쓰임'의 기능 부
담량은 다르다.(김석득(1984): 「훈민정음(해례)의 각자병서와 15세기 형태자질과의 관
계」, 『동방학지』 42집을 볼 것)

22) 이와 관련하여 특히 문제되는 것은 'ㆅ, ㅇㅇ'인 바, 이에 대한 것은 이미 이 글 앞에서
다루었다.

23) 합용병서 자는 「합자해」에 나오며('짜', '딱', '흙', '낛'; '뿜', '듧', '빼'), 「용자례」에는 전
혀 보기가 없다.

이라 할 수 있다. 다음의 그림은 이를 보인다.

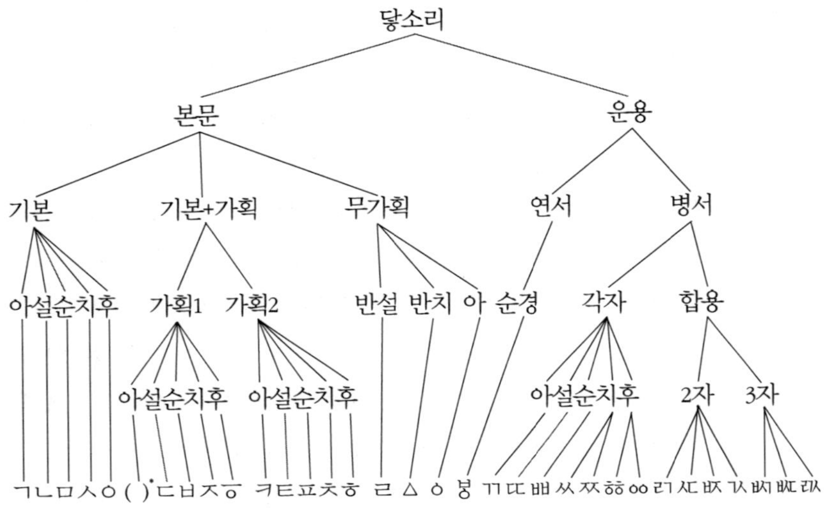

　*가획은 1단계로 예사(무성)폐쇄음 글자와, 2단계로 거센소리되기(기음화) 글자 만들기 차례로 이어진다.

　그런데 거센소리 'ㅋ'은 「제자해」 설명에서 1단계로 이루어진다(ㄱ → ㅋ). 이것은 'ㄱ'이 예사폐쇄음이기 때문에 1단계는 빈칸( )이 될 수밖에 없다. 그리하여 위 그림에서는 거센소리 동형성의 편의에 따라 'ㅋ'을 2단계에 넣었다.

　본문 17자 중 기본과 가획과의 순차적 파생 제자 14자의 연관성을 다시 보이면 아래와 같다.

　　아: ㄱ→( )→ㅋ

　　설: ㄴ→ㄷ→ㅌ

　　순: ㅁ→ㅂ→ㅍ

　　치: ㅅ→ㅈ→ㅊ

　　후: ㅇ→ㆆ→ㅎ

이제 닿소리글자 생성과 관련하여 훈민정음의 우수성을 생각해 본다.

훈민정음(한글)의 우수성의 하나는(창제 동기와 아울러) 바로 이러한 생성론적 과학성과 철학성을 밑바탕에 깔고 있다는 점이다. 훈민정음의 또 다른 우수 점은 말을 이루는 음성을 조음해 내는 바로 그 발성기관의 기본 조음체 또는 조음체가 운동 할 때의 모양을 본떴다는 사설이다. 곧 '아·설·순·치·후'의 5기본소가 그것이다. 또 하나 훈민정음의 우수한 점은 5기본요소로부터 한 언어 사회에 자리 잡고 있는 한정된 유한 음소의 단순 음소 글자를 만들어 내고, 나머지는 사람의 능력에 호소하여 무한 창조 가능성의 운용에 맡기고 있다는 사실이다. 이것은 사람의 합리적 능력(합리주의 인간관)을 긍정한 언어철학이라 하겠다. "글자는 비록 28자 뿐일지라도 전환 무궁하니, 간단하지만 요체는 다 들어 있고, 정밀하여 모두 통한다. 그러므로 슬기 있는 이는 아침이 마치기 전에 다 깨칠 수 있고, 어리석은 사람이라도 열흘이면 깨칠 수 있다(以二十八字而轉換無窮。 簡而要。 精而通。 故智者不終朝而會。 愚者可浹旬而學。)"(『훈민정음 해례』, 정인지 끝마무리글)는 위의 철학의 상징적 표현이다.

『훈민정음』에는 운용 글자의 성격상 그 운용 글자가 낱낱이 모두 나올 수 없다. 그러면 그것이 얼마나 나와 있는가? 『해례본』에 선보인 닿소리 운용 글자의 수는 앞에서 밝힌 바와 같이 15자이다. 그리고 『훈민정음』에 나타나지 아니한 것은 15세기나 그 뒷세기 문헌에 필요한 만치의 실제 쓰임 글자로 등장한다.

ㅄ: ᄡᅳ다(用) 〈훈, 언〉

ㅳ: ᄠᅳᆮ(意) 〈훈, 언〉

ㅺ: ᄭᅥ리샤 〈용, 15〉

ᄲ: ᄲᅢᆯ다(洗) 〈석, 11:25〉

ㅀ: 하ᄂᆶᄠᅳ들 〈용, 86〉

ㅄㅌ: 현번 ᄩᅱ운ᄃᆞᆯ 〈용, 48〉

ㅼ: 싸히 〈석, 19:14〉

ㅳ: 뿌를 흘렛고 〈두중, 14:9〉 (두중(杜重), 1632년간)

운용 글자인 합용병서는 앞에서 말한 바와 같이 『훈민정음』「합자해」에서만 나타나고 그 「용자례」에는 전혀 나타나지 아니한다. 그런가 하면 15세기 문헌에는 위에 든 보기를 비롯하여 합용병서 글자가 많이 쓰인다. 여기에서 합용병서 글자의 15세기 음운 체계 상의 문제가 제기된다.[24]

---

24) 과연 합용자의 소리값은 '된소리'인가, 아니면 그 합용된 글자 하나하나의 독립된 소리값을 가진 '겹닿소리'일까? 또는 그 음운적 기능은 어떠한가? 따위가 제기되는 중요한 문제들이다. 여기 이 문제들을 간단히 살피기로 한다.

〈합용 글자의 소리값과 음운 문제〉

2자 합용자를 다시 분류하면 'ㅅ계'와 'ㅂ계'로 나뉜다. 3자 합용자는 'ㅄ계'이다.

ㅅ계: 'ㅺ, ㅼ, ㅆ, ㅽ'(『훈민정음』「합자해」에는 'ㅆ'만 나타난다)

합용된 'ㅅ'을 된소리 표(?)로 인정하는 이들이 있다. 이러한 이들은 ㅅ계를 모두 된소리로 본다. 이러한 견해는 각자병서가 가지는 된소리와의 변별성을 설명할 수 없다. 합용된 'ㅅ'은 독립적인 소리값을 가진 것으로 추정한다. 그 이유는 다음과 같다.

㉠『훈민정음』에는 된소리 표에 대한 설명이 전혀 없고, 다만 각자병서의 대립개념으로서 합용병서가 쓰였다. 이러한 합용병서는 홀소리(중성)의 경우, "二字合用" 'ㅘ, ㅑ, ㅝ, ㆊ'와 "二字中聲"과 'ㅣ'가 상합한 "三字合用" 'ㅙ, ㅞ, ㅙ, ㆋ'가 명시된 것에서, 이들이 겹홀소리임을 어렵지 않게 알 수 있는데, 닿소리(초성)의 합용병서도 같은 차원에서 겹닿소리로 볼 수 있다. 따라서 ㅅ계의 'ㅅ'은 제소리값을 가진 것으로 짐작된다.

㉡『삼국사기(三國史記)』 신라 관제 중 '舒發翰', '舒弗邯'은 '角干'과 같은 뜻이라는 기록과, 또한 황윤석(黃胤錫)의 「華音方言字義解」에서 이를 "角卽舒發舒弗也 今俗猶呼角爲쁄 舒之字母在諺文爲ㅅ"이라 함은 '쁄'의 'ㅅ'이 발음되었음을 알 수 있는 방증 자료가 된다.

㉢『五大眞言集』에서 보면, 당나라의 중 불공(不空)이 산스끄릿(梵語)을 한자로 음역한 것을 덕종왕비(한글창제 20년 뒤)가 한글음으로 옮기게 한 것에 다음과 같은 벌림을 보인 것은 ㅅ계의 'ㅅ'의 제소리값을 인정한 것이라 하겠다.

沙多싸, 史擔쌈, 寒訖哩 ㅅ리, 塢瑟扼灑 오싸사, …

㉣ 평북 자성 강계 등지의 심마니말에서 '쩍'을 '시더구'라고 한 것이라든가,

㉤ 우리말의 '쩍'이 일본말에서 'シトギ'가 되고, '씀'이 'シトミ'가 된 것이라든가, 『和漢三才圖會』에 '地'를 'スタグ', '帶'를 'ステ'라 한 것은 '짱', '쩍'의 'ㅅ'이 제소리남을 증거하는 것이다(최현배, 『고친 한글갈』 559).

㉥ '싸 히'(석, 19:14)가 사나이(사내)로 된 것은 ㅅ이 제소리값 가졌음을 알 수 있다.

이상으로 ㅅ계의 'ㅅ'은 [S] 소리값을 가진 것으로 미루어 짐작할 수 있다.

그런데 'ㅅ'계의 합용이 반드시 분명한 [S]였을까? 하는 문제가 있다. 그것은 첫째, 음절 첫 소리의 ㅅ계 합용이 뒷세기에 된소리로 바뀌었으니, 'ㅅ'은 공깃길이 매우 좁아서 [t˺]에 가까운 소리로 난 것이 아닌가 한다. 둘째, 특히 음절 끝소리 'ㅅ'은 'S'로 났다는 증거로, '갓나ᄒᆡ'(석 19:14)가 '가+싸ᄒᆡ'에서 이루어진 말이고, 또한 이것은 뒤에 '가ᄉᆞ나ᄒᆡ'(칠대만법, 14)로 나오며 오늘 방언에 '가시나'가 나옴을 들 수 있으나, 한편 '갓나ᄒᆡ'가 '간나ᄒᆡ'(자회, 상, 32)로도 됨은 끝소리 'ㅅ'이 [t˺]와 구별되기 어려운 공깃길이 좁은 소리(허 웅(1985): 『국어음운학』, 361쪽) 또는 [t˺] 에로의 수의적 발음이 있었던 것으로 추정된다. 특히 '法을 닷가'(석, 9:14)와 '다ᄉᆞ라'(월석 7:14) 따위의 수의적 표기는 그 뒷세기에 된소리로만 바뀌었다는 데서 ㅅ끝소리의 [t˺]소리와의 수의성을 인정할 수밖에 없다. 다음은 ㅅ합용의 결론이다(김석득(1974): 「최현배의 "한글갈" 없어진 글자의 상고」, 『나라사랑』 14집).

ㅺ [sk] ~ [t˺k] → / sk / ~ / tk /

ㅽ [sp] ~ [t˺p] → / sp / ~ / tp /

<u>ㅂ계</u>: 'ㅲ, ㅳ, ㅄ, ㅶ, ㅷ'

이 중 'ㅲ'은 16세기까지 쓰이던 'ㅴ'이 17세기 중엽부터 'ㅺ'과 'ㅂ'으로 혼용되면서 (ᄭᅮᆯ〈두중, 21:6〉, 'ᄞᅮ를 흘렛고'〈두중, 14:9〉) ㅂ계로 합류한다(김석득(a), 1985: 「17세기 국어의 된소리 형태음소되기」, 『연세논총』 21집, 5쪽; (b), 1986: 「18세기 들면서 된소리 형태음소되기」, 『동방학지』 50집, 186쪽). 'ㅴ'이 'ㅲ'으로 변천할 수 있는 요인은, 삼중적인 계기적 시차 조음현상 과정에서, 'ㅅ'이 [t˺]에 가까운 소리라는 데에서 오는 3중 폐쇄 과정이 2중 폐쇄 과정으로 나타나는 경제적 생략 현상이다. 'ㅲ'과 아울러, 15세기 ㅂ계는 된소리가 아니고 이중 폐쇄 조음의 겹닿소리이다. 앞에서 본 ㅅ계의 결과는 바로 ㅂ계의 결과와 같다. 그것은 ㅂ계가 ㅅ계와 같은 합용계이기 때문이다. ㅂ계만을 따로 본다 하더라도 다음과 같은 증거로 ㅂ계의 'ㅂ'은 독립적 소리값 [p˺]을 가진 것으로 본다.

㉠ 'ᄡᆞᆯ'의 'ㅂ'이 이젯말에도 살아남아 있다: '햅쌀, 멥쌀, …'

㉡ 『계림유사(鷄林類事)』에 "白米曰漢菩薩"의 "菩薩"의 "菩"는 'ᄡᆞᆯ'의 'ㅂ'이다.

㉢ '和漢三才圖'에 '米'를 'ピサル'라고 한 점.

㉣ 'ᄠᅢ(← ᄣᅢ), ᄠᅳ다, ᄧᅡᆨ, ᄡᅵ' 따위의 이젯말에 'ㅂ'이 남아 있다는 점: '입때, 부릅뜨다, 입짝, 욉씨, …'

따라서 'ㅂ'계는 모두 [p˺] 음을 수반하는 겹닿소리이다. 따라서 음운적 자리에서는 /p/ 음소를 수반하는 겹닿소리 음소체계가 있었다고 하겠다.

<u>ㅄ계</u>: ㅴ, ㅵ

ㅅ계, ㅂ계가 모두 제각기 소리값을 가지고 있으므로, ㅄ계도 각각 제소리값을 가진 세겹 닿소리이다. 특히 'ᄣᅢ리다'(破)〈원각, 하, 3의 1:88〉가 오늘날 '부스뜨리다'로 된 것은 이를 증명한다. 그런데 한편 'ㅵ'이 ㅂ계로 합류하여 'ㅳ'이 되는 것은 'ㅵ'의 'ㅅ'이 [t˺]일

(2) 홀소리(중성) 글자의 생성

글자의 생성적 설명은 닿소리글자에서보다 홀소리글자의 경우 더욱 똑똑히 나타난다. 이미 "중성 체계와 변별바탕"(1.3)이라는 대목에서 홀홀소리글자의 생성 근원과 역의 뜻을 간단히 설명한 바 있다.

「제자해」에서는, 만물의 머리인 삼재(三才) 곧 '하늘, 땅, 사람' 가운데에서도 하늘이 비롯(시초)이 되니, 이는 삼재를 상징한 글자 'ㆍ ㅡ ㅣ'의 머리는 'ㆍ'가 되고, 'ㆍ ㅡ ㅣ'는 8소리(ㅗ, ㅏ, ㅜ, ㅓ, ㅛ, ㅑ, ㅠ, ㅕ)의 머리가 됨과 같다고 했다. 다음이 그것이다.

然三才爲萬物之先。 而天又爲三才之始。 猶 ㆍ ㅡㅣ三字爲八聲之首。
而 ㆍ 又爲三字之冠也(제자해)

곧 삼재의 모양을 본 뜬 세 글자가 기본이 되어 한 번 닫고 여는(一闔一闢) 방법으로 'ㅗ, ㅏ, ㅜ, ㅓ, ㅛ, ㅑ, ㅠ, ㅕ' 8자를 만들어 내니 이것이 『훈민정음』 본문 11자이다. 이를 『훈민정음』 「제자해」에서는 좀더 자세한 역리적 생성 과정을 다음과 같이 설명했다. 이제 그 관계되는 부분만 인용해 본다.

ㅗ … 其形則ㆍ與ㅡ合而成。 取天地初交之義也。 ㅏ … 其形則 ㅣ 與ㆍ
合而成。 取天地之用發於事物待人而成也。 ㅜ … 其形則ㅡ與ㆍ合而成。 取
天地初交之義也。 ㅓ … 其形則ㆍ與ㅣ合而成。 亦取天地之用發於事物待人
而成也。 …ㅗㅏㅜㅓ如於天地。 爲初出也。 ㅛㅑㅠㅕ起於ㅣ而兼乎人。 爲再
出也。 …ㅗㅏㅛㅑ之圓居上與外者。 以其出於天而爲陽也。 …圓去下與內者。
以其出於地而爲陰也。 ㆍ之貫於八聲者。 猶陽之統陰而周流萬物也。 ㅛㅑㅠ

수 있음을 보이는 것이다. 따라서 ㅄ계는 다음과 같이 정리된다.
ㅄ=[pˀsk] ~ [pˀtˀk] → / psk / ~ / ptk /
ㅷ=[pˀst] ~ [pˀtˀt] (=[pˀt'])→ / pst / ~ / pt' /

ㅕ之皆兼乎人者。　以人爲萬物之靈而能參兩儀也。取象於天地人而三才之道
備矣。然三才爲萬物之先。　而天又爲三才之始。　猶·ㅡㅣ三字爲八聲之首。
而·又爲三字之冠也。 (제자해)

이를 우리말로 풀어 본다.(삼재 곧 하늘, 땅, 사람을 상징한 글자·ㅡㅣ
를 만든다. 또한) "하늘과 땅이 처음 사귀는 뜻으로 ㅗㅜ를 만들고, 하늘과 땅
의 작용이 사물에서 피어나되, 사람을 기다려서 이루어지는 뜻으로 ㅏㅓ를 만
들어 낸다. 그리고 이 넷은 모두 하늘, 땅에서 비롯되었으니 초생의 뜻을 가진
초출(初出) 글자이다. 이 초출자에 사람의 뜻을 가진 ㅣ를 겸하여 ㅛㅑㅠㅕ를
만들어 낸다. 이것은 재생의 뜻을 가진 재출(再出) 글자이다. 그리고 ·가 위
와 밖에 놓은 것은 양(陽)이고 아래와 안에 놓은 것은 음(陰)이 된다. 또한 ·가
8자에 모두 있는 것은 양이 음을 거느려 만물에 두루 흐름과 같고, ㅛㅑㅠㅕ
가 모두 사람을 겸한 것은 사람이 만물의 영장이 되어 능히 음과 양(하늘과
땅)에 참여하기 때문이다. 이처럼 초성자 11자의 모양을 만듦에 하늘과 땅과
사람에서 취하였으니, 이는 삼재의 이치가 갖추어진 것이다. 그러나 삼재 곧
하늘 땅 사람이 만물의 제일 먼저이되, 하늘이 또한 삼재의 비롯이니, 이는 ·
ㅡㅣ 3자가 8자의 머리가 되되 ·가 또한 세 글자의 으뜸이 됨과 같다."
　　이상은 홀소리 본문 11자가 역리적 이치를 바탕으로 하여 생성되는 과
정을 설명한 것이다.
　　『훈민정음 해례』에는 본문 11홀소리글자 밖에 18자의 운영 글자를 또한
만들어 내었다. 이 운용글자의 제자 과정은 「중성해」에서 설명하되, 또한 역
리적 생성의 이치를 바탕에 깔고 있다. 이제 그 관계되는 부분을 다음에 인
용한다.

二字合用者。　ㅗ與ㅏ同出於·。　故合而爲ㅘ。ㅛ與ㅑ又同出於ㅣ。　故
合而爲ㆇ。ㅜ與ㅓ同出於ㅡ。　故合而爲ㅝ。ㅠ與ㅕ又同出於ㅣ。　故合而爲ㆊ。
以其同出而爲類。　故相合而不悖也。一字中聲之與ㅣ相合者十。　·ㅢㅚㅐㅟ

ㅔㅖㅒㅛㅖ是也。二字中聲之與ㅣ相合者四。 ㅙㅞㅙㅖ是也。ㅣ於深淺闔闢
之聲。 並能相隨者。 以其舌展聲淺而便於開口也。亦可見人之參贊開物而無
所不通也。(중성해)

이를 아래에 우리말로 요점만 풀어 본다(운용 글자는 합용 글자로 나타
나는데, 합용 글자에는 두 자 합용과 석 자 합용(「합자해」)이 있다).

두 자 합용 글자는 동출자와, 한 자 중성이 ㅣ와 서로 합하는 것으로 나
뉜다. 동출자는 ·동출자 ㅘ와 ─동출자 ㅝ와 ㅣ동출자 ㅙ ㅖ를 만들어 낸다.
그리고 한 자 중성에 ㅣ가 서로 합하여 ·ㅢㅚㅐㅓㅔㅛㅒㅠㅖ의 10자를 만들
어 낸다. 석 자 합용 글자는 두 자 중성에 ㅣ가 서로 합한 것으로 ㅙㅞㅙㅖ를
만들어 낸다. 이 과정에서 ㅣ는 깊고, 얕고 닫히고, 열리는 소리에 두루 능히
서로 따를 수 있는데, 이것(ㅣ)은 혀가 펴지고 소리가 얕아서 입을 여는데 편
하기 때문이니, 이 또한 사람이 만물을 여는 데에 참여하여 통하지 아니하는
바가 없음을 보임이다.

운용 글자는 앞에서 보인 기본 글자 11자의 제자의 철학을 깔고, 그 뒤
에 더 복잡한 글자로의 결합 과정을 순차로 동아리를 이루어 나아가되, 동아
리끼리 혹은 동아리와 동아리 사이에 음성학과 철학의 유기적 관계를 합리적
으로 설명했다.

이제까지 설명한 홀소리의 기본 11자와 운용 18자가 생성되는 과정을 표
로 그리면 다음의 나무꼴이 된다.

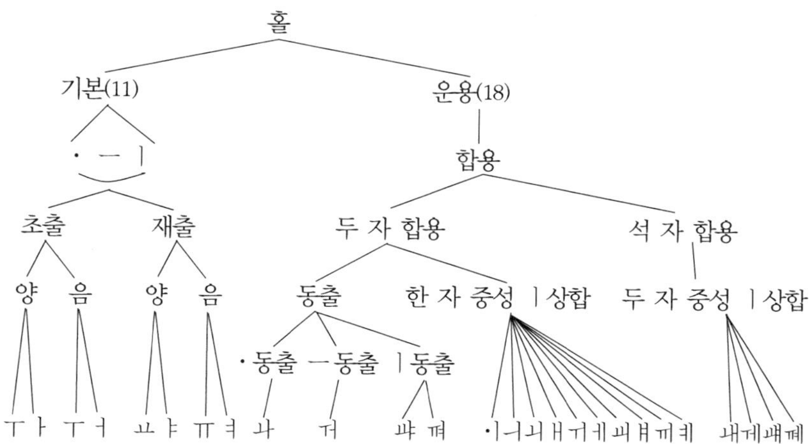

『훈민정음 해례』에서 설명한 운용 글자는 당시 문헌에 모두 쓰인 것은 아니다. 합용자 18자 가운데 14자는 쓰였으나 'ㆇ, ㆊ, ㅙ, ㆋ' 4자는 쓰이지 아니했다. 그러나 그 글자는 필요에 따라 언제든지 쓰일 수 있는 가능체(가능성을 가진)이다. 가령 황윤석(黃胤錫: 1729~1791)의 「자모변(字母辯)」에서는 중국말 번역에 쓰이는 글자로 'ㆉ, ㆌ, ㆈ, ㆊ, ㆊ, ㆌ, …' 따위를 들고 있다(글쓴이의 『우리말 연구사』(1983, 1986) 136쪽을 더 볼 것). 박성원(朴性源)의 『華東正音通譯韻考』(영조 23)에도 중국음 표기를 위하여 ㆉ, ㆌ 등을 썼다. 『훈민정음 해례』 「합자해」에서도 아이들 말이나 시골말에서 ㅣ, ㅢ가 쓰일 수 있음을 보이고 있다. 이러한 운용글자는 필요에 따라 생성할 수 있는 가능한 글자이다.

15세기에 쓰인 운용 글자의 경우, 그 소리값과 음소 문제는 규명되어야 할 중요한 과제이다. 그것은 15세기의 공시적 음운체계와 15세기 이후의 통시적 음운 변천사 연구에 바탕이 되기 때문이다. 물론 훈민정음 해례에는 이에 대한 분명한 해답은 없다. 그러므로 국어학계에서는 합용 글자의 소리값이 홑홀소리이냐 아니면 겹홀소리냐의 연구가 큰 주목을 받게 되었다. 그런데 이는 일찍이 겹소리임이 학계에 연구 보고되었다.25) 과연 홀소리 합용 글자는 홑소리일까, 겹소리일까? 나아가서 그것은 음소가 되는 글자일까?[26]

---

25) 허 웅, 「애, 에, 외, 위'의 음가」, 『국어국문학』 제1집; 이숭녕, 「15세기의 모음체계와 이중모음의 kontraktion적 발달에 대하여」, 『동방학지』 제1집.

26) 〈합용 글자의 소리값과 음소문제〉: 홑소리 합용 글자의 소리값은 겹홑소리요, 겹음소가 된다. 그 이유는 다음과 같다. ㉠『훈민정음 해례』에서 '합용'은 '각자'에 대립(닿소리 글자에서) 되는 개념으로 쓰이었다. 따라서 「중성해」에서 제시된 두 자, 석 자 합용이란 말은 특별한 설명이 없는 한 겹홑소리이다. 특히 한글자 한소리 개념은 당시 일반적 사고다(물론 'ㅛ, ㅑ, ㅠ, ㅕ'는 각각 한글자이지만 겹홑소리다). 따라서 'ㅐ, ㅔ, ㅘ, ㅝ' 따위는 각각 두 글자 두겹홑소리요, 'ㅙ, ㅞ'도 각각 세 글자 세겹홑소리로 봄이 『훈민정음 해례』의 논리에 맞는다. ㉡실제 문헌의 쓰임에서 다음의 보기만을 듦으로써도 일반적 결론을 얻을 수 있다. 임자씨끝소리 '에, 외, 위, 위'따위 아래에 쓰이는 임자자리 토 '이'의 외형상 생략은 동음생략 규칙에 의한 것이다.

 그르메 留璃 근더시니〈월, 2:17〉

 쇠 하건마른〈용, 90〉

 빈 업거늘〈용, 20〉

 불휘 기픈 남군〈용, 2〉

따라서 '에, 외, 위, 위'는 끝소리 '이'[y] 가진 두겹소리다.

이 밖의 문헌에 나타난 여러 가지 쓰임법에 의한 증거에 대해서는, 허 웅의 이 글 앞에 든 각주 논문을 참고하기 바란다. ㉢최석정(崔錫鼎)의 『경세훈민정음도설(經世訓民正音圖說』(1701~1715?)의 음분벽흡도(音分闢翕圖)에 두 겹 세 겹 홑소리 이름을 붙임(ㅘ烏阿, ㅐ阿伊, ㅙ烏阿伊, ㅞ干於伊, …)은, 15세기는 물론 18세기까지도 아직 겹홑소리로 소리남을 보임이다(글쓴이의 『우리말연구사』(1983, 1986) 83~84쪽을 볼 것). ㉣오늘날 쓰임에서 축약형과 겹홑소리가 수의형으로 나타남은 옛소리가 겹홑소리임을 보임이다: 애→[ɛ~ay], 게→[ke~kəy], 뵈→[pö~poy] ㉤ 합용자 'ㅘ, ㅝ'는 옛소리나 이젯소리가 겹소리임은 지울 수 없는 사실이다. 이들 합용자가 겹소리라면 다른 합용자도 겹소리라고 봄이 논리에 맞는다. 위에서 말한 몇 가지만 보아도 두 자 석 자 합용자는 두 겹 세 겹 홑소리값을 가진 것임을 알 수 있다. 또한 이것들은 당시 문자 정보에 반영된 인지적 소리 곧 음소임을 알 수 있다. 결론적으로, 『훈민정음 해례』의 '합용자'는 그 음성과 음소 관계가 다음과 같이 정리된다.

합용 14자(18자 중 4자는 안 쓰임)

 내림 두 겹홑소리(falling diphthong)

  'ㅓ ㅢ ㅚ ㅐ ㅟ ㅔ'→[ʌy, iy, oy, ay, ŭy, əy]→/ ʌy, iy, oy, ay, ŭy, əy/

 올림 두 겹홑소리(rising diphthong)

  'ㅘ, ㅝ'→[ŏa, ŭa]→/ ŭa, ŭə/

 ([ŏ], [ŭ]는 반홑소리이나 [ŏ]는 [a]에만, [ŭ]는 [ə]에만 나타나는 상보적 분표를 이루므로, [ŏŭ]→/ŭ/이다.)

 올림내림 세 겹홑소리

1.7. 맞춤법론

『훈민정음 해례』에서 볼 수 있는 맞춤법 관계는 다음과 같은 것이다.

(1) 글자 짜기

(2) 닿·홀소리의 차례잡기

(3) 음절글자 짜맞추기

(4) 한자와 우리말 섞어쓰기

(5) 성조의 표기법

(6) 형태소 짜맞추기

(1) 글자 짜기

이는 두 개 또는 두 개 이상의 기호를 배합하여 한낱의 낱덩이 글자를 만드는 방법이다. 이에는 아래로 이어쓰기[連書]와 옆으로 나란히 쓰기[並書]가 있다. 『훈민정음』 본문에는 "ㅇ連書脣音之下 則爲脣輕音"이라 했고, 「제자해」에도 같은 표현을 하였다. 이것은 옆으로 나란히 쓰기와 대립되는 것으로, 동그라미를 입술소리글자 아래에 이어 쓰는 방법이다. ㅸ ㆄ ㅱ ㅃ 따위가 그것이다. 『훈민정음 해례』와 15세기 국어에 쓰인 것은 'ㅸ' 뿐이다. 이어 쓰기에는 반설경음 글자 'ㅀ'도 있다. 「합자해」에서 "連書ㄹ下 爲半舌輕音"이라 함이 그것이다. 그런데 이 글자는 국어에서 필요하지 않다고 하였으며, 실제 문헌에도 쓰이지 않았다(ㄹ의 변이음 표기로 쓸 수는 있겠다).

옆으로 나란히 쓰기(병서)에는, '같은 글자 나란히 쓰기(各字並書)'와 '다른 글자끼리 어울러 나란히 쓰기(合用並書)'가 있다. 『훈민정음』 본문에는 "初聲合用則並書 終聲同"이라 하여 첫소리(초성)와 끝소리(종성)에 대한 다

'ㅚ ㅟ ㅐ ㅔ' → [yoy, yuy, yay, yəy] → /yoy, yuy, yay, yəy/

'ㅙ ㅞ' → [ŏay, ŭəy] → /ŭay, ŭəy/

구성음소 형성

  [ŏ, ŭ, y] → /ŭ, y/

른 글자 어울러 쓰기법을 말하고, 가운뎃소리(중성)에 대한 것은 말하지 않았다. 「합자해」에 가면, 첫소리와 끝소리에 대하여, 각각 두 자 석 자를 옆으로 어울러 나란히 쓰는(二字三字合用並書) 법과 보기가 나오고(·짜, 짝, ·쁨; 흙, 낛, 듧 ·뼈), 같은 글자를 나란히 쓰는(各字並書) 법과 보기가 나온다(·혀, ·여). 또한 이 「합자해」쪽에서는 가운뎃소리에 대하여 두 자 석 자를 옆으로 어울러 쓰는 법과 보기가 나온다(·과, ·홰). 이러한 가운뎃소리의 두 자 석 자를 어울러 쓰는 보기는 '중성해'에서 체계적으로 나온다. 이는 이 대목이 가운뎃소리의 운용 글자 제자의 생성 과정(두 자 어울러 쓰는 것으로 동출한 것 4자와, 가운뎃소리글자 하나와 ㅣ가 어울린 것(곧 두 자 어울림이 됨) 10자와, 두 자의 가운뎃소리와 ㅣ가 어울린 것(곧 석 자 어울림이 됨)을 설명한 곳이기 때문이다.

(2) 닿 · 홀소리의 차례잡기

닿소리 홀소리의 차례잡기는 『훈민정음』 '본문'에 잘 나타나 있다. 거기에서는 닿소리 17자의 차례를 먼저하고 이어서 홀소리 11자의 차례로 나아간다. 닿소리의 차례는 '아 · 설 · 순 · 치 · 후 · 반설 · 반치'의 차례로 잡았다. 이 차례는 '오행, 오시, 오음' 사상에 바탕을 두고 있으나, 원칙적으로 '입안→입밖→입안'의 순행 과정에 따라 기본 5조음점을 잡은 차례로서, 그 기본 조음점의 5분법은 국어 조음법 상에서 볼 때 매우 음성학적 타당성을 띤다.

ㄱ병서ㅋㅇ ㄷ병서ㅌㄴ ㅂ병서ㅍㅁ ㅈ병서ㅊㅅ병서 ㆆㅎ병서ㅇ ㄹㅿ
(병서=각자병서자)

'병서'는 본문 글자의 수에 들어가지 아니한다.

이 차례를 이해하기 위하여 「제자해」에 기대면 다음과 같다. 일차적으로는 기본 바탕으로 글자의 생성 과정(기본 글자에서 시작하여 획더하여 확대하여 가는 과정)의 차례를 따르고 있다. 이를 바탕으로 꼴바꿈(변형)이 약간 더해진다. 곧 글자의 모양의 '단순→복잡'의 생성근거가 음성학적 바탕에 있으므로, 생성 과정의 골격은 그대로 두되 이를 소리 바탕(음성자질)에 따라

꼴바꿈을 더한다. 그리하여 그 차례를 '예사무성(전청)―됨(전탁)―거셈(차청)
―유성(불청불탁)'으로 잡았다. 그 결과, 생성 과정의 차례에서 제자의 기본
이던 'ㄴㅁㅇ'이 각각 각 조음점 계열상에서 맨 뒷자리를 차지하게 되었다(유
성음을 이와 같이 맨 뒷자리로 옮김으로써, 글자 생성 과정상의 자리를 일부
러 바꿀 필요는 없다고 본다. 아마도 이는 '불청불탁(유성음)'이 '전청'앞에 먼
저 자리잡지 아니한, 이른바 전통 중국운학(廣韻, 韻會, 洪武正韻)의 청탁 배
열 차례(최현배의『고친 한글갈』25~26쪽, 신경준의『訓民正音 韻解』49~53
쪽, 최세진의『四聲通解』3~4쪽을 볼 것)에 맞추기 위한 것이 아닌가 한다.
'ㅅ'도 잇소리 제자의 기본이 되지만 'ㅈ'보다 세지 아니해서 잇소리 계열에서
뒷자리를 잡게 된 것이라 한다('병서'는 본문 글자의 수에 들어가지 아니하나
원칙적으로 예사무성음의 병서가 되므로 그 예사무성음의 바로 다음에 자리
잡는다. 다만 목구멍소리 계열에서는 ㆆ은 깊어 엉길 수가 없어, 그보다 얕은
조음자리에 있는 'ㅎ'다음에 그 병서자리를 잡았다). 반설 반치는 모든 닿소
리 맨 뒤에 자리잡았으나, 이도 '설→치'의 차례를 그대로 따른 것이다. 이러
한 결과 닿소리의 차례는 본문과 같이 된 것이다. 다시 말하면 본문 닿소리
의 차례는 글자 생성의 뜻과 조음음성학 이론이 함께 어울린 것이라 하겠다.
　홀소리 11자의 차례는 본문에서 다음과 같다.
　· ㅡ ㅣ ㅗ ㅏ ㅜ ㅓ ㅛ ㅑ ㅠ ㅕ
　이 차례는 삼재의 차례와 그들이 교합하되 음양의 차례를 따라 나아가
는 동양철학의 생성관이 바탕에 깔려 있다. 글자 모양의 단순→복합의 차례
는 이에 말미암은 것이다. 오늘날 음성학 쪽에서 보면, 먼저 기본 세 개의 홀
소리 배열을 [뒤·낮·강](ㆍ)→[뒤·높·얕](ㅡ)→[앞·높·얕](ㅣ)의 3극단
의 자리를 차례로 벌이고, 다음으로는 [뒤·낮·강을 중심으로 한 간극의 닫
/열의 차례(이른바 양성계)로, [뒤·높·얕을 중심으로 한 간극의 닫/열의
차례(이른바 음성계)로 버리고, 그리고 다시 이 두 계열의 각각에 미끄럼소리
(gliding sound)[y]를 더하는 차례로 벌이었음을 알 수 있다. 이러한 결과 홀소
리의 차례는 훈민정음 본문과 같이 된 것이다. 다시 말하면 본문의 홀소리의

차례도 닿소리의 그것과 같이 생성의 뜻과 조음음성학 이론이 함께 어울린 것이라 하겠다.

이러한 닿·홀소리의 차례잡기는 최세진(崔世珍: 1473~1542)의 『훈몽자회(訓蒙字會)』「범례(凡例)」(1527)에 와서 완전히 다르게 나타난다. 물론 훈민정음에는 없었던 닿·홀소리글자의 이름과 함께 그 차례 잡기가 완전히 달리 다음과 같이 나타난다.

ㄱ其役 ㄴ尼隱 ㄷ池(末) ㄹ利乙 ㅁ眉音 ㅂ非邑 ㅅ時(衣) ㆁ異凝
ㅋ箕 ㅌ治 ㅍ皮 ㅈ之 ㅊ齒 ㅿ而 ㅇ伊 ㅎ屎
ㅏ阿 ㅑ也 ㅓ於 ㅕ余 ㅗ吾 ㅛ要 ㅜ牛 ㅠ由 ㅡ応(不用終聲)
ㅣ伊(只用中聲) ㆍ 思(不用初聲)

이것은 속(俗)에 전해 오던 것을 최공이 정리한 것이라고는 하나 차례에 이론적 근거와 원칙이 없다. 훈민정음에 비하면 매우 비과학적이다. 특히 닿소리의 경우는 그렇다. 다만 홀소리의 경우는 입열기(간극, aperture)가 '큰→작은'의 차례(크게 보면 '입술폄→입술둥근'으로 볼 수도 있으나, 이 보다는 간극의 척도가 더 정확하다. 『사성통고 범례』에는 이미 이러한 차례가 보인다. 2장의 붙임(1)의 5를 볼 것. 『훈민정음』「합자해」에도 이러한 차례가 조금 비치고 있긴 하다.)로 되어 있음은 조음음성학의 근거가 있다. 그러나 한글의 과학성과 생성성의 어울림은 이 차례에서만은 찾아 볼 수 없는 것으로 후퇴하고 말았다. 다만, 연산주 이래 심산궁곡이나 아녀자들의 손에 근근이 명맥을 이어오면서 이만치나마 정리가 되고, 그 이름까지 처음으로 붙이게 된 것은, 말글 교육과 보급에 크게 공헌한 것으로 평가한다. 나중에 다시 논의하겠지만, 그러나 'ㅋ~ㅎ'까지의 글자는 첫소리에만 오직 쓰인다는 이유 아래, 이름을 반쪽만 붙인 것은 뒷날에 이름 이상의 어려운 문제를 제공하고 말았다. 아무튼 최공의 닿·홀소리의 차례잡기는 오늘 날의 그것과 비슷하니, 오늘날의 차례는 여기에서 온 것으로 본다. 현행 맞춤법 통일안에는 닿소리

홀소리의 차례가 규정으로 정해져 있다. 그런데 사전에 따라 이 차례가 달리 나오는 경우도 있고, 또한 남, 북한 사이에 이질화적 차이가 있으니, 통일에 대비한 남북한 학자의 논의가 절실히 요망된다.

(3) 음절 글자 짜맞추기

『훈민정음』 '본문'에, 홀소리(중성) 글자와 닿소리(초성) 글자를 붙여서 음절 글자 만들기를 밝히었다. ·ㅡㅗㅜㅛㅠ는 첫소리 아래에 붙여 쓰고 (附書), ㅣㅏㅓㅑㅕ는 오른쪽에 붙여쓴다고 했다. 여기에서는 첫소리와 가운뎃소리가 합하여 음절 글자를 이루는 (CV 음절형) 법만 제시했을 뿐 끝소리 관계(CVC 음절형)는 밝히지 아니했다. 어떻든 이것은 우리 글자가 '음소 글자'로 만들어졌지만 실제 글자 사이에서는 '음절 글자'를 이루어 쓰게 된다는 규정이다.

음절 글자 짜맞추기법은 「합자해」에서 더 자세히 풀이했다. "初中終三聲 合而成字"는 첫소리 가운뎃소리 끝소리가 합해져서 음절 글자(끝소리까지 가진)를 이룬다(CVC)는 것이니, 여기에서 풀이한 그 맞춤법은 이러하다. 첫소리는 어떤 것은 가운뎃소리 위에 놓이기도 하고(군의 'ㄱ'), 어떤 것은 가운뎃소리 왼쪽에 놓이기도 한다(업의 'ㆁ'). 가운뎃소리가 둥근 것과 가로로 된 것(·ㅡㅗㅛㅜㅠ)은 첫소리 아래에 놓이고(튼, 즉의 '·, ㅡ'), 세로로 된 것(ㅣㅏㅑㅓㅕ)은 첫소리 오른쪽에 놓인다(침의 'ㅣ'). 끝소리는 첫소리 가운뎃소리 아래에 놓인다(군, 업의 'ㄴ, ㅂ'). 이러한 과정에서 첫소리의 각자병서와 합용병서(두 자 석 자) 문제는 이미 앞에서((1) '글자짜기'쪽) 보였거니와 첫, 끝, 가운데자리에서 각각 왼쪽으로부터 오른쪽(自左而右)으로 맞추어 가는 것이다.

(4) 한자와 우리말 섞어쓰기

「합자해」에 따르면, 한자와 우리말을 섞어 쓸 때는 그 글자 소리에 따라 가운뎃 소리나 끝소리로써 깁는 일이 있다고 하여 다음의 보기를 들었다.

孔子ㅣ魯ㅅ :사룸

이러한 맞춤법은 그 뒤 문헌에서 맞춤법의 본이 되었다.

(5) 성조의 표기법

『훈민정음』‘본문’에 ‘거성’은 왼쪽에 한 점을 더하고, ‘상성’은 두 점을 더하고, 평성은 점이 없으며, ‘입성’은 점을 더함이 거성 상성과 같으나 다만 소리가 촉급하다 했다. 여기에서 두 가지 사실을 알 수 있다. 첫째, 국어에서, 음절 글자를 이룰 때 성조를 이루는 방점 혹은 운소(suprasegmental phonemes, prosodemes)를 분절음소와 함께 짜맞추는 맞춤법을 보인 것이니, 이는 운소를 표기법에 반영한 당시 맞춤법의 특수한 점이다. 둘째, 입성은 빠른 소리이니 그 자체 ‘평·상·거’가 있어 점치는 방법이 같다는 것이다.

『훈민정음 해례』에서 쓰인 ‘평·상·거’의 정체는 좀더 살필 필요가 있다. 이에 대한 것은 「종성해」와 「합자해」에서 풀이가 나온다. 「종성해」에 따르면, ‘평·상·거·입’은 끝소리의 느리고 빠름의 구별로 쓰이었다. 곧 소리에는 느리고 빠름의 다름이 있는데, ‘불청불탁’의 글자인 ㅇㄴㅁㅇㄹㅿ은 소리가 세지 아니하여 ‘평·상·거’의 끝소리로 쓸 수 있고, ‘전청, 차청, 전탁’의 글자인 ㄱㄷㅂㅈㅅㆆㅋㅌㅍㅎㄲㄸㅃㅉㅆㆅ은 소리가 세므로 입성의 끝소리로 쓸 수 있다는 것이다. 곧 유성 계열은 ‘평·상·거’의 끝소리가 되고, 무성 계열(터짐, 터짐갈이, 갈이, 거셈, 된소리)은 ‘입성’의 끝소리가 된다는 풀이다.

聲有緩急之殊。 故平上去其終聲不類入聲之促急。不淸不濁之字。 其聲不厲。 故用於終則宜於平上去。全淸次淸全濁之字。 其聲爲厲。 故用於終則宜於入。所謂 ㅇㄴㅁㅇㄹㅿ 六字爲平上去聲之終。 而餘皆爲入聲之終也。(종성해)

여기에서 주의할 것은 ‘평·상·거·입’이 같은 끝소리 차원에서 쓰였지만 '평·상·거'와 '입'의 쓰임의 차원이 다르다는 사실이다. 유성 계열이 '평·상·거' 끝소리가 된다는 것은 '평·상·거'의 '성조'를 가진 말이 유성 계열 끝소리가 될 수 있다는 것이다. 그런데 '입성'은 무성 계열의 끝소리가 된다는 것일 뿐이다. 다시 말하면 '평·상·거'는 원칙적으로 느린 끝소리 가진 말의 성조 개념이요, 입성은 빠른 끝소리 개념이다. 이것이 끝소리의 시각에서는, '평·상·거'의 느린 끝소리와 입성 빠른 끝소리가 온다는 끝소리 규정으로 표현된 것으로 풀이할 수 있다. 그러나 입성을 가진 말은 또한 그 자체·성조를 가지고 있다. 이것은 『훈민정음』 '본문'에 밝힌 "… 入聲加點同"이 그것을 뜻한다.

「합자해」에 따르면, '입성'이 '평·상·거'의 성조를 가지고 있음이 드러난다. 거기에서, 다음과 같은 정리를 얻는다. '평성'은 점을 더하지 아니하니 '활'과 같고, '상성'은 왼쪽에 두 점을 더하니 ':돌'과 같고, '거성'은 왼쪽에 한 점을 더하니 '·갈'과 같으며, '입성'은 '·붇'과 같다. 그런데 한자의 입성은 거성과 비슷하나 '우리말의 입성'은 일정함이 없어서, 어떤 것은 '평성'과 비슷하니 '긷(기둥)', '녑(옆구리)'이 됨과 같고, 어떤 것은 '상성'과 비슷하니, ':낟(낟알)', ':깁(비단)'이 됨과 같고, 어떤 것은 '거성'과 비슷하니, '·몯(못)', '·입(입)'이 되는 따위와 같다. 이처럼 입성의 점찍는 것은 '평·상·거'와 같다. 이는 '입성'이 그 자체 '평·상·거'의 성조를 가지고 있음을 보이는 것이다. 위를 합자해에서 원문을 인용하면 다음과 같다.

諺語平上去入。 如활爲引而其聲平。 :돌爲石而其聲上。 ·갈爲刀而其
聲去。 ·붇爲筆而其聲入之類。 …而文之入聲。 與去聲相似諺之入聲無定。
或似平聲。 如긷爲柱。 녑爲脅。 或似上聲。 如 :낟爲穀。 :깁爲繒。 或似去
聲。 如·몯爲釘。 ·입爲口之類。 其加點則與平上去同。

결국 당시 우리말에는 끝소리 무성 계열 '입성'에도 '평·상·거'의 성조 (굴곡조를 가진 수평조. 더욱 2장 1.4를 볼 것)가 있고, 그 '점찍는 방법(맞춤법)'이 그와 같음을 알 수 있다.

(6) 형태소 짜맞추기

『훈민정음』 '본문'에서는 "終聲復用初聲"이라 하였다. 이는, 끝소리는 첫소리를 가져다 다시 쓴다는 말이니, 모든 첫소리를 끝소리로 쓸 수 있다는 뜻이다. 이러한 맞춤법의 원리는 「제자해」에서, 양이 음이 되며, 움직임(동)이 그침(정)이 되고 그침이 움직임이 되는 '순환론'과, '원형이정'의 순환(원이 정이 되고, 정이 원이 되는) 및 네 계절(사시)의 순환의 갈마듦의 자연 법칙과 역의 원리로 합리화시키고 있다.

한편 『훈민정음』 '본문'에서는 "初聲合用則並書 終聲同"이라 했다. 이는 첫소리에서 서로 다른 글자를 아울러 쓸 때는 나란히 쓰고 끝소리도 이와 같이 할 수 있음을 밝힌 것으로, 끝소리에도 첫소리와 같이 아울러 쓰는 받침까지 올 수 있음을 규정으로 보인 것이다. 이것은 곧 우리말의 다양하고 풍부한 말본적 차원의 '형태주의 표기법'을 대원칙으로 명시한 것이라 하겠다. 다시 말하면, 우리말의 음절 글자 형성은 '첫·가운·끝'(닿−홀−닿=CVC)의 유형도 (물론 음운학적으로 V, CV, VC의 유형도 있지만), 끝소리 C가 C^2의 유형도 될 수 있는 길을 열어 놓음으로써, 음절 표기가 형태적 표기 차원으로 나아갈 수 있는 방법을 열어 놓은 것이라 하겠다. 이러한 '본문'에서 밝힌 원칙은 「종성해」에서 보기와 더불어 각론하고 있다.

이제 그 「종성해」쪽을 본다. 「종성해」에서는 이미 앞에서 말한 바 있지만(성조 표기법) 끝소리에는 '평·상·거'의 끝소리인 불청불탁의 글자 ㅇㄴㅁㅇㄹㅿ 6자와 입성의 끝소리인 전청 차청 전탁의 글자 ㄱㄷㅂㅈㅅㅎㅋㅌㅍㅊㅎ ㄲㄸㅃㅉㅆㅎㅎ가 올 수 있음을 밝혔다. 이것도, "끝소리는 첫소리를 다시 쓴다"는 '본문'의 대원칙에 부합되는 각론이다. 그리하여 '빗곶', '엳의갗'에서 보는 바와 같이, 끝소리에 '花'를 뜻하는 '곶', '狐'를 뜻하는 '엳', '皮'를 뜻하는 '갗' 등의 형태소 표기가 가능한 것이다. 그런데 여기에 '다만'의 풀이가 더 붙어 나온다. 곧 원칙은 첫소리를 끝소리로 다 쓸 수 있으되, 그러나 ㄱㅇㄷ

ㄴㅂㅁㅅㄹ 8자로 넉넉히 쓸 수 있다는 "八字可足用也"가 그것이다. 그리하여 이 다만 조항에 따라서 '梨花'를 뜻하는 '빗곶'이나 '狐皮'를 뜻하는 '엿의 갗'의 끝소리 'ㅅ, ㅈ, ㅿ, ㅊ'을 모두 'ㅅ'자로 두루 쓸 수 있다는 보기를 들었다. 이 다만 조항은 어법을 밝혀 주는 형태소 표기 원칙이 음절 글자로 후퇴하는 위험의 싹을 안고 있는 것이다. 「합자해」에서는 물론 아울러 쓴 끝소리(합용병서)를 가진 형태 표기가 나타난다. '土'의 뜻으로 '흙'을, '釣'의 뜻으로 '낛'을, '酉時'의 뜻으로 '닭 때'를 씀이 그것이다. 그러나 「용자례」에는 낱말의 보기가 형태소 표기로 되어 있으되, 형태소 끝소리로 된 것은 ㅁㄹㅂㄴㅇㄱㅅㄷ 8자 뿐이요, 나머지는 가운뎃소리(홀소리)로 끝난 낱말이다. 결국, 『훈민정음 해례』의 글자체계는 음소글자이나, 실제 쓰기법은 '성조 표기를 가진 음절-형태소 맞춤법'('다만'의 제한은 있지만)이라 하겠다. 한편 15세기 문헌의 맞춤법은 일반적으로 음절 표기이지만 형태소 표기법도 상당하다. 다음에 그 몇 개의 보기를 든다.

ㅈ: 곶됴코〈용, 2〉

ㅍ: 믈깊고〈용, 34〉

城높고〈용, 34〉

남기 새 닢 나니이다〈용, 84〉

시름깊거다〈월, 8:87〉

ㅿ: 첫나래〈용, 12〉(처섬→첫)

웃브리〈용, 16〉(ㅅ은 변격)

낯고비빗여〈월인천, 49〉

ㅊ: 낯고비빗여〈월인천, 49〉

ㄺ: 복셩홧고지 븕거든〈두초, 7:13〉

ㄼ: 功德을 國人도 숣거니〈용, 72〉

世間에 나샤몰 숣고〈월, 1:15〉

ㄿ: 앒뒤헨〈월, 70〉

ㄴㅈ: 왼녁 엇게예 엱고〈석, 6:30〉

西ㅅ녁壇우희 엱고〈월, 2:73〉

올흔녁 무루페 엱고〈법화, 1:55〉

ㄱㅅ: 낛줄 드리워〈두초, 21:13〉

고기낛나니〈두초, 22:13〉

그러나 최세진『훈몽자회(訓蒙字會)』「범례(凡例)」(1527)에서 "俗所謂半切二十七字" 중 초성 16자를 다음과 같이 들어 놓았다(훈민정음 17자 중 'ㆆ'은 없어짐).

초성 종성 통용 8자 ㄱ ㄴ ㄷ ㄹ ㅁ ㅂ ㅅ ㆁ

초성 독용 8자　　　ㅋ ㅌ ㅍ ㅈ ㅊ ㅿ ㅇ ㅎ

훈민정음의 다만 조항이 여기에선 원칙적인 여덟끝소리법(팔종성법)으로 규정화된 셈이다. 이것은, 연산군의 한글 학정 이후, 겨우 목숨을 유지하고 있던 한글을 우선 급한 대로 편법에 의하여 보급한 공은 있으되, 그 후 어법에 맞는 맞춤법 정리기(1933)에 혼란을 가져오게 한 요인이 되었다. 이른바 비과학적인 한글 파동(한글 간소화 파동: 1953.4.27~1955.9.19)도 이러한 편법의 뿌리를 가진 세력에 말미암았던 것이요, 그 뒤 틈 있을 때마다 이른바 쉬운 맞춤법론을 들고 나옴도 이에 뿌리를 두고 있는 것이다. 오늘날 현행 맞춤법은 훈민정음의 원칙론(편법이 아니라)에 바탕을 둔 음절·형태소 표기이다.

1.8. 어휘론

『훈민정음』「용자례(用字例)」에는 닿·홀소리의 차례 벌림에 따라 순수 우리말 고유어 94개의 낱말이 소개되었다. 아래에서는 이에 대한 소개와(1), 이것이 주는 뜻과(2), 아쉬운 점(3)을 살펴본다.

(1) 닿 · 홀소리 차례 벌림에 따른 낱말 배열
이는 다음과 같이 나누어진다.

① 훈민정음 첫소리의 차례 벌림에 따라 34개의 낱말이 소개되었다.
② 훈민정음 가운뎃소리의 차례 벌림에 따라 44개의 낱말이 소개되었다.
③ 훈민정음 8끝소리의 차례 벌림에 따라 16개의 낱말이 소개되었다.

1) 첫소리
첫소리의 차례 벌림은 '아 · 설 · 순 · 치 · 후'로 되어 있으나, 훈민정음 본문의 17자의 벌림과 다름이 있다. 본문 17자 중 'ㆆ'이 빠지고(따라서 'ㆆ' 첫소리에 따른 낱말 보기는 없다). 대신 본문 17자 중에 들어가지 아니한 'ㅸ'이 들어 갔다(따라서 'ㅸ' 첫소리(둘째 음절 첫소리)의 보기가 나온다: '사ᄫᅵ, 드ᄫᅴ').
곧 다음과 같은 첫소리 차례 벌림에 따라 34개의 낱말이 소개되었다.

ㄱㅋㆁ(아) ㄷㅌㄴ(설) ㅂㅍㅁ(순) ㅸ(순경) ㅈㅊㅅ(치) ㆆㅇ(후) ㄹ(반설)
△(반치)

이는 당시의 실제 음소 형성 여부를 엿볼 수 있는 자료가 되기도 한다. 여기에서 특히 훈민정음 안에서 통일성을 잃은 듯한 'ㆆ'의 처리와 'ㅸ'의 처리가, 과연 이들이 당시 음소 목록에 들어갈 수 있는 존재이냐 하는 문제를 제기해 주기도 한다(글쓴이는 이 글 앞에서 'ㆆ'은 구성음소 /ʔ/을, 'ㅸ'은 /ß/ 음소가 됨을 밝힌 바 있다.).

첫소리가 들어가는 어휘의 나열 차례는 앞에 보인 첫소리 차례를 따라 벌려 놓았으니, 이는 마치 사전의 낱말 벌림과 같은 것이다.

〈보기〉

ㄱ: 감 '柿';　　　　　　·글 '蘆'

ㅋ: 우·케 '未春稻'　　　콩 '大頭'

ㅇ: 러·울 '獺'　　　　서·에 '流澌'

ㄷ: ·뒤 '茅'　　　　　·담 '墻'

ㅌ: 고·티 '繭'　　　　두텁 '蟾蜍'

ㄴ: 노로 '獐'　　　　　납 '猿'

ㅂ: 블 '臂'　　　　　　:벌 '蜂'

ㅍ: ·파 '葱'　　　　　·폴 '蠅'

ㅁ: :뫼 '山'　　　　　·마 '薯蕷'

ㅸ: 사·비 '蝦'　　　　드븨 '瓠'

ㅈ: ·자 '尺'　　　　　죠히 '紙'

ㅊ: ·체 '籭'　　　　　·채 '鞭'

ㅅ: ·손 '手'　　　　　:셤 '島'

ㆆ: ·부헝 '鵂鶹'　　　·힘 '筋'

ㆁ: ·비육 '鷄雛'　　　·뱜 '蛇'

ㄹ: ·무뤼 '雹'　　　　어·름 '氷'

ㅿ: 아ᅀᆞ '弟'　　　　:너△| '鴇'

어휘에는 첫소리가 각자병서 합용병서로 된 것이 없다.

2) 가운뎃소리

가운뎃소리의 차례는 아래와 같다.

　　　· ― ㅣ ㅗ ㅏ ㅜ ㅓ ㅛ ㅑ ㅠ ㅕ

이는 『훈민정음』 '본문'의 순서와 같다. 이 차례에 따라 낱말의 보기를 배열하였다.

· : ·특 '頤', ·풋 '小豆', 두리 '橋', マ래 '楸',

ㅡ : ·믈 '水', ·발·측 '跟', 그력 '鴈' 드·레 '汲器'

ㅣ : ·깃 '巢', :밀 '蠟', 피 '稷', 키 '箕'

ㅗ : ·논 '水田', ·톱 '鉅', 호·미 '鉏', 벼·로 '硯'

ㅏ : ·밥 '飯', ·낟 '鎌', 이·아 '綜', 사·슴 '鹿'

ㅜ : 숫 '炭', ·울 '籬', 누·에 '蚕', 구·리 '銅'

ㅓ : 브업 '竈', :널 '板', 서·리 '霜', 버·들 '柳'

ㅛ : :죵 '奴', ·고욤 '梬', ·쇼 '牛', 삽됴 '蒼朮菜'

ㅑ : 남샹 '龜', 약 '鼊', 다·야 '匜', 쟈감 '蕎麥皮'

ㅠ : 율믜 '薏苡', 쥭 '飯橿', 슈·룹 '雨繖', 쥬련 '帨'

ㅕ : ·엿 '飴餹', ·뎔 '佛寺', ·벼 '稻', :져비 '燕'

3) 끝소리

끝소리가 들어가는 어휘의 나열 차례는 「합자해」에서 제시한 편법인 다음의 8끝소리의 차례를 따랐다.

ㄱ ㆁ ㄷ ㄴ ㅂ ㅁ ㅅ ㄹ

따라서 전탁(각자병서), 차청(거센소리), 전청 가운데 'ㆆ', 합용병서 따위로 된 끝소리 들어간 낱말 보기는 전혀 반영되지 아니했다.

ㄱ: 닥 '楮', 독 '甕'

ㆁ: :굼벙 '蠐螬', ·올창 '蝌蚪'

ㄷ: ·갇 '笠', 싣 '楓'

    ㄴ: ·신 '屨', ·반되 '螢'

    ㅂ: 섭 '薪', ·굽 '蹄'

    ㅁ: :범 '虎', :심 '泉'

    ㅅ: :잣 '海松', ·못, '池'

    ㄹ: ·둘 '月', :별 '星'

(2) 용자례가 주는 뜻

위의 용자례에서 얻어지는 뜻은 무엇일까? 그것은 첫째, 소개된 낱말 수가 얼마 되지는 않으나 훈민정음의 지음이 완료되던 당시의 순수 우리말 어휘의 실태를 엿볼 수 있다는 점이다. 이는 우리말의 15세기 통시적 연구의 자료로 제공된다. 둘째, 어휘 배열 차례에서 본문의 닿·홀소리의 차례에 따른 것은 사전 체제의 한 방법이라 할 만하다.

(3) 용자례에서 아쉬운 점

훈민정음 해례자들의 맞춤법에 대한 편법 지향의 의식 구조를 아쉬워한다. 그것은 8끝소리법을 따름으로써 훈민정음 본문에 규정한,

> 끝소리에는 첫소리를 다시 쓴다. —첫소리를 아울러 쓸 경우에는 나란히 쓰라. 끝소리의 경우도 이와 마찬가지다.(終聲復用初聲。—初聲合用則並書。終聲同。)

라는 대원칙적인 지시에 어긋나기 때문이다. 이와 같이 훈민정음을 과학적인 글자로 만들어 놓고도, 그리고 그 과학적인 글자의 형태주의적 부림의 대원칙을 규정화해 놓고서도, 해례자들은 처음부터 그 편법 지향성의 싹을 틔어 놓고 말았다. 처음부터 편법이 대원칙을 뛰어 넘는 아쉬움을 남긴 것이다.

1.9. 정인지 '발문'이 가지는 뜻

정인지 '발문'이 가지는 뜻은 내용에 따라 다음과 같이 나누어 볼 수 있다.

(1) 훈민정음 창제의 동기와, 창제한 이, 창제의 때, 한글의 최초의 이름
(2) 훈민정음의 우수성
(3) 훈민정음을 풀이한 이들과 대표되는 이
(4) 세종대왕의 기림-문명발달사 상 큰 성왕
(5) 훈민정음 해례본을 완성한 때

(1) 훈민정음 창제의 동기, 창제자, 창제한 때, 한글의 최초의 이름

1) 창제의 동기
ㄱ. 외국 글자 빌려 쓰는 모순, 의사소통 막힘, 글뜻깨치기 어려움, 사법
   의 공평성 침해의 위험성

정인지는 '발문'에서, 사방 풍토가 다르면 말소리도 다른 법인데, 나라가 다르면서 중국 글자를 빌려서 변통하여 억지로 같게 쓰려는 것은 이치에 어긋나는 일이니, 이는 마치 둥근 자루와 모난 구멍의 어긋남과 같은 모순이요, 따라서 거기에는 의사 통달이 방해될 뿐이니, 모두 각각 실정에 따라 맞추어 편안하게 해야 한다고 말했다. 곧 중국과 다른 우리말(사투리까지 포함)을 적음에 중국 글자(한자)를 빌어 통용하는 것은 이치에도 어긋날 뿐 아니라 의사소통에도 어려움을 겪을 뿐이니, 글을 배우는 이는 그 뜻을 깨치기도 어렵고 옥사를 다스리는 이 또한 그 곡절을 통하기도 어렵다고 토로했다. 이는 곧 우리말을 억지로 중국글자로 맞추려는 이치의 모순, 거기에서 오는 의사소통의 막힘, 특히 글뜻 깨치기의 어려움, 사람의 기본권인 사법 공평성의 침해의 위험성 등이 글자 창제의 필연적 동기임을 밝힌 것이라 하겠다.

> "盖外國之語。 有其聲而無其字。假中國文字以通其用。 是猶枘鑿之鉏
> 鋙也。 豈能達而無礙乎。要皆各隨所處而安。 不可强之使同也。吾東方禮樂
> 文章。 侔擬華夏。但方言俚語。 不與之同。學書者患其旨趣之難曉。 治獄
> 者病其曲折之難通。"(정인지 '발문', 아래 인용글은 모두 '발문'임)

이는 세종대왕이 『훈민정음』 서문에서 밝힌 창제 동기와 맥을 같이 한다.

ㄴ. 전래하는 '이두'의 의사소통 기능의 없음

'발문'에서는, 설총이 신라 때 이두를 만들어 관부와 민간에 지금까지 써 내려 오기는 하나[27] 그 이두는 한자를 빌려 쓰므로, 걸리고 막히고 근거도 없어, 말 적는 의사소통의 기능을 거의 할 수 없다고 하였다.

> "昔新羅薛聰。 始作吏讀。 宮府民間。 至今行之。然皆假字而用。 或
> 澁或窒。非但鄙陋無稽而已。 至於言語之間。 則不能達其萬一焉。"

이는 또한 현실적으로 급박한 글자 창제의 한 동기라 할 것이다.

2) 창제자, 창제한 때, 한글 최초의 이름

정인지 '발문'에는 분명히 훈민정음 창제자는 세종대왕임을 명시하였고, 그 창제한 때는 세종 25년(1443) 겨울(12월)[28]임을 밝혔으며, 또한 최초의 한

---

27) 설총이 이두를 시작했다는 것은, 설총이 이두를 만들었다고 함과 같은 말이다. 이러 한 설총의 이두 만듦의 설은 또한 『대명률직해(大明律直解)』 발문에도 "本朝三韓時薛 聰所製方言文字謂之吏讀 …"라고 나온다. 『문헌비고(文獻備考)』 '예문고역대저술 조' 에는 "新羅薛聰以方言解九經 又以俚語製吏札"라고 했다. 그러니 신라 신문왕 때 설 총이 이두를 만들었다고 할 만하다. 그러나 설총이 이두를 만들었다고 알려진 신문왕 12년(692)보다 124년이나 앞선 진흥왕 순수비(북한산, 함흥, 창녕)라든가, 설총 이전의 이두로 된 문헌이나 금석문으로 보아, 설총이 이두를 만들었다는 설은 믿을 수 없다. 이두는 한자 수입 후 여러 해 동안 여러 사람의 손을 거쳐 발달한 것으로 본다(김윤경 (1946): 『조선문자급어학사』, 3판, 58~61쪽).

28) 『세종실록』(권102) 25년 계해 12월조에 "是月上親制諺文二十八字 其字倣古篆"으로

글 이름은 '훈민정음'임을 분명히 하였다.

>"癸亥冬。我殿下創製正音二十八字。　略揭例義以示之。　名曰訓民正
>音。象形而字倣古篆 …"

(2) 훈민정음의 우수성

1) 글자의 모양 본뜸, 소리의 음악 가락에 맞음, 철학 이치의 바탕
훈민정음 글자 제작은 모양을 본떴으되 글자는 옛 전자를 닮았다고 했다.

>"象形而字倣古篆"

이는 훈민정음 글자의 모양 본뜸을 말한 것이다. '象形'이란, 음소글자가 만들어지는 과정에서 어떤 꼴을 본떴다는 것인데, 이는 「제자해」에서 풀이한 첫소리글자의 발성기관 본뜸과, 가운뎃소리글자의 삼재(하늘, 땅, 사람) 모양 본뜸을 뜻한다. 그리고 '字倣古篆'이란, 만들어진 글자의 모양은 옛 전자 곧 한자를 닮았다는 것이니, 이는 낱소리글자 만듦의 과정상의 꼴은 발성기관과 삼재를 본뜨되, 첫·가운·끝소리가 합하여 이루어지는 글자(初中終合而成字(合字解))의 맞춤의 순서(왼→오른, 위→아래, 왼→오른→아래)나, 그 결과 이루어지는 한 낱의 모아진 글자가 네모꼴 안에 들어가는 모양이 한자의 그것에 닮았다(최현배, 『고친 한글갈』 632쪽)는 뜻이다.[29] 이러한 풀이에

되어 있으니, 정인지 발문의 '겨울'은 12월임을 알 수 있다.

[29] '象形而字倣古篆'은 『세종실록』(권102)에 나오고, 또한 정인지 발문에도 나오는 바, 이를, '모양을 본뜨되 옛날 이미 있었던 어떤 글자(혹은 다른 나라 글자)'의 모양을 본뜬 것으로 풀이함으로써, 훈민정음의 뿌리를 다른 데서, 찾는 여러 기원설이 나타났다. 그 가운데도, 재래의 무슨 고유한 글자를 본뜬 '고대 문자 기원설'이 만만찮다. 그러나 『훈민정음 해례본』 전반에 흐르는 분명한 생성적 체계의 상형론(발설기관 및 삼재 상형론)이나, 정인지 발문의 '正音之作所祖述'을 지울 만한 증거는 아직 아무 것도 없다.

서 한글 창제의 중심점은 '象形' 곧 글자의 모양 본뜸에 있다 하겠다. 자연인이 일정한 시간과 일정한 장소에서 지혜를 짜내어 말의 소리를 상징하는 기호를, 바로 그 소리를 조음하는 발성기관의 운동(작용)을 본뜨고, 또한 (동양) 철학의 생성의 근원 사상인 삼재를 본떠서 글자를 창제하였다는 것은, 세계 문자상에 유례없는 훈민정음의 과학, 철학적 우수성을 드러내는 것이다.

정인지 발문에서는 또한 소리를 따랐으되 음운 일곱 가락에 들어맞는다고 했다.

"因聲而音叶七調"

글자의 소리가 모든 소리의 기본이 되는 일곱 가락, 곧 '궁 · 상 · 각 · 치 · 우'에 잘 맞는다는 것은 훈민정음의 음악적 기능의 우수성을 밝힌 것이다. 이렇게 만들어진 글자 안에는 삼극(삼재)의 뜻과 이기(음양)의 묘가 다 포함되지 않은 것이 없다고 했다.

"三極之義。 二氣之妙。 莫不該括."

이미 말한 바 있지만, 이는 동양 철학의 이치가 훈민정음 전반에 깔려 있음을 기린 것이다.

2) 간단하나 전환이 무궁하고 정밀함

28자로서 전환이 무궁하고, 간단하고도 요령이 있으며, 정밀하고도 잘 통한다고 했다.

"以二十八字而轉煥無窮。 簡而要。 精而通。"

적은 수나 간단한 것이 무한이 운용되고 정밀하게 쓰일 수 있다면, 이는 가장 과학적이고 생산적인 능력체로 평가된다. 해례자는 훈민정음 28자의 능력을 그와 같이 평가했다.

3) 글자 본연의 기능 - 배우기 쉬움, 지적 발달 기능을 발휘하는 힘을 가짐

글자가 간단하고도 요령이 있고, 정밀하고도 잘 통하기 때문에, 슬기로운 이는 하루아침을 마치기도 전에 깨칠 수도 있고, 어리석은 이라도 열흘이면 배울 수 있다. 따라서 이로써 한문 글을 해석하면 그 뜻을 알 수 있고, 이로써 송사를 들으면 그 속사정을 알 수 있다고 기리었다.

“故智者不終朝而會。　愚者可浹旬而學。以是解書。　可以知其義。以是聽訟。　可以得其情。”

이는, 글자를 깨치기 쉬울 뿐 아니라, 나아가서 글을 배워서 사리의 이해력을 늘리고 사람의 기본권을 지킬 수 있는 힘을 훈민정음이 가지고 있다는 것이니, 이야말로 글자의 본연의 기능, 곧 배우기 쉽고 또한 지적 발달 기능을 발휘하는 힘을 훈민정음이 가지고 있음을 말하는 것이다.

4) 모든 소리를 적어 통달할 수 있음 - 국제 기호로서의 가능성

글자의 운(韻)으로는 청탁을 잘 가릴 수 있고, 악가(樂歌)로는 곡조의 가락이 잘 고루어져서, 쓰기에 갖추지 아니한 것이 없어 어떤 경우라도 통달할 수 있으니, 비록 바람소리, 학의 울음소리, 닭의 울음소리, 개 짖는 소리라도 훈민정음 글자로 모두 적을 수 있다고 말했다.

“字韻則淸濁之能辨。　樂歌則律呂之克諧。無所用以不備。　無所往而不達。雖風聲鶴唳。　鷄鳴狗吠。　皆可得而書矣。”

이는 훈민정음 글자가 온갖 모든 소리를 적을 수 있는 기능을 말한 것으

로, 오늘날 개념으로 보면 훈민정음의 '국제 기호로서의 가능성'을 평가한 것이라 하겠다.

(3) 훈민정음을 풀이한 이들과 대표되는 이

정인지 '발문'에는 세종대왕의 명을 받들어 훈민정음을 풀이한 학자들과 그 대표되는 이의 이름이 밝혀 있다. 풀이에 참여한 학자는 집현전 응교 최항, 부교리 박팽년, 신숙주, 수찬 성삼문, 돈녕부주부 강희안, 행집현전부수찬 이 개, 이선로 등이다. 그리고 그 대표는 발문 맨 끝에 밝힌 자헌대부 예조판서 집현전 대제학 지춘추관사 세자우빈객 정인지이다.

(4) 세종을 기림 – 문명발달사 상 큰 성왕

정인지는 '발문'의 마무리 부분에서, 세종은 하늘이 내신 성인으로서, 지으신 법도와 베푸신 정사가 모든 임금을 초월하시니, 정음(훈민정음)을 만드심도 앞사람의 것을 이어받아 본뜬 것 없이 자연에서 이룩한 것이라 하여, 한글이 세종의 창의적인 것임을 분명히 했다. 그리고 그 정음은 지극한 이치가 있지 아니한 것이 없으매 정녕 인위적인 사사로운 것이 아니라고 했다. 또한, 우리나라의 역사가 오래되었지만 만물을 열고 일을 이룩할 큰 슬기는 아마 세종이 나타날 오늘을 기다리고 있었음이런가 라고 했다.

> "恭惟我殿下。　天縱之聖。　制度施爲超越百王。正音之作。　無所祖述。
> 而成於自然。豈以其至理之無所不在。　而非人爲之私也。夫東方有國。　不爲
> 不久。　而開物成務之大智。　蓋有待於今日也歟。"

이는, 세종대왕이야말로 모든 임금을 초월하는 법도와 정사를 이룩하고, 큰 슬기로 지극한 이치를 갖춘 정음을 창안(正音之作, 無所祖述, 而成於自然)함으로써, 우리나라 역사 이래 처음으로 만물을 연 문화사적인 대 성왕임을 기린 것이다.

(5) 『훈민정음 해례본』을 완성한 때

정인지 '발문' 끝머리에는 훈민정음 풀이를 지어 올린 때가 "正統十一年九月上澣"으로 나와 있다. 이때를 『해례본』 완성한 때로 본다. 정통 11년은 명나라 영종(英宗) 때 연호이니, 이는 세종 28년(1446)이요, 상한은 상순인즉 늦어도 10일이 된다. 따라서 9월 10일을 양력으로 환산하면 10월 9일이 된다. 곧 훈민정음 해례본을 완성한 때는 세종 28년(1446) 10월 9일이다. 이는 세종이 훈민정음을 완성한 25년(1443) 겨울(12월)로부터 3년째가 되는 해이다. 이 3년간이야말로 26년부터 한 쪽으로는 훈민정음에 대한 마지막 갈닦음을 하고, 다른 한 쪽에서는 중국의 운서를 뒤치고, 27년에는 신숙주, 성삼문, 손수산 등을 요동에 파견하여 운서를 질문케 한 기간이요, 훈민정음 풀이를 완성하게 되는 기간이다(29년에는 『동국정운』이 다 되어 간행을 명하고, 30년에 반포함). 『훈민정음 해례본』에는, '세종어제 훈민정음'이 세종대왕의 서문과 함께 '본문'을 이루어 들어가 있고, 또한 정인지 등이 풀이한 훈민정음 해례가 체계를 갖추어 이루어져 있으며, 풀이를 완성하여 올린 정인지 '발문'(서문)과 지어 바친 연월일까지 분명히 밝히고 있어, 그 체제가 완비되어 있다. 따라서 이 『해례본』을 훈민정음 원본이라 할 수 있고, 이 원본이야말로 '훈민정음 반포용'으로 보아 좋을 것이다

1.10. 『훈민정음 해례』의 역사적인 뜻

『훈민정음 해례』에 나타난 정인지 등의 학설의 특징을 보이면 아래와 같다.

① 음운 글자(초성, 중성)을 꼴본떠(상형) 만드는 과정에서 조음음성학의 이론과 역학 이론을 동원했다. 아울러 조음음성학의 변별 바탕과 역학적 변별 바탕을 합리적으로 전개했다. 이러한 것은 초성 체계와 중성 체계 및 얹힘 음소(운율) 체계에서 차례로 이루어진다(글쓸이는 이들을 각각 변별 바탕표로 이끌어 냈다).

② 음소와 변이음의 변별 인식이 분명하고, 이러한 인식 과정에서 표준

음화를 위하여 방언 및 개인 음차의 불필요성을 인식했다.

③ 생성 철학관과 역의 관점에서 닿소리글자나 홀소리글자의 생성 체계를 분명히 했다(글쓸이는 이를 각각 나무꼴 체계표로 보이었다).

④ 맞춤법에 관한 것으로, 음소 글자의 차례 잡기, 음소 글자 짜기, 한자 한글 섞어쓰기법, 성조 표기법, 형태소 짜맞추기법 등을 잘 밝혔다. 그러나 형태소 짜맞추기법은, "끝소리는 첫소리를 다시 쓴다"의 훈민정음 본문의 대원칙보다는 다만 규정(여덟끝소리법)을 실용으로 드러낸 것이니, 이는 훈민정음 본문의 대원칙에도 어긋나거니와 문자 정리기에 일어날 수 있는 문제를 처음부터 안기고 만 셈이다.

⑤ 정인지 '발문'에서는, 글자 창제의 동기, 창제의 때를 밝히고, 또한 훈민정음의 정보 기능의 우수성, 세종의 문명발달사 상에서의 큰 성왕임을 기리었다. 이는 한글이, 일정한 시간과 자연인의 슬기로 창작된 창조물이라는 데서 세계 문자사적 뜻을 확인할 수 있다. 또한 『훈민정음 해례』를 완성하여 세종에게 올린 때를 명확하게 밝힘은 한글날의 근거를 분명히 해 준 것이라 하겠다.

2. 『동국정운』과 「동국정운 서」에 나타난 신숙주 등의 학설

2.1. 『동국정운』

『동국정운』에 관한 기록으로는 연려실기술(燃藜室記述) 권3의 "世宗纂述制作" 조에 "時上初制諺文 集賢諸儒合辭陳其不可 至有抗疏極論者 上命崔恒等 作訓民正音 東國正韻等書"와, 『세종실록』 권117 29년 9월 조에 실린 "是月東國正韻成凡六卷命刊行"과, 신숙주 서문에 의하여 살필 수 있었을 뿐 그 실체는 전혀 볼 수 없었다. 그러다가 1941년에 경북 안동의 어느 옛 집에서 1권과 6권 두 책이 발견되어, 전형필(全鎣弼)이 간송미술관(澗松美術館)

에 간수한 바, 국보 71호로 지정되어, 서울대 대학원에서 1958년 2월에 이를 영인하였다. 그러나 나머지 네 권이 발견되지 않아, 이동림 교수와 유창균 교수가 각각 이에 대한 복원 연구의 성과를 올리던 즈음, 다행이 1972년에 강원도 강릉에 사는 심교만(沈教萬; 심언광(沈彦光)의 16대손)의 세전 고서 소장에서, 건국대학교 박물관 김석순(金錫淳) 관장과 손성우(孫成祐) 사서 과장이 『동국정운』 6권 전질을 발견하여, 건국대학교 중앙도서관에 소장되기에 이르렀다. 그리고 그것은 곧 영인되어 학계에 배포되었다.

(1) 『동국정운』을 만든 이와 완성한 때

이에 대해서는 『동국정운 서』(신숙주 서문)에 분명히 밝혀 있다.

> "삼가 생각하온데, 주상전하께서는 … 이 한자음 문제까지 생각하시어, 신 숙주와 수 집현전 직제학 신 최 항, 수직 집현전 신 성삼문, 신 박팽년, 수 집현전 교리 신 이 개, 수 이조정랑 신 강희안, 수 병조정랑 신 이현로, 수 승문원 교리 신 조변안, 승문원 부교리 신 김 증에게 명하여, 속습을 채집하고, 전적을 널리 상고하며, 널리 쓰는 성음을 기본으로 하여, 옛 운(韻)의 절(반절)에도 들어맞게 하고, 자모 칠음(七音) 청탁 사성의 밑뿌리를 자세히 궁구하지 아니함이 없도록 함으로써, 그 올바른 것으로 회복하도록 하였다."(恭惟我主上殿下... 槪念及此 爰命 臣叔舟 及守集賢殿直提學 臣崔桓 守直集賢殿 臣成三問 臣朴彭年 守集賢殿 校理 臣李塏 守吏曹正郎 臣姜希顔 守兵曹正郎 臣李賢老 守承文院校理 臣曺變安 承文院副校理 臣金曾 旁採 俗習 博考傳籍 本諸 廣用之音 恊之古韻之切 字母七音 淸濁四聲 靡不究其源委 以復乎正...)
> (「동국정운 서」 四ㄱ-ㄴ:『東國正韻』(全)(건국대학교출판부, 1973)

곧 세종대왕의 어명을 받들어 『동국정운』의 편찬에 관여한 이들은, 신숙주, 최 항, 성삼문, 박팽년, 이 개, 강희안, 이현로, 조변안, 김 증 등임을 알 수 있다.

그리고 편찬의 대표는 신숙주이고, 그것을 완성한 때는 세종 29년(1447) 9월 하한임을 『동국정운 서』의 끝쪽 기술에서 알 수 있다. "正統十二年 丁卯 九月下澣... 臣申叔舟拜手稽首謹序" 이 『동국정운』의 완성의 때가 바로 그 간행을 명한 때임도 다음과 같은 세종실록(世宗實錄 117권 29년 조)의 기록에 따라서 알 수 있다. "是月東國正韻成 凡六卷 命刊行" 다시 말하면, 이 책의 간행의 과정은 이러하다. 세종 25년(1443)에 『훈민정음』의 원안을 짓고(세종실록 권102의 42쪽), 26년부터는 『훈민정음』을 더욱 갈고 닦으며, 다른 한편으로는 중국 운서를 번역하기 시작하니, 26년(세종실록 권103, 갑자 2월 병신 조)에는 최 항, 박팽년, 신숙주, 이현로, 이 개, 강희안 등을 의사청에 모아, 훈민정음으로써 운회(韻會)를 번역하게 하고(韻會諺解), 27년(1445)(세종실록 권107, 정월 신사 조)에 신숙주, 성삼문, 손수산(孫壽山) 등을 요동에 파견하여 운서를 질문하게 하였다. 그리하여 세종 28년(1446) 9월에 『훈민정음』을 완성(반포)하고, 세종 29년(1447) 9월에 『동국정운』이 완성되어서 곧 간행을 명하였다. 그리고 세종 30년(1448) 11월에는 『동국정운』을 간행 반포하였다(세종실록 권122, 5쪽).

(2) 편찬의 목적

이 책의 편찬의 목적은 『동국정운 서』(신숙주 서문)에 밝혀진 바 이를 요약하면 다음과 같다.

"우리 동방은 안팎으로 산하가 스스로 한 구획을 이루고 있어 기후가 중국과 다르며, 말소리도 중국과 서로 같지 아니하니, 이에 한자음도 우리말 소리에 이끌려 바뀌었다. 그런데 그 소리는 바뀌어도 청탁(淸濁)과 사성(四聲)은 옛과 같을 수 있다. 그러나 일찍이 이에 대한 바른 것을 전하는 저서가 없었고, 세상의 어리석은 스승이나 속된 선비가 된 이들은 절자의 법(切字之法=반절법)이나 자모와 운모의 분류 방식들을 몰라서, 혹은 중국 본토음을 따르고,

혹은 우리나라음을 따르고 하여 자모와 칠음(七音)청탁 사성이 모두 변하였다. 이를 사사로이 스스로 바로잡아 자제들을 가르치기도 하지만, 제멋대로 고치는 일이 어려워 대개는 옛습관에 따르는 이가 많다. 만일 이를 한번 크게 바로잡지 아니하면 갈수록 더 심하여 장차는 구할 수 없는 폐가 있을 것이다. 자모의 분류법에서도 중국음에서 구별하는 설두·설상, 순중·순경, 치두·정치 따위는 우리말 한자음에서는 분별하지 아니하고, 마땅히 그 자연스러움을 따를 것이지, 꼭 중국음의 36자모에 따를 필요가 없다. 그리하여 왕명을 받들어, 이에 신숙주, 최 항, 성삼문, 박팽년, 이 개, 강희안, 이현로, 조변안, 김 중 들이 속습을 채집하고 전적을 널리 상고하여 옛 운(古韻)의 반절에도 맞게 하여, 자모 칠음, 청탁 사성의 밑뿌리를 자세히 궁구함에, 모두 상감에게 품의하여(一聲一韻 皆稟) 재가를 얻으니, 사성으로 고르고(조정하고) 91운(韻)과 23모(母)로 정한 다음 이를 어제 훈민정음으로써 그 한자음을 정하였다. 또한 '質'운과 '勿'운 등은 '影母'(ㆆ)로써 '來母'(ㄹ)를 기워(以影補來), 속습을 바탕으로 하여 옛 습관의 잘못을 모두 고치었다. 이렇듯 우리 한자음 표준을 정하여 책이 이루어지니, 이 책의 이름을 『동국정운』이라고 내리시었다."(「동국정운 서」一ㄴ 끝에서 五ㄴ 첫줄까지의 요약)

곧 당시의 조선 한자음이 중국의 정통음을 떠난 그릇된 속음이 많기 때문에, 이를 바로잡아 사성(평·상·거·입) 91운 23자모의 표준음 기준 체계를 세워, 훈민정음으로써 그 음을 정하고자 하는 것, 이것이 세종대왕의 동국정운 편찬 명령의 의도이요 목적이라 하겠다.

2.2. 「동국정운 서」를 통해본 신숙주의 조선 한자음 학설

「동국정운」의 짜임은 「동국정운 서(신숙주 서문)」와 운서 내용으로 갈라져 있다. 「동국정운 서」는 『동국정운』 내용을 뒷받치고 있는 원칙적 이론의 부분이다. 운서의 내용은 『동국정운』의 목록과 목록에 따른 운서의 짜임으로 이루어져 있다. 운서 짜임의 순서는 훈민정음 23모의 순서와 거의 비슷하니, 다만 거센소리 계열이 된소리 계열 앞에 차지하고 있음이 다르다. 이 순서는 또한 각 계열마다 사성(四聲) 곧, '평·상·거·입(平上去入)'의 차서에 따라 배열되어 있다.

그런데 언어학사적으로 뜻있는 곳은 이 운서 내용을 뒷받침하고 있는 원칙적이고도 이론적 배경을 이루고 있는 「동국정운 서」쪽이 될 것이다. 『동국정운』은 앞에서 밝힌 바 여러 집현전 학자들에 의하여 이루어졌고, 또한 그 대표는 신숙주이니, 학설이라는 쪽에서 보면, 이는 "「동국정운 서」를 통해 본 신숙주등의 조선 한자음 학설"이라 하겠다. 물론 「동국정운 서」 중에 "… 賜名曰東國正韻 仍命臣淑舟爲序"로 보아, 비록 그 내용이 『동국정운』에 반영된 그것이라 하더라도 서문의 내용은 신숙주 개인의 책임 기록(학설)으로 보아야 한다. 그러나 그렇다 하더라도 결국 그것은 신숙주 개인의 설일 수는 없다. 이제 다음에 그 학설을 간단히 소개한다.

(1) 『동국정운』의 설두(舌頭)·설상(舌上), 순중(脣30)重)·순경(脣輕), 치두(齒頭)·정치(正齒)의 이분법 부정과 23모 책정의 합리성

『동국정운』의 성모(닿소리)는 중국의 절음(切音) 계통의 성모인 36자모를 따르지 아니하고 『훈민정음』의 23모를 따라서 책정하였다.

그 이유를 「동국정운 서」에서 보면 이러하다.

중국음에는 혓소리(舌音)에 혀머리소리(舌頭)와 혀윗소리(舌上音)가 있고, 입술소리(脣音)에 무거운 입술소리(重脣音)와 가벼운 입술소리(輕脣音)가 있으며, 잇소리(齒音)에는 잇머리소리(齒頭音)와 바른닛소리(正齒音)가 있으나, 우리나라 한자음(15세기 조선 한자음)에서는 이러한 '혀·입술·이'의 각 소리의 이분적 변별성을 알 수 없다는 것이다[31]. 따라서 마땅히 우리나라 소

---

30) '脣'은 '脣'이 옳으나, 본래 쓰인 대로 씀.
31) 잇소리가 중국음에서는 잇머리소리, 바른 잇소리로 구별되나 우리나라 한자음에서는

리 체계는 우리나라 소리의 자연스러운 발음을 좇을 것이지 중국 운서의 36자
모 체계를 따를 필요가 없다는 것이다. 이 문제는『홍무정운』과 다른 우리나
라 특유의 한자음을 분명히 드러낸 것으로 평가된다.(且字母之作 諧於聲耳
如舌頭舌上 脣重脣輕 齒頭正齒之類 於我國字音 未可分辯 亦當因其自然 何
必泥於三十六字乎)

 '혓소리, 입술소리, 잇소리'의 각각의 이분 현상은 우리나라 한자음뿐 아
니라 당시 우리 고유어에서도 구별이 없었다는 사실은『훈민정음 해례』의 본
문에 제시된 23닿소리 체계를 보아 알 수 있다.32)

아　음: ㄱ(君)　ㄲ(虯)　ㅋ(快)　ㆁ(業)
설　음: ㄷ(斗)　ㄸ(覃)　ㅌ(呑)　ㄴ(那)
순　음: ㅂ(彆)　ㅃ(步)　ㅍ(漂)　ㅁ(彌)
치　음: ㅈ(卽)　ㅉ(慈)　ㅊ(侵)　ㅅ(戌)　ㅆ(邪)
후　음: ㆆ(挹)　ㅎ(虛)　ㆅ(洪)　ㅇ(欲)
반설음: ㄹ(閭)
반치음: △(穰)

　이러한 훈민정음 23개의 첫소리 체계 곧 "君虯快業斗覃呑那彆步漂彌卽
慈侵戌邪挹虛洪欲閭穰"가 그대로『동국정운』의 23모 체계로 정하여 졌다.

구별되지 않는다는 기록이『훈민정음 언해』끝에 붙어 있다. 그런데『동국정운』에서
는, 중국음에는 혓소리와 입술소리도 각각 두 개의 소리로 변별되나 우리나라 한자음
에는 그 변별성이 없다고 하였거늘,『훈민정음 언해』에서는 이에 대한 언급이 없이 다
만 "牙舌脣喉"자는 한음(중국음)에 통한다고 하였으니, 이『언해본』의 기록은『동국정
운』의 기록보다 분명하지 못한 데가 있다.

32)『훈민정음 해례』본문에는 '並書'라고만 하고, 그 병서 글자는「제자해」중 전탁(全
濁) 글자에 나온다. 또한『훈민정음』본문 중 운용쪽에서는 순경음 곧 입술가벼운소리
("ㅇ連書脣音之下 則爲脣輕音" 곧 'ㅸ')가 나오나 23자모 중에는 들어가지 않는다.

이를 『동국정운 서』에서는 다음과 같이 적었다. "於是調以四書 定爲九十一韻二十三母 以御製訓民正音定其音"

이는 곧 '혀·입술·잇' 소리의 각 두 가지의 변별적 차이를 없앤 결과, 중국의 광운(廣韻), 집운(集韻)의 36자모 가운데서 "知徹登孃"(설상음)과 "非敷奉微"(순경음), "照穿牀審禪"(정치음)의 13자모를 없애고 23자모를 세운 것이다. 23자모는 앞에서 본 바와 같이 그대로 훈민정음 23자모를 가지고 그 음을 정한 것이다.

이제 『훈민정음』으로써 『동국정운』의 내용에 실제로 배열한 순서에 따라 첫소리 곧 자모 23자를 보이면 다음과 같다.

1) 『동국정운』의 순서
(괄호 안의 것은 『훈민정음』 '본문'에 따라 글쓴이가 넣은 것)

> 君(ㄱ) 快(ㅋ) 虯(ㄲ) 業(ㆁ)
> 斗(ㄷ) 呑(ㅌ) 覃(ㄸ) 那(ㄴ)
> 彆(ㅂ) 漂(ㅍ) 步(ㅃ) 彌(ㅁ)
> 卽(ㅈ) 侵(ㅊ) 慈(ㅉ) 戌(ㅅ) 邪(ㅆ)
> 挹(ㆆ) 虛(ㅎ) 洪(ㆅ) 欲(ㅇ)
> 閭(ㄹ)
> 穰(ㅿ)

위에서 보면, 『훈민정음』의 "君虯快業斗呑覃那彆漂步彌卽侵慈戌邪挹虛洪欲閭穰" 등 23개의 첫소리는 그대로 『동국정운』의 성모로 옮겨 놓았음을 알 수 있다. 그러나 중국의 성모는 이와는 다르다. 다만 邪(ㅆ)모만이 중국(『홍무정운』 등) 성모와 같을 뿐이다. 이제 훈민정음 창제에 가장 많이 참고한 듯한 『홍무정운』 31자모와 『동국정운』 23자모를 비교해 본다. 다음에서 괄호 안은 『동국정운』의 자모(성모, 첫소리)이고, 한글 표기는 『홍무정운 역훈』의 표기이다.[33)]

五音	角	徵	羽		商		宮	半徵	半商
五行	木	火	水		金		土	半火	半金
七音	牙	舌頭	唇重	唇輕	齒頭	正齒	喉		
全淸	見(君)ㄱ	端(斗)ㄷ	幫(彆)ㅂ	非( )ㅸ	精(卽)ᅎ	照( )ᅐ	影(挹)ㆆ		
次淸	溪(快)ㅋ	透(呑)ㅌ	滂(漂)ㅍ		淸(侵)ᅔ	穿( )ᅕ	曉(虛)ㅎ		
全濁	群(虯)ㄲ	定(覃)ㄸ	並(步)ㅃ	奉( )ㅹ	從(慈)ᅏ	牀( )ᅑ	匣(洪)ㆅ		
不淸不濁	疑(業)ㆁ	泥(那)ㄴ	明(彌)ㅁ	微( )ㅱ			喩(欲)ㅇ	來(閭)ㄹ	日(穰)
全淸					心(戌)ᄼ	審( )ᄾ			
全濁					邪(邪)ᄽ	禪( )ᄿ			

이 표에서 보면 『홍무정운』과 『동국정운』의 자모가 같은 점은 '邪'모(ㅆ) 하나 뿐이다. 이는 곧 『훈민정음』과 『홍무정운』의 자모에서도 그와 같은 차이점을 보이는 것이기도 하다. 빈칸 괄호는 『동국정운』 자모에는 없는 것이다. 그것은 『동국정운』에는 『홍무정운』에 있는 순음·치음의 이분적 변별성이 없기 때문이다. 따라서 『동국정운』은 『홍무정운』 31자모에서 2분법의 수인 8을 제한 23자모가 된다. 『광운(廣韻)』은 36자모인데, 이는 『광운』 설음도 2분적 변별성을 인정하기 때문이며, 여기에 순경음에 '敷'모(ㆄ) 1을 더하여 36자모 체계가 되는 것이다.

『동국정운』은 23모 91운 체계로 되어 있다. 91운의 형성은 26개의 '운목(韻目)'에 평성 26개, 상성 25개, 거성 25개, 입성 15개로 이루어진다. 이제 26개의 운목에 따른 91운을 보이면 다음과 같다(아라비아 숫자는 본래 한자 숫자로 적은 것임. 홀소리 ㅡ, ㅚ, ㅟ, …도 글쓰이가 적은 것임. 그러나 이것도 일정하지 않은 경우도 있음. 보기 운목 8(·)의 경우 ㅡ가 나타나기도 함. 초성은 원칙적으로 운에는 관계가 없음. 평, 상, 거성의 종성은 'ㆁ, ㄴ, ㅁ, ㅱ, ㅇ'이 공통적이고, 입성은 'ㄱ, ㅭ, ㅂ' 종성으로 됨을 표에 적어 넣음).[34]

---

33) 더욱 『東國正韻』(全)(건국대학교출판부, 1973), 정인승·성원경, 東國正韻解題 54쪽을 볼 것.

		平		上		去		入	
				(ㆁ ㄴ ㅁ ㅱ ㅇ)				(ㄱ ㅭ ㅂ)	
1	ㅡ	궁	揯	:쿵	肯	·궁	亘	·극	亟
2	ㅚ	굉	觥	:굉	礦	·휑	橫	·괵	虢
3	ㅟ	궝	肱	○		○		·궉	國
4	ㅗ	공	公	:공	拱	·공	貢	·곡	穀
5	ㅏ	강	江	:강	講	·강	絳	·각	覺
6	ㅜ	궁	弓	:뜽	重	·쿵	諶	·국	菊
7	ㅕ	경	京	:경	景	·경	敬	·격	隔
8	、	근	根	:큰	懇	·근	艮	·귿	訖
9	ㅗ	곤	昆	:곤	袞	·곤	論	·곧	骨
10	ㅏ	간	干	:간	笴	·간	旰	·갏	葛
11	ㅜ	군	君	:군	攟	·군	攈	·귿	屈
12	ㅓ	건	鞬	:건	寋	·건	建	·긿	訐
13	、	줌	簪	:슴	痒	·줌	譖	·줍	戢
14	ㅏ	감	甘	:감	紺	·감	紺	·갑	閤
15	ㅓ	겸	箝	:검	檢	·검	劍	·겹	劫
16	ㅗ	공	高	:공	杲	·공	誥	○	
17	ㅜ	굴	鳩	:굴	九	·굴	救	○	
18	、	중	貲	:중	紫	·중	恣	○	
19	ㅚ	굉	傀	:욍	隗	·굉	儈	○	
20	ㅐ	갱	佳	:개	解	·갱	蓋	○	
21	ㅟ	귕	嬀	:귕	軌	·귕	媿	○	
22	ㅖ	경	雞	:켸	啓	·경	罽	○	
23	ㅗ	공	孤	:공	古	·공	顧	○	
24	ㅏ	강	歌	:가	哿	·가	箇	○	
25	ㅜ	궁	拘	:궁	矩	·구	屨	○	
26	ㅓ	경	居	:경	擧	·경	據	○	

위의 26가지의 운에 딸린 모든 글자는 23자모의 순서 곧 君(ㄱ), 快(ㅋ), 虯(ㄲ), 業(ㅇ), 斗(ㄷ), 呑(ㅌ), 覃(ㄸ), 那(ㄴ), … 등의 차례에 따라 그러한 한 자가 있는 대로 들어 배열했다.

---

34) 더욱 『고친 한글갈』, 193쪽을 볼 것.

(2) "청탁(淸濁)의 변(變)"의 주장과 그 처리의 모순

「동국정운 서」(신숙주 서문)에 다음과 같은 글이 있다.

> 우리나라 국어음에서는 청·탁의 변별성이 중국음과 같지만, 다만 우리나라 한자음에는 홀로 탁성이 없어 이를 "청탁의 변"이라고 한다.(我國語音 其淸濁之辨與中國無異 而於字音獨無濁聲 豈有此理 此淸濁之變也)

당시 우리나라의 한자음에는 여기 신공(숙주) 자신의 말대로라면 탁음(된소리: ㄲ ㄸ ㅃ ㅆ ㅉ ㆅ)이 없었던 것으로 보인다. 그리하여 순수 국어음에는 한음(중국음)과 같이 청탁의 구별이 있으나 오직 우리나라 한자음에만 탁성이 없으니 이를 "청탁의 변"이라고 까지 규정했다. 지금도 한자음에는 '끽(喫)'만이 전탁음을 유지하고 있음으로 보아서도 그 "청탁의 변"의 추정이 가능하기도 하다. 그러므로 『동국정운』의 자모 체계에서는 당연히 전탁음계가 없어야 할 것이거늘 오히려 전탁음이 자리잡고 있으니 그것은 무엇 때문일까?

이는 아마도 우리나라 한자음의 현실음을 돌아보지 아니하고 중국 운서(『廣韻』계인 『古今韻會擧要』, 『洪武正韻』)에다 억지로 맞추려는 데서 온 모순된 무리한 인위적 처리인 듯하다.[35]

한편 『훈민정음』 '본문'의 병서(된소리, 탁성자)는 그대로 『동국정운』의 한자음 탁음 체계를 옮겨 놓은 것으로도 보인다. 아무튼 이것들은 청탁의 변에 어긋나는(결과적으로 "변이"가 없게 됨) 것이다.

이러한 『동국정운』의 자모 기법은 그대로 『훈민정음 언해』의 한자음 기법으로 옮겨졌다.[36]

---

35) 정인승·성원경(1973)의 「동국정운 해제」에도 이와 같이 밝히면서, 더 나아가 이는 중원(中原)음운의 당시 전탁음이 탈락된 음운 체계를 받아들이지 아니하고, 오히려 『예부운략(禮部韻略)』이나 『고금운회(古今韻會)』의 체계만을 받아들여 전탁의 계열을 분립시킨 것과 같은 것이라고 했다.(해제 587쪽)

36) 이 글 '붙임(2)' 『훈민정음 언해』 쪽을 볼 것.

(3) "사성(四聲)의 변"의 주장과 그 처리의 모순 - '質, 勿' 등의 속음 'ㄹ'
　　을, 중국음 입성 'ㄷ'으로 돌리기 위하여 '影'모 'ㆆ'로 '來'모 'ㄹ'을 깁
　　는 일 -

「동국정운 서」의 다음의 기록을 본다.

　　우리나라 어음은 사성이 매우 명백한데, 우리나라 한자음은 상성과 거성
의 구별이 없어, '質, 勿' 등의 운(韻)은 마땅히 '端'모(ㄷ)로써 종성이 되어야
하거늘(質=진, 勿=묻), 속의 쓰임(속용)은 '來'모(ㄹ)를 쓰니(質=질, 勿=믈), 그
소리가 늘어져서 입성에 마땅치 못하다. 이것을 '사성(四聲)의 변'이라고 한
다.(語音則四聲甚明 字音則上去無別 質勿諸韻 宜以端母爲終聲 而俗用來母
其聲徐緩 不宜入聲 此四聲之變也) (동국정운 서 三,ㄱ)

이러한 속용을 사성의 변이라고 하면서, 다음과 같이 이어나갔다.

　　'質, 勿' 등의 운(韻)을 '影'모(ㆆ)로써 '來'모(ㄹ)를 기워(以影補來: 質=긿,
勿=뭃), 속습으로부터 올바로 돌아가게 하니, 구습의 그릇된 것이 이에 다 고
쳐졌다.(質勿諸韻 以影補來 因俗歸正 舊習譌謬 至是以悉革矣) (동국정운 서
五,ㄱ)

　　이것은 우리나라 한자음의 현실은 버리고, 중국 한자음으로 바르게 돌아
가려고 하는 『동국정운』식 억지 표기이다. 다만, 'ㄷ'의 촉급성(입성)의 효과
를 내고자 하여 'ㄹ'에 목청긴장(ㆆ=?)을 더한 것은 음성학적 이론으로는 어느
정도 이해할 수도 있겠다. 그러나 역시 이는 이중조음법(double articulation,
두 개의 조음점을 거치는 법)이므로 단순조음 내파음(입성) 'ㄷ'과는 분명히
다르다. 어떻든 이는 『동국정운』의 독특한 표기법으로서, 속음의 반영도 시
도하려든 세종대왕의 의지와는 달리, 중국 운서 체계를 중요시하려는 신공의

의도가 오히려 처리의 억지성으로 나타난 것이라 하겠다. 『동국정운』의 이러한 독특한 억지 표기법은 『훈민정음운해』에 그대로 옮겨졌다.

『동국정운 서』에 나타난 신숙주의 학설의 대강은 아래와 같다.

① 우리나라 한자음에는 중국과 같은 설두·설상, 순중·순경, 치두·정치 등의 이분적 변별성이 없다는 것이다.

이에 따르면, 훈민정음 23자모는 그대로 『동국정운』의 23자모 체계로 정하여 진다. 이것은 탁론이다.

② 우리말 소리에는 청탁의 변별성이 있으나 우리 한자음에는 탁성이 없다. 이것을 '청탁의 변'이라 한다.

이 '청탁의 변'이 옳은 것이라면, 『동국정운』 자모 체계에서는 전탁음이 반영되지 않았어야 했다. 그러나 『동국정운』에는 전탁음이 버젓이 자리잡고 있다. 이것은 논리와 실제 사이에 나타난 모순이다. 따라서 『동국정운』은 당시의 실제 우리 한자음을 반영하는 데는 미치지 못하고, 오히려 중국 한음에 따르려 한 모순을 안고 있다. 이러한 『동국정운』식 한자음 표기는 『훈민정음 언해』에 그대로 반영된다.

③ 속음 'ㄹ'을 중국음 입성 'ㄷ'으로 돌리기 위하여 '影母' 'ㆆ'으로 '來母' 'ㄹ'을 깁는다(以影補來)고 했다.

이것 또한 중국 운서 체계에 따르려는 억지요 모순이다. "以影補來"식 표기는 『언해본』에 그대로 반영되었다.

붙임(1): 『사성통고(四聲通攷)』, 「사성통고 범례(四聲通攷凡例)」

이들은 중국의 당시 현실음을 주장으로 보이는 것이나, 우리나라 말소리와 비교되는 점이 있으므로 이를 간적접인 우리말 학설(신공)의 일단으로 보아 '붙임'으로 다루어 둔다. 『사성통고』는 최세진의 『사성통해(四聲通解)』[37]

---

37) 『사성통해』는 중종 12년(1517)에 최세진이 엮은 것이다. 이는, 최세진이 『노걸대 언해

맨 앞쪽에 붙어 있는 『사성통해 서(四聲通解序)』 중 『사성통고(四聲通攷)』에 대한 기사와 『사성통해(四聲通解)』 하권에 붙어있는 『사성통고 범례(四聲通攷凡例)』에서 『사성통고』의 편찬 유래와 그 내용의 일단을 알 수 있다. 편찬 유래에 대해서는 이러하다.

세종장헌대왕이 먼저 『훈민정음(訓民正音)』을 창제하시고 『홍무정운』을 번역하도록 명령했다. 그러나 그 책이 너무 분량이 호양(거질)하여서 보기가 어려워 세종대왕은 고령부원군 신숙주(申叔舟)에게 명하여 간명한 한 운서 (『사성통해』와 같은 방법으로 한자음의 자모순 배열, 한글음 표기, '평·상·거·입'의 배열순서, 풀이법 등으로 짜임)를 짓도록 하고, 이를 『사성통고』라 는 이름을 내리었다.(世宗裝憲大王...創製訓民正音 命譯 洪武正韻 又慮其浩穰難閱而覽者病焉 乃命高靈府院君申叔舟 類稡諸字會爲一書冠以諺音 序以四聲 諧之以淸濁 系之以字母 賜名曰四聲通攷) (四聲通解 序)

『사성통고』는 현재 없으나 두 가지가 있음을 우선 기록으로 알 수 있다. 하나는, 『홍무정운 역훈서(洪武正韻譯訓書)』의 한 대문에 있는, "且以世宗所定 四聲通攷"라는 말로 보아, 세종대왕이 정한 『사성통고』가 있고, 또 하나는, 앞에서 말한 바, 최세진의 『사성통해』 서문 중의, 『홍무정운 역훈(洪武正韻譯訓)』이 너무 호양(거질)하여 보기가 어렵기 때문에 세종대왕이 신숙주에게 명하여 간략한 운서로 엮어 낸 『사성통고』가 그것이다. 그런데 세종의 정한 『사성통고』와 신숙주의 『사성통고』는 각각 다른 두 책이 아니고 한 책이라는 사실이다. 곧 신숙주가 명을 받들어 엮은 것을 세종대왕이 보시고 인정

(老乞大諺解)」, 『박통사 언해(朴通事諺解)』를 짓고, 이어 신숙주의 『사성통고』의 불비한 점을 깁기 위하여 『홍무정운(洪武正韻)』을 근거 삼아 공부하는 이들에게 실용에 맞도록 지은 운서로서, 명대의 중국음 연구에 귀중한 자료가 된다. 『사성통해』 하권에는 「사성통고 범례(四聲通攷凡例)」, 「번역노걸대박통사 범례(飜譯老乞大朴通事凡例)」, 「동정자음(動靜字音)」이 붙어 있다.

하신 것으로 보아야 한다는 것이다(이에 대해서는 『고친 한글갈』, 199~201쪽에서 밝힌 것이며, 더 자세한 논증은 그 쪽을 볼 것).

『사성통해』 하권에 있는 「사성통고 범례(四聲通攷凡例)」에는 중국의 당시 현실음 내용의 일단을 보이고 있는 바 이는 신숙주의 설이다. 그 특징적인 몇 가지를 보이면 이러하다.

1. 무릇 혀윗소리(舌上)는 혀앞쪽(舌腰)이 잇몸(齶)에 닿아 나는 소리이기 때문에 그 소리를 내기 어려워 그 소리는 자연스러이 바른 잇소리(正齒)로 돌아가서 같아진다. 그리고 중국의 현실음에서는 오직 '孃'모(구개음화ㄴ)는 '泥'모(ㄴ)로 돌아가 같아진다. 또한 본운(홍무정운의 운)에서도 '泥'모와 '孃'모가 혼동되어 변별이 안되니 이제 '知徹澄'(설상: ㄷ ㅌ ㄸ)은 '照穿牀'모(정치: ㅈ ㅊ ㅉ)로 돌아가 합치고, '孃'모는 '泥'모로 돌아가 합친다.(凡舌上聲以舌腰點齶 故其聲難而自歸於正齒 … 而中國時音獨以孃歸泥 且本韻混泥孃而不別 今以知徹澄 歸照穿牀 以孃歸泥)

위에서는 중국음에서 구개음화한 혀윗소리(설상음) '知徹澄'모와 '孃'모를 독립적인 것으로 인정하지 않았음에 유의해야 한다. 여기에서 구개음화한 '孃'모를 '泥'모의 음소(phoneme)의 변이름(allophone)으로 처리하였다는 사실은 이해되나 구개음화한 '知徹澄'모가 '照穿狀'모의 음소의 변이음으로 보는지는 의문의 여지가 있다.

2. 입술가벼운 소리(순경음)인 '非'모(ㅸ)와 '數'모(ㆄ)는 본운(『홍무정운』의 운)과 몽고운에서는 혼동하여서 이들을 하나로 하고, 또한 현실음에도 다름이 없으므로, 이제 '數'모(ㆄ)는 '非'모(ㅸ)로 돌아가 합친다.(脣輕聲非敷二母之字 本韻及蒙古韻混而一之 且中國時音 亦無別 今以敷歸非)

여기에서는 중국음의 입술 가벼운소리 '퐁'은 ㅸ 음소의 음성적 실현인 변이음으로 인식했다는 사실에 유념할 필요가 있다.

3. 무릇 잇소리(치음)에서, 잇머리소리(치두음)는 혀를 들어 이에 대는 소리이므로 그 소리가 얕으며, 고른잇소리(整齒音)는 혀를 말아 잇몸에 대는 소리이므로 그 소리가 깊다. 우리나라 잇소리 'ㅅㅈㅊ'은 (중국음과 달리) 잇머리소리와 고른잇소리(정치)의 사이에 있으며(잇몸소리: 일종의 gingival), 훈민정음에서는 잇머리소리(치두)와 고른잇소리(정치)의 다름이 없다. 이제 이를 구별해 쓴다면 잇머리소리는 ㅅㅈㅊ가 되고, 고른 잇소리는 ㅅㅈㅊ가 된다.(凡齒音 齒頭則擧舌點齒 故其聲淺 整齒則卷舌點腭 故其聲深 我國齒聲ㅅㅈㅊ在齒頭整齒之間 於訓民正音 無齒頭整齒之別 今以齒頭爲ㅅㅈㅊ 以整齒爲ㅅㅈㅊ以別之)

위는 우리나라 말소리와 중국음을 비교 설명한 것이다. 곧 중국음에는 잇소리가 두 가지로 변별되나, 우리나라 잇소리는 두 가지로 변별되나, 우리나라 잇소리는 두 가지로 변별되지 않음을 설명한 것이다.

4. 본운(홍무정운의 운)에서 "疑"모와 "喩"모 자는 서로 많이 섞이는데, 이제 옛운(古韻)을 좇아 "喩"모는 "ㅇ"로, "疑"모는 "ㆁ"로써 변별한다.(本韻 疑喩諸字多相雜 今於逐字下從古韻 喩則只書ㅇ母 疑則只書ㆁ 母以別之)

5. 우리나라 말소리(중성, 홀소리)는 가볍고 얕으나 중국음은 무겁고 깊다. 이제 훈민정음은 우리나라의 소리에서 나온 것이다. 만일 이로써 한음(중국음)을 나타내는데 쓰려 하면, 반드시 변화를 시켜야만 거리낌없이 통할 수 있다. 가령, 중성 ㅏㅑㅓㅕ 따위 입펴는소리(張口, 평순음) 글자는 초성을 낼 때 입의 변함이 없고, ㅗㅛㅜㅠ따위 입오무림소리(縮口, 원순음) 글자는 초성을 낼 때 혀의 변함이 없으므로, 중국 중성의 ㅏ는 ㅏㆍ 사이소리같이 발음하고, ㅑ는 ㅑㆍ의 사이소리같이 발음하며, ㅓ는 ㅓㅡ의 사이소리로, ㅕ는 ㅕㅡ의 사이소리로, ㅗ는 ㅗㆍ의 사이소리로, ㅛ는 ㅛㆍ의 사이소리로, ㅜ는 ㅜㅡ

의 사이소리로, ㅠ는 ㅠㅡ의 사이소리로, ㆍ는 ㆍㅡ의 사이소리로, ㅡ는 ㅡㆍ
의 사이소리로, ㅣ는 ㅣㅡ의 사이소리로 발음하여 중국음에 거의 합치시킨다.
(大抵本國之音 輕而淺 中國之音 重而深 今訓民正音出於本國之音 若用於漢
音則 必變而通之 乃得無礙 如中聲ㅏㅑㅓㅕ張口之字則 初聲所發之口不變
ㅗㅛㅜㅠ 縮口之字則 初聲所發之舌不變 故中聲爲ㅏ之字則讀如ㅏㆍ之間 爲
ㅑ之字則讀如ㅑ ㆍ之間 ㅓ則ㅓㅡ之間 ㅕ則ㅕㅡ之間 ㅗ則 ㅗㆍ之間 ㅛ則 ㅛ
ㆍ之間ㅜ則 ㅜㅡ 之間 ㅠ則 ㅠㅡ 之間 ㆍ則 ㆍㅡ之間 ㅡ則 ㅡㆍ之間 ㅣ則ㅣ
ㅡ之間 然後庶合中國之音矣)

이 대목에서는 다음과 같은 사실에 주목하게 된다.

① 우리나라말 홀소리는 입술('ㅁ'은 조음체로 볼 때 '입술'일 것이다)의
모양을 중심으로 하여 평순 계열(張口之字) ㅏㅑㅓㅕ와 원순 계열(縮口之字)
ㅗㅛㅜㅠ로 묶어 분류한 것은 매우 조음음성학적 타당성을 띤다. 다만 평순
계열의 분별의 공통분모를 'ㅁ'(입술)로 한 데 견주어, 원순 계열의 분별의 공
통분모를 '舌'(혀)로 본 것은 의문스럽다.

② 중국말 홀소리의 소리값과 우리말 홀소리의 소리값을 가벼움-얕음
(輕淺)과 무거움-깊음(重深)으로 비교한 점, 그리고 이를 실제 훈민정음 본
문의 홀소리 11음자를 비교의 기본으로 삼은 점은, 당시의 편찬자가 두 나라
말의 홀소리의 실제 소리값을 어떻게 보았는가 하는 것을 잘 엿볼 수 있다.

③ 여기 비교 설명에서 배열한 홀소리 차례를 보면 'ㅏㅑㅓㅕㅜㅠㆍㅡㅣ'
로 잡고 있다. 크게는 평순 계열(ㅏㅑㅓㅕ)의 동아리와 원순 계열(ㅗㅛㅜㅠ)
의 동아리, 그리고 별도 계열(ㆍㅡㅣ)로 차례잡고 있음이 눈에 뜨인다. 또한
다른 한 차원에서 보면 이들은 대체로 간극이 작은 데서 큰 데로 차례를 잡
고 있음을 알 수 있다. ㆍㅡㅣ도 이것대로 큰 간극에서 작은 간극으로의 차
례라 하겠다. 이러한 조음 과학적 배열법은, 최세진의 『훈몽자회(訓蒙字會』
「범례(凡例)」에 나타나는 "俗所謂反切二十七字"에서의 홀소리 배열순서와
거의 같다. 『훈몽자회』「범례」와의 차이는 다만 ㆍ의 자리(ㅡㅣㆍ)만 다를 뿐이다.

『훈몽자회』「범례」가 "俗所謂反切"이라고 한 것이 홀소리 차례잡기의 경우『사성통고 범례』의 것을 이어 받은 것인지는 알 수 없으되, 그 유사성에 관심이 가지 않을 수 없다.[38]

　　　6. 무릇 모든 글자의 소리는 반드시 종성(終聲)이 있어, 평성 "支(지), 濟(제), 魚(어), 模(모), 皆(개), 灰(회)" 등 글자는 마땅히 후음(喉音) "ㅇ"로 종성을 삼는다 할 것이다. 그러나 이제 그리하지 않는 것은 아·설·순으로 된 종성(ㄱㄷㅂ)과 같이 명백하게 되지 않기 때문이다. 또한 비록 'ㅇ'으로 깁지 않더라도 스스로 소리를 이루게 되기 때문이다. 상성 거성의 여러 운들도 이와 같다.(凡字音　必有終聲　如平聲支齊魚模皆灰等韻之字　當以喉音ㅇ爲終聲　而今不爾者　以其非　如牙舌脣終之爲明白　且雖不以ㅇ補之　而自成音爾　上去諸韻同)

이것은 『훈민정음』의 "初中終三聲合而成字"(합자해)의 규정이나 『동국정운』의 ㅇ종성 표기와는 다른 ㅇ종성 표기의 무용론을 주장한 것으로, 이는 ㅇ의 무음가설을 뒷받침해 주는 좋은 증거가 된다.

　　　7. 자음(字音) 사성(四聲)은 점으로 변별하니 평성은 무점이고, 상성은 두점이며, 거성은 한 점이고, 입성 또한 한 점이다.

이것은 『홍무정운 역훈』 또는 『사성통고』의 사성점 법으로, 『훈민정음』 '본문' 운용쪽의 "入聲加點同而促急"이나, 「합자해」에서의 "諺之入聲無定 … 其加點則與平上去同"과는 다름을 보인다. 이는 「합자해」의 "而文之聲與去聲相似 "로 보아 위에서 '입성' 한 점 설은 한자 '입성'을 두고 한 말일 것이다. (더욱 최현배의 『고친 한글갈』 370-1쪽을 볼 것)

---

38) 강신항(1987), 1990,『訓民正音硏究』193쪽에서도 이 문제에 대하여 언급하면서, 이러한 훈민정음 중성자의 순서는 최세진의『훈몽자회』「범례」의 언문 자모(속소위 반절 27자)에 그대로 이어지는 것이라고 밝혔다.

이상에서 보면, 앞의 1의 혀윗소리(설상음)의 설에서는, 중국음의 경우 혀윗소리의 구개음화 불인정의 특성을 보인 것이요, 2의 입술가벼운소리(순경음)설에서는, 중국음의 ㆄ이 ㅸ의 변이음이라는 특징을 보인 것이요, 3의 잇머리소리(치두음), 고른닛소리(정치음) 설에서는 중국음에서의 그 구별이 있음과 훈민정음에서의 구별 없음의 비교를 보인 것이요, 4는 중국음의 '疑'모(ㆁ)와 '喩'모(ㅇ)의 구별을 한다는 것이요, 5는 우리말 홀소리의 가볍고 얕음의 특질과 중국말 홀소리의 무겁고 깊음의 질을 소리값을 통하여 비교한 것이요, 6은 자음(字音)에는 반드시 종성이 있어야 한다는 논리에서 ㅇ종성을 받칠 수 있으나, ㅇ소리의 불분명성 때문에 종성에 받칠 필요가 없음을 주장한 것이요, 7은 사성의 점찍는 방법을 보인 것으로, '입성'에도 한 점을 찍는다는 특수성(한자의 '입성')을 엿볼 수 있는 주장을 한 것이다.

이제 생각하건대, 『사성통고 범례』에는 대체적으로 중국음을 이해시키기 위하여 중국말 소리와 우리말 소리를 비교한 부분이 특히 눈에 뜨인다는 것이다. 그러므로 이를 통하여 우리말 소리의 부분적인 특징을 알 수 있다. 따라서 『사성통고 범례』는 근본적으로 국어학 연구사의 본질적인 것은 아니로되 신공(숙주)의 훈민정음에 대한 간접적인 일단의 학설을 보잡을 수 있는 중요한 대상이 된다고 본다.

붙임(2): 『훈민정음언해(訓民正音諺解)』

『훈민정음 언해』는 『훈민정음』의 '본문'에 해당한 '예의편(例義篇)'만을 언해한 이른바 『언해본』이다. 이에는 간접적인 학설의 대상 부분이 있어 이를 '붙임'으로 다룬다. 『언해본』은 여러 종류가 전해오고 있다. 그 중 조선조 세조 4년(1459)에 간행된 『월인석보(月印釋譜)』 제1, 제2의 두 권 1책으로 된 첫머리(권두)에 붙어 있는 『세종어제 훈민정음(世宗御製訓民正音)』인 이른바 『월인석보 권두본』(서강대 소장본)이 가장 완전한 것이다. 물론 역시 『월인석보 권두본』이지만 선조 원년의 복각본인 『희방사본(喜方寺本)』과 『박승빈본』, 『일본 궁내성본』이 있으나 그 중 가장 완전한 언해본은 위에서 말한

『월인석보 권두본』(서강대 소장본)이다. 『훈민정음』 반포용(원본)으로 추정되는 것은 한문본인 『전형필 소장본』이다.

　'본문' 곧 '예의편'을 언해한 목적은 한글의 보급을 위한 것으로 본다. 『언해본』은 보는 눈에 따라 다르겠으나 대체로 네 조각으로 나뉜다(『고친 한글갈』, 350쪽).

> 첫째, 머리말 :
> 　"나랏말ᄊᆞ미"에서 "使安킈ᄒᆞ고져 ᄒᆞᇙ ᄯᆞᄅᆞ미니라"까지
> 둘째, 글자의 소리값 :
> 　"ㄱᄂᆞᆫ엄쏘리니"에서 "ㅋᄂᆞᆫ 彆字 가온뒷소리 ᄀᆞᄐᆞ니라"까지
> 셋째, 글자의 부림(운용) :
> 　"乃終ㄱ소리ᄂᆞᆫ 다시 첫소리를 쓰ᄂᆞ니라"에서 "入聲은 點더우믄 ᄒᆞ가
> 　지로ᄃᆡ ᄲᆞᄅᆞ니라"까지
> 넷째, 소리의 견줌 :
> 　"中國소리옛 니쏘리ᄂᆞᆫ"에서 "中國소리예 通히 쓰ᄂᆞ니라"까지

　그런데 여기에서 관심 있는 것은 『해례본』의 '예의편(본문)'에 없는 넷째, 중국과 우리말의 '소리견줌'이 덧붙어 있다는 것이다. 물론 '소리견줌'과의 관계에서는 『언해본』 안의 우리 한자음 억지표기도 문제로 제기된다. 이 문제에서 『언해본』의 한자음 표기는 『동국정운』식 억지표기임을 알 수 있고, 따라서 『언해본』은 『동국정운』 뒤에 나타남도 확인된다. 위는 곧 신숙주의 설과 간접연계됨을 확인해 주는 것이다. 이 넷째 부분은 '예의편'에는 없는 한음 곧 중국음과 우리말 소리를 비교한 기술을 덧붙여 놓은 것이다. 곧 중국말 잇소리(齒音)에는 잇머리(齒頭)소리와 바른닛(正齒)소리의 구별이 있음을 밝히고, 이를 우리 글자로 쓰는 법과 발음법을 명시하고 있다. 곧 잇머리소리는 우리말 글자로 쓰면 ㅈㅊㅉㅅㅆ이며, 그 발음법은 혀끝을 윗닛머리에 닿게 하는 것이라 하고, 바른닛소리는 우리 글자로 ㅈㅊㅅㅆ로 쓰고 그 발음법

은 혀끝이 아랫잇몸에 닿게 하는 것이라고 했다. 그리고 그 밖의 어금닛소리
(아음), 혓소리(설음), 입술소리(순음), 목소리(후음) 글자는 한음(중국음)과
우리말 소리가 통용된다고 했다.39)

　　여기 치음 곧 잇소리에 대한 것은, 중국음에서는 잇머리소리와 바른닛소
리의 둘로 구별하고 우리말은 구별하지 아니한다는 두 나라 말소리의 비교론
을 덧붙인 것이다.40) 이러한 사실은 이미 『동국정운 서』에서도 우리나라 말
소리에는 이러한 구별이 없음을 언급하고 있다(이 점은 『사성통해』 하권에
붙어 있는 『사성통고 범례』에서도 그러함을 앞에서 보인 바 있다). 뿐만 아
니라 『동국정운 서』에서는,

　　우리말에서는 혓소리(舌音)를 혀머리(舌頭)소리와 혀윗(舌上)소리로 구별하지
　　아니하고, 입술소리(脣音)를 입술무거운(脣重)소리와 입술가벼운(脣輕)소리로
　　구별하지 아니함을 함께 언급하면서 우리나라 말소리는 글자 소리의 자연을
　　좇음이 마땅하니, 이들을 구별하여 중국음("廣韻", "集韻" 등) 36자모 체계를
　　따라 세움에 매일 필요가 없다고 했다.(且字母之作 諧於聲耳 如舌頭舌上脣重
　　脣輕 齒頭正齒之類 於我國字音 未可分辨 亦當因其自然 何必泥於三十六字
　　乎) (東國正韻序 四ㄱ)

────────────────

39) 『동국정운 서』에 따르면 중국음에서는 잇소리뿐 아니라 혓소리와 입술소리도 각각
　　두 개로 분별된다(설두·설상, 순중·순경)는 기록이 있는데 이러한 기록으로 보아, 여
　　기 "아·설·순·후"가 한음(중국음)과 통용된다는 기록은 좀 부족함이 있다.
40) 『고친 한글갈』(최현배)에서는 이 잇소리에 대한 비교는 세종대왕의 어제가 아니고,
　　뒷사람이 덧붙임이 아닌가 추정하고 있다. 곧 그것은 『사성통고 범례』에 나오니, 이
　　구별은 신숙주의 『사성통고』에서 비롯된 것으로 추정된다는 것이다. 그리고 이를 붙인
　　까닭에 대하여, "『홍무정운』을 뒤치고 『사성통고』를 짓던 당시에 있어서는, 이 새로 만
　　든 글자인 한글로 말미암아 새로 적히는 조선 음운과 종래로 자가의 발음 생활에 딱
　　들어맞는 표현 방법을 모르고 다만 암중 모색격으로 모호하게 읽혀오던 중국의 음운
　　과의 비교는, 그 같고 다름을 밝히어 학자의 지적 요구에 만족을 줌이 매우 긴요한 바
　　가 있었을 것이다. 그리하여 그것을 그만 아주 훈민정음의 끝에다가 붙이게 된 것인
　　듯하다"(『고친 한글갈』, 375~6쪽)고 했다. 이것으로 미루어 볼 때, 『언해본』은 『동국정
　　운』 이후에 이루어졌음을 짐작할 수 있다.

그리고 그 서문의 끝 부분에서는, 이러한 결과 『동국정운』은,

사성(平上去入)으로 고루어지는 91운(韻) 23모(母)로 정하여지니, 이는 어제 훈민정음으로써 그 음이 정하여진 것이다.(於是調以四聲 定爲九十一韻二十三母 以御製訓民正音定其音)(東國正韻序五ㄱ)

라고 했다. 곧 『동국정운』에서는 중국운서 "광운(廣韻)", "집운(集韻)"의 36자모 중 설상음 4개(知澈澄孃)와 순경음 4개(非敷奉微)와 정치음 5개(照穿牀審禪)를 제한 23자모 체계를 세웠으니, 이는 『훈민정음』이 정한 23닿소리 체계(17+병서6=23)를 그대로 『동국정운』 자모 체계로 삼은 것이라 하겠다. 이러한 분명한 『동국정운』 한자음 체계의 규정으로 보아, 그리고 『훈민정음 언해』에서의 훈민정음 23모의 언해(국역) 끝에 붙은 중국음과 우리나라 한자음과의 단순 비교 대목으로 보아 『훈민정음 언해』는 『동국정운』 이후에 나온 것으로 추정된다. 곧 세종 28년(1446) 9월에 『훈민정음(해례)』를 완성(반포)하고 세종 29년(1447)에 『동국정운』을 완성했으니, "正統十二年 丁卯九月下澣…申叔舟 拜手稽首謹序"(東國正韻序 끝쪽) 『훈민정음 언해』는 한자음의 규정을 해 놓은 『동국정운』이 나온 뒤에 이루어진 것으로 추정된다. 더욱 이 추정의 정당성을 아래에서 찾아본다. 「동국정운 서」에는 다음과 같은 기록(규정)이 나온다.

어제 훈민정음이 그 음을 정하고 난 다음에 또한 '質勿' 등 속에서 쓰는 한자음의 받침 '來母'(ㄹ)만으로 하지 아니하고 '影母'(ㆆ)를 기워서(以影補來) 'ㄹㆆ'으로 써서 속습으로부터 바르게 돌아가게 한다.(御製訓民正音定其音 又於質勿諸韻 以影補來 因俗歸正)(東國正韻序 五ㄱ)

이 규정에 따라 『동국정운』의 내용 기록은 꾸며져 있다. 그런데 『언해본』 안의 기록에 나타난 실례는 『동국정운』의 기록과 일치한다. 『동국정운』 목록에

서, ‘·긇訖, ·곯骨, ·갏葛, ·긇屈, ·긇評’과 『훈민정음 언해』에서, ‘不·붏·은, 日·싏 用·용, 發·벓 聲성, 舌·쎯 音흠, 彆·볋 字·쭝, 戌·슗41)字·쭝, 必·빓 合·협’ 등이 그것이다.

이는 우리나라 한자음의 속습을 버리고 중국 한자음으로 바르게 돌아가려고 하는, 또는 중국 음운체계에 강제로 가져다 붙이려 하는(因俗歸正 舊習 誵謬至是而悉革矣)데서 오는 『동국정운』식 억지 표기가 『언해본』에 그대로 옮겨진 것으로 본다. 이러한 『동국정운』식 표기는 다음 경우도 볼 수 있다. 곧 『동국정운』에 입술가벼운소리 ‘ᄝ’이 『언해본』에도 나타난다. 『동국정운』 목록에서, ‘곻高, :곻杲, :곻誥, 귷鳩, :귷九, ·귷救’과 『훈민정음 언해』에서, ‘斗:둫, 漂푷, 喉룧音흠’ 등이 그것이다.

‘ᄝ’의 쓰임은 『동국정운』과 『훈민정음 언해』의 일치한 점이기는 하나 「동국정운 서」에 보이는, “舌頭舌上<u>脣重脣輕</u>齒頭正齒之類 <u>於我國字音</u> <u>未可分辨</u>”과는 어긋난 것이라 하겠다. 이 어긋난 것이 그대로 일치된 것이다.

또한 「동국정운 서」에서는 당시 우리나라 한자음에는 탁성(濁聲)이 없는 것으로 기록되었다.

> 우리나라 말(국어)소리에는 청탁(淸濁, 예사소리와 된소리)의 변별이 중국과 같지만, 우리 한자음에만 탁성이 없다. 이를 “청탁의 변”이라고 한다.(我國語音 其淸濁之辨與中國無異 而於字音獨無濁聲 豈有此理 此淸濁之變也)(東國正韻序 二ㄴ~三ㄱ)

그렇다면 『동국정운』의 한자 운서 기술에 탁성이 나타나지 말아야 한다. 그런데 『동국정운목록』에서는 ‘·쀓橫, 겸箝’ 등이 나타날 뿐 아니라, 『동국정운』 자모 체계에 전탁계가 나타난다. 이는 당시 전탁음이 없었던(지금도 ‘끽喫’만이 전탁음을 유지하고 있을 뿐임) 한자음을 돌아보지 아니하고 『고금운

---

41) 『고친 한글갈』에서는 ‘볋, 슗’의 ‘ㆆ’을 사잇소리로 봄(386쪽).

회거요(古今韻會擧要)』, 『홍무정운(洪武正韻)』에 따라 이에 맞추려는 무리한 처리를 한 것으로 보겠다.42) 이러한 무리한 기록은 『훈민정음 언해』에도 나타난다.

常談샹땀,	其淸 끵쳥
便安뼌한,	竝書·뼝셩
蚪끃,	舌音·쎯흠
覃땀,	復用·뿡·용
合用·햅·용,	附書·뿡셩
凡뺌,	成音쎵흠
上聲·썅셩,	平聲뼝셩
同而똥싱,	齒頭:칭뚱

　　이러한 것으로 보아 역시 『언해본』은 『동국정운』의 표기법 규정을 그대로 따랐음이 분명하다.

　　그 밖에 국어의 첫소리에는 도무지 쓰이지 않는 'ㆆ'자를 원본 한문본 『훈민정음』 '본문'에는 '挹字初發聲'이라 하고, 『훈민정음 언해』에서는 '挹字· 흡·쫑'라 했다. 그런데 『동국정운』의 한자음에는 이 '挹字'(ㆆ)의 첫소리가 자유로이 쓰였다.

　　향央, ·혹或, ·흔隱, ·현宴, ·훤怨, 험淹 …
『언해본』에도 이러한 '挹母' 표기가 쓰였다:

　　語音 : 엉흠, 便安뼌한, 於허, …

---

42) 정인승·성원경(1973): 『동국정운(東國正韻)』 해제 587쪽을 볼 것.

　이러한 언해본의 한자음 'ㆆ' 표기는 역시 『동국정운』식 표기라 하겠다.
　이제 『훈민정음 언해』의 한자음 기술이 『동국정운』식 기술과 일치함을 이해하기 위하여 『동국정운』의 자모 배열 순서를 조사하여 보면 아래와 같다. 괄호 안의 한글음 표기는 『훈민정음』 '본문'과 『언해본』과 『동국정운』을 모두 참고한 것이다.

君(ㄱ)　快(ㅋ)　虯(ㄲ)　業(ㆁ)

斗(ㄷ)　呑(ㅌ)　覃(ㄸ)　那(ㄴ)

彆(ㅂ)　漂(ㅍ)　步(ㅃ)　彌(ㅁ)

卽(ㅈ)　侵(ㅊ)　慈(ㅉ)　戌(ㅅ)　邪(ㅆ)

挹(ㆆ)　虛(ㅎ)　洪(ㆅ)　欲(ㅇ)

閭(ㄹ)

穰(ㅿ)

　위에서 보면 『동국정운』의 한자음은 된소리 계열이 거센소리 계열 앞에 옴이 차이일 뿐 다른 것은 『훈민정음』 '본문' 및 『언해본』의 배열순서와 같다. 뿐만 아니라 그 한자 자모 표기도 같다. 이를 다시 정리하면 이러하다.

　자모 배열 순서에서:
　『훈민정음 언해』의 자모 순서는 『훈민정음』 한문본(원본)의 '본문' 순서와 같다.
　『동국정운』의 자모 순서는 『훈민정음』 한문본 '본문' 및 『훈민정음 언해』의 순서와 다르다. 곧 『동국정운』에서는 거센소리 계열이 된소리 앞에 온다.
　자모 표기법에서:
　『동국정운』과 『훈민정음』 한문본 '본문'과 『훈민정음 언해』의 한자 자모 표기법은 같다.

여기에서 문제가 제기된다. 곧 자모 배열 순서에서 『훈민정음 언해』는
『훈민정음』 한문본 '본문'의 순서를 따랐다. 그러나 한자음 표기법은 『동국정
운』을 그대로 따랐다. 그러면, 표기법에서 『훈민정음』 한문본 '본문'의 한자
표기가 『동국정운』과 같은 것은 무엇인가? 아마도 『언해본』의 한자음 표기는
그대로 『동국정운』식 표기이지만, 『훈민정음』 한문본 '본문'에 나타난 한자
자모 표기는 중국 운서의 한자음을 빌어 순수 국어의 소리값을 표기하려는
의도의 표기라고 본다. 곧 『동국정운』은 중국 운서를 참고하면서 한자음을
『훈민정음』식을 빌어 기술한 것이라면, 『훈민정음』 원본 '본문'은 국어음의
소리값을 위하여 중국 한자음을 참고한 기술이라고 하겠다. 『동국정운』은 이
과정에서, 우리나라 당시의 실제 한자음을 벗어나서 중국 운서에 맞추려는
오해가 생겼고, 『언해본』의 한자음 기술은 그 오해를 그대로 받아들인 것이
라 하겠다.

따라서 『언해본』은 학설적인 국어학 연구사의 본질적인 대상은 아니로
되, 신숙주의 학설과 간접적인 관계에 있다 할 것이다.

3장
18세기 국어학

　조선조의 국어학은 15세기의 국어학과 18세기(19세기 초에 걸침)의 국어학으로 나누어진다는 것은 이미 밝힌 바 있다. 그리고 15세기의 국어학에 대해서는 특히 그 유일무이한 정인지(鄭麟趾) 등의 『훈민정음 해례』를 통하여 비교적 상세히 고찰할 수 있었다. 그리고 또한 『동국정운』을 통하여 신숙주의 학설을 살피고, 『사성통고 범례』와 『훈민정음 언해』를 통하여 신숙주의 견줌갈(비교학)의 일단을 살필 수 있었다.

　15세기에 『훈민정음 해례』가 나온 이래 국어의 연구는 큰 이론 체계없는 16세기 17세기를 거치게 된다. 그리고 겨우 18세기에 들어와서 당시의 실학사상(實學思想)으로 말미암아 국어 연구가 힘을 받기 시작한다. 따라서 조선조 15세기 국어학의 뚜렷한 학맥은 18세기에 이어지는 셈이다.

　18세기 국어학은 그 초엽에 이루어진 최석정(崔錫鼎)의 『경세훈민정음도설(經世訓民正音圖說)』에서부터 시작이 된다. 그리고 18세기의 중엽에 와서, 신경준(申景濬)의 『훈민정음운해(訓民正音韻解)』와 이사질(李思質)의 『훈음종편(訓音宗編)』 그리고 황윤석(黃胤錫)의 「화음방언자의해(華音方言字義解)」와 「자모변(字母辨)」 등을 거쳐 19세기 유 희의 『언문지(諺文志)』에 이른다. 한편 또한 18세기의 학설의 잔재인 19세기 내지 20세기 초에 걸쳐 나타난 권정선(權靖善)의 『음경(音經)』도 이 범위에 든다. 이를 몰아서 18세기의 국어학이라 부른다. 18세기의 국어학의 특징은, 15세기의『훈민정음』으로 대표되는 국어학과 같이 동양 철학에 배경을 두고 있기 때문에(19세기 초 『언문지』에서 크게 동요되지만), 함께 조선조 국어학의 역사적 범주에 들어가는 것이다.

만일 연구 아닌 '정책이나 교육적 차원'에서 본다면, 이미 16세기에 나온 최세진(崔世珍)의『훈몽자회(訓蒙字會)』(중종22, 1527)「범례(凡例)」에 큰 관심이 갈 것이다. 한편『훈민정음 제자해』의 순경음의 음성학적 풀이를 수정한『번역노걸대박통사 범례(飜譯老乞大朴通事凡例)』(『四聲通解』 하권)도 부분적 관심을 끈다. 따라서 이들 '범례'류를 편의상 먼저 이 장에서 '붙임'으로 다루어 놓음을 특별히 밝혀 둔다.

붙임: 16세기 최세진(崔世珍)의 「훈몽자회 범례(訓蒙字會凡例)」,
　　　「번역노걸대박통사 범례(飜譯老乞大朴通事凡例)」

「훈몽자회 범례」

우리말 연구사에서는 연대적으로 보아, 최석정의『경세훈민정음도설』에 앞서서 최세진(중종 37년, 1542년에 죽음. 중종조에『번역노걸대(飜譯老乞大)』와『번역박통사(飜譯朴通事)』(위 두 번역의 때는『사성통해(四聲通解)』보다 앞섬), 중종 12년에『사성통해(四聲通解)』, 중종 22년에『훈몽자회(訓蒙字會)』, 중종 31년에『운회옥편(韻會玉篇)』을 엮음)의『훈몽자회』에 나타난「범례(凡例)」를 살필 수 있느냐의 문제가 제기된다(최세진에 대한 생애와 학문 등의 집중적 연구는 박태권,『국어학사연구』, 거듭고침 2008, 17~128쪽을 볼 것). 엄격히 말해서『훈몽자회』에 나타난「범례(凡例)」는, 학문적 이론의 뒷받침과 언어관을 가진 학문적 연구 결과라고 보기에는 어려운 데가 있다. 그러나 한편, 거기에 정리된 문자 체계가 끼친 국어 정책이나 교육상의 뜻 뿐 아니라『훈민정음』이후 문자 체계론의 한 금을 긋는 뜻이 적지 않기 때문에, 이 「범례」를 '붙임'으로 소개하여 두는 바이다.

‘범례’라는 것은 본래 저서에 담긴 이론적인 연구 내용의 이해를 돕기 위하여 앞에 얼마간 내 세워 이끄는 소개 곧 ‘일러두기’이다. 그런데 『훈몽자회』는 이론적 학문의 연구 저서는 아니다. 그러므로 그 「범례」는 학문적 뒷받침을 갖는 것이 아닌 ‘일러두기’일 뿐이다. 그 범례는 그가 이른바 ‘속 소위 반절(俗所謂反切)’에 대한 수집 정리에 불과한 것이다. 연산 주 폭정에 의한 학대 이후 전멸의 비운에 빠진 우리글은, 다만 심산궁곡에서 근근 목숨을 보존하던 나머지 드디어 비과학적인 ‘반절(反切)’이란 이름으로 민간에 유행 하면서 내려 왔다. 최세진의 『훈몽자회』 「범례」는 이때에 우리글 보급과 교육의 사명을 충분히 띠고 있었던 것이다. 곧 그 「범례」는 짧막하면서도 이와 같은 우리 문자 교육의 암흑기에 있어서 문자 운용의 방향을 결정적으로 제시하여 주었다. 나아가서 이는 근현대 문자 정리기에 그 배경으로 주어지기도 했다. 그러므로 그의 문자 체계 정리는 획기적인 역사적 의의를 갖는다. 물론 이러한 역사적 의의를 갖는 『훈몽자회』는 「범례」에서, 먼저 우리글을 배워 알고, 다음으로 한문을 깨치게 함이 그 목적임을 분명히 다음과 같이 밝혔다.

> 凡在邊鄙下邑之人必多不解諺文故今乃幷著諺文字母使之先學諺文次學字會(訓蒙字會凡例)

최세진은 「범례(凡例)」에서, "俗所謂反切二十七字"의 언문 자모 교육을 위하여 다음과 같이 정리하였다.

> 諺文字母(俗所謂反切二十七字)
>
> 初聲終聲通用八字
>
> ㄱ其役 ㄴ尼隱 ㄷ池(末) ㄹ梨乙 ㅁ眉音 ㅂ非邑 ㅅ時(衣) ㆁ異凝
>
> 初聲獨用八字
>
> ㅋ(箕) ㅌ治 ㅍ皮 ㅈ之 ㅊ齒 ㅿ而 ㅇ伊 ㅎ屎
>
> 中聲獨用十一字

ㅏ阿 ㅑ也 ㅓ於 ㅕ余 ㅗ吾 ㅛ要 ㅜ牛 ㅠ由 ㅡ應(不用終聲) ㅣ伊(只用中聲) ·思(不用初聲)

　　初中聲合用作字例

가갸거겨고교구규그기ㄱ

　　初中終三聲合用作字例

간肝 갇笠 갈刀 감枾 갑甲 갗皮 강江

이밖에 방점(성조)에 대하여 다음과 같이 말하고 있다.

글자 음의 높낮이(高低)는 다 방점의 있고 없음, 많고 적음으로 기준을 삼는다. 평성(平聲)은 점이 없고 편안하다(哀而安, 뭇가온소릭). 상성(上聲)은 두 점이며 세고 들린다(厲而擧, 기리혀 나종 들티는 소릭). 거성(去聲)과 입성(入聲)은 다 같이 한 점을 더하고, 거성(去聲)은 맑고 멀며(淸而遠, 곧고 바릭 노픈소릭), 입성(入聲)은 곧고 급하다(直而促, 곧고 쌘른소릭).

여기 '입성'설은 『훈민정음』「합자해」에서 밝힌 "文之入聲與去聲相似諺之入聲無定 … 其加點則與平上去同"과 견주어 보면, 최세진의 입성설은 물론 여기 방점(성조)설은 한음을 기준으로 삼은 것으로 본다.

이상에서 그의 『훈몽자회』「범례」에 나타난 우리글의 정리에 대한 평과 그 역사적 의의를 말해 보면 다음과 같다.

① 우리 글자의 이름을 처음 지었다는 것은 국어 정책이나 교육상 지대한 영향을 준 시발점을 이루었다.

② 그의 초성자의 차례는 『훈민정음』의 차례와 다르다. 『훈민정음』은 아설순치후(牙舌脣齒喉)의 차례로 배열했다. 중성자의 차례도 『훈민정음』에서는 간단한 글자꼴로부터 복잡한 꼴로의 차례로 되어 있으나, '범례'에서는 입열기의 간극(aperture)이 큰 데서 작은 데로 나아가고

있다. 조음 음성적인 면에서는 이치에 타당하나, 문자의 시각적인 면
에서는 『훈민정음』의 차례보다 뒤진다. 그런데 이 중성자의 차례는,
최세진의 『사성통해』 하권에 붙은 『사성통고 범례』에 나타난 차례를
옮긴 것으로 추정된다.[1] 오늘날 우리의 맞춤법은 최세진의 차례와 비
슷하니, 최세진의 자모 차례는 역사적인 금을 그어준 셈이다.

③ 『훈민정음』의 28자 중 ㆆ이 빠진 27자가 제시되었다. 그러나 그 이유
에 대한 이론적 논급이 전혀 없음은 유감이다.

④ 그의 팔종성법(八終聲法)은 맞춤법 상으로 볼 때 이론이 결여된 것이
요, 그 뒤 문자 정리기에 혼란을 가져오게 한 요인이 되었다. 그러나
그 당시 이러한 편법으로 말미암아 급히 널리 우리글을 보급하는 데
당장의 편리한 기능을 발휘하였다는 의의는 있다. 물론 팔종성법의
편법은 이미 『훈민정음 종성해』에 나와 있기도 하다.

⑤ "방점"조에서, 거성(去聲)과 입성(入聲)의 점 더하기를 같은 한 점으로
본 것은, 일반적으로 국음과 한음의 방점(성조)의 같고 다른 점을 드
러내고자 함일 것이다.

「번역노걸대박통사 범례」

『훈몽자회』보다 10년 앞서 나온 『사성통해』(중종 12년, 1517) 하권에 있
는 「번역노걸대박통사 범례(飜譯老乞大朴通事凡例)」에서는 최세진의 '순경
음설'이 주목을 끈다. 그는 순경음 발음법을 "將合勿合吹氣出聲"(간극 1도의
유성 [β]에 해당)이라 했다. 이는 『훈민정음』 「제자해」의 "脣乍合而喉聲多
也"(간극 0도의 유성)의 모순성을 옳게 수정한 탁론이라 하겠다.

이상으로 볼 때 최세진의 『훈몽자회』 「범례」는, 학문적 이론을 전개한
학설이라기보다는 그 당시 속 소위반절(俗所謂反切)을 정리하여 당장의 급
한 문자 교육과 그 보급의 편의를 가져오는 데 큰 역할을 담당했다고 보아야

---

1) 『사성통고』, 『사성통고 범례』 쪽의 각주 38을 볼 것.

한다. 그러므로 그의 국어에 관한 공적은 그때의 국어 교육에 있고, 이러한 국어 교육의 절실한 요구는, 그의 실용주의에 입각한 것이라고 결론지을 수 있겠다.

한편, 「번역노걸대박통사 범례」에 나타난 순경음설은 음성학적 탁론이라 하겠다.

1. 최석정(崔錫鼎)의 『경세훈민정음도설(經世訓民正音圖說)』과 '역'관

1.1. 우리말 연구사 상의 『경세훈민정음도설』

15세기 『훈민정음 해례』이래 국어학(문자 및 음운학)의 학적인 최초의 노작으로는 18세기 초엽에 나온 명곡(明谷) 최석정(崔錫鼎)[2]의 『경세훈민정음도설(經世訓民正音圖說)』을 들 수 있다. 따라서 명곡은 15세기 이래 최초로 나타난 18세기 초엽의 국어학자라 할 수 있으니, 이제까지 『훈민정음 해례』이래 305년 만에 나타난 신경준(申景濬)의 『훈민정음운해(訓民正音韻解)』를 최초의 학설로 들었던 설은 수정되어야 한다.

그러면, 그간에 왜 최석정(崔錫鼎)의 학설을 『훈민정음 해례』가 나온 이래의 최초의 학문적 노작으로 다루지 아니하였던가. 그리고 이제 와서, 그것을 왜 최초의 노작으로 다루어야 하는가를 먼저 살펴보고, 그 다음에 그의 학설과 그의 이론을 추출해 보기로 한다.

최석정의 『경세훈민정음도설(經世訓民正音圖說)』이 있었다는 것은 홍

---

2) 숙종(肅宗)때 학자. 자(字)는 여화(汝和), 호(號)는 명곡(明谷). 1646년(인조 24)에 태어나서, 1715년(숙종 41)에 죽음. 관(官)은 부제학(副提學), 이조판서(吏曹判書), 좌의정(左議政), 대제학(大提學), 영의정(領議政), 문원공(文原公)에 시(諡)함. 경학자(經學者), 운학자(韻學者).

양호(洪良浩)3)의 『이계집』 권 십 서(耳溪集 券十序) 중에 나타난 『경세훈민
정음도설서』에 의하여만 알 수 있었을 뿐, 그 현존 여부는 알 길이 없었다.
그리하여 다만 국어학계에서는 최석정의 경세(經世)에 대한 홍양호의 서문만
이 전하니, 이 서문만을 가지고 홍양호의 학설을 알 수 있었고, 또 그 서문
가운데에서 최석정의 학적 연구를 평한 대목을 보고 그의 학문을 미루어 조
금 짐작할 뿐이었다.4)

　　다음은 홍양호의 『이계집(耳溪集)』 서문에 나오는 최석정의 학문에 대
한 이 계(耳溪)의 평이다.

　　　文貞公 崔錫鼎發揮奧理 敷衍成書 聲則分初中終 韻則分平上去入 音則
分開發收閉 類以配四象八卦之數 推以合皇極經世之書 優優大哉 補相參贊之
功 可幾於左氏之素臣矣

　　이것으로 미루어 보아, 문정공 최석정(文貞公 崔錫鼎)의 학문적 깊이가
대단하였음을 알 수 있다. 곧 최 공(崔公)은 성(聲)을 초중종(初中終) 성으로
나누었고, 운(韻)을 평상거입(平上去入)으로 나누었으며, 음(音)은 개발수폐
(開發收閉)로 나누었으니, 이는 모두 역학의 사상팔괘(四象八卦)의 수와 유
사하다고 하였던 것이다.

　　그러나 이와 같은 설명은 참으로 추상적인 것이어서 그 구체적 학설 내
용이 무엇인가를 통 알 도리가 없다. 이리하여 이제까지의 모든 국어학사에
서는 『해례』 이래 처음으로, 『훈민정음』에 대한 연구적 노작을 말함에 305년
만에 나은 신경준(申景濬)의 『훈민정음운해(訓民正音韻解)』(1750)를 들었던
것이다.

---

3) 1724년(경종 4)에 나서 1802년(순조 2)에 죽음. 자(字)는 한사(漢師), 호(號))는 이계
　　(耳溪), 고증학자(考證學者)요, 관(官)은 판의금부사(判義禁府事)에 이름.
4) ⅰ) 최현배: 1971, 『고친 한글갈』, ⅱ) 김윤경: 1938, 『조선문자급어학사(朝鮮文字及語
　　學史)』, ⅲ) 오구라(小倉進平): 1920, 『조선어학사(朝鮮語學史)』.

　　그런데 김지용(金智勇) 교수가 경도대학(京都大學) 부속도서관의 하합
문고(河合文庫) 속에서 완산(完山) 최석정(崔錫鼎) 여화술(汝和述)인『경세
훈민정음도설(經世訓民正音圖說)』사본(寫本) 두 책(二冊: 乾, 坤)을 발견하
였다. 그리고 그것을 1968년에 연세대학교 인문과학연구소에서 영인 간행한
바 있다.[5]

　　『경세훈민정음도설』에는 그 저작 연대가 밝혀져 있지 않다. 김지용 교수
는 그 저작 연대를 1701년(관에서 자주 물러난 때)에서 1715년(죽은 해) 사이
라고 추정하고 있다.[6] 이 추정을 뒤엎을 만한 반증이 없는 한, 명곡(明谷)의
『경세훈민정음도설』은 신경준(申景濬)의『훈민정음운해』보다 35년 내지 49
년이나 앞섰다고 할 수 있을 것이다. 따라서『훈민정음 해례』이래에 나타난
최초의 학문적 연구는 신경준보다 훨씬 앞선 최석정의『경세훈민정음도설』
을 들지 않을 수 없다. 따라서 종래의 국어학사는 이런 면에서 마땅히 수정
을 가하여야 할 것이다.

1.2.『경세훈민정음도설』분석

　　『경세훈민정음도설(經世訓民正音圖說)』에서 보이는 경세(經世)와 도설
(圖說)은 소강절(邵康節: 1011~1077)이 도서상수(圖書象數)를 설명한『황극경
세서(皇極經世書)』나, 주렴계(周濂溪: 1017~1073)의 '태극도설'에서 딴 것이
아닌가 한다.『이계집』권 십 서(耳溪集 券十序)에 나오는, 홍양호가『경세
훈민정음도설』을 보고 쓴 서(序)에도 그 일부가 밝혀져 있으니, "音則分開發
收閉類以配四象八卦之數推以合皇極經世之書優優大哉……"라고 한 것이 그
것이요, 최석정 자신이 쓴 건책(乾冊)이나 곤책(坤冊)에도 이 사실이 밝혀져
있으니, 건책(乾冊)의 "訓民正音準皇極經世四象體用之數圖"와, 곤책(坤冊)

---

5)『인문과학 총서』3(연세대학교 인문과학연구소, 1968).
6) 김지용(金智勇) 해제: 윗 책.

의 "邵氏皇極經世天地四象體用之數圖" 및 '五贊註' 가운데, "本數 邵康節經世書以解音準天地四象"이라 한 것 등이 그것이다. 이것으로 보아, 『경세훈민정음도설』은 소강절(邵康節)의 설에서 상당한 영향을 입은 듯하다.

최석정이 언어(음성, 글자)를 다루는 방법은 어디까지나 연역법적 방법이었음을 알 수 있다. 곧 언어 그 자체를 주어진 '역리'에 맞추어 연역법적으로 풀이해 간다는 사실을 알 수 있다. 이것은 근대 언어학에서의 귀납법적인 설명 방법과는 정 반대의 것이다. 그러나 이는 현대 이론 언어학에서 일정한 이론을 전제해 놓고, 그 이론 밑에서 언어 현상을 풀이해 나가는 연역법적인 이론 언어학과 유사한 데가 있다. 다만, 그 철학적 내용면에서 차이가 있을 뿐이다. 다시 말하면, 최석정의 학문은 오늘날 언어의 철학과는 다른 역철학을 가지고 있었으나, 이론 전개의 방법론상에서는 연역법이라는 유사한 점이 있었다고 할 것이다. 이와 같은 그의 학문하는 철학과 이론 전개의 방법론은 훈민정음 해례자들의 그것과 유사한 것임은 두말할 나위도 없다.

『경세훈민정음도설』은 건(乾), 곤(坤) 두 권으로 나누어져 있다. 건책(乾冊)에서는 완산 최석정 여화술(完山 崔錫鼎 汝和述) 경세정운서설(經世正韻序說)이라 하여, "世宗莊憲大王御製訓民正音 序文"을 인용하고, 그에 대한 자기 고찰의 단안을 내리되, 다음과 같은 도설(圖說)을 통하여 내리었던 것이다.

乾冊: 訓民正音

十七聲分配初聲圖

十一音取象八卦圖

聲分淸濁圖

音分闢翕圖

律呂相乘配合成字圖

聲分平上去入圖

音分開發收閉圖

訓民正音準皇極經世四象體用之數圖

聲音律呂唱和全數圖

聲音唱和數三百八十四爻圖

　坤冊:

經世正韻五贊(明象, 辨韻, 本數, 稽訓, 述志)

聲音篇

羣書折衷

論正韻圖說

五贊註

論初終聲閏位

博物典彙

遼東邊圖

蘇州邊圖

그의 학설은 대체로 건책(乾冊)에서 볼 수 있다. 따라서 여기에서는 건책에 나타난 그의 학설을 분석 소개하면서 거기에 들어 있는 그의 국어의 음을 연구하는 철학을 축출해 보기로 한다.

1.3. 『훈민정음』의 '역' 이론

글쓴이는 이미, 『훈민정음』에 대한 이해는 순수한 성음학적인 것만으로서는 불가능하며, '역'의 이론면에서 함께 이해하여야 한다는 것을 말한 바 있다. 특히 앞으로 논의할 『경세훈민정음도설』의 이해는 '역'의 이론이 그 근간을 이루고 있기 때문에 그와 같은 이해 없이는 전혀 불가능하다고 할 수 있다. 이제 그의 해설을 분석 소개하고 평가해 보기로 한다.

그는 먼저 『훈민정음』에 대한 일반적 고찰을 다음과 같이 하였다.

臣錫鼎謹按御製諺文二十八字卽列宿之象也初聲十七字牙音角屬東方木

象物之始生故爲首舌音徵屬火屑音宮屬土齒音商屬金候音羽屬水以五行相生
之序爲次中聲十一字太極兩儀八卦之象也(영인본, 3쪽)

곧 최석정은 어제언문이십팔자(御製諺文二十八字)를 인용하고, 이 이십팔자(二十八字)는 열수의상(列宿之象)[7]으로 보았다. 다시 말하면, 기본적인 초·중성의 수를 이십팔수(二十八宿)의 상으로 보았다. 뒤에 자세히 언급 하겠지만, 그의 음분벽흡도(音分闢翕圖)에 의하면 생성되어 나오는 음의 수는 정성(正聲: 초성) 24와 정음(正音: 중성) 32, 모두 56으로 보고 이를 열수의 배수(列宿之培數: 28×2=56)라고 하였던 것이다.

또 초성 17자에서 아음(牙音)은, 오음(五音)으로 보면 각(角)이요, 방위(方位)로 보면 동방(東方)에 속하고, 오행(五行)으로 보면, 목상(木象)[8]이며, 이는 물의 처음남 곧 물지시생(物之始生)[9]을 뜻하니, 곧 아음(牙音)은 제일 첫 머리(首)가 된다는 것이다. 또 설음(舌音)은 치(徵)이며, 불(火)에 속하고 치음(齒音)은 상(商)이요, 금(金)에 속하며, 후음(喉音)은 우(羽)이고 물(水)에 속하니, 이들의 순서는 오행상생(五行相生)[10]의 순서가 된다는 것이다. 그리

---

7) 열수(列宿)는 열사(列舍) 곧 열지어 있는 별들(列星)을 뜻하며, 최석정의 '이십팔열수의 상(二十八列宿之象)'이란 곧 이십팔수(二十八宿)의 수와 그 위서(位序)를 본 뜬 것으로 풀이된다.

8) 역(易)에서 오행(五行), 오음(五音), 오방(五方)을 배당한 것을 보면, 오음(五音)의 각(角)은 방위(方位)의 동(東)과 오행(五行)의 목(木)에 해당한다. 그러므로 아음(牙音)을 각(角)으로 본다면, 그 계열은 아(牙), 각(角), 동(東), 목(木)이 된다.

9) 물지시생(物之始生): 『주자어류(朱子語類)』一에서, 주자(朱子)는 혼돈미분(混沌未分)으로 천지가 아직 형성 안 된 때는 물불(水火)이 가장 우세하여, 그 물(水)의 가스가 땅(地)이 되었고, 불(火)은 극히 맑은(淸) 것이 바람(風), 우뢰(雷), 태양(太陽), 별(星)이 되었다고 한다. 이와 같은 '物之始生'은 '五行始生'과 유사하다. '五行始生'은 『역학계몽(易學啓蒙)』에 의하면, "天一生水, 地六成之, 地二生火, 天地成地, 天三成木, 地八成之, 地四生金, 天九成之, 天五生土, 地十成地"(홀수는 천(天)이요, 양수(陽數)요, 양효(陽爻)이고, 짝수는 지(地)요, 음수(陰數)요, 음효(陰爻)라고 했으니, 이와 같은 '五行始生'으로 보면, 수화목금토(水火木金土)의 순서가 된다. 그러므로 명곡(明谷)이 목상(木象)을 '物之始生'(사물이 처음 남)으로 본 것은 주자(朱子)의 '物之始生'이나 『易學啓蒙』의 수화목금토(水火木金土)의 '五行始生'과 분명히 다른 견해이다.

고 훈민정음의 중성 열한자(十一字)는 태극 양의(太極兩儀: 陰陽)와 팔괘(八卦)의 상(象)을 본뜬 것으로 보고 있다.

이제까지 언급한 가운데 중성은 빼고 초성에 대한 것을 알기 쉽게 표로 나타내 보이면 다음과 같다.

	오 음	방 위	오행상생의 서	오행의 뜻
아(牙)	각(角)	동(東)	목(木)	사물이 처음남
설(舌)	치(徵)		화(火)	
순(脣)	궁(宮)		토(土)	
치(齒)	상(商)		금(金)	
후(喉)	우(羽)		수(水)	

이 표를 생각해 보자.

첫째, 이 표에서와 같이 그가 오음(五音), 방위(方位), 오행(五行)을 그와 같이 배속한 것은, 앞에 논술한 바 있는, 한대(漢代)에 이르러, 음양오행설(陰陽五行說)이 행하여지면서 경방(京房: 京氏易傳)에 이르러, 역(易)에 배속한 것을 그대로 따른 것이라 할 수 있다. 또 아·설·순·치·후(牙舌脣齒喉)를 표와 같이 오음인 각·치·궁·상·우(角徵宮商羽)에 배속한 것은(물론 그 순서는 다르나), 『광운(廣韻)』 이래의 모든 운서에 나타날 뿐 아니라, 이미 본 바와 같이 『훈민정음 해례』에도 나타난다. 그런데 아·설·순·치·후(牙舌脣齒喉)를 오음(五音)에 배속함에는 얼마나한 이유가 있는가, 이를 조사해 보자. 이 조사를 위해서는 오음(五音: 宮商角徵羽)의 자질부터 살펴보아야 하는데, 그 자질을 기술한 '爾雅, 釋樂'과 '郝懿行義疏'에 따라 보면, 아·설·

---

10) '五行相生'은 상생(相生)의 순서에 의한 오행(五行)으로써, "春秋繁露·五行之義"에 의하면, "木五行之始, 水五行之終, 土五行之中也……木生火, 火生土, 土生金, 金生水, 水生木"으로 되어 있다. 이와 같은 '五行相生'의 순서로 보면, 목화토금수(木火土金水)가 된다. 그러므로 명곡(明谷)의 '物之始生'은 '五行始生'과는 다르지만, 목화토금수(木火土金水)의 '五行相生'과 연결되는 것이다. 그리하여, 그는 그의 고찰에서, '五行始生' 중 목아(木牙)를 '物之始生'(사물이 처음 남)으로 보았던 것이다.

순·치·후(牙舌脣齒喉)를 궁·상·각·치·우(宮商角徵羽)에 배속 대조할
수 있는 성음학적 이유를 어느 정도 찾을 수 있다.

둘째, 아·설·순·치·후(牙舌脣齒喉)를 목·화·토·금·수(木火土金
水)의 오행(五行)에 배속하고, 아(牙), 곧 목(木)을 동방(東方)으로 보았다. 그
리고 동방에서 사물(物)이 처음남(物之始生)을 말하고, 그로부터 차례로 오
행상생(五行相生)의 순서 곧 목·화·토·금·수의 상생(相生)의 순서를 설
명한 것은, 이른 바 '역'의 변화 작용 또는, '역'의 생성론의 적용임을 잘 말해
주는 것이니, 우리는 여기에서 다음과 같은 생성 과정을 끌어낼 수 있다.

『경세훈민정음도설』에서의 '오행상생'(五行相生)에 의한 '오음성'(五音聲) 생성
과정:

$$\begin{bmatrix} 木_1 \to 火_2 \to 土_3 \to 金_4 \to 水_5 \\ 角_1 \to 徵_2 \to 宮_3 \to 商_4 \to 羽_5 \end{bmatrix} = \begin{bmatrix} 牙_1 \to 舌_2 \to 脣_3 \to 齒_4 \to 喉_5 \\ (ㄱㅋㆁ)_1 \to (ㄴㄷㅌ)_2 \to \\ (ㅁㅂㅍ)_3 \to (ㅅㅈㅊ)_4 \to (ㅇㆆㅎ)_5 \end{bmatrix}$$

이것은 『훈민정음 해례』에 있어서, 아래와 같이 기본 5초성을 만들어 놓
고 그로부터 각 계열별로 차례로 초성이 생성된다는 설명 과정과는 다름을
보인다.

『훈민정음 해례』에서의 오음성(五音聲) 생성 과정:

$$\begin{pmatrix} 牙_1 & 舌_1 & 脣_1 & 齒_1 & 喉_1 \\ ㄱ_1 & ㄴ_1 & ㅁ_1 & ㅅ_1 & ㅇ_1 \\ \downarrow & \downarrow & \downarrow & \downarrow & \downarrow \\ & ㄷ_2 & ㅂ_2 & ㅈ_2 & ㆆ_2 \\ \downarrow & \downarrow & \downarrow & \downarrow & \downarrow \\ ㅋ_2 & ㅌ_3 & ㅍ_3 & ㅊ_3 & ㅎ_3 \end{pmatrix} = \begin{pmatrix} 角_1 & 徵_1 & 宮_1 & 商_1 & 羽_1 \\ \downarrow & \downarrow & \downarrow & \downarrow & \downarrow \\ & 徵_2 & 宮_2 & 商_2 & 羽_2 \\ \downarrow & \downarrow & \downarrow & \downarrow & \downarrow \\ 角_2 & 徵_3 & 宮_3 & 商_3 & 羽_3 \end{pmatrix}$$

1.4. 초성의 '역' 이론과 변별 바탕론

『경세훈민정음도설』에서 초성에 관한 것은, 그의 십칠성분배초성도(十七聲分配初聲圖)와 성분청탁도(聲分淸濁圖)에 나타난다.

(1) 십칠성분배초성도(十七聲分配初聲圖)

먼저, 그의 '십칠성분배초성도'와 '변해'를 소개하면 다음과 같다.

훈민정음(17초성):

ㄱ君	ㅋ快	ㆁ業	牙音	角
ㄷ斗	ㅌ呑	ㄴ那	舌音	徵
ㅂ彆	ㅍ漂	ㅁ彌	脣音	宮
ㅈ卽	ㅊ侵	ㅅ戌	齒音	商
ㆆ挹	ㅎ虛	ㅇ欲	喉音	羽
		ㄹ閭	半舌音	
		△穰	半齒音	

변해(최석정):

五音各有浮中沈三聲三才象也　見端幫精影屬乎沈溪透彻淸曉屬乎中　疑泥明心喩屬乎浮來日二母猶之鍾律之變宮變徵也　來屬沈而日屬浮也　十七聲去　半舌齒凡十五數卽河圖中宮之數也(영인본, 4쪽)

위에서 '십칠성분배초성도(十七聲分配初聲圖)'는 『훈민정음』의 17초성 분배와 같다.

그의 '변해'(『훈민정음』의 한자표기와 다름)에서는, 두 가지의 문제가 제기 되는데, 하나는, 부·중·침(浮·中·沈)의 삼성삼재의 상(三聲三才之象)의 문제요, 다른 하나는, 하도중궁의 수(河圖中宮之數)의 문제이다.

(ㄱ) 부·중·침(浮·中·沈)의 삼성삼재의 상(三聲三才之象)

그는 오음(五音)을 각각 부·중·침(浮·中·沈)으로 나누고, 이것은 삼재(三才)를 본뜬 것이라고 하였다. 곧, 見(ㄱ) 端(ㄷ) 幫(ㅂ) 精(ㅈ) 影(ㆆ)은 '침(沈)'에 속하고, 溪(ㅋ) 透(ㅌ) 窈(ㅍ) 淸(ㅊ) 曉(ㅎ)는 '중(中)'에 속하고, 疑(ㆁ) 泥(ㄴ) 明(ㅁ) 心(ㅅ) 喩(ㅇ)는 '부(浮)'에 속하고, 來(ㄹ) 日(ㅿ) 이모(二母)에서 來(ㄹ)는 '침(沈)'에 속하고, 日(ㅿ)은 '부(浮)'에 속한다고 하였다. 이를 표로 나타내 보면 다음과 같다.

	아	설	순	치	후	반설	반치
	각	치	궁	상	우	변궁	변치
침(沈)	見ㄱ	端ㄷ	幫ㅂ	精ㅈ	影ㆆ	來ㄹ	
중(中)	溪ㅋ	透ㅌ	窈ㅍ	淸ㅊ	曉ㅎ		
부(浮)	疑ㆁ	泥ㄴ	明ㅁ	心ㅅ	喩ㅇ		日ㅿ

부·중·침 삼성삼재의 상(浮·中·沈 三聲三才之象)이란, 글쓴이의 해석으로 보면 다음과 같다. 자모(字母)를 부·중·침(浮·中·沈) 세 소리로 분류하였는데, 이것은 삼재(三才) 곧 천·지·인(天地人)을 본뜬 것일 것이다. 그러면, 어떠한 이유로 그와 같이 볼 수 있는 것일까? 이제 이 문제를 풀기 위하여 먼저 부·중·침(浮·中·沈)의 특질을 알아보기로 하자. "大漢和辭典"[11]에 의하면, 그것은 다음과 같이 그 특질을 기술할 수 있다.

浮: 天. 高貌也. 輕. 陽氣.

中: 下上通也. 心中也.

沈: 上也. 滯. 弱. 下. 沈氣. 藏匿. 隱. 太陰之至. 其脈沈. 久陰也.

---

11) 諸橋轍: 『大漢和辭典』.

다음으로 이와 같은 특질에 관계 지을 삼재(三才)에 대하여 보기로 하자. 주염계(周濂溪: 1032~1073)의 우주관(宇宙觀)에 의하면, 건도(乾道)는 남(男)이요, 곤도(坤道)는 여(女)라 하였다.[12]

정명도(程明道: 1032~1085)에 의하면, 천지(天地)로부터 나(生)는 한(限)의 것은 모두 천지의 성격을 받아 생하며, 사람(人)은 지능(知能)을 가지며, 천지의 중(中)을 받아 생기며, 상(上)인 천(天)과 하(下)인 지(地)와 나란히 천지에 참여하는 중용(中, 中庸)으로서 설 수 있는 존재라고 하였다.[13]

장횡거(張橫渠: 1020~1077)는 건(乾)은 부(父), 곤(坤)은 모(母), 나(子)는 혼연(混然)으로서 중(中)에 처한다 하며, 천(天)의 양기(陽氣), 지(地)의 음기(陰氣)를 받아 나(我)라는 육체적 존재가 있다고 하였다.[14]

또 『주역상경(周易上經)』에 의하면,

≡乾上
≡乾下 乾(乾爲天)(六爻皆陽)　象曰天行健君子以自强不息象曰……時乘六龍
以御天乾道變化 ☷乾上
　　　　　　　☷乾下 坤(坤爲地) (六爻皆陰)象曰……坤厚載物……柔順利
貞……地勢坤

이라고 하였다.[15]

이상으로 보아, 삼재(三才)인 천·지·인(天地人)은 대체로 다음과 같은 자질을 가졌다고 할 수 있다.

天: 乾。陽氣。健。剛。動。生生。變化。上。男。

人: 中(中庸)。

地: 坤。陰氣。柔順。下。女。

---

12) 鳥田虔次: 『朱子學と陽明學』(岩波新書).
13) 鳥田虔次: 윗 책.
14) 鳥田虔次: 윗 책.
15) 周易 上經, 卷之一.

따라서 최석정의 부·중·침(浮·中·沈)의 특질은 삼재(三才)의 성질과 서로 비슷하게 들어맞는다고 할 수 있다.

이제 최석정의 삼재(三才)와 상통하는 부·중·침(浮·中·沈) 삼성(三聲)에 분류 배치된 초성을 살피고, 그 분류된 초성들이 위에서 본 천·지·인(天地人) 및 부·중·침(浮·中·沈)과 어떻게 부합되는가를 연구해 보자. 먼저 그 분류 배치된 상황을 보이면 다음과 같다.

부성(浮聲) (天): ㅇㄴㅁ(ㅅ)(ㅇ)ㅿ(울림소리, 유성음, voiced)

중성(中聲) (人): ㅋㅌㅍㅊㅎ(센소리, 유기음, aspirate)

침성(沈聲) (地): ㄱㄷㅂㅈㆆ(ㄹ)(안울림소리, 무성음, voiceless)

위에서 보면, 소리의 들림(亮度, sonority)이 가장 큰 울림소리는 부성(浮聲), 천(天)이고(ㅅ은 안울림소리, ㅇ은 무음가), 그 다음으로, 소리 들림이 큰 것은 센소리인 중성(中聲), 인(人)이고, 소리의 들림이 제일 작은 것은 안울림소리(ㄹ만은 울림소리)인 침성(沈聲), 지(地)이다. 곧, 부(浮)는 뜨는 소리이니 '큰들림'이고, 중(中)은 가운데 소리이니 '가운들림'이고, 침(沈)은 가라앉는(잠기는) 소리이니 '작은들림' 소리라 할만하다. 물론 여기 들림의 크고 작음은 세 개의 사항의 상대적 개념으로 쓰인 것이지 절대적인 개념으로 쓰인 것은 아니다. 이와 같이 살펴보면 부·중·침(浮·中·沈)과 삼재(三才: 天地人)와 초성의 분류 배치는 역학적인 면에서나 소리느낌 면에서나 실질적 음성학적인 면에서 거의 일치함을 짐작할 수 있다. 이것은 최석정의 초성의 분류가 자질적인 면에서 볼 때, '역' 자질과 '소리느낌'의 자질 및 '음성' 자질에 의하여 분류되고, 그리고 그 자질적 분류가 상당히 과학적이라는 이유를 설명해 주기도 하는 것이다.

이제 변별적 바탕(자질)이라는 측면에서 최석정이 분류한 초성을 재정리하되, 이미 언급한 바 있는 오음(宮商角徵羽)을 함께 고려하여 변별적 바탕표를 만들면 다음과 같다.

삼성·삼재·오음	ㄱ	ㄷ	ㅂ	ㅈ	ㆆ	ㅋ	ㅌ	ㅍ	ㅊ	ㅎ	ㆁ	ㄴ	ㅁ	ㅅ	ㅇ	ㄹ	ㅿ
부(浮), 천(天), vd., 큰들림											+	+	+	(+)	(+)		+
중(中), 인(人), asp., 가운들림						+	+	+	+	+							
침(沈), 지(地), vl., 작은들림	+	+	+	+	+											(+)	
아(牙), 각(角)	+					+					+						
설(舌), 치(徵)		+					+					+					
순(脣), 궁(宮)			+					+					+				
치(齒), 상(商)				+					+					+			
후(喉), 우(羽)					+					+					+		

이와 같이 보면, 최석정의 초성의 바탕 곧 자질적 분류에도, 『훈민정음』에서와 같이 '역바탕'과 '조음음성적 바탕'의 이원적 언어관이 들어 있음을 알 수 있다.

(ㄴ) 하도중궁의 수(河圖中宮之數)

초성 17성에서 반설, 반치음 두 개를 제하면, 15의 수가 되는데, 이 수는 곧 하도(河圖)의 중궁(中宮)의 수(數)인 15와 같이 된다는 것이다.[16]

이것은 어디까지나, 초성의 기본 수를 '역'의 수리론(數理論)에 맞추고자 하는 의도라고 보인다.

---

16) 하도(河圖)는 낙서(洛書)와 함께 주역(周易)과 홍범구주(洪範九疇)의 근원이 되는 도서(圖書)로서, 고참(古讖), 수리(數理)의 조상이 되는 것이다. 이 하도(河圖)는 복희(伏羲)의 때, 황하(黃河)에서 나온 용마(龍馬)가 지고 나왔다는 동서남북 중앙으로 일정한 수로 나뉘어져 배열된 그림이다. 낙서(洛書)는 우(禹)가 홍수를 다스릴 때, 낙수(洛水)에서 나온 신구(神龜)의 등에 있었다고 하는 글(文)이다. 『계사전상전(繫辭典上傳)』에 의하면 역(易)의 성립에 대하여, 강(河)에서 그림이 나와, 이로써 복희(伏羲)가 하늘의 천계(天繼)를 받아 왕이 되고, 하도(河圖)를 받아, 이에 의하여, 팔괘(八卦)를 만들었다고 한다. 하도는 중앙에 5, 사방에 10에 이르는 수를 배치하고 있으니, 중궁(中宮)의 수는 15이다.

(2) 성분청탁도(聲分淸濁圖)

그의 성분청탁도(聲分淸濁圖)에서는, 17초성을 부연하여 청탁(淸濁)으로 나눈 정성(正聲) 24와, 된소리의 음양 교합설로 나누어 볼 수 있다.

1) 정성(正聲) 24

정성(正聲)에 대해서는 성분청탁도(聲分淸濁圖)를, 그리고 이를 소강절(邵康節)의 24정음(正音)에 맞추려 하였으며, 또한 이를 사약(四約: 一淸, 二濁, 三淸, 四濁)과 육상(六象), '역'의 육효(六爻),17) 악(樂)의 육률(六律)18)과의 상승으로 풀이하였다. (4×6=24)(按十七聲衍爲二十四分爲淸濁即邵氏所謂正音也四約則六象易之六爻樂之六律也) (영인본, 5쪽)

물론, 이는 너무 억지가 있는 주장이지만, 정성(正聲) 24(사실상 23)를 '역'으로 풀이하려는 그것이 바로 그의 음성관이기도 하다. 그의 청탁도(淸濁圖)는 훈민정음의 청탁(淸濁) 배열과 상당히 차이가 있다. 이에 대한 변해가 있지만 수긍하기 어렵다.

一 淸	二 濁	三 淸	四 濁
ㄱ 君	ㄲ 虯	ㅋ 快	ㆁ 業
ㄷ 斗	ㄸ 覃	ㅌ 呑	ㄴ 那
ㅂ 彆	ㅃ 步	ㅍ 漂	ㅁ 彌
ㅈ 即	ㅉ 慈	ㅊ 侵	
ㆆ 虛	ㆅ 洪	ㆆ 挹	ㅇ 欲
ㅅ 戌	ㅆ 邪	ㄹ 閭	△ 穰

---

17) 육효(六爻): '역'의 괘획(卦畫)을 효(爻)라 한다. 한괘(一卦)는 육효(六爻)로 되어 있다. 곧 ☵ 또는 ䷁ 등이 그것이다. 최하의 효(爻)를 초(初)라 하고, 위로 가면서 二三四五六이라 한다. 이는 음양이기(陰陽二氣)는 모두 밑에서 상승한다고 하는 이유에 의한다.

18) 육률(六律): 악(樂)의 12율(律) 중, 양(陽)의 소리에 속하는 여섯 개의 음(音).

2) 된소리의 음양 교합설(陰陽交合說)

최석정은 성분청탁도(聲分淸濁圖)조에서, 된소리에 대하여 다음과 같이 보고 있다.

群定並從邪匣六母即岐出之聲見端之有群定猶陽之有 陰陽一而陰二故見 端單書而群定雙書也(영인본, 5쪽)

위를 풀어 보면, ㄲ(群), ㄸ(定), ㅃ(並), ㅉ(從), ㅆ(邪), ㆅ(匣) 여섯 닿소리는 그 안에 ㄱ(見), ㄷ(端) 등이 들어 있으니, 이는 양(陽)이 음(陰)에 있음과 같다는 것이다. 역수(易數)에서 홀수는 양수이고, 짝수는 음수이므로, 쌍서로 된 된소리글자는 음수(二)이고, 그 속에 들어 있는 예사소리 글자는 양수(一)이다. 따라서 '양'과 '양'의 결합이 '음'이 되었다고 말할 수 있고, 또 '음' 속에 '양(예사글자)'이 들어 있다고도 말할 수 있는 설명이 된다. 이것은 '양+양=음' 또는 'a+a=c'의 준 변증법적 법칙으로 설명되는 것이다.

이제 그의 된소리글자와 예사소리글자에 대한 설을 음양 관계의 수식으로 풀이하면 다음과 같이 된다.

$$[二濁(음) \Leftarrow 一淸(양) + 一淸(양)]$$

$$\rightarrow \left\{ \begin{array}{l} ㄲ \Leftarrow ㄱ + ㄱ \\ ㄸ \Leftarrow ㄷ + ㄷ \\ ㅃ \Leftarrow ㅂ + ㅂ \\ ㅉ \Leftarrow ㅈ + ㅈ \\ ㆅ \Leftarrow ㅎ + ㅎ \\ ㅆ \Leftarrow ㅅ + ㅅ \end{array} \right.$$

이는 두말할 것도 없이, 된소리글자를 '역(수)'의 관념인 음양교합사상(陰陽交合思想)으로 풀이한 것이라 할 수 있다. 본시 음양사상에 의하면, 음양

두 개의 효(二爻)는 서로 대립되는 것이 아니다. 다시 말하면, 음양은 언제나 고정된 두 개의 것이 아니다. 움직임(動: 陽)이 다(極)하면, 고요함(靜: 陰)이 되고, 고요함(靜)이 다하면 움직임(動)이 되어서, 움직임 가운데 고요함(動中靜: 陽中陰), 고요함 가운데 움직임(靜中動: 陰中陽)이 된다는 것이다. 혹은 굳셈(剛)이 부드러움(柔)이 되고, 부드러움(柔)이 굳셈(剛)이 되어 굳셈가운데 부드러움(剛中柔)이 되고, 부드러움 가운데 굳셈(柔中剛)이 된다는 것이다. 남자는 여자에 대하여 '양'이지만, 아들로서 어버이에 대하면 아들은 '음'이 된다. 또 여자는 '음'이지만 어버이로서는 '양'이 됨은 다 그 보기가 된다.

이와 같은 일반적인 음양관과 인륜의 음양관이, 된소리와 예사소리의 음성·문자관에 그대로 나타난 것이다. 곧 최석정의 된소리에 관한 견해는 이와 같은 음양교합사상에 의하여 이루어졌던 것이다.

이 밖에 최석정은 순경음(脣輕音)에 대하여 다음과 같이 언급하였다.

脣輕音初聲……非天地本然之元聲故不列於正聲之目訓民正音不立字標其意明知(영인본 5~6쪽)

곧 '순경음'은 천지 본연의 소리(元聲)가 못 되므로, 바른소리(正聲)의 목록에 열거하지 못했으니, 『훈민정음』에서 순경음의 글자 표시를 세우지 아니한 뜻을 명백히 알 수 있다고 본 것이다.

이제까지 보아 온 바와 같이, 최석정은 초성에 대하여 24바른소리(사실은 23임: 17+[二濁音 6]=23)를 주장하고 있다. 그리고 훈민정음의 순경음은 바른소리(正聲)가 될 수 없다고 부인하고 있다.

1.5. 중성과 '역' 생성론

중성에 관한 것은, 그의 '십일음취상팔괘도(十一音取象八卦圖)'와 '음분벽흡도(音分闢翕圖)'에 나타나 있다.

(1) 십일음취상팔괘도(十一音取象八卦圖)

중성에 대하여, 최석정은 "중성열한자는, 태극 음양(양의) 팔괘의 모양이다"(中聲十一字太極兩儀八卦之象也)('훈민정음'에 대한 상고 조항의 끝 부분)라고 하여 중성자의 기원을 '역'의 이치에 두고 있다. 이와 같은 중성자의 역리적 설명은 다음과 같은 '십일음취상팔괘도'에 나타나 있다.

첫째로, 팔괘도에서 보면, 중성 글자의 이름이 "阿也於與烏要于由應伊"

十一音取象八卦圖

ㅏ	ㅑ	ㅓ	ㅕ	ㅗ	ㅛ	ㅜ	ㅠ
阿	也	於	與	烏	要	于	由
太	太	少	少	少	少	太	太
陽	陰	陽	陰	剛	柔	剛	柔

　ㅡ　　　　　ㅣ
應　　　　　伊
動　　　　　靜

、
兒
一
動
一之
靜間

로 명시되어 있음을 볼 수 있다. 이에 대하여, 최석정은 『훈민정음』에는 그 초성자표(初聲字標)로 君(ㄱ), 快(ㅋ) 등 글자를 쓰고, 중성 자표(中聲字標)로 君(ㅜ), 業(ㅓ) 등 글자를 썼으나, 이제 여기에서는 중성 자표로서는 『훈몽자회(訓蒙字會)』 소재, '阿(ㅏ), 也(ㅑ)' 등 글자를 서서, 초・중성글자표를 구별한다고 말하고 있다.

　　　初聲字標君快等字用訓民本字中聲字標則訓民復出君業等字故今用訓蒙
字會所載阿也等字以別之(영인본, 4쪽)

　　이로 보아 최석정은 최세진(崔世珍)의 『훈몽자회(訓蒙字會)』(1527)를 분
명히 보고, 그를 따른 것으로 생각된다. 그런데 초성에 대하여만은 『훈몽자회』
와 같은 글자 이름을 주지 아니하였으니 그 까닭을 모르겠다.

　　둘째로, 중성 '십일음취상팔괘도(十一音取象八卦圖)'에서 관심을 끄는
것은 소리의 생성 과정에 '역'의 이치를 내 세운 점이다. '역'의 기본 관념은
음(--), 양(-)의 두 개의 효(二爻)이며 (효(爻)란 서로 사귄다는 뜻에 가까우며,
천지의 현상이 서로 사귀어, 다른 것으로 변한다는 뜻을 가짐), 이를 거듭하
여 건·태·이·진·손·감·간·곤(乾兌離震巽坎艮坤)의 팔괘(八卦)를 이
룬다는 것이다.

　　최석정의 중성 '십일음취상팔괘도(十一音取象八卦圖)'는 바로 이와 같은
'역'의 이치를 기본으로 하고 있음을 알 수 있다. 그에 따르면 11음에서 ㅏ
(阿)는 태양(太陽)이요, ㅑ(也)는 태음(太陰)이요, ㅓ(於)는 소양(少陽)이요,
ㅕ(與)는 소음(少陰)이요, ㅗ(烏)는 소강(少剛)이요, ㅛ(要)는 소유(少柔)이요,
ㅜ(于)는 태강(太剛)이요, ㅠ(由)는 태유(太柔)이니, 이것을 팔괘라고 한다.
또 그는, ㅡ(應)는 위로 오르고 뜨는 소리(下曳之聲)로 움직임(動)에 속하고,
ㅣ(伊)는 밑으로 새는(처지는) 소리로 고요함(靜)에 속하니, 곧 ㅡㅣ는 양의
(兩儀)가 된다고 하였으며, ·(兒)는 ㅡ(應) ㅣ(伊)의 중간이고, 한번 움직이고
한번 고요함(一動一靜)의 사이에 해당하니, 이는 삼재(天地人)의 묘함이라고
할 수 있다고 말했다.

　　　聲中十一阿爲太陽也爲太陰於爲少陽與爲少陰烏爲少剛要爲少柔于爲太
剛　由爲太柔八卦也　應者升浮之響屬乎動伊者下曳之聲屬乎靜兩儀也兒者應
伊之中當一動一靜之間三才之妙歟(영인본, 5쪽)

이것은 곧 '십일음취상팔괘도(十一音取象八卦圖)'를 자세히 설명해 준 것
으로서, ㅏ ㅑ ㅓ ㅕ ㅗ ㅛ ㅜ ㅠ는 '팔괘'가 된다 하고, '양의(兩儀)'인 ㅡ ㅣ가 각각
동정(動靜)이 되는 이유와, ㅡ ㅣ ㆍ가 '삼재'의 묘를 가지고 있음을 말한 것이다.

또 그는, ㅏ(阿) ㅑ(也) ㅓ(於) ㅕ(與)는 다 ㅣ(伊)로써 몸을 삼고 ㅗ(烏)
ㅛ(要) ㅜ(于) ㅠ(由)는 다 ㅡ(應)로써 몸을 삼으니, '음'은 '양을 뿌리로 삼고,
'양'은 '음'을 뿌리로 삼는 것이라고 하였다. 그리고 ㅏ(阿) ㅑ(也)의 오른쪽 넓
힘(오른쪽으로 덩어리 짐, 右宄)과 ㅓ(於) ㅕ(與)의 왼쪽 넓힘(左宄) 및 ㅗ(烏)
ㅛ(要)의 위쪽 ㅜ(于) ㅠ(由)의 아래쪽 넓힘은 다 양괘(陽卦)인 홀수(一奇)와
음괘(陰卦)인 짝수(一耦)의 꼴이라고 했다.

阿也於與皆以伊爲體烏要于由皆以應爲體陰根陽而陽根陰也阿也之右宄
於與之左宄與夫烏要之上面于由之下面皆一奇一耦之象也(영인본, 5쪽)

이 설명에서, 우선 다음과 같은 사실을 알 수 있다. ㅏ(太陽) ㅓ(少陽)
ㅗ(少剛) ㅜ(太剛)는 홀수(一奇)로서 양괘(陽卦)에 해당하고, ㅑ(太陰) ㅕ(少
陰) ㅛ(少柔) ㅠ(一柔)는 짝수(一耦)로서 음괘(陰卦)에 해당한다.

곧 강(剛)과 양(陽)은 모두 홀수이니, 양괘(陽卦)에 해당하고, 유(柔)와
음(陰)은 모두 짝수로 음괘에 해당한다. 또 동(動)은 양(陽)ㅡ, 정(靜)은 음
(陰)ㅣ임을 알 수 있다. 따라서 양괘인 ㅏ ㅓ는 그 자체에 정 곧 음인 ㅣ를 뿌
리로 가지고 있으며 ㅗ ㅜ는 양괘이며, 그 자체 양의 뿌리ㅡ를 가지고 있다.
ㅛ ㅠ는 '음괘'이나, 그 자체 '양의 뿌리인 ㅡ를 가지고 있으며 ㅑ ㅕ는 '음괘'이
고 '음'의 뿌리 ㅣ를 가지고 있다. 이를 표로 나타내 보이면 아래와 같이 된다.

효수(爻數)로 본 '음양' 동정(動靜)으로 본 '음양'	'양'	'음'	'양'	'음'
'음'의 뿌리 (ㅣ)	ㅏ	ㅑ	ㅓ	ㅕ
'양'의 뿌리 (ㅡ)	ㅗ	ㅛ	ㅜ	ㅠ

이와 같이 그의 문자관은, 괘수(卦數: 爻數)로 본 '음양'과 동정(動靜)으로 본 '음양'의 상승작용(相乘作用)으로 나타나서, 그 결과 양중음(陽中陰) 음중양(陰中陽), 동중정(動中靜) 정중동(靜中動)이라는 음양 교호 변화론으로 전개됨을 알 수 있다.

이상은, 글쓴이(필자)가 그의 '십일음취상팔괘도(十一音取象八卦圖)'를 '음양', '이기(二氣)'에 의하여 설명해 본 것이다.

주의할 것은 여기에서 중성의 '음양'의 뜻이 『훈민정음 해례』에서의 그것과 다르다는 것이다. 『훈민정음 해례』에서는 중성글자의 원(ㆍ)이 위와 밖으로 붙은 것(ㅗ ㅏ ㅛ ㅑ)은 '양'이요. 아래와 안으로 붙은 것(ㅜ ㅓ ㅠ ㅕ)은 '음'이라 했으나, 최석정은 괘수(卦數)로 따져 홀수(一奇: ㅗ ㅏ ㅜ ㅓ)는 '양괘', 짝수(一耦: ㅛ ㅑ ㅠ ㅕ)는 '음괘'라 하였던 것이다. 곧 음양관(陰陽觀)에 있어서, 『훈민정음 해례』는 위치론(位置論)이라 할 수 있음에 반하여, 최석정은 괘수론(卦數論)과 동정론(動靜論)의 상승작용으로 이해했던 것이다.

이와 같이 '음양'의 상승 작용으로 이해되는 홀소리글자 11의 생성에 대하여 다음과 같이 사상(四象) 팔괘(八卦)의 생성론으로 설명하고 있다.

곧 ㅏ ㅓ ㅗ ㅜ는 사상(四象)이다. 이 '사상'으로부터 '팔괘'에 해당하는 ㅏ ㅑ ㅓ ㅕ ㅗ ㅛ ㅜ ㅠ가 생성된다는 것이다. 다시 이 생성 과정을 설명하되, ㅏ는 ㅡㅏ에서 생기고, ㅑ는 ㅣㅏ에서, ㅓ는 ㅡㅓ에서, ㅕ는 ㅣㅓ에서, ㅗ는 ㅡㅗ에서, ㅛ는 ㅣㅗ에서, ㅜ는 ㅡㅜ에서, ㅠ는 ㅣㅜ에서 생긴다고 하였다.

阿於烏于是乃四象也應阿爲阿伊阿爲也應於爲於伊於爲與應烏爲烏伊烏爲要應于爲于伊于爲由此四象生八卦也(영인본, 5쪽)

이제 이 사상(四象)이 팔괘(八卦)를 생성하는 과정을 거쳐 11홀소리를 생성하는 음상을 글쓴이 나름대로 구조도로 그리면 다음과 같다.

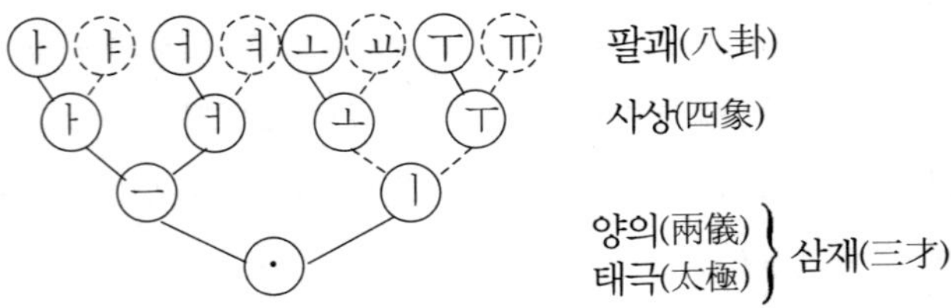

이상에서 볼 때, 최석정의 중성 11음은 '역'의 생성구조로 되어 있음을 알 수 있다.

(2) 음분벽흡도(音分闢翕圖)

음분벽흡도(音分闢翕圖)란, 중성을 열고 닫음에 따라 분류한 '중성 분류도'를 말한다. 그는 이와 같은 중성 분류도를 다음과 같이 보이고 있다.

음분벽흡도(音分闢翕圖)

一闢	二翕	三闢	四翕				
(ㅏ) 阿	(ㅘ) 烏阿	(、) 兒	(ㅗ) 烏	(ㅐ) 阿伊	(ㅙ) 烏伊阿	(ㆎ) 兒伊	(ㅚ) 烏伊
(ㅑ) 也	(ㅛ) 要也	(ㆎ) 伊兒	(ㅛ) 要	(ㅒ) 也伊	(ㅙ) 要伊也	(ㅖ) 伊伊兒	(ㅛ) 要伊
(ㅓ) 於	(ㅝ) 于於	(ㅡ) 應	(ㅜ) 于	(ㅔ) 於伊	(ㅞ) 于伊於	(ㅢ) 應伊	(ㅟ) 于伊
(ㅕ) 與	(ㅠ) 由與	(ㅢ) 伊應	(ㅠ) 由	(ㅖ) 與伊	(ㅞ) 由伊與	(ㅢ) 伊伊應	(ㅠ) 由伊

위를 그는 정음삼십이(正音三十二)라 하였다(최석정은 초성(初聲)은 정성(正聲), 중성(中聲)은 정음(正音)이라고 함). 그리고 이미 말한 십일음(十一音)을 부연하면, 이와 같은 삼십이음(三十二音)이 된다 하고, 이와 같이 나뉘는 벽흡(闢翕) 소리는 소강절(邵康節)의 이른바 정성(正聲)(최석정의 정음(正

音)에 해당함)이니, 사약(四約)과 팔상(八象), 역(易)의 팔괘(八卦), 악(樂)의
팔음(八音)과의 상승에 해당한다(4×8=32)고 풀이하였다.

按十一音衍爲三十二分爲闢翕卽邵氏所謂正聲也 四約之則八象易之八卦
樂之八音也(영인본, 6쪽)

이는, 그의 말소리(音) 분류 결과가 '사상팔괘'의 수와 비슷함으로써, 그
것이 소(邵)씨의 『황극경세지서(皇極經世之書)』에 합하여 들어감을 보이는
것이다. 이에 대하여 다음과 같이 더욱 상세히 변해하고 있다.
  ① 그는, 阿(ㅏ) 也(ㅑ) 於(ㅓ) 與(ㅕ)와 烏(ㅗ) 要(ㅛ) 于(ㅜ) 由(ㅠ)를 합
하여 쓰(合書)면, 이흡(二翕)이 되니(二翕: 烏阿(ㅘ) 要也(ㅛㅑ) 于於(ㅝ) 由與
(ㆌ)), 이는 초성에서 '一淸'의 글자를 아울러 쓰면(並書) 이탁(二濁)이 되는
것([一淸] + [一淸] ⇒ [二濁]: ㄱ+ㄱ+ㄲ, ……)과 같다고 하였다.

阿也於與烏要于由合書而爲二翕猶初聲一淸之字竝書而爲二濁也(영인본,
7쪽)

이것은 이른바 그의 이흡(二翕)의 생성 과정을 말한 것이니, 사흡(四翕)
과 일벽(一闢)이 합하여 이흡(二翕)을 이룬다는 것으로, 곧 사흡(四翕) + 일벽
(一闢) ⇒ 이흡(二翕)의 이론을 전개한 것이다. 이제 이를 알기 쉽게 공식화하
여 보면 다음과 같다.

사흡(四翕) + 일벽(一闢) ⇒ 이흡(二翕)

  烏 + 阿 ⇒ 烏阿
  ㅗ + ㅏ ⇒ ㅘ

  要 + 也 ⇒ 要也
  ㅛ + ㅑ ⇒ ㅛㅑ

于 + 於 ⇒ 于於
ㅜ + ㅓ ⇒ ㅝ

由 + 與 ⇒ 由與
ㅠ + ㅕ ⇒ ㆊ

② 그는, 중성의 應(ㅡ) 伊(ㅣ) 皃(ㆍ)는 삼재(三才)의 상이된다 하고 다음과 같이 설명하였다.

곧 갑을(甲乙) 이궁(二宮)은 皃(ㆍ)로 돌아(終歸)가고(ㅏ ㅑ, ㅘ ㆇ, ㆍ ᆢ, ㅗ ㅛ는 ㆍ에 귀속함), 병정(丙丁) 이궁(二宮)은 應(ㅡ)에 돌아가고(ㅓ ㅕ, ㅝ ㆊ, ㅡ ㅗ, ㅜ ㅠ는 ㅡ에 귀속함), 무기경신 (戊己庚辛) 사궁(四宮)은 伊(ㅣ)에 돌아간다(ㅐ ㅒ ㅔ ㅖ, ㅙ ㆈ ㅞ ㆋ, ㆎ ᆢㅣ ㅢ ㅚ, ㅚ ㆉ ㅟ ㆌ는 ㅣ에 귀속함)고 하였다. 곧 ㆍ로 귀속하는 갑을(甲乙) 8자와, ㅡ로 귀속하는 병정(丙丁) 8자와, ㅣ로 귀속하는 무기경신(戊己庚辛) 16자가 합하여 모두 32의 정음(正音: 중성)이 된다고 하였다(뒤쪽 그림 볼 것). 그런데 ㆍㅡㅣ 삼재(三才)로 귀속한다는 말은 '삼재'에서 모든 중성이 파생되는 것이라고 뒤집어서 말할 수 있다. 이와 같은 파생에 대하여, 최석정은 사상(四象)이 팔괘(八卦)를 낳은(四象生八卦) 것으로 설명하고 있다. 그리하여 갑을병정(甲乙丙丁)의 ㆍㅡ에서 파생되는 일벽자(一闢字) 4자(ㅏ ㅑ ㅓ ㅕ)는 삼재(三才)에서 생긴 사상(四象)으로 보고, 일벽(一闢)에서 생긴 이흡자(二翕字: ㅘ ㆇ ㅝ ㆊ)는 ㅗㅏ(烏阿), ㅛㅑ(要也), ㅜㅓ(于於), ㅠㅕ(由與) (2자씩 합한 8자)의 팔괘(八卦)로 보며, 삼벽(三闢)의 ㆍ ᆢ ㅡ ㅗ도 ㅡㆍ(應皃), ㅣㆍ(伊皃), ㅡㅡ(應應), ㅣㅡ(伊應)의 팔괘(八卦)로 보았다. 그리고 ㅣ로 귀속하는 무기경신(戊己庚辛) 16자도 이와 같은 '사상'이 '팔괘'를 낳는(四象生八卦) 것으로 해석하여, 이른바 팔궁(八宮: 甲乙丙丁戊己庚辛)은 32정음(正音: 중성)이 되는데, 이미 초성 조에서 본 바 있는 정성(正聲: 초성) 24자와 합하면 56이 되므로, 이 수를 열수(列宿)의 배수(培數: 28宿×2)가 된다고 하였다.

中聲之呼以應伊皃爲末勢三才之象也甲乙二宮終歸於皃丙丁二宮終歸於
應戊己庚辛四宮終歸於伊崔世珍所謂阿則阿皃之間也 則阿皃之間方合於漢音
者是己甲乙丙丁四宮十二字雖不着皃應於字不而亦可成音故略之三闢之字、
則應皃ㅣ則伊皃一則應應ㅡ則伊應此四字又與上文四象生八卦同意二翕爲一
闢之合三闢爲四翕之配即八分爲十六也 甲乙丙丁生戊己庚辛即十六分爲三十
二也 正聲正音合爲五十六而列宿之倍數也(영인본, 7쪽)

이것은 32중성 벽흡(闢翕)의 말소리(音)가 생성되어 나오는 과정을 역론
(易論)에 적용시킨 것이라 할 수 있다. 그리고 중성 32와 초성 24를 합하여
열수(列宿)의 배수(培數: 28×2=56) 곧 56이 된다는, 이른바 열수의 상(列宿之
象)에 맞춘 설명이라 할 수 있다.

이를 구조적인 그림으로 그려 보면 다음과 같다.

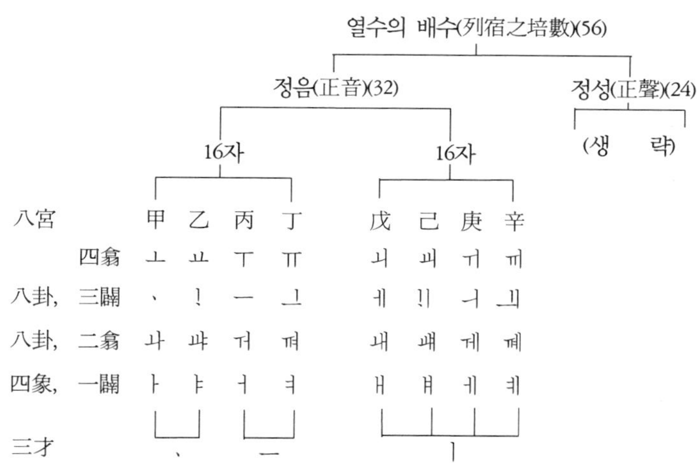

그런데 위의 음분벽흡도(音分闢翕圖)에 의하여 보면 다음과 같은 뜻(의
의)을 찾을 수 있다.

(ㄱ)『훈민정음 해례』에는 ㅣ와 서로 합한 글자 열(ㅣ相合字十) 등 서로

합한 글자가 나타나기는 하나 그 음가나 발음 여부를 알 수 있는 설명이 없다. 그리고 1527년 최세진의 『훈몽자회(訓蒙字會)』 「범례(凡例)」에는 초·중성의 이름이 나타나기는 하지만, 중모음 글자의 경우 ㅑ ㅕ ㅛ ㅠ 밖의 것은 이름이 없기 때문에, 이 밖의 중모음 글자에 대한 음가나 발음법은 알 도리가 없었다. 그리하여, ㅐ ㅔ 등, 그 당시의 합성자에 대한 소리 값 추정은 그것들이 나타나는 쓰이는 환경에 따라 이중 모음이었을 것이라는 연구가 이루어져 있다. 그런데 최석정의 음분벽흡도(音分闢翕圖)에는 분명히 중모음의 이름이 ㅐ(阿伊), ㅔ(於伊)와 같이 붙어 있으며, 또 그 이름으로 말미암아 중모음의 음가와 종류를 넉넉히 짐작하여 알 수 있을 뿐 아니라, 이중 모음 밖의 삼중, 사중, 오중 모음까지 밝혀 주고 있다. 다음에 이를 기술해 보자.

> 이중 모음:　ㅑ(ya), ㅕ(yə), ㅛ(yo), ㅠ(yu)
>
> 　　　　　　ㅘ(wa), ㅚ(oy), ㅝ(wə), ㅟ(wi)
>
> 　　　　　　ㅣ(yɒ), ㅓ(ɒy), ㅡ(yɨ)
>
> 　　　　　　ㅐ(ay), ㅔ(əy)
>
> 　　　　　　ㅢ(ɨy)
>
> 삼중 모음:　ㅙ(way), ㅞ(wəy)
>
> 　　　　　　ㅒ(yay), ㅖ(yəy)
>
> 　　　　　　ㅚ(yoy), ㅟ(yuy)
>
> 　　　　　　ㅢ(yɨy), ㅣ(yɒy)
>
> 사중 모음:　ㅘ(yoya), ㅕ(yuyə)
>
> 오중 모음:　ㅙ(yoyay), ㅖ(yuyəy)

　　그러나 이러한 중모음들은 사상이 팔괘를 낳는(四象生八卦) 구조에 맞춘 것에 불과하며, 실제 이들 중모음들이 다는 쓰이지 아니하였음은 이미 다 아는 사실이다.

　　(ㄴ) 초성 24는 23의 잘못이 아닌가 하는데, 이렇게 본다면, 초성 23과 중

성 32, 모두 55가 되니, 열수의 배수(列宿之培數)설은 수긍하기 어렵지 않은가 한다.

1.6. 종성에서의 둘 합한 종성(二合終聲)설의 효시

종성에 대해서는 '율려상승배합성자도(律呂相乘配合成字圖)' 쪽에서 '종성십륙(終聲十六)'이라 하여 다음과 같이 배열해 놓았다.

종성십육(終聲十六)

牙音	ㅇ凝	ㄱ億	
舌音	ㄴ隱	ㄹ乙	ㄷ得
脣音	ㅁ音	ㅂ邑	
齒音	△而	ㅅ思	ㅈ叱
喉音	ㅇ矣	ㆆ益	

二合	舌牙	ㄺ乙億
	舌脣	ㄼ乙邑
	舌齒	ㄽ乙思
	舌喉	ㅭ乙益

최석정은 위의 종성을 변해하여 다음과 같이 말하고 있다. 곧, 그는, "무릇 글자에는 초·중·종(初中終) 삼성이 있으며, 그것은 삼재(三才)를 본뜬 것이다. 초성(初聲: 正聲)은 24성이요, 중성(中聲: 正音)은 32음이다. 이른바 종성(終聲)은 초성 모든 글자에서, 차청음(次淸音) 및 순탁음(純濁音)의 열두 글자를 제한 12글자를 얻을 수 있다. 또 둘 합한(二合) 글자로 4가 있으니, 종성은 모두 16이 되는 것이다"라고 했다.

按凡字有初中終三聲以象三才初卽二十四聲中卽三十二音而所謂終者卽初聲諸字是己除次淸及純濁之字得終聲十二又二合之字有四凡十有六(영인본, 10쪽)

위에 보인 바 그의 종성십륙(終聲十六)과 그 변해에서, 그는 단종성(單終聲) 12(ㆁㄱㄴㄷㄹㅁㅂㅿㅅㅈㅇㆆ)와 둘 합한 종성(二合終聲) 4(ㄺㄼㄽㅭ), 모두 16의 종성을 주장하였음을 알 수 있다.

이는 『훈민정음 해례』의 팔종성편법(八終聲便法)과 최세진의 팔종성법(八終聲法)에 대한 거부라고 할 만한 것이다. 특히 둘 합한 글자(二合之字)의 종성 가능설은, 맞춤법상 음절 위주 표기에서 형태소(形態素) 단위 표기인 표의적 표기에로 발전시키는 계기를 만들어 주었다고 할 수 있는 것이다.

또 단종성(單終聲) 및 둘 합한 종성(二合終聲)에 대한 발음법이 비록 한자로 명시되어 있다고는 할지라도, 그 당시, 단순자음이나 복합자음의 발음법과 그 음가를 충분히 엿보게 할 수 있는 중요한 기술이라 할 수 있는 것이다.

위와 같은 최석정의 종성설은 『훈민정음 해례』 이래 학문적으로 발전한 새로운 학설로서 국어학사 상에 그 중요한 의의를 갖는다고 할 수 있는 것이다.

1.7. 율려상승배합성자도(律呂上乘配合成字圖)와 역리적 수리론(易理的數理論)

최석정의 '율려상승배합성자도(律呂上乘配合成字圖)'는 너무 복잡하여, 그 그림의 인용은 생략하고, 다만 그 그림의 원리만을 적어 풀이하여 보기로 한다.

'율려상승배합성자도(律呂上乘配合成字圖)'란, 이미 위에서 보인 갑을병정무기경신(甲乙丙丁戊己庚辛)의 팔궁(八宮)으로 보인 정음(正音: 중성) 32와 정성(正聲: 초성) 24와 상승(相乘)하여 생성하는 768글자를 표로 나타낸 것이다. 따라서 여기 율려(律呂)란 초・중・종성, 곧 분절 요소(segmental features)를 말한 것임을 알 수 있다.

이제 그의 변해를 통하여 그것을 보기로 하자. 중성(中聲: 正音) 32와 초성(初聲: 正聲) 24를 상승하면(32×24), 768의 글자를 얻을 수 있다. 이 768글자를 벽흡(闢翕)으로 나누어 보면 각각 여는(闢) 글자 384(768/2) 닫는(翕) 글자 384(768/2)가 된다. 이 768의 글자에 종성 16을 승(乘)하면 12,288의 글자가 생성되는데, 이것은 곧 "만물(萬物)의 수(數)19)를 문자에서 보는 것에 해당한다"라고 하였다.

中聲三十二初聲二四唱和相乘得七百六十八闢翕　各三百八十四以終聲十六乘之得一萬二千二百八十八當萬物之數其見於文字者(영인본, 10쪽)

이것은 초·중·종성이 배합되어 나타나는 낱내(음절) 글자 수를 계산한 것이라고 할 만하다.

물론 여기, 12,288은 그대로 다 낱내(음절) 수가 되는 것은 아니다. 왜냐하면, '둘 합한(二合) 종성'의 낱덩이 낱내는 국어의 경우 있을 수 없기 때문이다(귀착의 법칙, reduction). 이 '둘 합한 종성'인 경우에는, 오른쪽 닿소리는 홀소리로 시작되는 다음 낱내 첫소리에 귀속된다. 보기를 들면, ㅄ이 종성일 경우 단독으로는 ㅂ이 되며, 다음 홀소리와의 결합에서는 오른쪽 닿소리는 홀소리로 시작되는 다음 낱내 첫소리에 귀속된다. 보기를 들면, ㅄ이 종성일 경우 단독으로는 ㅂ이 되며, 다음 홀소리와의 결합에서는 오른쪽 ㅅ은 다음 낱내에 소속되므로, /ㅂ/ㅡ/ㅅ/으로 낱내 분단(낱내의 한계)이 된다. 따라서 실제 초·중·종 유형의 낱내 형성에서는, 16종성 중 '둘 합한 종성' 글자 4를 뺀 수의 승수(乘數)가 될 것이다. 그 계산은 다음과 같다.

(16-4)×768=9,216(낱내의 수)

아무튼 최석정의 율려상승배합성자설(律呂上乘配合成字說)은 국어학

---

19) 12,288을 만물의 수(萬物之數)라 한 것은, 건곤의 책(乾坤之策)의 합이 그와 같은 수가 된다는 것인데, 이것은 만물(萬物)의 생성을 설명할 수 있는 기본수(基本數)가 된다는 것이다.

연구 사상 초·중·종 유형의 낱내 글자의 형성과 그 수를 계산하여 낸 최초의 주장이라 할 수 있는 것이다. 이와 같은 최석정의 낱내 계산법은 아마도 소강절(邵康節)의 『황극경세서(皇極經世書)』에 나타나는 '도서상수(圖書象數)의학(學)' 곧 일종의 수리철학(數理哲學)에 의한 수학의 영향을 받은 것으로 추측된다.[20]

1.8. 성분 평·상·거·입도(聲分平上去入圖)와 음분 개·발·수·폐도(音分開發收閉圖)에 나타난 음양 순환호장론(陰陽循還互藏論)

이것은 이른 바 얹힘 현상(suprasegmental feature) 곧 운율현상을 말하는 것이다. 그는 이에 대하여 다음과 같이 보이고, 그 변해를 하고 있다.

聲分平上去入圖

平聲 (天) 텬

上聲 (子) :중

去聲 (聖) ·셩

入聲 (哲) ·뎔

音分開發收閉圖

開音 (國) ·귁

發音 (家) 걍

收音 (豊) 퐁

閉音 (豫) ·잉

---

20) 소강절(邵康節: 1011~1077)은 도서상수(圖書象數)의 학에 밝다. 도서상수(圖書象數)의 학이란, 일종의 수리철학으로, 우주의 시간 이론을 우주 시간의 윤회(cycle)로 이야기하는 것이다. 그의 수학에서 가장 평판이 있는 것은 『황극경세서(皇極經世書)』에 보이는 원·회·운·세(元·會·運·世)의 설이다.

按律呂配合之後始有四聲四音之分平聲哀而安上聲厲而擧去聲淸而遠入
聲直而促開音單以舒發音騈以揚收音單以歛閉音騈以殺四聲高低之勢在初聲
而統闢翕四音舒歛之勢在中聲而統淸濁於是音反爲聲聲反爲音音中有聲聲中
有音而陰陽互藏其用矣 一韻四音其猶卦之四德乎一字四聲其猶爻之四占乎亨屬
於元利歸於貞貞則復于元也發屬於開收歸於閉閉則還爲開也吉凶悔吝吉一而己
凶悔吝則爲咎也平上去入平一而己上去入則爲仄也(영인본, 11쪽)

위의 변해에 의하면, 성분평상거입도(聲分平上去入圖)는 사성(四聲)의
설이요, 음분개발수폐도(音分開發收閉圖)는 사음(四音)의 설이다. 그런데 이
사성(四聲)과 사음(四音)을 그는 역(易)의 '음양호장순환론(陰陽循還互藏論)'
과 '사점(四占)', '사덕(四德)'으로 풀이했다.

그의 사성(平上去入)과 사음 개발수폐(四音開發收閉)의 바탕 곧 자질
(資質)을 빼내어 적어 보면 다음과 같다.

四聲　平聲　天　텬　　哀而安(매우 편안함)

　　　上聲　子　:즈　　厲而擧(세고 들림)

　　　去聲　聖　·셩　　淸而遠(맑고 멈)

　　　入聲　哲　·뎔　　直而促(곧고 급함)

四音　開音　國　·귁　　單以舒(확산성)

　　　發音　家　걍　　　騈以揚(들날림)

　　　收音　豊　퓽　　　單以歛(거둠)

　　　閉音　豫　·잉　　騈以殺(없어짐)

그에 따르면, 사성(四聲)은 높낮이(高低)이니, 그 높낮이(高低)의 세(勢)
가 초성에 있으나 중성(闢翕)을 거느리며, 사음(四音)은 그 확산성(舒)과 거
둠(歛)의 세(勢)가 중성에 있으나, 청탁(淸濁: 닿소리)을 거느린다고 하였다.
이리하여 사음(四音)은 도리어 사성(四聲)이 되고, 사성(四聲)은 도리어 사음

(四音)이 되니(사성 사음의 순환관계), 음(音: 四音) 중에 성(聲: 四聲)이 있고, 성(聲) 중에 음(音)이 있는 것이다.

이와 같은 설명의 바탕에는 '역'의 음양호장성(陰陽互藏性)의 이치가 들어 있는 것이다. 동시에 거기에는 음(音: 四音)과 성(聲: 四聲)의 상호 순환의 이치가 들어 있다.

최석정은 사성(四聲)은 분명히 높낮이(高低之勢)로 보았으며, 그 높낮이는 닿소리에 있다고 설명하고 있다. 그리고 닿소리에 얹히는 높낮이는 또한 홀소리와 상관관계를 가진다는 것이다. 사음(四音)의 '확산성'과 '거둠'이란 이른바 '소리들림'(sonorité)에 해당하며, 여기에서는 홀소리의 '소리들림 정도'로 이해된다. 이와 같은 홀소리의 '소리들림'은 또한 닿소리와 상관관계를 가짐을 말하고 있다. 위를 한 말로 말하면 닿소리에 얹히는 높낮이는 홀소리와 상관관계를 가지며, 홀소리의 '소리들림 정도'는 닿소리와 상관관계를 가진다는 것이다. 이와 같이 사성(四聲)과 사음(四音) 관계를 음양호장성(陰陽互藏性)과 음양순환(陰陽循環)으로 이해하고 있는 것이다.

최석정은 더 나아가, 사음(四音: 開發收閉)은 괘(卦)의 사덕(四德) 곧 천지가 만물을 화육(化育)하는 건(乾)의 사덕(四德)인 원형이정(元亨利貞)의 작용과 같고, 사성(四聲: 平上去入)은 길흉(吉凶) 득실(得失)을 예단(豫斷)하는 효(爻)의 사점(四占)인 길흉회인(吉凶悔吝)의 작용과 같다고 하였다. 그리고 형(亨)은 원(元)에 속하고, 곧 형(亨)은 원(元)을 근본으로 하고, 이(利)는 정(貞)으로 귀속하고, 정(貞)은 곧 원(元)으로 다시 돌아온다(復元)고 하였다. 이와 똑같이 사음(四音)인 개발수폐(開發收閉)는, 발(發)은 개(開)에 속하고, 곧 개(開)에 근본을 두고, 수(收)는 폐(閉)로 귀속(歸屬)하고, 폐(閉)는 개(開)로 환원(環元)한다고 하였다.

또 사성(四聲)은 사점(四占)으로 비유하였다. 곧 사점(四占)인 길흉회인(吉凶悔吝)에서 길(吉)은 하나이나, 흉회인(凶悔吝)은 구(咎)(허물, 재앙)에 해당하는데, 똑같이 평상거입(平上去入) 사성(四聲)에서, 평(平)은 하나이나, 상거입(上去入)은 측(仄)에 해당함과 같다고 하였다. 그리고 길(吉)이 흉(凶)

이 되고, 흉(凶)이 길(吉)이 됨과 같이, 사성(四聲)은 상호작용 관계에 있다는 것이다. 이와 같이 사음(四音)은 사덕(四德)으로, 사성(四聲)은 사점(四占)으로 풀이한 것이다. 이를 이미 보인 사음(四音)과 사성(四聲)과의 상관관계를 합하여 구조적인 그림으로 그려 보면 다음과 같다.

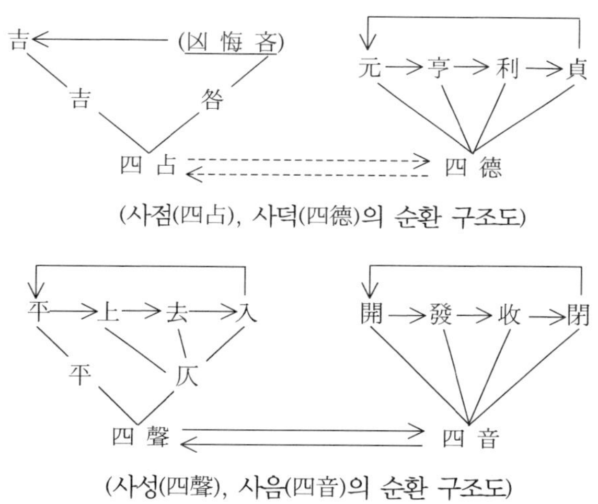

(사점(四占), 사덕(四德)의 순환 구조도)

(사성(四聲), 사음(四音)의 순환 구조도)

이상에서 중요한 것을 가려내어 보면 다음과 같다.

(ㄱ) 사성(四聲)은 높낮이(pitch)인데, 이를 닿소리 또는 홀소리에서 개별적으로 논의하지 아니하고, 닿·홀의 배합체인 낱내(음절)에서 논의하였다는 것은 구성 요소에 대한 구조적 견해라고 할 수 있다. 곧 닿소리에 얹히는 높낮이가 홀소리의 여닫음(開閉)의 종류와 관계가 있다고 함은, 높낮이를 어디까지나 배합구조적 환경에 의하여 이해하려는 구조적 언어관이 이에 잠재하고 있음을 예증해 주는 것이다.

(ㄴ) 사성(四聲)과 사음(四音)의 상관관계에서 상호작용론을 논함에 역의 사점(四占)과 사덕(四德)에 맞추어 설명한 것은, 더욱 다음과 같은 구체적인 역변(易變)적인 구조를 인식케 한다.

첫째, '사성'과 '사음'이 상호 통솔 관계에 있다는 것은, '역'의 '사점'과 '사

덕'의 상호 관계를 예상한 데서 온 것이다. 그리하여, 사성 자체의 순환 관계
는 '사음'의 변환 순환 관계를 통솔하는 역학(力學)관계에 있는 것이고, 반대
로, '사음' 자체의 순환 변이 관계는 '사성'의 변환 관계를 통솔하는 역학적 관
계에 있다는, 서로의 역학적 통솔 관계를 논한 것이다. 그런데 이와 같은 상
호 역학적 통솔 관계는 '사덕'(元亨利貞) 자체의 순환 관계가 '사점' (吉凶悔
吝)의 순환 관계를 지배한다는 역학적 역변 관계를 예상하고 한 말이다. 여
기서 우리는 빈틈없는 구조 관계를 볼 수 있으니, 한 요소는 자체 순환의 자
전(自轉)적 변화를 하면서, 전체 또는 다른 구조를 순환시키는 공전(共轉)적
변역 관계를 인식하게 된다. 이와 같은 자전과 공전의 순환론은 '역'의 음양
교호 작용이 그 근원을 이룬 데서 오는 것이라고 생각하지 않을 수 없다.

　　이제까지 말한 바를 한 마디로 하면, 그것은 음양 교호 작용에 바탕을
둔 '사덕'과 '사점'에 비유한 성(聲) 스스로의 순환설이요, 음(音) 스스로의 순
환설인 동시에, 또한 성(聲) 음(音) 상호간의 공전적 순환설이라 할 수 있다.

1.9. 요 약

　　이상은 명곡(明谷) 최석정(崔錫鼎)의 『경세훈민정음도설(經世訓民正音
圖說)』 중, 건(乾) 책에 나타난 역리적 구조를 이해 평가하여 본 것이다. 이
제 이 대강을 요약하여 결론으로 삼는다.

　　(1) 최석정은 언어(글자, 소리)를 다룸에, 주어진 역리에 맞추어 연역법
적으로 풀이하여 나간다는 사실을 발견할 수 있다. 이는 근대 언어학에서의
경험주의에 입각한 귀납법적 언어 설명 방법과는 정반대의 것이다. 그리고
그것은 현대 이론 언어학에서 일정한 언어 이론을 세워 놓고 그 세워진 언어
이론에 맞추어 언어 현상을 풀이하여 나가려는 합리주의적 이론 언어학과는
유사한 데가 있다. 다만 '역리'를 배경으로 하고 있음이 현대 언어철학과 다
른 점이라 하겠다.

　　(2) 『훈민정음 해례』 이래, 『훈민정음』에 대한 학문적인 연구서로서는

『경세훈민정음도설』이 최초의 것이다. 따라서 훈민정음 이래 305년 만에 나온 신경준(申景濬)의 『훈민정음운해(訓民正音韻解)』(1750)가 훈민정음에 대한 학문적 연구의 최초의 것이라는 종래의 설은 시정되어야 한다(물론 어느 것이 더 과학적이며 깊이 있는 학문인가는 별도 문제이지만). 그것은 최석정의 『경세훈민정음도설』의 확실한 저작 연대는 모른다 하더라도, 적어도 『훈민정음운해』보다 35년 내지는 49년이나 앞섰기 때문이다. 다른 말로 하면, 최석정이 간 35년 뒤에 신경준(申景濬)의 『훈민정음운해』가 나왔기 때문이다.

(3) 최석정의 학설의 근간은 '역'이론이다. 그 체계는 중국의 『광운(廣韻)』 이래 역대의 운서나, 소강절(邵康節)의 『황극경세서(皇極經世書)』를 참고한 것으로 안다. 그러므로 그의 설은 역수(易數)에 대단히 민감하다.

(4) 초성의 아·설·순·치·후(牙舌脣齒喉)를 오음(五音), 오방위(五方位), 오행의 뜻(五行之義)으로 풀이하였다.

(5) 된소리글자는 음양 교합설(陰陽交合說)로 풀이하였다.

(6) 초성에서는 17음을 중국 운학과 '역'론에 의하여 풀이하는 한편, 부·중·침(浮·中·沈)의 바탕(자질)론과 '삼재'의 바탕론으로 분류하였다.

(7) 초성 17을 부연한 정성(正聲) 24를 맑고 흐림(淸濁)으로 분류하였다. 그런데 순경음(脣輕音)은 정성(正聲)이 될 수 없다고 하였으니 이 점은 주목할 만한 설이다.

(8) 중성의 기본 정음(正音) 11자를 태극양의팔괘의 상(太極兩儀八卦之象)으로 풀이하였다.

(9) 중성에 대한 음양관은 『훈민정음 해례』의 위치론과는 다른, 괘수론(卦數論)과 동정론(動靜論)의 상승 작용으로 이해하였다.

(10) 중성은 다시 열고 닫음(開閉)으로 나뉘고, 이에 따라 32중성이 생성되는 것을 정음(正音) 32라 하였다. 그리하여 정음(正音) 32와 정성(正聲) 24, 모두 56을 열수의 배수(列宿之培數)라고 하였다.

(11) 중성의 여닫음 그림(闢翕圖)에서 보면, 거듭 홀소리(重母音)의 정체를 처음으로 명백히 알 수 있다.

(12) 종성론에서는 단순 종성 12, 둘합한 종성 4, 모두 16종성론을 세웠다. 이는『훈민정음』과『훈몽자회』의 '팔종성법'의 편법의 거부라 하겠다. 그의 종성론은 형태론적 맞춤법의 뜻을 갖는다.

(13) 그의 율려상승배합성자(律呂上乘配合成字)는 국어학에서 최초의 낱내(음절)론이다. 이 낱내론의 수 계산은 소씨(邵氏)의 '황극경세서'의 수리철학을 이용한 것으로 보인다. '중·초·종' 유형의 낱내 글자 수는 중성 32, 초성 24, 종성 16자의 상승 수인 도합 12,288이 된다고 하였다.

(14) 사성(四聲)과 사음(四音)은 얹힘 현상(suprasegmental)으로써, 이것들은 각각 닿소리 홀소리가 결합한 위에 나타난다고 명시했다. 그리고 이들을 상호 순환설로 풀이하되, 이는 '역'의 '사점', '사덕'의 순환설을 바탕으로 풀이하였던 것이다. 곧, '사성'은 높·낮이의 기운으로 보고 그것을 평측(平仄)으로 처리하되, 이 '평측'은 닿소리에 얹히나 홀소리와의 구조적 관계에 있는 것으로 보았다. 이는 이른 바 사점(四占)의 길흉회인(吉凶悔吝)의 순환 관계로 비유되었다. 사음(四音)인 엶·폄·거둠·닫음(開發收閉)은 소리들림(sonor-ité)에 유사한 것이다. 그 소리들림의 기운은 홀소리에 얹히는 동시에 닿소리의 맑음 흐림(淸濁)에 대하여 구조 관계를 가진다고 하였다. 사음(四音)은 또 하늘(乾)의 사덕(四德) 곧 원형이정(元亨利貞)의 순환 관계로 비유하여 풀이하였다. 그리고 또 '사성'과 '사음'을 호상 순환 관계로 풀이하되, '사덕'과 '사점'에 비유하였다. 곧, '사성'과 '사음'의 순환 관계를, '사점' '사덕'의 자전적 순환과 공전적 순환 관계로 설명하였던 것이다. 이는 그의 변환적 구조의 언어관을 피력한 것이라 하겠다.

이상으로 보아서, 홍양호(洪良浩)의『경세정운도설서(經世正韻圖說序)』에 나타난 서문은 최석정의 학설을 완전히 이해하고 쓴 서문이었음을 증명할 수 있다.

2. 신경준(申景濬), 『훈민정음운해(訓民正音韻解)』의 음소관과 '역'관

　　『훈민정음운해(訓民正音韻解)』[21]는 실학파(實學派) 음운학자인 신경준 (申景濬: 호는 여암(旅庵),자는 순민(舜民). 숙종(肅宗) 38년(1712)에 나서, 정 조(正祖) 5년(1781)에 죽음)의 지음(영조(英祖) 26년, 서기 1750)이니, 훈민정 음이 창제된 지 305년 만의 일이다. 신경준은 실학파 음운학자이나, 역학(易 學)에도 매우 조예가 깊은 듯하다. 그의 운해(韻解)는, 독자적인 음운학적, 역학적인 연구를 한 것으로, 15세기 『훈민정음 해례(訓民正音解例)』로부터 18세기 초 최석정(崔錫鼎)의 『경세훈민정음도설(經世訓民正音圖說)』에 이어 진 조선조의 학맥을, 다시 18세기 중엽으로 이어 주고 있는 것이다.

　　이제, 이 『훈민정음운해(訓民正音韻解)』(조선어학회 발행, 1938)에 대하 여 어떻게 평가하였던가를 잠시 보기로 하자.

　　"音韻研究와 字形研究로 中世朝鮮에 가장 奇奧한 學說을 發表한 著書 가 이 訓民正音韻解이다. 朝鮮의 音韻과 漢語의 音韻을 歷史的으로 一一히 比較 論辨한 것이라든지, 子母 各字의 點畵成立에 관한 變化 法則을 玄妙한 哲學 的 理論으로 細密히 解說한 것이라든지, 口音과 字形의 互相關系를 或은 圖式 으로, 或은 表解로, 或은 理論으로써 明示하면서 天文學的으로 宇宙의 自然

---

21) 최현배, 『고친 한글갈』에는 『훈민정음도해(訓民正音圖解)』라고 하였다. 그 이유는, 『훈민정음』의 학설의 중심 부분을 이루는 대복에 대한 제목이 『훈민정음도해서(訓民 正音圖解書)』라고 되어 있기 때문이라는 것이다(ㅉ.290). 그리고 『고친 한글갈』에서, 계속하여, 이 책의 내용으로 보거나, 서문 끄트머리에 "…此圖解"라고 함으로 보아 『훈 민정음도해(訓民正音圖解)』라 하는 '도(圖)'가 결코 틀린 것이 아니라고 했다(ㅉ.291). 그러면서, 최현배는 여암유고(旅庵遺稿)에도 운해서(韻解序)라 하고, 또 단행 사본의 제호(題號)가 운해(韻解)라 되었으니, 그 전권(全券)의 명칭을 운해(韻解)라 할 듯도 하다고 하였다. 그리하여 『훈민정음도해(訓民正音圖解)』라 하거나 아니면 간단히 『운 해(韻解)』라 함이 마땅하다고 하였다. 글쓴이는 다만, 조선어학회(朝鮮語學會) 간행의 제목을 좇아 『훈민정음운해(訓民正音韻解)』라고 하여 둔다.

과 韻律學的으로 人聲의 本質과를 徹頭徹尾 調和 符合시켜 前人未發의 獨特한 竟地를 開拓하며 法則 井然한 理想的 斷案을 提唱힌 것들은 實로 感歎하지 아니할 수 없다. 오늘날 우리가 現代的 理論으로써 비추어 볼 때는 그대로 首肯하지 못할 點이 많음은 勿論이지마는, 그래도 音韻의 硏究와 字形의 硏究에 있어서는 本書를 參考할 必要가 반드시 있음도 또한 勿論이다."[22]

또,

"訓民正音은 반포된 뒤에는 그 양육과 보급을 위한 사업은 여러 가지가 있었음은 앞에 이미 말한 바이어니와, 그 오묘한 글자스런 진리를 갈고 닦은 이는 거의 한 이도 없었다. ……그러다가 한글이 생겨난지 305년만에 겨우 비로소 그 묻힌 진리를 파내고자 괭이를 잡은 이가 나섰으니, 이가 곧 申景濬이다. 그는 음운학과 중국 역학(易學)에 정통한 이로서, "訓民正音"에 대하여, 음운학적 내지 역학적 설명을 시험한 것이 "訓民正音圖解"이다. 그의 말한 바가 비록 이젯 사람의 백분의 수긍을 얻기는 어렵다 할지라도, 그의 제집학문(自家學)에로 향한 학적 노작은 확실히 한글갈(正音學)의 중흥자(中興者)라 할만하다고 생각한다."[23]

그런데 이상에서 본 『훈민정음운해(訓民正音韻解)』에 대한 평은 그 굵은 글씨(글쓸이) 대목에 집약된다. 그러나 이는 사실 그 평을 뒷받침할 만한 근거가 없거나, 있어도 아쉬움을 남기는 것이었다.

『훈민정음운해』의 내용은 다음과 같이 나뉘어 설명되어 있다.

---

22) 조선어학회(朝鮮語學會): 훈민정음운해 간행(訓民正音韻解刊行)에 대하여.
23) 최현배: 『고친 한글갈』 ㅉ.290.

経世聲音數圖

律呂唱和圖

訓民正音圖解叙

初聲圖

初聲配經世數圖

初聲解－字母分屬, 七音解, 五音所屬, 象形, 象唇舌, 四音皆自宮生, 五
　　音變成, 辨似, 層位, 淸濁

中聲圖

中聲配經世數圖

中聲解－圓圖, 方圖, 象形, 闢翕, 定中聲標

終聲圖

終聲解－象數, 等位, 分攝, 音攝終聲, 入聲, 語辭終聲

總說

切韻

歷代韻書－廣韻三十六字母, 韻會三十五字母, 洪武正韻三十一字母, 韻
　　解三十六字母, 開口正韻第一章, 開口副韻第二章, 合口正韻第三章,
　　合口副韻第四章, 中聲今俗之變, 朝鮮韻三聲總圖, 日本韻三聲總圖

　　위에서, 경세성음수도(經世聲音數圖)와 율려창화도(律呂唱和圖)는 부록
이요, 훈민정음도해서(訓民正音圖解叙)에서 종성해(終聲解)의 어사종성(語
辭終聲)까지는, 그의 주요한 훈민정음에 대한 학설이다. 총설(總說)에서 끝
까지는, 한자에 대한 운학(韻學)이다(이는 『고친 한글갈』 290쪽에서도 밝힌
바다).

　　신공의 학문은 한말로 현대 언어학적인 음소관(音素觀)과 역학에 근거
하고 있다 할 것이다. 이제, 그의 학문에서 중요한 사항을 소개 비판해 보자.

2.1. 현대 언어학적인 음소관(ㄱ): '운(韻)'의 뜻매김

그의 음소관이 현대 언어학적이라 함은, 먼저 그의 운(韻)에 대한 뜻매김이 현대의 음소의 뜻매김과 비슷하기 때문이다.

물론 그의 운(韻)에 대한 뜻매김은 바로 그가 내린 것은 아니다. 그러나 비록 자기가 내린 것은 아닐지라도 역대운서(歷代韻書)조에서 인용한 것은 바로 그가 그 운(韻)의 개념을 받아 드린 것으로 해석되는 것이다.

> 字彙曰。音員爲韻。**夫員者數也。如一司之官。長亞大小。其員甚多。其職**
> **掌不同。而其爲一司之官。同也**[24](굵은 글씨는 글쓸이가 함)
> 음(音)의 유(類, 員)가 운(韻)이 된다. 이는 마치 사(司)의 관(官)은 하나
> 이나 그 원(員)은 매우 많고, 그 직책은 같지 아니하나, 그것은 하나의 사(司)
> 의 관(官)을 위함과 같다.

고 했으니, 이는 음(音)의 구성원(family)이 하나의 운(韻)임을 보인 셈이다. 그러므로 그의 운(韻)은 바로 오늘날의 음소(phoneme)의 개념을 가진 것이라 할 수 있다. 곧 현대 언어학에서, 음소를 '유사한 소리의 집합체(音類)', 혹은 '소리뭇(class of sound)'이라고 함과 조금도 다를 바가 없다. 이렇게 보면, 성급한 말일지는 모르나, 우리나라에서는 신(申)공의 『훈민정음운해(訓民正音韻解)』에서의 운(韻)에 대한 뜻매김의 받아들임이, 음소(音素)뜻매김의 효시가 된다고 할 수도 있을 것 같다. 다만, 운(韻)의 뜻매김에 딱 들어맞는 국어 음운의 연구가, 신(申) 공의 연구에서 나타나지 못하고 오히려 음소와 음성을 혼동함으로 말미암아, 유 희(柳僖)의 『언문지(諺文志)』에 의하여 비판의 대상이 된 사실은 매우 아쉬운 일로 생각한다.

---

24) 신경준(申景濬): 『훈민정음운해』, 역대운서(歷代韻書)쪽.

2.2. 음소관(ㄴ): 음소와 음성 및 글자 개념의 불분명성

그의 『운해(韻解)』 중 훈민정음도해서(訓民正音圖解叙)에 보면, 다음과 같은 대문이 보인다.

> 東方舊有俗用文字。而其數不備。其形無法。不足以形一方之言。而備
> 一方之用也。 25)

여기에서 보는 바와 같이, 우선 문자에는 일정한 수가 있어야 한다 하고, 그는 다음과 같은 초성해(初聲解)에서, 이른바 36자모를 설정하였다.

> 喩ㅇ影ㆆ曉ㅎ 匣ㆅ 屬宮。土音。生於脾。成於喉而微兼牙。疑ㆁ見ㄱ溪
> ㅋ羣ㄲ屬角。木音。生於肝而成於牙。泥ㄴ端ㄷ透ㅌ定ㄸ孃ㄴ知ㅌ徹ㅌ澄ㅂ
> 屬徵。火音。生於心。成於舌。而泥端透定。爲舌頭音。孃知徹澄。爲舌上
> 音。心ㅅ精ㅈ淸ㅊ邪ㅆ從ㅉ審ㅅ照ㅈ穿ㅊ禪ㅆ牀ㅉ屬商。金音。生於肺。成於
> 齒而心精淸邪從爲齒頭音審照穿禪牀。爲正齒音 明ㅁ幫ㅂ滂ㅍ竝ㅃ微ㅱ非ㅸ
> 敷ㆄ奉ㅹ屬羽。水音。生於腎。成於脣而明幫滂竝。爲重脣音。微非敷奉。爲
> 輕脣音而兼齒。來ㄹ屬半徵。半火音。生於半舌而兼喉。日△屬半商。半金
> 音。生於半齒而兼喉。字母並。三十六。洪武正韻。以知徹澄孃敷。洴照穿
> 狀泥非。爲三十一母。……似未穩。且今雖不明。而古有存者。中土雖不行。而
> 他國有用處。至於知澈澄孃。我國西北人多用之。在京中泮村人。亦或用之。故今
> 依舊法。備三十六母焉。26)(굵은 글씨는 글쓴이가 함)

위에서 볼 때, 그는 조음점에 의하여 음종(音種)계열을 후(喉), 아(牙), 설

---

25) 신경준(申景濬): 윗 책, ㅉ.12.
26) 신경준(申景濬): 윗 책, 초성해(初聲解), 자모분속(字母分屬), ㅉ.15~6.

(舌), 치(齒), 순(脣), 반설겸후(半舌兼喉), 반치겸후(半齒兼喉)로 나누고, 설(舌), 치(齒), 순(脣)은 각각 설두(舌頭), 설상(舌上), 치두(齒頭), 정치(正齒), 중순(重脣), 경순(輕脣)으로 하위 분류하여 36자모를 갖추었다. 그리고 『홍무정운』은 '知徹澄孃敷'자모를 '照穿狀泥非'에 합치어 31자모를 삼았으나 이는 온당치 못한 듯 하다고 했다.

대저, 음소의 수는 자모(字母)의 수와 같거나 더 많은 경우는 있어도 음소의 수가 자모의 수보다 적은 일은 없다. 따라서 우선 신 공(申公)의 36자모는 36자소(字素, graphemes) 또는 36음소 글자로 보아 둠이 좋을 것 같다. 그런데 그의 초성해 자모분속(初聲解字母分屬)의 인용에서 글쓸이가 굵은 글씨로 보인 바와 같이, 그는 "비록 36자모(**字母**)는 불명하다 하더라도, 예전에 존재했던 것이요, 중국에서는 비록 쓰이지 아니하나, 타국에 용처(**用處**)가 있기 때문이다"라 했다. 이것은 자소(字素) 혹은 음소(音素)가 특정한 나라 사람들의 머릿속에 추상화되어 있는 현실적인 것이라는 오늘날 음소 관념과는 다른 견해이다. 현실적 음소란 결코 옛것도 아니고 또 타국어를 위한 용처와 비교할 것도 아닌 즉, 신경준의 "**옛 것을 존속시키는, 타국의 용처가 있기 때문에**"라 함은 잘 납득이 안가는 말이 아닌가 한다.

또한 知徹澄孃(ㄷㅌㄸㄴ)은 우리나라 서북 사람이 많이 쓰고 또 서울 반촌인(在京半村人)도 혹시 사용하니, 구법을 좇아 이를 합하여 36자모를 갖춘다는 말은, 이른바 기본 음소 설정이란 어떤 중심된 지방을 표준으로 해서 이루어져야 한다는 이론과는 어긋나는 것이라 아니할 수 없다. 곧, 방언이나 개인적 변이음(diaphones, variations)을 각각 자모(또는 음소)로 설정하려는 것은 이른바 음소관에 어긋남이 있는 것으로 풀이되는 것이다. 그는 운(韻)을 소리의 뭇(員)으로 보기는 했으나, 그 뭇의 하나하나를 다 각각 대립되는 자모(또는 음소)로 본 어긋남이 있다는 아쉬움을 남겼다.

이상으로 보아, 신공의 운(韻)에 대한 객관적 정의는 탁월한 것이었으나, 그 운(韻)의 구체적 이해와 각론적인 운용면에서 왜곡한 결과를 가져왔다고 말하지 않을 수 없다. 따라서 그의 36자모를 소리의 뭇(36音의 員)으로 본 것은, 이른바 음성 분류를 하여 놓고 이를 곧 36음소 자모분류로 보고 말았다는 아쉬움을 남긴 것이라 할 것이다. 그러므로 그는 36음성 분류(실질적으로)를 하여 놓고, 그 음성을 상호 대립 개념(음소 개념)으로 보았으며, 36자모를 만들어 내고야 말았다는 오류를 남기게 된 것이 아닌가 한다. 또한, 그는 "정음의 이치는 보기를 미루어(推例) 선용(善用)할 수 있으니, 36자모뿐 아니라, 그 변통함이 끝이 없으며, 이는 그 많은 자모를 설정하지 않는 가운데에 설정함이 있는 것이다(…然而正音之理。有能推例善用。則不止三十六母。而變通無窮矣。此設於不設之中也。)"(자모분속(字母分屬) 끝쪽)라고 하였다. 그런데 이 36모란 사실, 음운 글자를 말한 것인지 글자를 말한 것인지도 불분명하다. 아마도 이는 음성 글자일수 밖에 없을 것이고, 한글의 무한 표현능력을 인지한 것이라 할 것이다.

결론적으로, 기왕에 탁월하게 세웠던 근대 언어학적 음소 개념도, 그 운용면에서 음성과 음소 및 글자에 대한 개념이 불분명한 결과를 아깝게도 남기고 말았다고 아니할 수 없다. 다만 한글 자모의 무한한 표기(음성) 능력의 인지는 크게 평가한다.

2.3. 음운학 및 역학적 언어관

(1) 오음(五音)의 오행(五行) 오장(五臟) 배속: 음운학과 '역'관

이미 신(申) 공의 음소관(ㄴ)에서 밝힌 바와 같이, 그는 초성해(初聲解)의 자모분속(字母分屬)에서 자모를 분류하였다. 그런데 그는 이 36자모를 조음 음성학적 기반에 의지하여 분류하면서, 한편, '역'의 관념을 버리지 아니하고, 오행(五行)과 오장(五臟)에 합리화시켜 배속하였던 것이다. 이를 정리하여 보면 아래와 같다.

ㅇㆆㅎㆅ—宮, 土: 비장(脾)에서 나서 목(喉)에서 이루어짐. 약간 어금니(牙)를
(喩影曉匣)　　　　　겸함.

ㅇㄱㅋㄲㅡ角, 木: 간장(肝)에서 나서 어금니(牙)에서 이루어짐.

(疑見溪群)

ㄴㄷㅌㄸ(舌頭音)

(泥端透定)

ㄴᄔᄐᄖ(舌上音)

(孃知徹澄)

徵, 火: 심장(心)에서 나서 혀(舌)에서 이루어짐.

ㅅㅈㅊᄽᄧ(齒頭音)

(心精淸邪從)

ᄼᄶ[illegible](正齒音)

(審照穿禪牀)

商, 金: 폐장(肺)에서 나서 이(齒)에서 이루어짐.

ㅁㅂㅍㅃ(重脣音)

(明幫滂並)

ㅱㅸ퐁ᄬ(輕脣音)

(微非敷奉)

羽, 水: 신장(腎)에서 나서 입술(脣)에서 이루어짐.

ㄹ(來)─半徵, 半火: 반설(半舌)에서 나되 목구멍(喉)을 겸함.

ㅿ(日)─半商, 半金: 반치(半齒)에서 나되 목구멍(喉)을 겸함.

위에서 보면, 우선 36자모의 조음적 설명이 비교적 정확하다. 첫째, 자모 배속의 순서로 보면, '훈민정음'에서는 조음점의 순서가 아·설·순·치·후(牙舌脣齒喉)로 되어 있어서, 앞으로 갔다 뒤로 갔다 하는 들쭉날쭉한 순서로 되어 있으나, 여기에서는, 조음점의 순서가 목안으로부터 입술까지 정연하게 되어 있다. 둘째, 각 자모 계열에 대한 조음점의 설명(목구멍(喉)에서 이루어지고, 어금니(牙)를 약간 겸한다. 따위)이 비교적 정확하다.

그러나 이와 같은 자모를 또한, 오행(五行)과 오장(五藏)에 배속시킨 것은, 다만 모든 현상에 대한 '역' 배속의 공식 관념(土脾, 木肝, 火心, 金肺, 水腎)에서 온 것이라 할 수 있으니, 이는 음성이나 문자를 일단은 '역'에 합리화시키려는 조선조 학자들의 공통스러운 철학이라 할 수 있다.

3장 18세기 국어학 185

(2) 오음(五音)의 '역' 바탕(자질)

그의 오음소속(五音所屬)조에 의하면, 오음(五音)을 '역' 바탕 곧 역자질(易資質): 괘(卦), 수(數), 방위(方), 기운(氣), 바람(風), 소리(聲), 음(音), 그릇(器) 등의 바탕으로 배속시켰다. 편의상 이를 표로 정리하여 보기로 한다.[27]

		卦	數	方	氣	風	聲	音	器
宮(喉)	○ㅇㆆㅎㆅ	坤乾艮巽	二六八四	未戌丑辰	立秋立冬立春立夏	凉不周融淸明	函胡溫潤崇聚無餘	濁辨啾直	土石瓠木
角(牙)		震	三	卯	春分	明庶	淸越	濫	竹
徵(舌)		离	九	午	夏至	景	織微	哀	絲
商(齒)		兌	七	酉	秋分	閶闔	春容	鏗	金
羽(脣)		坎	一	子	冬至	廣漠	豊大	讓	革

이 표를 보면, 궁(宮)의 ○ㅇㆆㅎㆅ은 각각 나누어 '역'의 바탕(자질)을 주고 있으나, 각·치·상·우(角徵商羽)는 이를 각각 일괄하여 바탕을 주고 있다는 이론상의 불균형성을 보이고 있다. 이는 아마 팔괘(八卦: 坤乾艮巽震离兌坎)에 맞추려는 데서 온 무리가 아닌가 한다. 그런데 가만히 이 표에서 보면, 오음(五音)을 바람(風)의 바탕, 소리(聲)의 바탕, 음(音)의 바탕, 그릇(器)의 재료 바탕에 상징 배당한 것을 보면, 상대적인 개념으로 볼 때 어지간히 그 타당성이 인정된다. 이를 다시 기운(氣)에 연장하여 대조해 보면 그 유기적 관련성이 이해된다. 가령, 우(羽)의 입술소리(脣)를 보자. 다른 바탕과의 대립 개념으로 보면, 그릇(器)의 재료 바탕으로는 가죽(革)이요, 음(音)의 바탕은 시끄럽게 들어남(讓)이고, 소리(聲)의 바탕은 풍대(豊大)하며, 바람(風)

---

27) 신경준(申景濬): 앞든 책, ㅉ.17, 오음소속(五音所屬)쪽.

의 바탕으로는 광막(廣漠)하니, 기운(氣)으로는 동지(冬至)에 해당한다고 하였는데, 이는 어지간히, 그 입술소리(脣)의 바탕에 맞는 것이라 할 수 있다. 한편, 바탕의 배속을 괘(卦)나 수(數) 방위에까지 배속한 것은 이해하기 어려운 '역'의 과잉 상징이 아닌가 한다. 더구나, 괘(卦)와 수(數)의 관계가 주문왕 선천역수(周文王先天易數)[28]의 건일(乾一), 태이(兌二), 리삼(离三), 진사(震四), 곤팔(坤八), 간칠(艮七), 감륙(坎六), 손오(巽五)와 맞지 않음은 무엇 때문인지 그 까닭을 모르겠다.

(3) 기본 다섯 닿소리글자 상형 생성

기본 다섯 닿소리글자의 상형 생성에 대해서는 크게 두 가지로 보았으니, 하나는 오행상형(五行象形)이요, 다른 하나는 입술 혀 상형(象形舌)설이 그것이다.

1) 오행상형(五行象形)설

그의 상형(象形)쪽에 의하면, 지운(志云)에 궁(宮)은 중(中)이요, 중앙에 있으며 사방이 충만함이라 하니, 궁(宮: 喉)의 소리는 합(合)함이 주장이므로 궁(宮: 喉)의 ㅇ은 땅(土)이 둥글고 두루 차서, 사방(四方)에 결함이 없는 꼴을 본뜬 것이다. 각(角)은 촉(觸)이요, 만물이 땅에 정하여 나고 싹이 솟아남이라 하니, 각(角: 牙)의 소리는 솟아남(湧)이 주장이므로, 각(角: 牙)의 ㅇ은 나무의 싹(芒芽)이 둥근 땅에서 솟아나는 꼴을 본뜬 것이다. 치(徵)는 지(祉)이요, 만물이 성대하고 번성함이라 하니, 치(徵: 舌)의 소리는 갈림이 주장이므로, 그 치(徵: 舌)의 ㄴ은 불꽃이 갈려서 타오르는 꼴을 본뜬 것이다. 상(商)은 장(章)이요, 만물이 성숙함이라 하니, 그 소리는 켱김(張)이 주장이므로, 그 상(商: 齒)의 ㅅ은 쇠가 날카로워 벌려 켱기는 꼴을 본뜬 것이다. 우(羽)는 취(聚)이요, 만물을 거두어들이어 깃을 덮음이라 한다. 그 우(羽: 脣)

---

28) 『주문왕선천역수(周文王先天易數)』(上海千項堂書局 印行, 民國十一年春月出版)

의 소리는 토(吐)함이 주장이므로, 그 우(羽: 屑)는 ㅁ이 되며 이는 물이 모여
서 구덩이에 찬 꼴을 본뜬 것이다.

> 宮。志云中也。居中央暢四方。倡始施生。爲四聲之綱也。其聲主合。
> 故其象爲ㅇ。是土之圖滿周徧四方無缺之象也。角。志云觸也。物觸地而
> 生。戴芒角也。其聲主湧。故其象爲ㆁ。是本之芒芽自土而湧出之象也。
> 徵。志云祉也。物盛大而繁祉也。其聲主分。故其象爲ㄴ。是火之炎分而上
> 燃之象也。商。志云章也。物成熟而可章度也。其聲主張。故其象爲ㅅ。是金
> 之尖銳而張決之象也。羽。志云聚也。物聚藏而宇覆之也。其聲主吐。故其
> 象爲ㅁ。是水之聚會而盈坎之象也。('象形'쪽)

이를 알기 쉽게 정리해 보면 다음과 같다.

志云	聲資質	五行資質	象
宮(喉): 中央, 暢四方	合	土之圖滿	ㅇ
角(牙): 觸, 物觸地而生	湧	木之芒芽自土而湧出	ㆁ
徵(舌): 祉, 盛大而繁祉	分	火之炎分而上燃	ㄴ
商(齒): 章, 物成熟而可章度	張	金之尖銳而張決	ㅅ
羽(屑): 聚, 物聚藏而宇覆	吐	水之聚會而盈坎	ㅁ

이와 같이 후·아·설·치·순(喉牙舌齒屑)을 궁각치상우(宮角徵商羽)
에 맞추고, 이를 다시, 율력지(律歷志)에 의하여 의미를 찾으며, 다시, 각 소
리의 바탕, 곧 자질에 따라, 이를 오행(五行)의 자질로 설명하여, 기본 다섯
닿소리의 상형을 설명하고 있다. 이것은 하나의 상형설이지만, 그 음성 자질
을 따져 오행 자질에 맞추는 과정에서 별 무리가 없다. 이것은 그대로, 그의
글자에 관한 이원적(二元的) 자질관이라 할 수 있다.

2) 입술 혀 조음체(Articulator) 상형설

그의 상순설(象脣舌)쪽에서는, 주장된 설명으로는 조음 기관이 작용할 때, 조음체인 입술과 혀의 상형으로 설명하고, 부차적으로는 단순히 조음 기관의 상형으로 설명하였다. 그리고 어찌하여 입술과 혀의 상형을 주장으로 설명할 수 있는가의 이유를 말하고 있다.

먼저, 부차적인 조음 기관 상형설을 보면 다음과 같다. ㅇ는 목구멍(喉)의 둥글고 통(通)함을 본뜨고, ㆁ는 어금니의 곧고 뾰족함을 본떴으며, ㄴ은 혀를 말았다가 폄을 본뜨고, ㅅ은 이(齒)가 짝하여 이어짐을 본떴으며, ㅁ은 입술이 모나고 합한 꼴을 본떴다고 하였다.

五音各象其形。盖ㅇ者。喉之圓而通也。 ㆁ象牙之直而尖也。ㄴ者。象舌之卷而舒也。ㅅ者。象齒之耦而連也。ㅁ者。象脣之方而合也。('象脣舌'쪽 머리말)

이와 같이 오음(五音)은 후·아·설·치·순(喉牙舌齒脣)에서 나오지만, 그러나 특히 이러한 기본 오음은 입술(脣)과 혀(舌)를 본떴다고 그는 보는 것이다. 그 이유는, 대개, 후·아·치(喉牙齒)는 각각 오행의 토·목·금(土木金)에 속하여, 그 꼴이 고요(靜)(발음할 때)하고, 순·설(脣舌)은 오행의 수·화(水火)에 속하여 그 꼴이 움직(動)(발음할 때)이니, 고요(靜)는 알기 어려우나, 움직임(動)은 쉽게 볼 수 있기 때문에, 다섯 닿소리를 본뜰 때는 입술과 혀를 본뜨기 쉽다는 것이다. 또한, 마음(心)은 느끼는 바요, 그 느낌을 밖으로 나타내는 것은 소리(聲)이니, 의서(醫書)에 말하기를, 소리가 마음에서 일어난다 함은, 이를 가리킴이라 하였다. 그리하여, 혀(舌)는 마음에 속하고, 마음은 소리의 중심(君)이 된다고 하고, 혀(소리의 중심인 마음에서 나오는)는 그 소리를 이어 받음이요, 입술(脣)은 그 소리의 문호(門戶)라고 하였다. 그러므로 어금니(牙)나 이(齒)가 빠졌을 때는 평상시의 소리와 그리 크게 다름이 없으나, 입술이 잘못 되었다면, 소리가 어긋나고, 혀에 병이 있는 사람은 벙어리 소리가 된다는 것이다. 이와 같이 입술과 혀(脣舌)가 소리를 내는 조음 기관 중 가장 중요하게 쓰인다고 말하고 있다.

各出於喉牙舌齒脣。而特以脣舌取象者。何也。盖喉牙齒屬土木金。其形靜。脣舌屬水火。其形動。靜者難知。動者易見。故其取象於脣舌者。此也。且心有所感。而宣於外者爲聲。醫書云。聲出於心者。此也。而舌屬心。心者聲之君也。舌者承宣也。脣者門戶也。是以。老而牙齒脫者。聲不大異於常。而脣缺者聲訛。舌病者聲啞。此脣舌爲聲之最用事者也。('象脣舌' 끝 부분)

그리하여, 그는 주된 조음체(articulators)의 상형설로 입술과 혀의 상형설을 내 세웠으니 다음과 같다.

"ㅇ은 혀가 가운데 있고, 입술은 조금 합한 것을 본뜬 것이요, ㆁ의 첫소리 ㅣ(이)는 혀를 약간 토하고, ㅇ을 발음할 때는 입술을 약간 닫는다. ㄴ의 ㅣ(니)는 혀가 위에서 아랫잇몸에 닿고, ㅡ(은)는 혀가 아래에서 윗잇몸에 닿음을 본뜬 것이요, ㅅ의 ㅅ(시)는 잇몸이 조금 왼쪽으로 빗기고 ㆍ(옷)은 입술이 조금 오른 쪽으로 빗김을 본뜬 것이다. ㅁ의 ㅁ(미)를 발음할 때는 입술이 처음엔 합하였다가 열리고, ㅂ(음)을 발음할 때는 입술의 닫음을 본뜬 것이다."('象脣舌'쪽)

이상은 다섯 개의 기본 닿소리의 입술 혀(脣舌) 상형의 이유를 설명하고, 그 입술 혀(脣舌)의 상형설을 주장한 것인데, 이는 두 가지 점에서 현대 과학적 의미를 갖는다.

첫째, 조음체인 입술 혀(脣舌)를 오행(五行) 중, 가장 동적인 물불(水火)로 비유하여, 물불(水火)인 입술 혀(脣舌)의 조음 상태를 가장 쉽게 볼 수 있다 하고, 입술 혀(脣舌) 상형을 내세운 것은, 조음체의 운동 작용에 대한 정밀한 관찰력을 보인 것이다. 둘째, 소리를 심리적 실체(心理的實體)로 파악하고, 이 심리적 실체를 조음할 때 입술과 혀(脣舌)를 조음체 가운데 가장 적극적이고 중요한 역할을 하는 것으로 인식한 것은 오늘날 조음 음성학의 인정을 받을 수 있다.

그러나 그의 상형설은, 오행 상형이나 입술 혀(脣舌) 상형 또는 조음 기관 상형설에 이론적인 타당성이 있기는 하나, 학설로 볼 때는 그 중 어느 하나만을 세웠어야 했을 것이다. 더구나, 입술 혀 상형설은, 최세진 이후로 불리어 온 글자의 이름(이응, 시옷, 미음 등)을 발음할 때의 입술 혀의 꼴을 본떴다고 보는 즉, 본래의 글자 생성 과정과는 거리가 먼 이야기이다.

그러나 부차적인 설명에 그친 '조음 기관 상형설'과 '오행 상형설'은 탁월한 것이라 할 수 있다. 다만 어느 하나의 주장으로 집약되지 못함이 아쉽다. 한편, 훈민정음에서는 아(牙)음의 기본음자를 ㄱ으로 삼았는데, 신(申) 공은 ㆁ으로 삼아, 그 차이를 보이고도 있다.

(4) 오음변성(五音變成)과 생성관

그의 오음변성(五音變成)쪽에 따르면, 이미 상형 제정한 다섯 개의 기본 닿소리글자에 획을 더하고, 혹은 갈바 써서, 그 계열의 닿소리글자를 변하여 만들어낸다(변성)고 설명하고 있다.

곧, 궁(宮)이 변하여 만들어짐은, 기본형 ㅇ 위에 한 획을 더하면 ㆆ이 되고, ㆆ의 위에 한 획을 더하면 ㅎ이 되며, ㅎ이 변하여 아울러서 ㆅ이 되는 것으로 설명했다.

각(角)이 변하여 만들어짐은, ㆁ이 변하여 그 위에 한 획을 더하면 ㄱ이 되고, ㄱ에 한 획을 더하면 ㅋ이 되며, ㄱ이 아울러서 ㄲ이 되는 것으로 설명했다.

치(齒)가 변하여 만들어짐은, ㄴ이 변하여, 그 위에 한 획을 더하면 ㄷ이 되고, ㄷ이 변하여 그 위에 한 획을 더하면 ㅌ이 되며, ㄷ이 아울러서 ㄸ이 되는 것으로 설명했다. 그런데 이 치(齒)음은 다 가로획 ─가 길고, 세로획 ㅣ가 짧게 되어 이른바 설두음(舌頭音)(혀끝소리)을 이루며, 이와 같은 설두음(舌頭音)이 변하여, 세로획 ㅣ가 길게 되고, 가로획 ─가 짧게 되어, 이른바 설상음(舌上音: 혀 가운데 소리) ㄴ ㄷ ㅌ ㄸ이 된다는 것이다.

이 설상음(舌上音)의 발음법은 이를 발음할 때에 혀를 말아 올리며, 이러한 설상음(舌上音)은 치(齒)의 다시 변함(再變)이 된다는 것이다.

또, 상(商)이 변하여 만들어짐은, ㅅ이 변하여 그 위에 한 획을 더하면 ㅈ이 되고, ㅈ이 변하여 그 위에 한 획을 더하면 ㅊ이 되며, ㅅ이 아울러 ㅆ이 되고, ㅈ을 아우르면 ㅉ이 되는 것을 말한다는 것이다. 이러한 상(商)이 변하여 만들어진 글자는 다 왼쪽 획이 길고 바른쪽 획이 짧다. 이와 같은 상이 변하여 만들어진 글자는 다시 변하여(再變), 바른쪽 획이 길고 왼쪽 획이 짧은 ㅅ ㅈ ㅊ ㅆ ㅉ이 만들어지니, 이를 상(商)의 다시 변함(再變)이라 했다. 우(羽)가 변하여 만들어짐은, ㅁ이 변하여 세로 뿔(角)을 세우면 ㅂ이 되고, ㅂ이 변하여 가로 뿔을 내면 ㅍ이 된다는 것이다. 또, ㅂ은 아울러 ㅃ이 된다 하고 ㅁㅂㅍㅃ은, 그 각각의 밑에 동그라미를 더하면 ㅱㅸㆄ뼝이 되는데, 이것은 우(羽)의 다시 변함(再變)이 된다는 것이다.

우(羽)의 다시 변한 글자의 발음법은 장차 입술을 합하려다 합하지 않고 숨을 불어 내어 목소리를 떨어내는(將合勿合吹氣出聲) 것이라 했다(순경음의 조음법에 합리성이 보인다). 치(徵: 舌)는 또 변하여 궁(宮: 喉)과 사귀어 ㄹ이 되니, 이는 'ㄴ', 'ㅇ' 양 소리를 겸한 소리라 했다.

상(商: 齒)은 또 변하여 궁(宮: 喉)과 사귀어 ㅿ이 되니, 이는 'ㅅ', 'ㅇ' 양 소리를 겸했다는 것이다(ㅿ의 소리값 추정에 한 설을 이룬다). 이 ㄹ과 ㅿ은 극변(極變)에 해당한다는 것이다.

이와 같은 신(申) 공의 오음변성(五音變聲)을 볼 때, 이는 훈민정음의 이른바 좀 센소리(聲出稍厲)의 획더함의 뜻(加畫之義)의 설명과는 성질이 다르다. 곧, 신(申) 공의 설에는 변하여 만들어지는 글자의 획을 더하는 데는 어떤 뜻이 들어 있지 않으며, 단순히 획 변함 또는 획 더하는 과정으로 글자 생성을 설명하고 있는 것이다.

그러나 이와 같은 훈민정음과의 차이에도 불구하고, 글자의 연역법적 생성관에서는 그 일치점이 발견된다.

(5) 층위(層位) 구조적 생성관

그의 층위(層位)쪽에 따르면, 오음(五音)의 생성 과정을 오행(五行)과 방위(方位)에 따라 둥근 원 위에서의 5층위(層位)의 구조로 설명하였다. 곧, 제1층은 궁(宮: 土)으로 이루어지는 가장 중간 구조층이다. 제2층은 동(東)에 위치한 각(角: 木)과 남(南)에 위치한 치(徵치: 火)와, 서(西)에 위치한 상(商: 金)과 북(北)에 위치한 우(羽: 水)로 이루어지는 층이다. 제3층은, 중앙(中央)의 궁(宮)에서 나와서 방위(方位)에 벌인 소리로 이루어지는 미(未)방의 ㅇ과 술(戌)방의 ㆆ과 축(丑)방의 ㅎ과, 진(辰)방의 ㆅ과, 또, 각(角)의 다음에 놓이는 각(角)의 변한 ㄱㅋㄲ과, 치(徵)의 다음에 놓이는 치(徵)의 변한 ㄷ ㅌ ㄸ과 상(商)의 다음에 놓이는 상(商)의 변한 ㅈㅊㅆㅉ과 우(羽)의 다음에 놓이는 ㅂㅍㅃ으로 이루어지는 층이다. 제4층은 치(徵)의 재변자 ㄴ ㄷ ㄾ ㄽ과 상(商)의 재변자 ㅅㅈㅊㅆㅉ과 우(羽)의 재변자 ㅱㅸㆄㅹ으로 이루어지는 층이다. 제5층은 반치(半徵) ㄹ과 반상(半商) 으로 이루어지는 최하층이다.

> 宮上也。居中。是爲第一層。角木也。居東。徵火也。居南。商金也。居西。羽水也。居北。是爲第二層。宮出而列於方位。則夫土。生於未長於戌盛於丑老於辰。故ㅇ居未ㆆ居戌ㅎ居丑ㆅ居辰。ㄱㅋㄲ角之變也。從乎角。而居角之次。ㄷㅌㄸ徵之變也。從乎徵。而居徵之次。ㅈㅊㅆㅉ商之變也。從乎商。而居商之次。ㅂㅍㅃ羽之變也。從乎羽。而居羽之次。是爲第三層。徵之ㄴ ㄷ ㄾ ㄽ 商之ㅅㅈㅊㅆㅉ羽之ㅱㅸㆄㅹ。變而又變者也。各從其類。而居其下。是爲第四層。半徵之ㄹ半商之ㅿ。變之極者也。居最下。是爲第五層。('層位'쪽)

이제 글쓴이가 이 5층위를 구조도로 그리면 다음과 같다.

초성 5층위 구조도

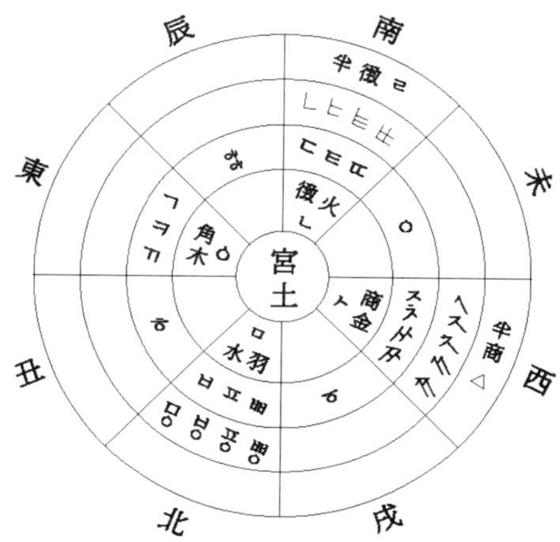

위의 구조도는 '오음'을 '오행'에 배치하고, 이를 '방위'에 다시 배치하며, 이에 맞추어 자음의 생성을 '층위'로 보인 것인데, 여기에서, 우리는 생성 과정에서 둥근 원의 층위적(層位的) 구조에 대한 뜻을 찾을 수가 있다.

(6) 청탁(淸濁)의 '역'관

신(申) 공이 말하는 36자모에 대한 청탁(淸濁)의 개념은 두 가지로 볼 수 있으니,

첫째, 소리의 바탕(자질)과 음양(陰陽)의 바탕을 대조시켜 청탁(淸濁)으로 나눈 것이요,

둘째, 소리의 바탕과는 상관없이 글자에 대한 상수(象數)를 따져 청탁(淸濁)으로 나눈 것이 그것이다.

첫째, 소리의 바탕과 음양의 바탕을 대조시켜서 청탁으로 나눈 것을 보면, 양(陽)은 가볍고(輕), 뜨며(浮), 음(陰)은 무겁고(重) 잠긴다(沈)는 것인데, 가볍고 뜨는 것은 청(淸: 陽) 곧 맑은 소리가 되고, 무겁고 잠기는 것은 탁(濁: 陰) 곧 흐린 소리가 된다는 것이다. 이에 따라, 신(申) 공은 36자모를 청

탁(淸濁) 곧 맑고 흐림으로 분류 설명하였다.[29] 글쓴이가 이를 정리하면 다음과 같다.

ㄱㄷㅌㅂ뵹ㅈㅅㅎ: 가볍고, 뜸: 양(陽): 순청(純淸)

ㅋㅌㅌㅍ퐁ㅊㅊㅎ: 조금 가볍고, 뜸: 양(陽): 차청(次淸)

ㄲㄸㅃㅃ뼝ㅉㅉㅆㅄᅘ: 무겁고, 잠김: 음(陰): 전탁(全濁)

ㆁㄴㄴㅁ뭉ㅅㅅㄹㅇㅿ: 반청 반탁(半淸半濁)

둘째, 글자에 대한 상수(象數)를 따져 청탁(淸濁)으로 나누었다. 곧 수(數)로 말하면, 홀수는 청(淸: 陽)이고, 짝수는 탁(濁: 陰)이다. 상(象)으로 말하면, 청(淸)은 하늘이고, 탁(濁)은 땅이다. 글자(같은 계열상의)로 말하면, 획이 적은(따라서 가볍고 뜸(輕浮: 陽))것은 청(淸)이요, 획이 많은(따라서 무겁고 잠김(重沈: 陰))것은 탁(濁)이다.

이에 따라서 신 공은 글자의 청탁을 분류 설명하였는데,[30] 글쓴이가 이를 정리하면 다음과 같다.

ㅎㄱㄷㅈㅂ: 획이 적음: 청(淸)

ㅎㅋㅌㅊㅍ: 획이 하나 더함: 차청(次淸)

ᅘㄲㄸㅉㅃ: 짝수, 획이 많음: 탁(濁)

ㅇㆁㄴㅅㅁ: 차탁(次濁)

이상 신공의 청탁설을 보면, 첫째의 경우는, 소리 바탕을 가볍고 뜸(輕浮), 무겁고 잠김(重沈)이라는 음양(陰陽) 바탕과 맞추어 청탁(淸濁) 곧 소리의 맑고 흐림을 분류한 것으로, 현대 음성학적으로 보아도 합리적인 것이라

---

29) 신경준(申景濬): 앞든 책, ㅉ.27.
30) 신경준(申景濬): 윗 책, 청탁(淸濁)쪽.

할 수 있다.

다만, 순청(純淸)은 대체로 맑은 예사 무성 계열인데, 그 속에 ㅸ이 들어
간 것이라든가, 반청 반탁(半淸半濁)은 대체로 흐린 예사 유성 계열인데 그
속에 맑은 무성 같이 소리가 들어간 것 등은 마땅치 않다.

또한, 둘째의 상수(象數)에 있어서, 글자의 획의 많고 적음(다만 같은 계
열에서)에 따른 청탁(淸濁)의 분류는 다행히 음성의 맑고 흐림(淸濁)과 맞아
들어가기는 하나, 본래, 글자의 획에 의한 청탁 구별이란 있을 수 없다고 본
다.

(7) 중성자(中聲字) 생성의 '역'관

신(申) 공은 중성자의 역리적 생성 과정을 먼저 '중성도(中聲圖)'로 그리
고 다음, 중성해(中聲解)의 원도(圓圖) 쪽에서 이에 대한 설명을 하여 놓았
다. 그 중성도는 아래와 같다.

중성도

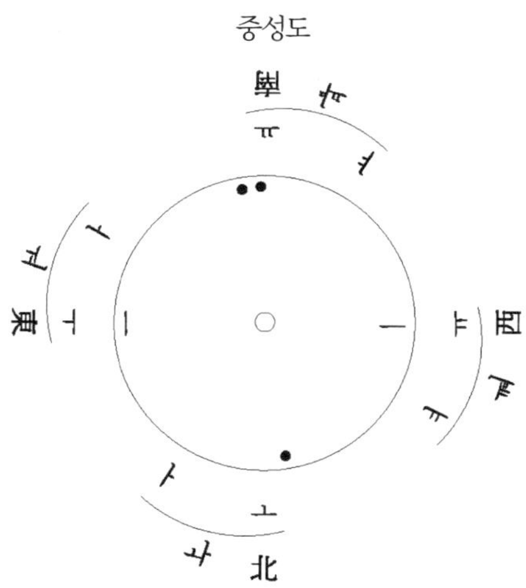

※ 방위(方位)는 글쓴이가 신 공의 설명에 의지
하여 표시한 것임.

그는 이 중성도를 다음과 같이 풀이하였다.

"가운데의 ○는 태극(太極)이다. 태극이 움직여서(動) 하나의 양(陽)이 생기니 ·가 된다. 이는 하늘의 일의 수(一數)를 본뜬 것이며, 방위(方位)는 북(北)에 해당한다. 태극이 고요하면(靜) 하나의 음(陰)이 생기니, ‥가 된다. 이는 땅의 이의 수(二數)를 본뜬 것이며, 방위(方位)는 남(南)에 해당한다. 대개 ○는 나무의 씨(仁)와 같으니, ·는 씨에서 한 싹이 난 것과 같으며, ‥는 한 싹에서 두 잎이 난 것과 같다. ·와 ‥는 처음 난 것이므로 그 꼴이 작다. 그런데 ·가 불어서 ㅡ가 되고, ‥가 사귀어서 ㅣ가 된다. 가로 된 ㅡ는 양(陽)이며, 방위는 동쪽(東)이고, 세로 된 ㅣ는 음(陰)이니 방위는 서쪽(西)이다. 이 ㅡㅣ는 만 가지 소리를 만들어 내는 기본이 된다. 그리하여, 하나는 위로 세로, 하나는 밑으로 가로로 하면 ㅗ가 되고, 하나는 세로 밑으로 하나는 가로 위로 하면 ㅜ가 되고, 이와 같은 과정을 겪어서, ㅗ, ㅜ, ㅛ, ㅠ, ㅏ, ㅓ, ㅑ, ㅕ, ㅘ(ㅗㅏ의 합), ㅝ(ㅜㅓ의 합), ㅹ(ㅛㅑ의 합), ㆋ(ㅠㅕ의 합)가 차례로 생겨난 것이다. 그런데 ㅗ, ㅏ, ㅜ, ㅓ, ㅘ, ㅝ는 다 세로 하나 가로 하나가 사귀어서 변한 것이니, 그 소리가 가벼워 양(陽)이 되므로, 그 방위의 차례도 자방(子方: 北)[31]에 시작하여 사방(巳方: 東南)에 이르러 마치었다. ㅛ, ㅑ, ㅠ, ㅕ, ㅹ, ㆋ는 다 세로 둘, 가로 둘이 서로 사귀어서 변한 것이니 그 소리가 무거워 음(陰)이 되므로, 방위의 차례도 오방(午方: 南)에서 시작하여 해방(亥方: 西北)에 이르러 마치었다. 위에 생성한 글자는 모두 16자인데 이 16자의 바른 쪽에 ㅣ를 더하면 또한 16자가 생기니, 이는 중성이 재차 변(再變)한 것이라 할 수 있다."

中之○太極也。太極動而一陽生。爲、。天一之象也。居北。靜而一陰

---

31) 후천도(後天圖) 방위(方位)에서는 12방위를 '子 丑 寅 卯 辰 巳 午 未 申 酉 戌 亥'로 나누고, '子'는 '北方', '卯'는 '東方', '午'는 '南方', '酉'는 '西方'으로 각각 배정하였다.

生。爲ᆞᆞ。地二 之象也。居南。盖〇。如木之仁。如自其仁而一芽生。ᆞᆞ
如自一芽而兩葉生。ᆞ與ᆞᆞ 其生也始。其形也徵。乃其ᆞ滋而爲一。ᆞᆞ交
而爲丨。一橫一縱成。而萬聲由是焉。橫。陽也。居東。縱。陰也。居西。
一縱上一橫下而爲ㅗ。一縱下一橫上而爲ㅜ。二縱上一橫下而爲ㅛ。二縱下
一橫上而爲ㅠ。一縱左一橫右而爲ㅏ。一縱右一橫左而爲ㅓ。一縱左二橫右
而爲ㅑ。一縱右二橫左而爲ㅕ。ㅗ與ㅏ合而爲ㅘ。ㅜ與ㅓ合而爲ㅝ。ㅛ與ㅕ
合而爲ㆇ。ㅠ與ㅕ合而ㆊ。……ㅗㅏㅜㅓㅘㅝ。縱一橫一。交易而成。一爲
陽而且其聲輕。輕爲陽。故其次。始於子終於巳。ㅛㅑㅠㅕㆇㆊ。縱二橫
二。交易而成。二爲陰而且其聲重。重爲陰。故其次。故於午終於亥。……
十六中聲之右。皆加一縱丨。又爲十六聲。是中聲之再變者也。('圓圖' 쪽)

이상에서 본 바와 같이 신(申) 공의 중성의 생성설은 태극음양(太極陰
陽)과 방위(方位)설로 설명하고 있다. 그의 이와 같은 생성설은 매우 합리성
있게 받아들여진다. 그런데 그의 중성에 대한 음양론은, 『훈민정음』의 그것
과는 다르다. 『훈민정음』에서는 하늘(天)을 상징하는 원(ᆞ)이 글자의 위와
밖에 있으면 '양'이요, 그것이 밑과 안에 있으면 '음'이라 하였음에 반하여, 신
(申) 공은 음양(陰陽)의 바탕을 가볍고 무거움(輕重)의 상대적 개념과 효수
(爻數)로 이해하고, ㅗ, ㅏ, ㅜ, ㅓ, ㅘ, ㅝ 등은 양(陽)이요, ㅛ, ㅑ, ㅠ, ㅕ, ㅛㅑ,
ㆊ는 음(陰)이라고 하였다. 이와 같은 음양(陰陽)의 개념 차이는 국어의 음양
(陰陽) 홀소리의 개념 설정에 상당한 문제를 던져 준다.

(8) 중성의 분류와 음양호장성(陰陽互藏性)

그의 방도(方圖)쪽에 따르면, 중성이 분류되어 있다. 훈민정음에는 초성
에 대한 분류는 되어 있으나, 중성에 대한 분류는 없다. 신(申) 공의 중성 분
류는 이런 면에서 국어학사 상의 큰 뜻을 갖는다.

그는 이미 원도(圓圖)쪽에서 보인 바와 같이 16중성의 생성과, 또, 그 16
중성의 바른 쪽에다 丨를 더하여 또 다른 재차 변한(再變) 글자 16을 만들어

낼 수 있다고 하여, 모두 32중성을 제시한 바 있다.

그러면, 이제 그와 같은 32중성의 분류를 어떻게 하여 놓았는지 이제 그의 방도(方圖)쪽을 통하여 보기로 하자.

원도(圓圖)는 중성이 생기는 차례와 그 중성이 있는 방위를 밝히는 것이고, 방도(方圖)는 열고 합함(開合)을 정하여 운(韻)을 분류하는 것이다. 대개 소리에는 입 벌림(開口)과 입 오무림(合口)이 있고, 입 벌림은 양(陽)이고, 입 오무림은 음(陰)이다. 입 벌림 소리(開口音)에는 정운(正韻) 부운(副韻)이 있으며, 그 부운(副韻)을 이 가지런한 소리(齊齒音)라 부른다. 입 오무림 소리에 또한 정운(正韻) 부운(副韻)이 있으며, 그 부운(副韻)을 입 모음 소리(撮口音)라고 부른다. 이 경우 정운(正韻)은 양(陽)이며, 부운(副韻)은 음(陰)이다. 정운(正韻) 중에는 또 정부운(正副韻)이 있고, 부운(副韻) 중에 또 정부운(正副韻)이 있다. 이는 일(一)이 이(二)가 되고, 이(二)가 사(四)가 되고, 사(四)가 팔(八)이 되는 이치이다. 입 벌림 소리의 ㅏ ㅣ ㅐ는 정(正)의 정(正)이요, ㅡ ㅓ ㅔ는 정(正)의 부(副)이요, ㅑ ㅒ는 부(副)의 정(正)이요, ㅕ ㅖ는 부(副)의 부(副)이요, 입 오무림 소리의 ㅗ ㅘ ㅚ ㅙ는 정(正)의 정(正)이요, ㅜ ㅝ ㅟ ㅞ는 정(正)의 부(副)다. ㅛ ㅘ ㅚ ㅕ[32]는 부(副)의 정(正)이요, ㅠ ㅕㅞ는 부(副)의 부(副)이다.[33]

이를 알기 쉽게 나타내면 다음과 같다.

---

32) 신경준(申景濬): 윗 책, ㅉ.34, 방도(方圖)쪽에는 "ㅕ"로 나오나, 이는 "ㅙ"의 잘못으로 본다.
33) 신경준(申景濬): 윗 책, ㅉ.34, 방도(方圖)쪽.

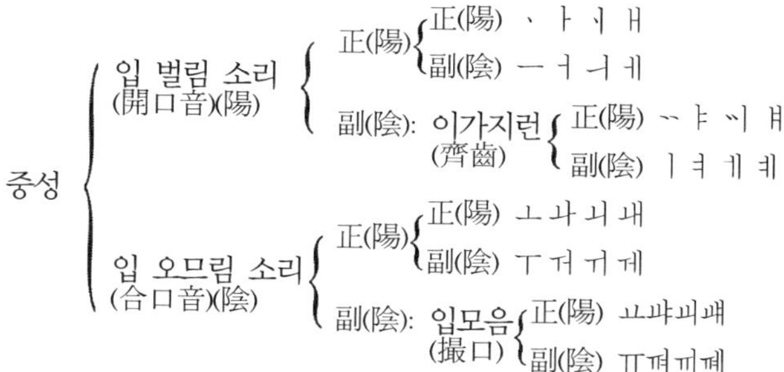

이상의 신(申) 공의 중성 분류에서는 현대 음성학적 의의와 동양 철학적 의의를 찾을 수 있다. 곧, 음성학적으로 보면, 발음할 때 조음 기관의 모양이 입 벌림(開口)이냐, 입 오므림(合口)이냐에 따라서 크게 두 가지로 분류되는데, 여기 입 벌림(開口)과 입 오므림(合口)은 이른바 개구도(開口度) 또는 간극(aperture)을 말한다. 입 벌림(開口)은 간극(개구도)이 큰 것이요, 입 오므림(合口)은 간극이 작은 것이다. 간극이 큰 것은 다시 '이'소리 또는 'ㅣ'선행 홀소리(齊齒)와 'ㅣ'선행 홀소리 없는 소리로 분류하고, 이를 또 각각 간극의 크고 작음으로 하위 분류하였다. 한편 간극이 작은 입 오므림 소리(合口)도, 'ㅣ'선행 홀소리(撮口)와 'ㅣ'선행 없는 소리로 나누고, 이를 또 각각 간극의 크고 작음으로 하위 분류하였으니, 조음 음성학적으로 볼 때 매우 합리적인 분류라 할 수 있다.

동양 철학적인 측면에서 보면, 간극(aperture)의 대립 개념에서, 간극이 큰 것은 양(陽)이라 하고, 작은 것은 음(陰)이라 하였으니, 이는 '역'에서 볼 때 당연한 이치이다. 그런데 간극이 큰 것을 다시 크·작음으로 하위 분류하고, 또한, 간극이 작은 것도 다시 크·작음으로 하위 분류하였으니 양(陽) 음(陰)이 하위 분류되는 셈이다. 이제 이를 틀로 나타내 보면 다음과 같다.

- 중성
  - 간극 크
    - 크
      - 크
      - 작
    - 이가지런(齊齒)
      - 크
      - 작
  - 간극 작
    - 크
      - 크
      - 작
    - 입모음(撮口)
      - 크
      - 작

- 중성
  - 양
    - 양
      - 양
      - 음
    - 음
      - 양
      - 음
  - 음
    - 양
      - 양
      - 음
    - 음
      - 양
      - 음

이와 같은 동양 철학적 측면에서는 두 가지 뜻을 찾는다. 그것은, 첫째, 양중음(陽中陰), 음중양(陰中陽)의 음양호장성(陰陽互藏性)이요, 둘째, 태극(太極), 양의(兩儀) 사상(四象), 팔괘(八卦)의 생성 이치이니, 그의 "此一而二。二而四。四而八之理"[34]는 바로 이를 말함이다.

결론적으로 말하면, 그의 중성의 분류는 음양호장성과 태극, 양의, 사상, 팔괘의 생성 이치를 배경으로 조음 음성학적 이론인 간극(개구도)의 크・작음의 개념을 합리화시킨 것이라고 풀이되는 것이다.

(9) 종성(終聲)과 상수(象數)관

그의 종성해(終聲解), 상수(象數)쪽에 따르면, 먼저 상수(象數) 개념에 대하여, 대개 천하의 모든 상(象)은, 모지고(方), 둥글고(圓), 굽고(曲), 곧(直)을 뿐이요, 천하의 수(數)는 세로(縱)와 가로(橫)와 홀수(奇)와 짝수(耦)뿐이라고 하였다. 그리고 이 상수(象數)와 초・중・종성과의 관계에서, 초성은 이 중 상(象)에 해당하는 모질고, 둥글고, 굽고, 곧음을 쓰고, 중성은 세로, 가로, 홀수, 짝수를 쓰며, 종성은 상(象)의 모지고 둥긂(方圓)과 수(數)의 세로 가로를 합하여 쓴다고 하였다. 이를 그는, 만 가지는 다르나 모두 하나로 귀일하니 이것이 종성이 된다고 풀이하였던 것이다.

---

34) 신경준(申景濬): 윗 책, ㅉ.34, 방도(方圖)쪽.

夫天下之象。方圓曲直而已。天下之數。縱橫奇耦而已。初聲用方圓曲直中聲用縱橫奇耦。終聲合方圓縱橫而用之。總萬　殊而歸一。所以爲終也[35]

이에 대하여 그는 '머리말'을 통하여 다음과 같이 보충하였다. 곧 "이치가 있은 후에 '상'이 있고, '상'이 있은 뒤에 '수'가 있다. 초성은 '상'이요, 중성은 '수'에 해당한다. 그리고 종성은 '상'과 '수'가 합하고 나서 이루어지는 운(韻)이다"라고 하였다.

曰有理而後象。有象而後數。初聲者象也。中聲者數也。終聲者合象與數而成韻者也。[36]

이와 같이, 그는 무릇 한 글자는 반드시 세 소리가 합하여야만 이루어진다고 보았다. 그러나 그는 또한, 때로, 종성이 중성으로 끝나는 일이 있으므로, 그렇다면, 종성이 없는 셈이 되니, 이는 글자가 이루어지지 않는 것이 아닌가 라는, 의혹에 대하여, 중성은 상수(象數) 곧, 초성, 중성을 겸할 수 있다는 이론을 추출하여 냈다. 이리하여, 그는 세로 가로(縱橫)인 중성은 종성을 겸할 수 있다 하고, 14 중성 ㅡㅣㅗㅛㅜㅠㅓㅕㅏㅑㅘㆇㅝㆊ는 중성 겸 종성(中聲兼終聲)이 된다고 하였다. 그러므로 중성으로 끝난 것은 이를 종성 없음이라고 말할 것이 아니라, '중성겸 종성'이라고 말해야 된다고 하였다.

縱橫者中聲兼終聲者也。ㅣㅡㅗㅛㅜㅠㅓㅕㅏㅑㅘㆇㅝㆊ也。世謂此十四字。無終聲。而凡字必合三聲以成。若無終聲。則是不成字也。故謂之中聲兼終聲則可。謂之無終聲則不可。[37]

---

35) 신경준(申景濬): 윗 책, ㅉ.39, 방도(方圖)쪽.
36) 신경준(申景濬): 윗 책, ㅉ.39, 머리말.
37) 신경준(申景濬): 윗 책, ㅉ.39, 상수(象數)쪽.

물론, 위의 상수론에서 상(象) 곧 초성은 종성이 됨을 암시했지만, 또한 그는 입성(入聲)조에서 초성 가운데 여덟 글자는 종성으로 겸용할 수 있으니, ㄱㄴㄷㄹㅁㅂㅅㆁ이 그것이라고 하였다.

> 初聲之中取其八字。兼作終聲用。附於上則爲初聲。附於下則爲終聲。
> ㄱㄴㄷㄹㅁㅂㅅㆁ是也。[38]

이상으로 볼 때, 그의 종성설은 상수(象數)관에 의한 것임을 알 수 있다. 그런데 여기에서 추출되는 '중성 겸 종성'설은 다음과 같은 평을 받지 않을 수 없다. 곧, 실제 음절 형성에서 ㅘ ㅕ가 중성 겸 종성이 될 수 있다는 견해는 믿기 어렵다. 또한, 초성 여덟 자만의 '초성 종성 겸용'이란 것은 최세진 '팔종성법'에 의거한 듯하다. 이는 낱내 끝소리(음절 말음)를 기준으로 삼는다는 것으로 이해는 되지만, 당시(18세기)의 말이 낱내 끝소리로 ㅅ을 가졌었는지는 의문이다.

2.4. 요약

이상, 신경준의 『훈민정음운해(訓民正音韻解)』에 나타난 학문의 특질과 음성 문자관을 보고 이를 비판하면 다음과 같다.

(1) 신(申) 공은 국어 연구사 상 음소의 정의를 내린 최초의 학자이다. 그러나 실제 면에서 음소와 음성 및 글자를 혼동하였다.

(2) 초성의 분류는 비교적 정확하다. 조음점의 순서를 목안으로부터 입술까지 정연하게 배열하였으며, 조음점의 설명이 비교적 정확하다. 그러나 초성을 '역'의 오행(五行) 오장(五藏)에 공식적으로 합리화시킨 데는 무리가 없지 아니하다.

---

38) 신경준(申景濬): 윗 책, ㅉ.42, 입성(入聲)쪽.

(3) 오음(五音)을 '역'의 자질, 곧, 괘(卦), 수(數), 방위(方), 기운(氣), 바람(風), 소리(聲), 음(音), 그릇(器)에 상징 배속시킨 것은 상대적인 개념으로 볼 때, 어지간히 그 타당성이 인정된다. 그러나 '역'의 과잉 상징과 그 불균형성도 인정된다.

(4) 기본 5자음의 상형 생성에 대하여, '오행상형(五行象形)'설과 '입술혀 상형'설을 주장했다. '오행 상형'설에서는, 음성 바탕을 따져, 오행 바탕에 맞추었는데, 그 과정에는 별 무리가 없으며, 그대로, 이는 그의 문자 생성에 관한 이원론적 자질관이라 할 수 있다. '입술 혀 상형'설은 두 가지 점에서 현대 언어학적 의의를 던져 준다. 첫째, 조음체(articulator)인 입술(脣), 혀(舌)를 오행 중 가장 동적인 물 불(水火)로 비유하고, 발음할 때에 그 조음체의 정밀한 관찰을 하여, 오행에 이를 상징한 것은, 조음 음성학적으로 타당하다. 둘째, 소리를 심리적 실체로 파악하고, 이 심리적 실체를 조음하는 조음체 중 입술과 혀를 가장 적극적이고 중요한 것으로 인식한 것은 정밀한 조음적 관찰에서 온 것이라 본다. 그럼에도 불구하고, 그의 학설은, '오행상형'설과 '입술 혀 상형'설 중, 어느 하나를 취했어야 했을 것이다. 또, 입술 혀의 생성설에서 글자의 이름을 전개하고, 그 이름을 발음할 때에 나타나는 입술 혀의 모양을 상형했다는 것은 글자 이름과 음성을 혼동했을 뿐 아니라, 글자가 생긴 때와 글자의 이름이 생긴 때의 시대적 착오를 일으킨 잘못이라 할 수 있다.

(5) 오음변성(五音變成)에서는, 변하여 만들어지는 글자(變成字)가 획 더하여 이루어지는 과정을 설명했을 뿐, 훈민정음과 같은, 소리가 좀 세게남(聲出稍厲)에 따른 획 더함의 뜻(加畫之義)의 설명이 없다. 그럼에도, 이는 글자의 연역법적 생성관에서 볼 때, 훈민정음과의 일치점이 발견된다. 또한 이 쪽에서 주장한 'ㅿ'의 소리값에 대한 'ㅅ, ㅇ'의 겸함설은 관심을 둘 만하다. 또한 순경음의 조음법에 대한 '將合勿合吹氣出聲'설은 매우 합리적이다. 물론 이러한 설은 최세진의 '번역노걸대 박통사범례'에서 이미 밝힌 바 있다.

(6) 그의 층위(層位)쪽에서는, 오음의 생성 과정을 오행과 방위에 따라, 둥근 원 위에다 설명함으로써, 다섯 개의 층위적 구조관을 보여 주었다.

(7) 그의 청탁(淸濁)의 분류는 소리의 바탕과 음양의 바탕을 대조시켜 분류하였으며, 다른 한 쪽으로는 글자에 대한 상수(象數)를 따져 '청탁'으로 나누었다. 그러나 글자의 획에 대한 상수에 의하여 청탁을 가른 것은 이해가 안 간다.

(8) 신(申) 공은, 중성의 생성설에 대하여 '태극', '음양', '방위'로 설명하고 있다. 그런데 그 중, 그의 중성에 대한 '음양'의 개념은 훈민정음의 그것과 다르다. 그는 음양을, 소리 자질의 가볍고 무거움(輕重)의 상대적 개념과 효수(爻數)로 이해하고 있다. 이 음양의 개념에는 색다른 점이 있다.

(9) 중성의 분류는, 음양호장성(陰陽互藏性)과 태극, 양의(兩儀), 사상팔괘의 생성 이치를 배경으로 하고 있다. 이러한 배경 하에서 분류되는 홀소리는 간극(aperture, 개구도)의 크·작음에 의한 분류 결과를 가져 온다. 그러므로 이는 조음 음성학 상 획기적 사실이라 할 만하다. 특히 이쪽에서 간극의 크고 작음을 음양의 개념으로 본 것은 합리적이다.

(10) 그의 종성설은 상수(象數)관에 의한 것이다. 이와 같은 관점에서 추출되는 '중성 겸 종성'설은 탁론이다. 그러나 실제 언어음에 쓰이지 아니한 ㅹ, ㅲ까지 '중성 겸 종성'류에 넣은 것은 이해가 안 간다. 또, 그가 주장한 '팔종성법'은, 최세진의 그것의 답습이라 할 수 있다. 그런데 팔종성 중 ㅅ을 넣은 것은 당시의 현실음으로서는 의문이며, 이는 글자와 언어 음성을 혼동한 것이 아닌가 한다.

3. 이사질(李思質)의 『훈음종편(訓音宗編)』

이사질(李思質)의 『훈음종편(訓音宗編)』 이전에, 홍계희(洪啓禧: 숙종 29~영조 47, 서기 1703~1771) 지음의 『삼운성휘(三韻聲彙)』(영조 27, 서기 1751)에 나타난 범례(凡例)를 들 수 있겠다. 그리하여 원 저서(三韻聲彙)에 붙은 범례(凡例)만으로도 그의 학설의 일단을 짐작할 수 없는 바는 아니다

(△을 ㅅㅇ의 사이소리로 봄. 'ㅚ=ㅗ+ㅣ, ㅐ=ㅏ+ㅣ'에서 'ㅣ'는 딴이(반홀소리)로 봄. 순경음(ㅸ)을 "將合勿合吹氣出聲"으로 본 것들). 그러나 이 범례(凡例)는 『삼운성휘(三韻聲彙)』에 붙은 그의 우리글에 대한 일종의 단편적인 견해일 뿐만 아니라, 거기에서 그의 체계적 이론이나 철학을 빼어내기는 어렵다. 따라서 이 범례(凡例)는 여느 범례와 또다른 것이므로, 이것이 연구사에서 맥을 짚을 만한 것이라고는 생각되지 않는다.[39]

3.1. 생애와 '역'관

『훈음종편(訓音宗編)』의 저자, 이사질(李思質)은 18세기의 철학자로 알려져 있으나, 그가 세상에 난 해(生年)와 뜬 해는 확실하지 아니하다. 『한산세고(韓山世稿)』에 따르면, "今世宗不過二百年而字音之註誤如此"[40]란 말이 있으니, 1700년대 학자임이 추측된다.[41] 호(號)는 흡재(翕齋)이며, 1753년(영조29)에 오능영건청능관(五陵營建廳陵官)을 거쳐 1759년에 고양군수(高陽郡守)가 되었다. 그의 『훈음종편(訓音宗編)』이 된 연대도 불확실하며, 대략 18세기 중엽에 된 것으로 추측된다.

흡재(翕齋)는 역학에 조예가 깊은 듯하다. 한산세고(韓山世稿) 역설(易說)조에 의하면, 그는 복희(伏羲)의 음양(陰陽)설, 문왕의 괘론(卦論), 주공(周公)과 회암(晦庵)의 길흉 분역론(吉凶分易論), 공자(孔子)와 이천(伊川)의 성명 체역론(性命體易論), 문왕과 소강절(邵康節)을 겸한 역론(易論)을 들어 약설하고, 상수(象數))와 삼재변화(三才變化) 및 '화'(化)(氣化, 感化)에 대하여 선천도 기화(先天圖氣化), 후천도 기화(後天圖氣化)의 변화상을 설명하고

---

39) 홍계희(洪啓禧)의 한글에 대한 견해 소개에 대해서는, (ㄱ) 최현배:『고친 한글갈』, ㅉ.301~303, (ㄴ) 김윤경:『韓國文字及語學史』 4판(3판까지는 "朝鮮文字及語學史"), ㅉ.278~284를 볼 것.

40) 『한산세고(韓山世稿)』 권 십팔(卷之十八)의 제팔(第八) 종성 기례(終聲起例)쪽.

41) 이홍직(李弘稙)편,『국사대사전(國史大事典)』및『한국인명사전(韓國人名事典)』.

있다.[42] 우선, 이것으로 보아 흡재(翕齋 李思質)가 국어의 운학적 연구를 했다면 그 배경으로 역리론을 가지고 있었음을 짐작할 수 있을 것이다. 결과론이지만, 그는 역철학을 배경으로 하는 국어 음운 및 문자 학자라고 할 수 있다. 이것은 그 당시의 학문들이 역철학을 배경으로 함이 하나의 상식인 것처럼 되어 있었는지는 모른다. 아무튼 그의 국어학은, 역리를 떠나서는 논의될 수 없는 것만은 사실이다.

그가 지은 『훈음종편(訓音宗編)』은, 따로 『훈음종편소서(訓音宗編 小序)』라 하여, 『한산세고』 권 십이(韓山世稿 卷十二) 10에 나와 있다. 거기에서 그는,

惟我世宗莊憲大王東方之堯舜也　生知之聖理無不通默運神智創製文字以
寓聲音以通天下之淸而名其文曰訓民正音猗歟盛哉此眞與羲皇之卦軒欠之種
一例於古今

이라 하여, 세종을 동방의 요순(堯舜)으로 비유하고, 성음에 의지하여, 문자를 창제하여 천하의 정을 통하니, 진실로 고금에 복희황(伏羲皇)의 괘(卦)에 함께하는 한 보기가 된다고 기리었다. 이와 같은 서에서는, 아직 그의 학문의 배경이 무엇인가가 구체적으로 밝혀져 있지는 아니하다. 다만, 성음에 의지하여 문자를 제작하였다는 구절에 주의가 간다. 문자가 성음에 의지하여 만들어졌다는 것을 좀더 구체적으로 설명하여 주는 대문이 있으니, 그것은 다음과 같은 것이다.

訓文之作本爲聲音也是故其主意也　在聲音其致力也在聲音若通則不但通
人之言盡人之情而已律呂歌謠高下節奏之推而通曉者不待師曠之聰　而人皆能
之矣其功豈少哉蓋聲音之源本出於圓方圓方約而爲點劃是以　製其字樣也不圓

---

42) 『한산세고(韓山世稿)』 권십일(卷之十一), 흡재고(翕齋稿), 잡저(雜著)의 우설(愚說)
쪽 1~3.

則方不方則圓不畫即點不點則畫字字形形皆帶聲音之本相且或合或離活動不
居聲隨字變字隨聲移如易　爻之周流六虛上下無常有體而實無體無體而便有體
隨物聲曲成其音而已此訓文之能事也　造化也智者觀其圓方之象力其於曉通聲
音之道即思過半矣[43]

이를 요약 풀이하면, 아래와 같다.

훈민정음의 제작의 본 뜻은 성음이다. 이 성음이 통하면 사람의 말은 통
하고, 사람의 정(情) 뿐 아니라, 율려 가요 고하(律呂歌謠高下)까지를 밝게 통
할 수 있다. 이와 같은 성음의 근본은 '원방(圓方)'에서 나온다. 곧, 원방(圓方)
을 약(約)하면 점과 획이 되어 글자 모양이 이루어진다. 그리고 자자 형형(字
字形形)은 다 성음의 본상(本相)이라 할 수 있다. 그것은 또한 합하고 떨어지
는(合離) 활동이 끝없이 계속하여, 소리는 글자를 따라 변하고, 글자는 소리를
따라 옮기니, 마치 역효(易爻)가 육허(六虛)[44]를 위아래(上下)로 무상히 주류
하여, 몸(體)이 있으나 사실은 몸이 없음(無體)이요, 몸이 없으나 몸이 있음(有
體)과 같은 이치다. 이러한 이치에서 물건의 소리(物聲)를 따라, 그 음(音)이
상세히 이루어지니, 이것이 훈민정음(訓民正音)문자의 능(能)한 일이요, 조화
(造化)이다. 그리하여, 지혜 있는 이가 그 원방(圓方)의 상(象)을 보면, 곧, 성
음(聲音)의 도(道)를 밝혀 알 수 있을 것인 즉, 이미 깨달음은 반이 지남이라
할 수 있다.

위와 같은 장황한 설명에서, 알 수 있는 것은 결국 두 가지의 사실이다.

---

43) 『한산세고(韓山世稿)』 권 십팔(卷之十八), 흡재(翕齋), 『훈음종편(訓音宗編)』, 제 십
　　이 음성총론문답(第十二音聲總論問答)쪽.

44) 육허(六虛): 이는 '역'에서 '괘'의 여섯 개의 효(爻)를 말한다. 그러므로 이는 육효(六
　　爻), 육위(六位), 육체(六體)와 같은 것이다. 허(虛)는 위(位), 위(位)는 몸(體)에 의하여
　　주어진다. 역계사하(易繫辭下): 變動不居周流六虛.

첫째는 성음의 이치요, 둘째는 그 성음을 담아 그려 내는 글자 제자의 기원을 '원방설(圓方說)'에 두었다는 것이다. 따라서 그의 『훈음종편(訓音宗編)』은 음성학적인 설명과, 글자 제자에 있어서 '역'설이 교합되어 있는 학설이라 할 수 있는 것이다. 이와 같은 사실은 『훈음종편』이 국어학 연구의 제일 시대에서 볼 수 있는 연구의 이원론적 연구 체제에 의하여 이루어졌다는 것을 증명하는 것이다. 동시에 제 일 시대의 국어학의 학맥은, 15세기 "훈민정음 해례"에서, 18세기 초 『경세훈민정음도설(經世訓民正音圖說)』에 이르며, 18세기 중엽(1)의 신경준(申景濬)의 『훈민정음운해(訓民正音韻解)』를 거쳐, 18세기 중엽(2)의 『훈음종편』으로 이어졌다고 할 수 있는 것이다.

흡재(翕齋)의 『훈음종편(訓音宗編)』의 내용은 다음과 같이 분류되어 있다.

造字象之原

圓方之圖

點畫之圖

訓音字母造法

訓音字父造法

御製訓民正音全書

五音淸濁辨

終聲起例

訓音全文聲音起例

訓音平上去三聲之圖

俗用諺文式

聲音總論問答

이제 흡재(翕齋)의 『훈음종편(訓音宗編)』에 나타난 학설 중 역리적 면을 중점적으로 밝혀 보기로 한다.

3.2. 학문과 '역'관

(1) 방원설(方圓說)

그는 글자지음의 근원(造字象之原)에서 다음과 같이 보고 있다.

天象圓地象方故凡盈天之間萬形萬象皆自圓方而變化者也 是故之造字之
初象此而製之

곧, 하늘의 꼴은 둥근 원(圓)의 형이고, 땅의 꼴은 모짐(方)의 형이라 한다. 따라서 천지 사이에 가득 차 있는 모든 형상은 다 이 원과 모짐으로부터 변화한 것이라고 보고, 글자를 처음 지음에도 이 둥글고 모짐(圓方)을 본떠서 만들었다는 것이다. 이를 그는 둥글고 모짐의 그림(圓方之圖)에서 다음과 같이 부연하고 있다.

　　　○ 하늘의 둥근꼴(天圓之象)
　　　□ 땅의 모진꼴(地方之象)

생각하건대, 그의 이러한 원방 상형설(圓方象形說)은 복희 육십사괘도(伏羲六十卦四圖)에 보이는 원방설(圓方說)을 따 온 것이라 할 수 있다.[45]

이제, 우리 글자가 이 원방(圓方)에 의하여 변화 생성되는 과정을 그의 원방의 그림(圓方之圖)설을 인용, 설명하여 보자.

方變爲畫圓變爲點畫者方之省體者也點者圓之約者也

---

45) ㄱ)『성리대전서(性理大全書)』권 칠(劵之七) 황극경세서 일(皇極經世書一) 12. ㄴ)
　　선철유(先哲遺): 한적국자해전서(漢籍國字解全書) 제3권(第三劵), 역경상 해제(易經
　　上解題), 와세다대학출판부(早稻田大學出版部).

곧, 모짐(方)이 변하여 획(畫)이 되고, 원(圓)이 변하여 점(點)이 된다는 것이다. 그리하여, ●는 원이 변하여 된 점이고, ㅡ는 모짐이 변하여 된 단획(單畫)이라 하였다. 훈문자(訓文字)는 다 ○□●ㅡ를 위로 밀치거나 내밀거나 돌리거나 끊어내어(上推排反切)46) 글자의 몸을 만든 것이라 하였다. 다시 말하면, 훈문자(訓文字)는 처음부터 끝까지 반절법(反切法)에 의하여 만들어진 것이라 하였다.

(2) 자모(字母)47) (닿소리)의 방, 원, 점획(方圓點畫) 상형

그는 훈음자모조법(訓音字母造法)쪽에서, 훈음자모(訓音字母)는 원방(圓方)의 상형을 기본으로 하고, 점획(點畫)의 반절법(反切法)에 의하여 만들어졌다고 하였으니, 그 설명 과정은 다음과 같다.

ㅁ此方之本體也

ㅂ此ㅁ之上畫之切而中置者也

ㅍ此ㅁ之左右畫之切內竪者也

ㄱ此ㅁ之切者也

ㄴ此ㄱ之反者也

ㅅ此ㄴ之斜反者也

ㅋ此ㄱ之中加一畫者也

ㄷ此ㅋ之反者也

ㅌ此ㄷ之加一畫者也

---

46) 그는, "半切有兩義一曰造字反切也"라 하여 반절(反切)에 두 뜻이 있다고 하였는데, 그의 여기 뜻한 반절(反切)은 글자 만드는 법으로서의 반절(反切)을 말하는 것이다. 더 자세히는, 그의 다음과 같은 글을 끌어 올 수 있다. "按反切法韻書曰反以歷象物之反復也即上文所謂   ㄱ之反ㄴ也切者韻畫曰割也又切也即上文所謂ㅁ之切爲ㄴ也"(訓音全文聲音起例)

47) 그의 자모(字母)는 닿소리를 가리키고, 자부(字父)는 홀소리를 가리킨다. 여기서 모(母) 부(父)는 '역'의 건부(乾父: 陽卦)와 곤모(坤母: 陰卦)의 뜻에서 따온 것이다. "乾坤大父母也. 故能生八卦" (성리대전서(性理大全書) 권 칠(券七) 황극경세서 일(皇極經世書一) 6).

ㄹ此ㅌ之反而變體也

ㅈ此ㅅ之上加一畫者也

ㅊ此ㅈ之上加一點者也

ㅇ此圓之本體也

△此ㅇ之屈而變體者也

ㆆ此ㅇ之上加畫者也

ㅎ此ㆆ之上加畫者也

ㆁ此ㅇ之上加點者也

이상에서, 모짐(方)의 몸글자(本體字) ㅁ과 원(圓)의 몸글자 ㅇ에 각기, 획 더함(畫), 끊어 냄(切), 돌림(反), 세움(堅), 점 더함(點), 굽힘(屈) 등의 조건을 가하여 변화시킴으로써 글자가 생성되어 나옴을 알 수 있다. 그 생성 과정을 틀로 나타내 보이면 다음과 같다.

몸글자→획 더함(畫), 끊어 냄(切), 돌림(反), 세움(堅), 점 더함(點), 굽힘(屈)

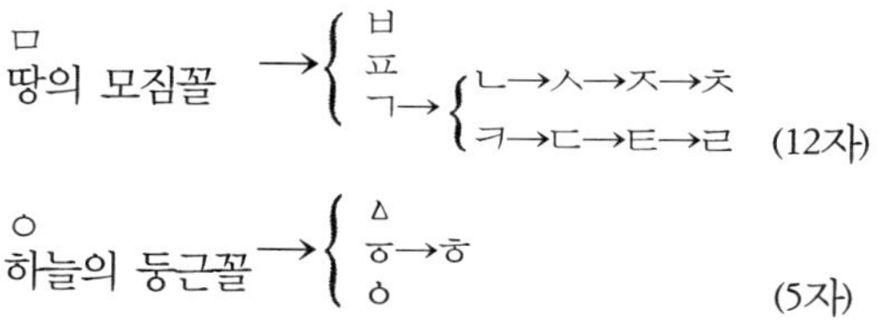

위에서 모짐 몸글자(方本體)가 바뀐 글자(變化字) 12와 둥근 몸글자(圓本體)가 바뀐 글자 (變化字)5, 모두 17자의 생성 과정을 알 수 있다. 곧, 그의 말을 빌면, 훈음의 글자꼴은 둥긂, 모짐, 점더함, 획더함이 한데 섞이어 이루어진 것(訓音字形以圓方點畫四字綜錯而制造者也)이라 할 수 있다.

(3) 자부(字父)(홀소리)의 점획(點畫) 변형

그는, 훈음 자부(訓音字父) 곧 홀소리글자가 만들어지는 과정에 대하여 원(圓)이 변하여 된 점(點) 'ㆍ'와 모짐(方)의 단획(單畫)인 'ㅡ'가 기본이 되어 이른바 자부(홀소리) 글자가 만들어진다고 하였으니, 그의 설을 인증하여 설명해 보자.

> ㆍ 此點也
>
> ㅡ 此畫也
>
> ㅣ 此一之竪反者也
>
> ㅏ 此ㅣ之切合者也
>
> ㅓ 此之左反者也
>
> ㅗ 此之竪反者也
>
> ㅜ 此之倒反者也
>
> ㅑ 此之加點者也
>
> ㅕ 此之左反者也
>
> ㅛ 此ㅕ之竪反者也
>
> ㅠ 此ㅛ之倒反者也

이상에서, 원(圓)이 변하여 된 점(點) 'ㆍ'와 모짐(方)의 단획(單畫)인 'ㅡ'가 각각 돌려 세움(竪反), 끊어 합함(切合), 왼쪽 돌림(左反), 뒤집어 돌림(倒反), 점 더하기(加點)의 조건에 의하여 11자부(十一字父)(홀소리)가 생성됨을 알 수 있다.

<u>몸(本體) → 돌려 세움(竪反), 끊어 합함(切合), 왼쪽 돌림(左反), 뒤집어 돌림(倒反), 점 더하기(加點)</u>

$$\left.\begin{array}{l}\bigcirc\rightarrow\,\cdot\\ \square\rightarrow\boldsymbol{-}\rightarrow\mathsf{l}\end{array}\right\}\rightarrow\mathsf{l}\rightarrow\left\{\begin{array}{l}\mathsf{l}\\ \perp\rightarrow\top\\ \mathsf{l}\rightarrow\mathsf{l}\rightarrow\perp\rightarrow\top\!\top\;(11\mathsf{A})\end{array}\right.$$

이와 같이 볼 때, 『훈민정음 해례』에서는, 중성은 하늘·땅·사람(天地人) 삼재(三才)의 상형설이 위주된 ‘역’리론을 펴고, 초성은 발성기관 상형설을 주장한 데 대하여, 흡재(翕齋)는 초·중성 모두 ‘역’에 입각한 원방형상설(圓方形象說)을 주장한 데 그 특징이 있다 할 것이다.

(4) 완자(完字) 낱내와 ‘역’의 뜻

그의 훈음자부조법(訓音字父造法) 쪽에는 완자(完字)와 역의(易義)에 대한 풀이를 다음과 같이 하고 있다.

> 易曰乾父坤母夫稱父稱母者乾坤交而六子生故耳竊觀訓文字造之法 以圓方形十七爲母以點畫十一爲父圓方與點畫配合然後完字始成完字成然後一百八十七字乃生此與乾父坤母交而生六十四卦意象泃合此愚所以敢取易義

곧, ‘역’에서, 건(乾)은 양괘(陽卦)로써 아버지에 해당하고, 곤(坤)은 음괘(陰卦)로써 어머니에 해당한다. 이러한 건(乾)과 곤(坤)이 교합하면 아들로서의 육효(六爻)가 생겨나며, 또 64괘가 생겨나는데, 이와 똑같이, 이 훈문 조자(訓文造字)에서, 원방형(圓方形) 17자를 모(母)로 하고, 점획(點畫) 11자를 부(父)로 하여, 이 원방 점획의 음양이 교합하면, 완자(完字) 곧 ‘낱내(音節)’ 187(17×11) 자를 생성한다는 것이다. 따라서 187자에는 건부(乾父) 곤모(坤母)가 교합하여 낳는 64괘의 상(象)과 뜻이 이에 포함되어 있다는 ‘역’의 뜻을 엿볼 수 있다는 것이다.

그는 완자(完字)를 ‘전음(全音)’이라고도 하며, ‘전음’ 형성에 대하여 “又按一初聲合十一中聲以生十一音十七初聲又各合十一中聲而成全音一百八十七가갸 거겨之類也”(訓音全文聲音起例)라고 했다. 이러한 완자, 전음 곧 ‘낱

내 계산'은 '초×중'(CV형)에 관한 것으로, 최석정의 '초×중×종'(CVC형)계산에 이어지는 두 번째의 일이다.

(5) 오음(五音)과 청탁(淸濁) 별

그의 오음청탁변(五音淸濁辨)해설 쪽에 따르면, 오음을 청탁별로 나눔에 주자(朱子)의 청탁설을 따랐으니, 그것은 다음과 같다.

又按濁音發聲平低淸音發聲剽高次淸平低中稍高次濁剽高中稍低ㅋㅌㅍㅊㅎ　其呼聲皆剽高屬全淸ㄲㄸㅃㅆㅉㆅ其呼聲小剽而淺當屬次淸ㄱㄴㅂㅈㅇ其呼聲皆平低當屬全濁ㆁㄴㅁㅇ其呼聲平低而輕當屬次濁…按朱子曰宮最大而沈濁羽最細而輕淸以此推之則凡聲大者細者淸　低淸濁高者淸…依朱子淸濁說以定訓音淸濁之例蓋愚意則專以音低爲濁音高爲淸假如君音其出聲不用力呼之此常爲低快音其出聲最用力剽呼之　此當爲高也…　凡一字有初中終三聲一音有高低平三音高呼淸濁聲平呼不淸不濁

이를 알기 쉽게 대강 표로 보이면 다음과 같다(여기 청탁은 하나의 변별적 바탕으로 볼 수 있다).

		변 별 적 자 질		분 절 음
宮	最大而沈濁	(全) 濁	平低, 不用力	ㄱㄴ[48]ㅂㅈㅇ[49]
		次 濁	剽高 中稍低 平低而輕	ㆁㄴㅁㅇ
羽	最細而輕淸	(全) 淸	剽高, 最用力剽	ㅋㅌㅍㅊㅎ
		次 淸	平低中稍高 小剽而淺	ㄲㄸㅃㅆㅉㆅ
		不淸不濁	平	ㄹㅿ[50]

이 표에서 볼 때, 청탁(淸濁)론은 훈민정음과는 거리가 멀다. 또, 변별적 바탕을 높고, 낮음, 얕음, 가벼움(高低淺輕) 등 음성학적으로 설명하려는 노력이 상당히 보이긴 하나, 수긍이 잘 안가는 점이 있다.

이상에서 논의한 그의 학설 밖에, '종성기례(終聲起例)' 대문에서의 ㄱㆁㄷㄴㅂㅁㅅㄹ의 '팔종성법(八終聲法)'을 주장한 것을 볼 수 있으나, 그 음성학적 설명은 수긍할 만한 것이 못된다. 또 평·상·거 삼성지도(平上去三聲之圖)에서, 평·상·거·입(平上去入) 사성의 분별을 소자사성도(邵子四聲圖)나 그의 벽흡(闢翕)의 법(法)에 의하여 설명하려 하였으나, 명백하지 못하다. 그러나 사성(四聲) 설명 중, '입성(入聲)'설에 있어서, 입성가점동(入聲加點同)을 거입성일점(去入聲一點), 평입성무점(平入聲無點), 상입성이점(上入聲二點)으로 설명한 점은 훈민정음과 들어 맞는 설이다.

이밖에 다른 음성적 설명이 나오나, 받아들이기 어렵거나 일정한 체제를 세울 수 없는 것들이다.

이상에서 볼 때, 흡재(翕齋)의 학설은 역리를 바탕으로 한 이론과 음성학적 설명이라는 이원론의 설명법을 취하고 있으나, 음성학적 설명은 체재가 없거나 거의 받아들이기 어려운 것들이다. 다만, 글자 만들어 짐에 나타나는 역리 설만은 명백하게 드러난다. 물론 이 역리 설도 훈민정음(訓民正音)의 그것과는 다른 특징을 가진다. 그러나 동양철학을 저변 철학으로 깔고 있다는 점에서 일치하기도 한다.

3.3. 요약

이제 그의 학설을 요약하여 결론으로 삼는다.

(1) 방원설(方圓說): 훈음자모(訓音字母)(닿소리)와 자부(字父)(홀소리)의

---

49) ㅇ은 ㅅ의 오기로 본다. 그리고 ㆆ이 빠진 것이 아닌가 한다.

50) ㄹㅿ의 예는 그의 오음청탁변(五音淸濁辨) 본문에 따라서 글쓴이가 적어 넣은 것이다(閭初聲半舌不淸不濁音, 穰初聲半齒不淸不濁音).

글자 만드는 법은, 하늘의 둥근꼴(天象圓), 땅의 모짐꼴(地象方)을 기본으로 하였다. 그리하여, 자모와 자부의 글자는 이 원방(圓方)의 변화 조건인 획(畫), 점(點), 끊음(切), 돌리기(反), 세움(竪), 굽힘(屈) 등에 의하여 만들어진다. 그런데 이는 복희육십사괘도(伏羲六十四卦圖), 또는 육십사괘원도(六十四卦圓圖)나 구체적으로는, 주자원방(朱子圓方)설 및 소강절(邵康節)의 황극경세서(皇極經世書)에서 따온 것으로 보인다.

(2) 완자(完字)(全音: 낱내 글자)와 '역'의 뜻: 훈문 조자(訓文造字)에서, 원방형(圓方形) 17자모를 음(陰), 점획(點畫) 11자부(字父)를 양(陽)으로 계산하면, 187(17×11)의 완자(完字)가 생성된다고 보았다. 그런데 이는 '역'에서 건곤(乾坤)의 교합, 곧 건양부괘(乾陽父卦)와 곤음모괘(坤陰母卦)가 교합하여 자괘(子卦), 곧 육효(六爻)를 낳고 육십사괘(六十四卦)를 다시 생성하는 역의 뜻이 들어 있다고 설명한 것이다. '완자 곧 낱내 계산'은 최석정에 이어 두 번째이다.

(3) 오음(五音)과 청탁(淸濁) 별: 이는 모음에 대한 청탁 별을 조음 음성학적으로 설명함으로써, 오음의 변별적 바탕을 밝혀 본 것이다. 그러나 훈민정음의 청탁별과는 거리가 멀다.

그리고 그의 조음 음성학적 설명에는 수긍할 수 없는 점이 많다. 이 밖에, 팔종성(八終聲)법을 주장했는데 이도 음성학적으로 수긍이 안 간다.

(4) 입성(入聲)설: 평상거 삼성지도(平上去三聲之圖)에서 평상거입(平上去入)의 분별을 소자사성도(邵子四聲圖)나 벽흡(闢翕)의 법에 의하여 설명하였으나, 명백하지 않다. 다만, '입성(入聲)설'에 대해서는 입성가점동(入聲加點同)을 거입성일점(去入聲一點), 평입성무점(平入聲無點), 상입성이점(上入聲二點)으로 설명한 것은 훈민정음과 들어맞는 설이라 할 수 있다.

4. 황윤석(黃胤錫)의 「화음방언자의해(華音方言字義解)」, 「자모변(字母辨)」, 『이수신편(理藪新編)』

황윤석(黃胤錫)은 호가 이재(頤齋)요, 영조 5년(1729)에서 정조 15년(1791)에 걸쳐 산 실학자로서, 매우 많은 글을 남겼으니, 이재유고(頤齋遺稿) 12권, 이재속고(頤齋續稿) 14권, 이수신편(理藪新編) 23권, 그밖에 많은 수필사본(手筆寫本) 등이 그것이다.[51] 그는 당대의 빼어난 역상(歷象)가요, 악률(樂律), 자의(字義)와 산학(算學) 등 여러 과학에 뛰어난 학자이다. 우리말글에 관한 연구도 크게 관심을 끌만한 것이 있으니, 첫째 우리말의 말밑(어원) 연구와, 둘째 자모 체계에 대한 연구와 셋째 우리글의 연원 문제 등을 들 수 있다. 이러한 연구에서 전통적인 역철학은 그 모습을 감춘다.

4.1. 「화음방언자의해(華音方言字義解)」와 말밑(어원) 연구

이재고(頤齋稿) 권 12에는 "화음방언자의해"가 나타나는데, 여기에서는 우리말의 말밑에 대하여 꽤 많이 언급하고 있다. 그의 말밑 연구는 일반적으로 비교 방법에 따른 것인데, 한자말뿐 아니라, 범어(梵語), 몽골말, 여진말(女眞語)에까지 비교하여 밝히고 있다. 이제 그의 우리말 말밑에 대한 부분을 소개해 보기로 한다.

그에 따르면 '新羅'의 연원은 '新羅 ← 薛羅 ← 徐伐羅'로 잡고 있다.

"新羅爲薛羅蓋 新羅初稱 徐伐羅徐伐二合聲與薛音相近"(華音方言字義解)

또, '新羅'는 '斯盧'라고도 하는데, '羅'는 한자말에서 '로'이고, '로'는 '盧'인 때문이라고 한다. 또 신라 관제에 대하여, '舒發翰', '舒弗邯' '角干'이 다 '쌀한'이라는 신라말을 한자를 빌어 적은 것임을 증명하였다. 곧 '弗邯'은 '發翰'의

---

51) 이들은 1976년, 경인문화사(景仁文化社)에서 『이재전집(頤齋全集)』 상·중·하로 묶여 나왔다. 그 상권에는 '이재유고' 12권, '이재속고' 14권 모두 26권이 합본되어 있고, 중권에는 '이수신편' 23권이, 하권에는 '수필사본'이 엮여 있다.

가까운 소리이며, 다만 글자가 다를 뿐이다. '大角干'의 '角'은 '舒弗'이니 속
(俗)에서 '角'이 '쌀'됨과 같다. '舒'는 'ㅅ'이며, '發'은 '弗'과 가까운 '불'이다. 'ㅅ'
을 '불'에 더하면, '角'의 방언 '쌀'이 된다. 만일 '불'의 'ㅂ'을 없애고 'ㅅ'을 위에
더하면, '翰' '多'는 서로 가까운 소리이므로, '술한' 곧 '酒多'가 된다. '干'은 속
음에 '翰' '邯'에 가깝고 신라 속음도 그렇다.

> "按新羅宮制有曰大舒發翰亦曰大舒弗邯(音寒)所謂弗邯卽發翰音近而字
> 轉也　有曰大角干者角卽舒發舒弗也今俗猶呼角爲쌀舒之字母在諺文爲ㅅ發與
> 불近而弗又直音불若加ㅅ於불之右上則作쌀卽角字方言也　若불去ㅂ而直加ㅅ
> 干上因以翰音相近之多速呼則曰酒多干俗音又呼近翰邯羅俗然也"(華音方言字
> 義解)

이는 삼국사기(三國史記) 권38에 신라 관제 '舒發翰', '舒弗邯'이 다 '角
干'과 같은 뜻이라는 기록이 있는데(儒理王九年置十七等一曰伊伐飡(或云伊
罰干或云干伐飡或云角干或云角粲或云舒弗邯)二曰伊尺飡…), 황윤석이 이
를 증명한 것이다. 이것은 중세 ㅅ합용병서 글자말 '쌀', '꿈'(혹은 ㅂ합용도
마찬가지) 등의 초성 닿소리 하나하나가 발음되었다는 중요한 증거를 제시해
주는 것이다.[52]

이 밖에 그의 우리말 어휘의 말밑에 대한 연구가 많이 이루어졌다. 이제
그의 "화음방언자의해" 안에 나타난 것 중, 관심 있는 것만 대충 간추려 보면
아래와 같다.

한자말에서 온 것: (혹은 우리말을 한자말로 대비시킨 것)

荒山 → 거츨뫼(한자말과 우리말을 대비시킨 것)

思那海 → 사나해(사내)

---

52) 이에 대한 언급은, 최현배, 『고친 한글갈』 ㅉ.557에도 나타나 있다.

每緝 → 미즙 → 미답(매듭)

捎薏子 → 귀쇼시게(귀우게)('捎'는 '쇼', '薏'는 '시')

去 → 가

都 → 다

土 → 짜

瓜 → 외(옛 음 '오')

鮒 → 붕어('부 → 붕')

鯉 → 링어('리 → 링')

白魚 → 빙어(중국음에서 '白'은 종성이 없으나 우리말에 와서 '빅'가
　　　　　'빙'이 됨)53)

袴 → 공의('고 → 공')

秀魚 → 슝어('슈 → 슝')

荊籠 → 채롱('荊'은 초목(楚木), '楚'의 옛 중국음은 '차'. '차 → 채')

牝馬 → 피마('비마 → 피마')

雄 → 수('웅, 흉 → 수')

草 → 새

外亞父 → 올아바('外'의 중국음 '왜')

內亞母 → 누의('內'의 중국음 '뉘')

亞父 → 아츤아바(숙부) → 아ᄌ바(아자비)

亞母 → 아츤어미(숙모, 고모, 이모, 형수) → 아ᄌ마(아자미)

大父 → 한아비(조부)

大母 → 한미(한어미)(조모)

阿孩等 → 아들

子昔 → ᄌ식(자식)

---

53) 이재(頤齋)는 종성 'ㆁ'에 의문을 가졌으나, 결국 이를 인습적인 것으로 보았다. 주시
　　경은 '魚'자의 'ㆁ' 초성설을 주장하고(국어문전음학 1908, ㅉ.23~4) 이숭녕은 모음충돌
　　(hiatus)에서의 [ŋ] 발달로 풀이했다(음운론연구, 1955, ㅉ.512~16).

他 → 쫄(딸)(출가하여 다른 집으로 가는 사람이므로)

壻 → 싀집, (시집)('壻'의 중국음은 '슈' 몽운(蒙韻)은 '시')

小 → 쟉(영남, 관동지방 말에서 '효' 또는 '죠'에 통함. 속어에서 '小' 초
　　　성으로 'ㅎ', 'ㅅ'이 서로 혼용됨)

弦 → 시울 (활의 시위) (옛 '히→시')

棼, 籃 → 나모 (나무) ('棼, 籃'은 '남')

淒 → 치 (춥다) ('淒'의 중국음 '치')

乾鵲 → 간치 (까치)

趹兒 → 발('趹'의 옛 중국음 '바', '兒'는 '올')

坪 → 벌

花 → 고('花 호'→고)

宦 → 고('宦 호'→고)

宣 → 蒜 → 셰(흰머리)

歲除日 → 서울 → 슬

臘 → 나(나이)

縫刃 → 바늘('縫'의 옛 음은 '방', '날'은 '刃'의 방언)

炎熱 → 여름(여름)

高秋 → ᄀᆞ슬(가을)('秋'옛 음 '수')

居室 → 겨슬(겨울)

壜子 → 단지(壜=壜)

土坩 → 도간(도가니)

竈口 → 자구, 부억자구(부엌 아궁이)

織作 → 질삼('作'의 옛 음 '사')

龜卜 → 거북

美利 → 미리(용)

鳳鳥 → 어시새, 아시새(날개를 가진 무리 중 으뜸이니, '父' 곧 '어시'
　　　와 같음)

鳳凰城 → 安市城(요동)

南星 → 남셩(작은 거북)

釘 → 딘(징)

釘兒('당올') → 다갈

推 → 톱

啄 → 조(쪼다) ('啄'는 '쟢')

棹 → 저(젓다) ('棹'는 '쟢')

貴 → 괴(고양이) (고려사에 '高伊')

猾兒 → 월이 (개부름 소리, 원래는 개의 이름: 猾子) ('猾'는 '훠'(影母),
　　　'兒'는 '올')

豚兒 → 도래 (돼지 부름소리)

羊兒 → 아리 (양 부름소리)

馱 → 트 (타다)

狄 → 되

上典 → 항것 (한자말과 우리말을 대비시킨 것임)

下主, 下典 → 하님 (한자말과 우리말을 대비시킨 것임)

抄造 → 죠회(종이)

輻匡, 輻郭, 輻轂 → 박괴(바퀴) ('輻'은 '박', '匡'은 '공', '郭,' '轂' 은 '곡')

射 → 쏘, 소

活東 → 올창('活'은 '괴→오→올', '東'은 '탕→창→챵)

몽골말에서 온 것 :

곰→곰→놈

冠 → 곳('冠'의 몽운은 '괸', 곳갈 (머리에 있는 일체의 것))

絡 → 노('絡'의 몽운 '노')

斗應斤 → 둥근

범어에서 온 것 :

波嵐, 勃嵐 → 바람

曼陀羅花 → 曼等羅味, 맨드라미

鞞鐸迦(法)支 → 버들가지

普陀, 普陀落伽海島 → 博多(혹은 '覇家臺')('普'는 '바', '陀'는 '다')

여진말에서 온 것:

甸子 → 드르(들)('甸' 초성 'ㄷ', '子', '즐'의 합성)

湊音赤 → 줌치(주머니)

4.2. 「자모변(字母辨)」에 나타난 자모의 실태

이 「자모변」 역시 『이재고』 권 12에 나타난다. 「자모변」에 나타난 그의 중요한 학설을 소개하면 다음과 같다.

(1) 중국 운서의 변천사적 고찰

중국에는 옛날에 자모번절법(字母翻切法)이 없었다. 그런데 서역의 중 요의가 범어를 전하여 초성자모와 중종성(中終聲) 운모를 세웠다.

이 한 자모 한 운모가 서로 번절(翻切)한 연후에 상당의 음을 얻을 수 있게 되었다. 그 자모의 수는 36이었으나, 그것이 남송 말(南宋末)의 황공소(黃公紹) 운해에는 35가 되고, 송(宋) 원(元)의 때는 32로 줄어졌으며, 명(明)의 홍무정운(洪武正韻)에는 또 줄어 31모가 되었다. 명 말(明末)에 서양사람 이마두(利瑪竇) 등이 동녘으로 오매, 그 쓰는 자음이 또한 23모에 그쳤다. 이상은 그의 중국 운서의 변천사적 고찰이다.

(2) 우리 자모의 실태 밝힘

1) 자모(초성) 31과 속용(俗用) 14

다음은 그의 설이다: 세종어제 "훈민정음"은, "홍무정운" 자모(31) 체계를 근거하였다. 그러나 그뒤 방언의 실제 씀에서 다만 14모로 감하였다. 이는 "훈민정음" 본래의 법이 아니며, 사성통고(四聲通攷), 노박집람(老朴輯覽), 사

성통해(四聲通解) 이후, 사사로이 쓰는 바 14초성에 불과하다. 여기에서 자모의 자멸을 가히 알 수 있다. 31자모는 다음과 같다.

ㄱ見 ㄲ羣 ㅋ溪 ㆁ疑 ㆆ影 ㅇ喩 △日 ㄷ端 ㄸ定 ㅌ透 ㄴ泥 ㅂ邦
ㅃ竝 ㅸ非 ㅹ奉 ㅍ滂 ㅁ明 ㅱ微 ㅈ精 ㅉ從 ㅅ照 ㅆ床(牀) ㅊ淸
ㅊ穿 ㅅ心 ㅆ邪 ㅅ審 ㅆ禪 ㅎ曉 ㆅ匣 ㄹ來

위의 31자모 중, 속용 14자모는 다음과 같이 이루어진다. 곧 된소리는 예사소리에 합치(竝)고, ㆆ影 ㅇ喩 △日은 ㆁ疑 모에 합치며, ㅸ非 ㅹ奉 모 등 입술가벼운 소리는 입술 무거운 소리 ㅂ邦 모에 합치고, 정치음(整齒音)은 치두음(齒頭音)에 합쳐서 이른바 속용 14가 된다. 속용 14는 다음과 같다.

ㄱㅋㆁ(牙), ㄷㅌㄴ(舌), ㅂ[54]ㅍㅁ(脣), ㅈㅊㅅ(齒), ㅎ(喉) ㄹ(半舌)

훈민정음 본문에는 ㅈㅊㅅ과 같이 양쪽 삐침(股)이 서로 간조롱한 것뿐이었으나, 신숙주가 왕의 칙명을 받아 "사성통고"를 지어 올릴 때, 치두음(齒頭音: 왼쪽 삐침이 길다) 정치음(整齒音: 오른쪽 삐침이 길다)을 만들었다. 이는 세종이 정음의 불비함을 깨쳐 개정을 허락하였는지 모른다. 그런데 14속용 중 자세히 보면 ㄷㅈ, ㅌㅊ이 서로 혼용되는데, 관서 사람은 잘 구별할 수 있으나, 그 밖의 지방 사람은 억지로 가르쳐도 구별을 못하니, 자모 수의 줄어듦이 14초성에 그치지 않을 것이다.(이상, '자모변' 본문 및 '초성 31속용' 14쪽 참조)

위에서는 영정시대에 이미 ㄷㅈ, ㅌㅊ의 구개음화가 지방에 따라 있었음을 추정할 수 있다.

---

54) 그의 속용 14표에는 'ㅂ'이 없는데, 이는 빠뜨린 듯하다.

2) **중성** 33**과 속용** 19

"훈민정음"에서 33중성을 정하였으나, 중국말을 번역하는 이외에 속용으로 쓰이는 것은 19중성 뿐임을 밝혔다.

"又定三十三中聲而自譯華語以外俗用者十九中聲也"

그 19속용 중성은 아래와 같다.

ㅏㅑㅓㅕㅐㅔㅖ(闢), ㅗㅛㅜㅠㅘㅝㅚㅟ(翕), ㅡㅣㆍㅢ(19)

속에 쓰이지 아니하는 중성(중국말 번역에만 쓰이는 것)은 아래와 같다
:

ᅶᅸᅺᅽㅒ(闢), ㆇㆊㆉㆌㅙᆆㆋ(翕), ᆕᅷ(14) (이상은 중성 33, 속용 19의 표 참조)

이는 한글이 온갖 나라말 소리를 적을 수 있다는 한글의 능력을 확인해 주는 것이기도 하다.

3) **초성을 종성으로 도로 쓰는** 13**종성과 속용** 8**종성**

초성을 종성으로 도로 쓸 수 있는 것은 13인데, 중국말을 번역하는 그 밖에는 속용으로 8종성이 쓰임을 밝혔다.

"…又反用初聲定十三終聲而自譯華語以外俗用者八終聲也"

종성으로 도로 쓸 수 있는 초성 13:

ㄱㄷㅂㅸㅈㆆㆁㄴㅁㅱㄹㅿㅅ

속용 8:

ㄱㄷㅂㅇㄴㅁㄹㅅ(이상 '종성반용 초성 13 속용 8'의 쪽 참조)

4.3. 『이수신편(理藪新編)』의 「운학본원(韻學本原)」

(1) 「운학본원(韻學本原)」에 나타난 중성 분류

'운학본원'에 나타난 중성 분류는 간극(입 벌림의 크기)이라는 현대적 의미를 갖는 것으로 관심을 끈다. 그 분류표를 다음에 나타내 본다(한글은 글쓸이가 옮긴 것임)

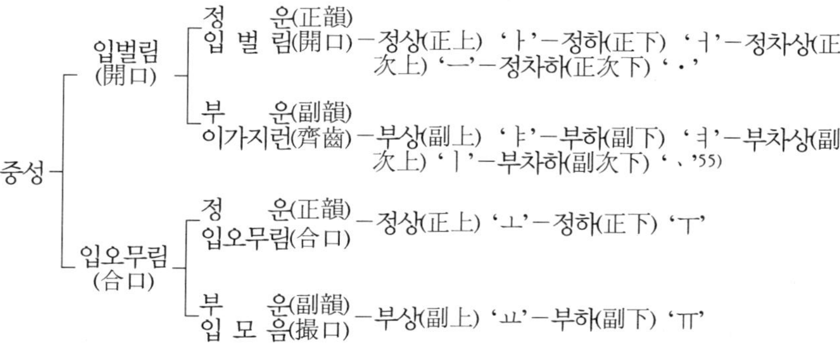

물론, 이는 신경준의 입 벌림(開口), 입 오무림(合口)의 분류와 그 밑바탕은 같다. 다만 신경준은 '역'의 음양호장성(陰陽互藏性)을 배경으로 하고 있기 때문에, 더욱 자세한 분류가 이루어졌을 뿐이다. 황윤석의 중성 분류에는 이러한 '역'의 배경은 일체 고려되지 않았음에 관심이 간다.

---

55) 'ᆞ'은 신경준의 'ㆍㆍ'(ᄋᆞ듧'ᄉ')와 일치하는 것이다. 황윤석은 그의 "자모변"에서, 'ㆍㆍ'은 심히 정확하지 못하니 마땅히 'ㆍ'로 개작해야 한다고 했다.
"ㆍ亦用單點其勢趨作ㆍㆍ亦未甚精當改作、因用單點而其勢趨左然後乃始甚精爾"

(2) '운학본원'에 나타난 정음의 범자(梵字) 연원설

그에 따르면, "범자(梵字)는 여래(如來)가 만들었다고 하나 이는 알 수 없는 일이다. 그러나 우리 정음의 연원은 대저 이(범자)에 본을 두고 있어서 마침내 범자 범위를 벗어나지 아니한다."

……至於梵字或云如來所製此未可知然我國正音淵源大抵本此而終不出 於梵字範圍矣

라고 하여, 우리글의 '범자 연원설'을 주장하고 있다.

이 '범자 연원설'은 근거가 없는 주장이다.

4.4. 요약과 비판

이제 그의 학설을 요약하면서, 간단한 비판을 붙여 본다.

(1) 우리말 말밑(어원)에 대하여, 한자말뿐 아니라, 범어, 몽골말, 여진말과의 비교 연구를 꾀한 것은 국어학사상 처음 있는 일로 그 뜻이 자못 크다.[56] 그러나 그 신뢰도에는 문제가 많다. 다만 신라 관제어의 우리말 풀이는 빼어나며, 중세어 합용자의 발음을 추정함에 큰 공헌을 한다.

(2) "훈민정음"에서 31초성과 33중성, 그리고 13종성을 정하였다 함은 근거가 없다. 다만, 치두음, 정치음의 구별이 신숙주가 왕명을 받아서 지어 올린 "사성통고"에서 비롯되었다는 말은 "훈민정음" 상고에 대한 문제를 제기해 준다.

(3) 된소리가 예사소리에 합친다는 것과 'ㅐ' 'ㅙ' 등을 속용하지 않는다는 견해는 이들을 한자말 본위로 한 말일 것인 즉, 자모 체계에서 한자 자모 체

---

56) 한자어에서 우리말 말밑을 찾으려는 태도는 다산 정약용의 『아언각비(雅言覺非)』(1819)에서도 볼 수 있다.

계와 고유어 자모 체계와의 구별이 불분명하다.

(4) 그 당시 'ㄷㅈ', 'ㅌㅊ'이 지방에서 혼용된다 함은 이미 영·정조 시대에 'ㄷㅌ'의 구개음화 현상이 있었음을 알려 주고 있음이다.

(5) 중국말 소리에 쓰이는 14중성은 한글의 거의 무한 표기 능력을 입증한 것으로 평가한다.

(6) 중성의 입 벌림(開口), 입 오무림(合口)의 분류는 근대적 간극론과 관계있다. 그러나 이것은 신경준의 그것과 그 밑바탕이 유사하다. 다만, 신경준이 배경하고 있었던 '역'의 음양론이 일체 배제되었다.

(7) 한글의 범자 연원설은 그의 분명한 주장이나, 그 뒤를 받치는 근거가 전혀 없다.

(8) 그의 우리말글 연구에서는 적어도 역학적 배경이 대담하게 사라진다. 이는 국어 연구의 경향이 근대에로의 변환성을 보이는 것으로 매우 관심을 끄는 것이다.

5. 정동유(鄭東愈)의 『주영편(晝永編)』과 현대적 음소관

정동유(鄭東愈)는 호가 현동(玄同)이요, 영조 20년(1744)에서 순조 8년(1808)에 걸쳐 산 학자이다. 정동유(鄭東愈)의 연구는 그 만필(漫筆)인 주영편(晝永編. 순조 6)에 보인다. 따라서 이는 우리글 전반에 걸친 체계적인 연구가 아닐 뿐 아니라, 그는 훈민정음을 목도하지 못한 듯하며,[57] 그의 한글에 대한 학설은 역시 학맥을 이룸에 약하다. 그러나 정동유(鄭東愈)는 설음(舌音), 순음(脣音), 치음(齒音)을 각각 두 가지 음으로 나눈 일에 대한 비판을 하였으니 이는 중요한 역사적인 뜻을 갖는다고 할 수 있다. 이제 이에 대한 설을 보자. 그는, 광운(廣韻)의 36자모를 두되, 설음(舌音)을 설두(舌頭)

---

57) 최현배: 『고친 한글갈』, ㅉ.309.

설상(舌上)으로, 순음(脣音)을 순중(脣重) 순경(脣輕)으로, 치음(齒音)을 치두
(齒頭) 정치(整齒)로 나눔은 잘못이라고 언급하고, 이와 같이 분류됨은, "앞
자음이 다음에 오는 중성의 다름으로 인하여 나타나는 부차적인 차이이지,
그 자모 자체의 근본적 차이는 아니라" 했다. 그러므로 설상음(舌上音), 순경
음(脣輕音), 정치음(整齒音)은 쓸데없는 것이라 했다.

　　이와 같은 정동유의 견해는, 물론 「동국정운(東國正韻) 서문」에 나오는
"설(舌), 순(脣), 치(齒)를 각각 두 가지로 나눌 필요가 없다"[58]

舌頭舌上脣重脣輕齒頭正齒之類於我國字音未可分辨

이라고 한 것과 유사한 설이지만, 정(鄭) 공은 구체적으로 그 이유를 조건음
(conditional sound)인 홀소리에 의한 것이라고 명시해 주었다는 데, 한층 그
발전적 견해를 보인 것이라 할 수 있다. 그러나 이것은, 우리의 현실음(및 글
자)을 설명하는 데, 왜 『광운(廣韻)』을 끌어 와서 설명하여야 했는지 그 이유
를 알 수 없다. 사실 우리의 현실음을 설명하기 위하여서는 『광운(廣韻)』을
끌어 와서 설명할 아무런 이유도 없다. 차라리, 우리 국어음에서는 실지로,
설(舌), 순(脣), 치(齒)에 각각 두 가지씩의 소리가 있을 수 있으나, 이는 그
다음에 오는 홀소리의 종류에 따라서 달라지는 부차적인 소리라고 함이 옳았
을 것이다. 다음에 언급할 유 희(柳僖)도 이와 같은 광운 이래의 설(舌), 순
(脣), 치(齒)가 각각 두 소리로 나누어짐을 안이(按頤)와 거이(擧頤)설로 비판
하고 있으니, 우리 음운을 중국운에 비교하여 논의하려는 오류를 범하였다
할 것이다. 그러나 결과적으로 보면 초성의 아주 작은 차이는 그 초성에 뒤
따르는 홀소리에 의하여 나타나는(분포구조인식) 부차적 차이로 보고, 그 차
이를 음운 글자로 볼 필요가 없다고 함은, 중요한 언어 이론(음운과 음성의
식별 의식)의 발견이라 할 수 있으니, 이는 분포 구조의 한 인식이요, 사상(事

---

58) 「동국정운(東國正韻) 서(序)」

象)에 대한 기본과 그 부차적 변이의 인식이라 할 수 있다. 이러한 인식은 정
동유에 와서 비로소 소극적으로나마 언급이 됐고, 그 후계자인 유 희에 의해
이론이 구체화되는 것이다.[59] 여기 간단하게나마 특별히 정동유의 설을 다루
는 것은 그의 현대적 음운이론과 분포구조인식이 유 희로 이어지는(뒤, 유 희
의 '거이 안이'설 쪽을 볼 것) 맥을 이루기 때문이다.

6. 유 희(柳僖)의 『언문지(諺文志)』의 구조 인식과 역철학 동요

유 희(柳僖: 1773~1837)의 호는 서파(西陂) 또는 방편자(方便子)이다. 그
의 『언문지(諺文志)』는 순조(純祖) 24년, 갑신(甲申), 서력 1824년에 지은 것
이니 19세기 초반의 우리말 연구에 해당한다. 이 『언문지』는 『훈민정음 해례』
가 나온 뒤의 최석정(崔錫鼎)의 『경세훈민정음도설(經世訓民正音圖說)』과
신경준(申景濬)의 『훈민정음운해(訓民正音韻解)』와 더불어 세 큰 학적 체계
의 하나라고 할 수 있다. 그러나 "언문지"에서는 역철학의 동요가 크게 일어
나고, 근대적 구조 인식이 부각되어 나옴에 더 큰 관심이 간다.

유 희는 『경세훈민정음도설』이나, 『훈민정음운해』를 보지 아니한 것 같
다.[60]

그것은 또한 다음과 같은 이유에서이다. 첫째, 『언문지(諺文志)』 가운데
에 신경준의 『훈민정음운해』에 관한 것이 한 번도 언급이 안 되었다. 둘째,
중성례(中聲例)에서 이신재 영익(李信齋 令翊: 영조 16~정조 4)이 '··'가 있어

---

59) 유 희(柳僖): 『언문지(諺文志)』, ㅉ.5.

60) 1931년에 인행(印行)한 유(柳)씨 언문지(諺文志)에 대한 김구경(金九經)의 교간 유씨
언문지서(校刊柳氏諺文志序)에는 언문지가 신경준(申景濬)의 『훈민정음운해(訓民正
音韻解)』를 참고한 것으로 쓰여 있으니, 다음이 그것이다.
"……華東正音通釋韻考以上諸書皆係柳氏所引其外又有申景濬之訓民正音圖解洪啓
禧之三韻聲彙正祖柳定奎章全韻等書可參考柳氏諺文志著於純祖二十四年甲申(西曆
一八二四)…"

야 한다 하고, '여듧(八)'을 혹 잘못하여 'ㅇ듧'으로 할 때에 쓰인다고 하였는데(李信齋令翊謂當又有··信齋之言今俗呼여듧八 或謬爲ㅇ듧八乃此音),[61] '··'은 신경준의 신설 글자임에도 이에 대한 언급은 전혀 없다. 셋째, 유(柳) 공의 탁견인 거이(擧頤)와 안이(按頤)설은 신경준의 삼십륙자모(三十六字母)설과 관계가 있음에도, 그에 대한 언급이 조금도 없다. 그리고 다만, 이에 관계되는 정동유(鄭東愈)의 설을 이어 받아 논급할 뿐이었다.

'언문지'는 그 연구 내용으로나, 국어학 연구의 사조 면으로 보나 중요한 획기적인 위치에 놓여 있다 할 것이다. 이 문제에 대해서는, '언문지'의 내용을 먼저 분석 소개한 뒤에, 끝으로 국어학의 연구사적 의의 면에서 자세히 소개하기로 한다.

6.1. 『언문지』의 내용 분석

'언문지'는 다음과 같은 내용으로 되어 있다.

> 柳氏諺文志原序
> 柳氏諺文志
> 　初聲例
> 　　廣韻三十六字母(隨 陸法言 著)
> 　　集韻三十六字母(宋 司馬溫公與丁氏 著)
> 　　韻會三十五字母(明 黃公紹 著 用蒙古韻法蒙古韻略元朝撰)
> 　　洪武正韻三十一字母(明太祖命詞臣 依毛晃韻書作)
> 　　訓民正音十五初聲(我世宗命詞臣依蒙古字樣質問明黃瓚以製)
> 　　正音通釋十七初聲(朴性源 著)
> 　　柳氏校定初聲二十五母

---

61) 교간유씨(校刊柳氏): 『언문지(諺文志)』, 중성례(中聲例), ㅉ.12.

中聲例

　　正音通釋中聲十一平(訓民正音三韻聲彙並同　三韻聲彙洪啓禧作)

　　柳氏校定中聲正例十五形

　　中聲變例一形

終聲例

　　正音通釋終聲八韻

　　柳氏校定終聲正例六韻

　　終聲變例一韻

全字例

위 내용에서 보이는 바와 같이, 전편을 초성례(初聲例), 중성례(中聲例), 전자례(全字例)로 나누어, 앞에 간 학자들의 학설을 보이고, 이에 대한 자기의 학설을 유씨교정(柳氏校定)이라 하였으며, 이 교정에 대한 자기 해설을 더하였다. 이제 그의 학설 중 중요한 것만을 소개하여, 이를 비판하고 또한 국어학 연구사 상의 의의를 살펴보기로 하겠다.

(1) 초성례(初聲例)

'거이(擧頤)와 안이(按頤)설'은, 그의 '초성례'에 나온다. 그는 먼저 광운삼십륙자모(廣韻三十六字母), 집운삼십륙자모(集韻三十六字母), 운회삼십오자모(韻會三十五字母), 홍무정운삼십일자모(洪武正韻三十一字母), 훈민정음십오초성(訓民正音十五初聲), 그리고 정음통석십칠초성(正音通釋十七初聲)을 인증하고, 끝으로 자기의 주앙인 유씨교정초성이십오모(柳氏校定初聲二十五母)를 다음과 같이 정립하였다.

柳氏校定初聲二十五母

		全 淸	次 淸	全 濁	不 濁	次全淸	次全濁
角	牙	見ㄱ	溪ㅋ	群ㄲ	魚ㆁ		
徵	舌	端ㄷ	透ㅌ	定ㄸ	泥ㄴ		
羽	脣	幫ㅂ	滂ㅍ	竝ㅃ	明ㅁ	非ᄫ	奉ᅗ
商	齒	精ㅈ	淸ㅊ	從ㅉ	日△	心ㅅ	邪ㅆ
宮	喉				喩ㅇ	曉ㅎ	匣ㆅ
變徵					來ㄹ		
變宮					影ㆆ		

그리고 이와 같은 25자모를 정립하는 이유를 다음과 같이 말하였다.

1) 설두 설상(舌頭 舌上), 순중 순경(脣重 脣輕), 치두 정치(齒頭 整齒)를 제거한 이유: '거이 안이(擧頤 按頤)'설

대개 광운(廣韻) 이래로 치음(徵音)에는 설두음(舌頭音)과 설상음(舌上音)의 구별이 있고, 우음(羽音)에는 순중음(脣重音)과 순경음(脣輕音)이 있으며, 상음(商音)에는 치두음(齒頭音)과 정치음(整齒音)의 구별이 있었다. 그런데 이제 자기는 각각 이를 합하여 하나로 함은 무슨 이유일까? 이렇게 자문하고, 그는 그 이유로 다음의 조음 음성학적 근거를 들었다.

중국 운서인 광운(廣韻) 이래로, 치음(徵音)은 설두(舌頭: 혀끝이 잇몸에 닿음: 舌端點齶)[62] 와 설상(舌上: 혀의 가운데가 잇몸에 닿음: 舌腰點齶)으로,

---

62) 설두음(舌頭音)의 발음법을 이와 같이 설명한 것은, 그의 같은 책, ㅉ.5 뒤쪽에 따른다. 여기에서는, 하부 조음체(lower articulator)와 상부 조음체(upper articulator)의 접근에 의하여 생기는 조음점(point of articulation)을 알 수 있으니, 이는 현대 조음 음성학에 가까운 설명이라 할 수 있다.
　다음의 설상(舌上), 순중(脣重), 순경(脣輕), 치두(齒頭), 정치(整齒)의 경우도 이와 같이 풀이된다.

우음(羽音)은 순중(脣重: 힘을 드리어 입을 오무린다: 用力蹙口)과 순경(脣輕: 아랫 입술을 당기어(눌러) 열음: 按開下脣)으로, 상음(商音)은 치두(齒頭: 양쪽의 이 머리가 서로 만나지 아니함: 不能使兩齒頭相値)와 정치(整齒: 양쪽의 이 머리를 서로 만나게 함: 使兩齒頭相値)로 가르는데, 자기가 정장(鄭丈: 東愈)에게 들은 바로는, 거이(擧頤) 중성인 ㅏ ㅘ ㅓ ㅝ ㅗ ㅜ ㅡ ㆍ와 안이(按頤) 중성인 ㅑ ㅙ ㅕ ㅖ ㅛ ㅠ ㅣ의 배합때문이라는 것이다. 그러한 즉, 설(舌), 순(脣), 치(齒)의 초성이 ㅏ ㅘ ㅓ … 등과 합한 것은 거이(擧頤: 거이 중성 안에 있는 초성, 곧 거이초성)이요, ㅑ ㅕ ㅣ … 등과 합한 것은 안이(按頤: 안이 중성 안에 있는 초성, 곧 안이초성)이다. 그리하여, '端, 透, 定, 泥'음은 거이(擧頤)이요, '知, 徹, 澄, 孃'음은 안이(按頤)이요, '精, 淸, 從, 心, 邪'음은 거이(擧頤)이요, '照, 穿, 牀, 審, 禪'음은 안이(按頤)가 된다. 그리고 여기서, 거이(擧頤)와 안이(按頤)의 초성이 조금씩 구별(微別)되는데, 이는, '거이'와 '안이'의 중성이 초성에 서로 배합하는 데서 오는 부차적 차이(이는 거이 중순, 안이 경순의 경우도 같음)이니, 설(舌), 순(脣), 치(齒), 초성을 각각 둘로 나누어 볼 수 없다. 곧 그 각각의 소리의 기본은 한 초성일 뿐이다.

또한, 그와 같이 보지 않을 수 없는 또 하나의 이유는, 뒤에 가서, 자음이 점점 변하여, '거이' 자모 안에 '안이'의 자모가 많이 섞여 나게 되고(泥 뉘→녜, 心 슴→심…), '안이' 자모 안에 '거이'가 약간 섞이게 되어(敷 퓨→부, 牀 쟝→짱…) 설상 설두(舌上 舌頭), 순중 순경(脣重 脣輕), 치두 정치(齒頭 整齒)와 같은 약간 구별되는 두 자모를 구태여 나눌 필요가 없으니, 이를 나누는 것은 오직 나누고자 하는 과한 욕심에 불과한 것이다.

夫自廣韻以來。徵有舌頭。舌上。羽有脣重。脣輕。商有齒頭。整齒。今各合一何歟。曰。余聞之鄭丈。字母本來自西域廣韻於舌。脣。齒。各存兩母。所以分擧頤ㅏ ㅘ ㅓ ㅓ ㅗ ㅜ ㅡ ㆍ、按頤ㅑ ㅘ ㅕ ㅖ ㅛ ㅠ ㅣ者云。則端뒨透투定뜅泥뉘擧頤也。知디徹털澄띵孃냥按頤也。……頤擧頤按初聲微別。各立一母。使相配合。明其本一初聲也。及後來字音漸變。定爲띵泥爲녜。並爲뼹。

明爲밍精爲징。清爲칭從或爲쭁。心爲심。邪爲시。而擧頤母內。多雜按頤矣。敷爲부奉爲봉。牀爲짱。而按頤母內。略雜擧頤矣。於是無以分兩母之微別。則乃不究舌端。(舌音擧頤者。必以舌端點齶)　舌上(舌音按頤者。必以舌腰點齶)　脣重(脣音擧頤者必用力蹙口)　脣輕(脣音按頤者必按開下脣)　齒頭(齒音擧頤者必不能使兩齒頭相値)　整齒(齒音按頤者必使兩齒頭相値)之爲語。猶欲強分之。[63]

그런데 이와 같은 조음 음성학적인 설명으로 보면, '거이'와 '안이'의 중성에 따라, 설(舌), 순(脣), 치(齒)의 초성이 구별되어 나타나나, 아음(牙音)과 후음(喉音)에서는 그에 따른 구별이 없다 하고, 그 이유를 오행의 바탕(자질)으로 설명하였다. 곧, 각음(角音: 牙)은 목(木)이요, 궁음(宮音)은 토(土)이니, 이와 같은 각 궁(角宮)의 소리는 목 토(木土)의 소리 바탕을 가지기 때문에, '거이', '안이'의 자모와 결합하여도 초성의 변이가 없다는 것이다. 그리하여 자기의 발음에서도 변이가 없다는 것이다. 그러나 치음(徵音: 舌)은 화(火)가 되고, 우음(羽音: 脣)은 수(水)가 되며, 상음(商音)은 금(金)이 되는데, 이 화 수 금(火水金)은 적극적인 것이어서, 그 소리는 중성의 홀획자(ㅏ, ㅓ, …)와 짝획자(ㅑ, ㅕ, …)에 따라서 설음(舌音: 火)은 설두(舌頭: 혀 머리 소리)와 설요(舌腰: 혀의 가운데 소리)의 차이가 있으며, 순음(脣音)은 모이고 흩어짐의 다름(聚散之異)이 있다. 치음(齒音: 金)은 이(齒)의 열고 합함의 다름이 있게 된다는 것이다.

그리고 이를 또한 하늘의 별의 운행 속도에 비유하되, 토목(土木)성의 운행은 늦으니, 차이가 적고, 금수화(金水火)성의 운행은 빠르니, 그 차이가 많음과 같은 이치에서, 오행의 목(木)과 토(土)인 아음(牙音: 角)과 후음(喉音: 宮)의 초성은 '거이'와 '안이'에 의한 차이가 적다고 말하고 있다.

---

63) 유 희(柳僖): 앞든 책, ㅉ.5 앞쪽~뒷쪽.

以兩母分奇耦(擧頤之畫奇如ㅏㅓ按頤之畫耦如ㅑㅕ)。則何牙喉獨無之。
曰此不難知。角爲木宮爲土。木土之聲質。故頤擧頤按。而吾之牙未嘗變。
吾之喉亦未嘗變也。徵爲火。羽雨水。商爲金。火水金之聲文。故畫奇畫耦
而舌有頭腰之殊。脣有聚散之異。齒有開闔之別。此又天星土木之行。遲而
寡差。金水火之行。疾而多差之理也。[64]

이와 같이 그는 아(牙), 후음(喉)은 '거이'와 '안이'에 의하여도 변화가 없
으나, 설(舌), 순(脣), 치(齒)는 그에 따른 차이가 크다고 보았다. 그러나 이
차이도 결국 '거이'와 '안이'의 중성 배합이라는 음성 환경 조건(phonetic envi-
ronment)에 따른 차이이므로, 그 초성의 근본은 하나라고 봄으로써, 그의 25
자모에는 설두 설상(舌頭 舌上), 순중 순경(脣重 脣輕) (거이 중순, 안이 경
순), 치두 정치(齒頭 整齒)의 구별을 세우지 않았던 것이다.

이상에서 설치(舌, 齒)는 배합되는 홀소리에 따라, 각각 약간의 차이를
수반하는 음성으로 나누어지기는 하나, 결국, 한 기본음에 속한다고 말한 것
은 주목할 만한 인식이다. 물론, 순음(脣音)만은 배합되는 이웃 모음, 곧, ㅏ
ㅓ,……ㅘ ㅣ, ㅑ, ㅕ…… 등에 따라 변이하는 것만은 아니고, 모음과 모음 사
이에 오느냐, 유성과 모음 사이에 오느냐, 아니면 특정 모음간(ㅜ와ㅜ 사이
등)에 오느냐가 그 변이 조건이 되는데, 유(柳) 공은, 설치(舌, 齒)와 그 변이
조건을 동일하게 다룬 것은 잘못이었다. 그러나 이와 같은 잘못은 있다손치
더라도, 음성에는 기본음이 있고, 그 기본음에는, 하위 분류되는 유사한 소리
의 한 떼가 있다고 보는 점은, 바로 오늘날 우리가 말하는 '음소의 인식'이요,
'유 개념과 대립 개념의 인식'이니, 곧, 이는 오늘날 언어관에 가까운 기술 구
조주의 언어관이라 할 수 있겠다.

---

64) 유 희(柳僖): 윗 책, ㅉ.6 뒤쪽~ㅉ.7 앞쪽.

2) 병(匪)과 뻥(俸)을 둔 이유: 입술 불어 내는 소리(吹脣音) 설

그는, '안이'과 '거이'에 의하여 생기는 부차적 순음(脣音) 곧 중순(重脣)(거이 중순)과 경순(輕脣)(안이 경순)을 제거한다고 하면서, 왜 병과 뻥을 25 자모 중에 차전청(次全淸)과 차전탁(次全濁)에 넣었을까? 이에 대하여 그는 다음과 같이 변해하고 있다.

곧, 광운(廣韻)의 '非, 奉'은 입술 가벼운 소리(脣輕)이요, 여기 유(柳) 공의 교정음에 나온 '병, 뻥'은 입술을 불어 내는 소리(吹脣音)라는 것이다. 그리하여, "광운"의 입술 가벼운 소리와 구별하기 위하여 입술을 불어 내는 소리(吹脣音) '병'을 '匪母'로 하고, '뻥'을 '俸母'로 하여 이를 각각 차전청(次全淸)과 차전탁(次全濁)에 배치하였다는 것이다. 그런데 '뻥'에 대하여 다음과 같이 더 설명하고 있다. 곧, 대개, 전청(全淸)은 간단하고, 가닥이 없으며, 전혀 발음에 힘을 드리지 아니하여, 조금 힘을 더하면, 차청(次淸)이 되고, 소리가 가닥 소리로 난다(歧出雙聲)는 것이다. 거기에서 또한 힘을 더 가하면, 전탁(全濁)이 되며, 역시 소리가 가닥 소리가 나는데, 이제 여기 '匪母' '병'에 힘을 더하면, 전탁(全濁) '뻥'이 된다는 것이다. 이 관계는, '心ㅅ, 邪ㅆ'의 관계와 같다는 것이다. 그리고 '微母' '뮝'은 입술을 부는 소리(吹脣)가 될 수 없어서 제거한다고 하였다.

> 然則非奉何獨不去何獨出之次全淸獨也。曰。廣韻之非奉。不爲吹脣而設。…余所以特存。猶非廣韻非奉之意。故變作匪俸。以見取不同也。夫全淸者。單潔不歧。全不用力。少加爲次淸。則歧出雙聲。亦不甚用力。又加爲全獨。則亦歧出雙聲。而大段用力。…今此匪母병可加爲全獨뻥。…此余所以以匪俸。脣心邪也。若微則雖釋以뮝。口本不濁。無可以吹脣。[65]

이상 순음(脣音)에 관한 설명에서 병을 입술 부는 소리라고 하였는데,

---

65) 유 희(柳僖): 윗 책, ㅉ.7 앞쪽~뒷쪽.

문헌에 나타난 ㅸ은 그 소리값 설명이나 실제 국어의 쓰임에서 순경음이었다고 본다. 그런데 이제 글자로 입술 부는 소리를 적는다 함은 (적어도 국어의 경우)이해가 안 간다. 뿐만 아니라, 이것이 입술 부는 소리를 적는 글자라고 하여도, 과연 그 당시에, ㅸ과 ㅹ이 기본음으로서의 입술 부는 소리 음소가 형성되었었는지는 적이 의심하지 않을 수 없다.

3) ㅿ을 불탁(不濁)의 자리로, ㆆ을 변궁(變宮)으로 삼은 이유: ㅿ의 ㅅㅇ 사이소리 및 ㆆ 얕은소리 설

그는, 잇소리(齒音)에만 홀로 불탁(不濁)이 없을 수 없으므로, ㅅㅇ의 사이소리(間音)[66]인 ㅿ을 불탁(不濁)의 자리에 두었으며, ㆆ은 소리가 대단히 얕아서(影母太淺) 바른 목소리(正喉音)가 되지 못하여 변궁(變宮)에 두었다고 하였다.[67]

그런데 유(柳) 공이 ㅿ을 ㅅ과 ㅇ 사이소리라고 한 데는 의심이 간다. 왜냐하면, 그는 ㅇ을 "…ㅇ喉聲故幽"[68]이라 하였으니 곧, ㅇ은 있으나 마나 한 소리요, 소리값은 영(제로)으로 보았던 것이다. 초성 체계에 소리값이 영의 글자 ㅇ을 세움은 이해할 수 있으나, ㅿ의 소리값이 ㅅ과 ㅇ의 사이라 함은, 이론이나 실제에 다 맞지 않는 말이다. 또한 ㆆ의 문제에서 ㆆ은 "대단히 얕은 소리"라고 하였는데, "훈민정음"에 의하면, "盖以ㆆ聲深不爲之凝ㆆ比ㅎ聲淺故凝而爲全濁也"[69]로 되어 있어, 오히려 ㆆ이 ㅎ보다 조음점이 깊어 전탁(全濁)이 못되고, 그보다 얕은 ㅎ이 전탁(全濁)이 된다고 하였던 것이다. 이로 보아 유 공은 ㆆ의 소리 바탕을 잘못 짚은 것 같다.

---

66) 유 희(柳僖): 윗 책, ㅉ.10 앞쪽: 夫ㅿ固ㅅㅇ之間也
67) 유 희(柳僖): 윗 책, ㅉ.8 앞쪽~뒷쪽.
68) 유 희(柳僖): 윗 책, ㅉ.9 앞쪽.
69) 『훈민정음(訓民正音)』, 제자해(制字解).

4) ㆆ을 차전청(次全淸)에 두고 ㆅ을 차전탁(次全濁)에 둔 이유

그는, 후음(喉音)의 네 자모 중 ㆆ은 변궁(變宮)으로 보내고, ㅇ은 바른 목소리로 삼았다. 그리고 ㅇ보다 얕은 ㆆ은 ㅇ의 뒤인 차전청(次全淸)음에 두고, 전청이 되게 나서 전탁(全濁)이 되는 이치로, 차전청(次全淸)의 된소리 ㆅ을 차전탁(次全濁)에 두었다고 했다.[70]

이와 같은 설명에서는, ㆆ을 애당초 있으나마나 한 소리로 보고 있으면서, ㅇ을 목소리라고 하여 이를 기준삼아 ㆆㆅ을 논급함은 석연치 않다할 것이다.

5) ㆁ과 ㅇ을 둔 이유: '연음법(連音法)'설: 접촉의 구조관

이에 관하여, 먼저 그의 말한 바를 아래에 적어 보기로 한다.

ㆁ은 아음(牙音)이기 때문에 울림(響)이 있고, ㅇ은 목소리(喉音)이기 때문에 있으나 마나 하다(幽). '東, 陽'과 같은 말의 끝소리는 울림이 있으니 ㆁ이 된다. 종성(終聲)은 다른 초성으로 이어 소리가 나는 법이다. 그리하여, 예를 들면, '가바'와 같은 것은 그 초성을 종성으로 하여서 '갑아'가 됨과 같은데, 이제 유모(喩母) ㅇ을 받아도, 아무 것도 나타나는 것이 없으니, '가아'가 그대로 '가아'됨과 같은 것이다. 그러나 '東, 陽' 등의 끝소리는 초성의 ㆁ으로 얼어 읽을 수가 있으니, '강아'를 나누어 읽어 보면, '가아'를 얻을 수 있고, 또 '아' 소리는 크게 울린다. 그러므로 ㆁ은 어금(牙)에 뿌리를 두었다 하지만, 필경은 코에 이르는 콧소리이다. 그러므로 "정음통석(正音通釋: 朴性源)"에서 ㆁ과 ㅇ 그리고 ◇은 같아서 따로 만들 필요가 없다고 했음은 부당하다.

豈其然乎。ㆁ牙聲故響。ㅇ喉聲。故幽。東陽等終聲響者也。不從ㆁ而從ㅇ乎。且終聲之法。以他初聲承之而生。(如 가바爲갑아) 今以喩母承之有

---

70) 유 희(柳僖): 앞든 책, ㅉ.8 뒷쪽.

何所生(如가아只是가아)　苟推東陽等之終聲初聲之　ㆁ可以讀得矣(如강아　分
作가아可得아聲之太響)　雖根於牙竟達於鼻。…通釋亦以爲難乃云ㆁㅇㅿ三者
出聲相近不必異制此糊突之見也。[71]

이상에서 ㅇ은 소리값이 없고, 그것과 혼동하기 쉬운 ㆁ은 크게 울리는
콧소리라고 추정하였다. 그리고 그 소리값 추정의 방법을 이른 바 '연음법칙'
에 두었는데, 이는 하나의 요소에 대한 인식을 접촉의 구조(contactic structure)
관계에서 한 셈이 된다. 다시 말하면, <u>이는 하나의 요소를, 구조를 통하여 인
식하려는 사고 방식</u>이라 할 수 있는 것이다.

6) 전탁음(全濁音)을 쌍형으로 쓰는 이유: '연음법'설: 접촉의 구조관
　　먼저 이에 대한 그의 말을 적어 본다.

　　전탁(全濁)을 운서에서 폐한지 오래이고, 이제 속(今俗)에서 부녀자들이
왼쪽에 ㅅ을 쓰며 또 심모(心母)ㅅ의 쌍형(ㅆ)이 됨을 피하려고 왼쪽에 ㅂ을
더하는 것은 이치에 맞지 아니한다. 대개, 탁성(濁聲)은 전청(全淸)에서 생기
니, 전청이 본음(本音) 전청의 종성을 받아 이루어지는 것이다. 예를 들면, '각
가'가 '가까'가 되고 '갑바'가 '가빠'가 됨과 같다. 이와 같이 전탁성(全濁聲)은
쌍형을 좇음이 바른 이치이다.

　　全濁廢於韻書久矣。今俗婦女。若遇濁聲皆從左邊之ㅅ。獨於心母避成
雙形。而加ㅂ左邊是則違理。不成形乎。…蓋濁聲生於全淸承本音之終者(如
각가 爲가까, 갑바 爲가빠)…故 今從雙形爲正理。[72]

---

71) 유 희(柳僖): 윗 책, ㅉ.9 앞쪽~뒷쪽.
72) 유 희(柳僖): 윗 책, ㅉ.10 뒤쪽~ㅉ.11 앞쪽.

　　이상에서 중요시할 만한 것은 첫째, 된소리의 구성 요소 분석이다. 곧, 된소리의 구성 요소를 분석하여 그것이 같은 소리의 배합 구조임을 주장하고 있다. 그런데 이러한 구성 요소의 분석 과정은, 앞에 언급한 바 연음 법칙 곧 접촉의 구조론을 통하고 있다. 따라서 이미 여기에서는 음소배합론 (phonotactics) 및 형태음소론(morphophonemics)의 경지에 들어간 느낌이 있다. 둘째, 전탁성 곧 된소리는 쌍형으로 써야 함을 주장함이다.

7) 전탁(全濁)과 차청(次淸)이 생기는 이치: '섞임거듭'설의 효시: '연음법'설: 접촉의 구조관

이에 대한 그의 말을 먼저 적어 보자.

　　모든 전청(全淸)이 종성을 이루고 있을 때에 유모(喩母)ㅇ을 받으면, 종성의 본음이 나타난다. 그리하여, '각아'는 '가가'가 되고 '갑아'는 '가바'가 된다. 또, 종성이 그 종성과 같은 본음을 받으면 '전탁'이 나타난다. 그리하여, '각가'는 '가까'가 되고, '갑바'는 '가빠'가 된다. 종성이 효모(曉母)ㅎ을 받으면 '차청'의 소리가 생기니, '각하'가 '가카'가 되고, '갑하'가 '가파'가 된다. 이것은 '차청'의 소리가 생기는 이치이다.

　　凡諸全淸以作終聲。而承以喩母。則本音生焉。(如각아 爲가가, 갑아 爲가바) 承以本音。　全濁生焉。(如각가 爲 가까, 갑바 爲 가빠) 承以曉母。次淸生焉。(如각하 爲가카, 갑하 爲가파) 此其生次淸之理。 73)

　　이상에서 중요한 사실은, 앞에서 이미 언급한 바 있는 '연음법'에 의한 접촉 구조의 구조관이다. 이러한 구조관에 의해서, 된소리(ㄲ,ㅃ)와 센소리 (ㅋ,ㅍ)의 재분석을 시도하였으니, 역시, 유(柳) 공은 음소의 배합론과 형태음

---

73) 유 희(柳僖): 윗 책, ㅉ.8 뒤쪽~ㅉ.9 앞쪽.

소론의 경지에 들어가고 있음을 알 수 있다. 말본의 역사로 볼 때 주시경(周時經)에 와서, '섞임거듭'설을 처음 체계화 하였지만, 사실 그 싹은 이미 유희(柳僖)에서 텄다고 할 수 있겠다.

이제, 그가 말한 소리의 배합 관계를 기술해 본다.

ㄱ+ㄱ→ㄲ : 각가→가까

ㅂ+ㅂ→ㅃ : 갑바→가빠

ㄱ+ㅎ→ㅋ : 각하→가카

ㅂ+ㅎ→ㅍ : 갑하→가파

이상에서, 글쓴이는 초성례(初聲例)에 나타난 '유씨교정 초성이십오자모(柳氏校定初聲二十五母)'의 변해와 학설을 소개하고, 그의 언어관을 분석 평가하여 보았다.

(2) 중성례(中聲例)

중성례(中聲例)에서 그는, 정음통석(正音通釋: 朴性源) 중성십일형(中聲十日形)과 이신재 영익(李信齋 令翊)이 주장한 '‥'자를 소개하고, 자기 단안을 내리어 '유씨교정 중성정례십오형(柳氏校定中聲正例十五形)'과 '중성변례일형(中聲變例一形)'을 정립하였으니, 그것은 다음과 같다.

柳氏校定中聲正例十五形

ㅏㅑㅘㅛㅓㅕㅝㅛㅗㅛㅜㅠㅡㅣㆍ

中聲變例一形ㅣ (母於全字右旁加之)

그리고 이에 대한 풀이를 다음과 같이 하고 있다.

1) ' ﹒ '는 ' ㅏ ㅡ'의 사이소리이다.

그는, 동속(東俗)에는 ' ﹒ '를 ' ㅏ'로도 많이 혼동하고 또한 혹간 ' ㅡ'로도 혼동하니, '흙(土)'을 이제 '흙'으로 읽음과 같다고 하였다. 따라서 그는, 이로 보아 ' ﹒ '는 ' ㅏ ㅡ'의 사잇소리이라고 했다.[74]

이는 소리값 추정을 역사적 변천 과정을 통하여 고찰한 것으로, 소리값 추정 방법의 하나를 제시해 준 것이라 할 수 있다.

2) ㅘ ㅝ ㆇ ㆊ의 필요성

그는 또한 '훈민정음'에는 단지 11중성만 있고, 'ㅘ, ㅝ'와 오른쪽에 덧붙어는 'ㅣ'는 임시로 만들어 썼다고 했다. 그런데 삼운성휘(三韻聲彙: 洪啓禧)는 'ㅘ ㅝ ㅣ'를 중성으로 삼았다고 하면서, 그러므로 이제 그도 이를 중성 류에 각각 넣는다는 것이다. 또한, 사람의 입에서 나오는 소리 ㆇ ㆊ를 더 넣는다(몽골 문자(음)에도 역시 'ㆇ ㆊ'가 있다)고 하였다.[75]

ㆇ ㆊ는 실제 국어 문헌에 쓰인 예가 없다. 그러므로 이는 홀소리 체계에 넣을 수 없는 것이다.

3) 'ㅣ'를 변례(變例)로 두는 이유

그는, 'ㅣ'는 모든 홀소리(오른쪽)에 덧들어 가지 아니함이 없으니, 15중성류에 넣지 아니하고, 빼내어 변례(變例)로 삼았다(물론 'ㄱ ㅋ' 등은 'ㅣ'를 더할 수 없다)고 하였다.[76]

위에서 중성 변례 'ㅣ'는 음소론적으로 상당한 흥미를 끈다. 오늘날 음소 체계에서는, ㅏ, ㅑ, ㅕ 등에서 볼 수 있는 딴이 (i)는 겹홀소리(diphthong)에서 미끄럼 소리(gliding sound) /y/이며, 이러한 미끄럼소리가 다른 홑홀소리(단모음)와 배합하여 올림 겹홀소리(상승 이중모음: rising diphthong)를 이룬

---

74) 유 희(柳僖): 윗 책, ㅉ.12 뒤쪽.
75) 유 희(柳僖): 윗 책, ㅉ.13 앞쪽~뒷쪽.
76) 유 희(柳僖): 윗 책, ㅉ.13 뒷쪽.

다. 올린 겹홀소리이란 곧 간극이 작은데서 큰 데로 이양하거나 강세가 약한
데서 센 데로 이양하는 겹홀소리를 가리킨다. 보기를 들면 ya, yo, yu, ye,…,
wi, we,… 등이 그것이다. 현대 국어의 겹홀소리는 거의 모두(ïy는 제외) 올림
겹홀소리이나 15세기 국어를 보면, 내림 겹홀소리(하강 이중모음: falling diph-
thong) ㅐ(ay), ㅔ(əy), ㅚ(oy) 등이 있었고, 때로는 ㅒ(yay), ㅖ(yəy)와 같은 올
림 내림 세겹홀소리(상승 하강 삼중모음)도 있었다. 이렇게 볼 때, 유(柳) 공
의 변례 'ㅣ'는 바로 15세기의 것과 같은 내림 겹홀소리 또는 올림 내림 세겹
홀소리의 마지막 ㅣ(보통 ㅣ와는 다른)를 가리키는 것이다. 그러므로 그의
'변례 ㅣ'는 음소론적으로 탁월한 세움이다. 그러나 'ㅛ' 'ㅑ'의 /y/는 안 보고
'ㅐ', 'ㅙ' 등의 끝소리 'ㅣ'만을 인식한 것은, 그만치 글자 개념을 완전히 벗어
나지 못한 때문이라는 아쉬움을 남겨 준다.

4) 'ㆍ'의 불필요성

그는, 이신재(李信齋)는 'ㆍ'의 꼴을 말하였으나, 이 소리는 극히 모호하
여 불필요한 무용의 소리이므로, 앞 사람이 쓴 일이 없는 글자를 이제 쓰지
않기로 함이 좋다고 했다.[77]

이미 언급한 바와 같이, 'ㆍ'의 주장은 신경준이 주장한 바 있다. 그런데
여기에서는 이신재의 언급에 그친 것은, 신(申) 공의 『훈민정음운해』를 보지
못한 증거가 된다. 물론, 유(柳) 공의 'ㆍ'부당론은 옳다.

5) 외국음을 표기하는 문제

그는 몽골(蒙古)의 운서나 화음(華音)을 우리 글로 쓰기 위해서, ㅗㅏ ㅗㅑ
ㅜㅓ ㅜㅕ ㅗㅕ ㅛㅑ 등과 같은 거듭 소리글자가 필요하다고 했다. 그런데 이것은 두
개의 글자이므로, 중성 글자로 따로 세우지 못한다고 했다.[78]

---

77) 유 희(柳僖): 윗 책, ㅉ.14 앞쪽.
78) 유 희(柳僖): 윗 책, ㅉ.13~ㅉ.14 앞쪽.

이와 같은 것을 유(柳) 공의 이른 바, 외국어의 한글화(Koreanization)에 해당하는 주장이다. 이렇듯 우리 말 소리뿐 아니라, 다른 나라 말소리까지 표기하는 방안까지 제시하여 준 것은, 한글의 표기 능력의 뜻과 아울러 대조언어학(contrastive linguistics)적 의미를 갖는다고 할 것이다.

6) 사성(四聲)의 불필요성

그는, 옛 오늘(고금)의 운서에서는, 중성의 읽기(독법)에 있어서, 애이안(哀而安)은 평성(平聲)이고, 여이거(厲而擧)는 거성(去聲)이며, 선안후려(善安 後厲)와 또한 그 끌어올림(引)이 느린(緩) 것은 상성(上聲)이고, 곧고 높음(直而高)과, 또한 끌어올림(引)에 한이 있는 것은 입성(入聲)이라고 하여 힘써 분류하였는데, 그러나 이는 이제 언문에서는 불가하다는 것이다.

> 夫中聲讀法。哀而安者曰平聲。厲而擧者曰去聲。先安後厲且其引也緩者。爲上聲。直而高且其引有限者。爲入聲。古今韻書務分乎此。至於諺文。只以備口出之聲初無平上去之可論。故今並不及之。[79]

이와 같이, 그는 국어의 사성의 불필요성을 주장하였으니, 15세기에 있었던, 얹힘 음소(suprasegmental phoneme)로서의 높낮이가 19세기 초(18세기 말부터)에는 없었음을 말해 주는 것이다.

(3) 종성례(終聲例)

종성례(終聲例)에서는, 정음통석(正音通釋)의 종성팔운(終聲八韻) ㄱㄴㄷㄹㅁㅂㅅㆁ과, 통고(通考)의 ㆁ, ㅸ, ㅿ, ㆆ 종성은 쓰고 ㅇ안씀과, 통해(通解))의 ㅇ종성씀과, 통고(通考), 삼경사서언해(三經四書諺解), 능엄경(楞嚴經), 금강경언해(金剛經諺解)의 ㅅ종성의 쓰지 않음을 말하였다. 그리고 끝

---

79) 유 희(柳僖): 윗 책, ㅉ.13 앞쪽.

으로 유씨교정 종성정례육운(柳氏校定終聲正例六韻)과 종성변례일운(終聲變正例一韻)이라 하여 자기 견해를 정립하고, 이에 대한 해설을 하고 있다.

　　　　柳氏校定終聲正例六韻

　　　　ㄱㄷㅂㆁㄴㅁ

　　　　終聲變例一韻

　　　　ㄹ(每於全字之下及下左邊着之)

이제 그 변해를 들어 보면 다음과 같다.

1) 종성의 삼평(三平), 삼입(三入)설과 그 안팎 대응설

이에 대하여 그는 다음과 같이 말하고 있다.

　　종성에는 삼평(三平)과 삼입(三入)이 있다. 곧 초성의 불탁음(不濁音: ㆁㄴㅁ)은 종성의 평성이 되며, 그 소리는 느리기도 하고 빠르기도 하다. 초성의 전청음(全淸音: ㄱㄷㅂ)은 종성의 입성이 되며, 그 소리는 목구멍으로 급히 들어간다. 그런데 불탁음 중, ㆁ은 종성에서 소리를 이루지 못하며,[80] 전청(全淸) 중 ㅈㅅ은 종성에서 ㄷ에 가깝고, ㅎ은 종성에서 ㄱ에 가까워 ㅈ, ㅅ, ㅎ은 종성에 쓸 필요가 없다.

　　그런데 종성에 쓰이는 전청(全淸)의 삼입(三入) 종성(ㄱㄷㅂ)은 불탁(不濁)의 삼평(三平) 종성(ㆁㄴㅁ)과 그 안팎이 서로 대응을 이룬다(ㄱ―ㆁ, ㄷ―ㄴ, ㅂ―ㅁ).[81]

이 삼평(三平), 삼입(三入)의 안팎 대응(表裏相配)설은 『훈민정음』의 '종

---

80) 유 희(柳僖): 윗 책, ㅉ.16 뒤쪽, 및 ㅉ.18 앞쪽: 喩母者之不成聲。如何曰。喉音不濁(謂ㆁ)。衆音之最淡。故無論初終。着之猶不着(初아與ㅏ同音。終如支濟欲着ㆁ)

81) 유 희(柳僖): 윗 책, ㅉ.16 앞쪽~뒷쪽.

성해'에 나오는, 오음(五音)의 느리고 급한(緩急) 대응과 비슷한 설이다. 그러나 약간의 다름이 있다. 『훈민정음』에서는 느리고 급함의 대응을, ㄱ-ㆁ, ㄷ-ㄴ, ㅂ-ㅁ, ㅅ-ㅿ, ㆆ-ㅇ으로 보았다. 그러나 유(柳) 공은 종성의 대응으로, ㄱ-ㆁ, ㄷ-ㄴ, ㅂ-ㅁ 만을 보았으며, 이 대응을 이루는 여섯 소리(三入, 三平)만을 종성이 될 수 있다고 보았다. 그리고 ㅇ은 종성을 이루지 못하고 ㅈㅅ은 종성에서 ㄷ에 가까워진다고 보았다. 이상의 사실은 음성학적으로 보아 타당성이 있다고 본다. 사실, 우리말에서는 끝소리가 될 수 있는 것은 ㄱㄴㄷㄹㅁㅂㆁ의 7종성뿐이다. 유(柳) 공이 ㄹ을 '종성변례'라고 하여 따로 세운 것은, ㄹ이 입평(入平)의 대립이 없다는 데서 그렇게 보았던 것뿐이고 ('ㄹ 종성 변례' 쪽), 종성으로 날 수 있음을 부인한 것은 아니다. 그러므로 그는, 종성이 될 수 있는 것은, 안팎이 대응하는 삼평(ㆁㄴㅁ)과 삼입(ㄱㄷㅂ)의 6성과 안팎 대응이 없는 변례 음(ㄹ) 1성, 모두 7성의 종성을 주장한 셈이다. 이와 같은 그의 7종성법은 음성학적으로 타당성이 있는 설이다. 삼평, 삼입의 대응 관계는, 같은 계열(조음)상의 대응 관계이며 그 대응의 바탕이 되는 것은 콧소리(nasal)의 자질적 차이이다. 이제 이를 다음에 나타내 보자.

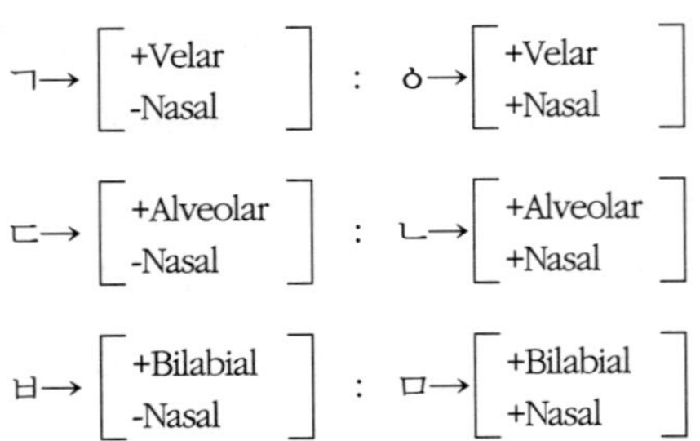

한편 ㄱㄷㅂ이 종성에서는 입성(入聲)이 되어, <u>소리가 목구멍으로 급히 들어간다</u>고 말한 것은, 이들이 종성에서 내파음(內破音, implosive)[k⁻ t⁻ p⁻]이 됨을 설명한 것이요, ㅈ, ㅅ이 ㄷ에 가깝다 함은 국어 음성학에서 귀착(歸着, reduction) 또는 중화 현상인 [c, s]→[t]를 설명하여 준 탁견이다.

2) ㄹ 종성 변례(變例)론

이에 대한 변해를 요약해 보면 다음과 같다.

"동속(東俗)에는 '質 曷' 등의 종성을 ㄹ 종성으로 읽으나, 이는 잘못이다.
화음(華音)에서는 본래 다 ㄷ 종성이었다. ㄹ 종성은 원래 입성(入聲)이 되지
못한다. ㄱㄷㅂ은 그 소리가 급히 목안(喉中)으로 들어가 입성이 되나, 이제
ㄹ 종성은 그 기운이 밖으로 향하고, 그 끌음(引)에 남음(餘)(남은 울림)이 있
어, 가히 평성(平聲)을 지을 수도 있고, 상성(上聲), 거성(去聲)을 지을 수도
있다. 시험삼아, ㄴ 종성은 숨을 들이마시면 ㄷ이 되고 ㄹ이 되지 않음으로 ㄹ
은 ㄴ과 대응하지 못함을 알 수 있다. 이 시험은 실제로 말의 소리의 배합에
서 시험하여 알 수 있다. 곧 '헐록산'(安祿山의 本名 遏犖山)은 '헌록산'이 되지
만, '헐록산'이 '헌록산'은 안 된다. 또, '갈내'는 일부러 '간내'로 할 필요가 없다.
이과 같은 사실에서 ㄷ과 ㄴ은 대응하지만, ㄹ과 ㄴ은 대응하지 않음을 알 수
있다. 따라서 ㄹ을 종성의 다른 예(別例)로 삼은 것이다."[82]

東俗質曷等韻諸字。並讀以ㄹ終。子云ㄷ爲ㄴ入何其駁也。曰質曷之
ㄹ。東音之謬也。左華音則本皆ㄷ終。…(安祿山。本名曷犖山。唯其헐록산
故。混爲헌록산。若本헐록산。豈不能分헌록산乎。…)　…試於ㄹ終承以泥來
寧遽爲ㄴ終乎。(如갈내不爲간내)　是知眞寒等之入聲決不得以着ㄹ也。非徒
是也。ㄹ終原不爲入聲。蓋ㄱㄷㅂ爲終。其聲急入喉中。不容或緩促。故曰入
聲。今讀ㄹ終。其勢向外。其引有餘。可作平聲。亦可作上去聲。(鄭丈曰…
試讀ㄴ終而吸入之爲ㄷ不爲ㄹ。可以自得)此是終之別例。

여기에서 중요한 사실은 ㄹ이 입성(入聲)이 되지 아니함으로써 ㄹ이 ㄴ
과 대응되지 아니함을 증명하는 방법이다. '헐록산'이 '헌록산'이 됨은 ㄷ－ㄴ

---

82) 유 희(柳僖): 윗 책, ㅉ.13 앞쪽.

의 대응을 의미하지만, '헐록산'이 '헌록산'은 안됨은 ㄹ-ㄴ이 대응이 안 된다는 것을 의미한다. 이것은 소리란 같은 계열상에서 이동을 하는 법인데, ㄷ→ㄴ으로 변동함은 같은 계열이기 때문이지만, ㄹ→ㄴ으로 변동하지 않는 것은 같은 계열이 아니기 때문이라는 것이다. 이와 같은 사실에서 유(柳) 공은 음성의 대응에서 '계열상의 이동'이라는 사실을 인식했다고 풀이 되는 것이다.

3) ㅱㅸㅿㆆ 종성 불가론

그는, '微母' ㅱ과 '非母' ㅸ은 본성(本聲)으로 읽을 수 없고, '日母' ㅿ도 족히 종성이 될 수 없으며, '影母' ㆆ 또한 종성으로 부당하다고 보았다.[83]

4) ㅎ 종성의 가능성

그는, ㅎ 종성의 가능성과 또 그 ㅎ이 ㄱ과 유사한 소리임을 주장하였는데, 이를 연음법과 역사적 사실로 증거를 들었다.

'曉母' ㅎ으로써 '匣母' ㆅ을 만들고자 하면, ㅎ 본음을 받음으로써 얻을 수 있다. 가령 '핳하'가 '하ퟍ'가 되는 따위이다. 이 경우 초성 ㆅ으로 미루어 종성의 ㅎ을 읽어 얻을 수 있음을 알 수 있다. 따라서 '하ퟍ'는 '핳하'가 되어 핳의 ㅎ 종성을 얻을 수 있는 것이다.

그런데 근세에 와서 ㆅ 전탁자가 폐지되어, '匣母' ㆅ은 '見母' ㄱ이 되어, '柙'자 음 '합'이 '갑'이 되기도 하고, '曉母' ㅎ으로 되어 '賀'자 음의 'ퟍ'가 '하'로 되기도 하였다. 이것으로 보면 ㅎ은 ㄱ에 유사하다고 할 수 있다.[84]

위에서, ㅎ 종성의 가능성과 그 ㅎ이 종성에서 ㄱ에 유사하다는 사실을

---

83) 유 희(柳僖): 윗 책, ㅉ.18 뒤쪽~ㅉ.19 앞쪽.
84) 유 희(柳僖): 윗 책, ㅉ.19 앞쪽~뒷쪽.

연음법(連音法)과 역사적 변천 사실로 증명하였다. 생각하건데, '황하'가 '하햐'로 되는 연음법에 의하면, 종성의 ㅎ이 [k]에 유사하다는 유(柳) 공의 설에 이해가 간다. 그러나 만일 예를 바꾸어 보면, '낳다'는 '나타'가 되니, 어떻게 ㅎ 종성이 ㄱ에 가깝다고 할 수 잇을 것인가? 그러므로 한 예만으로, 그 ㅎ 종성이 ㄱ에 유사한 것이라고 단언을 내릴 수는 없는 것이다.

5) ㅅ종성 불가론과 ㅅ의 연의 자생론(聯意自生論)(사잇소리)

그는, "ㅅ은 종성에서 ㄷ에 가깝다"[85]고 하면서, 이제 속(今俗)에서 부녀자들이 ㅅ을 종성에서 ㄷ대신으로 쓰는 것은 일찍이 ㅅ이 종성으로 안 쓰임을 아지 못하기 때문이라는 것이다. 그의 주장은 원래 ㅅ이 쓰이는 곳은 종성이 아니라, 이른바 두 말이 배합할 때 쓰인다는 것이다. 가령 '빅ㅅ돌(舟之席)"에서, '舟'는 '빅'이지 '빗'은 아니며, 또한 '席'은 '돌'이지 '쏟'은 아니니, 이 경우 나타나는 하나의 'ㅅ'은 단지 낱말과 낱말을 잇는 뜻(聯意)으로서 스스로 나타나는(自生) 것이다, 라고 말했다.

今俗婦女諺文。以ㅅ代ㄷ。殊不知ㅅ未嘗爲終聲。所以用於聯兩語也。如通解釋篷云빅ㅅ돌。謂舟之席也。舟釋빅也非빗也。席釋돌也。非쏟也。但以聯意。而自生出一箇ㅅ音。

그런데 여기에서 중요한 사실은, 사잇소리에 대한 말본(문법)의 인식이다. 그는 두 말이 결합할 때, 잇는 뜻(聯意)으로 ㅅ이 스스로 나타난다(自生)고 하여, 분명히 ㅅ의 사잇소리를 인정하였다. 그리고 그 사잇소리는 뜻을 갖는다고 함으로써 접요사(infix) 형태소임을 인정한 것이다. 곧, '빅ㅅ돌'에서, 'ㅅ'은 '之'의 뜻을 가진 형태소임을 인식한 것이다. 이것은 결과적으로 '형태배합론'에서의 '합성법'에 해당하는 것이니, 말본(문법)의 싹트임을 보인 것이

---

85) 유 희(柳僖): 윗 책, ㅉ.16 뒤쪽: ㅈㅅ爲終近於ㄷ.

라고 할 수 있다.

(4) 전자례(全字例)

전자례(全字例)는 중성과 초성과 그리고 종성이 상승(相乘) 배합되어,
낱내(음절) 글자가 생성하는 것을 설명한 것이다. 그 상승 배합의 결과 생성
되는 언문자총수(諺文字總數) 곧 낱내 글자의 총수는 10,250이 된다는 것이
다. 이제 그 글자 수의 산출 근거를 들어 보면 다음과 같다.[86]

> 종성이 없는 글자(無終字) 수: 375
>> 15(중성 수)×25(초성 수)=375
>> 각 중성에 각 초성이 배합함: 가, 갸…
>
> 중성정례자(中聲正例字) 수: 2,625
>> 375(종성없는 글자 수)×6(종성 수)+375(종성없는 글자 수)=2,625
>> 각 종성없는 글자에 각 종성이 배합한 종성 가진 글자와, 종성없는 글
>> 자수의 합: 가, 각……
>
> 중성변례자(中聲變例字) 수: 2,500
>> 2,625(중성정례자 수)×1(중성변례자 (ㅣ)수) - 125(ㅣ 가진 글자에 ㅣ가
>> 다시 첨가될 수 없는 글자 수)=2,500
>> 2,625자에 중성변례자 ㅣ가 각각 첨가되되(개, 객, 갭…), ㅣ 가진 글자
>> 에는 ㅣ가 첨가될 수 없는 글자(개…)를 제함.
>
> 종성정례자(終聲正例字) 수: 5,125
>> 2,625(중성정례자 수)+2,500(중성변례자 수)=5,125 가, 각, …개, 객…
>
> 종성변례자(終聲變例字) 수: 5,125
>> 5,125(종성정례자 수)×1(종성변례자 ㄹ)=5,125
>> 각 종성정례자에 종성변례자 ㄹ이 배합함: 갈, 갉, 갋, 갏, 갰,……

---

86) 유 희(柳僖): 윗 책, ㅉ.21 앞쪽~ㅉ.22 앞쪽.

언문자총수(諺文字總數): 10,250

5,125(종성정례자 수)+5,125(종성변례자 수)=10,250

가, 각, …개, 객,… 갈, 갉, 갋, 갤, …

이와 같은 10,250의 글자 수는 사람에 있어서 나오는 소리의 모두이요, 동시에 이는 천지 만물의 수(天地萬物之數)가 된다는 것이다.

전자례(全字例)의 끝에는 발문(跋文)이 나와 있다. 여기에서, 그는 우리 글에 대한 몽골글자(蒙古字) 기원설을 주장한 것으로 해석 되니, 다음과 같은 대목이 그것이다.

諺文雖刱於蒙古。成於我東。世間至妙之物。…87)

그의 전자례(全字例)는 하나의 '낱내수론(音節數論)'이다. 이 낱내 수에 대한 것은, 최석정, 이사질에 이어 유 희가 세 번째이다. 그런데 최(崔) 공은 '초·중·종' 유형에, 이사질은 '초·중' 유형에 중점을 두었으나, 유(柳) 공은 '초·중'과 '초·중·종' 유형을, 제약 조건을 생각하면서, 낱내 총수를 계산하려 한 데서 그 발전적 경향을 보인다. 그러나 유(柳) 공의 설에서도, 언어 현실에 실제 쓰이지 아니하는 정례 글자(꽈, 꺄)를 세웠던 관계로 그에 따른 쓸모없는 낱내 수가 상당 수 들어갔다고 볼 수 있으니, 마땅히, 이는 덜어져야 할 것이다.

6.2. 역철학(易哲學)의 동요

유(柳) 공의 "언문지"에는 "훈민정음" 이래, 음운 문자의 생성적 바탕을 이루고 있는 역학적 배경이 거의 배제되어 있다. 이미 언급한 바 있지만, 조

---

87) 유 희(柳僖): 윗 책, ㅉ.22 앞쪽.

선조의 학문적인 특징은, 음운과 문자에 관한 조음 음성학적 연구와, 역철학적인 연구에 의한 이원론적 연구 체계를 이루고 있다는 사실이다. 『훈민정음해례』가 그러하였고, 최석정의 『경세훈민정음도설』이 그러하였으며, 신경준의 『훈민정음운해』와 이사질 『훈음종편』이 그러하였다. 그런데 황윤석의 『자모변』에서 '역학'이 그 모습을 감추고 유 희(柳僖)의 "언문지"에 이르러서는 거의 순전한 음운 체계에 대한 음운학적인 고찰에 일관하게 되었다. 그리하여 그는 황윤석 이외의 앞의 학자와 같은 글자 생성에 관한 역(易)의 언급은 거의 없었으니, 이제까지의 국어 음운학자와는 학 철학을 달리하는 편에 서 있었다고 할 수 있을 것이다. 물론, 그 "언문지" 전자례(全字例) 조에 의하면, 초성, 중성, 종성의 상승 배합으로 얻어지는 언문자 총수를 1만 2백 50으로 계산해 내고,[88] 이는 사람의 입에서 나오는 소리의 수니, 천지 만물의 수에 다 응하는 수라고 한 것은 '역'의 생성관의 일단을 보인 것이라 해석할 수도 있겠다. 그러나 이것만으로, 그의 문자 음운관이 '역'에 기본을 두었다고 하기에는 미약한 감이 있다. 다만 그의 학설중 한 가지, '역'의 사상을 완전히 가시지 못했다고 하는 증거는 있다. 그의 탁론인 '거이(擧頤)'와 '안이(按頤)'를 설명하는 대문에서 다음과 같이 말하고 있음이 그것이다.

곧 아음(牙音)과 후음(喉音)에는 홀소리의 홀·짝(奇耦)('擧頤'와 '按頤')에 의하여, 닿소리의 차이가 나타나지 않음을 말한 것인데, 그 이유는 어렵지 않게 설명된다는 것이다. 이러한 이유를 설명함에 약간의 '역'의 견해를 피력한 것이다. 곧, 각음(角音: 牙)은 오행(五行)의 목(木)이 되고, 궁음(宮音: 喉)은 오행의 토(土)가 되며, 이와 같은 각(角), 궁(宮)은 목(木) 토(土)의 소리 바탕을 가지기 때문에, '거이(擧頤)'의 자모(ㅏ, ㅓ, …)와 '안이(按頤)'의 자모(ㅑ, ㅕ, …)와 결합하여도, 닿소리의 변함이 없다는 것이다. 이리하여, 자기 발음에서는 아음(牙音)이나 각음(角音)에 '거이(擧頤)', '안이(按頤)'에 의하여 변화가 없다는 것이다. 그러나 치음(徵音)은 화(火)가 되고, 우음(羽音)은 수

---

88) 산출 근거에 대해서는, 이 글 전자례(全字例)쪽 참조.

(水)가 되며, 상음(商音)은 금(金)이 되는데, 이 화, 수, 금(火, 水, 金: 적극적이고 유동성 있는)의 소리는 홀획(奇畫)(ㅏ, ㅓ, …)과 짝획(耦畫)(ㅑ, ㅕ, …)에 따라서 설(舌:金)은 설두(舌頭: 혀 머리 소리), 설요(舌腰: 혀의 가운데 소리)의 차이가 있고, 순(脣: 羽)은 입술을 모으고(聚), 흩는(散) 다름이 있으며, 치(齒: 金)는 이의 열고(開) 합함(闔)의 다름이 있게 된다는 것이다. 그리고 또한 이와 같은 것을 하늘의 별(天星)의 운행의 속도에 비유하되, 토성(土星), 목성(木星)의 운행은 늦으니(遲) 차이가 적고, 금성(金星), 수성(水星), 화성(火星)의 운행은 빠르니(疾), 그 차이가 많음과 같은 이치에서, 오행의 토(土)인 아음(牙: 角音)과 목(木)인 후음(喉音: 宮)은 '거이(擧頤: ㅏ, ㅓ,…)', '안이(按頤: ㅑ, ㅕ,…)'에 의한 차이가 적고, 금(金)인 치음(齒音)과 수(水)인 순음(脣音)과 화(火)인 설음(舌音)은 '거이(擧頤)'와 '안이(按頤)'에 따라 차이가 크다고 설명하고 있다.

이와 같이 그는 '거이', '안이'에 의한 닿소리의 차이의 많고 적음을 '역'의 이치를 빌어 설명하고 있다.

그러나 이것은, 앞 사람들의 '역' 관에 비하면 현저히 약화된 현상이다. 그리고 이 밖의 그의 "언문지"에는 역의 설명을 찾을 수가 없다. 그러므로 음운학에서 역철학 동요는 황윤석에서 시작하여, 유 희(柳僖)에 와서 매우 심화되니, 이는 유(柳) 공 자신의 새로운 학의 철학을 보이는 것인 동시에, 국어학(음운학)의 전통적 역철학이 새로운 근대 과학철학으로 옮겨지는 과도적 현상임을 말해 주는 것이다.

이러한 점에서, "언문지"는 연대적으로는 조선조의 학문이나, 학문의 철학적 바탕으로 보면, 이미 꽤 근대적인 경향을 띤 것이라 할 수 있다. 연대적으로도, "언문지"가 나온 1824년이면, 차차 근대적 기운을 쏘일 수 있는 때다. 그의 음운 문자학에서의 과감한 역철학의 배제는 바로 이러한 과도기적 과정에서의 학철학의 변동이라 할 만하다. 실로 유 희의 "언문지"는 국어학의 연구 철학이 근대적인 철학으로 넘어가는 획기적인 전환점을 이루어 주는 것이라 할 수 있다.

6.3. 음소 정립의 효시: '유 개념'과 '대립 개념'의 인식

그의 "언문지"에 나타난 국어 연구사 상의 중요한 사실은 한마디로 음성과 음소의 구별을 명확히 하였다는 점이다. 다시 말하면, 『훈민정음 해례』에서 암시된 음소관이 신경준의 『훈민정음운해』에 와서 뜻매김으로 암시되고, 정동유의 『주영편』의 비판을 거쳐 유 희의 『언문지』에 와서 구체적으로 정립되어, 드디어 음성과 음소의 구별이 확실히 지어졌다는 것은 국어 연구사 상의 큰 의의를 가진다 할만하다. 뿐만 아니라, 일반 언어학사 상으로 보아도 그 의의가 크다 아니할 수 없다.

이와 같은 음소와 음성의 구별은, '유 개념'과 '대립 개념'의 인식이라 할 수 있고, 또한 이와 같은 인식은, 하나의 기술 구조주의적 인식이라 할 수 있다. 이러한 기술 구조주의를 표방하는 유 희의 음소관은, 앞서 보인바 '초성례'에서의 이른 바, 거이(擧頤), 안이(按頤)설에 의하여 집약된다. 그의 '거이'와 '안이'는 앞 사람의 설을 인증(廣韻三十六字母, 集韻三十六字母, 韻會三十五字母, 洪武正韻三十一字母, 正音通釋十七初聲)하고, 유씨교정(柳氏校定)이라 하여, 유씨 교정 초성이십오모(柳氏校定初聲二十五母)를 세워놓고, 그에 대한 해명을 한데 나타난다.

현대적 감각으로써 이를 좀 부연하면 이러하다.

'안이'는 ㅣ 앞선 홀소리(선행 홀소리)이며, 닿소리가 이러한 ㅣ 앞선 홀소리라는 음성적 환경에 오면, 그 닿소리는 구개음화된(palatalized) 음으로 변이한다. 이 구개음화된 변이음이 이른바 설상음(舌上音: 舌腰點齶: 혀 가운데가 잇몸에 닿음: alveo-palatal)과 정치음(整齒音: 使兩齒頭相値: 양쪽 이 머리를 서로 만나게 함: alveo-palatal)이다(['순경음'은 구개음화 문제는 아니다). 그리고 ㅣ 앞선 홀소리 밖의 홀소리는 '거이'이며, 이러한 환경에 나타남으로써, 구개음화가 안 되는 자음은 설두음(舌頭音: 舌端點齶: 혀끝이 잇몸(웃잇몸)에 닿음: alveolar)과 치두음(齒頭音: 不能使用齒頭相値: 이 머리가 서로 만나지 않음: alveolar)이 되는 것이다.

현대 국어 음소론에서는 음성적 환경에 의하여 구개음화된 자음은, 구개음화 안한 자음과 음성적 유사성(phonetic similar)을 가지는 대립되지 않은 소리 떼(noncontrast phones)이기 때문에, 이들은 한 음소의 변이음(allophone)으로 보는 것이다. 이러한 현대 음소론적 견지에서 볼 때, 설상음(舌上音), 설두음(舌頭音)은 음성적 유사성(微別)을 가진, 서로 대립되지 않는 소리의 한 떼인 것이다. 곧 이들은 한 혓소리 음소의 변이음으로서 설두음(舌頭音)과 설상음(舌上音)이 존재한다고 볼 수 있다. 그리고 이 변이음이 나타나는 조건은, '거이'(ㅏ, ㅓ, …)와 '안이'(ㅑ, ㅕ, …)라고 할 수 있는 것이다. 이와 똑같이, 잇소리 음소의 변이음에는 치두음(齒頭音)과 정치음(整齒音)이 있다. 그리고 이들이 나타나는 음성의 환경적 조건은 '거이'와 '안이'라고 할 수 있는 것이다. 그러나 이와 같은 '거이, 안이'설은 혓소리(舌音), 잇소리(齒音)에는 맞아 들어가지만, 그의 순중(脣重), 순경(脣輕)음에는 맞지 않는다. 따라서 '순중', '순경'음까지 '거이, 안이'설에 의하여 설명한 것은 모순이다. '순중, 순경'은 간극(aperture)의 문제이다. 훈민정음 해례에는 '순경음'에 대하여 "脣乍合而喉聲多也"라 하고 최세진의 번역노걸대 박통사 범례(飜譯老乞大朴通事凡例)에는, "合脣作聲爲ㅂ而曰脣重音。爲ㅂ之時將合勿合吹氣出聲爲ㅸ而曰脣輕音"이라 하였다. 그러므로 '순경음'은 간극 1도요, '순중음'은 간극 0도의 유성 마찰음[β]으로 본다.[89] 그런데 이 간극의 차이는, 이른바 '거이' 홀소리(ㅏ, ㅓ, …)와 '안이' 홀소리(ㅑ, ㅕ, …)의 영향 하에서 오는 것은 아니다. 15세기 문헌에서 순경음 ㅸ이 쓰인 보기의 분포(distribution)를 조사해 보면, 그것은 특별한 형태 배합에서 V-V(홀소리와 홀소리 사이)와 I-V(ㄹ과 홀소리 사이)의 환경에 나타난다. 그리고 '순중음' ㅂ(p)은 첫소리, 끝소리 및 무성 닿소리 앞에 나타난다. 이와 같이, '순중'과 '순경'은 '거이'와 '안이'의 환경에 지배되는 것은 아니다. 또 현대음을 원용하여 본다 하더라도, ㅸ에 가까운 [β]는

---

89) 김석득: 「중세 순경음 ㅸ 음소고」 (연세대학교, 인문과학연구소 『인문과학(人文科學)』 12집, 1964).

　　김석득: 「없어진 글자의 상고」 (외솔회, 『나라사랑』 14집, 1974).

u-u('부부', '주부'와 같이 '우'와 '우' 사이)의 환경에서만 나타나고, '안이'(ㅑ, ㅕ,…)에 나타나지는 않는다(벼: [pyəl, *[βyəl). 그러므로 '순중음'과 '순경음'이 하나의 입술소리 음소의 변이음(allophone)이라면, 이는 다른 이유에서 찾아야 했을 것이다. 어떻든 유(柳) 공은 '순경음'을 입술소리 음소의 변이음으로 보면서, 또한 ㅸㅹ을 세운 바 있으나, 그의 변해대로, 이는 순경음이 아니고, 입술 부는 소리(吹脣音)이므로, 다른 문제일 것이다. 그러나 그 당시 실제 말에 이러한 입술 부는 소리가 음소로 존재하였는가는 의문이다.

이와 같은 '순중음', '순경음' 설을 빼고는 유 희의 교정 설에서는 혓소리 잇소리에 관한 한, 현대 음소론과 일치하는 설명을 충분히 해 낼 수 있다. 곧, 그는 구체적으로, 음성이 무엇이며, 음소가 무엇인가를 이른바 '거이'와 '안이' 설에 의하여 어느 정도 명백히 설명하여 주었다고 볼 수 있다. 그런데 비록 홀소리의 조건에 따라, 혓소리, 잇소리에 변이가 생기는 이론은 현대 음성학과 유사하기는 하되, 조음점에 의한 소리의 자질 및 양상은, 유 희의 설과 현대의 음성 실태 사이에 상당한 차이가 있다. 이제 이 차이를 알기 쉽게 기술하면 다음과 같다.

유 희설:

	설두(舌頭)	설상(舌上)	
	치두(齒頭)	정치(整齒)	
	Alveolar	Alveo-palatal	Palatal
혓소리(舌) /n/	[n	→	ñ]
/t/	[t	→	ȶ]
/th/	[th	→	ȶ̃]
/tt/	[tt	→	ȶt]
잇소리(齒) /s/	[s	→	s̃]
/c/	[c	→	c̃]
/ch/	[ch	→	c̃h]

$$/ss/\ [ss \quad \rightarrow \quad s\tilde{s}]$$

$$/cc/\ [cc \quad \rightarrow \quad c\tilde{c}]$$

현대음:

	Alveolar		Alveo-palatal	Palatal
/n/	[n	$\rightarrow$	ñ]	
/t/(/c/)	[t	$\rightarrow$		(c)][90]
/th/(/ch/)	[th		$\rightarrow$	(ch)]
/tt/	[tt]			
/s/	[s	$\rightarrow$	s̃]	
/ss/	[ss	$\rightarrow$	s̃s̃]	
/c/			[c]	
/cc/			[cc]	
/ch/			[ch]	

유 희는 이미 언급한 바와 같이, 신경준의 『훈민정음운해』에 대한 언급이 한마디도 없다. 이것으로 보아, 그는 『훈민정음운해』를 보지 못한 것으로 판명된다. 그러나 신경준의 『훈민정음운해』에서 설·치·순(舌, 齒, 脣)을 각각 양립시킨 것을 생각하고, 여기, 또한 유 희의 『언문지』에서의 '거이'와 '안이'설에 의하여 그 양립 체계의 부당성을 지적한 것으로 보아, 비록 신(申) 공의 『운해』를 보지는 못했을망정, 결과적으로 오히려 정동유로부터 깨침을 받은 유 희에 의하여 신(申) 공은 옳은 비판을 받았다고 생각되어지는 것이다.

이상으로 보아, 『언문지』는 우리 국어 연구사 상 음소관 정립의 효시가 된다고 할 수 있다. 그리고 이러한 음소의 인식은, 유 개념과, 대립 개념의 인식이요, 이와 같은 인식은, 하나의 기술적 구조주의의 성격을 띤다고 할 수 있다. 그러나 기왕에 싹이 트인 기술 구조주의 사조도 그 바로 뒤에 그 학설

---

90) 괄호는, [t]가 [i(y)]를 만날 때, 구개음화하는 경우와 안하는 경우가 있음을 나타낸다.

을 이어 받아, 발전시킬 만한 이가 없어, 다시 침체를 당함으로 말미암아, 그 것이 하나의 끼어들어가는(삽화적) 존재로 남게 됨은 심히 유감스러운 일이라 아니할 수 없다.

6.4. 음성의 분포(Distribution)관

"언문지" 전반에 보이는 조음 음성학적 설명은 각항에서 비평한 바와 같이 여러 군데 모순이 지적되었지만, 그러나 현대의 조음 음성학을 방불케 하는 치밀한 조음적 관찰과 설명이 엿보인다. 그런데 특히 음성의 변이에 대한 설명을 그 음성의 환경적 분포 기술에 두었다는 것은 중요한 그의 언어관을 보이는 것으로, 이는 현상을 자극과 반응 또는 조건과 반응 관계로 이해하는 '경험주의 언어관'이라 할 만하다.

곧 '안이, 거이' 설은 음성이 환경에 따라 변이한다는 것을 보이는 것으로, 이는 바로 현상이 자극(환경, 분포, 조건)에 의하여 지배된다는 반응관계로 이해되는 것이다.

6.5. 접촉의 구조 인식

유(柳) 공은 ㆁ과 ㅇ을 구별하는 이유를 설명하는 데서, 이른바 연음법칙을 끌어 왔다. 이는 하나의 요소를 접촉의 구조를 통하여 인식하려는 사고 방식이라 할 수 있다. 이와 같은 사고방식은, 그의 된소리의 갈바쓰기 주장에서도 나타나며, 된소리와 센소리(次淸音)가 생기는 이치를 설명하는 곳에도 나타난다.

이러한 접촉 구조의 인식은, 그의 소리갈에서 음소배합론(phonotactics) 및 형태음소론(morphophonemics)적 성격을 띤다. 따라서 된소리와, 센소리의 재분석과 아울러, '섞임거듭'의 이론은, 이 분야의 효시를 이룬다고 할 수 있을 것이다.

6.6. 분석적인 인식과 계열상 이동의 인식

유(柳) 공의 음성에 대한 분석 의식과 유형 의식은 강하다.

그의 '중성 변례 ㅣ'의 인식은, 내림 겹홀소리(하강 이중모음)에서의 미끄럼 소리를 분석해 낸 결과이다. 뿐만 아니라, 종성례에서의 ㄱㄷㅂ의 내파음(implosive)의 인식과 귀착(歸着, reduction, 중화)의 인식, 그리고 이미 언급한 바 있는 된소리의 분석과 센소리의 섞임거듭의 분석은, 그의 음성에 대한 분석력과 분석적 견해를 나타내 주는 것이다.

한편, 그의 종성에서의 삼평 삼입(三平, 三入)의 대응적 설명은, 음성의 같은 계열상에서의 이동 개념을 말한 것으로, 이는 사상(事象)에 대한 동일 계열상 이동의 인식이라 할 수 있다.

6.7. 형태론의 인식

그의 '종성례'에 보이는 ㅅ의 '연의 자생론(聯意自生論)'은 바로 사잇소리에 대한 형태적 인식이다. 더 정확하게는 '형태배합론'에서의 '합성법'의 인식이라 할 수 있다. 가령 '빅ㅅ돋(舟之席)'은 '빅 + 돋'(어근 + 어근)이라는 배합 과정에서 그 배합을 이어 주는 뜻으로 ㅅ이 들어간다고 하였으니, 이는 ㅅ이 접요 형태소(infix morpheme)임을 인식하는 형태론적 견해라고 할 수 있다. 이와 같은 형태론적 견해에서는 이미 분석과 배합을 인식하고, 또한 그에 따른 뜻을 인식하고 있음에 유의할 필요가 있다.

7. 권정선(權靖善)의『음경(音經)』과 '역'관의 재등장

7.1.『음경』의 '역'관

15세기 및 18세기에서 19세기 초에 이르는 우리의 말글 연구는 근대에 접하면서 약화하였지만 그러나 일반적으로 역리적 철학관에 기반을 두고 있음이 특징임은 이제까지 보아온 바이다. 그러면 여기 보려는 권정선(權靖善)의『음경(音經)』에는 어떠한 철학과 음성 문자관을 밑받치고 있는가. 이제 이를 보기로 하자.

권정선(權靖善)[91]은 호가 구당(九當)이며, 1848년(현종 14)생이다. 그의 정음박사(正音博士)조에 의하면, 한성 사람으로서, 벼슬은 진사, 동몽교관(童蒙教官), 남부도사(南部都事)까지 지냈다.

그는 20세기 초에 이르는 국어 음운학자이며, 역철학에도 상당한 이해가 있는 학자인 것 같다. 1906년(광무 10)에 나온 그의『음경(音經)』[92]은 역철학에 배경을 둔 국어 운학이라 할 수 있다. "음경"에서는, 글자 제자의 원방상형설(圓方象形說)을 주장하고 있다. 그런데 이 설은, 18세기 중엽의 흡재 이사질(翕齋 李思質)의『훈음종편(訓音宗編)』에서 보인 글자 만든 원리와 같은 철학적 견해라 할 수 있다. 따라서 권정선은 흡재(翕齋) 학설의 후계자라 할 만하다.

권정선은 19세기 중엽에서 20세기 초에 걸친 운학자이다. 그의 "음경"은

---

91) 김윤경(金允經)의『조선문자 급 어학사(朝鮮文字及語學史)』에는 '權貞善'의『正音宗訓』(1906)이 소개되었는데, 그 뒤 "새로 지은 국어학사"에는 '權貞善'은 '權靖善'과 같은 사람인 것 같다고 하였다. 이와 같은 추정은 음경(音經) 해제자인 유창식(兪昌植)에서도 볼 수 있다. 이에 대하여, 권정선(權靖善):『음경(音經)』, 청구대학 국어국문학회 간, 유창식 해제(靑丘大學 國語國文學會刊, 兪昌植 解題) 참조.

92) 『음경(音經)』의 해제가(解題者), 유창식(兪昌植)에 따르면,『음경(音經)』은 처음에 『정음종훈(正音宗訓)』으로 나왔다가,『정음경(正音經)』으로 고치고, 다시『음경(音經)』으로 된 듯하다고 추정하고 있다.

시대적으로는 20세기의 국어 연구에 해당한다고 할 수 있는 것이다. 그러나 학설의 내용적인 면으로 보면, "음경"은 18세기의 국어 연구사에 들어가는 학설이 될 것이다. 특히 흡재(翕齋)의 학설을 이어 받은 듯한 음경(音經)은 18세기 학설의 잔재라 할 수 있으며, 또한, 이 시대의 국어 연구관의 종말을 고하는 유일한 학설이기도 하다. 따라서 18세기의 국어학설을 논함에서, 이를 다루게 되는 소이를 발견하게 될 것이다.

이제,『음경』에 나타난 그의 학설 중, 역철학에 바탕을 둔 부분을 추출하여 보기로 한다.

(1) 음경자서(音經自序) 및 정음박사(正音博士) 대문에서의 '역'관

그는 자서(自序)에서, "世宗廟大聖人이 陰陽 五行의 二五 眞象을 著하였으니, 訓民正音은 怡音ㅇ 圓과, 彌音ㅁ方을, 直, 切, 反, 正의 變化로 制畫한 것이며, 太極과 天地人 三才의 造化를 세우고, 八風(八卦)과 四象 闢翕으로 분배하였으니, 이는 乾坤이 交泰하여, 萬物을 무궁하게 생성함과 같다"고 하였다. 그리고 자기의 음경(音經)은 그 음양오행(陰陽五行)의 이용에 최선을 다하였다고 말하고 있다.

또, 그의 음경(音經)의 부록 편에 실린 정음박사(正音博士) 쪽에 따르면, 이와 유사한 말이 나오니, "訓民正音 原本을 구하여 그 方, 圓, 反, 切, 橫, 竪과 向背의 理致를 탐구하고, 太極과, 三才의 이치와 陰陽 五行의 二五의 眞象과 八卦의 妙用을 아울러서 音經을 만들어 萬國의 音을 세웠노라"고 말하고 있다. 이것만으로도, 그의 운학의 철학적 배경을 개략적이나마 짐작할 수 있다.

(2) 음성에 대한 심기 성리관(心氣 性理觀): 심리주의 음성관

먼저 그의 음성에 대한 심기 성리관(心氣 性理觀)을 보인 대목을 인용하고, 그를 설명하여 보기로 한다.

聲生於心而心氣也。性理也靈其主也。臟其宮也。 …心爲感物以動性則
爲情而氣發理乘。隨芝欲(心發爲意性發意爲欲)　鼓動脾肺肝心腎五臟之血氣
(靈氣與血氣合聲及始生)　發出于嚨。則喉齒牙舌脣五機隨其所屬各爲合應。
而鳴爲宮商角徵羽五聲直是土金木火水五行物 …納眞之音也(近求諸器物喉土
如嘑甕齒金如鳴鐸牙木如擊析舌火如注爐脣水如瀉壺)　　張歙其始終之條理
也。闢翕其呼吸之氣勢也。順激其變之通塞也。大小其强弱之長短也。淸濁
其虛實之輕重也。平仄其分度之高低也。正變其形聲之純駁也。93)

이를 풀어 보면, 다음과 같다.

　소리는 마음에서 나므로, 그 소리는 곧 심기(心氣)이며, 성리(性理)이다.
사람의 얼(靈)은 그 소리의 주인이며, 장(臟)은 그 소리의 집(宮)이 된다. 마음
은 움직이는 성질을 가짐으로써 마음에서 물(物)을 느끼게 되는 즉, 곧 정(情)
이 된다. 사람의 기(氣)는 이치를 펴내(發)니 그 의욕(마음(心)이 펴지면 뜻
(意)이 되고, 성(性)이 펴지면 욕심(欲)이 됨)을 따라 오장인 비·폐·간·심·
신(脾肺肝心腎)을 고동하여 그 오장의 혈기가 목구멍을 따라 나오게 되면, 다
섯 기관(五機)인 후·치·아·설·순(喉齒牙舌脣)이 그 소속을 따라 각각 합
하고 응함에 소리가 울어 나오는데, 이것이 곧 궁·상·각·치·우(宮商角徵
羽) 오성이 되는 것이다. 곧, 영기(靈氣)와 혈기가 합하여 오성이 비로소 생성
되는 것이다. 그리고 이 오성은 토·금·목·화·수(土金木火水) 오행에 해당
하며, 이 오행을 다시 다섯 기관에 대비시키면, 다음과 같다. 목구멍은 독의
응얼거림과 같으므로 토(土)가 되고, 이(齒)는 목탁이 우는 것 같아서 금(金)으
로, 어금니(牙)는 치고 분지르고 하는 것 같아서 목(木)으로, 혀(舌)는 화로에
불을 붓는 것 같아서 화(火)로, 입술(脣)은 병에 물을 쏟는 것 같아서 수(水)로

---

93) 권정선(權靖善):『음경(音經)』, 청구대학 국어국문학 자료집 제삼집(靑丘大學 國語國
　　文學資料集 第三輯).

대비시킬 수 있다. 오음에 있어서 펴고 모으는 것(張斂)은 소리의 비롯과 마침(始終)의 조리(條理)이고, 비고 성한 것(闕翕)은 호흡의 기세이며, 순하고 격한 것은 통하고 막히는(通塞)변화이다. 소리가 크고 작은 것은 강약의 장단이요, 소리의 청탁은 허(虛)하고 실(實)한 것의 가벼움 무거움(輕重)을 말한다. 또 평측(平仄)은 소리의 분도(分度)에서 높낮이를 말한다. 소리의 정(正)과 변(變)은 소리를 지음에 순수하고 순수하지 못함을 말한다.

라고 말하고 있다.

이와 같은 설명은 음성의 생성 과정을 설명하고 그 바탕(자질)을 말한 것으로 그 설명이 퍽 조잡한 것 같다. 그러나 거기에서 우리는 그의 음성에 대한 심기 성리관(心氣性理觀)과 심리주의적 음성관을 명백히 알 수 있다.

그의 설에는 밖으로 나타나는 소리의 근원은 이른바 심기(心氣)와 성리(性理)라는 대전제가 붙어 있다. 그리하여, 사람의 심령이 움직이어 정(精)을 느끼게 되면, 의욕이 생기고, 의욕은 오장을 고동한다는 것이다. 오장이 고동하면, 기운이 생기어, 그 기운이 기도를 따라 나올 때, 다섯 개의 조음점(五機)을 움직여 오성을 생성한다는 것이다. 이 다섯 개의 조음점은 그 성질에 따라, 생성 요소인 오행으로 대비되는데, 이와 같은 다섯 개의 조음점에서는 여러 가지 소리 바탕(張斂, 闕翕, 順激, 大小, 淸濁, 平仄, 正變)이 생성되어 나온다는 것이다. 이는 곧, 물리적인 현실의 음성 생성은 심리적 실현임을 말하여 주는 것이다. 동시에 이는 내재적 심리 현상(langue)이 외재적 물리 현상(parole)으로 생성되는 과정을 설명한 것이다.

$$
聲 \begin{cases} 心氣 \begin{cases} 心-情-意 \\ 氣-理-欲 \end{cases} 意欲 \rightarrow 五臟 \rightarrow 五機(五行) \rightarrow 五聲資質 \begin{cases} 張斂 \\ 闕翕 \\ 順激 \\ 大小 \\ 淸濁 \\ 平仄 \\ 正變 \end{cases} \\ 性理 \end{cases}
$$

그러므로 이와 같은 것은 음성의 심기 성리관인 동시에 하나의 심리주의적인 음성관이라 할 수 있다.

(3) 오음의 조음적 바탕 및 '역' 자질

그는, 오음을 오장(五臟), 오행(五行), 오음상생(五音相生), 오음상극(五音相極) 등의 '역' 바탕(자질)과 '오성', '청탁', '조음현상' 등의 조음적 바탕으로 분배하였다. 다시 말해서, 오음을 '역'과 조음의 상승(相乘) 관계로 풀이하였다. 그의 설명에 따르면, 후음은 비장(脾 :土)에서 목구멍 어귀에 이르는 소리인즉, 혀는 입 가운데 있어 기운을 도우니(相生) 오음상생(五音相生)으로 보면 화생토(火生土)에 해당한다는 것이다. 후음을 낼 때는 입은 둥글게 합하며, 목구멍은 직통하여 웅장하고 평평하게 여니(平開), 마치 비유하면 흙이 넓고 탁한 것과 같아서, 오성으로 보면 궁(宮)에 해당한다는 것이다.

喉音自脾土之腔至于喉戶則舌中居而助勢(火生土)口圓合而喉直通, 雄而平開如土洪濁爲궁쿵꿍웅之宮聲[94]

후음(喉音) 박의 치음(齒音), 아음(牙音), 설음(舌音), 순음(脣音)도 이와 같은 논법으로 그 바탕을 설명하였으니, 다음에 그 해당 부분만을 인용해 본다.

齒　音

齒音自肺金之竅至于齒門則舌乃推出(火克金)　口開張而齒鋒利剛而平發如金鏗鏘次大次濁爲장창…之商聲[95]

---

94) 권정선(權靖善): 윗 책, ㅉ.7.
95) 권정선(權靖善): 윗 책, ㅉ.8.

牙　音

牙音自肝木之葉至于牙齶(齒根肉)則舌爲稻舞(木生火)　齒頭齊而齶津　升
齴而入收如木蕭條不大不小不清不濁…之角聲[96]

舌　音

舌音自心火之炷至于舌頭則舌爲棹焫(二火比和)　齒頭齊而舌自燥疾而上
閉如火炎熾小而次淸爲디티띠니之徵聲[97]

脣　音

脣音自腎水之源至于口扇則舌怕而況(水克火)口乍撮而脣流涎浮而去開
如水輕淸爲뷰퓨…之羽聲[98]

위에 인용한 바를 하나의 표로 보이면 다음과 같다.

바　탕 ＼ 오　음		喉	齒	牙	舌	脣
'역' 바탕	五　臟	脾	肺	肝	心	腎
	五　行	土	金	木	火	水
	五音相克		火　克　金		二火比和	水　克　火
	五音相生	火　生　土		木　生　火		
조음바탕	조음현상	口圓合 喉直通 雄平開	口開張 齒絆利 剛平發	齒頭齊 齶津升	齒頭齊 舌疾上閉	口乍撮 脣流延浮
	五　聲	宮	商	角	徵	羽
	淸　濁	濁	次大次濁	不大不小 不淸不濁	次　淸	淸

---

96) 권정선(權靖善): 윗 책, ㅉ.8.
97) 권정선(權靖善): 윗 책, ㅉ.8.
98) 권정선(權靖善): 윗 책, ㅉ.8.

  이와 같이 그는 우리의 오음 현상을 '조음설'과 '역리설'로 풀이하였다. 특히, 그는 우리 인간의 음성 현상으로, 역리의 범주 안에서 그 법칙에 따라 끊임없이 천지간에 운행하여 쉼이 없는 오행의 현상에 불과하다는 견해를 피력한 것이다.

(4) 초성 제작의 천지 원방설(天地圓方說)

  초성 제작에 대하여, 그는 초성 신석원제(初聲新釋原制) 쪽(條)에서, 천지원방(天地圓方)의 양 뜻(兩儀)을 획(畫)으로 하고, ㅇㅁ은 정체(正體))요, 이는 허(虛)함으로써 괘효(卦爻)의 절음획(絶陰畫)이 된다 하였다. 그리고 ·ㅡ는 ㅇㅁ의 변용이니, 이는 실(實)함으로써 괘효(卦爻)의 연양획(連陽畫)이 된다고 하였다. 그리고 나아가서 방음원양(方陰圓陽)으로써, 절반(切反)의 원리에 의하여 초성을 만들었다고 하였다(畫天地圓方儀…象口舌張歛之形, ㅇㅁ其正體, 而虛以爲卦爻之絶陰畫其聲濁, ㅡ其變用而實以爲卦爻之連陽畫…乃切反其體之方陰且加其用之方陰圓陽作爲初聲). 이를 더욱 알기 쉽게 설명한 대문이 그의 반절론(反切論)[99]이다. 곧, 거기에서 그는, ㅁ을 나누면 ㅣㄷ 및 ㄱㄴ이 되고, ㅇ을 오무리면 △이 되니, 이것은 절(切)이 된다고 하였다. 그리고 ㄴ이 ㅅ이 되고, ㄷㄴ이 합하여 ㄹ이 되니, 이는 반(反)이라 하였다. 여기 반절론(反切論)은 물론 이로 보아 이사질(李思質)의 그 것과 유사함을 알 수 있다.

  이 모든 것으로 미루어 초성 제작의 원방설(圓方說)은 이사질의 것을 답습한 것이라 할 수 있다. 그러나 체계적인 면으로 볼 때는 이사질의 것보다 떨어진다.

---

99) 권정선(權靖善): 윗 책, ㅉ.52.

(5) 중성자 제작과 삼재 조화설, 사시 기후 자합설(四時氣喉自合說) 및
태극 생성론

먼저, 그의 원설(圓說)쪽에 나타난 중성의 삼재 조화설을 보면 다음과
같다.

"·는 하늘의 둥근꼴이요, 태양이며 천도(天道)를 펴서 행하는 상(象)이
므로, 그 소리는 발(發)이다. ―는 땅의 모진꼴(方)이요, 태음(太陰)이며, 지도
(地道)를 여는 상(象)이므로 그 소리는 엶(開)이다. ㅣ는 사람의 섬(立)이요,
음양을 갖추었으며, 인도(人道)를 건순(健順)하여 주는 이치이니, 그 소리는
닫음(閉)이다. 그런데 사상(四象)은 팔괘(八卦)의 상(象)인 ㅗㅛㅏㅑㅜㅠㅓㅕ
를 낳는다. 그리고 다 이는 그 본래의 양원(陽圓) ㅇ가 조화(造化)된 음양 호
상교태(陰陽互相交泰)의 이치가 들어 있는 소리다."[100]

더욱 그의 반절론(反切論)[101]쪽에 따르면, 중성에 관한 부분에, ㅇ를 오
므리면(縮) ·가 되고, ㅁ을 오므리면 ―가 이루어지니 절(切)이 되며, ―는
ㅣ가 되고 ㅗ는 ㅏ, ㅜ, ㅓ가 되는 것은 반(反)이라 하였다. 이상, 중성 11자
가 생성되는 과정을 보이면 다음과 같다.

$$
\begin{array}{c}
\text{ㅇ→ ·} \\
\text{ㅁ→ ―→ ㅣ} \\
\text{切 反}
\end{array}
\Biggr\}
\rightarrow \text{ㅗ} \rightarrow
\left\{\begin{array}{c}\text{ㅏ}\\\text{ㅜ}\\\text{ㅓ}\\\text{反}\end{array}\right\}
\rightarrow
\left\{\begin{array}{c}\text{ㅗ}\\\text{ㅛ}\\\text{ㅏ}\\\text{ㅑ}\\\text{ㅜ}\\\text{ㅠ}\\\text{ㅓ}\\\text{ㅕ}\end{array}\right\}
$$

---

100) 성리대전서(性理大全書) 권 팔(卷之八)에 따르면, 이 생성설은 "易有太極是生兩儀兩
儀生四象四象生八卦"라 하고, 또, "一動一靜之間者° 易之所謂太極也° 動靜者° 易
所謂兩儀也° 陰陽剛柔者易所謂四象也° 太極太陰少陽少陰少剛少柔太剛太柔者易
所謂八卦也°"라 하였다. 그의 삼재 조화설은 이 생성설을 바탕으로 하고 있다.

101) 권정선(權靖善): 앞든 책, ㅉ.5.

위에는, 천원지방(天圓地方)에서, 절(切)의 이치로 양의(兩儀)가 생성되고, 반(反)의 이치가 들어가 삼재(三才)로 이루어지며, 다시 반(反)의 이치로 사상(四象)이 생기고, 팔괘(八卦)가 이루어지는데, 그때마다 음양상교(陰陽相交)의 이치를 가지고 있다는 '역'의 생성적 뜻이 들어 있는 것이다. 더 나아가서, 이 생성의 원리를 그의 중성신석(中聲新釋)에 따르면, 점획(點畫)에는 반복 향배(反覆向背)하는 문리(文理)가 있으니, 이는 곧 입과 혀(口舌)의 열어 펴고 거두어 닫음(開發收閉)의 형세를 말함이요, 사시 기후의 자합(自合)함이라 하였다. 이에 해당하는 것으로 또한 그의 팔괘풍성도(八卦 風聲圖)를 끌어 올 수 있다.

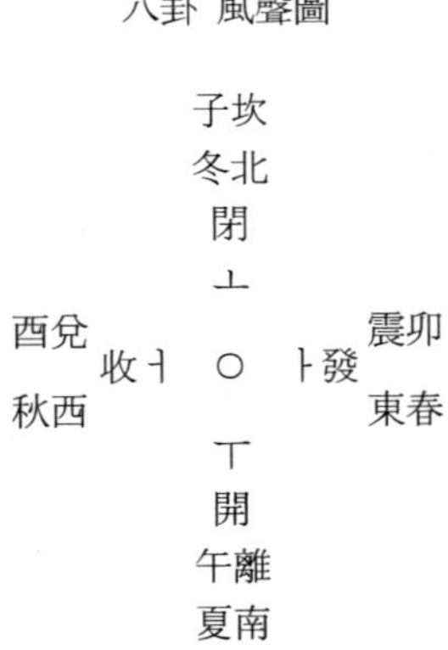

위에서 보면 중앙의 태극 ○을 중심으로 ㅗㅏㅜㅓ가 배치되어 있다. 그리고 그 각 글자의 의미를, 닫고 펴고 열고 거둠(開發收閉)과, 사시(四時)와 사방(四方)과, 팔괘(八卦)중 사괘(四卦)인 감진이태(坎震離兌)와, 네 개의 시간인 자·묘·오·유(子卯午酉)로 대조시켜 놓았다. 이것은 이사질(李思質)의 홀소리의 점획상형(點畫象形)과 유사하며, 또한 그것은 '역'에서의 정괘(正卦), 반괘(反卦)의 관계를 배경으로 하고 있음을 알 수 있다. 위의 설명을 계속하면 중앙의 ○는 태극이며 그것은 목(喉)이다. 그 목에는 기(氣)가 있고 그 목을 오행으로 보면 토(土)가 된다. 사방(四方)에 있는 팔괘(八卦)는 혀

(舌)이고 거기에도 기(氣)가 있으며, 그와 같은 것을 오행으로 보면 화(火)가 된다. 이러한 후토(喉土)에는 춘하추동(春夏秋冬)사시(四時)가 돌고, 거기의 설화(舌火)는 음양에 따라 한번 열고 한번 닫아서(一闢一翕) 팔괘(八卦)의 풍을 이룬다는 것이다. 이를 더 설명하면 이러하다. 곧 사람의 호흡에 있어서 양기(陽氣)가 안에서 밖으로 나와 짧으면 폄(發)이 되니 이는 춘온(春溫)과 같고, 길면 엶(開)이 되어 하열(夏熱)과 같으며, 음기(陰氣)가 밖으로부터 안으로 들어 얕(淺)아지면, 거둠(收)이 되니 추량(秋凉)과 같다. 또, 호흡의 양기(陽氣)가 깊으면 엶(開)이 되는 즉 동색(冬塞)과 같으니, 이는 모두 성기 배합(聲氣配合)에 원유한다고 본 것이다. 이와 같이 하여 나타나는 소리를 더 구체적으로 보면, ㅡ가 처음 합한 ㅗ는 북(北)에 있고, 그것이 동(東)으로 돌면 ㅏ가 되며, 남(南)으로 돌면 ㅜ가 되고, 서(西)로 돌면 ㅓ가 되는데, 이는 기후의 춘하추동(春夏秋冬)의 변천에 따른 것이라는 것이다. 곧 이는, 성음의 변화가 네 계절의 변천과 사방의 뜻에 부합된다는 말이 된다.

이와 같이 그는 중성 제자 과정을 삼재 조화론(三才造化論)과 사시 기후 자합론(四時氣喉自合論)과 태극 생성론으로 풀이하였던 것으로, 그의 글자 생성상의 '역'론을 넉넉히 알 수 있는 것이다.

(6) 기본 중성자에 대한 음양관과 사상 체용(四象體用)

그에 의하면 기본 중성자에 대한 음양관과 사상 체용은 다음과 같이 나누었다.

ㅗㅛ	正陰	上竪 內用	河橫 外體
ㅜㅠ	正陽	上橫 內體	河竪 外用
ㅏㅑ	偏陽	內竪 先體	外橫 後用
ㅓㅕ	偏陰	內橫 先用	外竪 後體

수행(竪橫)은 글자 모양의 가로 세로 그음을 말함. 체(體)는 ㅡ, ㅣ를 가리키고, 용(用)은 상, 하, 내, 외(上下內外)의 점획(點畫)을 가리킴.

그는 이를 풀어 다음과 같이 변해하고 있다.

"삼재(三才)가 사상(四象)이 되는데, 사상 중 ㅣ는 여닫는 소리(開閉音)의 몸(體)이 되고, ㅡ는 펴고 거두는 소리(發收音)의 몸(體)이 된다. 'ㆍ'는 소리의 몸(體)에 갖추어 쓰는 쓰임(用)이다. 그리고 ㅗㅛ는 몸이 '음'이고 쓰임(用)은 '양이며, 안닫침(內閉)이므로 정음(正音)이 된다. ㅜㅠ는 몸(體)이 '음'이고 쓰임(用)이 '양이 되어, 바깥엷(外開)이 되었으므로 정양(正陽)이 된다. 정(正)이란 말은 위치가 바르고 혀의 기세(舌勢)가 중심에 존재하는 까닭에 붙인 말이다. ㅏㅑ는 몸(體)이 '음'이고 쓰임(用)이 '양이며, 밖으로 펴(外發) 있기 때문에 편양(偏陽)이 된다. ㅓㅕ는 몸(體)이 '음'이고, 쓰임(用)이 '양이며, 안거둠(內收)이므로 편음(偏音)이 된다. 편(偏)이란 말은 위치가 치우쳐 있고 혀의 기세가 나누어져 있기 때문에 붙인 말이다."

이와 같이 보면 그의 홀소리에 의한 음양론은 훈민정음의 그것과는 매우 다름을 알 수 있다. "훈민정음 해례"에 의하면, "圓居上與外者以出於天爲陽也。圓居下與內者以其出於地而爲陰也"라 하였으니, 그 차이가 엄청남을 알 수 있다. 그런데 음경(音經)의 사상 체용사상 체용(四象體用)은 본시 소자(邵子)가 황극경세서(皇極經世書)에서 밝힌 것(聲音之四象體用本是邵子所發明詳見皇極經世)이라 하였으니, 이는, 그의 본받음이 많음을 알 수 있다.[102]

---

102) 더욱, 『성리대전(性理大全)』 권 육십칠(卷六七), 소강절(邵康節): 『황극경세서(皇極經世書)』 18, 경세사상체용지수도(經世四象體用之數圖) 참조.

(7) 합중성(合中聲)과 사시(四時) 순환설

그는, 합중성(合中聲)을 ㅘㅝㅑㅖㅙㅳㅑㅖㅕ로 보고, 이 합성(合聲)은 음양이 교합하는 두 글자가 합성된 한 소리글자들이라 하였다. 그런데 이미 그의 팔괘풍성도(八卦風聲圖)에서 본 바와 같이, ㅗ는 겨울(冬)이요, 닫음(閉)인데, ㅗ는 ㅛ와 같은 정음(正音)으로 보고, ㅗㅛ는 똑같이 겨울·닫음(冬·閉)으로 보고 있다. 이와 같은 논법에서, ㅏㅑ는 봄·폄이요, ㅜㅠ는 여름·엶이요, ㅓㅕ는 가을·거둠이라고 하였다. 따라서 위에 나타난 합성자는 그러한 뜻을 가지고 합성된 글자이니, ㅘㅑㅙㅑ는 겨울닫음·봄폄(冬閉·春發)의 합성 곧 겨울(冬) → 봄(春), 닫음(閉) → 폄(發)의 이치의 순서가 들어 있고, ㅝㅖㅳㅖ는 여름엶·가을거둠(夏開·秋收)의 합성 곧 여름(夏) → 가을(秋), 엶(開) → 거둠(收)의 이치의 순서가 들어 있다고 할 것이다. 따라서 합중성(合中聲) 여덟 글자가 겨울(冬) → 봄(春) → 여름(夏) → 가을(秋), 닫음(閉) → 폄(發) → 엶(開) → 거둠(洙)의 이치의 순서가 들어 있다고 할 수 있다. 이와 같은 것을 그는 사시의 순서와 글자 획이 이치의 순서에 들어맞고, 소리의 기운이 서로 협력하는 것이라고 하고 있다. 그리고 만일 획이 순(順)하나 때(時)에 역(逆)하면 이 합성자를 얻을 수 없으니, 가령, ㅝ는 여름봄(夏春)의 결합이므로 때(時)에 역(逆)하여 인정할 수 없고, 똑같이 ㅖ는 겨울가을(冬秋)의 합이니, 인정할 수 없다고 하였다. 또, 비록 때(時)는 순(順)하나 획(畫)이 반(反)하여도 합성자를 얻을 수 없으니, ㅏ는 봄여름(春夏), ㅗ는 가을겨울(秋冬)로서, 때(時)는 순(順)하나, 획(畫)이 반(反)하여 인정할 수 없는 따위와 같다고 하였다. 이와 같이 그의 합성자에 대한 관념은 역리적인 자질을 가지는 단자(單字)가 서로 합하되, 사시(四時) 순환의 순서와 획(畫)의 이순(理順)에 의미를 가진다는 일종의 사시 순환과 개·발·수·폐(開發收閉)론인 동양 철학에 배경을 두고 있는 것이다.[103]

---

103) 물론, 그의 '합중성'이란, 글자에 대한 말이지 음성에 대한 개념은 아니다. 따라서 그것은 두 글자를 이룬다는 개념으로 받아 들여야 하는 것이다.

단자

  ㅗㅛ: 겨울(冬)·닫음(閉)

  ㅏㅑ: 봄(春)·폄(發)

  ㅜㅠ: 여름(夏)·엶(開)

  ㅓㅕ: 가을(秋)·거둠(收)

합성자

  ㅘㅑ ㅘ ㅑ: 겨울(冬) → 봄(春), 닫음(閉) → 폄(發)

  ㅝ ㅝ ㅕ ㅕ: 여름(夏) → 가을(秋), 엶(開) → 거둠(收)

(8) 사성론(四聲論)과 오행

그는 초성을 사성으로 나누고, 그 사성에 변별적 바탕을 주었다. 뿐만
아니라, 중성을 다섯 원소인 다섯 음으로 나누고, 이를 오행과 그 바탕으로
대조 설명하되, 다시 사성으로 분류 처리하였다. 이와 같은 것은 그의 성론
(聲論)에 나오는데, 이를 소개하면 다음과 같다.

凡一聲之變次自成平上去入之連勢初則和平(順而常)　次而向上(厲而擧)
而過法(直而逝)　而盡入(急而促)　而四殊也。惟五音原素喉土坦而和齒金從而
革故皆平牙木晦于根故入舌火炎以上故上。脣水潤以下故去。且以正音字
畫。其體用相均則平。喉ㅜ齒ㅗㅏㅓ是也。不均則仄舌之。ㅡㅣ偏單而自掉故
上。脣ㅠ過於ㅜ而下開故去。牙之ㅛㅑㅕ過於ㅗㅏㅓ而激收故入也。然以隨入
所呼而變者謂之人作平仄(大小長短淸濁擧皆如此)

알기 쉽게 이를 바탕(자질)의 기술로 나타내 보자.

初聲四殊(一聲變次)
{
平: 和平, 順而常
上: 向上, 厲而擧
去: 過去, 直而逝
入: 盡入, 急而促
}

	五音	五行	質	四聲
	喉(ㅜ)	土,	坦而和	平: 字畫其體用相均
五音原素	齒(ㅗㅏㅓ),	金,	從而革	
(中聲)	牙(ㅛㅑㅕ),	木,	晦于根－入	
	舌(ㆍㅡㅣ).	火,	炎而上－上	仄: 字畫其體用不均
	脣(ㅠ)	水,	潤以下－去	

생각하건대, 여기 중성의 경우, 오음으로 분류한 것과, 자획 체용(字畫體用)의 상균(相均) 불균(不均)으로 사성을 처리한 것은 음성학적 사성론으로 볼 때 큰 잘못이다. 그러나 아무튼 그의 사성론을 오행으로 풀이한 것은 그의 학문적 배경이 무엇인가 하는 것을 잘 알려 주는 것이다.

(9) '오성음'에 대한 '오음론'과 '오행'의 '책수론(策數論)'

먼저 이에 관계되는 대목을 인용해 보자.

納音五行之數(納其五行眞音)各以大衍乘則火得一策。土得二策。木得三策。金得四策。水得五策。盖火無之質。而以(天一)注之納其徵音。故得一爲火焉。土亦無聲。而以火(地二)陶器而叩之。納其宮音。故得二爲土焉。木之聲。以木(擊木天三本數)。納其眞角音。故得三爲木焉。金之聲。以金擊金(地四本數)。納其眞商故得四爲金焉。水則奔激于上(天五)納其羽音。故得五爲水焉。此皆無雜聲而得其音。眞音者也。記曰人五行之端(物之首)故自原質之聲。而所出門路。各應其性情之所發心主也。脾堂也。肺門也。喉戶也。齒中門也。口外門也。而脣其扇也。及其內外合應脾喉之堂戶。肺齒之門。…亦由五行之聲所自然也。其明自宮商角徵羽譬於樂器塤是喉土。鐘是齒金。笛是牙木。琴是舌火。鼓是脣水。而塤笛之象孔。[104]

---

104) 권정선(權靖善): 앞든 책, ㅉ.55~6.

이제 이를 간추려 글쓸이나름으로 표로 나타내 보자.

五 行	聲 質	聲 原	五 音	策 數	五聲音	五樂器
火	無聲之質	以水(天一)注之	徵	一 策	舌	琴
土	無聲之質	以火(地二)陶器	宮	二 策	喉	塤
木	木 之 聲	以木擊木(天三)	角	三 策	牙	笛
金	金 之 聲	以金擊金(地四)	商	四 策	齒	鐘
水		奔激于上(天五)	羽	五 策	屑	鼓

그의 말에서 관심이 가는 것을 대강 풀어 보면 다음과 같다.

사람은 오행의 머리(物之首)이므로, 스스로 본바탕(原質)의 소리를 가지고 있다는 것이다. 그리고 그 본바탕의 소리는 성정(性情)의 피어남(所發)에 따라 각 문과 길(門路)에서 응하여 나는데, 여기의 문과 길이란, 마음문(心主), 비당(脾堂), 폐문(肺門), 목구멍 어귀(喉戶), 두 이 사이(齒中門), 입밖(口外門)과 두 입술(脣屑)을 말한다는 것이다. 이들의 안팎(內外)의 합응(合應) 작용으로 참소리(眞音)가 나오며, 이 참소리는 오행의 소리요, 그것은 궁·상·각·치·우(宮商角徵羽)가 된다는 것이다. 또 소리를 나게 하는 입을 악기에 비유하여, 훈(塤)은 후토, 종(鐘)은 치금, 적(笛)은 아목, 금(琴)은 설화, 고(鼓)는 순수에 해당한다고 하였다.

이와 같이, 사람을 모든 것의 머리로 보고, 사람에게 있는 본바탕의 소리가 그 문과 길을 따라, 참소리 곧 잡음 없는 오음으로 나타나는데, 이것이 궁상각치우가 된다 하고, 이를 오행과 일치시켰다. 뿐만 아니라 이를 또한 책수(策數)로도 결정한 것이다. 그리고 더욱 이를 굳히기 위하여 사람의 발성 기관을 악기에 견주어 합리화 시켰던 것이다.

그는 이어서, 다섯 성음의 생성 차례를 오행의 생성 차례로 다음과 같이 설명하였다.

陰陽生五行。而各有其聲。天一生水羽也。地二生火徵也。天三生木角也。地四生金商也。天五生土宮也。在天爲日月五星在人爲律呂五音 …水火

木金土五星之精氣。直是脣舌牙齒喉之聲音。(次字條)

곧, 이를 풀면 다음과 같다.

　　음양은 오행을 생성하는데, 오행에는 각각 그 오행의 소리가 있으니, 그
　생성의 차서는, 천일(天一), 지이(地二), 천삼(天三), 지사(地四), 천오(天五)의
　순서에 따라, 오음을 먹음은 오행 곧 수우(水羽), 화치(火徵), 목각(木角), 금상
　(金商), 토궁(土宮)이 생성한다. 그리고 수·화·목·금·토(水火木金土)는 하
　늘에 있으면 일월(日月)의 오성(五星)이 되고, 사람에 있으면, 율려(律呂)의 오
　음이 되니 곧, 수·화·목·금·토(水火木金土) 오성의 정기는 사람에 있어서
　다섯 성음인 순·설·아·치·후(脣舌牙齒喉)가 된다.

고 하였다:

五行生成次序	五音	五聲音
天一生水	羽	脣
地二生火	徵	舌
天三生木	角	牙
地四生金	商	齒
天五生土	宮	喉

　　이와 같은 설은, 역학계몽(易學啓蒙)에서 기술한 오행시생(五行始生) 물
지시생(物之始生)[105] 곧, "天一生水…地二生火…天三生木…地四生金…天五
生土"의 생성 차서를 인용하여, 이에 우·치·각·상·궁(羽徵角商宮)의 율
려(律呂) 오음과, 사람의 입에서 나오는 순·설·아·치·후(脣舌牙齒喉) 오
성음을 분류 배치한 것이다. 이미 『경세훈민정음도설』쪽에서 본 바 있지만
명곡(明谷: 崔錫鼎)도, 생성 차서에 대하여 논의하였다. 그러나 명곡은, 생성
차서에 대하여, 오행상생(五行相生)[106]으로 풀이하여, 목(木: 牙, 角), 화(火:

---

105) 물지시생(物之始生)은 「주자어류 일(朱子語類一)」 참조.

舌, 徵), 토(土: 脣, 宮), 금(金: 齒, 商), 수(水: 喉, 羽)의 생성 차서로 보았던 것이다. 이와 같은 두 사람의 견해 차이는 있으나, 성음의 생성 차서를 '역'의 풀이로 하였다는 데는 공통점을 찾을 수도 있다.

이상에서 볼 때, 권정선은 19세기에서 20세기 초에 걸친 운학자요, 그의 『음경(音經)』은 20세기 초반에 나온 것이나, 학설의 내용으로 보면, 그것은 18세기 국어학에 들어가며, 특히, 18세기 흡재(翕齋 李思質)의 학설을 이어받은 것이라 할 수 있다.

이제 『음경(音經)』에 나타난 그의 학설을 요약하여 이 대문의 결론으로 삼는다.

(ㄱ) 음성에 대하여 심기 성리관을 가지고 있다.

(ㄴ) 다섯 조음 기관에서 조음되는 오음에 대하여, 조음적 바탕(자질) 및 역리적 바탕으로 설명하고 있다.

(ㄷ) 초성 제작에 대하여, 천지원방설(天地圓方說)을 주장하였다.

(ㄹ) 종성 제작에 대하여, 삼재 조화설(三才造化說), 사시 기후 자합설(四時氣喉自合說) 및 태극 생성론(太極生成論)으로 설명하였다.

(ㅁ) 기본 중성자에 대하여, 특이한 음양관과 사상체용(四象體用)으로 설명하였다.

(ㅂ) 합중성에 대하여 사시(四時)의 순환설의 일치로 설명하였다.

(ㅅ) 사성(四聲, 平仄)을 오행론으로 처리하였다.

(ㅇ) 오성음에 대하여, 오음과 오행과 책수론(策數論)으로 설명하였다. 또, 오성음의 생성차례를 오행시생(五行始生)의 차례로 처리하였다.

---

106) 오행상생(五行相生)은 『역학계몽(易學啓蒙)』 참조.

7.2. 요약

　권정선의 "음경"은 비록 20세기 초(1906)에 나왔다고는 하지만, 18세기 국어학 곧 중세 및 조선조 국어학에 대한 전통적인 학문의 철리(哲理)를 이은 것이라고 할 수 있다. 그리고 이 "음경"을 끝으로, 전통적인 국어학의 철리는 종막을 고한다고 추정된다. 이렇게 보면, 15세기에 시작한 국어학의 전통적인 동양 철학관은, "음경"에 이르는 장장 5세기 동안을 이어 온 셈이다. 물론, 국어학(문자 음성학)의 전통적인 동양 철학관은 이미 본 바와 같이 황윤석과 유 희 때에 와서 상당히 동요되어, 거의 자취를 감추다시피 하였다. 그리고 '갑오경장'이 일어나면서 근대 사조가 물밀듯이 들어오면서 전통적 철학은 아주 자취를 감추더니, "꺼지려는 등불이 다시 빛나는(燈火將滅更光)" 격으로 『음경』에 이르러 그 기운이 마지막 돌다가 드디어 사그라지고 말았다. 실로 『음경』은, 바로 500년간의 조선조 학문의 주류인 운학(음운, 문자)의 배경을 이루는 학철학관의 최종적인 것이라 할 수 있다.

4장
근대 국어학

1. 갑오경장과 근대 인문과학의 성립

갑오경장의 혁신적 변화는 새로운 사조를 질풍처럼 몰아 왔다. 지난날의 제도 문물뿐 아니라, 학문과 예술 면에 상당한 변혁을 가져 왔다. 이에 따라, 우리 국어학에도, 전래적 민족주의 사상을 더욱 굳히는 동시에, 연구의 근대적 철학과 연구의 대상 확대문자와(음운에서 말본으로)와 그 방법론에 한 큰 변화를 일으키게 되고, 과학적 체계 위에 국어 연구를 정착시켜 나갔던 것이다.

과학은 학문이요, 학문은 이론적 체계가 없으면 안 된다. 곧 과학이란 갈피 있게 통일된 한 덩어리를 이루는 학문의 이론적 지식이다. 과학에는 인간의 정신 작용에 뿌리박은 인문과학과 자연 현상을 연구하는 자연과학이 있다.

이와 같이 볼 때, 우리의 인문과학으로서의 국어학의 성립은 갑오경장을 경계로 그 이전과 그 이후라는 두 큰 덩이로 나누어진다. 갑오경장 이전은 1446년 『훈민정음 해례』로부터 시작된다. 『훈민정음 해례』에서는 이미 근대에 유사한 조음 음성학이 이루어졌고, 미진하나마 음소의 개념이 싹터 있었다. 특히, 글자의 생성 과정은 동양의 역철학에 근원을 두었다. 그때의 학문적 배경인 역철학은, 연역법적 생성 과정과 그에 따른 '역'의 뜻을 준 철학이었다. 곧, 이때의 음운학은, 음성학과, 역학이라는 이원론적 문자·음성관이었다. 이와 같은 학문을 글쓸이는 '고전적 인문과학'이라고 한다. 훈민정음 이래, 『음경』에 이르는 조선조의 국어학은 바로 이러한 고전적 인문과학에 해당한다. 물론, 조선조 국어학의 테두리 안에 들어가는 황윤석과 유 희의 때에는 전통적인 역학이 동요되고, 특히 유 희의 『언문지』에서는 구성 요소의 분포적 인식과, 접촉 및 계열상의 이동이라는 구조를 인식함으로써, 근대 언어 과학의 효시적 성격을 띠었던 것이다. 따라서 『언문지』는 근대 인문과학의 테두리 안에 넣을 만하다. 그러나 이러한 『언문지』를 이어받아 발전시키는 뚜렷한 학맥이 그 뒤에 나타나지를 못한 채 갑오경장을 맞이했던 것이다. 그렇지만, 『언문지』는 고전적 인문과학이 근대적 인문과학으로 넘어가는 결정적 역할을 못했다고는 할지라도 그 과도기적인 모습은 충분히 갖추고 있었다고 할 수 있겠다.

갑오경장 뒤의, 개화기를 맞이하는 국어학은 신학문의 사조 위에 인간의 정신 과학으로서 구체적인 뿌리를 박게 되었다. 이와 같은 구체적인 뿌리박음은 '말본갈'이라는 새로운 연구 대상의 출현에서부터 시작된다. 말본갈은 그 시발부터 이론적 체계를 가지는 학문 곧, 과학으로 굳어지기 시작했다. 여기에서 우리 인간 곧 우리나라 사람의 정신 작용의 현상을 언어(국어)를 통하여 연구하는 구체적 인문과학으로서의 기틀이 마련되었다. 갑오경장 뒤로부터 1950년까지의 이와 같은 국어학을 '근대적 인문과학'이라 한다. 근대 인문과학의 학문하는 배경은 분석학과 논리학 및 심리학이었다. 그리고 국어학을 하는 사상적 배경은, "국어는 우리 민족의 정신적인 새김이요, 우리 언어 공동체의 생각과 행동 세계를 지배하는 것"이라는 언어철학관이 전통적인 민족자존의 사상과 결합하여 새로이 이룩되는 근대적인 민족주의라고 할 수 있다.

이와 같은 배경에서, 말본갈은 규범적인 경향을 띠게 되었고, 드디어 규범적인 전통 말본 시대를 이루게 되는 것이다.

이러한 근대 인문과학으로서 규범말본의 경향을 띤 근대 국어학은 '근대'

와 '최근대'로 다시 나누어진다.

근대 국어학은, 말의 본을 규범적으로 연구하고, 그 학문적 사상이 민족주의에 터잡음은 최근대 국어학과 같으나, 그 언어관에서는 차이가 있다. 그 차이란, 근대 국어학에서는 사상(事象)에 대하여 분석주의적인 관점에 서지만, 최근대 국어학에서는, 심리적이면서도 논리적 실증주의에 입각한 분석주의가 나타나는가 하면, 이에 대립하여 통합론을 위주로 하는 통합주의가 나온다. 물론 구체적 철학의 배경이라 할 수는 없지만, 그러나 최근대 국어학에서는 행동주의와 경험주의 철학의 경향도 보인다. 그리하여, 이 최근대 국어학은, 신 국어학인 '전기 구조주의 국어학의 바탕'을 이루어 놓게 된다.

2. 근대(초기) 국어학의 형성: 말본갈의 등장

근대 국어학 시대란, 줄잡아 갑오경장(1894)을 전후하여 1910년 안팎까지를 이름이다. 그러나 좀더 정확하게 말하면, 최광옥(崔光玉)의 『대한문전(大韓文典)』(1908)과 유길준(兪吉濬)의 『대한문전(大韓文典)』(1909)및 주시경의 『국어문법(國語文法)』(1910) 시대를 통틀어 근대 국어학 시대라 할 수 있다.

갑오경장 이전의 국어학은 음운·문자학에 일관하였고 그 이후에는 말본갈로 옮겼다 함은 이미 밝힌 바 있다. 그러나 갑오경장 이전에 말본갈이 아주 없었던 것은 아니다. 외국인의 손에 의하여 이루어진 국어말본에 관한 연구서는 이미 있었던 것이니: 1877년의 John Ross의 "*Corean Primer*", 1879년의 John Macintyre의 "*Notes on the Corean Language*", 1881년의 프랑스 선교사들의 "*Grammaire coréenne*", 1887년의 James Scott의 "*En-moun mal ch'aik (A Corean Manual or Phrase Book with Introductory Grammar)*", 1889년의 Camille Imbault-Huart의 "*Manuel de la langue coréenne parlée à l'usage des français*", 그리고 같은 해의 H.G. Underwood의 "*An Introduction to the Korean Spoken Language*"들이 그것이다.[1)]

　그러나 우리나라 사람의 손으로 연구된 것은 갑오경장 뒤인 개화기 이후의 일이요, 경장 이후 3년 만에 최초로 나타난 것이 잘 알려진 1897년에 나온 이봉운의 『국문정리』이다. 이는 물론 규범적 말본 글이요, 또 국어 말본의 최초라는 뜻을 가지고는 있으나, 인문과학으로서 본 언어학적 평가 값은 낮다고 할 것이다. 연구사에서 언어학적으로 평가할 만한 것은 두말할 것 없이 『대한문전(大韓文典)』이다.

　이에는 앞에서 말한 최광옥(崔光玉)의 『대한문전(大韓文典)』(융희 2년, 1908)과 유길준(兪吉濬)의 『대한문전(大韓文典)』(융희 3년, 1909) 두 가지가 있다. 물론, 이 두 책에 대해서 유 공(兪公)의 「대한문전 서(大韓文典序)」로 인하여, 풀리지 않는 의문이 있다.[2] 어떻든 위의 두 『대한문전』은 그 갈말(술어)이나, 분류 체계나 설명이 거의 현대 말본스럽다.

　학문이란 비약이 없다. 그런데 갑오경장 이전의 우리 손에 이루어진 음운론의 연구에서 『대한문전』에로의 발전은 하나의 비약이다. 그러므로 아마도 『대한문전』은, 외국인의 손에 이루어진 우리말본에서, 새 사조의 물결을 타고 상당히 많은 영향을 받은 것이 아닌가 여겨진다. 어떤 학문이 이루어짐에 다른 체계를 참고함은 자연스러운 현상이다. 다시 말하면, 이미 이루어진 연구를 기반으로 하되, 그의 부족한 점을 기워 더 훌륭한 것으로 발전시키는 것은, 학문 이론의 발전상 아주 당연한 일이라 할 것이다. 오늘날 변형 이론을 두고 말하여도, 그것은 어디서 돌연 나타난 생판 다른 이론이 아니라, 기술언어학과 구조언어학을 바탕으로 하여 그 부족한 점을 기워서 발전시킨 이론인 것이다.

　글쓴이는 국어 연구사 상, 누가 말본의 최초의 연구자냐 하는 문제에 대

---

1) 더욱 이에 대하여, ① 김민수(金敏洙): 『국어문법론연구(國語文法論硏究)』, 1960, 통문관, 쪽.233~4 볼 것. ② 박종국: 『말본사전』(1930, 정음사) 쪽.704~5 참고.
2) 김민수(金敏洙)의 윗 책에 의하면 유공(兪公)의 필사본인 『조선문전(朝鮮文典)』(광무 8년)이 최 공(崔公)의 『대한문전(大韓文典)』과 동일하다는 이유로 유 공이 우리나라 최초의 말본 연구의 저술을 하였다고 단언을 내리었다.

해서는 별로 신경을 쓸 필요가 없다고 생각한다. 왜냐하면 속켜(심층)를 이루는 중요한 얽이 체계가 다른 속켜의 얽이 체계와 그야말로 대부분 비슷하다던가, 완전히 일치하지 않는 한, 얽이 체계에 비록 약간의 비슷한 점이 있다 하더라도 대부분 겉켜(표층)에서 자구의 일치나 같은 문제에 대한 똑같은 잘못을 범하고 있지 않는 한, 그리고 독자적인 체계와 주장이 서 있는 이상, 어디까지나 인행(印行)된 말본의 연대의 순서가 바로 연구사의 학맥의 앞 뒤 순서로 인정될 수 있기 때문이다.

그러므로 문제 해결의 열쇠는 인포된 저서 안에 들은 학설의 속켜로서의 내용 분석에 달려 있는 것이다. 이러한 관점에 서서, 최(崔) 공과 유(兪) 공의 두『대한문전』을 비교하여 보면, 그 내용과 속켜로서의 얽이 체계에 있어서 매우 다름이 있을 뿐 아니라, 독자적 체계와 주장이 분석 발견된다. 이러한 사실로 말미암아 유(兪) 공의 '대한문전 서'는 문제의 이유를 상실하고 만다. 따라서 학맥의 차서는 인행된 차서에 따라, 최 공의『대한문전』을 먼저 내세움이 옳다고 생각하는 바이다.

3. 최광옥(崔光玉),『대한문전(大韓文典)』의 사상과 분석주의 언어관

3.1. 국어학의 민족주의

갑오개혁의 혁신적 사상과 개화의 물결을 거세게 타고, 국어학에서는 외국의 방법론을 도입하여 과학적 체계를 확립하여 나갔다. 그러나 한편, 국학자는, 전통적 학문의 배경을 이루었던 민족 사상을 국체(國體)의 옹호라는 목적아래, 더욱 굳혀, 이를 국어학의 학문적 배경으로 삼았으니, 여기 최광옥의『대한문전』은 그 첫째가 되는 것이다.

최 공이 국어를 연구한 사상적 배경은, 그의『대한문전』(융희 2년 1908)

에 있는 월남 이상재(月南 李商在)의 서(序)로 보거나[3] 또 자신의

> "我國의 言語는 我國 國語가 國民으로 關係됨이 甚大ᄒ니 若國語가 一
> 定치 못ᄒ면 國民의 團合心이 缺乏ᄒ고 國語가 自由치 못ᄒ면 國民의 自由
> 性을 損失ᄒᄂ니…"[4]

라는 말로 미루어 보아, 민족의식에 입각한 것이었다고 본다. 이러한 배경 밑에서 그는 언어와 국어에 대한 뜻매김을 내리고, '문전'의 규범 말본의 성격을 규정해 놓았다. 곧, 언어는 사람의 사상을 나타내는 성음이라 하고 세계 각 나라에는 각각 다른 언어가 있으니, 이 각 언어를 그 나라 국어라 하며, 우리나라의 언어는 우리나라 국어라고 하였다.[5] 그리고 그는 '문전'의 뜻매김을 사람의 사상을 써내는 법을 가르치는 것[6]이라고 내렸으니, 이는 규범 말본의 뜻매김 "옳게 말하고, 옳게 쓰는 법을 가르치는 법"에 가까운 뜻매김이 된다. 이와 같이 볼 때,『대한문전』은 규범말본의 성격을 띠었음을 명백히 알 수 있다.

『대한문전』은 크게 언어론(言語論)과 문장론(文章論)으로 나누어져 있다. 언어론에는 '음성'에 관한 이론과 '품사론'이 들어 있다. 그런데 언어론에서, 언어 과학으로 문제될 만한 것은 (1) 낱소리(단음)에 대한 인식과 (2) 말

---

3) 月南 李商在 大韓文典 序: "…況我半島韓國不過數千萬同族同胞之人乎아 然而心心不同에 團結不得ᄒ야 以致今日國勢者는 何也오 盖心之所感에 必有思想이오 思想所發에 必爲言語ᄒ고 綴集言語는 著外而形者오 心與思想은 在內而無形者也라 無形者는 原無定體ᄒ야 必隨有形而如影之從響之應ᄒᄂ니 泰西文明之邦이 各有自國文章言語之典範ᄒ야 使國民으로 趍向有方에 團合其心者良有以也라 我韓民心之不能團合이 未嘗不由於文章言語之異軌殊轍일ᄉ 余友崔君光玉甫가 用是之憂ᄒ야 倣泰西例迺成一書ᄒ야 名之曰 大韓文典이라…以是而敎導國民ᄒ면 驅衆心於一團之中이 必有其日ᄒ리니…"

4) 최광옥(崔光玉):『대한문전(大韓文典)』ᄍ.2.

5) 최광옥(崔光玉): 윗 책, ᄍ.1~2.

6) 최광옥(崔光玉): 윗 책, ᄍ.1.

본갈의 제시 등이다.

3.2. 낱소리(단음)에 대한 인식

최 공의 '소리'에 대한 분류는 주목할 만하다. 이제 이를 보면 다음과 같다.

> "聲이라 홈은 空氣의 振動으로 生ᄒᆞ는 一切音을 稱홈이오, 音이라 홈은
> 一時的 聲을 稱홈이오, 韻이라 홈은 長時的 聲을 稱홈이라"[7]

위에서 일시적(一切音), 장시적(長時的)이란 말이, 구체적으로 어떠한 것인지는 모르나, 성(聲), 음(音), 운(韻)을 분류 뜻매김한 대문은 주목할 만한 것이다. 다만, 운(韻)에 대한 언급은 이 이상 더 없어, 그것이 오늘날 '음소'에 가까운 것인지 아닌지는 알 수 없으므로 아쉬운 일이다.

음(音)을 또한 모음(母音), 부음(父音), 자음(子音)으로 분류하고, 그 뜻매김을 다음과 같이 내렸다.

> "母音이라 홈은 肺臟으로 自ᄒᆞ야 出ᄒᆞᄂᆞᆫ 氣息이 聲帶에 振動을 受ᄒᆞᄂᆞᆫ
> 者인ᄃᆡ 此音이 口를 開ᄒᆞ고 聲을 發ᄒᆞᆫ則 單純히 出ᄒᆞᄂᆞᆫ 故로 單純音이라고
> 稱ᄒᆞ니 ㅏㅑㅓㅕㅗㅛㅜㅠㅡㅣㆍ 等字가 是也오. 父音이라 홈은 聲音의 發聲이
> 肺臟으로 流出ᄒᆞᄂᆞᆫ 氣息인ᄃᆡ 口內諸管에 振動ᄒᆞ여 分明ᄒᆞᆫ 聲音을 成치 못ᄒᆞ
> ᄂᆞᆫ 者니 ㄱㄴㄷㄹㅁㅂㅅㅇㅎㅈㅊㅋㅌㅍ等字가 是也오. 子音이라 홈은 父音
> 과 母音이 合成ᄒᆞ야 完全ᄒᆞᆫ 字音을 成홈이니 가나다 等字가 是也라."[8]

---

7) 최광옥(崔光玉): 윗 책, ㅉ.3, 성음운(聲音韻)쪽.
8) 최광옥(崔光玉): 윗 책, ㅉ.3~4.

생각하건대, 15세기 이래의 음운론에서는 음성을 설명함에 대체로 추상적 기술을 하고, 또 '역'의 뜻을 더하는 이원론적 음성관을 가지고 있었다. 그러나 갑오경장 이후에 과학적 학문 체계를 가지고 최초로 나타난, 최 공의 "대한문전"에서는 낱소리(단음)에 대하여 결코 역학의 뜻을 주지 않고 있다. 그리고 다만, 물리적, 생리적, 조음 음성학적 설명을 하여 일원론적 음성학을 확립한 것이다. 또 하나 특기할 만한 것은 음(音)과 자(字)를 분명히 구별하였다는 것인데, 이도 전에 없었던 일이요, 또한 마땅히 그렇게 보아야 하는 것으로, 음성학에서 획기적 사실을 이루었다고 보는 것이다.

획기적이요, 선구적인 역할을 한 만큼, 모순도 자연 따르기 마련이다. 위에서 인용된 설명에 따르면, 음(音)은 이른바 오늘날 '음소'와도 같으면서, 또한 그것이 '낱내'를 나타내는 것으로 설명됨은(子音=父音+母音), 오늘날 안목으로 볼 때, 낱소리(단음) 분석의 한계가 모호할 뿐 아니라 음(音)의 뜻매김과 모순된다고 밖에 보지 않을 수 없다.

한편, 단순음과 홀소리를 같이 본 것도 모순이다. 물론, 홀소리는 단순음일 수 있으나, 모든 홀소리는 단순음이 아니고, 또 모든 단순음이 홀소리 음도 아니기 때문이다. 더구나, 최 공의 소리 분류 체계에 따르면, 'ㅑ, ㅕ, ㅛ, ㅠ'들은 발음할 때에 조금 변하므로 '반모음'이라 하였고, 'ㅏ, ㅓ, ㅗ, ㅜ, ㅡ, ㅣ, ㆍ' 들은 코에 구애하지 아니하고, 단순히 곧게 발음되기 때문에 직음(直音)이라 하며, "ㅠ, ㅑ, ㅛ"들은 두 개의 직음이 동시에 호출(呼出)되므로 요음(拗音, 꺾임소리)이라 하였다.[9] 그런데 이와 같은 뜻매김에 의하면, 요음(拗音)의 정의와 그 예가 서로 모순하고 있음을 발견한다. 요음(拗音)이 두 개의 직음(直音)으로 이루어졌다면, 그 예로서는 ㅠ, ㅛ들이나, ㅘ, ㅝ들이 되어야 할 것이다. 그렇다면, 요음(拗音)과 반모음은 같은 것일까? 그러나 그런 것은 아닌 것 같다. 왜냐하면, 예로서 ㅠ, ㅑ, ㅛ가 나왔기 때문이다. 그러면, 요음(拗音)은 부음(父音)과 반모음(최 공이 뜻매김한)의 배합체란 말인가? 그러나

---

9) 최광옥(崔光玉): 윗 책, ㅉ.6~7.

이는 두 개의 직음(直音)이 동시에 호출(呼出)된다는 뜻매김에 어긋나지 않는가? 이렇게 본다면, 결국 '직음', '요음', '반모음'의 구별 개념이 불분명하다는 결론에 이르지 않을 수 없다. 이 밖에, 최 공은, 비음(鼻音: ㅁ, ㅇ, ㄴ), 촉음(促音: ㅅ, ㄱ, ㅂ, ㄷ, …), 합음(合音: ①촉음+자음=까, 빠, …. ②자음+종성 = 간, 난, …. ③자음+모음=과, 놔, …), 전음(轉音: 것이라→거시라) 등을 분류하고 설명하였는데, 이는 나름대로 음성학적으로 타당한 것이라 할 수 있다.

결론적으로, 그의 말의 소리에 대한 분류와 그 설명에서는, 음성학적 타당성을 인정할 수 있다. 특히 물리적 생리적 음성학의 선구적 역할을 하였다고 할 수 있다. 그러나 반면에, 낱소리(단음)에 대한 인식과 분류가 구체성을 띠면서도 실은, '낱소리'의 미분화 및 이론적 오인을 범하고 있음도 발견되는 것이다.

3.3. 규범 말본갈의 출현과 의미기능주의

(1) 규범 말본의 최초

그의 문전대의(文典大意)에서 말한, "文典은 思想을 書出ᄒᄂᆞᆫ 法을 敎ᄒᄂᆞᆫ 者니…"와 같은 대문은, 그의 말본이 규범 말본임을 말해 주는 것임을 이미 말한 바 있다. 이러한 규범 말본으로서의 최초의 출현이 바로 최 공의 "대한문전"이다.

(2) 품사 분류에 나타난 의미기능주의

규범 말본의 최초의 작업은 품사 분류에서부터 이루어진다. 최 공은, 언어는 여덟 종류로 나누어진다 하고, 이 여덟 종류를 '팔품사'라 하였다. "대한문전"은 제1편, 언어론(言語論)과, 제2편, 문장론(文章論)으로 나누어져 있는데, 팔품사의 분류와 그 하위 분류는 제1편, 언어론(言語論)에서 이루어졌다. 그의 팔품사란, "名詞, 代名詞, 動詞, 形容詞, 副詞, 後詞, 接續詞, 感歎詞"이며, 사람의 천만 마디는 다 이로부터 나온다고 하였다. 그리고 이러한 기본적인 팔품사는, 다시 가늘게 하위 분류가 된다는 것이다.

그의 품사 분류에서 주목할 만한 것은, 그의 품사 분류가 이른바 '팔품사' 분류의 효시가 된다는 것도 빼놓을 수 없는 사실이지만, 그 팔품사를 추출해 낼 수 있는 원칙적인 언어관을 도외시할 수 없는 것이다. 한 말로 말하여, 그의 원칙적인 언어관은 '의미—기능주의'라고 할 수 있다.

품사 분류는 그에 앞서서, 원칙적으로 언어관을 제시하는 낱말(단어)의 뜻매김이 있어야 한다. 그런데 최 공은 품사 분류에 앞서서 이러한 낱말의 뜻매김을 하지 아니하였다. 그러나 낱말의 뜻매김은 없다손 치더라도 품사 분류의 체계로 보아, 그것은 의미를 주장으로 하고 기능을 부차적으로 하는 '의미-기능주의'에 입각한 것임을 알 수 있다. 이제 그 사실을 그의 논지에서 빼내어 적어 본다.

'명사'는 "物名의 詞를 謂홈"이라 하였으니, 이는 분명히 의미의 입장에서 본 것이다. 명사를 다시 '보통명사'와 '특별명사'로 하위 분류하였는데, '보통명사'는, "同種類의 通ㅎ는 物名"이라 하고, 그 예로, '물'을 들어 다음과 같이 설명하였다. "물은 小則溪澗이나 大則江海라도 皆同 물이라 ㅎ야 如此ㅎ게 同種類의 物에 普通으로 共用ㅎ는 名詞를 云"이라 하였다. 또 보통명사는 무형명사와 변체명사(變體名詞)로 나누되, 무형명사는 "其期의 見ㅎ기 不能혼者로 聽ㅎ거나 感ㅎ거나 味ㅎ야 知ㅎ는 物名"이라 하여, 그 예로 "소릭, 츄의" 등을 들었으니, 이는 모두 의미에 의한 설명이다. 그런데 변체명사(變體名詞)는 의미에 의한 설명이 아니고, 기능에 의한 설명을 하였다. 곧, 변체명사는, "動詞 形容詞로셔 變ㅎ야 名詞의 體를 成ㅎ는者를 云"이라 하고, 깃브어→깃븜, 깃브기: 풀은→풀음, 풀으기 들을 예로 들었는데, 이는 분명히 기능에 의하여 분류한 것이라 할 수 있다. 특별 명사는, "一物에 限ㅎ야 用ㅎ고 同種類에 通用ㅎ기 不能혼 物名의 詞를 云"이라 함도 의미에 터잡은 바다.

'대명사'도, "名詞의 代에 用ㅎ는者"라는 의미 중심의 정의를 내리고, 이를 또한 의미의 시각에서 "普通代名詞(近稱, 中稱, 遠稱), 人代名詞(一人稱, 二人稱, 三人稱,) 問代明詞, 指示代名詞((近稱, 中稱, 遠稱), 關係代名詞[10]

(意思關係, 形體關係)" 등으로 나누었다.

'동사'는, "名詞 或 代名詞에 附從ᄒᆞ야 其 作用 或 形像을 發現ᄒᆞᄂᆞᆫ 者"라고 뜻매김하고, 그 작용과 성질에 따라 '자동'과 '타동'으로 나누었다. 또 그 작용하는 관계에 따라, '주동사'와 '피동사'로 나누었다. 이상은 동사를 의미의 입장에서 분류한 것이라 하겠다. 그러나 동사를 다시 그 작용하는 변화에 따라, '정격동사'와 '변격동사'로 나눔은, 활용의 기능적 관계에 의한 분류라 할 수 있다. 동사에는 또 '조동사'가 있다 하고, 조동사는 "一切 動詞의 意味不足ᄒᆞᆫ 處를 補助ᄒᆞᄂᆞᆫ 者"또는, "動詞의 外에 他種의 詞와 連合ᄒᆞᄂᆞᆫ 事가 有ᄒᆞ니…"라고 하였다. 그리고 "바람이 굿치옵'니다'", "乙支文德은 英雄'이라'", "나무닙ᄉᆡ가 푸르'다'" 등의 '니다', '이라', '다' 등을 조동사라 하였다. 이는 분명히 의미에 의한 설명이라 할 수 있다.

'형용사'는, "名詞의 前 或 後에 在ᄒᆞ야 其 形狀 及 性質을 現ᄒᆞᄂᆞᆫ 詞"라 하였다. 위에서 형용사의 경우는 구조적 기능(episemes)과 어휘적 의미(lexical meaning)를 함께 고려한 것이라 할 수 있다.

'부사'는, "動詞 形容詞 又 他副詞에 添附ᄒᆞ야 其 意味를 狀ᄒᆞᄂᆞᆫ 詞"라 하였는데, 이도 구조적 기능과 어휘적 의미를 함께 고려한 설명이다.

'후사'는 "名詞의 後에 附ᄒᆞ야 其 上下詞의 關係를 示ᄒᆞᄂᆞᆫ 者니… 名詞 及 後詞ᄂᆞᆫ 相離치 못ᄒᆞᄂᆞᆫ 關係가 有"라 하였다. 또, "後詞ᄂᆞᆫ 名詞의 資格을 定"한다고 하며, 그 자격엔 주격(主格)에 '가, 은, ᄂᆞᆫ' 등이 있고, 빈격(賓格)에 '을, 를' 등이 있다고 하였다. 이는 후사를 구조적 기능적인 입장에서 파악한 것이라 할 수 있다.

'접속사'는, "語 或 句를 接續ᄒᆞᄂᆞᆫ 詞"라 하였으니, 접속사는 구조적 기능의 입장에서 파악된 것이다.

---

10) 관계대명사(關係代名詞)를 명사(名詞) 또는 대명사(代名詞)를 움직이는 의사 혹은 형체(形體)상에 관계하는 것이라 하고, 의사관계(意思關係: 바)와 형체관계(形體關係: 거)로 분류하였다. 이 관계대명사는 오늘날 '불완전명사' 또는 '형식명사'라고 하나, '관계대명사'의 시각에서도 상당히 연구할 가치가 있다고 본다.

‘감탄사’[11]는, “喜怒哀樂 及 驚嘆 等에 感情을 顯ᄒᆞ는 詞”라 하였으니, 감탄사는 분명히 의미적으로 파악되었다고 할 수 있다.

이상으로 볼 때, 최 공의 팔품사와 그 하위 분류에서는 다음과 같은 세 가지의 관점이 추출되어 나온다.

(ㄱ) 명사, 대명사, 동사, 감탄사는 의미에 입각한 분류이다.

(ㄴ) 형용사, 부사는 어휘적 의미와 구조적 기능이 함께 고려된 분류이다.

(ㄷ) 후사, 접속사, 변격동사, 변체명사는 구조적 기능에 의한 분류임을 알 수 있다.

일반적으로 말하면, 그의 품사 분류의 배경에 자리 잡은 인식은 ‘의미기능주의’라고 할 수 있는 것이다. 생각하건대, 이와 같은 의미론에 의한 품사 분류는 사실상 주관적인 것으로, 얼마든지 보는 이에 따라서 달라질 수 있는 것이다. 따라서 순 의미론적 품사 분류는 객관성을 가지는 통일을 기하기 힘든 분류라 할 수 있다. 만일 의미가 아니고, 구조적 입장에서 본다면, 접속사의 일부나 감탄사 같은 것은 따로 내놓을 필요 없이 부사에 들어간다고 할 수도 있을 것이다.

구조론적 자리에 서면, 상위 품사 분류는 어느 정도 객관화 및 통일될 수 있는 문제로 본다. 그러나 상위 품사의 하위 분류는 역시 의미론적 시각을 떠날 수 없는 것이다. 그것은, 그 상위 개념의 다른 것과의 ‘변별 바탕’을 제한하여 줄 필요가 있기 때문이다.[12]

---

11) 최광옥(崔光玉):『대한문전(大韓文典)』에는 ‘感歎詞’ 또는 ‘感嘆詞’ 두 가지로 쓰임.

12) 현대 생성 언어론에서는 상위 낱말에 대하여 상세한 의미 바탕 또는 의미 소성을 주어, 사서 기재 사항(dictionary entry)을 만들어 내고, 이를 다른 낱말과의 변별 바탕으로 삼는데, 그 예를 들면 다음과 같은 이원 주의 이론(théorie vinariste)으로 기술된다. 의미소성에 대해서는 다음을 참조하기 바란다.

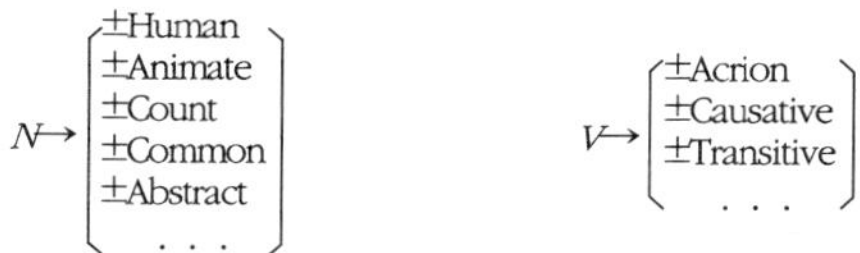

이러한 점에서 "대한문전"에 나타난 의미론적 원칙에 의한 품사 분류는 상위 개념 분류에서는 불필요한 것이나, 하위 분류 문제로 들어가면 현대 언어학적으로 가치 있는 뜻을 던져 준 것이라고 하지 않을 수 없다.

3.4. 분석주의 언어관

(1) '분석적/종합적'의 개념

'분석적'(analytique), '종합적'(synthétique) 하는 말은 두 가지의 개념으로 나누어 볼 수 있다. 첫째는, 분석 과정(procédure analytique)의 관점에서 보는 것이요. 둘째는, 문장의 의미론적 해석(l'interprétation sémantique)에서 보는 것이 그것이다.

첫째, 문장의 분석 과정에서 보다더 분석적 낱덩이(단위)를 인식하려는 것은 분석적 관점이요, 보다 더 종합적인 낱덩이를 인식하려는 것은 종합적 관점이다. 이 두 개의 관점은 대립 개념으로 이해할 때 비로소 그 뜻이 있는 것이다. 가령, "꽃이 핀다"를 분석 과정에서 보면,

ㄱ /꽃/이/피/ㄴ다/
ㄴ /꽃이/피ㄴ다/

와 같이 두 가지 인식의 대립이 생길 수 있다. 이 두 가지 대립에서, ㄱ은 ㄴ에 견주어 분석적인 인식이고, ㄴ은 ㄱ에 견주어 종합적인 인식이다. 곧 분석 과정에서 '토'와 '접미사'와 같은 문법 요소를 독립한 낱말의 낱덩이로 인식하는 것은 분석적인 관점이고, 그러한 문법적 요소가 실질 의미요소에 배합한 것을 한 낱말의 낱덩이로 인식하는 것은 종합적인 관점이 된다.

J.J. Katz: *The Philosophy of Language*, 1966.
N. Chomsky: *Aspects of the Theory of Syntax*, 1965.

둘째, 문장의 의미론적 해석에서, 만일 풀이말(prédicatif)의 의미적 해석(의미자질)이 임자말(subject)안에 전적으로 내포하고 있다면, 분석적(analytique)이라 할 수 있다. 가령,

독신 남성은 미혼이다
붉은 꽃은 붉다

에서는 풀이만 개념(의미 바탕)이 이미 임자말에 내포되어 있다. 이러한 문장은 분석적 판단(judgement analytique)의 문장이라 할 수 있다. 이러한 분석적 판단은 그 진실성이 현실 세계에 관한 우리의 경험적 사실과는 아무런 관계 없이 보증되어 있다. 우리의 의식이란 그와 같은 판단에 의하여 조금도 확장되지 않는다. 따라서 분석적이란 개념은 간혹 '필연적인 참', '논리적인 참' '현실적인 참' 등의 개념과 한가지로 인식된다. 그러나 만일

김 선은 취했다
비가 온다
일년감은 익을 때 붉다
붉은 것은 우리집이다.

와 같은 것은 풀이말과 임자말 사이에 이러한 의미론 관계의 해석이 없고, 다만 판단이 주어진 환경 안에서 오직 참 일 때 혹은 그 판단의 참이 상황에 의존할 때 그 문장은 종합적(synthétique) 판단문이라 할 수 있다.[13] 그것은, 문장이 가지는 참과 거짓은 언어의 의미만으로 결정되는 것이 아니고, 언어 밖의 세계의 경험적 지식에 비추어 봄으로써 비로소 판단할 수 있다.

---

13) '분석적 / 종합적' 개념에 대하여,
　　참조: ① *Dictionnaire de linguistique*, Larousse 1973, p.33.
　　　　② J.J. Katz: 앞든 책, P.194.

앞으로 보일 우리말본 체계에서의 '분석/종합'의 개념은 위에서 설명한 것 중 첫째에 해당하는 '문장 분석 과정'의 관점에 따르는 것임을 명백히 밝혀 둔다. 물론, 의미론적 해석의 '분석적 판단/종합적 판단'은 문장 분석의 과정에서 볼 때, 언어관에 따라, 분석 판단 문장에도 '종합/분석'적 인식이, 종합적 판단에도 '종합/분석'의 인식이 필연적으로 있게 된다. 이제 최 공의 『대한문전』은 문장 분석 과정에서 인식되는 낱덩이에 대하여 어떠한 언어관을 가진 말본(문법)체계를 이루고 있는가를 다음에 살펴보기로 하자.

(2) 분석적 언어관

1) 접미사를 낱말로 인식

『대한문전』(아래『문전』으로)에 따르면, '동사'는 명사나 대명사의 작용 혹은 현상을 나타낸다.[14]

> 이 개가 <u>잔다</u> (문전, ㅉ.23)
> 새가 <u>운다</u> (문전, ㅉ.24)
> 목수가 집을 <u>짓고</u> (문전, ㅉ.25)
> 사공이 비를 <u>젓더라</u> (문전, ㅉ.25)

에서 밑줄 친 것이 '동사'라고 했다. 위의 보기에 따르면 실제로 어간과 접미사는 종합된 한 낱덩이의 동사를 이루고 있다(물론 나중에 보이는 바와 같이, 또, 그는 어간과 접미사를 각립된 낱덩이로 보기도 했다).

한편, 다음을 보면, 동사의 일종으로 '조동사'를 인정하고, '조동사'는 일체의 동사의 의미 부족한 곳을 보조하는 것이라고 뜻매김하였다. 그리고 이는 동사 밖에도 다른 종류의 말(詞)과 연합하는 일이 있다고 하고[15] 그 예를

---

14) 최광옥(崔光玉): 앞든 책, ㅉ.23.

다음과 같이 들었다. (밑줄 친 것이 조동사)

비가 기엿다 (문전 ㅉ.35)

복사 꼿이 피엿소 (문전 ㅉ.35)

乙支文德은 英雄이라 (문전 ㅉ.35) (명사와 연결)

나무입식가 푸르다 (문전 ㅉ.36) (형용사와 연결)

내가 어젹게 왓섯지오 (문전 ㅉ.36) (다른 조동사와 연결)

이상에서 보면, 종결 접미 형태소, 혹은 종결 접미 형태소를 가진 접미 형태소군을 조동사로 처리하고 있다. '기엿다', '피엿소'의 경우는, 종결 접미가 조동사이므로, 나머지, '어간+시제'가 동사가 되는 셈이다. 뿐만 아니라, 조동사는 자체가 활용함으로써 기절(期節), 계단(階段), 의사(意思), 체재(體裁)로 나타난다고 하고, 이를 다 조동사라 하였으니, 다음과 같다.

기절(期節)에서, "가오, 가어"의 '오, 어'는 조동사로써 현재 작용을 나타내고, "갓소, 갓서"의 '소', '서'는 과거 작용을 나타내며, "갈야ᄒ오"의 'ᄒ오'는 미래 작용을 나타내는 조동사다.[16]

계단(階段)에서, "가거나, 가더라"의 '거, 더'는 합속단(合續段)이고, "가서, ᄒ야"의 '서, 야' 등은 연쇄단(連鎖段)이며, "가고, 가며, 가니"의 '고, 며, 니'는 중지단(中止段)을 보이는 조동사다.[17]

의사(意思)에서는, 욕정을 나타내는 "가젹(가지고져)"의, '져'와, 긍정의 의사를 보이는 "갈여"의 '여', 필요를 나타내는 "가야"의 '야', 결정을 나타내는 "가서"의 '서', 명령을 나타내는 "가라"의 '라', 청구의 뜻을 나타내는 "가쟈"의 '쟈', 의상(擬相)의 뜻을 나타내는 "가지"의 '지', 의문을 나타내는 "갓는가"의 '가'는, 다 의사에 해당하는 조동사다.[18]

---

15) 최광옥(崔光玉): 윗 책, ㅉ.34,35.

16) 최광옥(崔光玉): 윗 책, ㅉ.37.

17) 최광옥(崔光玉): 윗 책, ㅉ.38~9.

체재(體裁)는 존경하는 뜻을 가지는 조동사로서, 현재 '시', 과거 '실', 연속(連續) '샤', 종결 '쇼셔'가 있고, 겸공(謙恭)하는 뜻을 가진 "옵니다"의 '니다'도 조동사다.[19]

이상의, 조동사의 활용에서, 조동사는 시상(時相) 접미 형태소, 연결형 접미 형태소, 종결법 접미 형태소, '시상+종결 접미 형태소'(니다)가 된다.

이상으로 보아, 대체로, 접미사나 접미사군은 독립된 낱덩이(단위)로 보는 분석적 인식의 언어관이 나타나 보인다.

그런가 하면, 형용사의 어미 변화는 동사와 비슷하다고 보았는데, 가령, '풀은'(푸른)은 원형용사이고, 거기에 조동사 '오, 다, 고, 니, 지, 며'의 어미변화가 오면, 동사가 된다고 하였다. 따라서 여기에서는 종결접미 및 연결형 활용어미를 조동사로 보는가 하면, '형용사+조동사'를 또한 동사로 보는 등, 분석적 인식의 언어관과 종합적 인식의 언어관이 함께 나타나고 있다.

다른 한편, 어간을 동사로 보기도 하였다. 가령, "말이 달니오"(문전 ㅉ.35)에서, '달니'는 동사요, '오'는 조동사라 하였다. 이것으로 보아, 어간을 독립한 낱말로 보았다는 사실도 알 수 있다.

이제 결론적으로 접미사를 중심한 그의 낱말의 인식을 정리해 보면 다음과 같이 나타난다.

> 어간=동사(어간이 곧 동사)
> 어간+시상 접미사(종결 접미사를 뺀)=동사
> 접미사 형태소(또는 접미사 형태소 군)=조동사
> 어간+조동사(접미사)=동사

위에서 보면, 낱말의 한계가 모호하다. 그러나 그런대로, 국어에 대한 언

---

18) 최광옥(崔光玉): 윗 책, ㅉ.39~40.
19) 최광옥(崔光玉): 윗 책, ㅉ.41~2.

어관은 분석적 인식의 언어관에 기본을 둠으로써, 어간과 접미사를 따로따로의 낱말로 인식하려는 의식이 크게 작용하고 있다고 말할 수 있다.

2) 토(後詞)를 낱말로 인식

토(後詞)는 명사나 대명사에서 떨어지는 낱덩이로 인식했다. 그리하여, 이 토를 이른바 후사(後詞)라 하여 낱말로 독립시켰던 것이다. 곧, 명사 뒤에 붙어서 그 상하의 말의 관계를 나타내는 주격토(이, 가, 은, 는)와 빈격(賓格)토(을, 를) 그리고 명사의 체세(體勢)를 정하는 지체(止體: 다른 움직임을 받지 않는 것: 에, 에는, 에다, 에게, 으루)와 동체(動體: 다른 움직임을 받는 것: 으로 을는)가 있는데, 이를 다 독립한 낱말인 후사(後詞)로 정립하였다.

이상으로 보아, 최 공의 『대한문전』에서는 결과적으로 구속적 형식인 접미사와, 어근, 그리고 토를 독립적인 낱덩이의 낱말로 인식하는 분석적 언어관을 그의 문법 체계에 반영하였다고 할 수 있다.

3) 분석 과정의 오류

최 공은 분석적 언어관을 가지고 문법 체계를 세우려 노력함으로써, 국어에서 분석적 체계의 효시를 이루었음은 두 말할 나위도 없다. 그러나 이미 본 바와 같이, 한편, 분석 과정에서 낱말의 경계의 혼동을 일으켰다. 따라서 형태 분석의 불완전성을 보인다든가, 그리고 형용사의 정립 등에 오류를 범하는 일이 있음을 지적하지 않을 수 없다.

낱말 경계의 혼동

(가) 원인1: 낱말 경계의 다원적 관념

동사에 대해서는 '어간 + 종결 접미사'를 동사로 보면서(새가 <u>운다</u>. 문전, ㅉ.24), 한편 어간을 나타내는 부분을 동사로 보고, 접미사에 해당하는 부분을 조동사라 하였으니("말이 달니오"에서, '달니'는 동사, '오'는 조동사. 문전, ㅉ.35), 동사의 한계가 모호함을 알 수 있다. 위의 이론대로 하면, "달니오"에서 '달니오'도 동사요, '달니'도 동사다. 그리고 또 '오'는 조동사다. 품사는 낱말과 같으므로(물론 언제나 같은 것은 아니다), "달니오"의 경우를 생각하면, 품사가 셋이 있으므로 낱말도 세 가지로 인정하여야 하는 모순에 빠진다(조동사는 동사의 하위류이지만 조동사라는 이름이 붙은 한 그 조동사는 낱말이다).

물론, 품사와 낱말은 다르기도 하고, 같기도 하다. '먹다'와 '먹히다'는 품사로는 다 같은 동사이나, 낱말로 보면 각립한다. '높다', '높이다'는 품사도 다르고(형용사, 동사), 낱말도 각립한다. 그러나 이들 품사는 다 낱말에 해당한다. 품사는 낱말 이하의 개념이 아니라, 낱말과 동렬(同列) 개념이다. 그러므로 앞에 말한 '달니오'가 세 개의 품사(달니오 = 동사, 달니 = 동사, 오 = 조동사)로 분석된다는 것은, 이것이 세 가지의 낱말이 성립된다는 것과 마찬가지의 말이다. 이 말은 더 나아가서, '달니오'를 하나의 낱말로 볼 수도 있고(달니오), 두 개의 낱말로 볼 수도 있고(달니, 오), 세 개의 낱말로 볼 수도 있다(달니오, 달니, 오)는 풀이가 나온다. 이와 같은 풀이는 다음과 같은 낱말의 다원적 풀이로 그릴 수 있다.

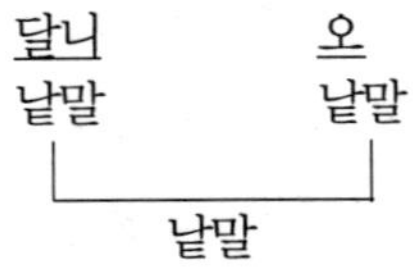

그러나 이러한 다원적 낱말관은 낱말 경계의 다양성을 보임으로써, 한 언어표현의 경계의 다양성이라는 모순에 빠지고 마는 것이다.

낱말의 경계 개념은 이러한 다원적 개념이 아니라, 일원적 개념이다. 곧 낱말의 경계는,

#달니#오# 또는 달니오

의 둘 중 하나이어야 한다.

형용사와 동사와의 경계도 모호하다. 형용사에 대하여, 명사 전후에서 그 형상 성질을 나타내는 것이라고 하고, 그 예를 '놉흔, 어질고, 굿세다' 등을 들었다.[20] 그런데 또 형용사는 그 어미에 조동사를 첨부함이 동사와 같다고 하였으니[21] '푸르 다'(문전 ㅉ.36) 는 그 보기가 된다. 따라서 이미 보인 보기: '어질고', '굿세다'가 형용사이므로, 앞에서 언급한 동사와 같이 낱말 경계의 모호성에 빠지고 마니, 다음 구조는 그것을 보이고 있다.

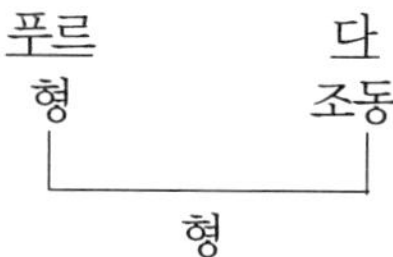

최 공의 설에서, 낱말의 경계가 모호한 근본적 원인은, 이미 앞에서 말한 바와 같이 낱말의 경계를 일원적 개념으로 본 것이 아니라, 다원적으로 본 데 있는 것이다.

(나) 원인2: 형태 분석의 미진성

최 공이 이르는 바 조동사란, 동사의 의미가 부족한 곳을 돕는 형태적 요소이다. 따라서 그의 조동사란 통틀어 한말로 말하면 접미사를 가리키는 것이다. 그런데 접미사의 어느 한계에서 조동사를 정립하느냐 하는 문제에 대하여서는 매우 어려움을 느낀 것 같다. 접미사란 어간 뒤에 붙어 나타나는 것이기 때문에, 접미사의 인식은 어간의 인식에서 가능하다. "대한문전"에는 어간의 개념이나, 접미사의 개념에 대하여서는 언급한 바 없다. 다만, 접미사에 해당되는 부분을 조동사라고 하였을 뿐이다. 그런데 접미사로 이루어지는 조동사의 한계가 모호하다. 조동사의 한계가 모호하다는 것은, 어간과 접미사의 한계, 곧 형태 분석이 불완전함을 보이는 것이다.

---

20) 최광옥(崔光玉): 윗 책, ㅉ.43.
21) 최광옥(崔光玉): 윗 책, ㅉ.44.

이제 조동사의 예를 통하여, 이를 생각해 보자.
(밑줄친 것이 조동사, M=조동사, 나머지는 M의 환경)

기엿다	어간 시상 [M] 종결접미	(1)
英雄이다	명사 [M] 잡음씨	(2)
푸르다	형용사 어간 [M] 종결접미	(3)
왓섯지오	어간 시상 [M] 시상 · 종결접미	(4)
가오	동사어간 [M] 종결접미	(5)
가더라	어간 [M] 시상	(6)
가시오	어간 [M] 존대	(7)
불으신다	어간 [M] 존대 · 시상	(8)
옵니다	어간 겸양 [M] 시상 · 종결접미	(9)

위에서 조동사의 환경을 보면, 그 조동사의 한계가 모호함이 나타난다. 곧 조동사를 시상을 포함하지 않은 종결 접미사만으로 보는가 하면(1), 시상과 종결 접미사를 포함한 것으로 보기도 한다(4) · (9). 그런가 하면, 시상만 조동사가 되는 것도 있다(6). 또, 시상이 복합으로 나타날 때, 시상의 하나는 조동사에 들어가고 다른 하나는 조동사에 안들어가는 일도 있다(4). 한편, 존대 접미사만을 조동사로 보는 것이 있는가 하면(7), 존대 접미사와 시상을 합하여 조동사로 본 것도 있고(8), 겸양 접미사는 조동사에서 빼놓은 것이 있다(9). 어간에 직접 붙는 종결접미사를 조동사로 보았으며(3) · (5), 이른바 잡음씨도 조동사로 보았다(2).

이와 같은 조동사의 한계의 모호성은 말본(문법)의 초기 단계에서 흔히 있을 수 있는 형태 분석의 미진성에 기인하는 것이다. 이러한 형태 분석의 미진성으로 말미암아, 그는, 어간과 접미 형태소를 명석하게 구별하지 못했을 뿐 아니라, 접미사를 더 구체적인 최소의 의미를 가진 단위(minimal meaningful unit) 곧 형태소(morpheme)로 분석하지 못하였던 것이다. 그리하여, 때로는 다음과 같은 틀린 분석(오분석)도 나타나게 되었던 것이다. "문전"에 따르면, "가오"의 '오'를 현재라고 하였는데, 현재의 시상은 '오'가 아니고, 영(zero)으로 잠재하고 있다고 보아야 한다. 또한 '갓소'의 '소'를 과거라고 하였으나, 과거(완료)는 '갓'의 'ㅅ'([ass])이라고 분석이 되어야 한다. "왓섯지오"의 '왓'은, 단순한 어간이 아니라, 어간 '오'와 과거(완료) '앗'이 배합된 것이라고 보아야 한다.

(3) 형태음소 변동의 인식

형태음소 변동(morphophonemic alternation)이란, 형태소와 형태소가 배합할 때에 일어나는 형태소의 음소 변동을 말한다. 이러한 형태음소가 변동하는 조건에는 대체로 음소론적 조건(phonological condition)[22]과 형태론적 조건(morphological condition)[23]이 있다. 형태 배합에서는 이러한 조건에 의

---

22) H. A. Gleason : *An Introduction to Descriptive Linguistics*, 1961, p.62. E. A. Nida : *Morphology*, 1957, p.44.
   현대 국어의 경우, 음소론적 조건은 다음과 같은 것이 있다.
   1. 어간 끝이 자음 또는 모음으로 끝나는 조건(타계적(他系的): 타계 / 동계에 대해서는 허 웅: 『국어음운학』, 1965, ㅉ.240~1 참조.)
   2. 동화 현상
     1) 닿소리 이어바꿈(자음접변)
     2) 이붕소리되기(구개음화)
     3) 홀소리고룸(모음조화)
     4) 된소리되기(경음화)
   3. 귀착(歸着, reduction)
   4. 전위(轉位, metathesis)
   5. 축약 및 생략 따위.

하여, 수의적 변동(optional variation)[24](흔히 음소론적 조건에서)이나 의무적 변동이 일어나고, 이로 말미암아 기본 형태소(primary morpheme)의 변이형태 (allomorph)가 생긴다.

최 공의 "문전"에는 물론 이와 같은 것이 분류 논의된 것은 아니다. 그러나 그 초기적인 현상은 보인다고 할 수 있다. 그는 그의 이른바 주격과 빈격의 후사에 대하여 다음과 같이 언급하였다.

"'이' 及 '가'가 同ᄒᆞ고 '은' 及 '는'이 同ᄒᆞ고 '을' 及 '를'이 同ᄒᆞ니 名詞의 語尾가 'ㄱ' 等의 밧침으로 終ᄒᆞᆫ 즉 '이' 及 '은' '을'을 用ᄒᆞ고 밧침없ᄂᆞᆫ 時ᄂᆞᆫ '가' '는' 及 '를'을 用ᄒᆞᄂᆞ니라."[25]

이것은 '이, 가'가 같은 주격에 해당하나, 그것은 어간 끝소리가 닿소리로 끝나느냐, 홀소리로 끝나느냐의 음소론적(타계적) 조건에 의한 형태음소변동에 따른 변이형태들임을 말한 것으로 해석되며, '은, 는'과 '을, 를'도 그와 같은 음소론적(동계적) 조건에 의한 형태음소 변동에 따른 변이형태임을 말한 것으로 해석되는 것이다.

또, 제2편 문장론(第二篇 文章論)의 부론(附論)에는 축어법(縮語法)이 나오는데, "말을 달니어"의 '달니어'가 '달녀'로 축약한 낱내(음절)가 되고 "나무를 심으어"는 '심어'로, "물을 건느어"는 '건너'로 "밥을 먹으어"는 '먹어'로 "뫼가 놉으어"는 '놉허'로 축약(사실은 'ㅡ'생략이다. 여기서, 원형의 어간을 'ㅡ끝난 꼴'로 봄은 특이한 일이다)된다고 하였음도, 다 음운론적 조건에 의한 형태음소 변동과 변이형태 범주에 해당하는 것으로 풀이된다.

---

23) Gleason: 윗 책, p.62. Nida: 윗 책, p.44.
   형태론적 조건은 국어의 경우, 대체로 벗어난 끝바꿈(변칙활용)의 한 부분이나, 'ㅂ', 'ㅎ' 삽입 현상 따위가 이에 해당한다.
24) Z. S. Harris : *Methods in Structural Linguistics*, 1951, p.198.
25) 최광옥(崔光玉): 앞든 책, ㅉ.52~3.

3.5. 구조의 인식

(1) 문장의 범위와 기본문 추출 작업

문장론은 제2편에 나온다. 문장을 정의하되, "言語가 相集ᄒ야 一思想의 完結ᄒᆫ時ᄂᆞᆫ 其長短을 不拘ᄒ고 皆曰一篇의 文章이라" 하였다.[26] 그리하여,

      ㉠ 李舜臣은 忠臣이라

      ㉡ 李舜臣은 智勇이 兼備ᄒᆫ 海軍大將이라 我朝五百年來의 一等人이니 其忠義功烈이 人臣되ᄂᆞᆫ者의 模範이로다.

에서 ㉠㉡은 다 각각 한 편의 문장(一篇文章)이 된다고 하였다. 그런데 이와 같은 범위에서, 문장의 기본을 모색한 것 같다. 기본문은 다음의 두 개로 본 것으로 해석된다.

기본문 1. 주어(主語) + 설명어(說明語): <u>새가 운다</u>. <u>힘이 굳세다</u>.

기본문 2. 주어(主語) + 객어(客語) + 설명어(說明語): <u>구름이 산을 덮헛다</u>.

기본문 1을 '주어 + 설명어'로 본 이유는, 대개, 사람의 사상 위에 떠올라오는 사물이 있으면, 그 떠오른 사물의 활동과 작용과 형상과 성질이 수반된다는 것이다. 가령, 위의 예에서, '새'와 '힘'은, 사상 위에 떠오르는 사물이요, '운다'와 '굿세다'는 각각 '새의 작용'과 '힘의 성질'을 나타내기 위하여 수반된다는 따위이다. 그러므로 그는 '새'와 '힘'은 그 작용을 일으키며, 성질을 나타내는 주된 말 곧 '주어'가 되고, '운다'와 '굿세다'는 그 '주어'의 작용 및 성질을 설명하는 '설명어'가 된다고 본다.

이와 같이 '주어' 있는 곳에 반드시 '설명어'가 있음은 사람의 사상 표현에 있어서 불가피한 필수 구성 요소가 되는 것이다. 이러한 것은, '주어'와 '설명어'의 상관관계라 할 수 있다. 곧 주어는 반드시 설명어를 필요로 하고, 설

---

26) 최광옥(崔光玉): 윗 책, ㅉ.60.

명어는 주어(비록, 주어가 생략됨으로써, 잠재적으로 존재하는 경우라 하더라도) 관계를 떠날 수 없는 것이다. 그러므로 이를 달리 표현하면 주어와 설명어는 의무적(obligation) 공존관계(共存關係, co-occurrence)[27]에 있다 할 수 있을 것이다. 이 의무적인 공존관계가 기본문 1을 형성하였다고 풀이되는 것이다.

기본문 2를 주어(主語)+객어(客語)+설명어(說明語)로 본 이유는, 설명어(說明語)가 만일 타동사의 바탕(자질)을 가진 것이면, 그 타동사는 목적을 삼는 말을 필연적으로 요구하게 된다(구름이 덥헛다(타동)→구름이 산을 덥헛다)는 것이다. 이와 같은 경우 목적을 삼는 말을 객어(客語)라고 하였다. 따라서 설명어가 타동사일 경우는 의무적으로 '주어', '객어', '설명어'(타동사)는 공존관계에 있게 된다. 이러한 의무적 공존관계가 기본문 2를 형성한 것이라고 풀이된다.

(2) 구성요소 분석

이 밖에, 주어나 객어 및 설명어에 각각 수식어(修飾語)를 붙여 이루는 더 큰 구성요소 주부(主部), 객부(客部), 설명부(說明部)를 말하고 있다.

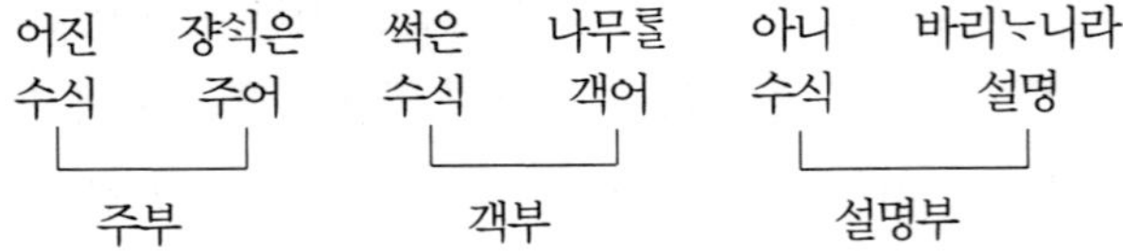

---

27) 한 요소가 나타날 때 다른 요소가 꼭 따라서 나타나면, 이 요소들은 공존한다고 한다. 공존 관계에 대해서는 다음을 참고할 것.

Z. S. Harris : "Co-occurrence and Transformation in Linguistic Structure" (J. A. Fodor/J. J. Katz : *The Structure of Language: Readings in the Philosophy of Language*, 1964, pp.155~210).

A. Koutsoudas : *VP. Writing Transformational Grammar: an Introduction*, 1966, pp.95~8.

E. Bach : *An Introduction to Transformational Grammars*, 1964, pp.17~8.

N. Chomsky and M. Halle : *The Sound Pattern of English*, Harper & Row, New York, 1968, pp.61~7.

김석득: 『국어 구조론』, 연세대학교 출판부, 1971, ㅉ.22~3.

　　이와 같은 문장 구조의 설명은, 이미 기본문에 관한 문제는 아니다. 왜냐하면, 수식어란 수의적(optional)인 공존관계에 있기 때문에 옳은 문맥적 문장을 만드는 데는 올 수도 있고 안올 수도 있기 때문이다. 여기에서 기본문의 확대 현상을 보는데 이는 하나의 구조(structure)의 직접 구성요소 분석(immediate constituent analysis)의 영역으로 들어간다고 볼 수 있다. 곧, 이는 문장의 구조적 인식이 나타난 것이라고 할 수 있다. 물론, 직접 구성요소 분석이라는 개념으로 보면, 불완전한 점이 없지 않아 있다.[28]

(3) 문장의 변형관

　　물론, 변형관이라는 이름을 붙일 정도로 그의 관점은 대담한 것은 아니었다. 그러나 최 공은 문장의 변형성을 의도적이건 무의도적이건 간에 보이고 있었다 할 것이다.

1) 주어(主語), 객어(客語), 설명어(說明語)의 생략

　　생략이란 말은, 기본 구조에 대한 변이적인 대립 개념이다. 곧, 무엇이 생략이 되었다고 인식하는 것은, 기본에서 생략 변화가 일어났다는 것을 인식한다는 말과 같다. 다음은 '문전'에 든 생략의 보기를 글쓴이가 풀이한 것이다.

---

28) 직접 구성요소 분석은 다음과 같이 완성되어야 한다. 점선 부분은 글쓴이가 완성한 것이다.

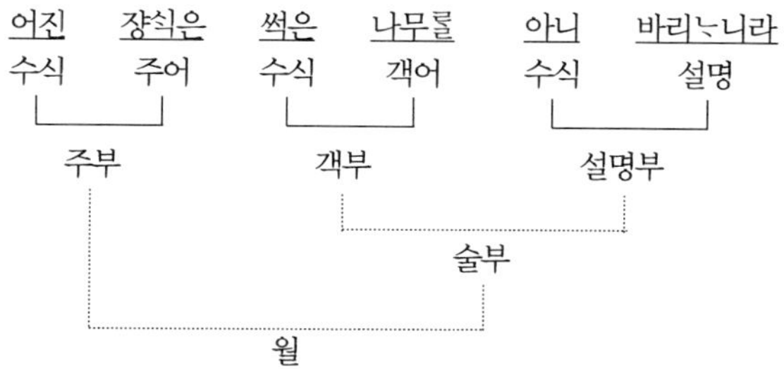

벌셔 (우리가) 한강을 건너왓다: ['주어' 생략 변화]

몟히나 (그 사름을) (내가) 보지 못ᄒ엿소: ['객어', '주어' 생략 변화]

2) 이은말 바꿔놓기(도치구)와 변이형 의식

국어의 경우는 구성요소의 바꿔놓기(도치)가 자유스럽다. 이와 같은 바꿔놓기 현상을 오늘날 언어 이론에서는 변형의 범주에 넣어 설명한다. 그리하여, 이를 '문체의 바꿔놓기 변이형'(stylistic variation)이라고 한다.

"문전"에 나타난 이은말 바꿔놓기(도치구)[29]를 글쓸이가 풀어 기술하면 다음과 같다.

엇지 알엇시리오 그 일이 잇슬줄을

<u>그 일이 잇슬줄을 엇지 알엇시리오</u>

[정당흔 위치]

위에서, '정당흔 위치'란 곧 기본형을 말한 것이므로, '이은말 바꿔놓기'는 이 기본형의 변이형으로 보았다는 풀이가 될 것이다.

3) 단문(單文), 복문(復文), 연구문(聯構文)과 변형 의식

단문(單文)과 복문(復文), 연구문(聯構文)의 설명은, 오늘날 우리에게 변형적 구조 개념을 암시해 주는 것으로 탁월한 견해라고 할 수 있다. 그는

"單文은 一個主語 及 一個說明語롤 含흔 者며 復文은 二個 以上 主語 及 說明語롤 含흔 者"[30]

---

29) 최광옥(崔光玉): 앞든 책, ㅉ.69.

30) 최광옥(崔光玉): 윗 책, ㅉ.66.

라 하고, 그 예를 다음과 같이 들었다.

단문(單文):	말ᄒᆞ기ᄂᆞᆫ	쉬우나	힝ᄒᆞ기ᄂᆞᆫ	어려우니라		
	주	설명	주	설명		
복문(復文):	孝	悌	忠	信은	身을	立ᄒᆞᄂᆞᆫ 大本이오
	주	주	주	주	객	설명
	禮	義	廉	恥ᄂᆞᆫ	己ᄅᆞᆯ	行ᄒᆞᄂᆞᆫ 先務니라
	주	주	주	주	객	설명

위에 든 '복문'은 현대 규범 말본으로 보면 단문에 해당한다. 그런데 최근에 나타난 변형문법으로 보면, 이것은 "대한문전"에서와 같이 복문으로 처리된다. "대한문전"에서의 '복문'에서는 다음과 같은 변형적 과정을 추출하여 낼 수 있다.

禮ᄂᆞᆫ 己ᄅᆞᆯ 行ᄒᆞᄂᆞᆫ 先務니라$_{s1}$
儀ᄂᆞᆫ 己ᄅᆞᆯ 行ᄒᆞᄂᆞᆫ 先務니라$_{s2}$ [속구조]
廉ᄂᆞᆫ 己ᄅᆞᆯ 行ᄒᆞᄂᆞᆫ 先務니라$_{s3}$
恥ᄂᆞᆫ 己ᄅᆞᆯ 行ᄒᆞᄂᆞᆫ 先務니라$_{s4}$
⇒禮儀廉恥ᄂᆞᆫ 己ᄅᆞᆯ 行ᄒᆞᄂᆞᆫ 先務니라 [겉구조]

연구문(聯構文)은 "二文을 聯絡ᄒᆞ야 一文을 構成ᄒᆞᄂᆞᆫ者…說明語의 語尾變化로 助動詞中止段의 (고) (며) 等語及 接續詞連體 (즉) (고로) 等語ᄅᆞᆯ 因ᄒᆞ야 其聯絡ᄒᆞᄂᆞᆫ 法으로 文을 變ᄒᆞ야 句ᄅᆞᆯ 成ᄒᆞᄂᆞᆫ 者"[31]라고 뜻매김 하였다. 그리고 다음과 같은 보기를 들었다.

31) 최광옥(崔光玉): 윗 책, ㅉ.67.

달	붉고	서리	차다
주	설명	주	설명

위의 연구문(聯構文)의 뜻매김에 따라서 주어진 예문을 변형 기술로 설명하면 다음과 같이 된다.

[달붉고 서리차다] ⇐ [달붉다] [서리차다]
     연구문   문   문

곧 위의 기술은 두 개의 기본문이 연결자(conjunctor) '고'에 의하여 한 개의 '연구문'으로 변형되어 나왔다고 읽어지는 것이다.

4) 호응(呼應)은 공존관계(co-occurrence)의 효시

『문전』은 호응(呼應) 쪽에서, '호응'은, "上下語義를 相應ㅎ도록 貫通ㅎ야 用ㅎ는法"[32]이라고 뜻매김하였으니, 이는 현대 언어학에서 말하는 광의의 공존관계(co-occurrence) 또는 말본의 일치(grammatical concord, agreement)에 해당한다.

"문전"에서는 '호응'에 대하여 동체호응(同體呼應), 이체호응(異體呼應), 결미호응(結尾呼應)으로 나누어 설명하였다.

동체호응(同體呼應)은 "過現來三節에 上下語相和ㅎ는者"라 하였으니, 이는 곧 한 문장에서, 현재(現在)-현재(現在), 과거(過去)-과거(過去), 미래(未來)-미래(未來)와 같이 상호간에 시제의 일치(concord) 호응이 이루어진다는 것이다(예: 나라에 어진 님군이 잇슴은 빅성에 큰 복이라: 현-현).

이체호응(異體呼應)은 '즉', '도', '나' 等語로 未定旣定을 不均ㅎ고 各節에 互用ㅎ느니"라 하고, 이에는 곧, '과거'-나-'과거분사'-즉-'현재'의 호응

---

32) 최광옥(崔光玉): 윗 책, ㅉ.69.

유형과, '미래분사'-도-'과거' 등의 호응 유형이 있다는 것이다(예1: 집은지엇 '과거'시나 수축ᄒ지아니흔 '과거분사' 즉 오릭 견딕지 못ᄒ지오 '현재'. 예2: 수축은 잘흘 '미래분사' 지라도 집을 견고히 짓지 아니ᄒ얏는 '과거' 고로…).

결미호응(結尾呼應)은 "末語의 時期에 從ᄒ야 節을 分홈"이라 하였으니, 이는, 월(문장) 가운데의 시제는 상관없이 끝말의 시제가 그 월의 시제를 결정해 준다는 것이다(예: 身을 立ᄒ고 道를 行ᄒ야 名을 後世에 揚ᄒ얏 도다: '과거').

이상에서 결미호응(結尾呼應)을 뺀, 동체호응(同體呼應)과 이체호응(異體呼應)은 오늘날 문장 구성요소의 공존관계 및 말본의 일치 관계를 말하는 것으로, 그것은 국어 통사론에서 중요한 뜻을 갖는다고 할 수 있다.

결론적으로, 최광옥의 『대한문전』에서는 낱소리(단음)의 혼동과, 낱말 한계의 모호성과, 형태소 분석의 잘못 등을 지적할 수 있다. 그러나 이 혼동과 잘못은 선구적인 초기 작업에서 흔히 볼 수 있는 일이고, 이 잘못보다 더 중요한 언어 연구사의 뜻을 이 『문전』은 가지고 있다고 할 수 있다.

『대한문전』은, 민족주의적 언어관 위에 이루어진 규범 문법의 효시다. 우리말본에서 최초의 일원론적('역학'의 차원을 벗어남) 음성학을 확립하였다. 품사론에서는, 의미 기능주의적 언어관을 추출하여 낼 수 있으며, 말본의 체계는 분석을 암시하고, 아울러 문장의 변형성을 암시하였으니, "대한문전"의 이와 같은 인식은 오늘날 문장론의 효시가 된다고 할 만하다.

4. 유길준(兪吉濬), 『대한문전(大韓文典)』의 사상과 분석주의 언어관

4.1. 민족주의 배경

유길준(兪吉濬)의 『대한문전(大韓文典)』이 나온 것은 융희 3년(1909)이

니, 최광옥(崔光玉)의 『대한문전』이 나온 지 1년 뒤의 일이다.[33]

최 공의 『대한문전(大韓文典)』이 민족 사상에 배경을 두고 있는 것처럼 유 공의 "대한문전"도 민족 사상에 바탕을 두고 있음은, 다음과 같은 그의 자서(自序)에 따라서 짐작되는 바이다.

> "읽을지어다. 우리 大韓文典을 읽을지어다. 大韓同胞여 우리 民族이 檀君의 靈秀흔 後裔로 固有흔 言語가 有ᄒ며 特有한 文字가 有ᄒ야 其思想과 意志를 聲音으로 發表ᄒ고 記錄으로 傳示ᄒ며 言文一致의 精神이 四千餘의 星霜을 貫ᄒ야 歷史의 眞面을 保ᄒ고 習慣의 實情을 證ᄒ도다. …漢文숭배ᄒ는 風이 全國을 靡ᄒ야 西隣의 看來흔 客字가 國民의 正音을 驅逐ᄒ야…"[34]

위와 같은 말이 어찌하여 민족 사상에 터 잡은 말이라고 하겠는가 하는 반문이 있을 수 있겠다. 그러나 가령 오늘날 현대 언어학책의 서론이나, 서양에서 나오는 말본 책의 서문에 이와 같은 민족 운운의 말이 나오겠는가, 하는 것을 견주어 생각해 보면, 쉽게 유 공의 자서 속에 들어 있는 사상적 특징을 보잡(看取)을 수 있을 것이다.[35]

이와 같은 사상 밑에서 이루어진 유 공의 "문전"(대한문전)은 그 체계로 보아 최 공의 것과 유사한 데가 있다. 그러나 그러면서도 두 "문전" 사이에는 상당한 차이가 있다. 이제 유공의 체계 중, 중요한 것을 들어 이를 국어 연구사의 흐름(조류)이라는 측면에서 소개하고 비판하여 보기로 한다.

---

33) 김민수(金敏洙): 『국어문법론연구(國語文法論研究)』, 1960에는, 저자 미상의 사본인 『조선문전(朝鮮文典 광무 8년)』을 유길준의 『대한문전(大韓文典)』의 초고본으로 상고하고 있다.

34) 유길준(兪吉濬): 「대한문전자서(大韓文典自序)」.

35) 유길준은 내부대신으로 있을 때, "법률과 명령은 다 국문으로 본을 삼고, 한문 번역을 붙일 것이며, 혹은 국한문을 혼용함"이라는 칙령을 내린 바 있다.

4.2. 『대한문전』은 규범 말본

유 공의 "대한문전"은 크게 총론(總論)과 언어론(言語論) 그리고 문장론(文章論)으로 나누어져 있다. 그리고 총론(總論)에서는 문전(文典)의 의의(意義), 음운(音韻), 문자(文字), 어음(語音)의 몽수 급 축약(蒙受及縮約)으로 나누어 풀이되어 있고, 언어론(言語論)은, 팔 품사에 대한 각론으로 이루어져 있으며, 문장론(文章論)에서는 문장(文章)의 의의(意義), 문장(文章)의 본원(本原), 문장(文章)의 부분(部分), 문장(文章)의 종류(種類)로 나누어 설명하고 있다. 이와 같은 짜임으로 이루어져 있는, '대한문전'은, 한 말로 규범말본이라 할 수 있으니, 문장(文章)의 의의(意義) 쪽에서 이를 잘 보잡을 수 있다.

> "文典이라 ᄒᆞ는 者는 人의 思想을 正確히 發表ᄒᆞ는 法을 記載ᄒᆞᆫ 學問이라… 思想의 發表를 明快케 ᄒᆞ고저 ᄒᆞᆯ진대 固有 一定ᄒᆞᆫ 軌範을 遵ᄒᆞ며 法則을 循ᄒᆞ미 可ᄒᆞ니 若其規範과 法則에 昧ᄒᆞᆯ진대 口에 出ᄒᆞ는 聲은 有ᄒᆞ나 語는 成치 못ᄒᆞ며 手로 書ᄒᆞ는 字는 有ᄒᆞ나 文을 成치 못ᄒᆞ매 聞者와 見者가 矇然解得지 못ᄒᆞᆯ지니라."[36]

위의 표현으로 볼 때, "正確히 發表", "固有 一定ᄒᆞᆫ 軌範을 遵ᄒᆞ며", "規範과 法則에 昧ᄒᆞᆯ진대" 등은, 바로, "규범문법이란, 옳게 말하고 옳게 씀을 가리키는 법"이란 뜻매김과 일치되는 것으로 볼 수 있다. 여기에 유 공의 "문전"의 규범말본의 성격을 잘 파악할 수 있다.

---

36) 유길준(兪吉濬): 『대한문전(大韓文典)』, 『문전(文典)의 의의(意義)』 쪽, ㅉ.1~2.

4.3. 사상 표출의 두 가지 수단의 인식

(1) 음운과 글자의 구별

국어학 연구사를 연구하면서 항상 느끼는 것은, 음운(소리)과 글자를 혼동하고 있다는 것이다. 그런데 여기 "문전"에서는 분명히 음운(音韻)과 문자(文字)의 조항을 두어 구별했을 뿐만 아니라, 다음과 같이 그 차이를 인식하였다.

> "人이 思想을 表示홈에 二種의 方法이 有ᄒ니 一은 口中에서 出ᄒ는 天然聲音으로 以ᄒ고 一은 手端으로 書ᄒ는 人爲 文字로 以ᄒ나니라,"[37]

하고, 또한,

> "音韻이라 ᄒᄂᆫ 者ᄂᆫ 人의 肺臟으로부터 呼出ᄒᄂᆫ 空氣가 聲帶又口腔內의 諸機關에 觸發ᄒᄂᆫ 聲이요, ……文字ᄂᆫ 吾人의 思想을 形狀으로 發表ᄒᄂᆫ 者"[38]

라 하였다. 이는 사람의 관능의 감촉이 중추 신경에 전달되어 일어나는 사상을 외부로 수행하는 수단으로서 '음운'과 '문자'에 의한 두 가지 수단이 있음을 확신한 증거가 되는 것이다.

(2) 낱소리(단음)에 대한 이해와 오해

그는 '음운'의 뜻매김을 "人의 臟으로부터 呼出ᄒᄂᆫ 空氣가 聲帶又口腔內의 諸機關에 觸發ᄒᄂᆫ 聲을 音韻"이라 하고, 그 예로, '아, 가, 나, 다, 샤

---

37) 유길준(兪吉濬): 윗 책, ㅉ.1.
38) 유길준(兪吉濬): 윗 책, ㅉ.4, ㅉ.6.

등을 들었다. 그리고 음(音)을 분류하여, 폐장으로부터 호출되는 공기가 단순히 나오는 성음(聲音)을 모음(母音)이라 하고, 'ㅏ, ㅓ, ㅗ, ㅜ, ㅡ, ㅣ'를 그 보기로 들었다. 또한, 폐장으로부터 호출되는 공기가 목(喉), 혀(舌), 이(齒), 입술(脣) 등 여러 기관에 촉발(觸發)하는 성음을 '부음'이라 하고, 'ㄱ, ㄴ, ㅁ'을 그 보기로 들었다. 그리고 부음(父音)과 모음(母音)은 합하여 자음(子音)이 된다 하고, 그 보기로, '가, 더, 로, 수'를 들었다. 그런데 생각하여 보면, '음운'이라는 큰 제목 밑에서 음(音), 곧, 모음(母音), 부음(父音), 자음(子音)이 논의되었으므로, 모음(母音), 부음(父音), 자음(子音)을 통틀어 '음운'이라고 보았다고 이해된다. 그렇다면, '음운'과 '음'(音)은 같다는 말인가, 이에 대한 해명이 없다. 또 그것이 같다 하더라도, '음운'의 뜻매김에서 낱내(음절) 글자 '아, 가, 나, 다' 등의 예가 나왔고, '음'(音)에는 'ㅏ, ㅓ, ㅗ' 모음, 'ㄱ, ㄴ, ㅁ' 부음 등의 낱소리와, '가, 더, 로, 수'등의 낱내 글자의 예가 나와 있다. 그러고 보면 '음운'과 '음'은 다른 것이 되어 버리고 만다. 그러나 이렇게 다르다고 보아 넘기기에는 또한 문제가 있으니, '음운'(아, 가, 나, 다)과 '음' 가운데의 자음(가, 더, 로, 수)은 같은 낱내자를 말한 것이 아닌가? 이와 같은 사실로 보아 그의 낱소리에 대한 인식에서는 '음운'과 '음'과를 같은 개념으로 본 것 같으면서 다르고, 다르게 본 듯하면서도 같은 점도 있다고 하는 모순에 빠진다. 이는 분명히 분류 체계에 대한 잘못인 동시에 낱내와 낱소리의 혼동이라고 할 수밖에 없다.

격음(激音) 쪽에서는 "二個의 同一호 父音의 初發音이 合호야 一個 父音을 成호는 時눈 其音이 激促혼 故로 激音이라"하고 그 보기로 'ㄲ, ㄸ, ㅃ, ㅆ, ㅉ'을 들었다. 곧 이는 이른바, '격음'이란 그 성분으로 보면 동일음의 배합으로 된 것이며, 배합된 결과의 소리는 음의 낱덩이로 볼 때 격촉(激促)한 소리 바탕을 가지는 한 낱덩이 소리(單位音, 곧 父音)가 된다는 것으로 이해된다. 이는 음성학적인 면에서 볼 때 탁견이라 할 수 있다.

그런가 하면, 중모음(重母音) 쪽에서는 또 다음과 같이 '음'과 '글자'를 혼동하였다. 곧 중모음(重母音)을 단중모음(單重母音)과 복중모음(複重母音)으로 나누었는데, 전자에는 'ㅘ, ㅝ' 등이 있고, 후자에는 'ㅙ, ㅞ' 등이 있다고 하였다. 물론, "훈민정음"식으로 보면, 글자의 생성면에서, 'ㅘ, ㅝ'는 두 개의 모음자(母音字)로, 'ㅙ, ㅞ'는 세 개의 모음자(母音字)로 결합되어 있다. 그러나 그 글자들이 20세기 실제의 발음에서는 'wa, wə; wä, we'와 같이 모두 이중모음(二重母音)에 불과하다. 그러므로 이를 갈라서 '단중모음', '복중모음' 하는 것은 글자와 실제 음과를 혼동한 것이라 할 수 있다.

(3) 연접법(Juncture)과 조음 경제 현상 인식

『대한문전』의 '어음(語音)의 몽수 급 축약(蒙受及縮約)' 쪽에 따르면, 낱말이 상합(相合) 연접할 때에 몽수(蒙受)와 축약(縮約)의 두 현상이 일어난다고 보고 있다. 몽수(蒙受)란, 상음하몽법(上音下蒙法)을 말하는데, 이는 윗말의 끝소리(支音)가 다음의 모음으로 시작되는 말과의 연접에서 이어나는 연음 현상(liaison)을 말한 것인데, 그 보기로, "꽃이 퓌엇다"에서 '꽃이→꼬시'되는 따위를 들었다. 물론 이 현상은, 말의 핵 요소와 비핵 요소간의 결합이므로 그 연접(juncture)에서 열림 연접(open juncture)이 안 온다. 그러므로 연음 현상이 일어남은 당연하다. 그러나 가령, '꽃 위'라는 보기를 보자. '꽃위'와 같은 두 개의 핵 요소의 결합에서는 그 사이에 낱말 경계(word boundary)가 오므로, 일단은 심리적으로 닫침 연접(close juncture)이 일어나서, 꽃은 '꼳'이 된다(reduction 현상을 일으켜서). 다음으로 제2차 단계로, 연음 현상이 일어나서 '꽃 위'는 '꼬 뒤'로 발음되는 것이다. "문전"의 상음하몽법(上音下蒙法)은 이와 같이 볼 때 한편 타당성이 있는 설이나, 또 한 쪽을 보지 못했다는 흠이 뒤따름을 알 수 있다.

낱말이 상합할 때에 일어나는 또 하나의 현상은 축약법(縮約法)으로 설명하였다. '축약법'은 "音調의 關係와 言語의 簡便을 爲ᄒ야 生ᄒ는者"라 하고, "건느어→건너", "붉으어→붉어", "가지안는도다→가잔는도다"의 보기를 들었다. 여기에서 중요한 것은, 형태 배합이 있을 때, 한 모음을 줄임으로써, 한 음절이 축약되는 현상을 언어의 '조음 경제 현상'으로 인식하고 있다는 사실이요, 또한 이러한 조음 경제 현상은 어근과 비어근('붉으'를 어근으로 인식하고 있음은 문제이다)과의 연접에서 뿐 아니라, 두 어근 사이에서도 인식을 하고 있다는 사실이다.

4.4. 의미기능주의

품사 분류의 원칙을 보면 대체로 '의미기능주의'적 언어관에 서 있으며, 이에 따라, 명사(名詞), 대명사(代名詞), 동사(動詞), 조동사(助動詞), 형용사(形容詞), 접속사(接續詞), 첨부사(添附詞), 감동사(感動詞)의 팔 품사로 나누었다. '의미기능주의' 언어관에 서 있다는 것은, 그 각 품사의 의의 쪽을 보면 알 수 있다.

명사(名詞)를 의미적으로 정의하되, "有形無形흔 一切事物의 名을 稱ᄒ는 語"는 라 하고, 그 하위류로, 특립명사(特立名詞), 보통명사(普通名詞), 변화명사(變化名詞)를 분류하였다. 그런데 이 중, 변화명사(變化名詞)만은 기능적 입장에서 본 것이니, 원동사(原動詞) 또는 형용사(形容詞)가 변하여 된 (이름꼴 씨끝을 붙인) "깃븜, 깃브기(←깃브어), 프름, 프르기(←프른)"를 변화명사(變化名詞)로 보았기 때문이다.

대명사(代名詞)의 의의 쪽에 따르면, '대명사'는 "事物의 名의 代에 用ᄒ는 語"라 하여, 의미에 의한 정의를 내리었다. 그리고 그 하위류로 인대명사(人代名詞), 문대명사(問代名詞), 관계대명사(關係代名詞)를 분류하여냈다. 이 중 특히 관계대명사는 '의미기능적' 시각에서 함께 고려하였음이 특이하다. 곧, '관계대명사'는 "一代名詞가 <u>語句의 前後에 在ᄒ야</u> 그 上成下의 語句를 聯關ᄒ는 同時에, 그 又 <u>其意義를 表出ᄒ는 者</u>"라 하였음이 그것이다.

동사(動詞)는 "名詞 及 代名詞의 作用 或 形態를 發現ᄒ는 語"라 하고 그 하위류를, 자동사(自動詞), 타동사(他動詞), 주동사(主動詞), 피동사(被動詞)로 나누었다. 더욱 동사(動詞)의 시기(時期)로 들어가면, 현재동사(現在動詞), 미래동사(未來動詞), 과거동사(過去動詞), 과거의 현재동사(現在動詞),

과거의 미래동사(未來動詞), 과거의 과거동사(過去動詞) 등으로 논의하였는데, 이는 완전히 의미에 입각한 것이었다.

조동사(助動詞)는 "動詞의 活用을 助ᄒᆞ야 其 意義를 完成ᄒᆞ는 語"라 하여, "말이 달니아", "닭이 우르오", "내가 가겟소", "프르오" 등에서, '아, 오, 겟, 소, 오'(형용사 끝)를 조동사로 보았음은, 조동사를 기능적 시각에서 식별한 것이라 하겠다(주의할 것은, 형태소 자체(겟소)를 한 낱덩이로 각각 조동사로 보았다는 사실이다). 그리고 구체적으로 조동사의 종류로 들어가면, 그것은 기절(期節: 現, 未, 過), 계단(階段), 의사(意思) 등으로 나뉘는데, 이것은 완전히 의미에 입각한 것이다.

형용사(形容詞)는 "名詞의 形狀 及 性質을 發表ᄒᆞ는 語"라 하였으니, 이는 의미에 바탕을 두고 낱말로 독립시킨 것이다. 그런데 형용사를 하위 분류하는 데는 분포(위치, 환경)와 형태 구조에 기반을 두었다. 분포에 따라서는 전치형용사(前置形容詞) (놉흔 뫼)와 후치형용사(後置形容詞) (뫼가 놉흐어)로 나누고, 형태 구조적인 특징 관계로 보아서는 원존형용사(原存形容詞)(놉흔 뫼)와 전성형용사(轉成形容詞) (사람의 머리, 나문 닙, 쇠(소의) 굽, 住ᄒᆞ는, 行ᄒᆞᆯ…) 등으로 나누었다.

접속사(接續詞)는, "言語 中間에 揷入ᄒᆞ야 前後承接ᄒᆞ며, 上下連續ᄒᆞ야 其意를 相通ᄒᆞ는 語"라 하였으니, 접속사는 구조 기능으로 보아 품사로 독립시켰다고 할 수 있다.[39] 그러나 그 하위 분류는, 그 접속사가 머금고 있는 의미나 말본의 기능에 입각하여 분류하였다. 곧, 명사의 자격을 정하는 주격(主格)(가, 이, 는, 은)과 빈격(賓格)(를, 을)에 해당하는 정체접속사(定體接續詞)는 말본의 기능에 의한 분류이요, 명사의 체세(體勢)를 정하는 지세(止勢)의 뜻(산에 구경 가다, 강으로 고기잡이가다)과 동세(動勢)의 뜻(소로 밧갈다)을 나타내는 정체접속사(定體接續詞)는 의미적 시각에 의한 분류이다. 그리고

---

39) 유길준(兪吉濬)의 접속사(接續詞)는 최광옥(崔光玉)의 접속사(接續詞)와 후사(後詞)에 해당한다.

명사 혹은 어귀(語句)를 연결하는 것은 연체접속사(連體接續詞)(나의 책, 나와 너, 뫼놉흔 쏜 물고흔 이곳), 위 아랫말 혹은 구(句)를 순접(順接)하는 것은 순체접속사(順體接續詞)(비가 오면 쏫이 필이라), 위 아랫말 혹은 구를 접속하되, 그 뜻을 상반(相反)케 하는 것은 반체접속사(反體接續詞)(두견 접동이 낫이나 운다. 닭의 입이 될지언정)라 하였음은 다 의미에 기본을 두고 가른 것이다. 대개, 유 공의 정체접속사(定體接續詞) 및 연체접속사(連體接續詞)는 오늘날 자리토(格助詞)에 해당하고, 순체접속사(順體接續詞)및 반체접속사(反體接續詞)는 이음법 접미사에 해당한다.

첨부사(添附詞)는, "動詞, 形容詞, 又 他 添附詞에 添附ᄒ야 其 意義를 限定ᄒ는 者"라 하였으니, 이는 구조적 기능, 곧 말본의 기능을 고려한 낱말의 정립이다.

감동사(感動詞)는, "人의 觸發ᄒ는 感動을 表示ᄒ는 語"라 하였으니, 분명히 어휘적 의미에 입각한 뜻매김이라 할 수 있다. 그러므로 유공의 품사 분류의 대원칙에 보이는 언어관은, 대체로 의미와 기능주의라고 할 수 있다.

4.5. 분석주의 언어관

(1) 접미사(형태소)의 낱말로의 인식

유 공의 "대한문전" 체계는 어간과 접미사(형태소)를 다음과 같이 각립된 낱말로 수립하였다. 곧, 어간은, 동사 또는 형용사로 독립시키고, 그 접미사(형태소)는 조동사라는 낱말로 독립시켰다. 이제, 이를 알기 쉽게 보이면, 다음과 같다.

<u>달니</u>   <u>아</u>   <u>가</u>   <u>겟</u>   <u>소</u>
 동   조동   동   조동   조동

<u>푸르</u>   <u>오</u>
 형   조동

(2) 토(접속사)를 낱말로 인식

토는, 명사 대명사의 의미 표지에 직접 관계되는 것이 아니라, 언어 중간에 삽입되어, 그 앞뒤를 받아 이어서, 그 뜻을 서로 통하게 하는 말본의 기능을 가진 말이라 하여, 이를 독립시켰다.[40]

(3) 분석 과정의 오류

1) 낱말 경계의 불분명성

위에서는 유공의 "문전" 체계가 분석적 판단에 의한 분석 체계임을 밝혔다. 그러나 이제 그의 동사와 형용사에 대한 설명을 종합적으로 비교하여 보면, 그러한 분석 체계로 판단할 수만은 없는 결과에 이른다. 곧 그는 품사 설정에서 한 요소를 분석하여 그것을 독립시키려는 분석적인 위치에 서 있는 것 같으나, 그 분석의 한계가 모호하거나 혼란하고 또 종합적으로 보는 등, 몇몇을 빼놓고 확실하게 분석적 체계라고 단언하기 어려운 점이 있다. 이제 먼저 그 자료를 제시하고, 이 사실을 검토해 보기로 하겠다.

1. 새가 <u>나르오</u>	자동
2. 네가 굿세<u>다</u>	조동(동사)
3. 물을 <u>마신</u>다	타동
4. <u>가오</u>	현재동사(오: 조동)
5. <u>갈야오</u>	미래동사(야: 조동, 오: 조동)
6. <u>갓섯소</u>	과거동사(섯: 조동, 소: 조동)
7. <u>가드니</u>	과거의 현재동사(드: 조동, 니: 조동)
8. <u>가는</u>	현재절분사(형용, 는: 조동)
9. 갈	미래절분사(형용)
10. 말이 달니<u>아</u>	조동사(달니: 동사)

---

40) 유길준(兪吉濬): 앞든 책, ㅉ.78.

11. 말이 달니<u>오</u>	조동사(달니: 동사)
12. 내가 가<u>아</u>	조동사 현재(가: 동사)
13. 내가 가겟소	조동사 미래(가: 동사)
14. 연못을 파더라	조동사 과거(파: 동사)
15. 가거라	조동사 합속단(合續段)
16. 가고	조동사 중지단(中止段)
17. 가<u>오</u>	조동사 종결단(終結段)
18. 가<u>고저</u>	조동사 욕정(慾情)
19. 가<u>어야</u> 겟소	조동사 필요(必要)
20. 내가 가겟다	조동사 결정(決定)
21. 져리 가<u>오</u>	조동사 명령(命令)
22. 갈<u>는지</u>	조동사 의상미래(擬想未來)
23. 그이가 갓<u>는가</u>	조동사 의문(疑問)
24. 손님이 오<u>시</u>오	조동사 존경(尊敬)
25. 지금 가<u>압나이다</u>	조동사 겸공(謙恭)
26. <u>프른</u>	형용사 현재
27. <u>프를</u>	형용사 미래
28. <u>프르럿는</u>	형용사 과거
29. <u>사람</u>의 머리	전성형용사
30. 나<u>의</u> 책	연체접속사

이상의 자료를 검토해 보면, 종합적 체계인 것 같으면서도 분석적 체계가 들어 있고, 그런가 하면 이 둘이 혼동되어 있음을 발견할 수 있다. 다음에 이를 조목 별로 적어 보자.

낱말 구조면에서,

（ⅰ）어간 + 접미사 = 낱말:

동사어간 + 종결접미 1. 4.

동사어간＋관형형어미 8. 9.

형용사어간＋관형형어미 26. 27.

동사어간＋시상접미＋종결접미 5. 6. 7.

어간＋시상접미(종결접미나 관형형어미는 제외) 3. 28.

이상으로 보면, 종합적인 낱말관이라 할 수 있다. 그런데 종합적 낱말관
에는 틀림이 없으나, 그 체계면에서 일치되지 않은 점이 있다. 곧 어떤 경우
에는 종결 접미가 있을 경우에 그 종결 접미와 결합하여 한 낱말로 보면서,
또 어떤 경우에는 종결 접미를 뺀 나머지만을 낱말로 보고 있다.

(ii) 접미사(또는 접미사 배합):

형용사의 종결접미 (조동) 2.

동사의 종결접미 (조동) 10. 11. 12. 17. 21. 22. 23. 15.(종결접
미 일부)

존대접미＋종결접미 (조동) 25.

시상접미 (조동) 13. 14. 20

연결접미 (조동) 16. 18. 19.

존대접미 (조동) 24

위는 하나의 접미사만으로 낱말이 되는 경우가 있는가 하면, 접미사의
결합체가 낱말이 되는 경우가 있어서, (ⅰ)의 경우와 대조적이다.

(iii) 명사＋토(접속사) = 낱말:

명사＋토(접속사) = 전성형용사 29.

(iv) 토(접속사) = 낱말 30.

위에서 (iii)과 (iv)는 서로 대립적인 것으로써, 토(접속사)가 전성형용사
의 한 구성요소이기도 하고, 또 독립된 낱말이기도 하는 모순성을 보이고
있다.

2) 동사와 조동사의 경계 모호

이미 낱말의 경계가 불확실한 사실이 증명되었기 때문에, 동사와 조동사

와의 한계도 모호함을 면치 못한다.

　동사:

　　　동사어간+종결접미　1. 4.

　　　동사어간+시상접미(종결접미나 관형형어미는 제외)　3. 28.

　　　동사어간+관형사형접미　8. 9.

　　　동사어간　10. 11. 12. 13. 14.

　조동사:

　　　형용사의 종결접미　2.

　　　동사의 종결접미　10. 11. 12. 17. 21. 22. 23. 15.(종결접미 일부)

　　　동사의 시상접미　13. 14. 20.

　　　동사의 연결접미　16. 18. 19.

　　　존대접미　24.

　　　존대접미＋종결접미　25.

　위에서 동사 쪽을 보면, 동사 자체가 분석적이라기보다 종합적이다. 또한 그 구조에도 일관성이 없다.

　더욱이 '동사어간＋접미사'를 동사로 보면서 또 접미사를 조동사로 보는 모순된 체계가 나타났다. 접미사를 조동사로 보았으니 어간은 동사로 보았다는 말도 된다. 이렇게 보면, 그의 동사와 조동사의 한계는 도무지 모호하기 짝이 없다. 이 모호성은 다음 기술과 같이 명시될 수 있다.

　동사, 조동사의 모호성:

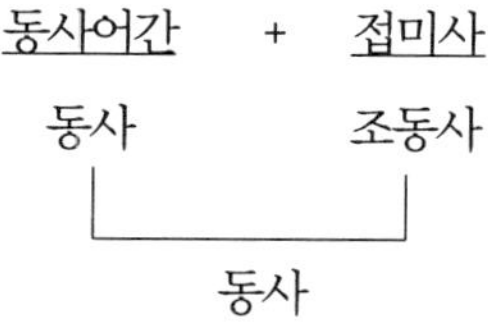

3) 접속사와 조동사의 혼동

그는 "言語의 中間에 挿入ᄒ야 前後承接ᄒ며, 上下連續ᄒ야 其意를 相通ᄒ는 語"를 접속사(接續詞)라 하였다. 그리고 다음과 같이 예를 들었다.

정체접속사(定體接續詞):

주격(主格): 내가 간다.

빈격(賓格): 나를 브른다.

지세(止勢): 산에 구경가다.

동세(動勢): 소로 밧 갈다.

연체접속사(連體接續詞): 나의 책, 나와 너.

순체접속사(順體接續詞): 비가 오면, 꼿이 필이라.

반체접속사(反體接續詞): 두견접동이 낫이나 운다.

이상으로 보아 지금의 토나 동사 접미사(…오면) 그리고 지정사 접미사(…낫이나)를 낱말로 보고, 이를 모두 접속사라 하였다. 토를 접속사로 보는 것은 자유이나, 접미사를 조동사로 보는 체계에서, 또 접미사를 접속사로 보았다는 것은 또 한 번 낱말이나 품사 체계의 혼동을 초래한 것이라 할 수 있다.

이미 지적한 바 있는 동사, 조동사의 모호성에 이 접속사까지 넣어 생각하면, 다음과 같은 체계의 모호성이 기술된다.

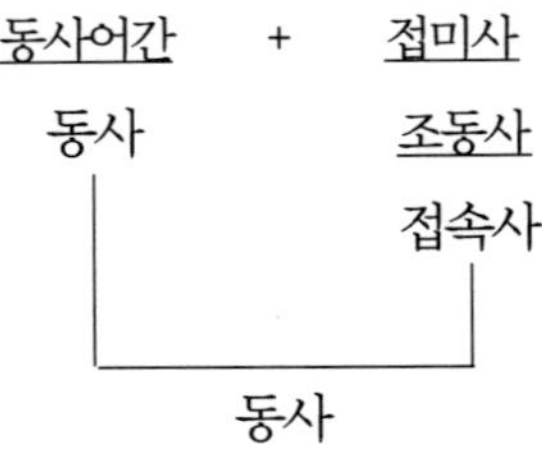

그런데 이와 같은 모호성의 근본적 원인은, 낱말 경계를 설정함에 있어서, 일원적 관점에 서지 아니하고, 다원적인 관점에 섰기 때문이다.

이와 같은 관점의 잘못으로 말미암아 그의 동사, 조동사, 형용사, 접속사 쪽에서 낱말이나 품사의 경계가 모호하고, 혼동되어 나온 것이다. 그의 체계는 모순을 지닌 대로 종합적 체계인 것 같으면서 또한 분석 체계인 점도 있다. 그러므로 그의 말본 체계는, 분석과, 종합 중, 어느 하나로 딱 잡아 말할 수 없는 혼합 체계이다. 다만, 그의 언어관으로 보면 분석의 관점에 더 기울어져 있는 것만은 사실이다.

(4) 의미론의 시사와 현대 언어학에의 접근
1) 관계대명사의 의미기능 해석

유 공의 '관계대명사'는, 오늘날 규범 말본에서 안옹근 이름씨(불완전명사)에 해당한다. '안옹근 이름씨'란 구조적으로 이름씨의 구조 의미를 가지고 있으나, 다만, 그 자체 구속 형태(bound form)라는 데서 옹글지 아니한 이름씨라고 하는 것이다. 그러나 생성 문법론이 대두하면서, 안옹근 이름씨의 속켜(심층)의 실체를 규명하기 시작했다. 그리하여 가령 "내가 가는 것은 나라를 위함이다"라는 보기에서, '것'은 구조상 이름씨의 기능을 가질 뿐 아니라, 문장의 의미로 볼 때, '간다'고 하는 사실 곧 '감'을 대신 (관계대명사스런)나타내 주고 있다고 할 수 있다. 유 공의 '관계대명사'의 뜻매김에 따르면, "代名詞가 語句의 前後에 在ᄒ야 그 上或下의 語句를 聯關ᄒ는 同時에 又其 意義를 表出ᄒ는 者"라 하였으니, 관계대명사를 문장상의 의미로 파악하려는 의도가 이에 숨어 있다고 할 것이다. 따라서 그가 든 보기:

비는 가무는 째에 바라는 거다.

가무는 째에 바라는 바 비가 온다.

리순신, 싸홈잘ᄒ든 <u>그 사람</u>이야…

등에서, <u>거</u>는 '비'와 관계되는 대명사이고, <u>바</u>는 바로 아랫말 '비'에 관계되는 대명사이며, <u>그 사람</u>은 '리순신'에 관계되는 대명사라고 해석되는 것이다.

이와 같은 관계대명사 설은, 오늘날 언어 이론으로 볼 때 매우 뜻있는 것이라 할 수 있다.

2) 정체접속사(定體接續詞)의 주격(主格)에 대한 의미 해석

정체접속사의 주격에는 가 / 이, 는 / 은이 있는데, 말꼬리에 받침이 있을 경우는 '이', '은'이 되고, 없을 경우에는 '가', '는'이 된다고 하였다. 이는 이미 최 공이 밝힌 바이지만, 유 공은 이에 더 나아가서, '이' 계열과 '은' 계열이 다 주격을 나타내기는 하지만, 더 깊이 들어가면 의미의 차이가 있어서, '은' 계열은 '이' 계열에 비하여 말뜻이 약간 중하다 하고 있다.[41] 이와 같은 언급은 오늘날 속켜(심층)로서의 격(格) 의미론과 관계가 있어 관심을 끈다.

4.6. 구조의 변화 인식과 논리학의 끼어들어감(개입)

(1) 문장본원(文章本原)과 기본문의 인식 문제

유 공의 문장론(文章論)에 따르면, '문장(文章)의 본원'(本原)을 "文章의 組織上 必要흔 言語의 部分"이라 하고 그 종류를 주어(主語), 설명어(說明語), 객어(客語), 보족어(補足語), 수식어(修飾語)로 나누었다. 이와 같은 문장의 본원은 다시 여러 가지로 분류되며, 그것들은 서로 상관관계를 가지고 결합하여, 문장을 형성하는 것으로 설명하였다. 이제 이를 정리하여 틀로 나타내 보이면 다음과 같다.

---

41) 유길준(兪吉濬): 윗 책, ㅉ.80.

- 주어
  - 형식에 의한 구별
    - 단주(單主): 개가 간다.
    - 복주(複主): 개와 말이 간다.
    - 총주(總主): 가을은 달이 밝소.
    - 수주(修主): 놉흔 산
  - 성질에 의한 구별
    - 문법상주(文法上主): 산이 놉흐어, 놉흔 산
    - 논리상주(論理上主): 놉흔 산

- 설명어
  - 형식에 의한 구별
    - 단설(單說): 쏫이 픠도다.
    - 복설(複說): 말이 물고, 차다.
    - 수설(修說): 날이 심히 차다.
  - 성질에 의한 구별
    - 문법상설(文法上說): 새가 나는도다.
    - 논리상설(論理上說): 말이 쌜히 가는도다.

- 객어
  - 형식에 의한 구별
    - 단객(單客): 사람이 말ᄋᆞᆯ 탄다.
    - 복객(複客): 사람이 말과 소ᄅᆞᆯ 몰고 간다.
    - 수객(修客): 사람이 흰 말ᄋᆞᆯ 탓다.
  - 성질에 의한 구별
    - 문법상객(文法上客): 나뷔가 됴흔 쏫ᄋᆞᆯ 차저 단인다.
    - 논리상객(論理上客): 나뷔가 됴흔 쏫ᄋᆞᆯ 차저 단인다.

보족어: 구름이 산에 덥히엇다.

검은 구름이 머은 하날로서 큰 비ᄅᆞᆯ 매오 급히 모러온다.

- 수식어
  - 주수(主修): 검은 구름이
  - 보수(補修): 머은 하날로서
  - 객수(客修): 큰 비ᄅᆞᆯ
  - 설수(說修): 급히 모러온다.
  - 수수(修修): 매오 급히

그리고 각 '문장의 본원'간의 관계를 보면, '주어'는 주격의 체언이요. '설명어'는 주어의 상태(형용사) 작용(동사)을 나타내는 말이며, '객어'는 설명어의 목적 명사라 하였다. 또 보족어는 명사가 객(客)의 위치에 있지 않은 것이라 하고, '수식어'는 주(主), 설(說), 객(客), 보(補), 수(修)를 한정한다고 하였다.

이상에서, 다음과 같은 사실을 추출해 낼 수 있다.

1) 문장 구성의 가능성과 기본 문장

문장 구조의 가능성은, ㉠ '문장본원'(文章本原)의 의무적(obligatory) 구조와, ㉡ '문장 본원'의 수의적(optional) 구조로 나타난다.

㉠ 문장 본원의 의무적 구조

이는, 설명어의 자질에 따라, 문장 본원이 의무적으로 결합을 요구하는 구조를 말하며, 그 결합 구조와 보기는 다음과 같다(다음에서, 각 문장 본원은 단순한 (복(複)이나 총(總)이 아닌) 꼴이다).

  (가) 주어-설명어

   설명어: 주어의 작용(동사) 상태(형용사)를 표현하는 말.

   개가 간다. 달이 밝소.

  (나) 주어-객어-설명어

   객어: 설명어가 요구하는 목적 명사.

   목수가 집을 짓는다.

  (다) 주어-보족어-설명어

   보족어: 한 문장의 성립상, 설명어가 주어, 객어 이외에 요구하는 명사.

   구름이 연긔와 갓흐다.

ⓛ 문장 본원의 수의적 구조

이는, ㉠에 보인 의무적인 문장에, 수식어가 각 문장 본원에 수의적으로 올 수 있음을 말한다. 그 결합 양상을 보이면 다음과 같다(괄호 안은 수의적임을 보임).

(가) (수식)－주어－(수식)－설명어

(나) (수식)－주어－(수식)－객어－(수식)－설명어

(다) (수식)－주어－(수식)－보족어－(수식)－설명어

그러나 여기에서 이와 같이 수의적인 결합 구조를 생각하면, 문장의 생성 가능성은 무한하다. 이 무한한 문장의 구조를 일일이 말할 수는 없다. 그러므로 무한한 문장 구조를 생성해 낼 수 있는 기본문의 식별이 무엇보다 중요하다. 유 공은 이 문장의 무한한 구성의 가능성을 시사했을 뿐, 그 문장을 생성하여 낼 수 있는 기본문을 확실히 설정하지는 못했다. 물론 그는 '본원(本原)의 배열(排列)'조에서, "文章의 成立에 諸本原은 各其一定흔 位置가 有흐니 其正則을 擧示흐노라"하고, 글쓸이가 이미 분류하여 보인 ㉠의 의무적 구조와, ⓛ의 수의적 구조를 '정칙(正則) 배열'로 인정하였다.[42] 그리고 여기에서 바꾸어 놓이(도치)는 배열을 '도치문(倒置文)'이라 하고, 이 바꾸어 놓이(도치, 전도(顚倒))는 제법은 일일이 예시하기 어렵다[43]고 함으로써, 앞에 든, ㉠, ⓛ의 구조를 합하여 기본문으로 삼았다고 해석이 간다. 그러나 ⓛ의 수의적 구조는 이미 ㉠의 의무적 구조에서 생성한 구조로 볼 수 있으므로, 기본문은, 오직 ㉠의 의무적 구조에만 해당한다고 보아야 할 것이다.

2) 문장의 기본과 변환관

이미 말한 바와 같이 그는 기본문에 관한 확실한 인식과, 정확한 인식을 하고 있었던 것은 아니나, 그 나름대로 본원(本原)의 정칙(正則) 배열이라는

---

42) 유길준(兪吉濬): 윗 책, ㅉ.108~110.

43) 유길준(兪吉濬): 윗 책, ㅉ.112.

기본문을 생각하고는 있었던 듯하였다. 그리고 이러한 기본문이 그 정칙의 배열을 벗어난다든가, 또는 기본문의 구성요소가 생략된다든가 하는 데서, 문장의 변환관을 인식하고 있는 듯하였다. 더구나, 그의 본원(本原) 종류(種類)쪽에 보이는 복주어(複主語), 총주어(總主語), 복설명어(複說明語), 복객어(複客語)에 대한 설명에 내포된 관념이나, 복주어(複主語)와 중문(重文)('문장의 종류'쪽) 관계에 내포된 관념으로 보면, 기본문과 그 기본문의 변환에 대한 관점이 어느 정도 부각되어 나온다고 할 수 있다.

이제 이에 대하여 살펴보기로 한다.

㉠ 문체의 수의적 변이

'본원의 배열(本原의 排列)'쪽에 보이는 정칙(定則)('문장 본원'의 의무적 구조와 수의적 구조를 합한)과 그 바꾸어놓기(顚倒)로 말미암아 나타나는 도치문(倒置文)의 설명(아해들이 글을 읽는다→읽는다, 아해들이, 글을)은 오늘날 문체 변이(stylistic variation)에 해당하는 것으로, 하나의 기본에 대한 인식과, 그 기본의 변환관이라 할 수 있다.

㉡ 수의적 생략

'본원의 생략(本原의 省略)' 쪽에 보이는 주어 생략(主語 省略)((네가) 그 사람을 보앗나냐)과 객어 생략(客語省略) (내가 (그사람을) 보앗소) 및 보족어 생략(補足語省略)(학교장이 졸업증서를 (졸업생에게)준다) 등은 기본 문장 구조의 의미에 차이를 일으키지 않는 수의적(optional) 생략 변형에 해당하는 것으로, 기본과 그 기본의 변환관이라고 할 수 있다.

㉢ 복주어(複主語), 총주어(總主語), 복설명어(復說明語), 복객어(復客語)설에 나타난 문장의 변형 암시

'복주어(複主語)'와 '총주어(總主語)'는 한 문장에 주어가 둘이 있다는 점에서 같으나 그 구조면에서 구별한 것은 흥미 있는 사실이다.

개와 말이 간다.[44]

는 분명히 복주어(複主語)이다. '복주어(複主語)'라는 것은 하나의 설명어에 대하여 주어가 둘이 연속적으로 이웃하고 있다는 것으로, 그 이면에는 다음과 같이 문장이 둘이 있다는 것을 암시해 주는 말이다.

개와 말이 간다.
⇐ 개가 간다. 말이 간다.

유 공은 이를 정말 이와 같이 생각하였는지는 모른다. 그러나 적어도 그것은 우리로 하여금, 그와 같은 복주어를 가진 문장에는 두 개의 문장이 변형 축소되어 있다는 실마리를 잡게 한다.
그의 '총주어(總主語)'는 다음의 보기에서 '가을'에 해당한다.

가을은 달이 밝다.

가을(은)을 총주어로 보았다는 것은, 달(이) 또한 '밝다'의 주어임을 암시해 주는 말이다. 여기 총주어는 이른바 '모문장 주어'(母文章 主語, main subject, matrix sentence subject)에 해당한다. 유 공은 더 이상 논급하지는 아니했지만, 총주어 가진 문장이란, 아와 같이 주어가 두 개이고, 따라서 속켜(심층)에 두 개의 문장이 있다는 변형 구조론의 암시를 주기도 하는 것이다. 다음을 보자.

가을은 달이 밝다.
⇐[달이 밝다]$_S$ + [[가을은]$_{NP}$ [달이 밝다]$_{VP}$]$_S$

이를 다시 다음과 같은 꺾쇠 묶음 법칙으로 기술할 수 있다.

---

44) '명사'만을 주어로 본 것은 모순이다. '명사'는 주어명사일 뿐이며, 주어명사와 주격 토가 합하여서 '주어'가 된다고 보아야 한다. 객어의 경우도 마찬가지이다.

$$[[\text{가을은}]_{NP}[[[\text{달이}]_{NP}[\text{밝다}]_{VP}]_{S}]]_{VP}]_{S}$$

이 경우 안쪽 s는 도움월(보문장, complement sentence, embedded sentence)이다.

이상에서 보면, 유 공의 '복주어'와 '총주어'의 개념적 차이는 문장의 속구조(심층적 구조)의 차이에서 오는 것이라고 보아 마땅하다.

'복설명어'나 '복객어'의 경우도 '복주어'의 경우와 같이, '복설명어' 가진 문장이나 '복객어'를 가진 문장은 그 속구조 면에서 다음과 같이 두 개의 문장을 유도할 수 있다는 실마리를 잡아주는 것이다.

    복설명어: 말이 물고 차다
        ⇐말이 물다. 말이 차다.
    복 객 어: 사람이 말과 소를 몰고 간다.
        ⇐사람미 마를 몰고 간다. 사람이 소를 몰고 간다.

㉣ '복주어'와 '중문(重文)' 관계에서 보이는 변형관

유 공의 복주어는 문장의 구성요소적 개념이고, 중문이란 문장 자체의 개념이다. 그러나 이들은 문장의 '속켜(심층)'와 변형이라는 면에서 상당한 관계가 있다. 곧 복주어 가진 문장이나 중문은 다음과 같은 똑같은 속켜의 기본문(심층적 기본문)에서 변형된 것으로 볼 수 있다.

    개와 말이 간다. (복주어)
    ⇐개가 가고 말이 간다. (중문)
    ⇐개가 간다. 말이 간다. (두 개의 속 문장)

그러므로 유 공의 복주어 가진 문장은 그의 중문과 그 속 구조면에서 같다고 볼 수 있다.[45]

그러나 한편 같지 않음도 발견된다. 복주어란 같은 설명문에 대한 두 개의 주체이기 때문에 언제나 복주어에 대한 설명어는 같다. 설명어 뿐 아니라, 설명어의 목적 명사인 객어도 같다.

개와 말이 훈련을 받는다.[46)]
⇐개가 훈련을 받는다.
말이 훈련을 받는다.

그러나 중문인 경우는, 설명어가 다를 수 있다. 따라서 객어도 다를 수 있다.

새가 울고 꽃이 퓌다.
⇐새가 울다.
꽃이 퓌다.
구름은 룡을 좃고 바람은 범을 좃도다.
⇐구름이 룡을 좃다.
바람이 범을 좃다.

이와 같이 그의 복주어의 속구조와 중문의 속구조는 같을 수도 있고 같지 않을 수도 있다. 다시 말하면, 복주어 가진 문은 반드시 그 속구조에서 중문과 같으나, 중문은 복구어 가진 문장과 그 속구조가 같기도 하고 다르기도 하다. 이와 같이 볼 때, 그의 복주어 개념과 중문의 개념은 변형적 성격을 깔고 있는 중요한 개념으로 받아들일 수 있는 것이다.

---

45) 유 공의 복주어 가진 문장은 최 공의 복문장의 개념과 같다.
　최: 복문: 孝悌忠信은 身을 立ㅎ는 大體이오.
　유: 복주어: 개와 말이 간다.
46) 이 보기는 글쓸이가 든 것임.

(2) 보조 과학으로서의 '논리학'의 끼어들어감(개입)

그의 '문장의 본원(文章의 本原)'쪽에서는 주어(主語), 객어(客語), 설명어(說明語)에 대하여 각각 문법(文法)적인 것과 논리(論理)적인 것으로 나누었다. 가령, "산이 놉흐어", "놉흔 산"의 '산'과 같이 단순한 주어는 문법상 주어(文法上 主語)라 하고, 놉흔 산과 같이, 문법상 주어에 수식어를 합한 것을 논리상 주어(論理上 主語)라고 하였는데, 문장을 논리적인 면에서 보면, 이는 당연한 귀결이겠다. 그럼에도 그는 그의 말본에서, 이러한 논리에 입각한 체계를 직접 세우지는 아니했다. 그러나 이러한 논리상 주어는 그의 말본 체계에서 또 하나의 배합의 차원 곧 본원(本原)의 배합체인 '본원의 부분(本原의 部分)'에서 주부(主部)(논리상 객어는 객부(客部), 논리상 설명어는 설명부(說明部))라는 새로운 배합의 차원으로 올라간 것이라고 보아야 한다. 이렇게 보면 벌써 '논리학은 이때부터 말본갈의 측면적 보조 과학'으로 필요성을 느끼기 시작했다고 보아야 할 것이다.

이 밖에 유 공은 '호응(呼應)'쪽에서, 순체호응(順體呼應)(네가 가면 나도 가마)과 반체호응(反體呼應)(네가 가나 나는 가지 아니하다)을 다루었으나, 공존관계(co-occurrence)란 면에서 보면 최광옥의 『대한문전』보다 떨어진다.

결론적으로, 유길준의 "대한문전"에서는, 낱말 경계의 설정에서, 일원적인 관점에 서지 아니하고 다원적인 관점에 섬으로써, 그 분석 과정에 잘못을 범하고 말았지만, 최광옥의 "대한문전"에 이은, 민족 사상에 입각한 규범 말본의 발전 체제임을 보인다.

그는, 사람의 사상 표출의 두 가지 수단으로 음성과 문자를 인식하고, 말의 배합에서의 조음 경제 현상을 인식하였다. 한편 의미 기능주의 언어관에 서서 품사를 분류하고, 관계 대명사나 주격의 설명에서는 의미론적 연구로 현대 언어학에 접근하려 하고 있다. 문장론에서는 구조의 동적인 변화의 인식을 하기 시작했다고 보아진다. 한편, 말본갈의 측면적 보조 과학으로 '논리학'이 개입되기 시작했음도 빼놓을 수 없는 중요한 사실이다.

5. 주시경(周時經)의 근대 국어학의 확립

갑오경장 이후의 국어학은 앞에서 말한 바 이봉운의 『국문정리(國文正理』(1897)에서 국어의 말본 연구가 처음 시작되었으나, 인문과학이라는 위치에서 볼 때 그것은 크게 볼만한 것은 없다. 다만 최광옥, 유길준의 두 『대한문전』에서, 어느 정도 인문과학으로서의 체계와 근대 한국 말본학의 과학적 의미를 발견할 수 있다. 그러나 이것은 외국말 말본의 영향을 입은 인상을 풍길 뿐만 아니라, 체계에도 얼마간 혼동을 일으키고 있다. 국어학이 우리 인문과학으로서 면모를 갖추게 된 것은 주시경의 국어학에서부터 아닌가 한다. 물론 김희상(金熙祥)의 『초등국어어전(初等國語語典)』(1909)이 있다. 이는 사립학교 국어과 초등교육 학생용이다(그 뒤 『울이글틀』(1927)이 나왔다). 그러나 이는 우리 말본갈의 시대적 금을 글만한 것은 아니라고 본다.[47]

5.1. 우리말 연구사 상의 위치

주시경(1876.12.23 (개국 485.11.7)~1914.7.27)의 처음 이름은 상호(相鎬)이며, 1913년에 나온 『조선어문법(朝鮮語文法)』 재판 끝에 한힌샘이라는 이름이 비로소 나온다.[48]

19세기 말에서 20세가 초에 이르는 반 봉건주의 개혁과 독립 자주적 역사의식은 한국 근대화의 원동력이 되었다. 물론 이러한 역사적 의식은 밖으로부터 들어오는 근대 문화와 근대 사상에 영향 받은 바 되었음은 사실이다. 개화기에 있어서 큰 작업의 하나가 민족의 얼을 담은 국어의 연구였다. 이러

---

47) 김희상: 『초등국어 어전』(울이글틀)에 대해서 김윤경: 『조선문자 급 어학사』 3판, ㅉ401~19를 볼 것.

48) 한힌샘 주시경의 행적은 김윤경의 『조선문자 급 어학사(朝鮮文字及語學史)』나 허 웅의 주시경에 관한 글들(1959, 1969, 1971)이나 김민수(1977)의 『주시경 연구(周時經硏究)』, 이기문(1976) 편의 『주시경 전집(周時經 全集)』 하권의 '이력서' 및 '주시경 관계 논저 목록'을 볼 것. 더욱 김석득: 『주시경 문법론』(1982)을 볼 것.

한 사회적 배경 밑에서 개화기의 국어학 이봉운의『국문정리』라는 국어의 말본 연구를 비롯하여 국문연구소[49]를 중심한 그 위원들의 우리글 연구와 정리 작업으로 나타난다. 그러나 과학적 연구 방법에 따른 말본 연구라는 측면에서 본다면, 이들보다는 최광옥(崔光玉)의『대한문전(大韓文典)』(1908)과 유길준(兪吉濬)의『대한문전(大韓文典)』(1909)에서 근대 말본 연구의 과학적인 뜻을 찾을 수 있을 것이다. 그러나 우리나라 말본 연구가 명실공이 근대적인 학무적 체계를 정립하게 된 것은 주시경의 국어학에서부터라고 할 수 있다. 실로, 개하기 이후의 근대 국어학의 형성은 주시경의 국어학에서부터 이루어진 것이다. 그의 국어학은, 그 후계 학자들에 의하여 계승 발전하였으니, 현대 국어 말본갈의 원류는 주시경의 국어학에 있다고 할 수 있다. 그러므로 주시경의 국어학론은 국어 연구의 사조상에서 볼 때 매우 큰 뜻을 갖는다고 할 수 있다.

주시경의 연구 체계는『대한국어문법』(1906),『국어문전음학(國語文典音學)』(1908),『국어문법(國語文法)』(1910),『조선어문법(朝鮮語文法)』(초판: 1911),『조선어문법(朝鮮語文法)』(재판: 1913),『말의 소리』(1914) 등에 잘 나타나 있다.

그의 국어학은 음운론, 형태론, 통어(사)론으로 나누어 볼 수 있다. 그러나 그의 국어학의 시초는 음운론이다.

‘음운론’은, 말의 소리에 관계되는 것으로, 그 최초의 것은,『대한국어문법』(1906)(문답식으로 된)이다. 이러한 소리에 관한 연구는,『국어문전음학(國語文典音學)』으로 좀더 체계화되어 나오고『국어문법(國語文法)』의 앞 대목

---

49) ‘국문연구소’는, 1907년(광무 11년 7월 8일)에 지석영(池錫永)의『신정국문(新訂國文)』중 ‘ㆍ’ 철폐와 그 대신 ‘=’ 창설안에 반대 의견이 동기가 되어 학부대신 이재곤(李載崑)의 청에 의하여 학부에 설치되었으며, 그 위원장은 학무국장 윤치오(尹致旿), 위원은 어윤적(魚允迪), 이능화(李能和), 권보상(權輔相), 이 억(李億), 윤돈구(尹敦求), 주시경(周時經), 지석영(池錫永), 송기용(宋綺用), 장헌식(張憲植), 이민응(李敏應), 이종일(李鍾一), 유필근(柳苾根), 현 은(玄隱), 우에무라(上村正己) 등이었다. 국문연구소 위원들의 한글학설 및 지석영 신정국문의 학설 등에 대해서 최현배『고친 한글갈』ㅉ.330~5, 김윤경:『조선문자급 어학사』3판 ㅉ.269~363을 볼 것.

에서 나타난 소리에 관한 연구 부분에서 더 다듬어졌으며, 『국어문법(國語文法)』의 개정판인 『조선어문법(朝鮮語文法)』 초판과 재판을 거쳐 『말의 소리』에서 그 갈말의 개정 정착과 음운론의 체계를 확립하였다. 그러므로 『말의 소리』는 그의 음운론의 결정적인 것이다.

한편, '형태론'과 '통어(사)론'에 해당하는 것은 『국어문법』에서 처음 나오면서 그 체계가 확립되었다. 이 『국어문법』의 개정판인 『조선어문법』과 그 재판인 『조선어문법』이 나왔지만, 갈말이나, 기술면에 약간의 차이가 있을 뿐, 그 근본적인 체계에서는 별 차이가 없다. 따라서 형태론 통어(사)론의 체계로 볼 때, 『국어문법』은 그의 대표적인 저서라 할 수 있다.

따라서 글쓸이는 『국어문법』을 대본으로 하고, 『조선어문법』 초판이나 재판을 그 보조본으로 하여 그의 학문의 사상과 학문의 배경 및 학문적 체계를 소개 평가하고, 이에 국어학 연구 사조상의 뜻을 찾아보기로 한다. 그런데 『국어문법』 중 소리에 관한 연구에는 그 당시 현실음뿐 아니라 『용비어천가』, 『훈민정음』, 『사성통해(四聲通解)』, 『훈몽자회(訓蒙字會)』, 『홍무정운(洪武正韻)』, 『정음통석(正音通釋)』 등의 옛 소리에 관한 부분이 언급되어 있고, 많은 갈말이 한자로 나와 있으며 문장도 국한문 혼용체로 나타나 있다.

그러나 같은 『국어문법』의 형태론과 통어론적인 부분에서는 모든 갈말이 고유어(비록 새로 만들어진 말이라 하더라도)로 되어 있을 뿐 아니라, 문장도 순 한글로 기술되어 있어서, 소리에 관한 부분과는 아주 대족적인 인상을 준다. 글쓸이는 주시경의 학문을 소개함에, 소리에 관한 연구는 그의 음운론의 결정체인 『말의 소리』(1914)에 초점을 맞춤이 옳다고 보아 이를 평가함의 주장으로 삼고, 『대한국어문법』이나 『국어문전음학』 그리고 『국어문법』이나 『조선어문법』에 있는 소리에 관한 것은 이에 보충하기로 한다. 형태론과 통사론은 『국어문법』의 경우, 개정판인 『조선어문법』과 그 재판인 『조선어문법』에서 비록 갈말이 바꾸이고, 약간의 내용이 보완되었다 하더라도, 그 체계 면에서 큰 차이가 없으므로, 오히려 처음으로 체계가 확립된 『국어문법』을 평가의 대상으로 삼음이 마땅하다고 생각한다.

이제 당연히, 기술의 차례로 위에 말한 "말의 소리"와 "국어문법" 가운데의 형태론과 통어론을 소개 평가하여야겠지만, 개화기 직후의 국어 연구의 선구자들(특히 최광옥, 유길준)이 그러했지만, 더욱 주시경의 학문에서 민족에 대한 사랑과 민족에 대한 자존의 의식을 떼어낼 수 없으므로, 먼저, 그의 국어학에 배인 이 사상적 배경을 언급하기로 한다.

5.2. 민족주의 언어관

주시경의 국어 연구에서는 민족을 의식하는 언어관이 밝히 부각되어 나온다. 그 "국어문법"에는 특히 국어와 국문이 독립국가 형성과 함수관계에 있음을 피력하고 있다.

(1) 독립국가 존립의 바탕으로서의 국어 국문

주시경의 "국어문법"의 서(序)에 따르면 그는 한 영역(공간적)은 독립 국가 형성의 바탕(基)이요, 그 영역에 삶을 받은 사람은 독립국가 형성의 몸(體)이요, 거기에서 쓰이는 말은 독립국가 형성에 성(性)이라 하였고, 이 '성'은 그 중 가장 중요한 요소로서, 이 '성'이 없으면 바탕도 몸도 있을 수 없으니, 국가의 성함과 쇠함, 국가의 있고 없음은 오로지 이 '성'인 말에 달려 있다고 하였다. 그리고 우리나라는 개국 이래 천연 특성의 우리 '국어'가 4천여 년간 전하여 내려오고 세종대왕에 의하여 국어에 상당한 '국문'을 만들어냈다고 하였다. 이제 그가 말한 바를 인용한다.

境의 地에 一種의 人을 産하고 一種의 人에 一種의 言을 發하게 함이라 是以로 天이 命한 性을 從하여 其域에 其種이 居하기 宜하며 其種이 其言을 言하기 適하여 天然의 社會로 國家를 成하여 獨立이 各定하니 其域은 獨立의 基요 其種은 獨立의 體요 其言은 獨立의 性이라 此性이 無하면 體가 有하여도 其體가 안이요, 基가 有하여도 其基가 안이니, 其國家의 盛衰도 言語의 盛衰에 在하고 國家의 存否도 言語의 存否에 在한지라 是以로 古今天下

列國이 各各 自國의 言語를 尊崇하며. …其言을 記하여 其文을 各制함이다.
…檀聖이 開國하신 以來로 神聖한 政敎를 四千餘載에 傳하니 此는 天然特性
의 我國語라 李朝世宗朝께서 天縱의 大聖으로 國語에 相當한 文字가 無함을
憂慮하사 國文二十八字를 親制하시매… 此는 天然特性의 我國文이라.[50]

생각하여 보건대, 이러한 언어관은 저 독일의 언어철학자 훔볼트(1767~
1835)에게서도 찾을 수 있다. 훔볼트는, "한민족의 정신적 특성과 말의 형성
과는 대단히 긴밀하게 융합되어 있어서, 한 쪽이 주어지면 다른 쪽이 그것에
서 도출된다. 말은 이른바 민족의 정신적인 외적 표현이다. 그 말은 그 민족
의 정신이요 그 정신은 그 말이다. 이 두 개는 동일성이다."라고 하였다. 그
표현은 다르다 하더라도 깊은 언어관에서 볼 때는 한힌샘 주시경과 일치하는
바가 있다. 한 가지 더 말하여 둘 것은 한힌샘이 우리말과 글을 '국어, 국문'
이라고 한 점이다. 이는 독립국가의 자존적 의식의 발로라고 할 수 있는 표
현이다. 을사국치 이후, 국어를 국어라고 하지 못하게 됨으로써, 한힌샘은 그
의 『國語文法』을 『朝鮮語文法』으로 고치지 않을 수 없었으니, 그의 뼈에 사
무치는 원한이 어떠하였으랴.[51]

(2) 한글 표기 원칙과 순수 고유어 갈말(술어)

주시경 한힌샘은 우리말·글을 '국어 국문'이라고 하였을 뿐만 아니라,
그의 글은 거의 '국문 전용'으로 나타난다. "국어문법" 중의 '국문의 소리'는
비록 국한문 혼용으로 되어 있지만, 말본의 편은 한글 전용으로 되어있을 뿐
아니라, 일반적인 표현에서 순수 고유어를 모색하였고, 말본의 갈말(술어)을,

---

50) 「국어문법 서(國語文法序)」 ㅉ.1~2. 이와 같은 내용은 이미 『국어문전음학(國語文典
音學)』(1908)의 자국언문(自國言文)쪽에 나오는데, 「국어문법 서」에서는 'ㅇ'자를 쓰지
않고, 또 문장을 정리하여 냈다.
51) 신명균 편, "주시경 선생 유고"에서 『朝鮮語文法』이 나오나 이는 『國語文法』의 '國
語'를 '朝鮮語'로 고친 것뿐으로 『國語文法』의 한 이본이라 할 만하다. 이러한 이본에
는 또 주시경 선생 유고(主時經先生遺稿, 정음사)인 『朝鮮語文法』이 있다.

'풀이'(설명), '잡이'(주의), '보기'(예) 등과 같이 순수 고유어를 창안하여 섰다. 그리고 앞에 든 "국어문법" 중의 '국문(國文)의 소리'는 1914년에 단행본인 "말의 소리"로 출판되었는데, 그것은 순 한글 전용으로 되어 있을 뿐 아니라, 소리갈의 갈말(술어)이 순수 고유어에 의하여 체계화되어 있으니, 내용뿐 아니라, 갈말에 있어서 오늘날 소리갈(음성학)의 기초가 되었다고 할 만하다. 그의, 이와 같은 우리글의 철저한 실천은, 그의 한자에 대한 미래의 쇠잔의 운명의 인식과 국문에 대한 점진의 운을 인식한데서 온 것이니, 다음과 같은 그의 글을 보면 이를 짐작할 수 있을 것이다.

國文이 成한 後에 國語로 著作하는 文字가 繼出하여 其籍이 頗多하나 오히려 國文을 鮮用하고 漢文을 是崇하더니 往年甲午에 科擧法을 廢한 後로 漢文의 聲勢가 退縮하여 學習하는 者가 稀貴할뿐더러 近者에는 我國에 敎育 新法에 行하매 前日과 如히 專業하고자 하나 不得할지니 漢文의 衰殘은 免하기 不能한바요 國文은 近來로 公私間에 盛行하니 可히 漸進의 運을 當하였다 謂할지라[52]

이러한 사실은 이미 그로 하여금 질풍처럼 닥쳐오는 개화의 신 사조를 체득하고, 한자의 운명을 인식한 것이라 할 수 있으니, 그의 국어 국문관은 여기 민족자존 위에 확고히 다져진 것이라 할 것이다.[53]

---

52) 「국어문법 서」 쪽.2.
53) 주시경 선생은 갑오개혁 이후의 신 사조를 누구보다 빨리 받아들인 것 같다. 그것은, 그가 19세 되던 때에, 갑오개혁이 일어났는데, 그 해에 머리를 깎고 배재 학당에 들어간 것만 보아도 알 수 있다. 그러나 이와 같이 빠른 영향을 받았다는 것과 우리 국어에 대한 애착심을 갖고 우리글에 대한 사명을 깨친 일과는 별 개의 것이다. 왜냐하면 그는 이미 열일곱 살 때(1892) 한문 서당에서 한문의 뜻을 해석하려면 반드시 우리말로 번역함을 보고 속으로, "글은 말을 적으면, 그만이다"라고 생각했기 때문이다(김윤경: 주시경 선생 전기, 한글 126호 쪽.151). 그리하여 그는 한문을 배우는 것은 시대가 요구하는 학문이 아니요, 시간만 낭비함이라고 깨달았다. 이것이 그이가 우리 말 글 연구에 일생을 바친 동기였다(김윤경: 앞든 글 쪽.151). 그는 배제 학당에서 신학문을 배우

그는 시대사상의 수구파(守舊派)나, 친일파를 배격하기에 이르렀는데, 이것이 학문적으로는 그 사상적 배경을 이루게 되고, 정치적으로는 민족 독립의 운동으로 나타나게 되었던 것이다.[54]

이와 같이, 그의 남보다 먼저 깨침(선각)은 세계의 신 사조를 소화하게 되고, 이로 말미암아, 오히려 우리나라에 대한 존엄성을 발견함으로써 우리 말과 글을 '국어', '국문'이라고 하게 되었다. 그리고 그 실천적 작업으로 사대사상의 근원이요, 비실용적인 한문을 배척하고 순 한글의 사용과, 순수 고유어의 계발에 선각자의 노릇(역할)을 하게 된 것이다. 이와 같은 사실은 우리 문화사와 정신사 상에 한 큰 금을 긋는 계기가 된다. 한편 일본의 한국에의 야욕이 심화됨에 따라, 배일사상이 싹트게 되었으니, 이는 그의 학문에 더욱 굳은 나라 사랑의 얼을 심어 주었다.

5.3. 『말의 소리』는 근대 음성학의 효시

그의 학설의 체계화는 『국어문법』(1910)에서 이루어진다. 『국어문법』은 음성학적 부분인 '국문(國文)의 소리'와 말본(문법학)의 부분인 '기난갈' 및 '짬듬갈'로 나누어진다. 이와 같이 『국어문법』에서는 음성학의 학설과 문법학의 학설을 볼 수 있다. 그러므로 『국어문법』을 분석하면 그의 음성학의 측면과

고 서 재필(徐載弼)박사의 지도를 받았다. 그리고 순 한글 신문인 『독립신문』의 교보원으로 일보게 되었다. 또한 영어를 배우면서 우리글과의 공통점을 모색하고 우리말본의 적용 여부도 연구 진행시켰다. 한편 국어 연구와 사전 편찬 사업을 상소 건의하고, '국문연구소'(1907) 위원이 되었다. 또 다른 한편 국어학설의 보급자로서 교육가로서 애국자로서, 정치가로서 종횡무진 활동하였으니(김윤경: 앞든 글, ㅉ.152, ㅉ.158, ㅉ.159), 1910년에 나온 그의 『국어문법(國語文法)』은 이러한 민족정신과 그 실천의 바탕 위에서 이루어졌다 할 것이다.

54) 합병된 지 4년 뒤(1914) 39세 되던 해 7월에 국운이 기울어질 무렵, 망명의 뜻을 품고 고향(황해도 평산)에서 서울로 와 외국으로 망명의 길을 떠나려 할 때, 뜻밖의 체증에 걸리어, 두어 달만에 작고하였다. 그런데 이와 같은 졸변은 왜정의 주치 의사에게 내린 무슨 지시의 흑막이 있는 때문이 아닌가라고 한다(김윤경: 앞든 글, ㅉ.165).

말본의 측면을 다 알 수 있을 것 같다. 그러나 음성학에 대한 부분은 이것만으로 부족함을 보인다. 그것은 그의 음성학의 결정적 체계는 이미 밝힌 바 『국어문전음학』(1908)을 거쳐서 이루어진 『말의 소리』(1914.4.13. 신문관 발행)에서 찾을 수 있기 때문이다. 그러므로 음성학에 대해서는 그의 결정적 학설인 "말의 소리"를 분석해 보는 것이 마땅하다.

이제 "말의 소리"에 나타난 그의 공시적 음운론을 소개하되 소리갈 전체의 이해를 위하여, 또는 그 체계의 발전적 과정을 알기 위하여 "대한국어문법"이나 "국어문전음악", "국어문법" 등의 소리갈을 대조해가면서, 국어 음운학사적인 뜻을 찾아보기로 하자.

(1) 소리의 물리음향학적 이해와 분별적 조음 음성학의 효시

갑오경장 이후 최광옥(崔光玉), 유길준(兪吉濬)을 비롯으로 하는 말본학의 출현과 아울러 음운학에 근대 과학적 의미를 찾으려는 기운이 일어났다. 그러나 결국 음성학에서는 때로 글자와 음성의 혼동을 보이거나 혹은 음운 분석에서 미분화된 음성을 기술하는 결과를 가져오기도 하였던 것이다.

주시경에 이르러서도 조음 음성학적 설명 및 소리의 기준을 세우는데 얼마간의 결함을 가져오기는 하였다. 그러나 그의 '낱덩이에로의 음성분류'와 그의 '과학적 음성관'은 근대 음성학의 효시가 된다고 할 수 있다. 이제 이 사실을 실증해 보기로 한다.

(2) 말 소리의 물리학적 보편적 성격의 이해

"말의 소리"에서는 다음과 같이 썼다.

소리의 남
　　몬의 움즉임이니라
소리의 펴어짐
　　노의 결이니라

위에서 소리가 나는 근본을 몬의 움직임에 있다고 하였다. '몬의 움즉임'을 『국어문법』이나 『조선어문법』(초판, 재판)에서는 물진(物振: 물건의 진동)이라 하고 "대한국어문법"에서는 더욱 이를 근원적으로 설명하여, 소리의 근본을 기운으로 보고, 기운이 움직이어 어디든지 부딪치면 소리가 나되, 얇고 견강한 물건에 부딪치면 더욱 소리가 잘 난다고 하였다. 그리고 그 기운의 움직임이 크고 빠르면 그 소리가 크고, 부딪치는 물건이 소리나기에 적당하면 그 소리가 크게 난다고 하였다.55)

그러면 이와 같은 기운에 의하여 물건의 진동이 일어나면, 그 소리는 어떻게 퍼지는가? 이에 대하여, "말의 소리"에서는 노의결(파동)(노의결: 氣波)에 의하여 소리가 퍼진다고 하였다. 『국어문전음학』에서는, 소리는 공기의 파동이니, 공기가 없으면 소리도 없으므로 진공에서는 종을 쳐도 소리가 없다고 하였다. 그리고 귀는 무형의 소리의 감각기관이라고 하였다. 이와 같이 물건의 진동에 의하여 소리가 생기며 그 소리는 공기의 파동을 따라 퍼지게 되고 그것은 귀라는 감각기관에 의하여 인식된다는, 소리에 대한 물리학적 측면을 설명해 주고 있다. 그리고 말은 쓰는 문자의 음성학에서는 비록 그 규모가 율려(律呂)나 물리음학(物理音學)과 같지 아니하나 그 이치는 일반이라고 함으로써56) 언어 음성의 물리음향학적 보편적 성격을 잘 알려 주고 있다. 이는 언어 연구에서 물리음향적 이해를 하려는 오늘날의 언어 연구의 접근 방법과 유사한 것이라 할 수 있다.

(3) 말소리의 조음적 분별의 인식('늦', '고나'(단음), '닿소리', '홀소리' 인식)
말의 소리의 분별적 성격을 인식한 대문은 "말의 소리"에서 다음과 같은 것이다.

---

55) 『대한국어문법』, ㅉ.8~9.
56) 『국어문법』, ㅉ.1, 『조선어문법』 (초) (재) ㅉ.1

소리의 빗:

　　그 소리가 나는 몬의 바탕을 따르어 서로 다름이니라

고나:

　　말의 소리의 늧이니 입의 짓으로 소리가 다르게 됨을 이름이니라

우리 고나:

　　ㅏ ㅓ ㅗ ㅜ ㅡ ㅣ ㄱ ㄴ ㄷ ㄹ ㅁ ㅂ ㅅ ㅇ ㅈ ㅎ

　소리의 빗[57]은 소리의 성질 또는 음색이니, 그것은 그 소리가 나는 물건의 바탕에 따라 다 다르다고 보는 것이다. 이를 『국어문법』이나 『조선어문법』에서는 본(보기)으로 사람마다 소리는 다르고 나무나 돌에 따라도 다름을 들었다. 그런데 소리의 대체적인 분류를 보면, 『대한국어문법』에서는 분별없는 소리와 분별 있는 소리로 나누어진다고 말하고 분별없는 소리를 '셩'이라 하고, 분별 있는 소리를 '음'이라고 했다. 이를 『국어문전음학』에서는 무별성과 유별성이라 하고, 무별성은 우레소리, 바람소리, 나무소리, 돌소리와 같은 것이며, 유별성은 인류의 말과 같은 것이라고 했다. 그리고 위에서 본 분별 있는 유별성은, 『대한국어문법』과 "국어문전음학"에서는 모음과 자음의 분별이 있는 소리라고 하였는데 이 모음과 자음을, 『국어문법』이나 『조선어문법』에서는 웃듬소리와 붙음소리라 하였고, "말의 소리"에서는 이를 홀소리와 닷소리라는 갈말(술어)로 고정시켰다.

　이러한 '홀소리'와 '닷(닿)소리'의 분별이 있는 사람의 소리는 어떻게 나타나는 것일까? 『국어문전음학』에서는 사람의 소리는 폐경이 소리의 막(聲膜)을 치(激)면 공기의 파동이 무별성으로 일어나서 소리의 관(聲管)으로 통하여 나가다가 목구멍에 달한 즉 아(牙), 설(舌), 순(脣), 치(齒), 후(喉)에서 제약을 받아 닿소리와 홀소리의 분별을 이루게 된다고 설명하고 있다. 이러한 것은 "말의 소리"에서는 입의 짓으로 소리가 다르게 나타나는데 이때의 말 소리의 궁극적 단위는 '늧' 곧 '고나'(단음)를 인식한다는 것이다. 그런데

---

57) 『국어문법』, ㅉ.1에서는 음성(音聲), 『국어문전음학』, ㅉ.5에서는 음색(音色)이라 함.

이러한 '고나'는 단순한(simple) '홀소리'와 단순한 '닷소리'를 함께 뜻하는 듯, ㅏㅓㅗㅜㅡㅣ ㄱㄴㄷㄹㅁㅂㅅㅇㅈㅎ임을 제시하고 있다. 이것은 말소리의 '조음적 분별'의 명백한 인식인 동시에 '낱소리에 대한 인식'이라 할 수 있다. 이러한 낱소리에 대한 인식은 더욱, 그의 소리의 분류를 보면 명백히 드러난다.

(4) 유별적 낱소리의 분류

한힌샘 주시경은 "말의 소리"에서 우리말의 낱소리의 분류를 정밀하게 하였다. 이를 정리해 보면 다음과 같다("말의 소리" ㄱ: 2~ㅂ: 2).

홀소리(홀로 나는 소리)
  홋홀소리: ㅏㅓㅗㅜㅡㅣ
  거듭홀소리(덧거듭): ㅑㅕㅛㅠ˙ㅐㅔㅚㅟㅘㅙㅞ
닷소리(홀소리에 다아야 나는 소리)
  홋닷소리: ㄱㄴㄷㄹㅁㅂㅅㅇㅈㅎ
거듭닷소리:
  석임거듭소리: ㅋㅌㅍㅊㄴㅎㅎㄹ ㄹㅎ ㅎㄹ
  덧거듭소리: ㄹㄱ ㄹㅂ
  짝거듭소리: ㄲㄴㄴㄸㄹㄹㅁㅁㅃㅆㅇㅇㅉㅎㅎ
  고나: ㅏㅓㅗㅜㅡㅣ ㄱㄴㄷㄹㅁㅂㅅㅇㅈㅎ

위에서, 우선 고유어 갈말(술어)에 눈이 간다. '홀소리'는 "대한국어문법"이나 "국어문전음학"에는 '모음'으로 나타나고 "국어문법"이나 "조선어문법"에서는 '웃듬소리'로 나타난다. 그러던 것이 "말의 소리"에서 최종적으로 '홀소리'로 고정된다. 그리고 그 갈말의 연원은, 그 소리가 홀로 나는 소리 또는 스스로 발하는 음(대한국어문법), 자발하는 자(國語文典音學) 자발하는 음(國語文法, 朝鮮語文法)이라는 데 두고 있다. 이에 견주어 홀소리에 닿아야 나는 소리를 '닷소리'라고 고정하였다. 물론, 처음에 나타나는 것은 『대한국어문법』의 ‘자음’이요 『국어문전음학』에서도 ‘자음‘이라고 하다가 『국어문법』이나, 『조선어문법』에서 ‘붙음소리’라 고치고 “말의 소리”에서 ‘닷소리‘로 고정하였다.

소리를 홋과 거듭으로 분류하였는데, 이는 소리에 대한 세밀한 분석 견해를 보인 것이다. 홋소리란, 홀소리든지 닷소리를 둘로 나눌 수 없는 것으로 뜻매김 하였고, 거듭소리란 홀소리든지 닷소리를 둘로 둘이 더 되는 소리로 나눌 수 있는 것이라고 뜻매김하였다. 여기의 홋소리란 단순음(simple sound)을 가리키는 것이고, 거듭소리란 복합음(compound sound)을 가리킨다.

이러한 한힌샘의 홋소리와 거듭소리의 개념은, 이미 그의 “대한국어문법”에서 이루어진다. 거기에서, 홋소리에 해당하는 것을 ‘단음’(單音)이라 하고(쪽.28), 그 단음을 우리 모음의 원소(原素)라 하였다(쪽.50). 그리고 거듭소리에 해당하는 것은 ‘합음(合音)’이라고 하였다. 닷소리의 경우에도 단음을 식별하고 그 단음은 국문 자음의 근본이 된다고 하였다(쪽.57). 닷소리의 거듭에 해당하는 것은, 단음에서 이루어지는 탁음(濁音)인 쌍음(ㄲㆁㄸㄴㅃㅌㅌ ㅉㅆㆅ)과 합음(ㅋㅌㅍㅊㅎ)임을 말하였다(쪽.57앞~뒤).

이러한 사실은, 『국어문전음학』에서도 나타난다. 거기에는 홋소리에 해당하는 것은 ‘단순한 모음’이라 하고 그것은 모음의 원소(原素)가 된다고 하였으며, 거듭소리에 해당하는 것은, 이 원소의 상합(相合)으로 이루어지는 합음이라 하였다. 또 자음에 있어서, ㄱㆁㄷㄴㅂㅁㅈㅅㆁㅎㅇㄹ과 같은 것은 청음(淸音), 경음(輕音)으로서의 단음인데(쪽.37앞~뒤), 이것의 합음은 탁음, 중음(濁音, 重音)이며, 그 합음은 혼합(混合)된 혼탁음(混濁音)(ㅋ, ㅌ…)과 쌍합(雙合)된 ‘쌍탁음’(雙濁音)(ㄲㆁ…)과 첩합(疊合)된 ‘첩탁음’(疊濁音)(ㄹㄱ, ㄹㅂ, ㅄ, ㄴㅈ)으로 나누어진다고 하였다.

『국어문법』이나 『조선어문법』에서는 웃듬소리와 붙음소리를 ‘홋’과 겹(합성)으로 나누고, 붙음소리의 겹소리를 다시 ‘섞임소리’(ㅋ을 ㄱㅎ ㅎㄱ의 섞임으로 보는 따위)와 ‘짝소리’(ㄲ, ㄴ, ㄸ 따위), ‘덧소리’(ㄹㄱ, ㄹㅂ 따위)로 나누어 보았다.

　　이것이 정리되어 낱소리의 분류를 최종적으로 정립한 것이 앞에 글쓸이가 정리해 보인, 『말의 소리』의 낱소리 분류이다.

　　이제 『대한국어문법』에서 시작하여 "말의 소리"에 와서 정립되는 소리 분류의 상황을 보면 다음과 같다.

	홀 소 리		닷(닿) 소 리			
대한국어문법 1906	단음 ㅏㅓㅗㅜㅡㅣ	합음 ㅑㅕㅛㅠㆍ ㅘㅝㅐㅙ	단음 ㄱㅇㄷㄴㅂ ㅁㅈㅅㅎㄹ	합음 ㅋㅌㅍㅊ ㅎ	쌍음 ㄲㅇㅇㄸㄴㄴ ㅃㅳㅉㅆ ㆅ	
국어문전음학 1908	단순한음 ㅏㅓㅗㅜㅡㅣ	합음 ㅑㅕㅛㅠㆍ ㅐㅔㅚㅙㅟ ㅘㅝㅝㅙ	단음 ㄱㅇㄷㄴㅂ ㅁㅈㅅㅎㅎ ㅇㄹ	혼합음 ㅋㅌㅍㅊ ㅿㆅㄵㅶ ㅶ	쌍합음 ㄲㅇㅇㄸㄴㄴ ㅃㅳㅉㅆ ㆅㄹㄹ	첩합음 ㄹㄱㄹㅂㄴㅈ
국어문법1910 조선어문법 1911, 1913	홋소리 ㅏㅓㅗㅜㅡㅣ	겹소리 ㅑㅕㅛㅠㆍ ㅐㅚㅓㅓㅘ ㅝㅙㅙ	홋소리 ㄱㄴㄷㄹㅁ ㅂㅅ(ㅇ)ㅈㅎ	섞임소리 ㅊㅋㅌㅍ (ㄴㆅㄹㆅㅎㄹ)	짝소리 (ㄲㄴㄴㄸㄹㄹ ㅳㅃㅆㅇㅇ ㅉ)	덧소리 (ㄹㄱㄹㅐ)
말의 소리 1914	홋소리 (고나) ㅏㅓㅗㅜㅡㅣ	거듭소리 ㅑㅕㅛㅠㆍ ㅐㅔㅚㅓㅘ ㅝㅙㅞ	홋소리 (고나) ㄱㄴㄷㄹㅁ ㅂㅅㅇㅈㅎ	섞임거듭 ㅋㅌㅍㅊ ㄴㆅㄹㆅㅎㄹㆅ	짝거듭 ㄲㄴㄴㄸㄹㄹ ㅳㅃㅆㅇㅇ ㅉㆅㆅ	덧거듭 ㄹㄱㄹㅐ

※ (　) 안은 '훈몽자회례'쪽에서 언급한 것.
　(ㅇ)은 『국어문법』에서의 ㅇㅇ이 『조선어문법』 초판부터 ㅇ으로 바뀐 것.
　『말의 소리』에서는 맞춤법이 '석임거듭'으로 쓰임.

　　위에서 볼 때 소리의 분류는 홀소리의 홋소리(단음)를 빼고는 상당한 동요가 있었음을 알 수 있는데, 이는 그가 얼마나 소리의 분류에서 소리의 낱에 대한 인식에 고민하였는가를 보이는 것이기도 하다. 그리고 동시에 그에 적합한 갈말(술어)을 모색하기에도 많은 고민을 한 흔적을 찾을 수 있다.

　　이제 최종적으로 정립된 "말의 소리"에 나타난 소리 분류를 검토해 보자.

　　첫째, 거듭홀소리 중 'ㆍ'의 음가를 ㅣㅡ의 거듭으로 본 점이다. 'ㆍ'의 ㅣ

ㅡ의 거듭 음가에 대해서는 한힌샘의 『대한국어문법』 이래 『조선어문법』에 이르는 가장 강한 지론으로 증명되어 온 터로 그것이 "말의 소리"에 그대로 나타난 있는 것이다. 'ㆍ' 음가에 대해서는 그 음가가 암시되어 있는 『훈민정음 해례』를 들 수 있다. 그러나 그것을 풀이하는 사람에 따라 차이가 있다. 신경준(申景濬)은 'ㆍ'를 ㅣ ㅡ ㅏ ㅑ 사이에 있는 소리로 보았으며 유 희(柳僖)는 'ㆍ'를 ㅏ ㅡ 사이소리(間音)라고 언급한 바 있다. 한힌샘에 이르러는 그것이 ㅣㅡ거듭소리임을 역설하였으나, 그 후계자인 외솔 최현배는 ㅏㅡ의 사이소리임을 크게 부각시켰다.58) 한편 이 ㅏㅡ설에 맞서는 심악 이숭녕의 ㅏㅗ 사이소리 설이 나왔다.59) 이에 다시 외솔 최현배는 'ㆍ'의 음가는, 밝은 홀소리로서 ㅏㅗ의 사이소리이고, 가온혀홀소리로서는 ㅏㅡ의 사이소리이며 모든 홀소리 자리잡음틀에서는 복판소리라고 그 최종적 단안을 내렸다.60)

이와 같이 볼 때 한힌샘이 역설한 ㆍ의 ㅣㅡ거듭소리는 처음부터 문제가 있는 것이었다.

둘째로, 이른바 거듭홀소리 중, ㅐ, ㅔ, ㅚ가 그 당시 1910년대의 언어 현실로 보아, 15세기 음과 같은 ㅣ후합 이중모음(이른바 하강적 이중모음)이었던가, 아니면, 오늘날처럼 [ä], [e], [ö](때로는 [we])와 같은 단모음은 아니었던가 하는 문제가 있다. 또는 ㅙ, ㅞ, ㅖ도 15세기 음과 같이 ㅗㅏㅣ, ㅜㅓㅣ, ㅣㅓㅣ의 세거듭소리(이른바 '상승 하강' 삼중 모음)였던가 아니면 현대어음과 같이 그것이 [wä], [we], [ye]이었던가 하는 문제도 있다. 이 모든 문제는 1910년대("말의 소리"로 보면, 1914년)의 언어 사실을 연구해야 할 새로운 과제로 제시된다.

만일, 1910년대의 모음 체계가 한힌샘이 분류하여 세운 것과 같은 것이었다면 외솔 최현배가 1937년에 세운 『우리말본』의 ㅐ, ㅔ, ㅚ 홑홀소리 체계와, ㅙ, ㅞ가 각각 ㅗㅐ, ㅜㅔ의 겹이라는 겹홀소리의 체계와는 너무나 거리

---

58) 최현배: 『한글갈』, 1940.
59) 이숭녕: 『'ㆍ' 음고(音攷)』, 1947.
60) 최현배: 『고친 한글갈』, 1971, ㅉ.504.

가 멀다. 과연, 한힌샘으로부터 20여 년간에 이러한 홀소리의 변화가 있다고 볼 수 있을 것인가? 그러나 1937년대의 홀소리 체계는 이미 1910년대의 홀소리 체계와 거의 유사하다고 본다. 이렇게 볼 때 한힌샘의 홀소리 분류 체계는 그 당시 언어 사실을 규명하여 보면 알겠지만, 우선 문제성이 있다고 할 수 있다.

셋째, 닿소리 중 홋닿소리는, 『대한국어문법』 이래 문제가 계속되다가 정립된 것이다. 『대한국어문법』에는 홋닿소리에 'ㆆ'을 넣었고, 'ㅎ'은 ㆆㆆ의 합음이라 하였다(대한국어문법, ㅉ.57). 그러다가 "국어문전음학"에서는 ㆆㅎ ㅇ을 다 홋닿소리에 넣었다. 다시 『국어문법』에서는 ㆆ을 빼고 ㅎㅇ을 홋닿소리에 남겼다. 그러던 것이 『조선어문법』 초판부터는 ㅇ을 ㆁ으로 고치고, "말의 소리"에서는 앞에 글쓸이가 정리하여 보인 바와 같이 ㄱㄴㄷㄹㅁㅂㅅ ㆁㅈㅎ('ㅊ'은 거듭으로 봄)으로 고정시킨 것이다.

생각하여 보건데, 이는 닿소리의 홑의 바탕이 어떤 것이며, 국어 음운에는 어떠한 것이 있는가에 대한 고민의 흔적이라 할 것이다.

이 홋닿소리 ㄱㄴㄷㄹㅁㅂㅅㆁㅈㅎ과 이미 보인 홋홀소리 ㅏㅓㅗㅜㅡㅣ 는 이른바 단순음이며, "말의 소리"에서는 이를 '고나'라는 갈말을 주었다. 이 '고나'는, 따라서 국어의 낱소리 중, 단순한 소리(simple sound)를 가리킨다고 봄이 옳을 것이다.

넷째, '거듭닿소리'를 '석임(섞임)'과 '덧거듭'과 '짝거듭'으로 분류하는 것은 『대한국어문법』으로부터 암시되었고, 그것이 『말의 소리』에 와서 정립되었다. 이는 음에 대한 변별 바탕을 인식하면서 소리의 구성 요소를 분석(componental analysis)한 것으로써 탁견이라 할만하다.

한힌샘이 본 '석임, 덧거듭, 짝거듭'에서, 이들은 한 낱내(음절) 안에서의 낱덩이(단위)를 두고 말하는 것은 아니다. 이것은 두 개의 형태소의 배합을 전제하고, 그 때의 앞 형태소의 끝난내(음절) 끝닿소리와 뒤 형태소의 첫낱내 첫 닿소리와의 결합에서 나타나는 소리의 결과를 놓고 말한 것이다. 따라서 한힌샘의 '닿소리 거듭'이란 대부분 각각 다른 낱내에 소속되는 닿소리의 이음(결합)이라 할 수 있다. 한힌샘은 '석임'을 뜻매김하여, "몬저됨과 나중됨의 다름이업게 석이어 한덩이로 나는것"(말의 소리, ㅁ쪽)이라 하고, ㅋ을 ㄱㅎ, ㅎㄱ의 '석임'이라 하였다. 만일 이 경우 단순히 ㅋ이 ㄱㅎ, ㅎㄱ이 섞이어 되었다고 하면, 이는 틀리는 말이다. 왜냐하면, 음리론상, 한 낱내 안에서의 ㄱ[터짐]+ㅎ[유기성 갈이]은 ㅋ(kh)[터짐, 유기성갈이]가 될 수 있지만, 그 반대의 결합인 ㅎ[유기성 갈이]+ㄱ[터짐]은 ㅎㄱ(hk)[유기성갈이, 터짐]은 되어도 ㅋ(kh)는 되지 않기 때문이다. 그러므로 그의 '석임'의 뜻은 이미 말한 바, 다음과 같은 형태소의 배합이라는 측면에서 두 음절상의 닿소리의 결합체를 두고 하는 말이다.

막+히→마키: ―ㄱ+ㅎ―→ㅋ

좋+고→조코: ―ㅎ+ㄱ―→ㅋ

곧, $\left\{ \begin{array}{l} -k+h- \\ -h+k- \end{array} \right\} \to kh$

ㅋㅌㅍㅊ는 모두 위와 같이 볼 때 비로소 그것들이 '석임거듭'으로 볼 수 있는 것이다.

이에 견주어 '덧거듭'은 먼저 됨과 나중됨이 서로 다른 것이라 하고, 그 보기로 '흙'의 ㄺ과 '흘'의 ㄲ은 같지 않음을 들었다. '흙'은 한 형태소이다. 그것은 두 형태소 간의 두 낱내의 결합이라는 측면에서 보았다는 추론을 할 수 없다. 오히려, ㄺ은 '흙'이라는 한 형태소안에서의 닿소리 음소의 배합형으로 본 것이라고 풀이할 수 있다.

그런데 낱내라는 측면에서 보면, '흙'의 'ㄺ'도 두 개의 낱내에 분배되는 닿소리의 배합인 것이다. 곧, ㄹ은 낱내 '흘'의 끝닿소리이고, ㄱ은 그 다음의 홀소리가진 토에 붙는 낱내 첫닿소리다.

곧, 흙+이→흘+기

ㄺ   →ㄹ+ㄱ

이와 같이 볼 때 한힌샘의 덧거듭은 형태소 배합의 측면에서 본 것은 아닌 것 같고, 오히려 한 형태소 안에서의 닿소리의 배합을 가리킨 것이라고 할 수 있다. 그러나 이를, 위에서 본 바, 낱내 분단의 이론으로 볼 때는 두 개의 낱내 배합에서 나타나는 닿소리의 배합 단위로 본 것이라고 풀이가 간다. 그런데 여기 중요한 사실이 있다. 그것은 그의 "말의 소리"의 '말의 익음소리' 쪽에 'ㄹㄱ + 닿소리'이면 '흔히' ㄹㄱ~ㄱ이 된다 하고, 보기로 '닭도~닥도'를 들었다. '밟'의 경우도 같게 설명하였다. 그렇다면, 그 당시는 한 낱내 단위의 끝소리로 덧거듭: 'ㄹㄱ', 'ㄹㅂ'이 불안정하나마 있을 수 있었다고 할 수 있다.

이런 점으로 보면, 덧거듭의 경우는 낱내 배합에서 얻어진 것이라는 일반적 풀이를 할 수 없을 것 같다.

그의 '짝거듭'은 "한가지 소리끼리 거듭한 것"이라 하고, ㄲㄴㄴㄸㄹㄹ… 등을 보기로 들었다. 이 짝거듭도 두 개의 낱내 배합에서 나타난 닿소리의 배합으로 본 것으로 풀이된다.

이상으로 볼 때 한힌샘의 거듭닿소리의 분류 곧, '석임, 덧거듭, 짝거듭'의 분류를 그 보는 각도가 조금씩 다르기는 하나, 대체로 두 개의 낱내 배합에서 나타나는 닿소리의 한덩이(도막) 배합 단위(덧거듭은 문제가 있지만)라는 측면에서 일치점을 발견할 수 있다.

그런데 이와 같은 두 낱내의 배합에서 나타나는 거듭닿소리의 단위의 눈은 홀소리의 경우와 일치하지 않는다.

홀소리의 경우, 그는 거듭홀소리로 ㅑ ㅕ ㅛ ㅠ… 등을 들었다. 그런데 이는 낱내이론으로 보아 틀림없는 한 낱내 단위 안에서 덧거듭된 것이다. 이런 점에서 닿소리의 거듭을 보는 눈과 다르다.

일정한 소리를 분류하는 눈은 일치해야 하지 않겠는가? 글쓴이의 소견으로는, 소리의 분류는, 한 소리 단위의 분류를 뜻함인즉 닿소리이건 홀소리이건 다 한 낱내 안에서 찾아야 한다고 본다. 이렇게 볼 때, 한힌샘의 홀소리 거듭의 분석과 분류는 정곡을 찌른 것이었다. 그러나 닿소리 거듭의 관점이 빛나갔다. 닿소리의 경우 한 낱내 단위로 볼 때 거듭의 단위에는 이른바 '석임거듭' ㅋㅌㅍㅊ(불안정하나마 덧거듭 'ㄺ', 'ㄿ'도)이 들어간다. 이들은 한 낱내 첫소리에 나타나는 닿소리의 배합이기 때문이다. 짝거듭은 이러한 측면에서 볼 때, ㄸㅃㅆㅉ도 한 낱내 단위를 이루므로 거듭소리가 된다. 그 밖의 ㄴㄴ ㄹㄹ ㅇㅇ은 짝거듭 소리가 아니다. 그것은 그것들의 어느 것도 한 낱내 안에서 첫소리나 끝소리에서 나는 경우가 없기 때문이다.

(5) 소리의 배합과 낱내 유형론

한힌샘의 『말의 소리』에는 '낫내'(낱내, 음절)에 대한 뜻매김과 그에 대한 유형이 언급되어 있으니 다음과 같다.

낫내는, "소리의 낫으로 나는 도막을 이름이니라." 하고, 그 '풀이'에서,

> "홀소리 뿐이든지
> 홀소리가 닷소리와 더불어 남이든지,
> 홋으로 남이든지 거듭으로 남이든지,
> 한낫의 도막 곳 한덩이로 나는 소리 마다 이르는 것"이라 하고(말의 소리, '낫내' 쪽),

'보기'로, "대가푸르다"의 낱내는 '대-가-푸-르-다'의 다섯 낱내임을 보이었다.

물론 이러한 낱내(음절)에 관한 현대음성학의 뜻매김과 유형론은 그의 『국어문법』에서부터 비롯한다. 곧 거기에서,

> "웃듬소리뿐이든지 웃듬소리가 붙음소리를 附하여 發함이든지 獨發함이든지 合發함이든지 一團으로 發하는 音"

을 '낫내'라 하고, 그 보기로,

"우리나라가 밝고 곱다"는 '우-리-나-라-가-밝-고-곱-다'로 낱내가 분단됨을 보였다.

뜻매김과 그 보기로 보아 추정할 수 있는 그의 국어의 낱내 유형은 다음과 같다(다음에서 V는 홀소리, C는 닿소리).

① 홀소리: V 우

② 닿소리 + 홀소리: CV 리, 대

③ 닿소리 + 홀소리 + 닿소리: CVC 곱

④ 닿소리 + 홀소리 + 닿소리 덧거듭: CVCC 밝

⑤ 닿소리섞임거듭 + 홀소리: CCV 푸(ㅍ → ㅂㅎ)

물론, 한힌샘이 보인 보기에는 나타나지 않았으나, 뜻매김으로 보아, 홀소리 + 닿소리(VC)도 있을 수 있고, 또 위의 모든 홀소리는 다 거듭이 될 수도 있을 것이다.

그러나 여기 문제가 있다. 그것은 위에 든 유형 ④가 낱내 유형이 될 수 있느냐는 것이다. 오늘날의 관점으로 보면 이른바 덧거듭 'ㄺ'을 가진 '밝'은 한낱의 도막, 한덩이의 소리, 곧 한 낱내가 될 수 없다. '밝'은 한덩이의 소리로는 '박'이거나 '발'이다. 결코 한덩이의 소리로 '밝'을 낼 수 없다. 만일 '밝'(이것은 하나의 형태소이다)이 홀소리 이음을 받으면 ㄱ은 다음 낱내 첫소리가 되고(밝은→발→근) 닿소리 이음을 받으면 'ㄹ' 또는 'ㄱ'이 생략된다(밝다→박(발)다). 이와 같이 현대말에서 보면, 낱내 유형에 닿소리 덧거듭 유형(위에서 ④와 같은)은 있을 수 없다. 그러나 이미 밝힌 바 그 당시는 닿소리 이음에서도 'ㄺ'이 날 수 있음을 보이고 있다. 『말의 소리』의 '말의 익은소리' 쪽에서 '닭'+닿소리이면 흔히 'ㄺ~ㄱ'이 된다고 함이 그것이다. 이것은 불안정하나마, 그 당시는 'ㄺ'이 낱내 끝소리에 있을 수 있음을 뜻하는 것이다.

어떻든 한힌샘의 낱내 이론은 국어학사 상 큰 뜻을 던져 준다. 첫째, 음성론을 바탕으로 국어 낱내 유형을 모색하려함이 그것이요, 둘째, 낱내 유형을 통하여 우리말의 닫힌낱내(폐쇄 음절, closed syllable)와 열린낱내(개방 음절, open syllable)의 특성을 밝혀 준 것이 그것이다.[61] 연구 역사의 흐름에서

보면, 한힌샘의 낱내론은 낱내글자론을 주로 편 최석정의 '율려상승배합성자
도'론과 이사질의 '완자'론과 유 희의 '전자례'론에서 이어 나타난 최초의 언어
과학의 접근이라 하겠다.

(6) 물리학의 배경과 얹힘 음소(운율 바탕, Suprasegmental phonemes)의
인식

한힌샘은 『대한국어문법』에서 모음(母音)은 고하 장단(高下長短)의 분
별이 있다 하였다. 또한 『국어문전음학』의 모음(母音)의 청탁장단(淸濁長短)
쪽(ㅉ.35)에서 발성기(發聲器)의 동작의 여하함과 진동수(振動數)의 여하함에
따라 모음의 분별이 있다 하였으니 이를 보면 다음과 같다.

高, 低, 長, 短, 廣, 狹, 高長, 高短, 高廣, 高狹, 低長, 低短, 低廣, 低狹,
廣長, 狹長, 廣短, 狹短

그리고 이에 관련하여, 정음(正音)에서 무점(無點), 한점(一點), 두점(二
點)으로 평상거입(平上去入)을 분별함은 홀소리의 길고 짧음(長短), 넓고 좁
음(廣狹)의 분별을 나타낸 것으로 보고 있다.[62]

『국어문법』의 "웃듬(으뜸)소리의 때"('때'는 시간의 장단)의 쪽에서는 『국
어문전음학』의 그것보다 더 자세히 밝혀져 있다. 이를 간추려 보면 다음과
같다.

---

[61] 한힌샘의 낱내 이론은, 그 후계 학자들에 의하여 이어 받아져서 과학적으로 발전시켜
나갔다. 가령, 최현배 선생은 『우리말본』에서, 낱내는 "한 숨에 한 번에 내는 한 덩이
의 소리"라고 뜻매김하고, 나아가서, 이른바 똑똑함(sonorität)의 이론을 통하여 낱내는
"한 똑똑한 소리가 주장이 되고 다른 덜 똑똑한 소리들이 그것을 중심삼아 서로 얽히
어 한 덩이가 된소리"라고 밝혔다. 그리고 나아가서 국어의 소리의 똑똑함의 크기를
일곱 가지로 나누었다(『우리말본』, ㅉ.104~105). 이는 국어 낱내 분단과 유형 연구에
훌륭한 밑받침이 되는 것이다.

[62] 『국어문전음학』, ㅉ.36.

‘高低’는 ‘振數’(진동수)
‘長短’은 ‘時度’(시간)
‘廣狹’은 ‘器作’(물리학의 ‘廣狹’설과는 다름. 입의 ‘간극’을 뜻하는 듯)
‘强弱’은 ‘振境’(‘發勢’)

또 이에 관련하여, “훈민정음”에는 상 거 평(上去平) 삼성만 구별하니, 이는 “高低 廣狹 强弱은 勿論하고 長短만 구별한 것이다. 그런데 이것은 한문과 英文과는 같지 않지만 日用 실지에는 더욱 簡要하다”고 하였다.[63] 다시 이어, “그러나 龍飛御天歌에는 ‘길 · 열 : 일’이 있는데, ‘길 열’의 장단이 구별 없고 나머지도 무점과 한 점이 다 長短의 구별이 없는 예로 보아, 결국 (국어에는) 長短의 두 종류만 분별함이 족하다”고 말했다. 한힌샘은 또한 현실적인 다음과 같은 보기를 들어 이를 증명할 수 있음을 들었다.

‘컴컴하다’의 ‘컴’의 ‘ㅓ’는 ‘廣長’(張口)
‘벌’의 ‘ㅓ’는 ‘狹長’(縮口)

여기에서, ‘廣狹’은 ‘ㅓ’의 간극을 말한 것으로 보아진다. 그렇다면 ‘廣長’의 ‘ㅓ’는 [ɔː]이고, ‘狹長’의 ‘ㅓ’는 [əː]로 볼 수 있다. 한힌샘은 소리의 길이와 관계있는 것은 다음과 같이 보았다.

平, 廣長, 狹長

‘廣長’을 간극으로 본다면, 결국, ‘平’과 ‘長’만 남게 되는데, ‘平’은 ‘長’의 대립적인 것으로 나타나 있으므로 결국, ‘平’, ‘長’은 ‘장단’ 곧 ‘짧고 길음’이 된다고 할 것이다.

---

63) 『국어문법』 및 『조선어문법』, ㅉ.12.

한힌샘은 이를, "人類"가 發音하기 平常한 바를 準的으로 삼아 대개만 分別하므로, 廣長과 狹長을 短稱하여 長으로 하여, 長短二種으로 分別함이 족하다"고 했다.

한힌샘은 위와 같은 홀소리의 분류에 대하여 다음과 같은 말로 풀이하고 있다. 곧 『말의 소리』에 나오는 '홀소리의 때'에 따르면, 홀소리를 다음 네 가지로 나누어 뜻매김하고 있다(물론, 닷소리(닿소리)에는 이러한 분류가 없다고 하였다).

① 길고 자름(짧음): 소리가 나는 때의 동안
② 놉(높)고 낮음: 소리가 나는 몬의 울이(리)는 셈
③ 세고 여림: 소리의 나는 힘
④ 널(넓)고 좁음: 입을 쓰는 짓

홀소리에는 이러한 네 가지의 다름이 있으며, 이 중, 때의 동안은 '길고 짧음'의 두 가지로만 가리어, '서로 다른 바'만 알게 함이 넉넉하다고 했다. 그리고 '넓고 좁음'도 이에 아울러 가름이 또한 좋다고 하면서 '서로 다른 바'를 가름이 옳음을 말하고 있다.

우리는 위에서 다음과 같은 사실을 알 수 있다.

① 『국어문전음학』에서는 발성기관의 동작과 발성된 소리의 진동수: (진동수가 많으면 소리가 높고, 적으면 낮아진다는 물리학적 이치를 말 한 듯)에 따라, 홀소리 운율 바탕의 섬세한 차이를 분류할 수 있음을 알 수 있다.

② 그러나 『국어문법』과 『조선어문법』 초판, 재판, 그리고 『말의 소리』에서는, 『국어문전음학』의 세분된 분류에서 인류가 발음하기 평상(平常)한 바를 준적삼아(보편성에 해당함), 서로간의 다른 바(변별기능에 해당함)를 따라서 국어 운율의 변변 바탕에 해당하는 요소만을 끌어낸 것으로 풀이된다. 그 끌어낸 요소가 '길고 짧음', '높고 낮음', '세고 여림', '넓고 좁음'이라 할 수 있다.

위의 ①과 ②를 견주어 보면, 거기에서 한힌샘의 운율에 대한 나머지 바

탕(잉여 바탕)과 변별 바탕의 의식을 생각해 볼 수 있다.

③ 훈민정음의 평상거(平上去)는 대체로 장단을 보이는 것으로 풀이한 것 같고, "용비어천가"의 방점도 대체로 장단으로 풀이한 것으로 이해된다.

④ 위의 운율의 설명 곧, 길고 짧음, 높고 낮음, 세고 여림에서 물리학(物理學)적 설명과, '넓고 좁음'에서 발성기관의 조음 음성학의 설명을 하고 있다는 것을 알 수 있다.

⑤ 그런데 여기 홀소리의 분류라는 측면에서 본다면 위에서 보인 네 개의 분류는 마땅함을 인정한다. 그러나 네 개 중, 소리의 '넓고 좁음'은 홀소리의 입펴고(張口) 입오무림(縮口)으로 풀이되어 이는 홀소리를 지어낼 때의 입의 '간극'으로 이해되므로, 운율적 자질이라는 측면에서 본다면 '넓고 좁음'은 빠져야 할 것이다. 따라서 앞의 『국어문전음학』에서 보인 저 많은 분류는, 운율적 측면에서 볼 때 상당히 적은 수로 추려낼 수 있을 것이다.

(7) 말의 소리 규칙의 발견과 형태음소론(形態音素論, Morphophonemics)의 태동

1) '닷소리의 잇어박구임(子音接變)'과 보편 규칙의 발견

'닷소리의 잇어박구임'이라는 말은 "말의 소리"에서 볼 수 있지만, 그 소리의 이치에 대해서는 이미 그의 『대한국어문법』(1906)에 '접변(接變)'이라는 대목에서 비롯된다. 거기에서, '접변'을 "셔로 접ㅎ면 변ㅎ는 子音들"(ㅉ.63)이라 하고, "ㄱ이 ㄴ이나 ㄹ이나 ㅁ 위에서 ㅇ으로 변함"이라는 음운 규칙을 들어, 그 보기로 '빅년 빅리, 빅만'을 밝혀 놓았다. 또 "ㄴ이 ㄹ 위에서나 앞에서는 ㄹ로 변함"이라 하고, '천리, 팔년'을 보기로 들었다.

이러한 접변은 음운의 배합에서의 '음운의 변동 규칙'이라 할 만하다. 위의 것을 오늘날의 규칙으로 기술하면 다음에 보임과 같이 된다.

$$\lnot \rightarrow \circ / - \begin{Bmatrix} \text{ㄴ} \\ \text{ㄹ} \\ \text{ㅁ} \end{Bmatrix} \qquad (\circ = [\text{ŋ}])$$

$$\text{ㄴ} \rightarrow \text{ㄹ} / \begin{Bmatrix} -\text{ㄹ} \\ \text{ㄹ}- \end{Bmatrix}$$

"대한국어문법"에서는 이러한 변동 규칙에 해당하는 접변 문제를 여러 가지로 그 보기와 더불어 살펴보았다. 이러한 접변의 발견은 국어의 음운 규칙의 한 큰 발견이라 할 수 있다.

한힌샘은 앞에 든 ㄴ→ㄹ을, 접변 쪽에서, "텬연흔터세"라 하여 자연의 음리로 보면서 구주(歐州)말에서 그 ㄴ을 억지로 내는 것은 "텬연흔 터세를 잃은 것이라 했다.

위와 같은 '접변'은 『국어문전음학』에서는 '자음의 접변'이라 하여 나오는 데, 거기에서 한힌샘은 "接變은 我國의 習慣이 안이요, 音理에 自然흔 形勢"라 하였다. 이는, 우리의 접변의 현상을 '음운론적 보편 규칙'으로 본 셈이다.

이러한 자음(子音)의 접변(接變)은 『국어문법』과 초판 『조선어문법』에서 '붙음소리의 접변(接變)'이라 하여 정리하고, 재판 『조선어문법』에서는 '닷소리의 접변(接變)'이라고 이름고치더니, 다시 "말의 소리"에서는 '닷소리의 잇어박구임'이라는 갈말로 정착시키면서 그 배합상의 음운 변동 규칙을 확립하여 놓았다.

한힌샘은 음운의 배합 상에 일어나는 현상을 두 개로 나누어 보고 있다. 하나는 닿소리가 서로 이어날 때에 '절로' 바꾸어지는 현상이요. 다른 하나는 저의 소리대로 나되 그러나 '흔하게' 또는 '더러' 바꾸어지는 현상이다. 이 '흔하게' 또는 '더러' 바꾸이는 현상도 그렇게 바꾸이는 이유가 있다고 보고, 그것은 저의 소리대로 내면 얼마큼 떨어져 발음이 되되, 바꾸어 내면 잘 발음이 이어진다고 설명하고 있다. 그러므로 '절로' 바꾸어지거나 '더러' 바꾸어지거나 간에 다 바꾸어지는 이유가 있는데, 그 이유는 '발음의 경제적, 자연적 현상'이라는 데서 일치한다고 볼 수 있다.

이제 이들을 글쓸이가 다음에 정리해 보기로 한다.

    ① '절로' 바꾸어지는 현상

      ㄱ+ㄴ, ㄹ, ㅁ, ㅇ이면, ㄱ→ㅇ

      ㄴ+ㄹ, ㄹ+ㄴ이면, ㄴ→ㄹ, ㄹ→ㄴ

      ㅂ+ㄴ, ㄹ, ㅁ, ㅇ이면, ㅂ→ㅁ

      ㅅ, ㄷ, ㅈ, ㅊ, ㅌ+ㄴ, ㅈ, ㅁ, ㅇ이면, ㅅ, ㄷ, ㅈ ㅊ→ㄴ(ㅊ, ㅌ는 그 안에 섞이어 있는 ㅎ은 말고, ㅈ→ㄴ, ㄷ→ㄴ으로 바꾸임)

      모든 닿소리(ㄹ, ㅅ, ㅎ 밖의)+ㄹ이면, ㄹ→ㄴ

      ㄱ, ㄷ, ㅂ, ㅅ, ㅈ+ㄱ, ㄷ, ㅂ, ㅅ, ㅈ 이면, 두 번째 ㄱ, ㄷ, ㅂ, ㅅ, ㅈ →ㄲ, ㄸ, ㅃ, ㅆ, ㅉ

    ② '흔하게' 또는 '더러' 바꾸이는 현상

      ㅁ, ㄴ+ㄱ 이면, ㅁ, ㄴ→ㅇ, (삼개→ 상개)

        ㄴ+ㄱ 이면, ㄴ→ㅇ(손가락→송가락)

     ㅅ+ㄱ 이면, ㅅ→ㄱ(삿갓→삭갓)

     ㅅ+ㅂ 이면, ㅅ→ㅂ(팟밥→팝밥)

위에서 볼 수 있는 국어의 자음접변의 법칙은 국어학사 상 처음으로 한힌샘에 의하여 언급된 것으로, 그 이론은 후계 학자들에게 이어 '닿소리의 이어바꿈'으로 발전되었다.

한힌샘의 '닷소리의 잇어박구임'에서 특히 자음 배합의 결과 일어나는 변동의 현상을 '절로'와 '흔하게' 또는 '더러'로 나누어 언급한 것, 그리고 이들 바꾸임에는 그렇게 바꾸이지 않을 수 없는 이유가 있다고 한 것은 그의 밝은 음리론을 보인 것이다. '절로'라는 말은 '저절로', '자연적으로'라는 뜻이니, 소리들이 어떤 조건에 놓일 때에 그렇게 변하지 않을 수 없는 의무적 (obligatory) 혹은 필연적인 닮음(동화) 현상을 말하는 것이다. 한힌샘은 이를 "我國의 習慣이 아니요, 音理에 自然흔 形勢"(『국어문법』 중, '國文의 소리')

라 하여 음운 배합론의 보편성을 제시해 주었다.

이에 반하여 '흔하게' 또는 '더러'라는 말은 어떠한 조건에 의하여 그렇게 될 수도 있고 되지 않을 수도 있다는 뜻이므로, 수의적(optional) 혹은 임의적인 닮음 현상을 말한 것이다. 한힌샘은 이를 가령 ㅁ이 ㄱ위에서는 소리에 단련하지 못하면 흔히 ㅇ으로 변하는데, 그러나 단련하지 못한 사람이 ㅇ으로 변하여 발음하는 것도 ㅁ이 ㄱ을 만나서 얼마큼 ㅇ으로 변할 만한 형세가 있기 때문이니, 이것도 "天然性을 因함"(『國文의 소리』에서)이라 하였으니, 이런 따위의 수의적인 변동도 또한 음운 변동의 보편적 규칙임을 제시하여 준 것이라 할만하다.

생각하여 보면, 이 변동에서 '절로'와 '흔히' 또는 '더러'의 변동 이론의 제시는, 비록 그 이론이 구체적으로 설명되지는 아니했다 하더라도, 음 이론의 두 질서의 발견이라 할 수 있다. 뿐만 아니라, 그 두 질서는 결국 하나의 보편적 음운 규칙에서 파생되는 것임을 보인 것으로 풀이할 수 있다.

한힌샘의 이러한 국어의 '보편적 음운 규칙'은 앞으로 그의 '말의 익음소리'(습관소리)에서 보일 '국어의 특수 음운 규칙'과 아울러 두 큰 음운 법칙이라 할 수 있다.

또 여기 주의할 것이 있다. 소리와 소리가 배합할 때 일어나는 변동 현상은, 더 따지어 들어가면, 형태소(morpheme)와 형태소가 배합할 때 일어나는 현상임을 알 수 있다. 그렇다면, 이는 무엇인가? 그것은 바로 오늘날의 '형태음소론(morphophonemics)'이 아닌가? 그리고 변동이라는 데 역점을 두면, 그것은 '형태음소 변동론'이라 할 수도 있을 것이다. 다만, 그는 이러한 갈말(술어)을 사용하지 않았을 뿐 그에게 있어서는 그와 같은 연구가 이미 시작되었다고 할 수 있을 것이다. 이러한 형태음소론에 해당하는 연구는 한힌샘의 후계학자들에 의하여 '닿소리의 이어바꿈'이라는 이름 아래서 구체적으로 전개되어 갔던 것이다.

2) 말의 '익음소리'(습관소리)와 특수 규칙의 발견

말의 익음소리는, 이미 『대한국어문법』에 나오는 '우리 국어의 例習의 無音'쪽에서 언급되었다. 그후 『국어문전음학』에서는 이를 '습관'이라 하고 『국어문법』에서는 '습관소리'라 함을 거쳐 『말의 소리』에서 '말의 익음소리'라 하기에 이르렀다. 이제 말의 익음소리로 말미암아 소리가 바꾸이는 것, 또는 나지 않는 것을 정리하여 보면 다음과 같다. 이를 그대로 그 당시의 언어 현실로 믿어도 좋을 것이다.

① ㄹ+ㅏ, ㅓ, ㅗ, ㅜ, ㅡ, ㅣ 이면, ㄹ→ㄴ이 된다.

② ㄴ, ㄹ+ㅣ (또는 "대한국어문법", "國語文法", "朝鮮語文法"에서는 ㅣ 선합한 소리 ㅑ, ㅕ, ㅛ, ㅠ)이면, ㄴ, ㄹ ∅(영)이 된다. 다만, ㄴ+ㅣ이 면 ㄴ이 그대로 나기도 한다.

③ 끝소리 ㄹ은 ㄹ→ㄹㄹ(글쓴이 주: ㄹㄹ은 l인 듯)이 된다.

④ ㄹ+모든 닿소리(ㅎ, ㄴ, ㄹ 밖의) 이면, ㄹ→ㄹㄹ이 된다.

⑤ ㄹ+홀소리, 홀소리+ㄹ 이면, 때로 ㄹ→ㄹㄹ이 된다: 날아가→날라가, 나로→날로.

⑥ ㄷ+ㅣ 이면 ㄷ→ㅈ이 된다.

이는 "국어문전음학"에 따르면 "畿湖, 黃原의 方音이 根本됨"이라 했다. 이를 보면, 그 밖의 지방에서는 그 당시 구개음화가 잘 안되었던 것으로 본 것 같다.

⑦ ㅌ+ㅣ ("국어문전음학" 등에서는 ㅣㅑㅕㅛㅠ의 초성으로 나는 ㅌ이라 했다)이면, ㅌ→ㅊ이 된다.

이는 "국어문전음학"에서는 "畿湖, 黃原의 方音이 根本됨"이라 했다. 이도 그 밖의 지방에서는 구개음화가 안 된 것으로 본 듯하다

⑧ ㅅ, ㄷ, ㅈ, ㅊ, ㅌ+ㅑ, ㅕ, ㅛ, ㅠ 이면, ㅑ, ㅕ, ㅛ, ㅠ→ㅏ, ㅓ, ㅗ, ㅜ가 된다.

"국어문전음학"에서는, 이는 "全國一般의 習慣이나, 간혹 원음대로 발

음하는 사람이 있다"고 하고, "이는 우연에 불과하다"고 했다.

⑨ ㄹ + ㅑ, ㅕ, ㅛ, ㅠ 이면,

ㅑ, ㅕ, ㅛ, ㅠ→ ㅏ, ㅓ, ㅗ, ㅜ가 된다.

"국어문전음학"에 따르면, 이는 평안도 방음의 습관이라 한다,

⑩ ㄹ + 무슨소리 이면, 흔히 ㄹ~∅(엉: 탈락)이 된다.

보기: 울지말아라 우지말아라, 울는 아기→우는 아기

그에 따르면, '몸'은 '울'과 '우' 두 가지로 잡을만하다는 것이다. 위의 보기로 보아, 어간 '울'은 그 당시 발음의 습관에 따라 수의적(optional)으로 ('흔히'라는 표현이 이를 말함. 울지~우지) 변격 활용하기도 하고 또 절대적 변격 활용(울는아기→우는아기)을 하는 경우도 있음을 알 수 있다. 그러나 어느 경우이든 이 변격은 그 당시 국어의 습관에 따라서 익은 특수한 음운 규칙이다.

⑪ ㄺ + 닿소리 이면, 흔히 ㄺ~ㄱ이 된다: ㄺ~ㄱ/—닿소리

보기: 닭도~닥도. '몸'은 '닭'과 '닥'이다.

이는 닿소리가 많이 이어지면(ㄹㄱㄷ) 다 내기 어려운 까닭으로 흔히 'ㄹ'이 떨어진다는 것이다. 그런데 '흔히'라는 용어로 보아 그 당시는 '닭~닥'의 수의적 귀착으로 쓴 것 같다

⑫ ㄼ + 무슨소리 이면, 흔히 ㄼ~{ㄹ/ㅂ}이 된다: ㄼ~{ㄹ/ㅂ} / —닿소리

보기: 밟지 ~ 발지, 밥지

몸: 발, 밥(그러나 앞의 논리대로 하면 '밟'도 몸이 됨). 이것도 역시 수의적인 귀착이다.

⑬ ㅂ + 홀소리 이면, ㅂ→∅(영)이 된다.

보기: 춥+으면→추면

몸: 춥, 추

이는 이른바 그 당시의 말의 ㅂ변격 현상이다. 한힌샘은 '잡이'(『말의 소리』: ㄱㅅ쪽)에서 '좁으면'의 ㅂ은 ㅂ이 줄지 아니하니, 이를 보기로 삼아 '춥으면'의 ㅂ을 내지 아니하는 따위는 그 ㅂ이 있음으로 '저의몸'

을 삼음이 바른 일이라고 할 만하다고 했다. 앞에서 몸을 '춥'과 '추'의 두 가지로 잡는다고 했는데, 그렇다면 '저의몸'은 무엇일까? 아마도 '저의몸'이란, '기본형태'를 암시한 것이 아닌가 한다. 이상은 국어의 정격 활용에 대한 개별적인 변격 활용의 최초의 언급이라 할 수 있다.

⑭ ㅅ + 무슨소리 이면, ㅅ→∅이 된다.

  보기: 잇다→이면

  몸: 잇, 이

⑮ ㅅ은 더러, ㅅ~ㄹ이 된다.

  보기: 갓모~갈모

⑯ ㅅ은 더러, ㅅ~ㄱ이 된다.

  보기: 삿갓~삭갓

  이는 닿소리의 이어바꿈에 해당한다.

⑰ ㅂ은 더러, ㅂ~ㅍ이 된다.

  보기: 조밥~조팝

위는 co + pap→cophap이 되므로, ㅎ 끼어듦에 따른 자리바꿈이라 할 수 있다(역사적으로 '좋').

⑱ ㄱ은 더러, ㄱ~ㅋ이 된다.

  보기: 암개~암캐, 수개~수캐

이는 am+kä→amkhä, su+kä→sukhä 이므로, 끼어듦에 따른 자리바꿈이라 할 수 있다. ㅎ 끼어듦의 이유는 물론 역사적 이유, 곧, 본래 ㅎ 종성을 가진 '암ㅎ, 수ㅎ'에 있다. 한힌샘은 암, 수의 아래 ㅎ을 둘 만하다고 하였는데, 공시적 형태 분석으로 볼 때 당연한 말이라 하겠다.

⑲ ㄷ은 더러, ㄷ~ㅌ이 된다.

  보기: 암닭~암탉

⑳ ㅅ은 더러, ㅅ~ㅊ~ㅌ이 된다.

  보기: 숫을~숯을~숱을

  좋은몸: 숫

여기 '좋은몸'이란 변이형태 중에서 선택되는 '기본형태' 쯤 생각된다.

㉑ ㅅ은 더러, ㅅ~ㅎ이 된다.

보기: 셈~헴, 닷고~닿고

첫째 보기는 수의적 구개음화와 관계된다.

㉒ ㄱ은 더러, ㄱ~ㅈ이 된다.

보기: 길삼~질삼

이는 수의적인 구개음화라 할 수 있다.

㉓ ㄱ은 어떤 데에서, ㄱ~ㄲ이 된다.

보기: 아기를 안고~아기를 안꼬, 닥아라~닦아라

앞 것은 활용 어미의 수의적인 된소리되기(fortification)이고, 뒷 것은 어
간의 수의적인 된소리되기의 보기이다.

㉔ ㄷ이 어떤 데에서는 ㄷ~ㄸ이 된다.

보기: 넘도록~넘또록

이것도 활용 어미의 수의적 된소리되기의 보기이다.

㉕ ㅌ이 두루, ㅌ~ㄷ이 된다.

보기: 맡으면, 맏고

몸: 맡, 맏

한힌샘은, '두루'라는 말을 써서 변동의 수의성을 보이고 있지만, 이것
은 국어습관에서 의무적 귀착 현상에 해당한다. 한힌샘에 의하면, 만일
몸을 '맡' 한가지로만 잡으면, '맏고'도 '맡고'로 쓰며, 이때 'ㅎ'은 말의
익음으로 나지 않는다고 했다. 이는 '어간을 고정시키기 위한 모색'이
라 할 수 있다.

㉖ ㅍ은 두루 ㅍ~ㅂ이 된다.

보기: 높으면, 놉고

몸: 높, 놉

이것도 하나의 귀착 현상이다.

㉗ ㅊ은 두루 ㅊ~ㅈ이 된다.

보기: 쫓아라~쫓더라

이제까지의 그의 '몸'의 말에 따른다면, 이는 귀착 현상에 해당하므로,
쫓은 '쫃' 또는 '쫓'이 되어야 한다.

㉘ ㄶ은 두루 ㄶ~ㄴ이 된다.

보기: 많으면~만으면

이는 유성음 ㄴ과 홀소리 사이에서의 수의적인 ㅎ탈락 규칙 현상(ㅎ~
∅/ㄴ－홀소리)이다.

㉙ ㅀ은 두루 ㅀ~ㄹ이 된다

보기: 싫으면~실으면

이도 수의적인 ㅎ탈락 규칙 현상(ㅎ~∅/ㄹ－홀소리)이다.

㉚ ㄿ은 두루 ㄿ~ㄼ이 된다.

보기: 읊으며~읊고: 귀착 현상

㉛ ㄾ은 두루 ㄾ~ㄸ이 된다.

보기: 핥으면~핥고: 귀착 현상

㉜ ㅄ은 두루 ㅄ~ㅂ이 된다.

보기: 없으면~업고: 귀착 현상

㉝ ㅅ은 두루 ㅅ~ㄹ이 된다.

보기: 듯고~들으면

이는 이른바 ㄷ변격 활용(여기에서는 맞춤법으로 ㅅ이 나왔을 뿐)의
보기가 될 것이다.

㉞ ㅎ은 두루 ㅎ~ㅅ이 된다.

보기: 쌓지~싿지

여기서는 귀착 현상(쌷)에 해당하나, 이는 다시 '쌷→쌋'이 된다.
한힌샘은 ㅎ은 홀소리 위에서 흔히 쓰이지 않는다고 했다.

보기: 쌓으면~싸으면

이는 수의적인 ㅎ탈락 규칙(ㅎ~∅/홀소리－홀소리)이 된다.

　　이상은 한힌샘의 『말의 소리』에서 제시한 '익은 소리'(습관)의 모두이다. 이는, 이미 말한 '닷소리의 잇어박구임'에서 볼 수 있는 일반적인 보편 음운 규칙에 대립하는 우리말의 특수 또는 개별적(대체로)인 음운 규칙이다.

　　여기에서 글쓸이는, 그 당시의 우리말의 공시태에서 다음과 같은 형태음소론의 법칙을 추출해 낼 수 있다.

　　　(ㄱ) 음소론적 조건에 의한 형태음소 변동

　　　　(1) 첫소리 규칙: ①, ② (번호는 이미 보인 각 법칙을 나타내는 번호)

　　　　(2) 구개음화: ⑥, ⑦, ㉑ (수의적), ㉒ (수의적)

　　　　(3) 귀착: ⑪, ⑫, ㉕, ㉖, ㉗, ㉚, ㉛, ㉜, ㉞ (수의적: 쌓지~쌋지)

　　　　(4) 탈락(수의적): ㉘, ㉙, ㉞(쌓으면~싸으면)

　　　　(5) 닮음(수의적): ⑯

　　　　(6) 된소리되기(수의적): ㉓, ㉔

　　　　(7) ㄹ 끝소리 규칙: ③, ④, ⑤(수의적)

　　　(ㄴ) 형태론적 조건에 의한 형태음소 변동: ⑩(수의적). ⑬, ⑭, ⑰(역사적 정보 자료에 의하면 음운론 조건이 된다). ⑱(⑰과 같음), ⑲(⑰과 같음), ㉝

　　　(ㄷ) 특별한 습관적인 것(음소론 조건 밖의 것): ⑧, ⑨, ⑮, ⑳

　　이와 같은 것은, 이미 언급한 바 그의 '닷소리의 잇어박구임'에서 추출할 수 있는 국어 음운론의 보편 규칙과 양립되는 국어 음운의 특수 또는 개별적 규칙(⑯은 제외)이라 할 수 있다. 그리고 위에서 보면, 한힌샘은 '두루', '흔히', '더러', '어떤 데'와 같은 표현을 썼는데, '두루'는 대체로 의무적인 변동일 경우에 쓰이고, 그 밖의 것은, 수의적인 변동일 경우에 쓰인다. 이 수의적 변동은 그 당시 언어의 유동적 변동 현상을 보이는 것이기도 하다.

　　한힌샘은 또한, '몸', '좋은몸', '저의몸'과 같은 갈말(술어)를 썼는데, 이는 꼭이는 그런 것은 아니지만, '몸'은 대체로 바탕말(기어) 변이형태(allomorph)에 해당하고, '좋은 몸' 또는 '저의몸'은 그 기본형태에 해당한다고 할 수 있다. 곧 그의 이러한 변이형태와 기본형태의 개념은 현대의 형태론의 기틀이 될 뿐만 아니라, '형태소 원칙의 맞춤법'을 정립하는 기틀이 된 것이다.

이상으로 보아, 한힌샘은, 현대 음운론의 모태가 되는 음운 규칙의 초석을 세웠을 뿐 아니라, 형태론의 기틀을 만들어 놓았다고 할 수 있겠다.

『말의 소리』에는 이 밖의 부록의 형식으로, 훈민정음(訓民正音) 본문, 『훈몽자회』「범례」, 『용비어천가』, 『월인천강지곡(月印千江之曲)』등의 단편이 보이기도 하나, 이는 음성학과는 별개의 것이므로 여기에서는 언급하지 않기로 한다. 또한 '말의 소리'에는 '말의 소리 夾入'이라 하여 '씨난'이 보이는데, 이는 말본에 관계되는 중요한 사항이므로, 다음 말본 쪽에서 다루어 보기로 한다. 그리고 맨끝에는 '가로풀어쓰기'의 시안이 있다. 이는 그에 의하여 창안된 것인데, 우리 글자의 음소 글자적인 성격을 잘 살린 문자의 운용 방안이라 할 수 있으며 하나의 '글자의 혁명'이라 할만하다. 이 '가로풀어쓰기'의 실천은 『말의 소리』(1914)보다 한 해 앞선 1913년 3월 2일자, '배달말글몯음'의 '조선어강습원' 제1회 고등과 졸업증서에 'ㅁㅏㅈㅎㅣㅁㅂㅗㄹㅏㅁ'(맞힘보람)으로 나타난다(『한글모죽보기』 참조). 그리고 이는 제자 김두봉·최현배로 이어지며, 최현배의 『글자의 혁명』(1947)은 그 결정체이다.

5.4. 『국어문법(國語文法)』, 『조선어문법(朝鮮語文法)』(초판, 재판)의 분석적 체계 확립

『국어문법(國語文法)』은 1910년에 나왔으며, 이른바 형태론과 통어(사)론, 문장론의 성격을 띤다. '문법'이라는 이름으로 나온 것은 우리나라에서 이것이 처음이다. 『국어문법』에는 음운론에 해당하는 '國文의 소리'가 붙어 있는데, 이는 이미 앞의 음운론 쪽에서 일괄하여 언급한 바 있으며, 또한 여기에서는 형태론과 통사(통어)론의 측면에서 그의 학설을 평가하는 자리이므로, '國文의 소리'를 빼고, 직접, '기난갈'(낱말 분류론)과 '짬듬갈'(문장 분석론)을 통해 그의 형태론과 문장론의 말본 체계를 평가하기로 한다. 『국어문법』은 『조선어문법』(초판 1911, 재판 1913)에 가서 증보되었다. 또한 그의 최종 학설인 『말의 소리』(1914) 끝에 '씨난'이라 하여 형태론의 최종설이 보이므로,

『국어문법』을 논함에 이들을 보충적으로 언급하면서 그의 말본 체계를 평가해 보기로 한다.

(1) 공통적 의미론적 배경과 분석적 구조 체계의 확립

1) 낱말의 뜻매김과 분류의 원칙

낱말을 뜻매김하기란 매우 어려운 노릇이다. 그러므로 오늘날은 차라리 낱말의 뜻매김없이 곧장 형태론이나 문장론으로 들어가는 경향이 생겼다. 그러나 만일, 낱말을 분류하여야 하는 말본 체계로 들어가려면, 그 분류에 앞서 그의 뜻매김에 따른 낱말의 정립이 반드시 선행되어야 한다.

주시경의 『국어문법』보다 앞서 나온 말본(문전)들에서는 낱말의 뜻매김이 서 있지 아니했다. 주시경은 낱말을 분류하기에 앞서, 그 분류의 원칙이 될 수 있는 낱말의 뜻매김을 하였다.

> "기(씨)는 낫말을 이르는 것으로 씀이니 <u>여러 가지 몬</u>(物이라 하는 말이니 東言解에 잇는 것)이나 <u>일을 따르어 이르는 말을</u> 각각 부르는 이름으로 씀이라[64] (밑줄은 글쓸이가 침)

위의 '기'("조선어문법"에서부터는 '씨'라 함. 이는 낱말, 품사, 단어에 해당함)의 뜻매김으로 볼 때, 이미 그의 말본의 위치가 분석적 체계에 있음을 암시해 주고 있다. 곧, 위에서 밑줄 친 '여러 가지 몬'은 실질적 요소를 가리킨 것이요. '일을 따르어 이르는 말'이란, 기능적 요소를 뜻함이라고 풀이된다. 이와 같이 기능적 요소를 기(씨)로 보는 견해는 곧, '토'나 '씨끝'까지 독립한 씨(낱말)로 볼 수 있다는 것을 뜻한다. 이처럼 인식하는 말 본관을 '분석주의'에 속하는 말본체계라고 할 수 있는 것이다.

---

64) '국어문법', ㅉ.27.

그의 분석주의적 견해는, 따지고 보면 의미와 기능(직능) 두 가지 관점에서 온 것으로 본다.

그가 '기(씨)난'의 '난'에 대하여 언급한 것을 풀어보면, 낱말의 분류에 또 하나의 중요한 원칙적 암시를 주고 있음을 알 수 있다.

> "난은 分의 뜻과 같은 말이니 각 낫기(씨)의 바탕(性質과 한가지의 뜻으로 씀이라)을 따르어 결에(族, 同族, 類의 뜻과 같은 말) 되는 分別이 잇음을 이름이라"

위는 공통적 바탕(성질)을 가진 것은 같은 겨레로 묶는다고 한 것인데, 이는, 이미 앞에서 풀이한 보편적 사서적 의미 자질은 그것대로 한 겨레로 묶고 보편적 말본의 의미(문법적 기능)를 가진 것은 그것대로 한 겨레로 묶어서 씨(낱말)를 가른다는 것을 좀 명백히 밝힌 것으로 풀이할 수 있다. 가령 '산, 들, 물' 따위는 사서적 의미가 다 다르지만 '바탕'이라는 자질로 보면, 사물을 이름한다는 데서 공통적이므로 임기(명사)라는 한 겨레로 묶을 수 있고, '가, 보' 따위는 그 바탕으로 볼 때 공통적인 바탕인 움직임을 이름한다는 데서 움기(동사)라는 한 겨레로 묶을 수 있다. 그리고 '가, 이, 를, 에서' 따위는 문장 상의 직권을 나타낸다는 데서 공통적이므로 겻기(조사)라는 한 겨레로 묶을 수 있다.

이러한 측면에서 그는 다음과 같은 '9품사'를 분류할 수 있었다.

① 임(名): 몬(物)과 일의 이름: 사람, 개, 나무, 뜻, …
② 엇(形): 어떠함을 이름: 희, 크, 착하, 이러하, …
③ 움(動): 움직임을 이름: 가, 날, 먹이, 잡히, …
④ 겻(助): 임기(씨)의 만(직권)이나 움기(씨)의 자리를 이름: 가, 이, 를, 을, 도, 에서, …
⑤ 잇(連): 한 말이 한 말에 이어지게 함: 과, 와, 고, 으면, 이면, 다가, 는

데, 아, 어, …

⑥ 언(冠形): 어떠한(임기(씨))이라 이름: 이, 저, 그, 큰, 어떠한, 무슨, 이른, 착한, 한, 두, 세, …

⑦ 억(副): 어떠하게(움)라고 이름: 다, 잘, 이리, 저리, 천천이, 매우, 곧, 크게, 착하게, …

⑧ 놀(感): 놀라거나 느끼어 나는 소리를 이름: 아, 참, …

⑨ 끗(終): 한 말을 다 마치게 함을 이름: 다, 이다, 냐, 이냐, 아라, 오, 소, …

위에서 보면, 사서적 자질과 문법적 기능을 뚜렷하게 구별할 수 있는 원칙은 없지만 대체로 다음과 같은 분류 원칙을 끌어 낼 수 있다.

'임, 엇, 움, 놀'은 사서적인 공통 변별 바탕으로 보아 나눈 분류이다. '겻, 잇, 끗'은 말본적 구조를 의식한 말본의 보편기능을 생각하고 그 공통적인 기능으로 보아서 나눈 분류라고 할 수 있다. '언, 억'은 위에 든 설명만 본다면 언은 '어떠한(이름)'과 '억'은 '어떠하게(움)'라는 바탕의 의미 바탕을 각각 공통적으로 가지고 있음을 생각하고, 나아가서 또한 그것들은 가각 다음 말을 수식하는('언'은 이름(명사)을, '억'은 움(동사)을 한정하는) 말본 구조의 의미를 가지고 있음을 생각해 분류한 것이라고 할만하다.

그런데 이들의 하위 분류로 들어가면, 좀 구체적 의미 바탕을 생각한 것을 알 수 있다. 가령, '임'(명사)을 제임(自名), 대임(代名, 넛임)으로, 엇(형용사)을 물품(物品), 물모(物貌), 행품(行品), 때, 헴(셈) 따위로, 움(동사)을 제움(自動), 남움(他動), 바로움(直動, 能動), 입음움(被動) 따위로 나눔이 그것이다. '언, 억'에서는 그 하위 분류에서 오히려 구체적 의미 바탕을 고려하였다. 곧 '언'을 가르침, 물품, 물모, 행품, 때, 헴, 견줌, 모름 따위로 보았으며, '억'에서도 의미 바탕을 기준 삼아 하위 분류함이 '언'의 경우와 같다.

2) '늣씨'와 분석주의 품사 분류 체계

『말의 소리』(1914)의 끝 쪽에서는 두 가지의 중요한 사실이 지적된다. 하나는 한힌샘의 '씨난'의 최종적 체계이고, 다른 하나는 '늣씨'에 대한 언급이다.

① 최종적 '씨난'에 대하여

『말의 소리』의 씨난은 그의 품사 분류의 최종적 학설이다.

『말의 소리』에서 씨난은 6품사: 곧, '임, 엇, 움, 겻, 잇, 긋'으로 분류하였다. 여기에는 『국어문법』이나 『조선어문법』에 있었던, '언, 억, 놀'이 없다. 『국어문법』이나 『조선어문법』에서의' 이, 그, 저'와 같은 '언'(관형사)은 "말의 소리"에서 '임'(명사)의 범주에 넣었고, '적은, 붉은' 등의 '언'에서는, '적, 붉'은 '엇'(형용사)의 범주에 넣었으며, '은'은 '겻'(조사)의 범주에 넣었다.

또 종래의 '억'인 '다, 매우'와 같은 것은 '임'(명사)으로 보았고, '곱게' 등은, '곱'은 '엇'(형용사)으로 '게'는 '겻'(조사)으로 나누어 봄으로써 '억'은 '임'으로 들어가거나 '엇'과 '겻' 등으로 갈려 없어졌다. 그리고 종래의 '아, 하, 참'과 같은 '놀'(감탄사)은 '임'에 편입시켰다. 그리하여 결과적으로 "국어문법"이나 "조선어문법"에서의 9품사는 "말의 소리"에서 6품사로 정립되었다.

이상에서 보면, 한힌샘은 분류의 원칙은 제시하지 않았으나, 그가 구상한 새로운 체계의 품사 분류는, 철저하게 실사와 허사를 갈라 보는 분석적 체계라고 할 수 있다. 그의 이러한 분석관은 드디어 '늣씨'라는 개념을 발견하기에 이른 것이 아닌가 한다.

② 늣씨에 대하여

『말의 소리』의 '씨난의 틀'에서 보면, '∧'와 같은 부호가 붙어 있다. 그러한 부호의 설명 대목에서 '늣씨'란 말이 보인다.

∧ 이는 벌잇이니 꾸민씨의 사이에 두어 늣씨와 늣씨를 가르는 보이라.

보기: 해∧바라∧기

위의 '늣씨'는 무엇일까?

'늣'은 『말의 소리』에서 '고나'(단음)를 풀이함에, '말의 소리의 늣'이라 하였다. 여기에서, '늣'은 핵(核, 종극적인 낱덩이)에 해당하는 듯하다. '늣씨'는 대체로 핵어(核語)라고 할 수는 있을 것이다.

이 핵어로서의 늣씨는 일반적인 씨(단어, 품사) 보다 하위 단위임에 틀림없다고 본다. 그러므로 늣씨는 이른바 형태소의 범주의 것이다.[65] 그러나 그렇다고, '늣씨는 곧 형태소다'라는 생각을 갖는 것은 위험한 생각이다. 왜냐하면 한힌샘이 갈라 놓은 늣씨 가운데는 도저히 형태소라고 생각할 수 없는 것이 있다. 형태소(morpheme)란 최소의 의미 단위이다. 그러므로 형태소의 성립 요건은 어떠한 최소의 의미를 가진다는 것이다. 그런데 한힌샘이 갈라 놓은 늣씨에는 결코 의미를 가졌다고 볼 수 없는 것까지, 늣씨로 보았다. 곧 그는 어떤 형태에서 어느 부분에 분석이 되어 나오면 일단 분석하여 그 결과를 모두 늣씨로 보았다. 가령 '으며'를 놓고 보자. '으며'는 '며'가 잇씨로 분석되어 나오기 때문에, '으-며'로 분석을 한다. 이때 분석된 구성요소를 각각 늣씨로 본다. 그러므로 '으'도 늣씨로 보는 것이다. '으'가 뜻이 없는 형태소의 하나임은 뻔한 일이 아닌가? 곧 그것은 형태소가 아니다. 그러므로 그의 늣씨는 반드시 형태소를 가리킨다고 할 수는 없는 것이다. 또 때에 따라서는 형태소의 배합으로 된 것도 하나의 늣씨로 본 것이 있다.

가령, '이더라'라는 복합사로서의 '긋씨'에서, 한힌샘은 '더라'를 독립된 긋씨로 보기 때문에, 늣씨를 '이-더라'로 분석한다. 그리하여 '더라'를 늣씨로 본다. 그러나 '더라'는 두 개의 형태소 {더}+{라}가 아닌가? 이 경우를 놓고 보아도 '늣씨는 곧 형태소'라고 단정적으로 말할 수 있는 것은 아니다. 다만, 늣씨는 씨의 하위 단위로 대체로, 형태소를 가리키는 것이라고 할 수는 있을 뿐이다.

이제 위와 같은 사실을 실증하기 위하여 그의 '씨난의 틀'에 나온 자료를 통하여 이를 조사하여 보기로 하자.

한힌샘은 '늣씨'를 말하기 위하여 먼저 '벌잇'(接合, 接合符)과 '꾸민씨'를 말했다. '벌잇'이란 두 요소의 '이음'의 뜻이다. '꾸민씨'란 "국어문법" 27쪽에 나오는 '꿈인말'(꾸민말) 곧 조직어와 관계되는 말이라고 본다면, 그것은 조직

---

65) 김민수는 늣씨를 최소의 의미 단위 공 어소(語素, morpheme)라고 했다. '늣씨와 morpheme에 대하여' 『국어국문학』 24, 1961; 『주시경 연구(周時經硏究)』, 탑출판사, 1977, ㅉ.130, 261.

사(組織詞)라고 할 수 있다. 다시 말하면 그것은 낱 덩이의 씨(낱말)인 겹씨이다. 이러한 겹씨의 구성요소는 핵 곧 늣씨와 늣씨로 이루어지는데, 그 늣씨가 이어지는 이을목을 '벌잇'이라는 이음표(∧)로 나타내었다. 그러면 '늣씨'란 무엇인가? 이제 이를 확인하기 위하여, 그가 표시한 늣씨의 양상을 조사하여 보기로 한다.

움씨(꾸민씨로서의 움씨)

=잡−히

→늣−늣

→형태소−형태소

→[움씨−씨아님] (움씨=잡)

→움씨 (움씨=잡히=꾸민씨)

위의 꾸민씨의 파생 과정을 그림으로 보이면 다음과 같다(다음부터는 그림은 생략).

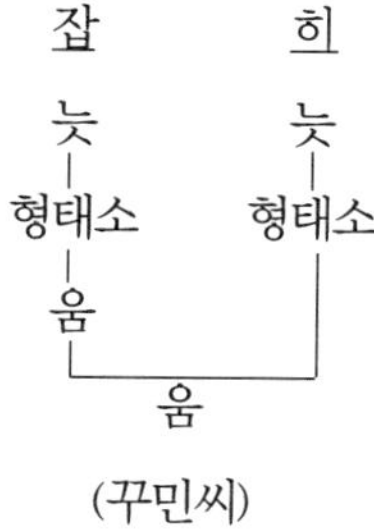

이와 같은 유형에 들어가는 것에, 먹−이, 늘−이, 녹−이, 등이 있다.

겻씨(꾸민씨로서의 겻씨)

= 이−든지

→늣−늣

　　　　→형태소-형태소
　　　　→[씨아님-겻씨] (겻씨=든지)
　　　　→겻씨 (겻씨=이든지)

이와 같은 유형에 들어가는 것에, 이-나, 이-야, 이-여 등이 있다.

　　　겻씨(꾸민시로서의 겻씨)
　　　　=에-서
　　　　→늣-늣
　　　　→형태소-형태소
　　　　→[겻씨-씨아님] (겻씨=에)
　　　　→겻씨 (겻씨=에서)
　　　겻씨(꾸민씨로서의 겻씨)
　　　　=에-는
　　　　→늣-늣
　　　　→형태소-형태소
　　　　→[겻씨-겻씨] (겻씨=에, 겻씨=는)
　　　　→겻씨 (겻씨=에는)

이와 같은 유형에는, 에-도, 에-야, 로-도 등이 있다.

겻씨(꾸민씨로서의 겻씨)
　　=으-로
　　→늣-늣
　　→형태음소-형태소 ('으'는 형태소 '으로'의 형태음소인데 이를 "늣
　　　씨"로 본 데 주의)
　　→[씨아님-겻씨] (겻씨=로)

→겻씨 (겻씨=으로)

잇씨(꾸민씨로서의 잇씨)

　　=으며

　　→늣－늣

　　→형태음소－형태소

　　→[씨아님－잇씨] (잇씨=며)

　　→잇씨 (잇씨=으며)

이와 같은 유형에는, 으－면서, 으－니, 으－매, 으－나, 으－되, 으－면,
으－러 등이 있다.

　　잇씨(꾸민씨로서의 잇씨)

　　　=이－며

　　　→늣－늣

　　　→형태소－형태소

　　　→[씨아님－잇씨] (잇씨=며)

　　　→잇씨 (잇씨=이며)

이와 같은 유형에는, 이－니, 이－매, 이－되, 이－라도, 이－어날, 이－
면, 이－거든 등이 있다.

　　굿씨(꾸민씨로서의 잇씨)

　　　=이－다

　　　→늣－늣

　　　→형태소－형태소

　　　→[씨아님－굿씨] (굿씨=다)

　　　→굿씨 (굿씨=이다)

이와 같은 유형에는, 이-오, 이-지, 이-냐, 이-뇨, 이-야, 이-도다, 이-로다, 이-고나 등이 있다.

> 굿씨(꾸민씨로서의 굿씨)
>> = 이-더라
>> → 늣-늣
>> → 형태소-[형태소-형태소] ('더라'는 두 개의 형태소 결합)
>> → [씨아님-[굿씨]] (굿씨=더라)
>> → 굿씨 (굿씨=이더라)

위에서 두 개의 형태소 결합체가 한 늣씨를 이루고 있는데 주의할 것이다. 이와 같은 유형에는, 이-니라, 이-러라 등이 있다.

> 굿씨(꾸민씨로서의 굿씨)
>> = 이-로-고나
>> → 늣-늣-늣
>> → 형태소-형태소-형태소
>> → 씨아님-[씨아님-굿씨] (굿씨=고나)
>> → [씨아님-[굿씨]] (굿씨=로고나)
>> → 굿씨 (굿씨=이로고나)
>
> 굿씨(꾸민씨로서의 굿씨)
>> = 이-ㄴ-가
>> → 늣-늣-늣
>> → 형태소-형태소-형태소
>> → [씨아님]-[씨아님-씨아님]
>> → [씨아님-[굿씨]] (굿씨=ㄴ가)
>> → 굿씨 (굿씨=이ㄴ가)

(씨난 쪽에 따르면 '이-ㄴ가'로 분석이 되어 있으나, 같은 곳에 'ㄴ-가'
로 분석함을 보거나, '으-ㄴ-가'로 분석함을 보면, 이-ㄴ-가로 분석한 것
이라고 볼 수 있다)

  굿씨(꾸민씨로서의 굿씨)

    = 으-오

    → 늦-늦

    → 형태음소-형태소

    → [씨아님-굿씨] (굿씨=오)

    → 굿씨 (굿씨=으오)

이와 같은 유형에는, 으-냐, 으-뇨, 으-랴 등이 있다.

  굿씨(꾸민씨로서의 굿씨)

    = 으-ㄴ-가

    → 늦-늦-늦

    → 형태음소-[형태소-형태소]

    → [씨아님-[굿씨]] (굿씨=ㄴ가)

    → 굿씨 (굿씨=은가)

  굿씨(꾸민씨로서의 굿씨)

    = 으-오-ㅂ나이다

    → 늦-늦-늦

    → 형태음소(으)-형태소(오)[66]-형태소(ㅂ)-형태소(나)-형태소(이)

      -형태소(다)

    → 씨아님-[[굿씨]-씨아님] (굿씨=오)

---

66) 'ㅂ나이다'는 사실상 형태소로는 'ㅂ-나-이-다'이다. 그리고 '오'는 여기에서는 'ㅂ'
  과 합하여(옵) 존대 형태소가 된다. 그러나 한힌샘은 '오'를 여기서 독립한 씨(굿씨)로
  보는 것 같다. 그러므로 여기에서는, '오'를 형태소로 처리하여 둔다.

→[씨아님-[긋씨]] (긋씨=옵나이다)

→긋씨 (긋씨=으옵나이다)

위에서는 하나의 늦씨가 넷 또는 다섯 개의 형태소로 이루어져 있음에 주의할 일이다.

임씨(꾸민씨로서의 임씨)

=기럭-이

→늦-늦

→[형태소-형태소]

→임씨 (임씨=기럭이)

이와 같은 유형으로 '두름-이'를 더 들 수 있다.

임씨(꾸민씨로서의 임씨)

=열-음

→늦-늦

→[향태소-형태소]

→[[움씨]-씨아님] (움씨=열)

→임씨 (임씨=열음)

이와 같은 유형에 '그리-ㅁ'이 또 있다.

임씨(꾸민씨로서의 임씨)

=해-바라-기

→늦-늦-늦

→형태소-형태소-형태소

→[임씨-움씨]-씨아님 (임씨=해, 움씨=바라)

→[[움씨]-씨아님] (움씨=해바라)

→임씨 (임씨=해바라기)

엇씨(꾸민씨로서의 엇씨)

=착-하

→늣-늣

→형태소-형태소

→[씨아님-움씨]] ('하'는 그의 씨난의 정신으로 보아 움씨로 추정됨)

→엇씨 (엇씨=착하)

위에서 알 수 있는 중요한 사실은 다음과 같다.

① 꾸민씨란, 이른바, '늣씨+늣씨'의 얽이로 되어 있는 겹씨(합성사, 복합사)이다.

② 늣씨와 씨(품사, 낱말)와의 관계에서: ㉠ '늣씨'가 그대로 독립된 씨가 되는 경우가 있다. 가령, 꾸민씨로서의 움씨인 '잡-히'의 '잡'은 늣씨이면서 그대로 움씨가 되고, 꾸민씨로서의 끗씨 '이-다'의 '다'는 늣씨이면서 긋씨가 되는 따위이다. ㉡ 늣씨는 씨가 안되는 경우도 있다. 가령 '잡-히'의 '히'는 늣씨이나 씨는 아니다. 또 '이-다'의 '이'도 늣씨이나 씨는 아닌 따위이다.

③ 늣씨와 형태소와의 관계에서: ㉠ '늣씨=형태음소≠형태소'의 경우가 있다. 곧 '늣씨'가 형태소가 아닌 단순한 '형태음소'인 경우가 있다. 가령, '으-로'에서 '으'(이른바 조음소)는 단순한 형태음소일 뿐인데, 이를 '늣씨'로 보는 따위가 그것이다. 물론, 한힌샘이 '으'를 최소의 뜻의 낱덩이(형태소)로 보고 분석했는지는 모른다. 그러나 적어도 그의 씨난에서 그런 흔적은 없다. ㉡ '늣씨=형태소'의 경우가 있다. 곧 '늣씨'는 그대로 형태소이다. 가령, '잡-히'의 '잡', '히'; '이-ㄴ-가'의 '이', 'ㄴ', '가'가 늣씨이면서 형태소가 되는 따위이다. ㉢ '늣씨=형태소배

합'의 경우가 있다. 가령, 'ㅂ나이다'를 하나의 늣씨로 보았는데, 그 늣씨는 사실상 'ㅂ-나-이-다'의 네 개의 형태소의 배합체가 되고, '이-더라'의 '더라'는 한 늣씨이나 두 개의 형태소 '더', '라'의 배합체가 되는 따위이다. 물론, 이것은 형태소 분석이 덜익은(미숙) 데서 왔는지도 모른다. 최소의 낱덩이(단위)를 의식하는 것은 그것을 분석한 결과보다 중요하다. 그러나 위의 몇 가지 사실들은, 늣씨를 곧 뜻의 최소의 낱덩이로 완전히 인식하고 명명한 것인지는 문제의 여지가 있다. 그러나 틀림없는 사실은, 늣씨란 씨(낱말)의 하위 단위에 속한 것이라는 사실이다. 이 점에서, 늣씨는 거의 형태소 범주 안에 드는 이름이라 할만하다. 이와 같이 볼 때, 그의 늣씨 설에서 두 가지 뜻을 발견한다. 하나는 그의 언어의 절대적 분석관을 들 수 있다. 다른 하나는 이러한 씨의 하위 단위로서의 형태소적 범주의 언급이, 언어학사 상 제일 앞서 나온다는 사실이다.

(2) 형태론적 구조 변형과 뜻

1) 씨(기) 몸박굼(품사전성, 파생법) 및 씨(기) 몸셈(헴)(씨를 이르는 몸의 수: 합성법)

『국어문법(國語文法)』에서는 '기몸박굼'으로 나오나 『조선어문법(朝鮮語文法)』 초판, 재판에서는 '씨몸박굼'으로 나온다. 또 『국어문법』에서는 '기몸헴'으로, 『조선어문법』 초판에서는 '씨몸헴'으로, 그 재판에서는 '씨몸셈'으로 나온다(이하에서 '기'는 특수한 경우 외에 '씨'로, '헴'은 '셈'으로 쓰기로 한다).

이제 그의 『국어문법』이나 『조선어문법』에 나오는 '씨몸바굼'과 '씨몸셈'을 먼저 간추려 본다.

그의 분석 체계의 특징은, 의미부를 독립된 씨(낱말)로 봄으로써 필연적으로 기능적 요소를 모두 독립된 낱말로 보았다는 데 있다(이점에서 『말의 소리』의 씨난은 철저한 것이다). 그런데 이 특징과는 달리, 그의 '씨몸박굼'

(바꿈)조에 따르면 의미부에 다른 기능적 요소가 배합됨으로써 이루어지는 배합체를 하나의 낱덩이로서의 씨로 다루고, 이 새로운 낱덩이를 배합 이전의 본래의 낱말에서 새로운 낱말로 '몸바꿈된 것'으로 처리하고 있다.

가령, '검음'이란 말에서 보자. 그것은 엇씨(형용사) '검'에 '음'을 배합함으로써 몸이 바꾸인 새로운 낱말 곧 임씨가 된다는 것이다. 이러한 '검음'을 '엇밋임'이라고 했다.[67] 이러한 몸바꾸임은 같은 것은 아니로되 이른바 오늘날의 '낱말의 파생'에 해당한다. 그리고 이러한 파생은 '이심적 구조(異心的構造, exocentric construction)'[68]에 해당한다. 그런데 그의 씨몸바꿈은 위의 보기 '검음'과 같은 접미사 배합에만 한하는 것이 아니다. 그 낱말이 놓이는 위치에 따라 낱말의 말본적 구실이 바꾸어지는 경우도 '씨몸박꿈'으로 본다. 가령, '모시옷'의 '모시'는 독립적으로는 임씨(명사)이나, '옷'을 전제하고 보면 그것은 언씨(관형사)가 되는 따위이다. 그러므로 '모시옷'의 '모시'는 '임밋언'[69]이 되는 것이다. 여기에서 '모시'는 임씨가 언씨로 몸바꿈, 곧 전성된 것이라 할 수 있다. 이와 같이 본다면, 한힌샘의 '씨몸박꿈'은 오늘날의 파생과 전성을 함께 뜻한 것으로 풀이된다.

그는 이러한 씨몸바꿈을 다음과 같이 뜻매김하였다.

---

67) 『국어문법』, 『조선어문법』 초판에 '본'으로 나오던 것이 『조선어문법』 재판에서는 '밋(밑, 原)'으로 고쳐 나온다.

68) 이심적 구조란, 배합의 핵심적 요소의 말본 기능이 총합체의 기능과 다른 구조임을 말함. Z. S. Harris : Methods in Structual Linguistics, pp.275~6; L. Bloomfield: Language p.164; E.A.Nida, Morphology, p.95 참조.

69) 『말의 소리』에서는 이미 밝힌바 '언, 억, 놀'이 없다. 특히 '언'은 '임'의 범주에 들어간다. 그러므로 『말의 소리』체계에 따르면 '모시'는 몸바꿈이 없다는 결론이 나온다. 또한 『국어문법』, 『조선어문법』에서는 '착하'가 '엇씨(형용사)'이고, '착한'은 언씨(관형사)이다. 그러나 『말의 소리』에서는 '착한'의 '착하'가 엇씨이고, 'ㄴ'은 겻씨(조사)이다. 따라서 『국어문법』, 『조선어문법』에서는 '착한'은 이른바 몸바꿈(엇밋언)이 되지만, 『말의 소리』에서는 몸바꿈이 안 된다. 이 점에서 『국어문법』, 『조선어문법』과 『말의 소리』는 체계가 서로 충돌한다.

"어느 씨든지 서로 박구어 쓰지 못하면 말(다)을 꿈일 수가 없으므로 각
씨의 결에를 서로 박구어 씀이 있으니 이를 씨몸박굼이라 이름이라"[70]

이 뜻매김으로 보아 씨몸바꿈은 통어(사)론적 절실한 요구에서 오는 형
태론적 구조 변형이라 할 수 있다.

그는 이러한 파생법에 의한 조어법이나 전성법만을 말하지는 아니했다.
이른바 합성법에 의한 조어법에 상당한 연구를 했는데, 그것이 곧 한힌샘의
'씨몸셈'이다. 그는 '씨몸셈'의 뜻매김을 다음과 같이 했다.

"모든 씨를 몇몸으로 된 것인지 가르는 것을 이름이라"[71]

가령, '사람', '새' 같은 것은 '낫몸'(단순한 몸, 단순어)이나, '물불'은 '물'과
'불'의 두 씨로 이루어진 '모힌몸'(합성어)이라 하는 따위다. 이 '모힌몸'은 합
성법에 의하여 이루어진 합성어라 할 수 있는데, '씨몸셈'이란 합성어를 이루
고 있는 씨의 구성요소를 분석한다는 말과 같은 뜻을 지닌다. 이러한 합성법
도 형태론적 구조 변형의 범주에 들어간다.

이제 그의 '씨몸박굼'(파생법 및 전성법)과 '씨몸셈'(성합법)의 범위를 조
사해 보면 다음과 같다.

2) '씨몸박굼'[72]

① 파생법[73]:

파생이름씨

---

70) 『국어문법』, ㅉ.101; 『조선어문법』(초), ㅉ.112; (재), ㅉ.113.

71) 『국어문법』, ㅉ.115; 『조선어문법』(초), ㅉ.128; (재), ㅉ.130.

72) 『말의 소리』에는 '언, 억, 놀'이 없으므로, 다음의 보기들에서, '언, 억'이 들어간 것은
『말의 소리』 체계와 충돌을 일으킴을 밝혀 둔다.

73) 씨의 몸이 바뀌었다는 견해에 좇아서 파생법으로 볼 뿐이다. 씨의 몸이 안 바뀌었다
고 보는 견해에서는 파생법으로 볼 수 없다.

엇밋임(엇→임): 검음 : ((검)엇 음)임

임엇밋임(임→엇→임): 졍함 : (((졍)임 하)엇 ㅁ)임

임움밋임(임→움→임): 일함 : (((일)임 하)움 ㅁ)임

움밋임(움→임): 가기 : 가기 : ((가)움 기)임

파생그림씨

임밋엇(임→엇): 사람스럽 : ((사람)임 스럽)엇

파생움직씨

임밋움(임→움): 말하 : ((말)임 하)움

억밋움(억→움): 잘하 : ((잘)억 하)움

움억밋움(움→억→움): 자게하 : (((자)움 게)억 하)움

임움억밋움(임→움→억→움): 일하게하 :

　((((일)임 하)움 게)억 하)움

임엇억밋움(임→엇→억→움): 졍하게하 :

　((((졍)임 하)엇 게)억 하)움

엇밋움(엇→움): 굳히 : ((굳)엇 히)움 (『국어문법』과 『조선어문법』 초판
　에는 없는 것이 추가됨)

파생매김씨

엇밋언(엇→언): 검은 : ((검)엇 은)언

움밋언(움→언): 가는, 가앗는, 가겟던 : ((가)움 는)언,
　((가)움 앗는)언, ((가)움 겟더ㄴ)언

파생어찌씨

　　엇밑억(엇→억): 히게 : ((히)엇 게)억

　　움밑억(움→억): 가게, 그리어 : ((가)움 게)억

　　　((그리)움 어)억

파생남움씨

　　제움(자동) → 남움(타동): 돋우, 묵히 :

　　((돋)제움 우)남움, ((묵)제움 히)남움

　　남움→제움: 쓰이 : ((쓰)남움 이)제움

② 전성법:

　　임밑언(임→언): <u>모시</u>옷, 물오리, <u>비단</u>옷, 쇠고리, 떡보

위와 같은 씨몸바꿈은 외솔 최현배에게 영향을 주어, '씨끝바꿈'으로 나타나서 '감목법'(자격법)과 '씨몸바꿈'이 정립된다.[74]

---

74) 한 품사를 이름씨로 몸바꾸게 하는 요소에는 '음, 기' 등이 있음을 알 수 있다. 최현배의 말본에 오면, 이러한 '음, 기'는 한 품사가 본적을 그대로 두고서, 임시 이름씨의 감목(자격)을 갖도록 하는 요소로 처리된다(최현배:『우리말본』(1937, 1959, 그리고 1982년 아홉 번째 고침). 그리하여 '검음' 같은 말은, 품사의 본적은 그림씨(형용사)이고 다만 '음'이 붙어서 임시로 이름씨의 자격을 가진 것으로 본다. 따라서 이를 그림씨의 이름꼴(형용사의 명사형)로 처리하게 된다. 이와 같이 하여, 한힌샘의 몸바꿈의 설은 최현배에 와서 무슨 씨의 무슨 꼴(무슨 품사의 무슨 형)의 이론으로 발전되어 나온다. 이러한 따위에는 또한 위의 씨몸바꿈에서 볼 수 있는 '은, 는, ㄴ'과 '게, 어'를 들 수 있다. 곧 '은, 는, ㄴ'은 한힌샘은, 이것이 배합됨으로써 품사의 몸이 완전히 바꾸이는 것으로 본 데 반하여, 최현배는 한 품사의 본적은 그대로이고 다만 임시 매김씨(관형사)의 자격을 갖게 하는 매김씨꼴(관형사형)의 씨끝(어미)으로 처리한다. 이와 같이 한힌샘이 '씨목박꿈'의 일부는 외솔에 와서 '씨끝바꿈'으로 보고, 그 씨끝바꿈을 마침법, 감목법, 이음법의 셋으로 나누었다(최현배:『우리말본』(깁고 고침 1959), ㅉ.252~3).

3) '씨몸셈'

주시경의 '씨몸셈'은 조어법 상 단순어와 합성어의 구별에 해당한다. '사람', '새' 등은 한 낱의 씨로 된 낫몸이나, "물불을 세(헤)아리지 안이한다"에서 '물불'은 '물'과 '불'의 두 개의 씨이지만, 이 두 개의 씨가 거듭되어 한 씨의 몸으로 쓰이는 '모힌몸'이 된다고 하였다.[75] 곧 '물불'은 '씨몸셈'으로 볼 때 두 개의 씨로 된 '모힌몸'이다.

그런데 보기의 '물불'은 또한 그 뜻이 '물'과 '불'이라 함과 한 가지라고 했는데, 이를 오늘의 구조 의식으로 보면 '물불'은 그 총합체와 구성 개체와의 관계에서 '동심적 구조'(同心的 構造, endocentric construction)에 의한 합성어라 할 수 있다. 그리고 만일 이를 구성요소 상호간의 관계로 보면, '대등적 구조'(co-oridinate construction)라고 할 수 있다.

이에 비추어 밝혀 놓을 것이 있다. 그것은 '모시옷'과 같은 말의 처리 문제이다. '모시옷'의 경우는 본시 임씨인 '모시'가, '옷'이 무엇으로 만들어졌다고 하는 것을 지적하는 언씨(관형사)의 몸으로 몸바꿈하는 것이라고 보았다. 그리하여 '모시옷'은 두 개의 독립한 몸, 곧 '언씨'와 '임씨'의 연결로 보았다.[76] 이러한 설에 따르면, '모시옷'은 '모힌몸'이 아니다(이른바 오늘날 개념으로 보면, 이는 '이은말'이다). '모시옷'은 '모힌몸'이 아니므로, '씨몸셈'으로 보면, 단순한 두 '몸'의 이음일 뿐이다.

4) 씨(기) 뜻바꿈
－형태 배합과 뜻의 변화－
형태가 배합하면, 이에 따라 그 뜻이 달라지게 마련이다. 한힌샘은 이러

한편 한힌샘의 '씨몸박굼' 중에는 한 품사를 움직씨 (동사)로 바꾸게 하는 요소 '하'나, 그림씨(형용사)로 바꾸게 하는 요소 '하, 스럽' 따위가 있다. 이러한 요소들은 최현배 말본에 와서도 '품사의 몸을 바꾸는 씨의 몸바꿈'(品詞의 轉成)으로 처리했다.

75) 『조선어문법』 (재), ㅉ.130.
76) 『조선어문법』 (재), ㅉ.130.

한, 형태 배합에 말미암은 뜻바꿈의 현상에 관심을 나타냈다.

가령 '돌질'이라는 말에서, '돌'은 임씨인데, '질'을 더하여도 임씨가 된다. 하고, 그러나 이때 '돌'과 '돌질'은 그 뜻이 다르며, '질'은 뜻을 바꾸려고 더한 것이라고 하였다. 여기에서는 말본적 구실(문법적 의미)과 사서적 의미의 구실에 관심이 간다.

말본적 구실로 보면 '돌질'에서 '돌'이나 '돌질'은 다같은 이름씨가 된다는 것이다. 이는 이른바, '돌질'에서 '돌'과 '돌질'이 '동심적 구조 관계(endocentric construction)에 있음을 말한 것이다.

((돌)임 질)임

사서적 의미로 보면, '돌질'에서, '돌'과 '돌질'의 뜻은 다르며, 그것은 '질'의 형태적 첨가에서 온 것으로 본 것이다.

다시 그가 보기로 든 '크기는 하'를 가지고 살펴보자. '크기는 하'에서,

'크'는 엇(형용사)이요,

'기'는 엇을 임몸(명사)으로 바꾸는 요소이요,

'는'은 그 임씨(크기)에 더하여 '는'의 뜻이 있게 함인데, '크기는'은 씨의 꼴이 되지 못하므로,

'하'는 더하여 다시 엇몸이 되게 함이다.

위와 같은 설명은 몸바꿈의 과정을 설명한 것이라고 본다.

(((크)엇 기)임 는하)엇

그런데 다시 다음과 같은 또 하나의 차원을 보고 있는 것이다.

> '크기는하'에서,
>
> '크'에
>
> '는'의 뜻이 있게 하려고 할 때,
>
>   '는'은 임씨의 아래라야 두는 것이므로,
>
>   '크'는 임씨가 되게 하려고
>
> '기'를 두고,
>
> '하'는 다시 엇몸(형용사)이 되게 하려고 둠이니,
>
> '크기는하'는 '크'에 '는'의 뜻이 있는 엇몸이다. 이는 뜻을 바꾸려고 함
> 이나 씨몸바꿈도 된 것이다.[77]

이는 (((크)기)는하)와 같은 몸바꿈의 과정을 거치지 않을 수 없는 이유를 설명한 것으로, 그 이유는 말할이가 '크'에 '는'의 뜻을 더하려 할 때 불가피하게 겪어야 하는 국어 구조의 규칙에서 구하고 있다.

위와 같은 관점에서 우리는 매우 중요한 사실을 발견하게 된다.

첫째, 어떤 말에 뜻을 더하여(바꿈) 주려는 의도를 충족시키려면, 말의 구조에 변환을 가져 와야 한다는 사실이다.

둘째, 그러므로 말의 꼴(형식)이란 뜻과 떨어질 수 없지만 뜻의 바꿈이 일차적이고 이에 뒤따르는 구조의 변환은 이차적이라는 사실이다.

셋째, 뜻을 바꾸려는 의도에 따라 변환하는 구조는 특수 언어의 규칙에 따른다는 사실이다.

넷째, 그러므로 이미 수행된 표현의 속뜻의 파악은, 그 구조를 해체하여 탈바꿈의 과정을 이해함으로써 완전히 가능하다. 가령, '크기는하'에서, 표면적으로는 '는'이 '크기'에 뜻을 더한 것 같지만, 이를 해체하여보면, '기'는, '크'에 '는'의 뜻을 더하기 위하여 '는'을 배합하려 할 때 필연적으로 '크'를 말본적으로 이름씨되게 하는 과정을 겪지 않을 수 없는 국어 구조 규칙에 따라 배

---

77) 『조선어문법』(재), ㅉ.131.

합된 몸바꿈 요소일 뿐이다. 그러므로 '는'의 뜻더함을 받는 대상은 원칙적으로 '크'에 있다고 보아야지 '크기에' 있다고 볼 수는 없는 것이다. 곧, '크'에 '는'의 뜻을 더하면 다음과 같은 몸바꿈의 구조 변화를 가져온다.

{크}+{는}→(크)엇 기)임 는

이러한 중요한 사실을 한힌샘은 암시해 주고 있는 것이다. 한힌샘은 "씨 뜻바꿈은 이뿐 아니라 이 밖에 말할 것이 많으니라" 하여 더 이상 상세히 언급하지는 않았다. 그러나 이 뜻바꿈의 대목은 몸바꿈과 불가피한 관계에 있음으로써 뜻바꿈의 말본적 연구의 큰 과제를 마련해주고 있다. 이와 같은 암시가 외솔의 '씨의 뜻바꿈' 체계의 정립으로 나타났다고 해도 무리는 없을 것 같다.

5) 뜻에 따른 품사의 하위 분류와 말본의 범주

한힌샘의 말본에서 「씨갈래의 난틀」[78]을 볼 수 있다. '갈래(갈애)'란 종류를 뜻하고, '난틀'이란 나눈 틀, 곧 분류표를 뜻한다. 그러므로 '씨(기)갈래의 난틀'이란 품사의 하위 분류에 해당한다.

이러한 품사의 하위 분류를 살펴보면 두 가지의 큰 점을 발견한다. 하나는 하위 분류가 거의 뜻의 측면에서 이루어져 있다는 것이고, 다른 하나는 이 분류에서 우리말의 말본의 범주를 엿볼 수 있다는 것이다. 이 두 가지 점은 구조를 지배하는 의미 중심의 기본적 낱덩이 이해와 아울러 구조의 변형에 관계되는 말본 범주의 이해에 이바지하게 될 것이다. 먼저 그의 품사의 하위 분류를 조사해 보면 다음과 같다.

---

78) 『국어문법』 69쪽에는 「기갈래의 난틀」, 『조선어문법』 초판 76쪽에는 「씨갈래의 난틀」, 그 재판에서는 「씨갈애의 난틀」로 나타난다.

㉠ 임(이름씨, 명사)의 갈래

```
                   ┌ 두로 ┌ 몬(물건, 구체성을 띤 것): 사람, 새, 돌, 번개, …
                   │      └ 일: 뜻, 일, 아츰(침), 사람, …
           ┌ 제 임 ┤
           │       └ 홀로: 삼개(땅이름), 돌메(사람이름), …
           │                ┌ 가르침: 나, 너, 우리, …
           │                │ 언잇(언의 알에 이어 씀): 큰 의, …
           │         ┌ 사람 ┤ 모름: 누구, 아모, …
           │         │      │        ┌ 으뜸: 하나, 둘, …
           │         │      └ 셈(혬) ┤ 어림: 더러, 좀, 다, …
 임 ┤      │         │               └ 모름: 얼마, …
           │         │      ┌ 언잇: 큰 것, …
           │         │      │ 모름: 무엇, …
           │         ┤ 몬   │        ┌ 으뜸: 하나, 둘, …
           │  넛 임  │      └ 셈     ┤ 어림: 더러, 좀, 다, …
           └ (대임) ─┤               └ 모름: 얼마, …
                     │ 곳: 여기, 저기
                     │      ┌ 언잇: 일하는 것, 일하는 바, 일하는 줄, …
                     └ 일   │        ┌ 으뜸: 하나, 둘, …
                            └ 셈     ┤ 어림: 더러, 좀, …
                                     └ 모름: 얼마, …
```

㉡ 엇(그림씨, 형용사)의 갈래

```
       ┌ 물품(몬의 품(品)): 좋, 단단하, 덥, …
       │ 물모(몬의 모양): 크, 적, 히(희), 좁, …
       │ 행모(행위의 품성): 재, 게르, 굼굼하, …
 엇  ┤ 때: 이르, 늦, 오래, …(이른바 시간 부사)
       │        ┌ 어림: 적, 많, 흔하, …
       │ 셈     └ 모름: 어떠하, …
       └ 견줌: 이러하, 저러하, …
```

㉢ 움(움직씨 동사)의 갈래

```
       ┌ 제움(저의 몸에서 움직임): 자, 날, 잡히, …
 움  ┤ 남움(남의 몸에 움직임): 잡, 따리, 먹, 먹이, …
       │        ┌ 바로움(자유로 움직임): 따리, 자, 잡, …
       └ 움힘   └ 입음움(남의 움직임을 입음): 잡히, …
```

위에서 보면 '임, 엇, 움'의 하위 분류에서 거의 뜻(문법적)에 의지하고 있음을 볼 수 있다. 가령, '사람'은 '몬'과 '일' 중 '몬'(구체성을 띤 것)에 해당하고, '두로'와 '홀로' 중 '두로'에 해당하고, '제임'과 '넛임'(대임) 중에 '제임'(自名)에 해당하는 임씨라고 함 따위가 그것이다.

㉣ 겻(토씨, 조사)의 갈래
(가) 만이(임씨의 직권이 어떠함을 보이는 것: 만(權, 機能, 職權)+이(者))

임홋만(단순히 임이(임=主, 이=者)되는 직권만 보임)
"새가 날더라"에서 '가'는 임홋만.
씀홋만(단순히 씀이(쓰(用, 物)+ㅁ+이(者)): 물자(物者), 객어, 목적어가 되는 직권)
"저사람이 조히를 접으오"에서 '를'은 씀홋만.
다름만(임이의 남이(說者, 술어)가 그 뜻한 어느 임이의 남이와 다른 것): 는/은
"나는 가오"
다름한만(다름+한가지+직권: 임이(主者)와 씀이(物者)의 뜻이 처음에는 어느 임이나 씀이의 힘보다 더 낫거나 더 못한 일이 있다가 내종에 되는 것은 서로 같음에 돌아가는 것): ㄴ들, 인들, 라도, 이라도
"쟝슈들 메야 뽑겠나냐"
안가림만(가리지 아니하는 직권): 든지, 이든지, 나, 이나
"소든지 말이든지 다 풀을 먹는다."
낫됨만(임이(主者)나 씀이(物者, 객어)가 될 만한 여럿에서 그 하나만 되는 것): 나
"내나가겠다"
특별함만(한남이(說者)에, 다 임이(主者)나 씀이(物者, 객어)가 될 수가 없으되, 그 하나는 특별히 될 수가 있는 것): 야, 이야

“그 사람<u>이야</u> 알지” “아모칼이라도 조히<u>야</u> 베지.”

홀로만(임이(主者)나 씀이(物者, 객어)만 홀로 있는 것): 만

“나<u>만</u> 가오”

“나는 밥<u>만</u> 먹으오”

부름만(부름을 입음): 아, 야, 여, 이여

“사랑하시는 어버<u>이여</u> 오래 살으소서”

낫한만(낱낱이 같은 임이(主者)가 되게 함): 마다

“사람<u>마다</u> 숨을 쉬오”

(나) 금이나 자리(금이: 남이(說者)의 자리를 금하는 것. 임씨(기) 아래 더하여 억기(씨)(부사), 몸, 곧 금이(限定者)가 되게 하는 것: 금(限定)+이(者)).

자리금(움직임의 자리를 금(가리킴)하는 것): 에, 로, 에서, 까지

“샘이 땅<u>에서</u> 나오”

‘에서’가 자리금이니, 그것은, 움직임 ‘나’가 되는 자리가 땅(이라는 자리)에 있음을 보인다.

몬금(움직임이 몬에서 됨을 가리킴: 몬(物名)+금(限)): 에, 에서

“향긔가 꼿<u>에서</u> 나오”

‘에서’가 몬금이다. ‘에서’는 움직임 ‘나’의 되는 자리가 몬(物)인 꼿에 있음을 보인다.

때금(남이가 때에서 됨을 가리킴: 때(時間)+금(限)): 에, 로, 으로, 에서, 까지, 쯤

“꼿이 아츰<u>에</u> 새롭다”

위의 보기에서 ‘에’가 때금이며, ‘새롭’의 나타남이 ‘아츰’(때)에 있음을 보인다.

헴금(헴(數量)+금(限)): 에, 로, 으로, 에서

“열<u>에서</u> 셋을 덜어라”

부림금(움직임에 부리어짐이 됨을 가리킴: 부림(使役)+금(限)): 로, 으로

　　"내가 광이(괭이)로 밧을 파오"

　'로'는 움직임 '파'가 괭이를 부리어 됨을 보이는 부림금이다.

움몬금(움몬(動物)+금(限)): 에서, 서, 에게, 게, 에게서, 다려(더러)

　　"우리의 몸이 어버이<u>에게서</u> 나앗다"

　'에게서'는 '나'는 움직임이 어버이를 말미암아서 됨을 보이는 움몬금이다.

일금(일(事)+금(限)): 에, 에서

　　"큰 일이 큰 뜻<u>에서</u> 나오"

　'에서'는 '나'의 됨이 뜻에 있음을 보이는 일금이다.

낫한금(움직임의 됨이 일(事)마다 몬(物)마다 있음을 나타냄: 낫한(各自)+금
(限)): 마다

　　"꼿이 봄<u>마다</u> 피오"

　'마다'는 움직임 '피'의 됨이 봄에 있음을 보이는 낫한금이다.

까닭금(까닭(原因)+금(限)): 에, 로, 으로

　　"봄이 된 까닭<u>에</u> 꼿이 피오"

　'에'는 '까닭'에 더하여 움직임 '피'가 되는 까닭을 보임이다.

함께금(함께(同行)+금(限)): 와, 과

　　"내가 너<u>와</u> 가겟다"

다름한금(다름한(亦同)+금(限)): 엔들

　　"그렇게 큰 고기야 가람<u>엔들</u> 잇겟나뇨"

　'엔들'은 '가람'이 '잇'의 한정이 될 만한 줄로 알다가 내종에 그러한 고기
가 없기는 '내'와 서로 같음에 돌아가게 하는 다름한금이다.

　위의 '겻'의 하위 분류에서, 그 분류의 기본이 되는 뜻의 설명에 매우 흥
미가 간다. 그 중의 몇 가지만 들어 보자.

　〈1〉 '임홋만'과 '다름만'의 뜻의 차이와 속구조의 차이

　여기 '홋만'의 뜻은, 아무 매임(관계)이 없이 단순히(홋) 주어(임이)가 되

는 직권(만)을 가리킨다. 이와 같이 아무 관계없이 단순히 주어가 되게 한다고 하여 '홋'이란 말을 썼다. 가령, '임홋만'의 "새가 날더라"를 이해하기 위하여, 이를 "새는 날더라"와 비교하여 설명해 보자. "새는 날더라"에서 '새'가 움직임인 '날'의 주어가 되지만, 이 말에는, 다른 말과의 관계에 있어서, 그 관계어의 주어의 움직임과 서로 다른 움직임을 하는 주어가 '새'임을 '는'으로 보이고 있다. 가령,

> "닭은 안날더라 그러나"
> "새는 날더라"

에서와 같이 다른 것과의 비교에서 특수하게 다름을 '는'으로 지표하고 있다. 따라서 '는'은 주어의 움직임이 다른 주어의 움직임과 다름을 보이는 것으로, 이를 '다름만'이라 하여, 아무 매임이 없이 단순히 주어가 되는 직권만을 보이는 '가/이'와 같은 '임홋만과 구별할 수 있다는 것이다. 이리하여,

> ① 새가 날더라
> ② 새는 날더라

에서 ①의 '가'는 단순히 주어의 직권을 보이고, ②의 '는'은 그 '속구조'(심층적인 얽이)로,

> "( )은 못난다 그러나"

를 가지고 있음을 보인다. 이와 같이 '가'와 '는'이 그 '속구조'가 다름을 의미론적으로 설명하고 있음은 오늘날의 '속구조 연구'에 한 도움을 준다고 생각한다.

〈2〉 씀홋만과 씀이빗(職權表)의 뜻이 차이와 '속구조'의 차이

'씀홋만'은, "저 사람이 종이를 접으오"에서, '를'은 아무 매임이 없이 단순히 씀이(物者, 객어)가 되는 직권만을 가진다. 그런데『국어문법』75쪽『조선어문법』(초) 84쪽, 『조선어문법』(재) 85쪽에 따르면, "저사람이 종이는 접으오"의 '는'도 씀이(物者, 객어)의 직능을 가진다는 점에서 '를'과 같다고 하면서, 그러나 '를'과 '는'이 씀이(객어)됨은 한가지로되, '는'은 "다른 것은 접지 못하오" 하는 뜻이 들어 있음에 반하여, '를'은 단순히 씀이(객어)됨만 보인다고 하여 이를 구별하였다. 이는 매우 흥미 있는 뜻풀이(의미론적 설명)라 할 수 있으며, 속구조를 암시한 설명이라 할 수 있다. 이를 다음과 같이 다시 정리할 수 있을 것 같다.

    ① "저 사람은 종이를 접으오" '를'=객어의 직능
    ② "저 사람은 종이는 접으오" '는'=객어의 직능
    ②는 다음과 같이 유도된다.
       { "저 사람이 종이를 접으오"
       { "저 사람이 다른 것은 접지 못하오" }
      ⇒ "저 사람은 종이는 접으오"

〈3〉 금이(限定者)를 분류함에 그에 관계되는 요소의 뜻에 따름

그의 한정토씨를 말하는 '금이'의 분류는 어떠한 한정토씨 그 자체의 뜻이나 혹은 움직씨와 관계되는 이름씨(명사)의 뜻에 따랐다는 것도 매우 주의를 끄는 분류 방법이다. 이 사실은 위의 금이(限定者)의 분류에서 잘 알 수 있겠거니와, 더욱 다음과 같은 한힌샘 자신의 언급에서 명백히 알 수 있다.

"겻 기(씨)(토씨)만 가지고 금이 (매김, 한정) 곳 억기 (씨)(어찌씨, 부사)로 풀지 못할 것이요(오) 그 우에 임기 (씨)까지 아우르어야 금이 곳 억기로 풀어지나니, 이 뜻이 짬듬갈(월갈, 통어(사)론) 그림에 보이엇나니라"[79]

이를 보기를 들어 다시 확인해 보면 다음과 같다.

보기 1. "샘이 땅<u>에서</u> 나오"

'나'의 움직임이 있는 자리는 '땅'이다. 이러한 움직임이 있는 자리인 '땅' 아래 쓰인 '에서'는 자리를 한정(금)하는 '자리금'(장소 한정토씨)이다.

보기 2. "이슬이 밤<u>에</u> 오오"

'오'의 움직임이 있는 때는 이름씨 '밤'이다. 이러한 '때'의 밑에 쓰인 관계 사 '에'는 때를 한정하는 '때금'(시간 한정토씨)이다.

보기 3. "내가 너<u>와</u> 가겟다"

는 '내'의 움직임 '가'(내가 가겟다)가 '너'의 움직임 '가'(너와 가겟다)와 한가지 됨을 '와'가 뜻하고 있다. 그러므로 '와'는 '함께금'이다.

겻기(씨)(토씨, 조사) 전반에 걸쳐 주의를 끄는 것은, 이른바 오늘날의 자리토(격조사)와 도움토(보조사), 그리고 이음토(접속조사)가 겻씨에서 어떠 한 테두리를 차지하고 있는가이다. 한힌샘의 겻씨 중, '만이'(이름씨의 직권을 보이는 것)중에는, 이른바 오늘날의 자리토와 도움토가 함께 들어 있다. 곧, '임홋만', '씀홋만'은 자리토(격조사)에 해당하고 '다름만', '다름한만', '안가림 만', '낫됨난', '특별한만', '홀로만', '낫한만' 등은 도움토(보조사)에 해당한다. 그리고 한힌샘의 겻씨 중, '금이'나 '자리'는 대부분 오늘날의 자리토(격조사) 에 해당하며, '함께금'은 이음토(접속조사)에 해당한다.

---

79) 『국어문법』, ㅉ.84; 『조선어문법』(초), ㅉ.92; 『조선어문법』(재), ㅉ.93. 괄호 안의 '씨' 와 '오'는 『조선어문법』(초) (재)에 나오는 것임. 그 밖의 괄호 안은 글쓴이가 오늘날 갈말로 대조를 보인 것임.

한힌샘의 이러한 겻씨의 갈래는 아직 문장 상의 '직권'이나 '뜻더함'의 의미 범주를 철저하게 규명하지 못함으로써 자리토와 도움토, 그리고 이음토(느낌토에 해당하는 부분이 없음)의 미분화 상태를 보인 것이라 할 수 있다. 이러한 자리토와 도움토, 이음토(느낌토도 마찬가지지만)의 미분화 상태는 그의 후계자의 말본 시대로 들어가면서 분화 정립된다.[80]

　　ⓜ 잇(접속사)의 갈래

　　　　덩이(한 덩이가 되게만 하려고 사이에 두는 것): 와, 과, 고

　　　　"벼루와 먹이 잇소"

　　　　"입고 먹기만 바라지 말아라"

　　　　위에서 '와, 고'는 앞 뒤와 관계(뜻차이 관계)없이(참고: "먹과 벼루가 잇소", "먹고 입기만 바라지 말아라") 다만 한 덩이가 되게 한다.

　　　　잇어함(둘로 둘 더 되는 움직임을 차례로 하는 것)

　　　　한일(한가지의 일이 되게 함을 보임): 아, 어, 아서, 어서

　　　　"고기를 썰어 먹소"

　　　　위의 보기에서 '썰'의 일은 '먹'을 하려 함이니, 그 '썰'은 '먹'는 일에 붙어 한가지의 일이 되게 함을 보이기 위하여 '어'가 이어 주고 있다. 그리하여 '썰어먹'을 하나의 남이(說者)로 볼 수도 있고 '썰어'를 억씨(부사)로 볼 수도 있다는 것이다.

　　　　오늘날 문장 분석으로 보면,

　　　　"고기를 썰다"

　　　　"그리하여, 그 고기를 먹는다"가 된다.

　　　　다른일(먼저의 움직임과 내종의 움직임이 아무 관계없이 다른 가지의 일로 차례만을 잇는 것): 고

　　　　"글을 읽고 밥을 먹겠다"에서 '읽'은 '먹'을 하기 위함이 아니다. 다만 읽

---

80) 최현배: 『우리말본』, ㅉ.594~637을 볼 것.

은 뒤에 먹겠음을 '고'로 이어 주고 있을 뿐이다. 오늘날 문장 분석으로 보면. "글을 읽는다"

"그리고 나서 밥을 먹는다"가 된다.

그침(한 움직임을 하다가 다 못하고 다른 움직임을 하는 것): 다가

"글을 읽다가 자오"

함께(두 움직임을 함께 하는 것): 면서, 으면서

"그 사람이 가면서 노래하오"

움직임 '가'와 '노래하'가 한 때에 나타난다.

풀이(이미 말한 것을 다시 풀어 말함): ㄴ데, 는데, 인데, 은데, (『조선어문법』 재판에는 위의 '데'가 모두 '대'로 쓰임)니, 으니, 이니

"한 새가 저 소나무에 있는데 빗은 누르고 노래는 아름답다"

이는 다음과 같은 문장으로 분석이 된다.

"한 새가 저 소나무에 있다"

"그런데 그 새의 빗은 누르고 그 새의 노래는 아름답다"

까닭(한 말이 한 말에 까닭(이유)으로 이어지는 것): 니, 으니, 매, 으매, 어, 아, 아서, 어서

"봄이 되니 꽃이 피오"에서 '니'는 꽃이 피는 까닭으로 이어 주는 직능을 가진다.

뒤집힘(한 일이 그와 매인 일의 뜻에 뒤집힘을 보임): 나, 어늘, 이어늘, 고도

"그것을 배호나 뜻을 모르오"

뜻밖: ㄴ데, 는데, 인데, 은데(『조선어문법』 재판에는 위의 '데'가 모두 '대'로 쓰임)

"저 사람이 옳은데 왜 나물하오"

'나물함' (나무람)이 뜻밖의 일임을 '은데'가 보인다.

거짓(가정): 면, 으면, 이면, 거든

"비가 오면 풀이 잘 자라오"

'면'은 '(비가)오'의 가정을 뜻한다.

홀로 (오직, 유독): 아야, 어야

"보<u>아야</u> 알겠다"

알게 할 일이 여럿이나 다 알 수가 없고, 보는 일로만 알게 됨을 '아야'로 보이고 있다.

하랴함(목적): 러

"글을 배호<u>러</u> 가오"에서 가는 목적이 배움에 있음을 '러'로 나타내 보인다.

위에서 관심의 대상이 되는 것은 첫째, 잇씨의 갈래를 잡음에 그 기준을 직능에 두었다는 것이다.

둘째, 한힌샘은 어간(語幹)을 하나의 낱말로 보았기 때문에 이른바 어간 밑에 오는 말본(문법) 요소인 접미사를 모두 잇씨(접속사)로 처리했다는 사실이다. 물론 이 잇씨의 범주에는 이른바, 오늘날 이음토씨(접속조사: 와/과)까지 포함하고 있음도 주의할 일이다.

ⓑ 언(매김씨, 관형사)의 갈래

한힌샘의 최종적 품사 분류 체계를 보이는 『말의 소리』(1914)의 끝 쪽에는 언씨(매김씨, 관형사)가 없다. 『국어문법』이나 『조선어문법』에 나오는 언씨(이, 저, 그)는 『말의 소리』에서 임씨(이름씨, 명사)의 범주에 넣었다.

『국어문법』이나 『조선어문법』에서는 언씨를 다음과 같이 하위 분류하였다.

가르침: 이, 저, 그

"<u>저</u> 나무가 푸르오"에서 '저'('이, 그'도 함께)는 다른 씨가 바꾸어 된 것이 아니고 그 몸의 밋(밑, 原)이 언(매김씨 관형사)이 되므로, 이를 '밋언'(原冠形)이라고 했다.[81]

---

81) 『국어문법』, ㅉ.87; 『조선어문법』(초), ㅉ.97; 『조선어문법』(재), ㅉ.98.

물품(물건의 품이 어떠함을 이름): 좋은, 귀한, 무른, 무겁은

물모(物貌): 큰, 힌(흰)

행품(行品: 행위의 품성의 어떠함을 이름): 착한, 슌한

행모(行貌: 행위의 모양): 잰, 게른, 답답한, 섭섭한

때(時間): 이른, 늦은, 오란(오랜)

셈(數量): 한, 두, 세, 많은, 흔한

견줌(指示): 이러한, 저러한, 그러한

모름(未知): 어떠한

움(움직씨, 동사)로 언씨(매김씨, 관형사)가 된 것): 간, 먹은, 가는, 먹는, 갈, 먹을, 가던

임(이름씨, 명사)가 언씨 노릇을 하는 것: '돌집'에서 '돌'은 '집'의 언씨로 쓰인다.

언씨의 분류는 뜻에 의한 분류이다.

그러나 이들은 『말의 소리』에 보이는 최종 품사 체계에서, 이른바 어간(좋, 크)은 엇씨(그림씨, 형용사)에 넣었고, 그 접미사(은, ㄴ)는 겻씨(토씨, 조사)에 넣었다.[82]

    ⓐ 억(어찌씨, 부사)의 갈래

한힌샘의 최종적 학설인 『말의 소리』에는 억씨가 없다. 곧 종래의 그의 『국어문법』이나 『조선어문법』에 있었던 '다, 매우' 따위 억씨는 임씨(어찌씨, 명사)의 범주에 넣었다. 그리고 '곱게'와 같은 것은 '곱'은 엇씨(그림씨, 형용사)로, '게'는 겻씨(토씨, 조사)로 나누어 보았다. 그런데 여기에서는 『국어문법』이나 『조선어문법』의 위치에서 품사의 하위 분류를 보는 자리이기 때문

---

82) 최현배의 『우리말본』에 오면, 이들은 그림씨의 매김꼴(좋은, 큰), 또는 움직씨의 매김 꼴(간, 먹은)로 처리된다.

에, 거기에 나타난 억씨의 하위 분류를 살피지 않을 수 없다. 이제 이를 간추려 보면 다음과 같다.

> 엇덤(움(동작)과 엇(형용)의 어떠한 모양을 말함): 잘, 천천히, 모질게, 착하게
>
> 자리(움직이는 자리): 이리, 저리, 들에, 곳곳이
>
> 때(시간): 곳, 늘, 오래, 늦게, 길이, 밤에
>
> 셈이나 길(數量이나 度數): 다, 거진, 겨우, 매우, 흔이(히), 많이, 크게
> "그 사람이 거진 가았다"에서, '거진'은 움직임 '가'의 정도를 보이는 길억(程度副詞)이다.
>
> 막이(막이억: 거절부사, 부정부사: 막=거절, 이=것): 남이(說者, 풀이말 서술어)를 허락하지 아니하는 것: 안이(아니), 못, 다만, 그러하나, 특별히
>
> 그럼(인정, 허락: 인정의 뜻과 같이 쓰며 그 남이(說者)를 허락하는 것): 참, 글쎄, 과연
>
> 아마(의심의 뜻과 같이 쓰며, 그 남이(說者)를 의아하는 것): 아마, 글계, 혹, 가령
>
> 모름(남이(說者)의 모르는 바가 있는 것): 왜, 엇더하게 (어떠하게)
>
> 견줌(남이(說者)의 어떠함을 견주어 말하는 것): 이러하게, 저러하게, 이와 같이, 이처럼
>
> 몬(물명의 임씨+겻씨=억씨): 나무에, 돌에, 소에, 나와
>
> 일(사명(事名)의 임씨+겻씨=억씨): 뜻에, 일에, 아츰(침)에, 일마다, 일과

위의 억씨(어찌씨, 부사)의 분류에서 관심을 끄는 것은, 움직씨(동사)와의 관계를 봄으로써, 어찌씨(부사)의 뜻을 유도하고, 이 뜻을 기준 삼아 하위 분류를 한 점이다. 어찌씨(부사)의 이러한 하위 분류도, 그 후계학자들의 어찌씨(부사)의 체계를 정립하는 데 한 기틀이 됨에 틀림이 없다. 다만, 그럼에도 한힌샘 자신은 『말의 소리』에서 오히려 억씨(어찌씨, 부사)를 없이 하였는

데, 이는 종합주의적 입장에서 보면, 지나친 분석주의적 언어관이 몰고 온 결과의 하나라고 볼 수 있겠다. 그러나 그의 분석주의의 입장에서 보면 그것은 당연히 그렇게 보아야 하는 결론에 이르는 것이다.

◎ 끗(종지사)의 갈래와 형태 및 서법의 범주

(가) 갈래

이름(이르는 말로 끝맺는 것, 서술, 베풂): 다, ㄴ다, 는다, 앗다, 겟다, 앗겟다, 오, 으오, 이요, 소, 이다, 오이다, 옵나이다, 이옵나이다, 습나이다, 더라, 시더라, 이더라, 지, 습더이다, 시옵더이다, 았읍더이다, 지, 이지요, 십지요

물음(묻는 말로 끝맺는 것): 냐, 으냐, 이냐, 뇨, 오, 으오, 나냐, 앗나냐, 엇겟나냐, 요, 이요, 겟소, 이시오, 요이가, 오이가, 욥나이가, 옵나이가, 으옵, 나이가, 습나이가, 더이가, 이더이가, 옵더이가, 습더이가, 앗습더이가, 더뇨, 시더뇨, 시더냐, 습지요

시킴(시킴): 아라, 어라, 오, 으오, 시오, 소서, 으소서, 옵소서, 으옵소서, 사옵소서

홀로(홀로 하는 말로 끝맺는 것): 다, 이다, ㄴ다, 는다, 앗다, 리다, 겟다, 으리라, 앗겟다, 로다, 이로다, 으리로다, 고나, 는고나, 앗겟지, 랴, … 냐, 야, 나냐, ㄴ가, 인가, 뇨, 이뇨, 랴, 으랴

위의 끗씨(기)의 갈래에서 관심을 끄는 것은 첫째, 끗씨의 형태적 범주이요, 둘째, 이른바 서법(敍法)의 범주이다. 이제 이 두 가지를 다음의 (나), (다)에서 살펴보기로 한다.

(나) 형태적 범주

한힌샘이 분류한 끗씨(기)는 그 안에 여러 가지 말본의 형태 요소를 함께 가지고 있는 종합적인 것이다. 그러므로 그 끗씨(기)에 어떠한 말본의 형태 요소가 들어가 있는가를 다시 정리해 볼 필요가 있다. 여기에 글쓴이는 말본의 형태 요소를 '형태적 범주'라는 이름 밑에서 다음에 정리해 보기로 한다.

〈1〉 마침법 접미사:

다, 오, 소, 지 (이름(서술))
냐, 뇨, 오, 요, 지 (물음)
오, 아라, 소서 (시킴)
다, 고나, 랴 (홀로)

〈2〉 시상 접미사+마침법 접미사:

ㄴ다, 앗다, 겟다, 더라, 앗겟다 (이름(서술))
앗나냐, 엇겟나냐, 더뇨, 더이가 (물음)
는다, 앗다, 리다, 겟다, 앗겟다 (홀로)

〈3〉 존대[83] 접미사+마침법 접미사:

읍나이다, 습나이다 (이름(서술))
옵나이가, 습나이가 (물음)
시오, 옵소서, 시옵소서 (시킴)

---

83) '존대'는 이른바 '존대'나 '겸양'의 뜻을 가진 것을 함께 뜻한다.

〈4〉 존대 접미사＋시상 접미사＋마침법 접미사：

시더라, 습더이다, 시옵더이다 (이름)
시더뇨, 습더이가, 옵더이가 (물음)

〈5〉 시상 접미사＋존대 접미사＋마침법 접미사：

앗읍더이다 (이름)
앗습더이가 (물음)

〈6〉 잡음씨 어간(＋시상 또는 존대 접미사)＋종결 접미사

이요, 이다, 이더라 (이름)
이요, 이시오 (물음)
이다, 이로다 (홀로)

이와 같은 사실로 볼 때, 한힌샘의 끗씨(기)의 형태적 범주에는, 첫째, 강세 접미사나 피동 사동 접미사를 뺀, 그 이하의 접미사, 곧 존대 접미사에서 종결 접미사에 이르는 모든 접미사가 포함된다고 할 수 있다. 둘째, 잡음씨의 어간과 그 접미사의 배합형, 곧 잡음씨('이다')를 끗씨(기)의 범주에 넣었음을 알 수 있다.

(다) 서법의 범주

서법이란, 말할이(speaker, locuteur)가 말들을이(hearer, interlocuteur)와의 관계를 생각하면서 말을 마칠 때에 나타내는 여러 가지 의향적 태도 곧 '마침법'을 말한다. 한힌샘의 '끗씨(기)의 갈래'란 이러한 서법을 분류하는 것과 동일한 것이다. 이제 한힌샘의 끗기(씨)의 갈래에서 서법의 범주를 보면 다음과

같다.

　① 이름(서술): 이르는 말로 끝맺는 것.

　② 물음: 묻는 말로 끝맺는 것.

　③ 시김: 시기는 말로 끝맺는 것.

　④ 홀로: 홀로 하는 말로 끝맺는 것.

위의 네 가지는 한힌샘의 서법의 범주에 해당한다. 서법을 이 네 가지로 분류하고, 그 각각의 뜻매김을 한 것을 보면 매우 흥미가 간다. 서법의 분류의 원칙은 분명히 밝히고는 있지 않으나, 위의 뜻매김으로 보아서, 말할이를 중심하여 서법을 분석한 흔적이 짙다. 오늘날도 이 서법 분류의 원칙과 그 종류에 대하여 여러 가지 의견들이 있으나, 그 분류의 기준과 범주는 확실히 한힌샘의 것에 뿌리박고 있음을 부인할 수 없다.[84]

---

84) 오늘날 서법의 분류 원칙과 범주에 대하여 한둘 밝혀 보면 다음과 같다.

(ⅰ) 최현배: 『우리말본』, (깁고 고침, 1959, ㅉ.257)

최현배는 끝바꿈(語尾活用)을 창안하여 (ㅉ.257) 마침법, 이음법, 감목법(자격법)을 세우고, 그 중, 마침법에서 언급되는 서법의 분류 원칙을, 말할이와 말들을이 사이어 주고받는 관계에 두었다. 그리하여 베풂(서술, 진술), 물음(의문), 시킴(명령), 꾀임(유인)의 네 가지 서법으로 나누게 되었다(느낌은 베풂 안에 포함시켰다).

(ⅱ) 허 웅: 『우리 옛말본 ─ 형태론 ─』(ㅉ.487)

허 웅은 마침법(또는 의향법)에서 서법의 분류 원칙을 말들을이에게의 요구 있음 없음에 두었다. 이를 알기 쉽게 하기 위하여 서법이 유도되어 나오는 과정을 틀로 보이면 다음과 같다.

```
            ┌ 들을이에게 요구 없음(서술, 느낌, 약속) ························· 서술법
마침법 ┤                               ┌ 대답을 요구 ····························· 물음법
            └ 들을이에게 요구 있음 ┤              ┌ 들을이만의 행동을 ······ 시킴법
                                          └ 행동을 요구 ┤
                                                            └ 함께함을 ················· 꾀임법
```

결과적으로 주시경과 최현배 그리고 허 웅의 마침법의 분류 원칙은, 말하는 이 중심, 말할이와 말들을이와의 관계, 말들을이 중심이라는 차이를 보이고 있다. 그러나 따지고 보면 그 원칙의 중점을 어디에 두었는가의 차이일 뿐, 말할이와 말들을이와의 관계를 그 밑바탕에 생각하고 있는 것만은 일치하다 할 수 있다.

(3) 말의 바탕(資質, Features, Propriété)의 착안
─임씨(기)(이름씨, 명사)의 성류(性類)─

한힌샘의 '임씨(기)의 성류(性類)'[85]에서 '성류(性類)'를 "天賦의 性으로 類가 있는 것"이라 했는데, 이는 모든 가지 종류는 천부의 성으로 이루어져 있다는 뜻이다. 이러한 모든 가지의 종류가 천부의 성을 가졌다는 말은, 모든 것들은 그 나름대로 특별한 자질을 가지고 있다는 말과 같다. 한힌샘은 모든 가지 몬(물건)과 일을 이름하는 이름씨는 그 천부의 성(性)으로 다음과 같은 수(陽性)와 암(陰性), 보통성과 무별성의 바탕으로 나누어짐을 보이고 있다.

> 수(陽性): 아비, 오랍이
>
> 암(陰性): 어미, 누이
>
> 보통성: 음양의 성을 가르지 않고 통하는 것: 사람, 짐승, 소, 새, …
>
> 부별성: 감각(感覺)이 없는 몬(물건)과 체질(體質)이 없는 일로 된 것:
>
> 　나무, 풀, 돌, 물, 빗(빛), 뜻, 일, 아츰(침), 봄, …

한힌샘은 우리말에서는 사람인 경우 음양의 말이 따로 있지만(아비, 어미), 그 밖의 움몬(움직이는 것)은 음양의 다름이 있으나 원말에는 암수의 성별을 나타내는 말을 붙이어 말함이 보통임을 밝혔다(암소, 수소). 무별성인 경우에는 원칙적으로 음양의 말이 없으나 특별한 경우에는 암수의 말을 붙이는 것이 있기도 함을 밝혔다(암은행나무, 수은행나무).

위와 같이 한힌샘은 이름씨(명사)에 대하여, 속성의 바탕(자질)을 주려 했다. 그러나 그 바탕에 따라 말의 짜임이 어떻게 달리 나타나는가를 보이지는 아니한 아쉬움이 있기도 하다. 그러나 그것은 말이 바탕 규명에 대한 최초의 착안이기도 하거니와, 오늘날 우리가 이러한, 바탕이 구조에 미치는 영향을 따지기 위하여, 말의 요소가 가지는 특질을 연구하는데 한 번쯤 이를

---

85) 『국어문법』, ㅉ.94; 『조선어문법』(초), ㅉ.105; (재) ㅉ.106.

생각하지 않을 수 없는 것이기도 하다.

(4) 때 개념과 '됨, 잇음(있음)(지속)/맞음(완료), 거짓 (가상)' 개념
　　－시·상과의 관계－

한힌샘은 때가 나타나는 표지를 그의 잇씨(기)(접속사)와 끗씨(기)(종지사)에서 찾았다. '잇씨(기)의 때'[86]와 '끗기(씨)의 때'[87]에서 '때'에 대한 기술을 하였는데, 이를 정리하면 대략 다음과 같다.

　　잇씨(기) 중에서
　　　이때(현재): 이때에 되는 것: 니(가니), 는대(데)(먹는대(데))
　　　간때(과거): 다 되어 있는 것: 앗(가 앗으니), 엇(먹엇으니)
　　　올때(미래): 이담에 될 것, 곧 되리라고 거짓 뜻(가상) 하는 것: 겟(가겟
　　　　　　　으니)
　　　지난때에 되어 가는 것(과거지속) : 더(가더니)
　　끗씨(기) 중에서
　　　이때(현재): 남이(說者, 述語體)가 이때에 <u>되어 가는 것</u> 남이가 되는 때
　　　　　　　(현재지속): 오(말이 뛰오), 다(그말이 검다)
　　　간때(과거):
　　　　㉠ 남이(說者, 述語體)가 다 <u>되어 있는 것</u>: 앗 "그 사람이 가앗다"에
　　　　　서 '앗'은 간때(과거)를 보이며, 그 남이인 '가'가 다 됨이 지금 저곳
　　　　　에 들어나 있음을 보인다.
　　　　㉡ 남이(說者, 述語體)가 <u>되엇다가 없어진 것</u>: 엇엇 "그 마당을 씰엇
　　　　　엇다"에서 '엇엇'은 간때(과거)를 보이며, 남이 인 '씰'이 다 되어 깨
　　　　　끗함으로 있다가 다시 더럽게 되어 '씰'의 들어남이 없어진 것을

---

86) 『국어문법』, ㅉ.97; 『조선어문법』(초), ㅉ.108; (재), ㅉ.109.
87) 『국어문법』, ㅉ.97; 『조선어문법』(초), ㅉ.111; (재), ㅉ.112.

보인다. 곧 첫째 '엇'은 '씰'이 다 됨을 보임이요, 둘째 '엇'은 그것 '씰'이 없어짐을 보임이다. 곳 첫째 '엇'의 경우는 '씰' 동작의 됨으로 말미암아 깨끗함으로 있음이요, 둘째 '엇'은 다시 더럽게 됨을 보임이다.

올때(미래): 남이가 이담때에 <u>될 것</u>: 겟(비가 오겟다)

위의 설명에서 흥미를 끄는 것은, 첫째, 때의 표지요, 둘째, 때와 시·상(tense-aspect, temps aspect)과의 관계이다.

1) 때의 표지

시간의 개념은 잇씨(기)와 끗기(씨)에서 특정한 형태소(니, 는대(데), 오, 다, 앗, 엇, 엇엇, 겟)에 의하여 지시된다고 본 것이다. 그런데 잇씨(기)나 끗씨(기)에 지표되는 시간 표지의 양상은 거의 같다. 다만, 잇씨(기)에서는 이때(현재)인 '니', '는대(데)'가 있음에 반하여, 끗씨(기)에는 '오', '다'가 있음이 다르다. 여기에서 두 가지 문제를 생각할 수 있다.

㉠ 같은 시간의 문제를 두 품사에서 반복하여 설명한 점이다. 만일 잇씨(기)와 끗씨(기)라는 두 품사를 각립시키지 않고 이들을 움직씨(동사)나 술어체(述語體)의 구성 요소인 접미사로 처리하였었다면, 똑같은 시간의 문제를 반복하지 않아도 되었을 것이다. 그것은 동작이나 또는 모든 행위의 수행 시간은 움직씨나 술어체의 접미사가 부담하는 것으로 일괄 처리되기 때문이다. 같은 시간문제를 두 씨에서 반복하지 않을 수 없었던 근본 원인은 지나친 분석관에 의한 품사의 세분성에 있다고 할 것이다.

㉡ 잇씨(기)의 '니'나 끗씨(기)의 '오', '다' 따위를 각각 독립한 품사로 보면서 동시에 그들 스스로 이때(현재)의 뜻을 아울러 가지고 있다고 본 점이다. 이는 이때의 뜻이, '니', '오', '다'에 각각 아울러 있는 것이 아니라, 그들 앞에 무표지(영, ∅)로 있다고 봄이 옳을 것이다(∅니, ∅오, ∅다).

2) 때와 시·상 (Tense-Aspect, Temps Aspect)

한힌샘의 '때'의 설명 대목에서 흥미를 끄는 또 하나는 국어의 때의 범주를 그 뜻매김에 따라, 이때(현재), 간때(과거), 올때 (미래)의 세 가지로 잡았다는 것을 들 수 있다. 그런데 여기 때가 이른바 상(aspect: 됨, 잇(있)음(지속), 맞음(완료), 거짓(가상))과 함께 설명되어 있는데, 이는 더욱 관심의 대상이 된다.

　　　㉠ 이때(현재): 남이(說者, 述語體)(곧 동작)가 <u>이때 되어가는</u> 것(보기: 말
　　　이 뛰오)

위의 뜻매김에서 '이때'는 이른바 '현재'라는 시간이다. 곧 동작(뛰)이 있는 그 시간이 현재이다. '되어가는'은 '지속상태'를 뜻한다. 그러므로 이때 '되어가는'은,

　　　　　현재(이때) 지속상태(되어가는) → 현재 지속

이라는 '시·상'으로 이해되는 것이다.

이러한 '시간'과 '상'에 대한 개념의 구별에 대하여 한힌샘은 매우 의식하고 있었던 것 같다. 그의 '끗씨(기)의 때' 중, '알이'(알아야 할 것)의 대목[88]을 보면 그것이 매우 밝히 드러나 있다. 이를 글쓴이가 이해한 대로 정리하면 다음과 같다.

　　　때나눔의 원칙: 남이(說者, 述語體, 대부분 '동작'을 나타내는 말)의 <u>되고
　　　못됨</u>으로 말미암아 때를 나눈다.
　　　이때(현재): <u>이때(현재)</u>에 <u>되어가는</u>(지속) 것. 곧 <u>되는 때</u>(현재) 지속
　　　곧, 이 때=되는때 ← 이때(현재) 되어가는(지속) 것. 이것은, 이때(현재)

---

88) 『국어문법』, ㅉ.100; 『조선어문법』(초), ㅉ.111~2; (재), ㅉ.109.

의 내용속에 이 때(현재)라는 시간과 되어가는(지속)이라는 상이 이원적
으로 들어 있음을 보인 것이다.
ⓒ 간대(과거):
　잇씨(기)에서는: 다 되어 있는 것(보기: 가앗으니).
　끗씨(기)에서는: 남이가 다 되어 잇(있)는 것(보기: 가앗다)
　　　　　　'남이가 다 되엇다가 없어진 것(보기: 씰엇엇다)

위의 간때(과거)의 보기 '앗'과 '엇엇'의 뜻매김에 주의가 간다. '앗'은 동
작이 다 되어 있는 것(완료)이고, '엇엇'은 동작이 다 되었다가 없어진 것을 뜻
한다고 했다. 곧 '엇엇'은 한 동작이 완료된 뒤에(첫째 '엇')다른 동작이 완료
되었(둘째 '엇')음을 뜻한다.

위에서 나타난 표현대로 보면, '앗'은 동작의 완료이고, '엇엇'은 '완료의
완료'이다. 그런데 '앗'의 완료나, '엇엇'의 '완료의 완료'는 다 같이 어느 때의
시간을 머금고 있음은 매한가지다. 이렇게 본다면, '앗'은 '현재의 완료'도 될
수 있고, '과거의 완료'일 수도 있다. 그런데 '앗'과 '엇엇'은 간때(과거)의 문제
에서 언급되어 있으므로 한힌샘의 '앗'은 '간때에 다 되어 있는 것' 곧 '과거의
완료'라 할 수밖에 없다. 이렇게 본다면, '엇엇'은 '간때에 다 되엇다가 없어진
것' 곧 '과거의 완료의 완료'라 할 수 있다. 이와 같이 한힌샘은 때의 표지에
서 때(time)와 상(aspect)의 이원적 요소를 생각한 것으로 풀이할 수 있다.

간때(과거)의 때(시간)와 상은, 역시 '끗씨(기)의 때' 중, '알이'(알아야 할
것)의 대목[89]에서도 들어난다. 거기에서 다음과 같은 사실을 정리할 수 있다.

간때(과거): 보기 "가앗다"에서
　앗 = 남이인 '가'가 맞아 잇는(완료지속) 것
　곧, 이때맞음(현재완료), 또는 맞아 잇음(완료지속)

---

89) 『국어문법』, ㅉ.100; 『조선어문법』(초), ㅉ.111~2; (재), ㅉ.112~3.

$$\text{곧, 간때 '앗'} = \begin{cases} \text{이때맞음} \leftarrow \text{이때(현재) 맞음(완료)} \\ \text{맞아잇음} \leftarrow \text{맞아(완료) 잇음(지속)} \end{cases}$$

여기에는 문제가 있다. 이미 글쓴이가 풀이한 바에 따르면 한힌샘의 '앗'은 '과거의 완료'에 해당한다. 그런데 여기에서는 그것이 <u>이때맞음</u> 곧 '현재(이때) 시간의 완료상(맞음)'으로 나타나서, 서로 모순이 된다. 뿐만 아니라, 이것은 '앗'이 <u>간때(과거)의 이때(현재) 맞음(완료)</u>, 곧 '과거의 현재완료'라는 시간의 비논리적 모순도 된다. 다만, 한힌샘은, '앗'을 또한 <u>맞아잇음(완료지속)</u>이라 했는데, '앗'이 간때(과거) 항목에서 풀이된 바이니 그 '앗'은 <u>간때의 맞아잇음</u> 곧 '과거 완료지속'이라 할 수 <u>있으므로</u> 이것은 이미 언급한 바 간때에 다되어 있는 것 곧 '과거의 완료'와 거의 일치한다.

'과거의 완료'는, 동작이 어느 지난때에 완료되는 데서 끝이 나는 경우와, 그 완료가 지속되는 경우로 해석된다. 한힌샘은, 다음에서 곧 보이겠지만, 그 동작의 완료가 끝나고 다시 다른 종작이 있어 완료되는 '엇엇'을 <u>간때 맞음(과거완료)</u>이라고 했다. 따라서 앞에 언급한 바 '앗'을 간때에 다 되어 있는 것이라고 한것과 표현만 다를 뿐 '과거완료'를 나타냄은 같다. 그러므로 '앗'과 '엇엇'을 구별할 수가 없다. 따라서 한힌샘은 이 모순을 없애기 위하여 '엇'이 '과거 완료'이되, 그 완료가 다른 동작의 작용을 받음이 없이 그대로 지속되는 <u>간때(과거)의 맞아 잇음(완료지속)</u>으로 명백하게 못박음으로써, 한 동작이 완료된 뒤에 다시 다른 동작이 일어나 완료되는 '엇엇'의 <u>간때(과거)맞음(완료)</u>과 구별을 했던 것이다. 이제 '엇'을 정리할 단계에 왔다. 그에 따르면,

'엇'은 <u>간때(과거)에 다 되어 있는것(완료)</u>, 더 자세히 말하면, 간때(과거)의 <u>맞아잇음(완료지속)</u>이라는 시·상 표지이다

'엇엇'은 간때에 다 <u>맞아 잇다가(완료되고 나서)없어진 것</u>, 또는 <u>되엇다가 없어진 것</u>, 곧, <u>간때(과거) 맞음(완료)</u> 또는 <u>맞아(완료) 지남(과거)</u>의 시상 표지이다.

결과적으로 보면, '상'의 측면에서 '앗'은 <u>맞아있음(완료지속)</u>이고 '엇엇'은

맞음(완료)이 되어 구별이 된다.

한힌샘의, 위의 간때 맞음(과거완료)이란, '엇엇'이 가지는 뜻, 곧 주체 동작이 일단 완료된 다음에 다시 다른 동작으로 말미암아 그 동작이 완료됨으로써, 내용적으로 반대의 결과를 가져온다는 뜻을 전제로 하여 생각하면서, 이 경우의 첫째 '엇'을 두고 명명한 것으로 풀이된다. 곧, 이미 언급한 바와 같이 단순한 '엇'은 주체동작이 완료된 상태가 지속을 계속하는 간때(과거) 맞아잇음(완료지속)이다. 그러나 '엇엇'의 첫째 '엇'은 간때(과거)에 주체동작이 일단 완료됨을 보이는 간때 맞음(과거완료)이다. 그러므로 '엇'의 간때 맞아잇음(과거완료진행)과, '엇엇'의 첫째 '엇'의 간때 맞음(과거완료)과는 꼴이 같으나 뜻이 매우 다르다. 이점에서 한힌샘의 '앗'과 '엇엇'의 구별을 맞아잇음(완료지속)과 맞음(완료)의 대립개념으로 표현한 것은 탁론이다.

그러나 그렇다고 '엇엇'이 다 잘 해결된 것은 아니다. '맞음'(완료)이란 말은 어디까지나 둘째 '엇'을 생각하면서 첫째 '엇'에 초점을 맞춘 말이다. 그러므로 그 맞음(완료)이란 '엇엇' 전체를 해결해 주는 말은 아니다. '엇엇' 전체를 위하여 그 구성 요소의 뜻을 생각할 필요가 있을 것이다.

엇(주체동작의 완료)+엇(다른 동작이 계속되어 완료) → 첫째 동작이 완료되었을 때의 뜻과 둘째 동작이 완료되었을 때의 결과의 뜻이 상반됨.
보기: 씰엇+엇다=깨끗했다가 더러워졌다(쓸어서 깨끗했다가 지금은 더러워졌다).

그러나 우리는 말의 실제 표현에서 구성 요소의 낱낱의 뜻을 이해하지 않는다. 각 요소가 결합하여 나타날 때의 전체적인 뜻을 받아들인다. 전체적인 뜻은 '직관(intuition)'에 따라 이해된다.

'엇엇'은 그 개개의 뜻을 직관으로 받아들이지는 않는다. '엇엇'에서 직관적으로 받아들여지는 것은 첫째 동작의 뜻이 결과적으로 반대로 나타남을 의식하면서 이를 '강조'하기 위하여 첫째 동작의 완료가 지속되지 아니하고 '완료되었다는 사실을 심리적으로 재확인하는 것'이다. 그렇다면 '엇엇'은 무엇인가? 위와 같은 견해에 따르면, '엇엇'은 어느때(시간)에 일어난 동작의 '완료'를 말할이가 '재확인'하는 '완료·재확인'의 이원적 복합상(compound aspect)이라 할 수 있지 않겠는가?[90]

ⓒ 올때(미래, 장래): 잇씨와 끗씨에 나타난 올때(미래, 장래)를 종합하여 뜻매김하면 다음과 같다. "남이(說者, 述語體)가 이담때(장래)에 될 것, 곧 되리라고 거짓뜻(가상)하는 것"(보기: 비가 오겠다)

위에서 보면, '이담때'는 앞으로 닥쳐올 미래 시간을 말함이요, '되리라고 거짓뜻 하는 것'은 말할이가 미래에 될 일을 마음속에서 '가상'(추정, 추상)하는 말이다. 그러므로 위의 올때의 뜻매김만으로서도 한힌샘의 이른바 올때는 다음과 같이 시·상(tense-aspect)을 먹음은 말임을 알 수 있다.

올때(미래, 장래)=이담때(미래시간)+되리라고 거짓뜻(말할이의 가상)

이러한 한힌샘의 '올때'가 가지는 '때(시간)'와 '상'에 때한 개념에 대하여, 그의 '끗씨(기)의 때' 중, '알이(알아야 할 것)'의 대목[91]을 보면 이 사실이 거듭 밝혀져 있다. 이를 요약하면 다음과 같다.

올때: "오겠다"에서
겟=남이(說者, 述語體)인 '오'가 이다음(미래)에 될 것이니 올때됨(장래에 이루어짐), 또는 '오'가 되리라고 뜻하는 것이니, 거짓뜻하는때(가상시)가 된다.

---

90) 이에 대해서는, 김석득: 「한국어의 시간과 시상」『한불연구』1호(1974.12, 연세대학교, 한불문화연구소) ㅉ.22를 볼 것.
91) 『국어문법』, ㅉ.100; 『조선어문법』(초), ㅉ.112; (재), ㅉ.113.

여기에서도, 올때는 시간과 상의 이원적인 것으로 이해하고 있음을 알 수 있다.

한힌샘은 올때(미래, 장래)가 붙은 '복합 시·상'에 관계되는 것으로 '엇겟'(었겠)의 배합형을 들었다.[92] 그것을 풀이하면 다음과 같이 된다.

> 보기: "꼿이 피엇겟다"에서
>
> 엇겟=엇(간때(과거)표)+겟(올때(미래, 장래)표). 따라서 '엇겟'은 간올때(과거장래), 혹은, <u>거짓맞은때(완료 가상시)</u>다.

위에서 시상을 명백히 밝혀 주는 것은 '엇겟'을 <u>거짓맞은때(완료 가상시)</u>라 한 것인데, 이를 풀면, 과거에 완료된(맞은) 것을 가상(거짓)하는 것이 된다.

물론, 한힌샘은 '엇겟'의 '엇'을 간때(과거)라고 못박았지만, 사실은, 그 때가 어느때(과거인지 현재인지)인가는 '때어찌씨(시간부사)'를 밝혀야만 비로소 알 수 있는 것이다.

한힌샘은 또한 '더'를 <u>지난때에 되어가는 것(지속)</u>으로 보았다. 그런데 "그가 가더라"의 '더'는 지속일까, 아니면 그것은 회상이고, 지속은 영($\varnothing$)일까의 문제가 있다. 그가 "먹었더라"의 '더'는 분명히 회상이 된다. 그러므로 '더'에 대한 세밀한 때(시간)와 상의 고찰이 필요하다.

---

92) 『국어문법』, ㅉ.100~1; 『조선어문법』 (초), ㅉ.112; (재), ㅉ.113.

때(시간) \ 상	됨, 잇음(있음)(지속) / 맞음(완료), 거짓(가상)
이때(현재)	되는 것(지속)……………………{니} 되어가는 것(지속)……………{오}
간때(과거)	되어잇는 것…………………………………… }…{앗} 맞아 잇음(완료지속), 이때맞음(현재완료)… 되엇다가 업서진 것…… }…{엇엇} 맞음(완료) ………………
올때(미래)	될 것 되리라고 거짓 뜻(가상)… }…{겟} 거짓 뜻하는 때(가상시)…
(간때)	거짓 맞은 때(완료 가상시)………{엇겟}
(간때)	되어가는 것(지속)…………{더}

위에서 본 바 한힌샘의 때(시간)의 전개에서 가장 흥미를 끄는 것은, '때'와 '상'의 개념이다. 이제 그가 전개한 때의 대목에서 추출되어 나오는 때와 상을 정리하면 위에 보인 표와 같다.

(5) 서분(序分)과 존대

한힌샘은 존대의 표지를 '서분(序分)'이라는 이름 밑에 잇씨(기)와 끗씨(기)에서 찾아 다루었다. 이른바 접미사를 잇씨(기)와 끗씨(기)의 두 품사로 각립했기 때문에 때(시간)의 경우와 같이, 비슷한 '서분'(높낮이, 존대) 문제를 잇씨(기)와 끗씨(기)에서 중복하여 다루고 말았다. 때(시간)의 항목에서 글쓴이가 지적한 바 있지만, 만일 과도한 분석주의를 지양하고 이른바 잇기(씨)과 끗씨(기)를 같은 접미사의 한 떼로 처리하였더라면, '서분' 문제는 중복하여 언급할 필요가 없었을 것이다.

한힌샘의 '서분'에 관한 것을 우선 정리하여 보면 다음과 같다.[93]

---

93) 『국어문법』, ㅉ.98~9; 『조선어문법』(초), ㅉ.108~10; (재), ㅉ.109~11.

잇씨(기)의 '서분'

높음: 존칭하는 것.

보기: "가시니"에서,

시니=높이는 잇기(씨)

시=높임의 뜻

갇음: 평칭하는 것.

보기: "가니"

니: 갇음

끗씨(기)의 서분: 장유존비(長幼尊卑)의 다름을 가르는 것.

높음: ㅂ니다(저 대가 푸릅니다): 말들을이 높임.

십데다(그 어른이 오십데다): '오는이'와 '들을이'를 다 높임.

갇음: 오(저 대가 푸르오): 들을이를 갇게 말하는 것. 시오(가시오): '오'
만 쓰는 것보다 높다.

'시오'는 중년(中年)에 쓴다.

낮음: 하칭하는 것.

다(저 대가 푸르다): 들을이를 낮추어 말하는 것. '다'는 유년(幼年)에
쓴다.

위와 같은 한힌샘의 '서분'에서 중요한 문제를 지적하면, 첫째, '서분'의
뜻매김과 존대 요인으로서의 '나이' 문제, 둘째, 존대의 '초점' 문제, 셋째, '서
분'과 존대의 '등분' 문제 등이라 할 수 있다.

1) '서분'의 뜻매김과 존대 요인으로서의 '나이'

서분의 뜻매김을 장유존비(長幼尊卑)의 다름이라 했다. 이는 서분의 기
본적인 형성 요인을 '나이'에 두었음을 뜻한다. 이는 더욱, '중년'에 쓰이는 말,
'유년'에 쓰이는 말을 언급한 것으로도 뒷받침된다. 오늘날, 존대의 근본적인
형성 요인을 '사회적 신분'의 계층에 두느냐, 아니면, '나이'에 두느냐 하는 것

이 문제가 되는데, 한힌샘의 '나이'에 대한 언급은 매우 흥미 있는 것이다.

2) 존대의 초점 문제

우리는 흔히, 존대 관계에서, '높임'과 '겸양'이라는 용어를 쓴다. 한힌샘의 경우는 '겸양'이라는 말을 안 쓰고 모두 '높음(임)'이란 말을 썼다. 그 이유는, 존대의 초점을 말할이보다는 말들을이에게 맞추었기 때문이다. 가령, "그 어른이 <u>오십데다</u>"에서 <u>십데다</u>를, 한힌샘은, "오는이와 듣는이를 다 높인다"고 했음을 들 수 있다. 곧, 그는 '십데다'의 '시'는 오는이 곧 주체를 높인 것으로 보고, 'ㅂ데다'는 말들을이를 높인 것으로 본 것이다. 만일, 'ㅂ데다'를 말할이에 초점을 맞춘다면, 말할이 스스로의 '겸양'이 될 것이다. 이처럼 높임의 초점을 말할이보다, 말들을이에게 통일하여 맞추면, 근본적으로 '높임'이라는 한 범주를 형성한다. 그러나 말할이에게 초점을 맞추기도 하고(따라서 말할이 '겸양') 말들을이에게 초점을 맞추기도 한다면(상대 높임: '시') 그 초점이 왔다갔다하는 문제와 또한, 거기에서 '겸양'과 '높임'의 두 가지 복잡한 범주를 만들어야 하는 불편이 생긴다. 이런 점에서 한힌샘이 한결같이 말들을이에게 높임의 초점을 맞춘 것은 우리가 크게 관심을 두고 생각할 일이라고 본다.

3) '서분'과 존대 등분 및 존대말 수행

잇씨나 끗씨에 나타난 '서분'을 보면, '높음, 같음, 낮음'의 세 개로 집약된다. 한힌샘의 위의 '서분'의 명백한 개념을 좀더 파악하기 위하여, 먼저 '서분의 윤곽'을 밝혀 보기로 한다.

한힌샘은 '서분'에서 말할이와 말들을이와의 관계를 항상 생각한다. 그리고 그 중심을 말들을이에게 초점을 맞춘다.

그 '서분'과 그 높임의 표현은 아래와 같다.

높으면	높음이고	높이어서	시니, 십데다
같으면	같음이고	같게하여 평칭하여	니, 오, 시오
낮으면	낮음이고	하칭하여	다

위에서, 그의 '서분'의 개념을 다음과 같이 풀이할 수 있다.

(가) '서분'은 존대의 '등분(level)'의 차원이다. 곧 말들을이와 말할이와의 상대 관계에서(비록 말들을이에게 초점을 맞추지만), 높임의 대상의 등분은 '높음, 같음, 낮음'으로 나누어진다.

이 존대의 높낮이 각 등분에서는 말할이와 말들을이와의 사이에 항상 높임말의 '다른 주고받음'(non-reciprocal use)과 '같은 주고받음'(reciprocal use)의 현상이 일어난다. 곧 '높음'에서는 말들을이가 말할이보다 높은 등급이기 때문에 말할이는 말들을이에게 높여서 '시니, 십데다'를 쓴다. 따라서 여기에, 말할이와 말들을이 사이에는 항상 높임의 '다른 주고받음'이 일어남을 알 수 있을 것이다.

'같음'에서는 말할이가 말들을이를 자기와 같게 보고 쓰는 것이며, 이에 는, '니, 오, 시오'가 있음을 명시하였다. 물론, 한힌샘은 '시오'는 '오'보다 더 높다고 하면서, 그것은 중년(中年)에 쓴다고 하였다. 이것은 곧, '니, 오, 시오' 는 그 자체의 뜻에 높낮이의 뜻 차이가 있다하더라도 경우에 따라, '니'를 서로 주고받을 수도 있고, 또 '오'를 서로 주고받을 수도 있으며, 중년 사이의 경우에는 '오'보다 높은 뜻을 가진 '시오'를 서로 주고받을 수 있음을 명시한 것으로 풀이해야 할 것이다. 이처럼 같음의, 위치에서는 환경에 따라 그에 알 맞은 높낮이의 말을 골라서 서로 '같은 주고받음'을 할 수 있음을 알 수 있다.

'낮음'은 말들을이가 말하는 자기보다 낮은 유년(幼年) 관계에 있음을 전제한다. 이러한 관계에서는 말할이는 말듣는 유년에게 낮추어 '다'를 쓸 수 있다는 것이다. 그러므로 이러한 낮음의 등분에서는, 말할이와 말들을이와의 관계에서는 항상 존대의 '다른 주고받음'이 수행되는 것으로 받아들일 수 있는 것이다.

(나) 각 등분(level)에서 수행되는 실제 높낮이 표지는 그것대로 높낮이의 다른 의미적 차원을 가진다.

'같음'의 등급에서 수행되는 언어 표지 '시오'는 '오'보다 높은 존대의 뜻을 갖는다고 말했다. 따라서 비록 '시오'는 '오'와 같은 평교간에 쓸 수 있는 평칭의 범주에 들어가지만 '오'보다 '시오'는 분명히 더 높은 뜻을 가진다는 데 유의할 필요가 있다. '시오'가 '오'보다 더 높다는 말은, '오'도 높임의 뜻을 가지고 있음을 앞세운 말이다. 이렇게 본다면, '니, 오, 시오' 사이에는 높임의 뜻 차이를 인정해야 할 것이다. 이 사실을 인정하고 들어가면, 이미 제시된 세 개의 등분에서 수행되는 높임말의 실태는 다음과 같이 기술될 것이다.

높 음	높 임 말	시니, 십데다
같 음	높 임 말	시오
	예사높임말	오
	낮 은 말	니
낮 음	낮 은 말	다

위를 다시 정리하면, 결국 높임의 뜻을 가지고 수행하는 말에는, 다음 세 가지가 있음을 알 수 있다.

아주높임말(←높임말): 시니, 십데다, 시오

예사높임말: 오

낮은말: 니, 다

4) '서분'의 맺음

글쓸이가 풀어 본 한힌샘의 '서분'은 다음과 같이 요약할 수 있다.

한힌샘은 말할이와 말들을이와의 관계로 보아 '높음, 같음, 낮음'의 세 개의 등분으로 나누었다. 이 등분에서 실제 수행되는 존대의 뜻을 가진 말에는 '아주높임말', '예사높임말', '낮은말'이 있다.

높음의 등급에서는 다른 주고받음(non-reciprocal use)이 수행되고, 같음의 등급에서는 연령적 환경에 따라서 아주높임말, 예사높임말, 낮은 말이 각각 같은 주고받음(non-reciprocal use)으로 수행되며, 낮음의 등급에서는 서로 다른 주고받음으로 수행된다.

5.5. 『국어문법』 등의 「짬듬갈」에 비친 속뜻과 기본월

한힌샘에 의하면, 「짬듬갈」의 '짬'은 짜는 것, 꾸밈(구성, 조직)을 뜻하고, '듬'은 말이 이어지는 법(통어법, 구문법)을 뜻하며, '갈'은 배움의 뜻이니 '짬듬갈'은 '다'(짠말, 둘로부터 둘 더되는 씨로 짠말)가 꾸미어지는 여러 가지 법이라고 하였다.[94] 따라서 짬듬갈은 오늘날 이른바 '월갈' 또는 '통어론'(통사론, 구문론)을 가리킨다.

짬듬갈에서 크게 관심이 가는 것은 다음과 같다.

1) 통사(통어)의 구성 요소와 그 하위 분류

2) 기본 월과 복잡한 월으로의 형성

3) '속뜻'과 기본월 및 변환되는 월

(1) 통어(통사)의 구성 요소와 그 하위 분류

한힌샘은, 표현이 이루어지는 낱덩이를 크게 '말'의 낱덩이로 보고, '말'은 단순한 '씨'(기, 낱말)와 '씨'가 배합하여 이루어지는 '다'(둘로부터 둘 더 되는 씨로 짠말)로 나누어 보았다. 그리고 그 '다'에는 '모'(한 짠말에 남이(說者, 풀이말, 술어체)가 없이 이루어지는 것, 곧 구(이은말))와 '드'(한 짠 말에 남이가 있어 맞은 말) 곧, 완성된 월)와 '미'(한 일을 다 말하여 길게 된 말, 곧 발화) 등이 있음을 밝혔다. 이를 틀로 보이면 다음과 같다.

---

94) 『국어문법』, ㅉ.36; 『조선어문법』(초), ㅉ.38; (재), ㅉ.38.

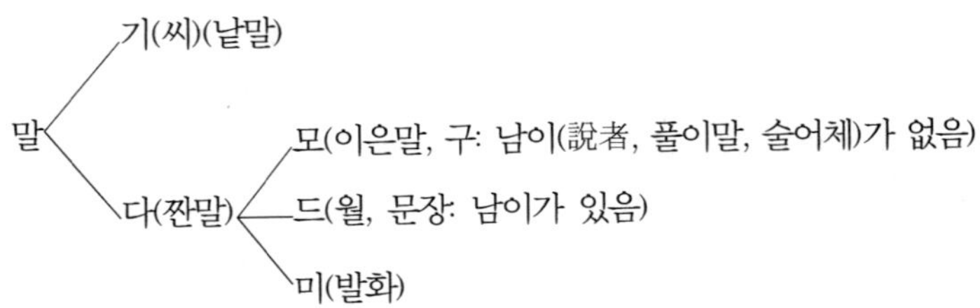

한 '드'(월, 문장)가 이루어지는 데는 다음과 같은 구성요소가 필요함을 밝혔다.

임이(主者, 임자말, 주어)

씀이(物者, 부림말, 객어, 목적어)

남이(說者, 풀이말, 술어체): 씀이가 있는 '다'(짠말)의 남이는 반드시 남움(타동사)이 된다. 남움은 그 움직임이 남의 몸에 이르어 됨을 이른다.

임이빗(主者職權表, 임자자리토, 빗=보람, 직권표)

씀이빗(物者職權表, 부림자리토)

남이빗(說者職權表)

　보기: <u>아기</u>　가　젖　을　먹　소
　　　　임이　임이빗 씀이 씀이빗　남이 남이빗

임이듬(主者格, 주어격. 듬=格)

씀이듬(객어격)

남이듬(說者格, 술어격)

　보기: <u>아기가</u>　젖을　먹소
　　　　임이듬　씀이듬 남이듬

임이금(主者限定, 금=가르치의 뜻)

씀이금(物者限定, 객어 한정)

남이금(說者限定, 술어 한정)

　보기: 저　소가　<u>푸른</u>　풀을　잘　먹소
　　　　임이금　　　씀이금　　　남이금

금이빗: 금(限定)이 되게 하는 빗(직권표).

　보기: 저 소가 푸른 풀을 잘 먹소
　　　　　ㄴ＝금이빗

금이듬: 금이 되는 빗(限定職權表)을 가지어 금(한정)이 됨을 이름.

　보기: 저 소가 푸른 풀을 잘 먹소
　　　　　금이듬

줄기(莖, 原體): 임(主者, 임자말, 주어), 씀(物者, 부림말, 객어), 남(說者, 풀이말, 술어) 등 이른바 이름씨 움직씨의 어간에 해당하는 것이다.

줄기결(莖部, 原體部, 웃듬(으뜸)결. 결＝결에(겨레), 갈래의 뜻): '임, 씀, 남'을 함께 말한다.

가지(枝, 枝葉) 빗(직권표), 금(한정)

가지결(枝部, 枝葉部), 혹은 붙이결: 빗, 금을 함께 말한다. 이는 다음과 같이 나누어짐을 보이었다.

① 만이결(關係部, 職權部)

　임이빗: 가

　씀이빗: 을

　남이빗: 소

② 금이결(어떠함의 결, 如何部)

　임이금: 저

　씀이금: 푸른

　남이금: 잘

　보기: 저 소가 푸른 풀을 잘 먹소

　소, 풀, 먹＝줄기결, 웃듬(으뜸)결

　저, 푸른. 잘＝가지결, 금이결

　가, 을, 소＝가지결, 만이결

임이붙이(主者部, 主者屬, 주어부): 임이(主者), 임이빗(主者職權表), 임이금(主者限定)을 다 이름.

씀이붙이(物者部, 物者屬, 객어부)

씀이(物者, 객어, 부림말), 씀이빗(物者職權表, 부림자리토), 씀이금(物者
限定, 객어 한정)을 다 이름.

남이붙이(說者部, 說者屬, 술어부): 남이(說者, 풀이말), 남이빗(說者職權
表) 남이금(說者限定, 술어 한정)을 다 이름.

<u>보기: 저　소　가　푸른　풀　을　잘　먹　소</u>
　　　임이금 임이 임이빗 씀이금 씀이 씀이빗 남이금 남이 남이빗
　　　　　임이붙이　　　　　씀이붙이　　　　　남이붙이

(2) 기본월과 복잡한 월로의 형성

1) '드'(월, 문장)로서의 '다'(짠말)의 형성

위와 같은 '다'의 형성에서는 최소형과 최대형을 말하고 있다.

① 최소형의 '다'

여기 최소형의 '다'는 아무리 적어도 임이듬(主者格, 주어격)과 남이듬
(說者格, 술어격)으로 이루어져 있는 것을 말한다.[95]

　　　<u>임이듬</u> + <u>남이듬</u>: 최소형의 '다'
　　　아기가　자라오

② 최대형의 '다'

여기 최대형의 '다'는 임이듬(主者, 주어격)과 씀이듬(物者格, 객어격)과
남이듬(說者格, 술어격)으로 이루어진 것을 말한다.

　　　<u>임이듬</u> + <u>씀이듬</u> + <u>남이듬</u>: 최대형의 '다'
　　　아기가　젓(젖)을　먹소

---

95) 『국어문법』, ㅉ.40; 『조선어문법』(초), ㅉ.43; (재), ㅉ.43.

‘다’는 이미 아는 바와 같이 ‘모’(남이가 없는 것), ‘드’(남이가 있는 맞은 말), ‘미’(발화)를 가리키지만, 위에 본 ① ②는 ‘드’(월, 문장)로서의 ‘다’가 된다.

이러한 ① ②와 같은 ‘드’로서의 ‘다’는 오늘날의 단순형으로서의 ‘기본월’이라고 할 수 있다.

2) 기본이 되는 ‘드’(월, 문장)의 복잡한 ‘드’로의 변환

① 금이결(限定部)을 보태어 새로이 형성되는 월

한힌샘은, “아기가 자라오”, “아기가 젓을 먹소”와 같이 한 ‘드’(월, 문장)는 아무리 적어도 줄기결(原體部)과 만이결(關係部, 職權部)로 이루어진다고 했다. 그러므로 1)에서 말한 ‘다’는 ‘모’도 ‘미’도 아닌 ‘드’임을 다시 확인할 수 있는데, 이를 또 다시 말하면, 1)에서 본, ①②는 줄기결(原體部)과 만이결(關係部, 職權部)로 이루어진 ‘드’(월, 문장)의 기본형이라고 할 수 있다.

그런데 이 줄기결과 만이결로 이루어진 기본적인 ‘드’는 또 금이결(限定部), 곧 꾸밈을 나타내는 요소를 더하여 더 복잡한 ‘드’를 만들어내는 것이다.

다음 보기는, 기본적인 ‘드’에 금이결(限定部)이 더 붙어 된 ‘드’(월)이다. 밑줄 친 부분은 금이붙이 또는 금이결(限定部)이다.

“적 소가 <u>푸른</u> 풀을 잘 먹소”

그런데 한힌샘은 줄기결(原體部)이 모두 세 몸(임, 씀, 남)이고, 만이결(關係部, 職權部)이 모두 세 몸(임이빗, 씀이빗, 남이빗)이고, 금이결(原體部)이 모두 세몸(임이금, 씀이금, 남이금)이기 때문에, 생성될 수 있는 ‘드’(월, 문장)의 수는 모두 아홉(3×3)이 될 수 있다고 밝혔다.

② 마디(節)의 배합으로 형성되는 새로운 월

한힌샘은 두 개의 마디가 잇씨(기)로 연결되는 ‘드’(월, 문장)가 있음을 밝혔다.

드＝웃마듸＋(잇씨(기))＋알에마듸

<u>이 소는 누르</u>　고　<u>저 말은 검다</u>
　　웃마듸　　잇씨(기)　　알에마듸

위의 월(문장)에서 한힌샘은 '웃(윗)마디'는 다 못 이룬 마디이고, '알에
(아랫)마디'는 다된 마디이며, 이 두 마디의 먼저와 나중은 그 일의 먼저와 나
중으로 이룸이 아니고 말을 꾸미느라고 먼저와 나중을 이룸이니, 위아래 마
디를 바꾸어도 그 일은 한 가지가 된다고 했다.

"이 소는 누르고 저 말은 검다"
"저 말은 검고 이 소는 누르다"

이러한 두 마디가 결합하여 이루어진 병렬된 월(문장)은 사실상 두 개의
기본월의 배합으로 형성된 것으로 풀이되며, 따라서 이 경우에는 그 월의 앞
뒤 순서를 바꾸어도 뜻에는 아무런 영향이 없음을 암시하고 있다.

이 소는 누르다＋저 말은 검다
→이 소는 누르고 저 말은 검다
~저 말은 검고 이 소는 누르다

(3) '속뜻'(숨은 뜻)과 기본월(기본 문장) 및 변환되는 월(변환 문장)

1) 표면으로 수행되는 '뭇남이드'(衆說者文, 중술어문): '뭇남이드'가 제
움직씨(자동사)로 된 것

이미 말한 기본월들이 결합할 때는 두 기본월들 간의 관계에 따라 여러
가지 변환되는 꼴을 형성한다. 그 변환되는 것으로 기본월의 구성 요소의 일
부분이 겉으로 드러나지 아니함으로써 그 뜻이 속으로 숨어 있기만 하는 경

우가 있는데, 한힌샘은 이를 '숨은뜻'[96] 또는 '속뜻'이라는 개념으로 흥미 있게 분석하고 있다.

가령,

"저 사람이 노래하면서 가오"는
"저 사람이 노래하면서"
"(저) (사람) (이) 가오"

로 풀이하고, "동글암이(동그라미)로 에움은 숨은 뜻으로 우에(윗) 마듸의 임이붙이(主者部)(곧 '저사람')가 알에(아래) 마듸의 임이붙이(主者部)의 노릇까지 함을 보임"이라고 했다.[97] 따라서 위의 월(문장)은 그 속뜻대로 풀이하면,

"저사람이 노래하면서 가오"
⇐"저사람이 노래하오" + "저사람이 가오"

로 볼 수 있겠다.

한힌샘은 또, 마디의 순서가 바뀌어서, "그 사람이 가면서 노래하오"해도 한 가지(뜻)이니, '가는 것'과 '노래하는 것'이 다 한 때에 되는 일인 까닭이라고 밝혔다. 그러면서, 위의 보기에서, '가는 것'과 '노래하는 것'이 한덩이의 남이(說者) 노릇을 하므로, 이러한 한 덩이의 남이(說者)를 뭇남이드(衆說者文, 중술어문)라고 했다.[98]

'뭇남이드'란 오늘의 눈으로 보면 월(문장)의 변형의 가능성과 또 그 가능성을 의미론적 측면세어 생각하면서 명명한 것이라 할 수 있다. 이리하여

---

96) 『국어문법』, ㅉ.45 · 49, '숨은뜻' 또는 '속뜻'은 속구조(deep structure)와 관계가 있다. '속구조'에 대해서는 허 웅: 『우리옛말본』 ㅉ.263를 볼 것.
97) 『국어문법』, ㅉ.45; 『조선어문법』(초), ㅉ.48; (재), ㅉ.48~9.
98) 『국어문법』, ㅉ.46; 『조선어문법』(초), ㅉ.49; (재), ㅉ.50.

뭇남이드(衆說者文, 중술어문)를 가진 표면 문장은, 심층면에서 볼 수 있는 두 개의 기본 문장에서 변환된 것임을, 한힌샘은 설명해 준 셈이 된다.

2) 표면으로 수행되는 '뭇임이드'(衆主者文, 중주어문)

한힌샘은, 둘로 둘 더 되는 덩이 지어 한 몸의 임이(主者) 노릇을 하는 것을 '뭇임이드'(衆主者文, 중주어문)라고 했다.[99]

"소와 말이 풀을 먹소"

는 '소와 말'이라는 '뭇임이'(衆主者)를 가지는 '뭇임이드'이다. 이러한 뭇임이드란 말은, 바로 앞에 든 문장을 뜻으로 볼 때,

"소가 풀을 먹소"
"말이 풀을 먹소"

라고 볼 수 있는 데서 가능한 것이다. 이처럼, 한힌샘은 표면에 나타난 월(문장)을 뜻으로 보아 속구조로서의 속문장으로 유도하고, 거기에서 두 개(또는 그 이상)의 임의의 가능성을 분석하여 낸 뒤, 이를 다시 되돌려서 표면에 나타난 월(문장)을 뭇임이드(衆主者文, 중주어문)라고 명명했다고 풀이된다. 그러므로 뭇임이드(衆主者文, 중주어문)란, 표면의 월(문장)을 두고 한 말이나, 반드시 그것은 뜻으로 본 속구조로서의 속문장을 전제하고 하는 말이라고 할 수 있을 것이다.

3) 표면으로 수행되는 '뭇씀이드'(衆物者文, 중객어문)

보기, "내가 소와 말과 닭과 오리와 거위를 기르오"는 속뜻으로 보면,

---

99) 『국어문법』, ㅉ.47; 『조선어문법』(초), ㅉ.50; (재), ㅉ.51.

> "내가 소를 기르오"
>
> "내가 말을 기르오"
>
> "내가 닭을 기르오"
>
> "내가 오리를 기르오"
>
> "내가 거위를 기르오"

로 볼 수 있다는 것이다. 이와 같은 속뜻을 가진 월(문장)을 생각하면서 한힌샘은,

> "내가 소와 말과 닭과 오리와 거위를 기르오"

는 '뭇씀이드'(씀이(物者, 객어)가 중첩된 문장: 衆物者文 중객어문)라고 했다.[100]

4) 표면으로 수행되는 '뭇금이임'(衆限者名詞)

> "저 붉은 봄꽃이 곱게 피오"

한힌샘은 위와 같은 보기에서 '꽃'(꽃)은, '뭇금이임'(衆限者名詞, 거듭된 한정을 받는 이름씨)이라 했다. 그 이유는 '꽃'은(속뜻으로 볼 때),

> 저 꽃,
>
> 붉은 꽃,
>
> 봄(의) 꽃,

과 같이, '저, 붉은, 봄(의)'이 거듭하는 금이(한정하는 것)에 의하여 금함을 받았기 때문이라고 보았다.[101]

---

100) 『국어문법』 ㅈ.48; 『조선어문법』 (초) ㅈ.51; 『조선어문법』 (재) ㅈ.52.

여기에서 우리는 다음과 같은 사실을 생각할 수 있다.

① '뭇금이임'(衆限者名詞, 거듭되는 한정을 받는 이름씨)을 가진 월(문장)은, 금이(한정어)에 의하여 이루어진 몇 개의 독립된 월들이 배합할 때 변화 과정을 거쳐서 이루어지는 월이다. 이를 거꾸로 말하면, 금이(한정어)에 의하여 이루어진 몇 개의 독립 문장이 배합하면 뭇금이임을 가지는 월을 이룬다라고 할 수 있다.

보기:

```
┌ 적 꽃이 곱게 피오 ┐
│ 붉은 꽃이 곱게 피오 │
└ 봄(의) 꽃이 곱게 피오 ┘
```

⇒ 저 붉은 봄 꽃이 곱게 피오

이러한 뭇금이임(衆限者名詞)을 가진 월은, 그 뭇금이(衆限者)의 각각을 서로 자리바꿈하여도 그 뜻은 한 가지라고 하였다.[102]

② 겉에 나타난 것은 '속뜻'의 이해에 따라서 속구조로 재생할 수 있다. 그것은 속뜻으로 볼 때 있었던 요소(또는 구조)가 겉으로 나타날 때 없어진다는 사실을 알기 때문이다.

이에 대하여 한 힌샘은,

"봄꽃이 곱게 피오"에서,

'봄꽃'은 속뜻으로 볼 때, 봄과 꽃 사이에 '의'를 두고 있으므로 '봄의 꽃'으로 풀이해야 한다는 것이다. 곧 이를 다음과 같이 볼 수 있다.[103]

봄꽃 ⇐ 봄의 꽃

---

101) 『국어문법』 ㅉ.49; 『조선어문법』(초), ㅉ.52; 『조선어문법』(재) ㅉ.53.

102) 『국어문법』 ㅉ.49; 『조선어문법』(초), ㅉ.52; 『조선어문법』(재) ㅉ.53.

103) 『국어문법』 ㅉ.49; 『조선어문법』(초), ㅉ.52; 『조선어문법』(재) ㅉ.53.

5) 표면으로 수행되는 '언드'(관형사문)와 '억드'(부사문)를 가진 월

'언드'는, '언'(언씨, 매김씨, 관형사)과 '드'(월, 문장)로 된 말이므로 관형 문이라 할 수 있고, '억드'는 '억'(억씨, 어찌씨, 부사)과 '드'(월, 문장)로 된 말이니 부사문이라 할 수 있다. 그런데 엄밀히 말하면 관형문이나 부사문이란 곤란한 말이다. 그것은 관형사절, 부사절이라고 해야 마땅할 것이다. 그러나 이 마디(절)를 속구조의 측면에서 본다면, 월(문장)이라는 말이 나온다. 이 월 이 더 큰 월 속에 들어가서 겉구조로 나타날 때 마디(절)노릇을 하는 꼴로 변 화되는 것이다. '언드', '억드'는, 이와 같은 속구조적인 개념을 전제하고 받아 들여져야 할 것이다. 이러한 '언드'와 '억드'를 가진 월(문장)의 보기를 한힌샘 은 들었는데 이를 글쓴이가 정리하면 아래와 같다.

이마가 붉 은 두름이가   소리가 길 게 울더라
임이듬 남이   임이듬 남이
언드(관형사문)   억드(부사문)

이것은 다음과 같은 사실을 암시해 주는 것이다.

① 이른바 '직접 구성 요소 분석(直接構成要素分析)'을 암시한 것이다.

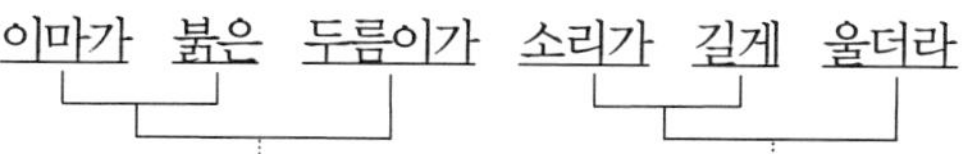

② 표면의 겉구조로 드러난 월(문장)은 속구조로 볼 때 몇 개의 월이 들 어 있음을 암시한 것이다.

(((이마가 붉은)$_S$ 두름이가)$_{NP}$ ((소리가 길게)$_S$ 울더라)$_{VP}$)S

    S =든월(월 속에 들어 있는 다른 월)

    NP = 임자 이은말(명사구)

    VP = 풀이 이은말(동사구)

    S = 으뜸월

위에서 보면, 으뜸월(모체문, matrix sentence, main sentence) 안에는 두 개의 '든월'(embedded sentences, 포함문, 내포문: 어느 월(문장) 속에 들어 있는 다른 월)이 들어 있음을 알 수 있다. 이 두 개의 든월은 변환의 과정에서 매김꼴(관형사형)과 어찌꼴(부사형)의 꼴을 취했다고 볼 수 있다.

6) 남이(說者, 술어체) 안에 임이듬(主者格)이 들어 있는 것

남이(說者, 술어체) 안에 임이듬(主者格)이 들어 있는 월(문장)의 보기로 다음을 들었다.

  "그 사람이 맘이 착하고"

한힌샘은 이를 다음과 같이 풀 수 있음을 보이고 있다.[104]
① '맘이'를 남이(說者) 안에 들어 있는 임이듬(主者格)으로 볼 수 있다.
② '맘'이를 '착하'의 금이(限定者)로 볼 수 있다.

①의 경우는 모체문 안에 다른 든월(포함문, 내포문)이 들어 있는 것으로 볼 수 있다. 곧 "맘이 착하오"를 그 자체로써 임이(主者)와 남이(說者)를 갖춘 월(문장)로 볼 수 있다는 것이다. 물론, 이러한 월은 전체로서의 모체문을 전제하고 보면 남이(說者)가 되는 것이다.

  $((그 사람이)_{NP} ((맘이 착하오)_s)_{VP})S$

  s=든월

  vp=남이

  S=으뜸월

②의 경우는 단순히 '맘이'가 '착하'에 대한 한정어에 지나지 않음을 보인 것이다.

---

104) 『국어문법』 ㅉ.51; 『조선어문법』(초), ㅉ.54; 『조선어문법』(재) ㅉ.55.

① ②중 어느 구조로 이해하느냐 하는 것은 오늘날에도 문제가 된다고 본다. 그러나 어떻게 보건, 그 월이 가지는 뜻은 다 충족해 준다고 볼 수 있다. 한힌샘은 보기의 월을 또 다음과 같이 변환시킬 수 있음을 보였다.

> 그 사람이 맘이 착하오ー(a)
> ⇒그 사람의 마음이 착하오ー(b)

한힌샘은, 그러나 그렇게 되면 그 '일'은 바꾸임이 없으나 그 '말의 힘'은 잃어버린다고 했다.[105]

한 월(문장)을 변화시켰을 때 그 변화된 월의 뜻과 본래의 월과의 뜻이 같으냐 다르냐에 대한 논란은 충분히 있을 수 있다. 한힌샘은 뜻과 관련하여 위에서 '일'과 '말의 힘'이란 두 용어를 썼다. '일'이란 근본적인 뜻을 가리킨 것으로 풀이되고 '말의 힘'이란, 한힌샘에 따르면, '힘'을 '勢'라고 했으므로, '말의 勢' 곧, '말뜻의 강조'(감정)를 가리킨 것으로 풀이된다. 이렇게 놓고 볼 때 위에서 보인 월 ⓐ와 월 ⓑ의 견줌에서 ⓑ는 '어떤 사람, 맘, 착하'의 근본적인 뜻은 변하지 않았으나, 마음이 착한 사실을 들어내는 힘은 ⓐ보다는 약하다(덜 강조되었다). 한힌샘이 "말의 힘을 잃어버린다"함은 바로 이 "마음이 착한 사실을 들어내는 힘이 약화된다"함을 뜻한 듯하다. 한힌샘의 이와 같은 문장 변환에 따른 뜻이나 '말의 힘'에 대한 관심은 오늘날 우리 후학들에게 좋은 참고 거리가 된다고 본다.

7) 넛임(대이름씨, 대명사)과, 임기(이름씨)가 남이(說者)가 된 것으로 짜 여진 것

한힌샘은 위와 같은 짜임으로 된 월(문장)의 보기로,

    "이것이 먹이다"

---

105) 『국어문법』 ㅉ.51; 『조선어문법』(초), ㅉ.54; 『조선어문법』(재) ㅉ.55.

를 들었다. 곧 위의 보기는,

> 넛임 + 남이
> 이것이 먹이다

의 짜임으로 되어 있으며, 남이(說者)인 '먹이다'는, 임기(이름씨, 명사)인 '먹'
에 '이다'를 더함으로써 이루어진 것으로 본다. 이는 '먹이다'를 이른바 파생
서술어의 성격으로 풀이한 것이라고 할 수 있다.

> 먹 이다
> 임└───┘
> 남이(파생서술어)

　한힌샘은, 위와 같은 넛임(대이름씨, 대명사) + 남이(說者, 여기서는 파생
서술어)의 짜임의 경우, 넛임과 남이의 뜻 관계를 흥미 있게 풀이하고 있다.
그것을 보면, '이것'은 곧 '먹'이고 '먹'은 곧 '이것'이니, '이것'은 '먹'의 숨음이
요, '먹'은 '이것'의 나타남이라고 하였다. 여기 넛임(대이름씨, 대명사)과 남이
(說者, 풀이말)와의 의미 관계를 '숨음'과 '나타남'의 관계로 푼 것은 매우 관
심을 가질 만한 관점이라 할 수 있다.

　8) '임이듬'(主者格, 주어격)과 '씀이듬'(物者格, 객어격)이 속뜻으로 숨어
　　있는 월
한힌샘은 위와 같은 월의 보기로 다음을 들었다.

> "먹는다"

　곧 위에 든 "먹는다"는 그 앞에 임이듬(主者格, 주어격)과 씀이듬(物者格,
객어격)이 속뜻으로 숨어 있다고 하였다. 그리고 그 이유로 다음을 들었다.

"먹어면 반드시 먹는이가 있으니 그것이 임이(主者)요, 임이가 있으면 임이빗(主者職權表)이 있을 것이요, 먹으면 반드시 먹히는 이가 있으니 이것이 곧 씀이(物者, 객어)요, 씀이가 있으면 반드시 씀이빗(物者職權表, 객어직권표)이 있다.[106]

한힌샘의 위와 같은 풀이에 따르면, 보기의 "먹는다"는 다음과 같은 속뜻을 가진 월이라 할 수 있다.

<u>(임이)(임이 빗)</u> <u>(씀이)(씀이빗)</u> 먹는다
　　임이듬　　　　씀이듬

이것을 달리 말하면 숨은 속뜻을 가진 월은 기본월 곧 '속월'이며, 밖으로 나타난 것은 그 기본월의 변환된 월 곧 '겉월'이라 할 수 있다.

9) '뭇금이 남이'(衆限定說者)가 들어있는 월

이것은 남이(說者)가 두 개의 금이(限定者)로 금함이 된 월(문장)을 말한다. 다시 말하면, 남이(說者)가 두 개의 한정어에 의하여 수식된 월(문장)을 말한다.

"그 말이 들로 뛰어가더라"

위의 보기에서, '가가 두 개의 한정어 '들로'와 '뛰어'에 의하여 거듭 한정되어 있는 월이라고 보는 것이다. 그리고 이때 '들로'는 움직이는 '가의 곳을 금(한정)하고, '뛰어'는 움직이는 '가의 짓을 금(한정)한다고 풀이하였다. 이것을 그대로 받아들인다면, 다음과 같은 월의 변환을 생각할 수 있다.

---

106) 『국어문법』 ㅉ.52; 『조선어문법』(초), ㅉ.56; 『조선어문법』(재) ㅉ.57.

그 말이 들로 뛰어 가더라

$\Rightarrow \left[\begin{array}{l}\text{그 말이 들로 가더라} \\ \text{그 말이 뛰어 가더라}\end{array}\right.$

한힌샘은, 그런, 주어진 위의 보기에 대하여 '뛰어가'를 한 낱의 일로 볼 수 있다고도 했는데, 이와 같이 본다면, 위의 보기는 '뭇금이남이'(衆限定說者)의 월은 아니다.

10) 두 개의 다른 남이(說者)가 든 월

이것은 이미 1)에서 본 뭇남이드(衆說者文, 중술어문)와 비슷한 두 개의 남이를 가진 월(문장)이지만, 1)의 경우는 제움직씨(자동사)로 된 뭇남이드(衆說者文, 중술어문)이지만, 여기 10)은 두 개의 남이 중 하나가 씀이듬(物者格, 객어격)을 가진 남움직씨(타동사)임이 다르다.

"그 소가 푸른 풀을 먹으면서 천천이 가오"

에서, 한힌샘은, '풀을'은 '먹'의 씀이듬(物者格, 객어격)만 되고 '가'에는 아무런 관계가 없는 것으로 풀이하였다. '가'에 관계 잇는 것은 '천천이'이다. 따라서 보기의 월(문장)은 다음과 같이 분해할 수 있는 것으로 보았다.[107]

그 소가 푸른 풀을 먹으면서 천천이 가오

$\Rightarrow \left[\begin{array}{l}\text{그 소가 푸른 풀을 먹소} \\ \text{그 소가 천천이 가오}\end{array}\right.$

---

107) 『국어문법』 ㅉ.54~5; 『조선어문법』(초), ㅉ.58~9; 『조선어문법』(재) ㅉ.59~60.

11) '까닭드'(이유문(理由文))를 가진 월

이것은 까닭(이유)의 뜻을 나타내는 월이 들어 있는 문장을 가리킨다. 보기를 먼저 들어 보자.

"바람이 불매 배가 가오"

이것은 본디의 월("바람이 분다")에 까닭의 뜻을 나타내는 잇씨(접속사), '매'가 붙음으로 말미암아 '까닭드'(이유를 나타내는 월)로 나타나서 남이(說者)인 '가'를 한정하는 월 곧 '금이드'(한정문장)가 된 것을 보인다.

따라서 이것은 "배가 바람이 불매 가오"라고 해도 마찬가지임을 밝혔다.

12) 몇 개의 월이 혼합된 것

겉으로 볼 때는 한 월처럼 되어 있으나, 뜻을 따져서 분해하여 보면, 몇 개의 월이 혼합하여 이루어진 것임이 판명되는 경우가 있다. 이러한 보기로 다음을 들었다.

"한 사람이 낙시를 들고 내에 와서 고기를 잡으오"

한힌샘은 위의 보기를 그림풀이로 분석을 하여 보이었는데[108] 그것을 통하여 알 수 있는 것은 다음과 같다.

① 세 개의 기본월이 혼합되어 있다.

"한 사람이 낙시를 들고"

"(그 사람이) 내에 오아서"

"(그 사람이) 고기를 잡으오"

---

108) 그의 『국어문법』이나 『조선어문법』(재)에는 그 그림풀이의 순서가 옳게 되었으나, 『조선어문법』(초)에는 ㅉ.62와 ㅉ.63이 뒤바뀌어 있다.

② 두 개의 월이 혼합하여 있으되, 그 하나는 수식구를 가진 월이다.

"한 사람이 ((낚시를 들고 내에) 오아서)"
"(그 사람이) 고기를 잡으오"

한힌샘은 위의 보기를 복합된 수식구를 가진 한 월로 볼 수 있음도 그림 풀이로 보이었다. 이를 직접 구성 관계로 보이면 다음과 같다.

한 사람이 고기를 ((((낚시를 들고) 내에) 오아서) 잡으오)

13) 한 남이(說者) 안에 '드'(월, 문장)를 가진 것

월(문장) 전체의 구성으로 보면 남이(說者)의 자리에 해당하나, 남이 자체만을 떼어 놓고 보면, 그 안에 다시 '드'(월, 문장)가 있음을 볼 수 있으니 다음의 보기가 그것이다.

"좋은 사람은 뜻이 없이 잇을 때가 없나니라"

위에서 남이(說者)는 다음과 같이, 그 자체 안에 월이 있음을 직접 구성 관계에서 볼 수 있다.

좋은 사람은 (((그 사람이 (뜻이 없이) 잇을) 때가) 없나니라)

14) 임이(主者) 자리에 '드'(문장)를 가진 것

전체의 구성으로 보면 임이(主者)의 자리에 해당하나, 임이 자체를 떼어 놓고 보면, 그것이 곧 '드'(월, 문장)가 되는 것을 볼 수 있다. 다음의 보기에서 그 직접 구성 관계가 그것을 보인다.

달빛이 히기가 눈같으오

((달빗이 히기)$_S$가)$_{NP}$ 눈 같다

s = 월(문장)

np = 임이(主者)

15) 남이(說者)를 금(限定)하는 마디(節)를 가진 것
한힌샘은 남이(說者)를 금하는 마디를 가진 월의 보기로 다음을 들었다.

"노(공기)[109]가 움즉이면 바람이라고 하나니라"

위의 보기에서, 한힌샘이 본, 남이를 금(限定)하는 마디는 "노(공기)가 움즉이면"이다. 이렇게 놓고 볼 때, 위의 월은 다음과 같은 세 개의 구조로 볼 수 있다는 것이다.

① "(사람) (이) 바람이라고 하나니라"가 한 월이고(괄호 안은 속뜻으로 있는 것), "노가 움즉(직)이면"은 남이(說者) '하'를 금하는 마디이다. 그리고 이때 '하'는 '말하', '이름하', '부르', '일컷'과 한가지다(이른바, '하'를 대동사[110]로 본 것이다). 이러한 견해는 다음과 같은 본래의 구조 관계로 기술할 수가 있을 것이다.

(사람이 바람이라고 ((노가 움즉이면)하나니라)))
'하'=말하, 이름하, 부르, 일컷

② "(사람) (이) (그) (노) (를) 바람이라고 하나니라"(괄호 안은 속뜻)가 한 월이고, '노가 움즉이면'은 '바람이라고 하'를 금하는 마디라고 풀이한다.

---

109) 『조선어문법』(초), ㅉ.68에는 '공기', 『조선어문법』(재), ㅉ.69에는 '노'.
110) 대동사 '하'는, 서정수: 『동사 '하'의 문법』, 형설출판사(1975), ㅉ.85~93을 볼 것.

이것을 본래의 구조 관계로 보이면 다음과 같이 될 것이다.

(사람이 그 노를 ((노가 움직이면)(바람이라고 하나니라)))

위에서, '바람이라고하'를 남이(說者)로 본 까닭을 다음과 같이 설명하였다.

'바람이라고'는 한 임씨몸으로 치고 '하'는 이에 대하여 한 움씨의 몸으로 박구(바꾸)이게 함이라, 이러함으로(하므로) '바람이라고하'를 한 움씨의 몸으로 치고 남이로 그린 것이다. ……(알이) '고'는 없이 '하'를 바로 더하여 움씨 몸으로 박구(바꾸)기도 하나니라"[111]

이것은 오늘날 형태론에서 말하는 '하'의 파생형에 해당한다. 한힌샘의 위와 같은 움씨의 몸으로의 바꾸임(파생동사)을 알기 쉽게 보이면 다음과 같다.

바람이라(고) 하
　임씨몸
　　움씨몸

③ 보기를 든 월의 뜻은, "노(공기)가 움직이면 사람이 그 움직이는 노를 바람이라고 하나니"가 되므로, 그 월(문장)의 본래의 구조는,

"노가 움직이면"
"(죠선)(사람)(이) (움즉이)(는) (노)(를) 바람이라고 하나니라"

가 된다는 것이다. 그런데 역시, '노가 움즉이면'은 '바람이라고 하나니라'를

---

111) 『국어문법』 ㅉ.63; 『조선어문법』(초), ㅉ.69; (재), ㅉ.70.

한정하는 것으로 풀이하였다.112)

그러므로 위의 설명대로 하면 다음과 같은 본래의 구조 관계가 기술된 것이다.

(죠선사람이 움즉이는 노를 ((노가 움즉이면)바람이라고 하나니라))

한힌샘은 짬듬갈의 맨 끝에서 문장의 뜻을 이해하는 과정을 다음과 같이 밝혀 놓았다.

(ㄱ) 말로 그 뜻을 밝히기가 어려우면 그림으로 풀 것이고,

(ㄴ) 그림으로 풀기가 어려우면 말로 풀 것이오,

(ㄷ) 말로나 그림으로 풀기가 어려우면 그 일의 뜻을 맘(마음)으로 살펴어 풀 것이라고 했다. 한힌샘은 이를 월(문장)의 뜻잡기(의미 파악)에 중요한 표준으로 삼았던 것이다.

(4) '짬듬갈'의 맺음

짬듬갈(통사론, 통어론)에서 얻어진 중요한 몇 개의 사항을 들어 이 대목의 맺음으로 삼으려 한다.

① 기본월(기본 문장)을 제시하려고 노력했다.

② 기본월을 숨어 있는 '속뜻'을 통하여 이해하려고 했다.

③ 월의 구조를 직접 구성 요소 분석으로 이해하려 했다.

④ 기본월이 어떻게 겉 구조로 변환되는가를 이해하려 했다.

⑤ 기본월이 어떻게 복잡한 월로 변환하는 것인가를 살펴, 월의 생성 가능성을 밝히려 했다.

⑥ 뜻의 파악에 따른 월 분석을 시도하였다.

⑦ 몸바꾸임(파생형)의 이론에 따른 월의 이해에 노력하였다.

---

112) 『국어문법』에는 이에 해당하는 그림풀이가 없으나, 『조선어문법』(초) ㅉ.71과 『조선어문법』(재) ㅉ.72에는 이에 해당하는 그림이 첨가되어 있다.

5.6. 영향

주시경의 학설은, 그 후계자들에게 영향을 주어 이어지고, 비판되고, 고쳐짐으로써 많은 발전을 가져 오기에 이르렀다. 이 점에서 주시경은 근대 국어학의 선구자라고 할 수 있다.

그것은 주시경 이후의 학맥은 이른바 '세 큰 말본 체계'(삼대 문법 체계)로 나타난다.

첫째, 주시경의 '분석주의적인 체계'를 거의 그대로 이어 받는 '분석주의 체계'를 들 수 있다.

둘째로, 말의 본질의 종합성을 들어, 주시경의 분석주의로부터 종합주의 쪽으로 지향하는 '준종합주의적 체계'를 들 수 있다.

셋째로, 철저한 종합적인 언어관 밑에서 종합적 체계를 이루려는 '종합 체계'를 들 수 있다.

그러나 이 세 큰 체계 중, 우리말본 학계에 주류를 이루게 된 것은 '준종합주의적 체계'요, 그것은 최현배의 『우리말본』(첫째매 1929, 초판 1937, 깁고 고침 1959)으로 대표되는 것이다. 이리하여, 주시경의 근대 국어학(말본갈, 문법학)의 확립은 최현배의 현대 국어학(말본갈, 문법학)의 확립으로 그 자리를 물려주게 되는 것이다.

5장
최근대에서 현대에 이르기까지의 국어학

1. 주시경 이후의 세 큰 말본 체계

갑오경장이 되면서 우리 국어학계에서는, 최광옥(崔光玉), 유길준(兪吉濬) 등에 의하여 체계가 서기 시작하고, 주시경(周時經)에 와서 근대 과학적인 말본 체계가 거의 확립되었다. 주시경 이후 1950년 이전(신 언어학이 들어오기 이전)까지를 보면, 김희상(金熙祥), 최현배, 김윤경, 김두봉, 안 확(安廓), 이상춘(李常春), 박승빈(朴勝彬), 정열모, 정인승, 심의린(沈宜麟), 이희승(李熙昇)들을 비롯하여, 그밖에 수많은 말본 학자들이 쏟아져 나왔다.[1] 이들의 각각의 말본 체계는 모두 특징을 가졌다. 그러나 품사 분류 체계로 볼때, 세 개의 큰 체계로 나누어지니 최현배를 중심한 준종합주의 체계와, 김윤경을 중심한 '분석주의' 체계와 정열모를 중심한 '종합주의' 체계가 그것이다. 한편 1950년 이후 현대에 이르기까지의 국어학(말본)은 대체로 이를 바탕으로 발전해 왔다.

---

1) 주시경 선생 이후 1950년대 이전까지의 말본가와 그 저서에 대해서는, 김윤경: 『새로지은 국어학사』, 쪽.148·160·197; 金敏洙: 『國語文法論研究』, 近代文法書總覽; 박종국: 『말본사전』, 쪽.701~3을 볼 것.

2. 최현배의『우리말본』과 준종합주의 체계 창설: 현대 말본의 확립

2.1. 겨레 얼과 말 연구

『우리말본』이 다 되기에 앞서, 그 '첫째 매'가 1929년에 나오고(延傳出版部),『중등 조선말본』이 1934년에 나왔으며, 이를 바탕으로 말본 연구의 총결정체로『우리말본』(1937)이 이루어져 나왔다. 그리고 그것은 1959년에 다시 깁고 고쳐 펴내었으며, 이어 1961년, 1971년 그리고 1982년에 아홉 번째 그 고침판이 나왔다.

『우리말본』은 정신적으로나 학문적으로 선각자의 뒤를 이은 것이다. 최현배는 이를『우리말본』의 머리말에 다음과 같이 썼다.

> "선각(先覺) 최광옥(崔光玉), 유길준(俞吉濬), 주시경(周時經) 여러 어른의 뒤를 이어, 외람히, 조선말본의 연구 및 정리에 종사하여, 이미 이 책의 첫째 매를 박아 낸지가 여섯 해 반이나 되었다."[2]

이것으로 보아, 외솔 최현배는 이들 선각자의 후계자임을 인식하였으니, 그들의 학문과, 체계는 비록 다르다 하더라도 겨레를 전제한 학문관 특히 외솔의 스승 주시경 선생(외솔은 '조선어강습원' 고등과 제1회 졸업생임)의 학문관이 그대로 외솔 최현배에게 맥으로 이어진다 할 수 있다. 그리하여, 그는 겨레를 전제한 학문관을『우리말본』의 '머리말' 첫머리에 이렇게 이어 적었다.

> "한겨레의 문화 창조의 활동은 그 말로써 들어가며 말로써 하여 가며, 말로써 남기나니, 이제 조선말은 줄잡아 반만 년 동안 역사의 흐름에서 조선 사람의 창조적(創造的) 활동의 말미암던 길이요, 연장이요, 또 그 성과(成果)의

---

2) 최현배:『우리말본』(깁고 고침), 1959, 머리말(1935).

축적(蓄積)의 끼침이다. 그러므로 조선말의 말본을 닦아서, 그 이치를 밝히며, 그 법칙을 들어내며 그 온전한 체계를 세우는 것은 앞 사람의 끼친 업적(業績)을 받아 이음이 될 뿐 아니라, 나아가, 계계승승(繼繼承承)할 뒷사람의 영원한 창조활동의 바른 길을 닦음이 되며, 찬란한 문화 건설의 터전을 마련함이 되는 것이다.[3]

라고 하였다. 또한, 말은 겨레의 표상이요, 그 겨레에 붙은 것이므로, 말의 본은 겨레에 따라 다르며, 배달말의 본은 배달겨레와 밀접한 관계를 가지고 있다고 하였다.[4] 이로 보아서, 그의 국어학의 연구 목적은 배달 민족문화의 수호와 그 창조 및 겨레 얼의 지킴에 있었음을 잘 알 수 있으니, 이는 언어관이 한힌샘 주시경과 일치함을 알 수 있다. 곧, 주시경의 언어관은 그대로 최현배에게로 이어진 것이다.

2.2. 『우리말본』의 새로운 말본관: 주시경의 계승과 고침
　　　－주시경 학파의 형성과 그 발전－

『우리말본』은, '말본'에 관한 한, 가장 역작이요, 학문적인 대저다. 고친판, 907면에 이르는 이 대작은 '말소리갈', '씨갈', '월갈'의 세 큰 부분으로 이루어져 있다(『우리말본』의 '원고본'(1930년 앞뒤로 추정)은 지금 연세대 기록보존소 보관. 김석득: 『외솔 최현배, 학문과 사상』, 2000, 153~5쪽을 볼 것). 이러한 우리말본에는 뚜렷한 '말본관'이 서 있다.

(1) 말본의 뜻매김
말이란, 생각과 소리가 서로 일정한 관계를 가지고 연결된 것이기 때문

---

3) 최현배: 윗 책, 머리말(1935)
4) 최현배: 윗 책, 들어가기, ㅉ.34.

에, 생각의 학문과 소리의 학문이 따로 있으며, 또한 소리를 부호로 나타내는 글자에 대한 연구 곧 글자갈(문자학)이 따로 있듯이, 말에 대한 연구도 따로 있다고 한다. 이와 같이 말에 대한 연구는, 소리 자체에 대한 연구도 아니요, 생각 자체에 대한 연구도 아니요, 그렇다고 글자 자체에 대한 연구도 아니며, 다만, 그것은 음성과 사고의 연결체인 언어에 대한 연구임을 분명히 인식하고 있는 것이다. 다시 말하면, 말에 대한 연구는, 완전한 자연과학적 물리학적인 음향학(音響學)도 아니요, 사고만을 다루는 심리학도 아니며, 더더구나, 문자학도 아니고, 그것은, 자연과학적 물리학적 음성학의 한 갈래인 '생각의 결합체에 대한 연구'라고 못 박았다. 음성과 생각의 결합체란 말은, 일정한 본(법)을 가진다. 이러한 말의 본을 연구하는 학문을 말본갈(어법학), 또는 말본(어법)이라고 뜻매김하였다.[5] 여기 말의 구성과 말본의 뜻매김에서, 말본에는 음성과 사고 문제가 가장 기본적인 것임을 알 수 있겠다.

(2) 말본은 자연과학적 법칙이 아니다: 예외의 인식

말본은 조금도 틀림이 없는 자연계의 법칙과는 다르다고 그는 생각한다. 곧 말본에는, 자연과학적인 법칙과 같은 필연성이 없으며, 원칙에 대한 예외를 인정하지 않을 수 없다는 것이다. 이러한 그의 예외의 인식은, 그의 말본관의 한 큰 밑흐름(저류)을 이룬다.

(3) 귀납적 기술적(記述的)인 관점: 행동주의 철학

그는, 생각이 그대로 말의 본이 되는 것은 아니라고 한다. "삼각형의 내각의 합이 세직각이다"라는 보기를 들어, 이는 생각으로는 틀렸으되 말은 바름을 말하면서, 이는 생각이 곧 말이 아님을 증명함이라 했다. 또한 말은 사회적 역사적으로 변천함으로써, 사회적 역사적 성질을 가진다 하고, 따라서 말의 본은, 개인 머릿속에서 만들어지는 것이 아니고, 객관적 사회에 실재하

---

5) 최현배: 윗 책, 쪽.33~4.

는 말의 사실에 터잡아서, 귀납적으로 그 본을 찾아낸 것이라고 한다. 그러므로 말본갈의 본색은, '기술적(記述的)이고 설명적인 것'이라고 세운다. 이러한 귀납적 기술적인 말본관은, 지적 현상을 '자극 반응' 관계로 처리하는 블름필드(L. Bloomfield 1887~1949)의 행동주의적 언어 철학과 일치한 바가 있다.

(4) 특수 말본의 인식과 보편 말본의 부정

앞에서, 생각이 그대로 말의 본이 되는 것은 아니라고 하였는데, 그것은, 생각이란, 인류 보편성을 갖되, 그 생각을 나타내는 말은 다 같은 것은 아니기 때문이다. 머릿속에 환기되는 생각은 갖되, 그것이 표출될 때는 각 나라의 겨레에 따라 다른 말로 수행될 뿐 아니라, 한 나라 안에서도 시골말(방언)과 대중말(표준말)이 따로 있게 마련이다. 따라서 말본은 각 국어를 따라 다르지 않을 수 없다. 그와 같은 이론에서, "우리말본"의 말본관은 민족어 단위(民族語單位)인 특수 말본의 인식과 아울러, 인류 보편의 말본(universal grammar)의 가능성을 부정하는 쪽에 선다. 이러한 관점의 저류에는, 훔볼트의 언어철학과 일치한 바가 있다.

(5) 보조 과학으로서의 논리학과 심리학

최현배는, 논리학과 심리학의 말본과의 관계를 다음과 같이 보았다. "논리학과 심리학이란, 세계 인류의 공통적인 이론이요 현상이다. 그러나 말의 본은 각 국어를 따라 특수적인 양상을 띤다. 따라서 말본의 연구는 논리학과 심리학에서 독립하는 학문이 된다. 그러나 논리학과 심리학은 인류 공통적인 것이기 때문에, 오히려 말본 연구에서 이들의 도움을 받지 않을 수 없고 또한 거꾸로 말본은 그들에게 영향을 줄 수 있다."[6] 이와 같은 관점은, 『우리말본』이 논리학과 심리학의 측면적 지원을 받은 것으로 충분히 해석된다. 동시에 『우리말본』은 논리학과 심리학에 영향을 주었다고 생각된다.

---

6) 최현배: 윗 책, 쪽.35~6.

(6) 규범 말본관

우리말본은 대중말(표준말)의 본이며 배달말의 고유한 본을 닦는 것임을 밝혔다. 또한 말본은 객관적으로 사회적으로 실재하는 말의 사실에 터잡아 귀납적으로 찾아낸 것이나 한번 발견한 것은 배우는 사람에게는 그것이 규범적이 된다고 하였다. 물론 이 규범성은 말의 가변성으로 말미암아 가변적임은 사실이다. 그리고 대중말이 의식적으로 개정됨과 같이 말본도 의식적 개정이 있을 수 있다. 따라서 규범성이란 시간적이나마 고정성을 지니게 되어 그 개인적 변개(變改)를 허치 않음을 밝혀 '말본의 규범성'을 분명히 드러냈다.

(7) 말본 연구의 세 가지 연구 계층

말은 소리와 생각의 결합체라고 하였기에, 그 연구의 계층은 자명하다.

말본 연구의 계층적 단위는 말의 기초적 부문인 '소리갈(音聲學)'과 소리와 생각의 결합 단위이며 월(文)의 구성 자료인 씨(낱말)에 대한 연구인 '씨갈(詞論)'과, 낱말을 부려서 월을 이루는 '월갈(文章論)'의 세 가지로 나누었다. 그리고 이 중 월갈은 낱말의 얽힘과 그 운용 관계를 종합적으로 연구하는 것으로, 말본은 이 월갈에서 임무를 완수한다고 한다. 말본의 세 가지 연구의 계층적 과정은 『우리말본』 이전의 '문전(文典)'들이나, '문법'에서 비록 엿볼 수는 있다 하더라도, 근본적으로 언어의 구성적 본질을 파악함으로써, 그 필연적인 귀결로 말본 연구의 세 가지 계층적 단위를 설정한 것은 『우리말본』이 처음이다. 이 세 가지 연구 계층은 그후 전통말 본의 효시를 이루게 되었다.

2.3. 말소리갈(音聲學)과 조음 음성학의 확립

소리갈은 종래의 학자에게서 찾아볼 수 없는 상세한 연구를 전개하였다. 발성기관의 구조와 그 작용에 대하여 자세히 그림으로 보여(도시) 기술하였고, 조음 음성학(articulatory phonetics)을 위주로 하되 때로는, 해박한 음향 음성학(acoustic phonetics)의 도움을 입어 국어의 음성을 분류하여 분절적(segmental)

닿·홀소리 체계를 세웠을 뿐 아니라, 얹힘 음소 현상(suprasegmental features) 까지 연구하여 그 체계를 확립하였다. 그리고 소리의 이음(連音)에서 소리의 동화 현상을 분류 예증하고, 그 규칙적 유형을 세워 놓았으니 이른바 오늘날 '형태음소론(morphophonemics)'은 이미 여기에 튼튼한 바탕이 이루어졌다고 할 수 있다.

오늘날 흔히 현대 언어학을 '기술언어학(記述言語學)' 또는 '구조언어학' 이라 한다. 그리고 기술언어학의 기초를 조음 음성학 또는 음향 음성학에 둔 다. 이렇게 보면 사실 오늘날의 새 언어학이니 현대 언어학이니 하는 것은 우리나라에서는 미국 언어학과 더불어 1930년대에 그 기반이 이루어졌다고 해도 지나친 말은 아니겠다.

물론 오늘날 언어 연구 방법론에서 문제가 없는 것은 아니다. 음성 분류 를 더 세분해야 할 문제라든가 음성(phones)과 음소(phonemes)를 좀더 분명 히 구별했어야 할 문제라든가, 형태음소에 대한 것은 소리갈에서 독립시킨다 든가 하는 것 등이 그것이다. 그러나 오늘날 '변형 생성문법'에서, 말의 궁극 적인 표면적 생성은 음성이어야 한다는 주장은, "우리말본"의 음성학으로 하 여금 새로운 뜻을 가지게 하는 바가 있다.

이제 그의 소리갈의 대강을 소개해 본다.

(1) 근대 조음 음성학의 완성과 기술 언어학 및 생성 음운론에의 영향

1) 조음점의 분류와 소리의 분류

조음 음성학에서 가장 먼저 다루어야 할 점은 소리 내는 틀, 곧 발성기 관의 구조와 작용이다.

'말소리갈'(음성학)의 '소리내는 틀의 생김과 일함'의 대목에서 소리내는 틀은 숨쉬는 데(呼吸部), 소리내는 데(發聲部), 소리고루는 데(調音部)의 세 조각으로 나누고 이를 생리학적인 면에서 상세히 설명하고 있다. 특히 조음 음성학에서 가장 중요한 소리고루는 데의 설명에서는, '목머리'(목안, 咽頭),

‘코굴’, ‘입굴’의 세 조각으로 가르고, 날숨이 이 세 곳을 지날 때 작용하는 부분을, ‘입술, 이, 입굴, 센이붕, 여린이붕, 목젖, 혀끝, 혀뿌리, 혓바닥, 목머리, 울대마개, 목청, 방패 어린뼈, 가락찌 어린뼈, 울대’ 등으로 나누었다. 그리고 이들의 작용으로 말미암아 나타나는 낱소리의 종류를 1. 울림소리(有聲音)와 울림없는 소리, 2. 입소리와 콧소리, 3. 홑소리와 닿소리, 4. 홑소리(單音)와 겹소리, 5. 숨띤소리(有氣音)와 숨안띤소리(無氣音)로 분류하여, 낱낱의 소리의 설명을 조음 음성학적으로 자세히 설명을 가하였다. 이는 저 『훈민정음 해례』 이래의 조선조의 조음 음성학이나 또는 갑오경장 이후의 문전이나 말본책(문법서)에서 결코 볼 수 없는 획기적인 근대 과학적인 조음 음성학의 완성이라 할 수 있다. 실로 『우리말본』의 조음 음성학에서는 오늘날 국어 음성학의 완벽한 기틀을 이루어 놓았다고 할 수 있다.

 2) 한 소리의 환경적 변이음(變異音)과 그 변이음 인식의 불필요성을 세움
 같은 한 소리라 하더라도 그 소리가 어떠한 환경에 오느냐에 따라서 다른 소리로 변이한다고 하고, ㄱ, ㄷ, ㅂ, ㅈ 등은 맑은 소리이나, ‘감기’의 ‘가’의 ‘ㄱ’이나, ‘간다’의 ‘ㄷ’, ‘농부’의 ‘ㅂ’, ‘진지’의 ‘ㅈ’은 유성음 사이에서 흐린소리로 난다고 설명하고 있다. 그런데 이들은, <u>우리말에서는 맑은소리 흐린소리를 가르지 아니하고 마구 써도 불편함이 없다</u>고 하였다. 생각해 보면 이는 음소론 상 매우 중대한 인식이라 할 수 있다. 왜냐하면 이를 바꾸어 말하면, 한 소리는 그것이 처하는 환경에 따라서 변이음으로 변이하나, 그 변이음은 언어 대중이 인식할 수 없는(시차적 기능을 안 가지는) 소리이므로 일일이 식별할 필요가 없다는 뜻으로 받아들여야 하기 때문이다. 이 “마구 써도 불편이 없다”, 또는 “인식할 수 없는 소리”란 무엇을 의미하는가? 그것은 현대적 표현을 빌린다면, 그 변이음은 시차적 기능을 가지는 대립적 음소(contrastive phoneme)가 안 되기 때문에 하나의 음소로 인식함으로 족하다는 말이 된다. 이것은 다름 아닌 음성(phone)과 음소(phoneme)의 식별을 뜻한다. 외솔(최현배)은 “음소”라는 갈말은 안 썼다. 안 썼으나, ‘식별해야 할 소리’, ‘식별할 필

요 없는 소리'를 의식한 것에 틀림없다. 다만 이것을 구체적으로 논의하여 분석함으로써 음운체계를 세웠으면 하는 아쉬운 점은 있다.

3) 홑소리 겹소리의 과학적 견해

홑소리는 소리남이 앞뒤를 따라서 다름이 없는 소리이고, 겹소리는 그 소리남이 앞뒤를 따라 다르다고 뜻매김하였다.[7] 이 뜻매김에 의하여

ㅏ, ㅓ, ㅗ, ㅜ, ㅡ, ㅣ, ㅐ, ㅔ, ㅚ는 홑홑소리 ; ㅑ, ㅕ, ㅛ, ㅠ, ㅘ, ㅝ, ㅒ, ㅖ, ㅟ, ㅢ, ㅙ, ㅞ는 겹홑소리 ; ㄱ, ㄴ, ㄷ, ㄹ, ㅁ, ㅂ, ㅅ, ㅇ, ㅈ, ㅎ, ㄲ, ㄸ, ㅃ, ㅆ, ㅉ은 홑닿소리 ; ㅊ, ㅋ, ㅌ, ㅍ, ㄺ, ㄻ, ㄾ, ㅄ, ㄵ은 겹닿소리

라고 본 것은 옳은 견해였다. 따라서 주시경 『국어문법』에서, "ㅐ, ㅔ"를 거듭으로 본 잘못이 여기에서는 시정된 셈이다. 뿐만 아니라, 겹홑소리의 경우는, 이를 ㅣ겹홑소리 ㅗ겹홑소리, ㅜ겹홑소리, ㅡ겹홑소리로 나누고, 이때의 ㅣㅗㅜㅡ는 반홀소리, ㆍ, ㅗ, ㅜ, ㅡ가 된다고 보았으니, 이러한 겹소리의 분류는 최초로 세워진 탁론이라 할 수 있다.

4) 홑홑소리의 분류와 생성 음운론의 변질 바탕에의 공헌

홑소리를 소리고루는 자리를 따라, '앞홀소리', '가운데 홀소리', '뒤홀소리'로 나누었다. 또 입열기를 따라서는, '닫은 홀소리', '반닫은 홀소리', '반연 홀소리', '연 홀소리'로 나누었다. 그리하여, 이를 독일인 Hellwag와 Brüke 및 Vietor를 거쳐 발전한 '홀소리 세모 그림'에 배치시키고,[8] 그 낱낱의 소리에 대하여 예시했다. 그런데 이 배치는 오바다(小幡重一)가 그 음향학(音響學)적 실험분석[9]에서 보인 주요 폴만트(formant, 特徵音域)와 일치한다고 하였다.

---

7) 최현배: 윗 책, ㅉ.53.
8) 최현배: 윗 책, ㅉ.58.
9) 小幡重一: 「朝鮮語母音及子音の 性質」(日本 數學物理學會誌 第6卷 第4號 1933,

이와 같은 음성의 분류 배치는 우리 국어의 홀소리의 분류와 더불어, 오늘날 생성 음운론에서의 국어 음성의 변별 바탕(distinctive feature) 연구에 많은 영향을 주고 있다.

5) 닿소리의 분류와 생성 음운론의 변별 바탕에의 공헌

앞에서 이미 음성의 일반적인 분류에 대하여 언급하였지만, 닿소리에 대해서는 특히, 소리 나는 자리(point of articulation)와 소리 내는 법(manner of articulation, 숨의 모양도 포함)에 따라 여러 가지 소리로 조음됨을 상세한 음성표(phonetic chart, 음소 표기가 아닌 정밀 표기의 음성표)로 나타내었으며,[10] 이 음성 분류의 타당성은 오바다(小幡重一)[11]나, 오구라(小倉進平),[12] 사구마(佐久間鼎一)[13] 및 플레트너(Pletner)[14]의 실험 음성학적 연구의 뒷받침을 받고있는 것이다.

이제, '나는 자리'와 '내는 법'에 따라 조음되어 나오는 예를 들어 보면: 나는 자리가 두 입술(bilabial)이고, 내는 법이 터짐 밝은 소리이면, 'ㅂ'이 나오고, 나는 자리가 두 입술이고, 내는 법(숨의 모양 포함)이 된 흐린 소리면 'ㅃ'이 되는 따위가 그것이다. 이제 이러한, '나는 자리'와 '내는 법'을 가른 양상을 보이면 다음과 같다.

> 나는 자리: 두입술, 잇몸−혀끝, 센이붕−혓바닥, 여린이붕−혀뿌리, 목청
> 내는 법: 콧소리(흐린), 터짐소리(밝은, 흐린), 굴림소리(흐린), 갈이소리
> (밝은, 흐린), 예사소리(밝은, 흐린), 거센소리(밝은), 된소리(흐린)

ㅉ.393~6).

10) 최현배: 앞든 책(1959), ㅉ.70·71의 표. 이 표에서는, 목청터짐소리(喉頭破裂音, laryngeal explosive) 'ʔ'은 국어에서 없다고 보았다.

11) 小幡重一: 앞든 논문.

12) 小倉進平: 『朝鮮語の Toin-Siot』(岡田先生記念論文集, ㅉ.309~17).

13) 佐久間鼎一: 『一般音聲學』, ㅉ.73.

14) Pletner: 『實用英佛獨露の發音』(『우리말본』 78쪽에서 전재).

위와 같은 음성 분류의 원칙은, 1950년 이후, 우리나라에서, 미국의 기술 언어학(descriptive linguistics)의 이론을 도입하여, '전기 구조주의 시대'를 이루면서 국어의 음성을 기술 분석할 때, 기술 구조주의로 지향하는 젊은 어학자들에게 많은 영향을 주었다. 뿐만 아니라, '후기 구조주의 시대'에 들어와서도 생성 음소론에서의 국어 음성의 바탕(資質) 연구에 큰 영향을 주고 있는 것이다.

6) 이은소리(連音)의 일함과 얹힘 요소(Suprasegmental Features)

현대 음소론은, 닿소리나 홀소리와 같이 말의 선조(線條)상에서 분절해낼 수 있는 분절음소(分節音素, segmental phoneme)와, 분절음소에 얹혀 나옴으로써 분절해 낼 수 없는 얹힘 음소 또는 운율 음소(suprasegmental phoneme, prosodic phoneme, prosodic feature, prosodeme)에 관한 연구로 나누어진다.

얹힘의 현상에는 대체로, 강세(stress), 연접(連接, juncture), 높이(pitch), 동안(길이, duration) 및 끝나는 법(clause terminal) 등이 있다.

『우리말본』의 이은소리(連音)란 소리의 이음을 말하는 것으로, 이는 소리의 종합적 연구에 해당한다. 『우리말본』의 '이은말'에서는, 국어음이 이어날 때 특별한 작용으로 소리의 '동안'(예사소리, 긴소리), '힘올림'(낱내올림, 낱말올림, 월올림), '가락'(높낮이), 그리고 '소리의 달라짐'으로 나누어 설명하였다. 이 중 '소리의 달라짐'을 빼고는 모두 얹힘 현상에 대한 연구라 할 수 있다. '소리의 달라짐'은 형태음소론(morphophonemics)에 해당한다.

소리의 동안은 '상대적인 길이'와 '절대적인 길이'로 나누고, 앞 것은 소리를 서로 비교하여서 식별하는 길이(mal '馬'과 ma:l '言')요, 뒷 것은, 말하는 이의 정신적 태도에 따라 나타나는 길이라 하였다. 그런데 이는 오늘날 국어 음성학에서의 '시차적 변별바탕(distinctive features)'15)로서의 '길이'와 '표현바탕

---

15) R. Jakobson, G. Fant and M. Halle: *Preliminaries to Speech Analysis*, 1965 M.I.T. Press, p.15: "The distinctive and the configurational features refer to the meaningful units of the utterances; the expressive features, to the speaker's attitude, and the redundant features

(expressive features)'으로서의 '길이'와 나머지 바탕(잉여적 자질)—, (redundant features)로서의 '길이'에 대한 연구에 큰 영향을 주었다고 본다.

소리의 '힘올림'은 물리학적으로, 음파의 '진폭'에 의한 것인데, 그것은 '낱내올림', '낱말올림', '월올림'으로 나누어진다고 보았다. 국어의 경우는 서양말보다 힘올림이 엄격하지 못하며, 예스펠센(Otto Jespersen, 1860~1943)의 힘올림(accent)의 성립의 세 요소: 1. 버릇(tradition), 2. 심리적 사정, 3. 물리 생리학적 사정 중, 국어의 힘올림은 버릇에 관계된다고 하였다. 그리고 경남, 전남지방 말은 힘올림은 월올림 곧 월의 첫머리에 있으며, 충청, 경기 등 지방의 말은 월의 끝쪽에 있다고 함으로써, 힘올림 문제에 대한, 방언학적 의의를 제시해 주고 있다.

소리의 '높낮이'는 목청이 떠는 '진동수'에 따르나, 이는 1. 소리내는 사람에 따라, 2. 소리의 힘에 따라, 3. 말하는 이의 심상(心狀)의 생성함의 정도에 따라, 4. 끝남법(abschlussgesetz, clause terminal)에 따라 달라지는 것이라 하고, 국어의 끝남법의 중요성을 세웠다. 그런데 1~3의 양상은, 국어의 경우 '표현 바탕'에 해당하고, 4는 '시차적 변별 바탕'에 해당하는 것으로, 얹힘 음소 연구에 중요한 문제를 제시해 준다. 다만, 얹힘 음소 중, 연접(連接. transition, juncture)에 대한 언급이 없었던 것은 아쉬운 일이다.

이상에서, 그의 '이은소리' 중 얹힘 현상에 대한 부분을 살펴보았다. 그러면, 그의 설명을 일관하는 이 부분의 학문적 배경은 무엇인가? 그것은 다름아닌 '물리학'과 '심리학'이라 할 수 있다. 이와 같은 물리학과 심리학을 배경으로 한 얹힘 현상의 연구는, 우리 국어학의 '전기 구조주의 시대'나 '후기 구조주의 시대'의 국어 음성학계에 큰 영향을 주었고, 또 주고 있는 것이다.

(2) 낱내(音節, Syllable)와 음소배합론(Phonotactics)

'낱내'에 대하여, 『우리말본』에서는 "낱내(音節)란 한숨에 한번에 내는 한

---

refer to the sound features."

덩이의 소리"라고 뜻매김했다.16) 이는 주시경의 뜻매김 "소리의 낫(낱)으로 나는 도막", "한도막 곧 한덩이로 나는 소리"와 비슷하다. 그러나 최현배의 경우는 그 뜻매김에 따라 낱내 형성에 대한 구체적인 음성학 연구가 뒤따른다. 최현배가 뜻매김한 '한번의 한 덩이의 소리'란, 발음 운동의 쪽에서 본 근육 활동(筋肉活動)의 장완(張緩)이 한 번에 이루어져 내는 소리라는 뜻이 되겠다.

그런데 낱내의 형성에 대해서는, 똑똑한 소리가 주장이 되며, 덜 똑똑한 소리들이 이를 중심삼아 서로 얽혀서 한 덩이의 낱내가 된다 하고, 국어에서의 똑똑함(亮度, sonorität)의 정도를 다음과 같이 분류하였다.

1. ㅏ, ㅐ, ㅔ, ㅚ, ㅣ
2. ㅓ, ㅗ, ㅜ, ㅡ
3. ㄹ, ㄹㄹ
4. ㅁ, ㄴ, ㅇ
5. [ㅂ, ㄷ, ㄱ]
6. ㅅ, ㅎ
7. ㅂ, ㄷ, ㄱ

이러한 '똑똑함'의 크고 작은 것이 일어날 때, 큰 것이 작은 것을 거느려서, 하나의 음절을 형성한다는 것이다(물론, 국어의 경우는 닿소리만으로는 낱내를 이룰 수 없고, 홀소리는 제 홀로 낱내를 이룰 수 있다). 이와 같은 똑똑함(sonorität)의 분류는, 예스펠센의 '똑똑함'의 분류(영어를 8도로 나눔)에 그거를 둔 것이라 하겠다.17)

'똑똑함'은 같은 힘으로 발음했을 때의 들리는 소리의 크기를 말함이니,

---

16) 최현배: 앞든 책, ㅉ.104.

17) Otto Jespersen: *Lehrbuch der Phonetisch*, Leipzig und Berlin, 1932.

소리 에네르기의 양(量)에 대응하는 주관적 감각량(主觀的感覺量)을 말한다. '똑똑함'의 크고 작음에 따라, 하나의 분절 리듬이 생기는데, 이때 가장 높은 꼭대기(가장 들림이 똑똑한 것, 대개는 홀소리)가 성음절(成音節, syllavic sound)음으로서의 홀소리점(母音點, point vocalique)이 된다. 그러나 이와 같은 똑똑함의 이론에서는, 영어의 [diə](dear)의 모음점이 [i]에 놓이는 사실을 설명하기 어렵거나, 우리 국어의 겹홀소리(diphthong)나, 홀소리 충돌(hiatus)의 넘나듦에서 오는 낱내 문제를 설명하기 어렵다.

　이러한 취약점을 보완하기 위하여, 이 똑똑함의 이론을 근본으로 하고 발전시킨 것이 드 소쉬르(de Saussure)의 '여닫음설(開閉設, l'implosion et l'explosion)'18)이다. 드 소쉬르는 인두(咽頭, pharynx) 이상의 통로의 열기 또는 닫기 운동을 기초로 하여 소리의 연쇄 중의 각 음의 역할을 열음(explosif)(<)과 닫음(implosif)(>)으로 나누고, 여 닫음의 한덩이(groupe explosivo-implosif)가 < >과 같이 될 때 닫음에 홀소리점(point vocalique)이 있고, > <과 같이 등지고 있는 곳이 낱내의 경계가 된다고 했다(appa, 글쓸이가 국어의 보기를 들면, 닭이 : talki).

　이 설은 똑똑함(sonorität, sonorité)의 설과 같은 한 사실의 상이한 측변에 불과하다. 곧 '똑똑함'은 '청각적'인 측면에서 본 데에 대하여 '여닫이'설은 같은 사실을 '발음 운동'의 측면에서 본 것이다. 그러나 '똑똑함'의 경우는 물리적 필연성에 바탕을 둔 것으로 '의지'가 관여하는 바가 아니다. 그런데 낱내는 비의도적 물리적 성질에서만 설명되는 것은 아니다. 그러므로 드 소쉬르가 낱내의 기초를, 의도하에 행하여지는 분절 행위 그 가운데에서 구하려 한 것은 적절한 것이었다고 할 수 있다.

　그라몽(M. Grammont)은 드 소쉬르 설을 구체적으로 발전시켰다. 그라몽에 의하면, 낱내는, 간극(間隙)이 증대하는 상승부(上昇部)와 간극이 감소하

---

18) F. de Saussure : *Cours de linguisitique générale*, 1968(1916), pp.79~87.
　　F. de Saussre: *Cours de linguistique générale*, par T. de Mauro, Payot, Paris, 1972, p.80.

는 하강부(下降部)와의 양 부분으로 이루어진다(une syllabe est donc une suite d'appertures croissantes suivie d'une d'appertures décroissantes).[19] 그런데 '상승부'에 있어서는 발음의 장력(張力, tension)이 차차 증대하고, '하강부'에 있어서는 장력이 차차 감소한다. 여기에서 드 소쉬르에 있어서 미진했던, 의지가 생리적 필연성(生理的必然性)을 전회(轉回)한다는 점을 장력의 증감(增減)으로 설명해 주고 있다.

이러한 '장력'의 설에 의하여, [diə]에서 [i]에 홀소리점이 있음과, 국어의 겹홀소리와 홀소리 충돌에서 야기되는 낱내 문제를 해결해 줄 수 있는 것이다. 곧 '이아' 등에서 의도적인 한 번의 장력으로 발음하면 '겹홀소리'가 되어 한 낱내가 되고, 두 번의 장력으로 발음하면 홀소리충돌(hiatus)이 되어 두 개의 낱내가 된다.

『우리말본』의 낱내는 그 뜻매김에서, "한번에 내는 한덩이"라고 한 것은, 발음 운동의 쪽에서 본 근육의 장력 곧 "tension"의 이론에 기본을 둔 것이라 할 수 있다. 이에 반하여 낱내의 형성은 청각적인 쪽에서의 '똑똑함(sonorität, sonorité)의 설에 의한 것이라 볼 수 있다. 생각하건대, 낱내의 형성도 이 장력(tension)의 이론에 일치 부합시켰어야 옳은 것이 아닌가 하는 것이다.

『우리말본』에서의 낱내 이론은 그 낱내의 뜻매김과 그 낱내 형성에 대한 언급이었다. 이와 같은 것은 기술 구조언어학 시대에 와서 국어 낱내의 유형(phonemic pattern) 등, 국어 음소 배합론(phonotactics)에 많은 영향을 주었다.

(3) 소리의 달라짐[20]과 버릇소리[21]와 형태음소론 규칙

소리가 서로 이을 적에는 일정한 법을 따라 '소리의 달라짐'이 일어난다. 그러나 말이란 사람의 마음에 지배되는 발음 운동과 사회적 환경의 영향을

---

19) M. Grammont: *Traité de phonétique*, 1933, pp.97~104.
20) 최현배: 앞든 책, ㅉ.106.
21) 최현배: 윗 책, ㅉ.124.

받기 때문에, 말의 법칙에는 '자연 법칙적'인 이화학적(理化學的) 변화와는 다른 예외 현상이 있다. 그리하여 최현배는 달라짐에는 '필연적인 변화'와 '우연적인 변화'가 있다고 보았던 것이다. 이것은, 언어를 빈틈없는 논리나 자연 법칙과는 다른, 예외를 수반하는 존재로 본 언어관이라 할 수 있다. 『우리말본』에서는 소리의 달라짐에 대하여, 소리의 닮음(同化, assimilation)과 소리의 줄임(省略)과 닿소리의 들어나는 힘(發音力) 곧 나는 자리에 따라서 달라짐에 대하여 어느 말본 글보다도 면밀하게 체계화하고 있다.

특히 '소리의 닮음'에서는 '홀소리 닮음'과 '닿소리 닮음'을 체계화 하였으니, 이는 '음운체계의 규칙화'의 큰 발전이라 할 수 있다. '버릇소리'는 따로 논의하고 있으나, 이것도 소리의 달라짐의 범주에 들어간다.

이 소리의 달라짐이란, 소리가 이어져서 낱내가 된다는 것 뿐만 아니라, 형태소가 서로 배합하는 것까지 포함된다. 그런데 소리의 달라짐이 일어난다면(다만 같은 계통상에서 음소론적 조건에 따른),[22] 결과적으로 어느 형태소(morpheme)의 음소가 변동하는 결과를 가져 온다. 이러한 소리의 변동만을 연구하는 것은 '형태음소론(morphonemics)'이 된다. 한편, 소리의 달라짐은 형태음소(morphophoneme)의 변동을 일으키면서, 기본 형태소의 변이형태(allomorph)로의 달라짐을 가져온다. 따라서 '소리의 달라짐'은, 형태론의 한 분야이기도 하다. 이와 같이 본다면, 소리의 달라짐은, 관점에 따라 음운학과 형태론의 과도기적인 형태음소론에 해당하기도 하고, 형태론에 해당하기도 한다. 소리의 '닮음'은 '음소론적 조건(phonological condition)'에 따라 필연적 혹은 수의적 변이를 가져오고, 소리의 '줄임'도 필연적 혹은 수의적 변이를 가져 온다. 닿소리의 '들어나는 힘'은 나는 자리에 따라서 닿소리가 필연적으로 달라지는 현상이다. '버릇소리'는, 역사적 사정과 심리적 관계, 말겨레(語族的)의 통성(通性), 음리(音理)의 상근(相近), 교육의 결함, 단순한 버릇 등

---

22) '먹(다) → 멍(는)'은 같은 계통이, 음소론적 조건에 따른 변이이고, 임자자리토 '가→이'는 다른 계통의, 음소론적 조건에 따른 변이이다. 뒷 것은 음운학의 밖이다(허 웅: 『음운학』, 1965, ㅉ.242).

으로 생기나, 역사적 현상이나 방언 현상을 빼고는 수의적인 변이에 따라 그 기본적인 형태의 음소가 달라짐은 매한가지이다.

이렇게 보면, 『우리말본』의 '소리의 달라짐과 버릇소리'는 현대 국어의 음소 변동의 조건에 따른 형태음소론과, 형태 분석론에 큰 영향을 주고 있다 할 것이다.

2.4. 씨가름(품사 분류) 체계의 준종합성

(1) 씨가름의 준종합성

말본의 체계가 분석적이냐 종합적이냐 하는 것은, 상대적인 개념이고 그것은 주로 낱말관(단어에 대한 관점)에서 볼 수 있는 것이다. "우리말본"에 세운 낱말(단어)의 뜻매김은 어느 말본책에서도 볼 수 없는 구체성을 띤다.

낱말의 뜻매김

"낱말은 말의 단위(單位, 낱덩이, unit)이니, 따로따로 어떠한 생각을 가지고 말함과 글월을 이루는 직접의 재료가 되는 것"23)이라고 하였다. 위의 뜻매김의 중심 부분은 "따로따로 어떠한 생각을 가지고"와 "글월을 이루는 자료"에 있다. 따로따로 생각을 가진다는 것은, 그것대로 하나의 독립된 뭉뚱그려진 뜻을 갖는다는 것이고, 글월을 이루는 자료란, 그것이 문장과 직접 관계를 가지는 것이라야 한다는 것이다. 그러나 다시, 이에 대한 주의로, 낱말은, 소리의 단위도, 생각의 단위와도 일치한 것이 아니며 다만, 낱말은 월(문)을 분석해 놓은 한 단위(낱덩이)라고 함으로써, 낱말을 생각함에는 먼저 월을 분석한 결과임을 생각해야 한다고 보았던 것이다. 따라서 낱말 뜻매김의 중심은 '월을 전제함'에 있다고 볼 수 있다. 그러나 월의 분석에 표준을 두어 월의 조각(成分)을 낱말로 봄도 그 기준을 삼기 어려우므로(임자말 풀이말을 하나의 낱말로 볼 위험이 있음), 낱말은, 다시 말의 단위(낱덩이)라 하고, 이 월의

---

23) 최현배: 앞든 책, ㅉ.139.

분석의 표준은 말의 낱덩이의 성질을 해하지 아니하는 데까지 있다고 했다. 말의 단위란, 월을 만들기에 직접 자료가 되는 낱덩이로써, 만약 더 분석하면 말의 낱덩이로서의 작용을 잃어버리게 된다고 하였다. 이와 같은 설에서는, "낱말관의 종합성"을 볼 수 있다.

그런데 다시 낱말은 말의 낱덩이로서의 분립성을 가진다고 하고, 그러나 이는 다른 말과 아무 관계없이 제 홀로 따로 선다는 것은 아니고, 다른 말들과 여러 가지의 자리에 설 수 있는 것도 다른 낱말의 구성 부분이 아니기 때문에 완전한 낱말로 본다고 하였다. 이는 '분포(distribution)의 자유성'을 가진 것은 한 독립된 말의 단위로 볼 수 있다는 견해이며, 이 견해에 따라, '토'가 독립된 한 낱말됨을 이미 암시했다고 풀이 된다. 이것은 '낱말관의 분석성'을 말해 주는 것이다. 이리하여 결론적으로 낱말의 뜻매김은 다음과 같이 내리었다.

> "낱말이라는 것은 더 쪼가를 수 없는, 말의 낱덩이(單語)이니: 반드시 어떠한 생각을 가지고, 따로 떨어져서, 말함과 글월을 이루는 직접의 거리(材料)가 되는 것이니라."[24]

위에서 『우리말본』의 '종합적이면서도 분석적'인 언어관을 엿볼 수 있다. 글쓸이는 이런 체계를 '준종합 체계'라 부른다.

(2) 씨가름(품사 분류)의 이론적 원칙: 구조론과 말본적 의미관의 양면성

외솔은, 씨갈음은 말 연구의 편이상에 의한 것임을 밝힘으로써, 씨(품사)의 통일이나, 일정불변한 표준이 있을 수 없음을 처음부터 명백히 하였다. 그러나 씨갈음의 불변의 표준을 세울 수는 없지만, '분류의 원리'는 있어야 한다 하고, 분류의 명백한 원리도 없이 9품사를 분류한 스승 주시경의 체계와,

---

24) 최현배: 윗 책, ㅉ.142.

또 아무런 이론적 전개도 없이 주 스승의 체계를 그대로 받은 김두봉, 『조선 말본』 체계를 비판하였다. 그리고 주시경의, 너무나 '분석적'인 체계에 만족할 수 없어, '종합적' 분류법을 베풀겠다고 피력하였다.

　최현배의 씨갈음의 원리는 명백하다. 그의 원리는,

　　1. 말본에서의 구실(職能)을 주장(主)으로 삼고,

　　2. 꼴(形式)과,

　　3. 뜻(意義)을 딸림(從)으로 삼는다,

라고 하였다. "말본에서의 구실"이란 이른바 구조적 기능(structural function: 씨와 씨가 합하는 관계에 있는 자리. 또는, 월을 만드는 작용 곧, 주체, 진술 행위자, 행위, 또는 논리적 판단 등)을 말하며, '꼴'이란, 형태론적 특질을 말한다. 그런데 구조적 기능이나 형태론적 특질은 함께 구조론에 포함된다. 한편, '뜻'이란, 우리가 얼핏 생각하기 쉬운 형태의 의미(sememe)나, 어휘적 의미(lexical meaning, 사전적 의미)를 말함이 아니다. 그것은 "말본스런 뜻"을 가리키는 것이다. 곧,

　"메는 높고, 물은 맑다"에서 '메'나 '물'은 어휘적 의미, 또는 사전풀이의 의미로는 '山'이나 '水'가 되나, 이는 씨(품사)의 분류에 불필요하다는 것이다. 다만, '메, 물'은 사물의 이름을 나타낸다는 것으로는 한가지다. 이와 같이 '말이 가지고 있는 공통스러운 뜻', 이것이 씨(품사)의 필요한 뜻이라는 것이다. 이렇게 본다면, 최현배의 씨갈음의 원칙은, '구조론'과 '말본의 의미'의 양면 관계로 이해된다.

(3) 씨갈래의 실제

　위에서, 낱말 분류의 표준은 구조와 의미의 양면 관계로 이해된다고 하였는데, 씨갈음의 실제에서는 이것이 이대로 적용되었다.

　월(문)을 만드는 작용으로 보면, 주재료(主材料)로서의 '생각씨(관념사)'

와 그 생각씨를 관계 지우는 기능자(機能者)로서의 '걸림씨(관계사)'가 있다
고 보았다. 이 걸림씨는 물론 그대로 구조적 기능에 의하여 '토씨'가 된다. 그
런데 생각씨는 구조적 기능과 말본의 뜻에 의하여 씨로 분류하였던 것이다.
곧 구조적 기능에 의해서는, 먼저 '으뜸씨(주요사)'와 '꾸밈씨(수식사)'로 나누
고, 으뜸씨는 다시 구조 기능에 의하여, '임자씨(체언)'와 '풀이씨(용언)'로 나
누었다.

'임자씨'는 말본의 의미로 보아 구체적 개념(실질개념)의 실질 체언(바탕)
과, 형식적 추상 개념(형식적 개념)의 형식 체언(꼴)으로 나누어지는데, 실질
체언은 뜻으로 보아서 '이름씨'가 되고, 형식 체언은 다시 말하는 이의 주관
적 태도에 의하는 '대이름씨'와 일정한 사물의 수효라는 객관적 표현의 '셈씨
(수사)'로 나누어진다는 것이다.

한편, '풀이씨'는 그 특징을 풀이하는 힘(설명력)에 두고, 이 풀이하는 힘
은, 논리학에서의 판단 작용으로 보았다. 곧 개념이 있으면, 그 개념에 대한
판단 작용이 있어야 하는데, 그 판단 작용을 풀이하는 힘을 풀이씨로 보았다.
그리고 사람의 생각은 판단에 있다는 논리학의 주장을 받아들여서, '풀이씨'
는 결국 우리의 생각을 들어냄에 가장 소중한 것이라고 했다.

'풀이씨'는, 그 속성으로 보아, 실질적인 것(바탕)과 형식적인 것(꼴)으로
나누고, 실질적인 것은 움직임(동작)을 나타내는 '움직씨'와 성질을 나타내는
'그림씨'로 나누었다. 형식적인 것은, 오직 꼴만으로 풀이하는 힘을 가질 뿐,
실질적 관념을 갖지 아니한 것인데 이에는 '잡음씨'(지정사: 이다, 아니다)가
있다고 했다.

이상은, 생각씨의 으뜸씨 중, 임자씨와 풀이씨에서 분류되어 나오는 품
사 분류이다.

다음은, 생각씨의 꾸밈씨(수식사)에 대하여 보기로 한다. '꾸밈씨'는 사람
의 정세(精細)한 지성과 사상, 미묘한 감정을 정확히 들어내고자 하는 욕구
에 의하여 생겨난다. 그 '꾸밈씨'는 구조적 기능으로 보아서, 낱말 꾸밈과, 마
디(節) 꾸밈으로 나누어지며, '낱말 꾸밈'에는 임자씨를 꾸미는 '매 김씨'(관형

사)와 풀이씨를 꾸미는 '어찌씨'(부사)가 있다고 보고, 마디꾸밈에는 '느낌씨'(감탄사)가 있다고 하였다.

이제까지 보아온 바, 『우리말본』의 '씨갈음'을 틀로 보면 다음과 같다.

```
                            ┌바탕 ·················· 이 름 씨
                    ┌임자 ┤   ┌주관적 ············ 대이름씨
            ┌으뜸┤   └꼴┤
            │      │         └객관적 ············ 셈    씨
            │      │      ┌바탕┌동작 ············ 움 직 씨
     생각    │      └풀이┤   └성질 ············ 그 림 씨
     (觀念)  │         └꼴 ················· 잡 음 씨
씨 ┤         │   ┌낱말꾸밈┌임자꾸밈 ······ 매 김 씨
     │      └꾸밈┤      └풀이꾸밈 ······ 어 찌 씨
     │         └마디꾸밈 ················· 느 낌 씨
     └걸림(關係) ·························· 토    씨
```

이상으로 보아, 『우리말본』은 품사 분류 역사상, 처음으로 그 이론적 원칙을 확립하고, 그 원칙인 구조론과 의미론(문법적 의미)에 의하여 10품사를 분류하되, 그 범주 개념이 이론적으로 분류되어 있음을 잘 알 수 있다.

(4) 말본 체계의 종합성과 논리성

위에서 보인 품사 분류의 특징은, 두 가지로 집약하여 볼 수 있으니, 하나는 종합성이요, 다른 하나는 논리성이다. 논리성은 특히 잡음씨 창설과 관계가 깊다.

1) 종합성과 최초의 끝바꿈(어미활용) 확립

여기 종합성이란, 상대적인 말이다. 주시경이나, 그 체계를 답습한 말본(김윤경, 김두봉)에서는, 체언과 토(겻)를 떼어서 낱말로 각립시킬 뿐 아니라, 어간과 어미를 떼어서 낱말로 각립시키기 때문에, 이를 '분석적 체계'라고 부르는 것이다. 『우리말본』의 품사 분류 체계를 보면, 우선, 체언과 토를 분리한다. 그러므로 이런 면에서 보면, 분석적이다. 그러나 한편, 어간이나 어미

자체는 독립한 낱말로 각립될 수 없다고 보는 것이다. 곧 풀이씨의 실질적인 뜻을 가지는 부분인 줄기(語幹, stem)와 줄기에 붙는 형식적인 부분인 씨끝 (語尾, ending)이 함께 결합하여야만, 비로소 독립한 하나의 풀이씨가 된다고 보았다. 따라서 어간과 어미는 각립한 낱말이 아니라, 한 낱말의 형태론적 구성요소가 되는 셈이다.

[줄기+씨끝] 풀이씨

그리고 이 풀이씨는, 그 끝이 여러 가지 꼴로 '끝바꿈'(어미활용)하며, 이러한 끝바꿈을 하는 것이 풀이씨의 특징이라고 한다. 그러므로 주시경 체계에 견주면 이는 종합성을 띤다. 최현배는 스스로의 풀이법이 종합적임이 특색이라 하고, 이는 앞 사람의 풀이법보다 나은 점이라 하며, 그 종합적 설명법을 잡은 이유를 풀이하였는데, 그 이유의 대강을 들면 다음과 같다.[25]

① 말의 본성(本性)에 더 맞추기 위함이다. '붉다, 붉게, 붉은'에서, '붉'과 '다, 게, 은'을 떼어서는 뜻을 이해할 수 없을 뿐 아니라, 그것들은 각각 독립할 힘이 없다. 이를 나누어서 독립한 자격을 주는 것은 너무 분석적이요, 이론적(理論的), 어원적(語源的)이다.

② 앞 사람의 분석적 설명에 주도하지 못한 것이 있다. 같은 어미인데, 어느 것은 독립한 낱말로 보고, 어느 것은 다른 낱말의 구성 분자로 본다.

③ 종합적 이론은 언어의 종합성에 일치하며, 교육적 효과가 있다.

④ 종합적 설명법은 말의 이해에 더 편리하다.

⑤ 종합적 설명은 말의 발달에 유리함이다.

⑥ 앞 사람이 연구하지 아니한 도움움직씨(보조동사)를 풀이함에 종합적 설명법이 유리하다.

⑦ 주시경보다 종합적 풀이로 한 걸음 내어디딘 이(김두봉)가 있으나 아

---

25) 최현배: 윗 책, ㅉ.172~5.

직 온전한 종합으로의 길을 허락하지 아니했다.

⑧ 풀이씨(용언)의 끝바꿈을 말하는 이(박승빈)가 있으나, 이는 일본말을 흉내 낸 것이며, 줄기와 끝의 뜻조차 정당히 규정짓지 못했을 뿐 아니라, 앞 사람보다 더 분석이 도저할 뿐이다.

2) '끝바꿈'과 '도움줄기' 및 '법(法)' 체계 확립

어간과 어미를 합하여 하나의 풀이씨로 보는 종합적 처리를 하였기 때문에, 우선, 앞 사람의 말본 체계에서는, 같은 범주에 들어가는 어미라 하더라도, 그것을 여기저기서 갈라서 다루는 모순성과, 같은 시상(時相)이나 존칭 어미가 여러 품사에서 중복 설명되는 비과학적 체계가, 『우리말본』에서는 우선 청산된다. 곧, 말본스런 처리가 하나의 풀이씨 안에서, 풀이씨의 "끝바꿈"으로 처리된다는 통일성을 가져 온다. 이 「풀이씨의 끝바꿈」은 "우리말본"에서 최초로 체계화 된다.

풀이씨의 "끝바꿈"으로 설명하는 데는, 두 가지의 처리가 대두된다. 하나는 풀이씨의 '도움줄기' 처리이요, 다른 하나는 '법' 처리이다.

(ㄱ) '도움줄기' 처리

풀이씨의 끝이 바뀌는 부분은 씨끝(ending)이요, 바뀌지 않는 중심관념의 부분은 줄기(stem)라고 했다. 줄기에는 또 으뜸 뜻을 보이는 부분이 있을 수 있는데, 이를 뿌리(어근, root)라 한다. 뿌리를 돕는 부분은 도움뿌리(보조어근)가 된다는 것이다. 가령 '사람답'에서, '사람답'은 줄기(또는 씨몸)이고, '사람'은 뿌리이며, '답'은 도움뿌리라고 분석한다. 또 줄기에 붙어서 고정된 불변의 상태를 유지하면서, 말본스런 관계를 표시하는 '끝바꿈'을 가지는 경우, 그 줄기에 붙은 부분을 도움줄기(보조어간)라 했다. 가령, '가시−다, 고, 지'에서 '가'는 줄기이고, '시'는 도움줄기라는 것이다. 이와 같은 도움줄기는, 움직씨의 경우, 하임(사동), 입음(피동), 낮춤(겸비), 높임(존경), 때(시간), 할 수(가능), 미룸(추량), 다짐(확인), 버릇(습관), 힘줌(강세) 등으로 나누었다.[26]

이러한 도움줄기 밖의 접미사는, 풀이씨의 끝으로 다루었다. 이 끝이 '풀이씨의 끝바꿈' 현상으로 나타나는 것이다.

'풀이씨의 끝바꿈'은, 어간이나 끝의 환경에 따라서 '정칙활용'과 '변칙활용'이 나타남을 보이었는데, 이 예외적 변칙 현상은, "말은 자연과학적 법칙이 아니라"고 시사한 바 있는 외솔의 언어관에서 유도된 것이다.

'도움줄기 설'은, 활용의 입장에서 볼 때에는, 탁론이라 할 수 있다. 그러나 한편 생각해 보면, 이 '도움줄기 설'에서는 국어의 형태 구조의 변형 상황을 더욱 구체적으로 설명하려 할 때, 문제는 좀 달라진다. 왜냐하면, 같은 도움줄기라도, 어느 것은 낱말을 생성(파생)하는가 하면, 어느 것은 그렇지 못한 것이 있기 때문이다. 가령,

"깨뜨리이시었습니다"

에서 보면, '깨'가 줄기이고, '뜨리―이―시―었―습'은 각각 도움줄기이며, '니다'는 씨끝이 된다. 그런데 같은 도움줄기라 하더라도 '뜨리'나, '이'는 낱말을 생성(파생)하는 능력이 있다. 그리하여, 다음과 같이 낱말이 생성된다.

깨다………낱말$_1$
깨뜨리다…낱말$_2$
깨이다……낱말$_3$

그러나 같은 도움줄기인 '시, 었, 습'은 낱말을 생성하지 못한다. 그리하여 다음은 다 같은 한 낱말일 뿐이다.

---

26) 이에 대한 풀이는, 최현배: 『우리말본』, ㅉ.339~379.

깨다
깨시다
깨었다   } …한 낱말
깨ㅂ니다

이와 같은 사실을, 도움줄기 설로서는 해결할 도리가 없다. 이것은 결국 '파생(derivation)'과 '굴곡(inflection)'으로 다룰 수밖에 없다. 곧, 새로운 낱말을 생성하는 힘줌 접미사 {뜨리}나, 입음 접미사 형태소 {히}나 시킴 접미사 형태소 {이}는 파생법에 의한 파생접미사(derivational suffixes)로 보고, 그렇지 못한 것은 모두 굴곡접미사(inflectional suffixes)로 다루어야 함이 나을 듯하다.

(ㄴ) '법' 처리

씨끝을 줄기와 합하여 하나의 풀이씨로 보는 종합적 설명은, 활용어미를 구조적 기능으로 보아, '마침법(종지법)'과, '이음법(접속법)', '감목법(자격법)'으로 나누어 처리한다.

이러한 풀이씨의 '서법'의 처리에 따르면, 주시경의 '기몸바꿈'에서의 과도한 기몸바꿈의 처리는 과감히 시정된다. 가령, 주시경은 엇(형용사)인 '검'에 '은'을 합한 '검은'은 언(관형사)으로 그 씨의 몸을 바꾼다고 하고, 움(동사)인 '가에 '는'을 합한 '가는'도 언(관형사)으로 몸바꿈한다 하였으며, 움(동사)인 '가'나 엇(형용사)인 '높'에 '게'를 합한 '가게'나 '높게'는 억(부사)으로 씨의 몸바꿈을 한다고 하였던 것이다. 그런데 외솔에서는 다, 씨의 본적을 그림씨나 움직씨에 두고, 그 그림씨나 움직씨의 자격법 중, '매김꼴(관형사형)', '어찌꼴(부사형)' 등의 '꼴(형)'로 처리하게 된 것이다. 이와 같이 한 것은, 품사의 과도한 부동성(浮動性)을 상당히 안정 고정시킨 결과를 가져오게 한 것이다.

3) '끝바꿈'과 어간의 '으뜸꼴'(기본형, 원형)

풀이씨 어간의 으뜸꼴이 닿소리로 끝난 것이 끝바꿈(활용)할 때는 고룸소리(euphony)가 들어간다고 보았다. 그리고 이 '고룸소리'는 결코 어간의 일부를 형성하는 것이 아니라고 하였다. 가령, 지방에 따라, '먹되, 먹으되'로 두 가지로 나는 경우가 있는데, 이때의 '먹으되'의 경우, '으'는 고룸소리이지, 뜻을 가지는 독립한 도움줄기도 아니요, 박승빈(朴勝彬)이 주장한 바와 같은 어간의 일부분으로 봄으로써, 어간을 '먹으(머그)'로 잡을 수도 없다는 것이다. 그것은 닿소리 끝난 어간의 활용에서 생기는 고름소리이지, 결코 어간의 일부분이 될 수 없다는 견해이다.

이는 옳은 주장이다. 만일 어간을 '머그'로 잡으면 그 활용에서 '먹으다'와 같은 비현실어가 생겨나는 무리가 생긴다. 그러나 어간의 으뜸꼴(기본형)을 '먹'으로 잡으면, 그러한 무리는 생기지 않는다(먹다, 먹고, 먹으니, 먹으되(혹은 먹되)).

물론, 활용에서, 소리 고루는 요소가 나타날 때 형태론적 처리를 하는 경우, 이 요소를 어간으로 붙이느냐, 어미로 붙이느냐 하는 것은 자의적인 문제이다. 가령, '먹으니'에서, '으'를 '먹'에 붙여서, 기본형태 '먹'의 변이형태(allomorph) '먹으'로 처리하거나, '으'를 '니'에 붙여서, 기본형태 '으니'('니'보다 설명력 있는 '으니'를 기본형태로 봄)로 처리하거나 하는 것은 자의적인 문제이다. 그러나 국어 형태구조의 일반성으로 보아서나, 맞춤법의 말본적 처리 문제로 보아서, 어미에 갈라 붙이는 것이 편리하다고 본다. 왜냐하면, 고룸소리(조음소)를 어미로 갈라 붙이면, 우선, 어간의 고정성이 깨진다. 따라서 맞춤법의 의미부의 일정한 고정 표기를 하는 대원칙이 깨진다(먹다, 머그니, 머그면, …). 여기에는, 맞춤법의 무법성이 드러날 위험이 있다. 이런 점으로 보아도, 박승빈의 어간 '머그'설은 좇을 수 없다고 본다. 어간의 기본형 설정은 맞춤법의 대원칙과 관계가 깊다. 지난날의 '한글 파동시대'의 '한글 간소안'은 실로 어간 '머그' 따위설에 그 근원을 두었던 것이다.

2.5. 논리성과 잡음씨(지정사) 창설

『우리말본』의 말본 체계는 전반적으로 논리적 구조의 뒷받침을 받고 있다고 할 수 있으나, 구체적으로, 그의 체계에 논리성이 반영된 것은, '잡음씨(지정사: 이다, 아니다)'의 새로 세움에서이다.

'잡음씨'는, 주시경의 『국어문법』 체계에서는 끗씨(종지사)의 하나로 처리했다. 그런데 최현배는, 이 끗씨를 잡음씨로 처음 독립시켰다(외솔은 1920년경, '이다'를 사초(草稿)에서 '풀이자리토씨(說明格助詞)'라 했으나, 1930년의 글에서는 '잡음씨'로 고쳐 확정했다. 『朝鮮語文研究』 제1집, 1930, 93쪽). 잡음씨는 다른 풀이씨와 같이 풀이힘(설명력)이 있기 때문에, 우선 풀이씨의 범주에 넣을 수 있다. 그런데 풀이씨 중에는 실질적인 것과 형식적인 것이 있는데, 잡음씨는 형식적인 분류로 보았다. 이러한 형식적인 것을 하나의 품사로 인정하는 가장 큰 원인은, 첫째, 그것은 '풀이의 힘'을 가졌다는 것이다. 둘째, '형식논리'에서, 없어서는 안 될 기본 요소가 되기 때문이라는 것이다. 논리학에서는 임자(主辭, subject)와 풀이(賓辭, predicate)의 두 개념과 이 두 개념을 잡아매는 맺음말(繫辭, copula)이 필요한데, 이 경우, 맺음말은 우리말에서는 잡음씨가 된다는 것이다. 셋째, 사람의 생각은 판단에 있다는 '논리학'의 주장이 참일진대, 풀이씨가 우리 생각을 들어냄에 가장 소중함은 더 말할 나위도 없다는 것이다. 이는 풀이말이며, 맺음말인 잡음씨를 '논리의 판단'의 쪽에서 본 것이겠다. 판단의 개념에서 보면, "S is P"의 '긍정판단'(이다)과 "S is not P"의 '부정판단(아니다)'에서, 잡음씨의 분류는 '이다', '아니다'로 나타난다.

2.6. 말본 범주: 도움줄기, 씨끝, 토씨

『우리말본』에서 역사상 처음으로 체계화한 '씨끝바꿈'은 줄기에 붙는 도움줄기(보조어간)의 자질과 작용과 더불어 말본의 다양한 범주를 낳는다. 또한 생각씨(관념사)와 생각씨를 관계 짓는 기능자인 '토씨'도 말본 범주의 중요한 자리를 차지한다. 이 말본 범주는 『우리말본』에서 두드러지게 체계화되어 오늘까지 말본의 여구와 교육과 실제에 본이 되어 있다.

(1) 도움줄기와 말본 범주

'도움줄기'는 풀이씨에 나타나며, 움직씨(동사)의 경우,[27]

1. 하임(사동), 2. 입음(피동), 3. 낮춤(겸비), 4. 높임(존경), 5. 때(시간), 6. 할수(가능), 7. 미룸(추량), 8. 다짐(확인), 9. 버릇(습관), 10. 힘줌(강세) 따위로 나타난다.

그림씨(형용사)의 경우는, '하임', '입음', '때' 도움줄기 중의 '-는, -ㄴ', '할수', '힘줌' 따위의 도움줄기가 없다[28].

위의말본 범주 중 관심을 끄는 것은, '하임', '입음', '높임', '때'(시간, 시제)의 범주이다.

1) 하임(시킴, 사동)의 변형

'하임법'은 그 실제적 뜻으로 보아, '구속하는 것'(아버지가 아이에게 약을 <u>먹이다</u>), '허용하는 것'(…일반사람에게 <u>보이다</u>), '운수, 박복, 부덕의 소치'(그는 집을 <u>태웠다</u>)의 셋으로 나누고,[29] 형태적으로는 세 개의 법에 의하여 이루어짐을 보이고 있다.[30]

첫째 하임법

도움줄기(접미사), '이, 리, 우, 기, 후'가 붙는 것.

둘째 하임법

'하다' 따위 움찍씨를 '시키다'로 바꾼다: 하→시키

셋째 하임법

어찌꼴(부사형어미) '게' + 도움움직씨(보조동사) '하다'

그리고 하임움직임으로 삼은 월에는 반드시 부림말(객어, 목적어)이 있으니 이는 본대움직임의 임자말(주어)이던 것임을 밝혔다(어른이 <u>아이</u>를 재

---

27) 『우리말본』, ㅉ.339.
28) 『우리말본』, ㅉ.510.
29) 『우리말본』, ㅉ.400.
30) 『우리말본』, ㅉ.401~8.

우다 … <u>아이가</u> 자다).

생각하건대, 하임(사동)법에서, 뜻의 범주에 관심이 간다. 또한 형태적 측면에서, 접미사만이 하임의 범주에 한하지 않음을 유의할 수 있다. 특히 하임법에서 생기는 '임자', '부림'의 바꾸임은 오늘날, '형태·통어(사)론'적 변형의 효시가 된다 할 만하다.

2) 입음(피동)과 변별 바탕

'입음'은 실제적 뜻에 따라, '이해입음(利害被動)'(그는 도둑에게 <u>잡히었소</u>), '할 수 있는 입음'(가능적 피동) (이런 덫에도 범이 <u>잡히나?</u>), '절로 되는 입음(자연적 피동) (오늘은 … 토끼만 자꾸 <u>잡힌다</u>)으로 나누었다.[31]

'이해입음'은 말의 임자가 반드시 '사람' 또는 '사람된 것'임을 밝혔다. 또한 입음의 형태적 특질을 세 개의 입음법에 의하여 나타냈다.[32]

첫째 입음법

　남움직씨(타동사) + 도움줄기 '히, 기'

둘째 입음법

　하(다) → 되(다), 받(다), 당하(다)

셋째 입음법

　어찌꼴 '아' + 도움움직씨 '지다'

생각하건대, 첫째, 입음(피동)의 경우, 그 의미의 범주가 오늘날 연구에 관심을 불러일으킨다. 둘째, 입음의 월에서 임자(주어)의 '의미 바탕'의 언급은 우리의 연구에 발전적 열쇠가 된다. 셋째, 입음의 형태적 형성은, 하임의 경우처럼, 비단 접미사(도움줄기)만이 아님에 관심을 끈다. 하임법과 입음법은 오늘날 형태·통어(사)론적 변형 연구의 기틀을 마련해준다(김석득, 『우리말 형태론』, 1994(1992), 480~514쪽 참조).

---

31) 『우리말본』, ㅉ.411.
32) 『우리말본』, ㅉ.413~20.

3) 높임법과 등분

도움줄기에는 '높임도움줄기'((으)시)와 '낮춤도움줄기'((으)옵, (으)오, (으)ㅂ, 자옵, 자오, 잡, 옵, 사오, 삽, 습)가 있음을 밝혔다. 그런데 "높임"의 문제에서는 특히 그 '등분'이 관심을 끈다. 이 '등분'은 '끝바꿈'의 세 가지 법 중, 마침법(종지법)에 나타난다.[33]

그러나 편의상 여기에서 '높임의 등분'을 언급하면 '말들을이의 높임의 정도'에 따라, 다음과 같이 나누어짐을 볼 수 있다.

1. 아주낮춤 (해라)
2. 예사낮춤 (하게)
3. 예사높임 (하오)
4. 아주높임 (합쇼)

등외로,

5. 반말

높임법의 등분 문제는 오늘날 '사회언어학적 측면'에까지 확대되어 다양하게 연구되어 있으며, 그 등분의 종류도 많으나 아직 『우리말본』의 등분의 통설을 지울만한 단계에는 와 있지 않은 것 같다. 다만 높임법은 등분과 함께 이들의 분포와 통어(사)론 상의 일치 구조 및 변이 등의 연구가 뒷사람을 기다린다(김석득: 『우리말 형태론』, 1994(1992), ㅉ.514~90을 볼 것).

4) 열두 때매김(12시제)과 시상

국어에는 다음과 같은 열두 가지 때매김이 있다고 하였다.[34]

---

33) 『우리말본』, ㅉ.252.
34) 『우리말본』, ㅉ.431~2.

① 으뜸때(原時)

  1. 이적(현재), 2. 지난적(과거), 3. 올적(미래).

② 끝남때(완료시)

  1. 이적끝남, 2. 지난적끝남, 3. 올적끝남.

③ 나아감때(진행시)

  1. 이적나아감, 2. 지난적나아감, 3. 올적나아감.

④ 나아감 끝날 때(진행완료시)

  1. 이적 나아가기 끝남, 2. 지난적 나아가기 끝남, 3. 올적나아가기 끝남.

곧, '움직임의 때'를 대중(표준)삼으면, '으뜸때', '끝남때', '나아감때', '나아감끝남때'의 넷으로 나누이고, '현재 말하는 사람'을 대중하면 네 가지가 각각 다시, '이적', '지난적', '올적'으로 나누어 져서 모두 '열두 때매김'을 이룬다는 것이다.

또, 때매김을 '바로때매김'(직접시제)와 '도로생각 때매김'(회상시제)으로도 나누었다. '바로때매김'은 말할이가 말하는 '때점(시점)'을 대중삼아 그 말에 들어오는 움직임의 때를 매기는 것이요(비가 온다), '도로생각때매김'은 경험을 도로 생각하는 때매김이다(비가 오더라).[35] 때매김의 표지는 도움줄기나, 움직씨의 매김꼴(관형사형)로 나타난다.

생각하건대, 위 '열두 때매김'의 분류는 우리말 시제의 체계적 연구의 효시가 되고 이제까지 전통 말본을 지배해 온다. 그런데 열두 때매김을 자세히 보면, '때매김의 대중'에 따라 분류되는 때매김에는 '시간'의 문제와 '움직임'의 문제가 분리될 수 있다. 이와 같이 보면, '시제'는 '이적', '지난적', '올적' 뿐이고, 나머지는 움직임의 상태 곧 '상(aspect)'이 된다. 그러므로 '때매김'은 '시·상(temps aspect)'의 측면에서 다시 체계화할 필요를 느낀다.[36]

---

35) 『우리말본』, ㅉ.431~2.

36) 시·상에 대해서는, 김석득, ㉠ 국어의 시간과 시상, 연세대, 한불연구소 『한불연구』 1, 1974. ㉡ 우리말의 시상, 『애산학보』 1, 1981. ㉢ 우리말 형태론, 1994(1992), 590~661

(2) 끝바꿈과 말본 범주

끝바꿈에는 '마침법'(종지법), '감목법'(자격법), '이음법'(접속법)이 있다.[37] 이는 주시경의 '씨끝바꿈'을 시정하여 새로 체계화한 것이다.

1) 감목법(자격법), 이음법(접속법)의 통어(사)적 기능

'감목법'은 어찌꼴(부사형), 매김꼴(관형사형), 이름꼴(명사형)로 나누어 진다. '이음법'은 다음과 같은 열네 가지 꼴로 나누어진다.

1. 매는꼴, 2. 놓는꼴, 3. 벌림꼴, 4. 풀이꼴, 5. 견줌꼴, 6. 가림꼴, 7. 잇달 음꼴, 8. 그침꼴, 9. 더보탬꼴, 10. 더해감꼴, 11. 뜻함꼴, 12. 목적꼴, 13. 미침 꼴, 14. 되풀이꼴.

위의 '감목법'과 '이음법'은 국어 문장의 변형론과, 의미통사론에 영향을 주는 바가 크다.

2) 마침법과 서법

『우리말본』에서 말하는 '마침법'은 이른바 '서법(mode)'에 해당한다. 최현 배는, 마침법을, '말할이와 들을이와의 사이'에 주고받는 관계로 보아, '베풂 꼴'(서술형), '물음꼴'(의문형), '시킴꼴'(명령형), '꾀임꼴'(청유형)로 나누었다.[38] 느낌꼴(감동형)은 베풂꼴의 한가지라 하여 따로 세우지 않았다. 그 이유 는, 그 사이에 말본스런 차이가 없다는 것이다. 곧, 1. 느낌이란 베풂꼴에도 나타난다. 2. 느낌꼴도 베풂꼴과 같이 남에게 저의 생각을 나타낸다. 3. 느낌 꼴과 베풂꼴이 마찬가지로 홀로 말할 적에 쓰인다(말들을이 없는 독백). 위에서 관심이 가는 것은, 서법의 분류 원칙을 '말할이'와 '말들을이' 사

쪽 참조.
37) 『우리말본』, ㅉ.251~2.
38) 『우리말본』, ㅉ.254.

이의 관계에 두었다는 사실과, 부차적으로 말본스런 기능면을 고려했다는 점
이다.

(3) 토씨의 분류

『우리말본』에서는 토씨를 그 '구실'을 따라 걸림(관계)를 나타내는 '자리
토씨'(격조사), '이음토씨'(접속조사); '뜻'을 더하는 도움토씨(보조사), 느낌토
씨(감동조사)로 나누었다.[39]

이 '토씨'는 통어(사)론과 직접 관계되는 말본 범주다. 그러므로 여기 분
류된 토씨는 속구조 면에서 재고할 여지가 없지 않다. 그러나 그럼에도, 오늘
날 통어(사)론에서는 전적으로 그 도움을 받을 수 있는 것이다. 토씨는 오늘
날 이른바 통어(사)론과 관계되는 준굴곡론의 범주이다. 토씨의 분류도 이 차
원에서 이루어져야 할 것이다(이에 대한 것은 김석득: 『우리말 형태론, 1994
(1992), ㅉ.317~88을 볼 것).

2.7. 도움풀이씨의 개척

최현배는 앞 사람이 풀이하지 아니한 '도움풀이씨'를 처음으로 개척하여
그이의 종합적 설명법에 유리하게 하였다. '도움움직씨'(보조동사)란, 항상 으
뜸풀이씨 아래에 붙어서 그 풀이를 돕는 것[40]이라고 뜻매김하고, '뜻'에 따라
아래와 같이 13개의 도움움직씨[41]와 6개의 도움그림씨(보조형용사)[42]로 나
눴다.

도움움직씨:

1. 지움(부정), 2. 하임(사동), 3. 입음(피동), 4. 나아감(진행), 5. 끝남(종

---

39) 『우리말본』, ㅉ.595~633.
40) 『우리말본』, ㅉ.244 · 379.
41) 『우리말본』, ㅉ.386.
42) 『우리말본』, ㅉ.515.

결), 6. 성김(봉사), 7. 해보기(시행), 8. 힘줌(강세), 9. 마땅함(당위), 10. 그리여 김(시인), 11. 거짓부리(가식), 12. 지나간기회(과기), 13. 두기(보유).

　도움그림씨:

　1. 바람(희망), 2. 지움(부정), 3. 미룸(추측), 4. 그리여김(시인), 5. 값어치 (가치), 6. 모양(상태).

이들의 분류는 뜻에 기준을 두었으므로, 만일 구조적 특징을 기준으로 삼는다면, 이 갈래는 달라질 것이다. 어떻든, 여기 처음 개척된 도움풀이씨는 '형태통어론적' 연구와 '의미통어론'에 크게 이바지해 줄 것이다.

2.8. 월갈(문장론, 통어론, 통사론)의 구조언어학적 처리

(1) 월갈의 심리학적 논리학적 이해

'월갈'은 월(문장)에 관한 여러 가지 말본을 연구하는 부문이라고 뜻매김 하고 그 주된 임무는 낱말을 재료로 삼아서 생각을 나타내는 법을 닦는 것이 라고 하였다. 이를 다른 말로 하면, 월갈은 낱말을 재료로 하여 월을 만드는 법을 연구하는 것이니, 그것은 낱말의 상관적 운용론(相關的運用論)이라 할 수 있다.

그런데 '월'은 무엇인가? 첫째, 월은 생각을 나타내는 말이다. 이 생각에 는 한 통일작용(統一作用)이 필요하며, 이 통일 작용을 '심리학'에서는 '통각 작용(統覺作用)'이라 한다. 이와 같은 통각 작용으로 말미암은 통일된 생각이 말의 형식을 빌어 나타날 때, 이를 월이라고 했다. 가령, "꽃이 피었다", "이것 이 감나무이다", "아이가 연을 날린다" 등은 한 생각이 통일된 점에서 모두 독 립된 월이 된다.

둘째, 월은 통일된 생각이 있더라도, 독립성이 있어야 온전한 월이 된다 는 것이다.

        "<u>봄이 되니</u>, 날씨가 따뜻하오."

에서, '봄이 되니'는 생각은 통일되었지만, 말이 끝나지 아니하였으므로, 독립성이 없다고 볼 수 있으므로 독립된 월이 아니라고 한다(주시경의 경우는 이를 '속뜻으로 본 월'이 된다. 이 점에서 주시경의 속뜻으로 보는 월 개념과 외속의 월 개념에 차이가 있다). 이와 같이 월의 개념을, '통각 작용으로 말미암은 통일된 생각'과, '독립된 말의 형식'이라는 양면성으로 파악하고 있다. 한편, 통일된 생각이 여럿이라도, 독립됨이 하나뿐이면 역시 한 낱의 월이라고 보았다. 따라서

        "봄이 되니, 날씨가 따뜻하다."

는 한 월이 된다는 것이다.

그러나 많은 통일된 생각과, 많은 독립된 월이 전체로서의 한 덩어리의 생각을 나타내는 것은 글월(一篇의 文章)이 되며, 이는 월갈의 문제가 아니라, 수사학(修辭學)의 대상이 된다는 것이다. 이러한 수사학은 또한 사상 발표의 유효(묘하게, 아름답게, 재미스럽게, 힘있게)를 기대하는 목적을 가지는 것이라고 함으로써, 수사학과 월갈의 한계를 지었다. 그러나 수사학과 월갈은, 서로 그 기초 관계에 있다고 본다.

한편, 월갈은 논리학과 비슷하다고 했다. 그러나 말본에서의 월갈은 감정, 욕망, 상상이라도 말에 들어가면 다 그 대상으로 하여, 그 말의 됨됨이 현상을 밝혀내는 기술 과학(技術科學)이라고 하였다. 그러나 논리학은 직접 생각의 바른 법을 보이는 "규범 과학"이라고 그 차이를 논의했으나, 또한 이들은 서로 간접적 관계를 갖는다는 사실을 생각에 넣고 있다.

이렇게 볼 때, 『우리말본』의 월갈은, 낱말의 배합으로 이루어지는 월의 연구요, 이 연구의 상한선도 하한선도 월에 있는 것으로 보았다. 그런데 이 월은, 심리학의 통각 작용(統覺作用)으로 말미암아 나타나는 하나의 통일된

생각과, 말의 끝맺음으로 되는 독립성의 양면성으로 이해했음을 알 수 있다. 그리고 또한, 이러한 월갈은, 수사학과 논리학과 상호 관계에 있음을 명시함으로써, 『우리말본』의 말본적 배경을 '심리학'과 '논리학' 그리고 '수사학'에 두고 있음을 시사하고 있다.

(2) '월'의 구성요소와 문제

월의 구성요소를 낱말, '이은말(연어, phrase)', 마디(절, 구, clause)로 분석하였다. 그렇다면, '이은말'은 낱말의 배합으로 되어 있기는 하나, 월의 구성요소이지 월 자체는 아니므로, 이은말 자체에 대한 연구는 통사론이 아닌 셈이다. 또, 마디도, 낱말의 배합 또는 이은말의 배합으로 이루어지지만, 이은말은 월 자체는 아니므로, 마디 자체의 연구는 통어(사)론이 못 된다.

이렇게 보면, 여기 문제점이 생긴다.

① 구성요소의 배합이 온전한 생각을 가진 월을 이루었을 때, 이 월에 대한 연구를 월갈 또는 통어(사)론이라 한다면, '이은말', '마디'만의 연구는 낱말론도 통어(사)론도 아니므로, 이에 따른 연구 부분의 이름이 따로 있어야 할 것이다. 그것을 무엇이라고 할 것인가?

'구조언어학'에서는 낱말의 내부적 구조(형태소 배합)의 연구는 '형태적 구조'(morphological structure)에 대한 연구라 하여, 이를 '형태론'(morphogy)의 연구 부분에 넣고, 두 개 이상의 낱말의 배합에 '이은말'이나, '구', '절', '월'을 이루는 것은 모두 '통어(사)적 구조(syntactic structure)'라 하여 이를 통사론(syntax, 통어론)의 연구 부문에 넣는다.

② 독립성이 '있다, 없다' 하는 것은 주관적 문제이므로, 사람에 따라 서로 다를 가능성을 내포하고 있다. 곧,

"봄이 되니, 날씨가 따뜻하다."

와 같은 보기는, 하나의 독립성을 가지는 문장이므로, 한 월이라 하나, 생각

하기에 따라 다음과 같은 두 개의 독립된 월이 있다고 할 수도 있다.

> "봄이 되니(봄이 되다)"
> "날씨가 따뜻하다."

이와 같은 이론은, 우리의 '속심리'(심층 심리)로 볼 때 충분히 그렇게 생각될 수 있기 때문이다. 곧 오늘날 '변형 구조주의'에서는 이러한 두 개의 독립된 심층심리가 단순히 '겉구조'의 수행 상에 변질되어 하나의 월처럼 나났을 뿐이라고 풀이한다. 그렇다면, '독립성'이란 기준은 어디에 둘 것인가? 그것은 표현된 문장의 겉기술(표면적 기술)에 둘 것인가, 아니면 속심리(심층적 심리)의 구조에 둘 것인가?

③ 하나의 낱말의 구성요소라 하더라도, 그것이 월을 변질시킬, 또는 월에서 다른 요소를 '지배(government)'하는 능력을 가졌으면, 이러한 연구는 통어(사)의 문제인데, 월갈에서는 이를 어떤 연구 부분에서 다루어야 할 것인가?

『우리말본』의 월갈의 범주에서는 이러한 현대 언어학적 약간의 문제가 들어 있음을 알 수 있다.

(3) '월'의 성분과 '기본' 의식

월의 성분을 구조적인 상호 관계로 보아서 '주요 성분', '종속 성분', '독립 성분'으로 크게 갈랐다. 그리고 이를 다시 세분하여, '주요 성분'은 임자, 풀이, 부림(목적), 기움(보어)로 나누고, '종속 성분'은 매김(관형), 어찌(부사어)로 나누었다. '독립 성분'은 홀로말(독립어: 부름, 보임, '提示', 느낌)이라 하였다. 이와 같은 구성요소가 유기적으로 결합하면 최소한의 월을 만들어 낼 수 있는 것으로 보았다. 이제 이들의 성분에 따라, 유도되는 월을 보면 다음과 같다.

  (1) 임자-풀이(주술)

  ① 무엇이 어찌하다(닭이 운다).

  ② 무엇이 어떠하다(꽃이 아름답다).

  ③ 무엇이 무엇이다(이것이 범이다).[43]

  (2) 임자-부림(목적)-남움(타동)

  (3) 꾸밈-임자-꾸밈-풀이

  (4) 꾸밈-임자-꾸밈-부림-꾸밈-풀이

  (5) 홀로말(아버지, 손님이 오셨습니다.)

이러한 구조는, 월의 성분으로 본 문장의 무한 생성 가능성을 보인 얽이이다. 그런데 한편, 홑월(단문)쪽에 따르면, 다음과 같은 홑월의 보기가 보인다.[44]

  (1) 달이 밝다. (무엇이 어떠하다)

  (2) 그 사람이 육군 장교였다. (무엇이 무엇이다)

  (3) 새가 운다. (무엇이 어찌하다)

  (4) 아이가 글을 읽는다. (무엇이 무엇을 어찌하다)

---

43) 풀이씨는 본래, 풀이힘(진술 능력)과 함께, 실질 관념까지 갖추고 있다('가다, 크다' 등을 생각하면 알 수 있다). 그러나 잡음씨 '이다'는 풀이하는 진술 능력만 있고, 실질적 속성 관념이 없다. 그러므로 그 실질 관념을 깁는 말이 필요하다. 이 깁는 말을 기움말(보어)라 한다. 이 기움말이 잡음씨와 합하여 월의 풀이를 온전히 한다. "이것이 범이다"에 '범'은 기움말이다.

이 기움말은 다음과 같이 분류된다.

임자씨로 된 것: 이것이 <u>산삼</u>이다.

이름꼴(명사형)로 된 것: 이러한 살음은 <u>죽음</u>이외다.

임자마디(체언절)로 된 것: 고기가 없음은 <u>물이 너무 맑음</u>이다.

어찌씨로 된 것: 아주 <u>무척</u>이여.

지정(指定)의 목적으로 된 것: 그 사람의 말버릇은 <u>하여튼</u>이다.

44) 『우리말본』, ㅉ.793. 오른 쪽의 괄호 안은 글쓴이가 한 것임.

(5) 날씨가 춥지 아니하다. (무엇이 어떠하지 아니하다)

(6) 나도 한 번 그 활을 쏘아 보자. (무엇이 무엇을 어찌하다)

(7) 그것이 아마 내 책인 듯하다. (무엇이 무엇이다)

(8) 나는 시골로 가고 싶다. (무엇이 어디로 어찌하다)

이러한 홑월의 제시는 이미 보인 문장의 일반적 얽이에서 생성한 기본문(물론 '기본문'이라는 언급은 없지만)의 제시로 보아도 좋을 것이다.

이와 같은 것은 국어의 기본문 유도 설정에 좋은 본을 보이는 것이다. 그러나 여기에는 다음과 같은 문제성이 있다.

① 기본문 설정에 이론적 원칙을 세울 수는 없을까?

② 기본문에는 꾸밈말(수식어)을 고려할 것인가?

③ 잡음씨 '이다', '아니다'를 가진 문장은 각립된 기본 문장일까?

④ 도움풀이씨(도움움직, 도움그림)는 기본문에서 어떻게 처리할 것인가?

이러한 난제들이 문장의 얽이와, 거기에서 유도된 홑월 가운데 도사리고 있는 것이다.

그러나 이러한 문제점을 안고 있으면서도 곳곳에 보이는, 기본 설정의 의식은, 이 월갈에서도 충분히 노출된 것으로 보아야 한다.

(4) 월의 조각의 맞음(대응)과 공존(Co-occurrence) 관계

'공존(co-occurrence)'이란, 구성요소 간의 '대응'(상응, 호응), 말본의 일치(concord, agreement) 및 '통치(government)'를 말한다.[45]

『우리말본』에, "월의 조각 가운데, 위에 가는 것과 아래 가는 것이 서로 맞아야 바른 말씨가 되나니, 이를 월의 조각의 서로 맞음이라 이름하느니라"[46] 하였는데, 여기 '월의 조각의 서로 맞음'이란 곧 현대 언어학에서 말하

---

45) 공존관계에 대해서는, ① A, Koutsoudas: *V P Writing Transformational Grammars : an Introduction*, 1966, pp.95~8.

46) 최현배: 『우리말본』, 쪽.777.

는 '공존 관계의 호응'에 해당하는 것이다.

이러한 공존 관계의 호응에 해당하는 서로 맞음에 대하여, '높힘의 맞음'(존경의 상응) (그 <u>어른</u>이 오<u>시</u>겠다.)[47]과 '꾸밈의 서로 맞음'(수식의 상응)(<u>과</u>연, 그렇<u>구나</u>. 까마귀도 반포(反哺)의 길이 있거든 <u>하물며</u> 사람의 자<u>식이랴</u>?)[48]에서 찾아볼 수 있는데, 이는 현대 국어학에서의 공존 관계와 변형 구조 연구의 기틀이 되는 것이다.

(5) 요약

이상에서 언급한 바 외솔 최현배의 『우리말본』의 학문과 사상적 특징을 간단히 요약하여 맺음으로 삼는다.

『우리말본』은 갑오경장 이후 새로운 학문의 민족주의 사상을 고취한 최광옥, 유길준, 주시경 등의 뒤를 이어 받았다.

말본 체계로는, 스승인 주시경 선생의 과도한 분석 체계를 지양하고, 이를 개선 발전시켜, 분석적 경향을 띠면서 종합성의 어법 체계를 확립하였으니, 이는 그의 '준종합적 언어관'을 말해 주는 것이다. 이러한 언어관 밑에서 『우리말본』은 주시경 이후의 '삼대 말본 체계'중 가장 획굵은 업적으로 드러난다. 이는 '주시경 학파'의 형성과 그 발정을 뜻한다.

음성학의 분야에서는, 우리나라 '조음 음성학'의 초석을 닦고, 언어 기술론과 음운 구조론의 기틀을 마련해 주었다.

품사론에서 보인 낱말의 뜻매김은 분포(distribution) 또는 구조적 기능과 말본의 의미를 함께 고려한 것으로서 국어학 연구사 상 가장 뚜렷한 낱말관을 부각시켜 주었다.

품사 분류의 이론적 원칙도 구조론과 의미론의 양면성에서 찾을 수 있고, 그 이론적 배경은 언제나 논리학이었음이 또한 특징이다. 이러한 논리학

---

47) 최현배: 윗 책, 쪽.777~90.
48) 최현배: 윗 책, 쪽.790~2.

의 구체적인 반영은, 주사(主詞)와 빈사(賓詞)를 이어 매는 계사(繫詞, cop-ula)의 요소(이다, 아니다)가 형식 논리에서 '긍정', '부정'의 판단으로 작용함에 착안, 계사의 언어 법칙에서의 중요한 기능적 부담량을 인식하게 되고, 그것이 말본에서 '잡음씨'라는 체계로 처음 부각되어 나온 것으로 지적된다.

한편, 말의 법칙에 대해서는, 결코, 자연과학적 필연적 법칙이 아니라고 봄으로써, 말의 규칙의 비논리적 '예외성'을 인정하였다.

다른 한편, 말본 범주를 확립하였으며, 말본 역사상 처음으로 체계를 정립한 끝바꿈(활용) 법칙은, '기본'의 개념과 '변화' 개념의 인식에서 온 것이라고 볼 수 있다. 그 밖에 중요한 말본 범주로 '도움줄기'를 설정하여, 하임(시킴, 사동)과 입음(피동)법을 체계화함으로써 변형과 변별적 식별의 기초를 다져 주고 있다. 한편, 높임법의 등분(마침법과 주로 관계)의 확립과 12때매김 체계는 전통말본을 이끌어온 통설이며, 특히 12때매김의 표준으로 '움직임의 때', 말하는 사람의 때점(시점) 등을 명시함으로써, '시간'과 '상'을 보는 눈을 열어주고 있다. 또한 끝바꿈에서 정립되는 감목법(자격법), 이음법을 통하여 통어(사)론의 이해를 자극하고, 마침법 체계에서 오는 '서법'의 형성 원리와 체계 확립은 오늘날 서법 연구의 기틀이 된다. '토씨'의 통어(사)적 의미론적 분류 체계 또한, 형태·통어(사)론과 의미통어(사)론의 기틀이 된다. 한편, 도움풀이씨(보조동사, 보조형용사)의 새로운 개척은 종합적 구조 연구에 길을 터놓았다.

월갈에서의 월의 뜻매김은 '심리학적 통각작용(心理學的統覺作用)'을 끌어 왔다. 그리고 거기에서, 월의 구성 성분을 분석하여, 월의 기본문을 유도해 보려는 흔적을 농후하게 드러냈다. 비록, 기본문 설정의 이론적 원칙과, 그 기본문의 정립을 세우지는 아니했다고 할지라도, 기본문의 모색은 변형 구조 이론의 기초적 작업으로 크게 평가할만하다. 다만 속뜻으로 보는 월의 개념이 없어 아쉽다.

특히, 월 조각의 맞음은 말의 '공존 관계(co-occurrence)'를 인식한 것으로, 하나의 언어에 대한 유기적 구조 의식의 접근이라 볼 수 있다. 이는 오늘날 언어학에서의 공존 관계와 변형 구조 연구의 기틀이 된다고도 할 수 있다.

한 말로, 『우리말본』은, 1937년 이래 근 반세기가 지난 오늘까지 우리 말 본계를 이끌어 오는 국어학(문법학)의 금자탑이라 할 수 있다.

3. 최현배의 『한글갈』과 음운학의 학맥

『한글갈』(1940년에 완성('머리말'에 따름), 1942년 5월에 초판 펴냄)은 국어 연구의 역사에서는 없어서는 안 될 역사적인 연구 및 중세 음운론의 학설서로써, 현대적 공시적 연구인 『우리말본』과 함께 쌍벽을 이룬다. 이 자리는 말본의 준종합주의 체계를 다루는 자리이기는 하나, 그의 학문이나 그 학맥으로 보아 여기에서 다루는 바이니, 『한글갈』의 연구, 특히 거기에서의 '이론편'은 훈민정음의 연구와, 이에 따른 15세기 음운론에 해당하며, 이는 곧 "해례(解例)"이래 전 조선조를 걸쳐서 연구한 음운 연구에 발전적인(『우리말본』의 '소리갈'과 함께) 맥을 잇기 때문이다. 글쓸이가 이 뒤부터 몇 학자의 독립적인 음운론(혹은 말본에서의 음운연구)을 소개하는 소이는 바로 여기에 있음을 밝혀 둔다.

3.1. 『한글갈』의 정신, 학설

최현배의 학문에서 나라 사랑을 빼놓을 수 없다. 『우리말본』에서 그러하듯 또한 『한글갈』에서도 그것이 잘 나타나 있다. 초판이 나올 때는 속에 먹은 말을 다 못한 때라, 다만 '머리말'에서, 이 책이 훈민정음에 관한 일체의 역사적 문제와 한글에 관한 일체의 이론적 문제를 논구함을 말하고, '위로는 신경준(申景濬), 유 희(柳僖)의 유업을 잇고, 아래론 주시경(周時經)의 가르침의 유지를 이루고자 한다'고 밝혔다. 여기에서는 그이의 분명한 음운학적 학맥과 말본의 학맥, 그리고 정신적인 맥을 미루어 알 수 있거니와, 더욱 이러한 그 정신적 측면은, 재판을 내면서 밝힌 '왜정 아래 깎어 버린 초판의 일부 머리말을 되살려 놓은 상징적 표현'에서, 잘 읽을 수 있다(참조: 초판의 일부 머리말을 되살려 놓은 고친판 머리말). 이렇듯 먹었던 속마음은 고친판의 머리말에 잘 나타나 있다.

"이 책은 중·일 전쟁이 점점 격렬해 갈 무렵에, …… 이 몸이 전화로 죽기 전에, 그 날 그 때까지의 우리 한글 동지들의 연구한 결과를 적어서 뒷세상에 전하여야겠다는 나의 문화 육성의 정성과 겨레 사랑의 의무감에서 삼년 동안에 밤낮 전심전력을 다하여 이루어 낸 것이었다……."(고친판 머리말 중에서)

학설을 통찰함에, 고친판(1971)을 밑책으로 삼으려 한다. 그것은, 초판의 내용이 고친판과 비슷하기는 하나, 바닥글(지문)이 한글로 고쳐지고, 체재도 가로줄로 되었으며, 특히 '이론편'에서 '소리값 상고'(1959년 『동방학지』 넷째 호에 실린 것), '견주는 한글갈'(비교정음학)을 가늘게(자세하게) 깊고 더하였으므로, 쪽(페이지) 밝히기의 편리함이나 기술의 체계면에서 고친판을 중심 삼음이 편리하리라고 여기기 때문이다.

『한글갈』의 내용은 크게 '역사편'과 '이론편'으로 나뉜다.

3.2. 「역사편」에 나타난 훈민정음 연구와 그 발달사

역사편에서는 '훈민정음의 창제', '한글 쓰기의 번짐＝한글 발전 역사', '한글갈기의 피어남＝한글연구의 역사' 등, 셋으로 갈랐다.

여기 연극 역사와 관련하여 보건대, 글쓴이의 『우리말 연구사』(1983)는 『한글갈』에 의지한 바가 많아 서로 비슷한 대목이 많으므로, 여기에서는 다만, 글쓴이의 '연구사'의 성격상 다루지 아니한 부분, 그리고 외솔 최현배의 독특한 견해 및 외솔이 미처 보지 못한 자료(『경세훈민정음도설』) 등을 함께 겉훑음에 그친다. 이제 아래에 이를 밝힌다.

① 『훈민정음』의 이본과 원본: 전(全)씨본이 원본이다.

　　『훈민정음』 이본에는 '실록본'(세종실록에 있는 한문체), '희방사본'(喜方寺本)(『月印釋譜』 첫째 권의 「世宗御製訓民正音」), '박씨본'(박승빈 간수 판각본 『訓民正音』), '일본 궁내성본'(宮內省本), '가나사와본'(金澤庄三郎 간수), 그리고 '전씨본'(1940년 경북 안동 이씨 집에서 발견한 것) 중, 전씨본을 원본으로 인정했다.

　　② '便於日用矣'의 '矣'는 '耳'이다. 이는, 전씨본의 첫째, 둘째장이 이씨 집에서 발견되기 얼마 전에 손글씨로 메워진 것인데, 이때 '耳'를 '矣'로 잘못 써놓은 것이라고 했다(이를 비롯하여 그 밖에 잘못된 곳을 고쳐서, 한글학회에서는 세종 나신 600돌(1997)에 복원본을 냄―글쓴이).

　　③ 우리글의 이름의 변천을 '훈민정음', '언문', '반절', '한글'로 보고 한글은 주시경에서 비롯된 일인 듯하다고 했다(배달말글몯음(←국어연구학회)이 1913년에 '한글모'(회장: 주시경)로 바뀌면서 '한글'이란 이름이 처음 쓰인 것으로 추정됨―글쓴이).

　　④ 한글 쓰기와 연구의 역사를 '한글 창제시기'(1419~1468): 세종원년~세조 말(15세기), '한글 정착시기'(1470~1591): 성종원년~임란 전(16세기), '한글 변동시기'(1592~1724): 임란~경종 말(17세기), '한글 간편화시기'(1725~1893): 영조원년~갑오경장 전(18, 19세기), '한글 각성시기'(1894~1944): 경장~해방 전(20세기 전반), '한글 대성시기'(해방~미래)로 나누었다.

　　⑤ 한글 창제로부터 발전의 역사를, '한글의 독립스런 쓰기'와 '다른 글자나 말을 뒤치어 쓰는 것'(종속스런 쓰기)으로 나누고, 종속스런 쓰기는 '한문의 뒤침'(漢文諺解 혹은 譯文類), '한자의 음이나 뜻을 한글로 뒤침'(譯字類), '외국말을 한글로 옮기기'(外語譯解 혹은 譯語類)로 나누었다.

　　⑥ 이미 보인 각 시기에 따라 발전하는 모습과 편찬 간행되는 많은 자료를 제시하였다. 곧 독립스런 한글 쓰기로서, 세종조의 간행과 편찬(龍歌, 月印千江之曲, 釋譜詳節, 月印釋譜 등)을 비롯하여 정착기 곧 중·명조 시대의 가사 애송과 한글 쓰기, 한글 변동시기에 있어서 평민 문학과 한글, 한글 간편화시기인 영·정조의 실학 시대에 있어서의 편찬(文獻備考, 奎章全韻,

全韻玉篇, 五倫行實圖 등)과, 각성 시기(갑오경장)의 법령, 신문, 저술, 교육, 특히 종교가 한글에 끼친 공적 등이 소상히 기록되었다. 또한 다른 글자나 말을 뒤쳐쓰는 것으로는, 특히 한글 시기의 세종·세조의 언해 사업으로부터 성종조, 중종조, 인종·명종조, 선조·광해군, 인조·숙종조, 영·정조, 고종 광무 연간에 이르기까지에 초간 중간된 각종 언해류를 총망라하여 서지학적으로 풀이해 놓았다(참조: 『고친 한글갈』, 쪽.101~188). 또한 한자를 뒤친 역자류(譯字類) 곧 언해한 운서들, 언해한 옥편들, 언해한 유가름 글자책(한자를 분류, 한글로 음과 새김을 달고 한자로 설명한 책). 이두 이문(吏讀 吏文)에 관한 한글, 중국말과 한글, 만주말과 한글, 몽골말과 한글, 산스크릿(梵語)에 대한 한글, 서양말과 한글(성서번역), 천주교 서류와 한글, 기타 외국말과 우리말 사전(서양말–배달말, 배달말–서양말) 등, 수많은 자료가 제시되어 서지학적으로 설명되어 있다(참조: 『고친 한글갈』, 쪽.188~259). 여기에서 우리는 우리말의 역사적 통시 및 공시적 연구, 비교언어학적 연구 등, 가능한 국어 연구를 할 수 있는 자료를 얻을 수 있다는 데 큰 뜻을 찾을 수 있다.

⑦ '한글 연구의 역사'에서는, 한글 창제 시기의 정인지 등의 『훈민정음 해례』에 나타난 학설로부터, 신경준의 학설, 최세진의 학설, 홍양호(洪良浩)의 학설, 황윤석(黃胤錫)의 학설, 유 희의 학설, 그리고 이봉운, 지석영(池錫永), 국문 연구소 위원, 유길준, 최광옥, 주시경 등의 학설을 소개하고, 신명균, 박승빈, 방종현(方鍾鉉)의 『훈민정음통사(訓民正音通史)』, 『고어자료사전(古語資料辭典)』 등에 이르기까지 소개 비평하였다. 이의 대부분은 이 책에서 다룬 바 있으므로 생략하거니와, 여기에서 특히 관심을 갖는 것은, 최현배는 훈민정음 이래 음성학적 진리를 얻은 최초의 학자로 신경준과 유 희를 들고, 이들은 훈민정음 진리 천명의 역사에서 쌍벽이 된다고 밝힌 점이다.

한편, 최현배는 최석정(崔錫鼎)의 『경세훈민정음도설(經世訓民正音圖說)』을 보지 못했음을 밝혔다. 그런데 이는 이미 김지용이 일본 경도대학 하합문고에서 발견하고, 글쓴이가 『한국어 연구사』 상권(연세대 출판부, 1975)에서 해설 비판한 바 있고, 또 이 책 『우리말 연구사』에도 올려 있으니 그쪽을 참고하기 바란다.

3.3. 「이론편」에 나타난 중세의 공시음운론

여기 이론편은 최현배의 한글학설에 해당한다. 그러므로 글쓴이의 연구
사에서는 이를 충분히 소개할 필요가 있지만, 그 중 중요한 것만을 가려 다
음에 소개하면서 그 의의와 글쓴이의 생각을 곁들여 보기로 한다.

이론편은, 크게 '훈민정음의 두루풀이', '없어진 글자의 상고', '갈바쓰기의
세움'(並書論), '한글의 기원', '한글의 세계 글자에서의 자리잡음', '견주는 한
글갈'(比較正音學) 등 여섯 개로 갈라 보았다.

(1) '훈민정음의 두루풀이'에서

1) 문제의 추출

없어진 글자 'ㆆ, △, ·, ㅇ, ㅸ'와 갈바쓰기(병서)의 소리값 및 사잇소리
문제를 들었다. 없어진 글자와 갈바쓰기는 뒤에서 논증하겠기로 그쪽으로 미
룬다. '사잇소리'에 대해서는, 훈민정음의 사잇소리는 그 뒷소리를 들어 말함
은 큰 의미가 없음을 밝히면서, 이 문제는 '맞춤법 통일안'의 토론 당시 문제
가 있었음과, 또한 뒷날 말본의 풀이와 적는 방법 처리에 합리적 성과가 아
직 남아있다는 문제점을 지적하고 있다[49].

2) 옛말의 말본 및 형태론적 분석

『훈민정음』 본문의 낱말 풀이에서는 15세기 문헌의 전거로, 말본(음운론
적 측면 포함) 및 형태론적 분석 등 언어학적 분석을 보인다.[50] 따라서 이는

---

49) 사실상, '사잇소리'는 오늘날도 명쾌한 해결을 보지 못하고 있는 큰 문제의 하나로 남
   아 있다.
50) 『고친 한글갈』은 이 대목에서 초간본 『한글갈』을 많이 깁고 더하였다.

소폭적이나마 '15세기 우리말의 공시적(때로는 통시적) 형태론'의 성격을 띠고 있다. 이제 그 서너 가지 보기를 들면 아래와 같다.

보기 1: <u>중국에 달아</u>

'에'는 견줌을 나타내는 어찌자리토(比較副詞的 格助詞)이니 오늘의 '과'와 같다. 옛날에는 '과'와 같은 토에 '이'가 있었으니

"믈근ᄀ᷼쇽 미햇므리ᄀᆞᆯᄒᆞ며"(如澄秋野水ᄒᆞ며) (蒙山)의 '이'와 같다(ㅉ.351).

보기 2: <u>뿌메</u>

'뿜'은 '쓰다'의 이름꼴(명사형), ……옛날에는 풀이씨의 줄기의 끝의 홀소리를 따라 더러는 'ㅜ'로, 더러는 'ㅗ'로 바뀌는 일이 있었다(ㅉ.355). 글쓴이(글쓸이)의 생각으로는, 이는 '삽입모음규칙' 발견의 태동이라 할만하다. 삽입모음 '오/우'는 줄기(어간)와 씨끝(어미)과의 사이에 들어가며, 이는 씨끝종류에 따라 들어가되, 홀소리 고룸에 따라 '오', '우'가 결정된다, '뿌메'의 경우는 이름꼴 씨끝 'ㅁ'위에서 '우'가 잇긴(십입)꼴이다[51].

보기 3: <u>ᄃᆞ외ᄂᆞ니라</u>

이제의 '되다'의 옛말. 'ᄃᆞᄫᅵ다'에서 온 말. 용가(龍歌)에는 'ᄃᆞᄫᅵ다'가 쓰이었다: "山익草木이 軍馬ᄃᆞᄫᅵ니이다"(용 98)

훈민정음에서는 "ᄃᆞ외다"로 쓰여, 세종 당시에는 'ㅸ'와 '오' 두 꼴이 쓰였음을 보였다(ㅉ.365).

글쓴이의 생각으로는, 이는 당시 'ㅸ'이 음운이었었느냐 아니냐의 문제를 제기해 주는 한 자료로 평가된다.

(2) 「없어진 글자의 상고」에서

이 대목은 갈바쓰기의 세움(병서론)과 아울러 외솔 최현배의 15세기 음

---

51) '삽입모음규칙'에 대해서는, 허 웅: 『龍飛御天歌』 주해, 정음사, 1955(허 웅 본인의 저서들에 기술된 연대기술에 따름. 사실 이 연대는 '序'를 쓴 연대임. 정음사 초판에 나온 단기 4289년은 1956년에 해당함), ㅉ.100~9; 허 웅: 『국어음운학』, 정음사, 1965, ㅉ.346.

운론에 해당한다. 그러므로 『우리말본』의 '소리갈'편과 합치면, 이른바 외솔의 '음운학'이 이룩될만하다. 이러한 음운론(음운학)은, 그 뒤 허 웅에 의하여 독립된 연구서로 나타나게 되는데, 『국어 음운론』(國語音韻論, 1958)과 그 개고 신판 『국어 음운학』(國語音韻學, 1965), 『국어 음운학』(1985)이 그것이다.

최현배가 이미 앞에서 문제로 제기한 글자 'ㆆ, ㅿ, ㆍ, ㅇ, ㅸ'에 대한 소리값 고증을 소상히 하되, 특히 아래아(ㆍ) 소리값에 대하여 집중적으로 논증했다.

1) 'ㆍ'의 소리값

이는 똑똑하지 못한 복판소리요, 'ㅗ', 'ㅏ'에 맞서는 자리에서 그 사이소리이며, 'ㅡ', 'ㅏ'의 가까운 자리에 자리잡은 가온혀소리[ə]이며, 그러므로 그것은 모든 홀소리(ㅏㅓㅗㅜㅡ)에 두루 가까운 중간에 있다고 했다.

위의 결론을 얻기까지에는 ① 훈민정음의 글자풀이를 그대로 할 것이 아니라, 이에는 현대 음성학적 풀이가 가미되어야 한다는 원칙 밑에 현대 음성학자 존스(D. Jones)와 구조 언어학자 글리슨(H. A. Gleason), 헉켓(C. F. Hockett) 등의 이론을 끌어왔다. ② 또한 'ㆍ'의 발전사적인 측면에서 고찰했다.

여기에서 얻어진 결론은, 'ㆍ'의 소리값 고증에 심혈을 기울인 이숭녕의 'ㅏㅗ' 사이소리설에 대립한다. 이것은 그 뒤 논전을 거듭하게 되었다. 최현배는 『한글갈』 초판에서 'ㆍ'문제에 큰 비중을 두게 되었고, 이숭녕은 『신흥(新興)』 8호 (1935)와 『진단학보(震壇學報)』 12호(1940)의 논문을 거쳐, 『朝鮮語音韻論研究 第一集 'ㆍ' 音攷』(1948)라는 단행본을 내게 되었다. 이에 다시 최현배는 『고친 한글갈』(1961, 『고친 한글갈』 '머리말'은 1960)에다가, 1959년에 『동방학지』 넷째 호에 실린 'ㆍ'음에 대한 깊고 더한 논문을 싣게 된다.

최현배는 먼저 'ㆍ'에 대한 여러 학자의 소견을 소개하고 자신의 논증을 통하여 결론으로 이끌고 있다. 대체로 여러 학자들의 'ㆍ'의 소리값에 대한 소견은 이러하다(고친 한글갈, 쪽.451~459을 볼 것).

① 신경준: 'ㅣ ㅡ ㅏ ㅑ'의 사이소리다.

② 유 희: 'ㅏ ㅡ'의 사이소리다.

③ 주시경: 'ㅣ ㅡ'의 겹소리다.

④ 이능화: 'ㅏ ㅓ ㅡ ㅜ'의 사이소리다(「朝鮮佛敎通史」에서).

⑤ 오구라(小倉進平): 'ㅏ ㅗ'의 사이소리다(「南朝鮮方言」에서).

⑥ 김석곤(金碩坤): 'ㅏ ㅓ ㅗ ㅜ ㅡ'에 두루 가까운 소리다(조선일보 1931.5월 1일부터 7회에 걸침에서).

⑦ 이숭녕: 'ㅏ ㅗ'의 사이소리이다.

최현배는 다음과 같은 논증을 통하여 이 앞에서 보인 바와 같은 결론을 얻게 된다.

(ㄱ) 『훈민정음 해례』의 언어학적 풀이 문제

'·' 소리값에 해당되는 부분:

· 舌縮而聲深

ㅡ 舌小縮而聲不深不淺

ㅣ 舌不縮而聲淺

ㅗ 與·同而口蹙

ㅏ 與·同而口張

ㅜ 與ㅡ同而口蹙

ㅓ 與ㅡ同而口張

위는 글자대로만 해석할 수가 없다. 만일 글자대로만 해석한다면, '·'의 'ㅏ ㅗ'의 사이소리설이 나올 수 있다. 또한 'ㅡ ㅓ ㅜ'는 가온 혓서리, '· ㅏ ㅗ'는 뒤 혓소리가 될 수도 있다. 그러나 이는 현대 음성학이 용납하지 않는다. 이와 같이 말하고 따라서 이를 극복하기 위하여서 다음과 같은 견해를 피력한다.

① '舌縮, 舌小縮, 舌不縮'의 풀이

이는 '· ㅡ ㅣ' 석 자의 됨됨이나 소리나는 모습을 구별있게 기술하기 위하여, 그러한 세 계단으로 말한 것이라는 비교적 해석을 해야 한다. 그것은 곧 혀의 위치를 말한 것은 아니다.

② '口蹙, 口張'의 풀이

이는 입 열기(개구도)의 대소의 비교표가 아니고, 입술 둥글음(원순성)을 나타낸다. 이와 같이 본 최현배는 입열기는 이때 입술 모양에 따라 나타나는 잉여적 자질로 해석하는 듯하다. 이숭녕은 이에 반하여, 그것을 입열기로 보고 있다(『조선 음운론연구』 제1집, 쪽.23). 따라서 최현배는 'ㅗㅜ'는 입술 오므림(둥근입술소리)이요, 'ㅓㅏ'는 입술 벌림소리라는 것이다.

③ "聲深, 聲不深不淺, 聲淺"의 풀이

이는 청각적 효과를 뜻함이니, 곧 소리가 깊다 함은 나는 소리가 'ㅣ'처럼 앞 혀에서 나지 않음을 가리키는 동시에 소리느낌을 뜻한다.

(ㄴ) 'ㆍ', 'ㅡ'의 상관 문제에서

① '사성통고 범례'(四聲通攷凡例)에서 중국음의 무겁고 깊은 소리맛(重深感)을 나타내는 방법으로 'ㆍ', 'ㅡ'가 서로 깁는다고 함은, 'ㆍ', 'ㅡ'의 비슷함을 뜻한다.

② 'ㆍ', 'ㅡ'의 상통: "ㅍㄹ다~프르다" 따위로 서로 통한다.

③ 'ㆍ', 'ㅡ'의 갈림과 상통: 홀소리 고룸법칙에서 'ㆍ', 'ㅡ'의 대립에 따른 하나의 '몰골'(morpheme)의 '가닥 몰골'(allomorph)(ㆍㄴ / 은, ……)로 나타남은 'ㆍ', 'ㅡ'의 소리 값이 가까운 증거다. 이는 '등급의 다른 개념'(異級槪念: 대립 관계는 가까운 관계와 병존한다는 논리)이다.

④ 중성홀소리 'ㅣ'와의 닮음에서 'ㆍ ㅡ'가 분간없이 쓰임(之ᄂᆞᆫ~之는 (훈, 언), 心을~天心을 (용))은 'ㆍ', 'ㅡ'가 가까운 증거다.

(ㄷ) 음운변천에서

'ㆍ', 'ㅡ'의 혼란이 1485년 간행 『불정심타라니경언해(佛頂心陀羅尼經諺解)』에서 일어나기 시작하여 뒤로 갈수록 심함은 'ㆍ', 'ㅡ'의 가까움을 뜻한다.

(ㄹ) 훈민정음 홀소리 체계에서

① 'ㆍ'는 모든 소리의 비롯이며 모든 홀소리글자에 두루 쓰이는 소리라 함(ㆍ之貫於八聲者　猶陽之統陰而周流萬物也)은 'ㆍ'가 'ㅏㅓㅗㅜㅡㅣ'에

상통 관계에 있는 불분명한 소리임을 증명함이다.

② 또한 홀소리 체계에서 '·ㅗㅏ'는 밝은 홀소리, 'ㅡㅜㅓ'는 어두운 홀소리의 대립임은 인정하나, 이 대립(·/ㅡ, ㅗ/ㅜ, ㅏ/ㅓ)은 모순 개념이 아니다. 등급이 다른 개념(異級槪念: 等級槪念의 반대)으로 맞섬과 가까움은 병존한다. 곧 대립은 유사와 상관성을 가진다. 따라서 '·', 'ㅡ'는 대립되나 가깝다.

결과로, 최현배는 맞섬과 가까움의 병존 위치에서 홀소리의 자리를 다음 그림에서 왼쪽과 같이 잡았다(ㅉ 434). 오른쪽은 이숭녕의 것이다(앞든 책 '·'음고 ㅉ.38).

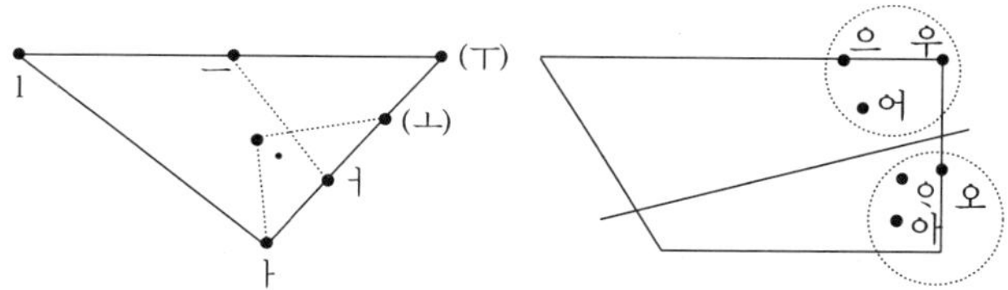

위에서 보면, '·'는 'ㅗㅏ'의 사이소리요, 'ㅡ'는 'ㅜㅓ'의 사이소리다. 그리고 세 개의 세모꼴 중, '·ㅗㅏ'는 겉(表, 陽)이 되고, 'ㅡㅜㅓ'는 속(裏, 陰)이 된다. 그리하여, 서로 성질을 달리하는 동시에, 또 한쪽으로 상관뭇(相關束)을 이룬 두 소리는 서로 가깝다. 곧 '·ㅡ', 'ㅗㅜ', 'ㅏㅓ'는 각각 하나는 겉, 하나는 속으로서 서로 가까운 자리에 있다. 이에, 최현배는 이숭녕을 다음과 같이 비판한다.

이숭녕의 홀소리 그림에 대한 비판:

① 홀소리의 마주 맞음(symetry)이 맞지 않는다.

② 'ㅏ'의 뒤 홀소리로서의 자리 잡음이 불안정하다.

③ 오늘날의 'ㅓ', 'ㅗ'의 자리 바꿈을 사실적 이론으로 설명할 수 없다 (낮은 'ㅓ'의 발생 원인으로 서북 지방 침입설을 주장하나 믿을 수 없다).

최현배의 결론:

'ㅏ'는 가온소리다. 'ㅓ'는 오늘과 같은 낮은 뒷소리다(그 당시 씨끝 '아, 어'는 모두 짧은 소리(거성)이다. 또 '벌, 멀다'가 상성으로 나타나는 것은 그 'ㅓ'가 근본 긴 소리가 아니기 때문이다). 따라서 '·'는 똑똑하지 못한(힘올림 (stress accent) 없는) 소리의 얼안(음역)이 넓은 소리로써, 'ㅗ', 'ㅏ'의 맞서는 자리에서는 그 사이소리이며, 'ㅡ', 'ㅏ'에 가장 가까운 자리에 자리잡은 가온 홀소리 [ə]이다. 그렇다면, '·'는 모든 홀소리 'ㅏ ㅓ ㅗ ㅜ ㅡ'에 두루 가까운 중간에 있다고 볼 수 있다(가깝다는 것은 기하학적 개념이 아니다).(이상, 『고친 한글갈』, ㅉ.444~7.)

끝으로 최현배는 '·'의 소실기에 대해서는 17세기로 잡고 있다. 곧 '·'는 『가례언해』(家禮諺解: 인조, 1632)의 간행 시기인 인조 때 그 의식이 희미해졌는데, 글자의 묵수성으로 보아 인조 이전 7년간의 임란(선조 25, 1598) 때부터 이미 흔들리기 시작하여 『역어유해보』(譯語類解: 숙종 16, 1690)에 이르는 약 100년 사이에 소실된 것으로 추측, 그 소실기를 17세기로 잡았다. 이 17세기 소실설은 이숭녕과 일치한다.

2) 'ㅿ'의 소리값

'ㅅ'에 가까우면서도 'ㅇ'에 가깝다.

최현배는, 그 쓰임으로 보아 대체로 흐린소리 특히 홀소리 사이에 나타남(임자씨 안에서: 마은(용, 18), 임자씨 끝소리에서: ㄱㅅ(용, 6), 겹씨에서: 두서(월석 7), 풀이씨의 줄기 끝소리에서: 니서(용, 44) 등)과 변천으로 보아 (ㅿ〉ㅅ, ㅇ) 'ㅿ'는 'ㅅ'에 가까우면서도 'ㅇ'에 가깝다고 보았다.[52]

글쓸이도 'ㅿ'에 대하여 다룬 바 있으며, 이를 [z]로 보고, 음소 /z/로 추정

---

52) 'ㅿ'에 대하여 논의된 것으로 다음을 참고할 것.

　　허 웅: 『국어음운론』, 1958, 그 고친판, 『국어 음운학』, 1965.

　　이숭녕: ㅿ音攷(서울대학교 논문집, 『人文社會科學』 3집).

했다.[53] 생각하건대, 'ㅿ'의 소리값 뿐 아니라, 음운 체계를 위하여 음운론적 자리에서, 그 음소의 설립 여부까지를 논의할 수 있으리라고 본다.

3) 'ㅇ'의 소리값
'목청 떨음표'이다.

훈민정음의 독특한 견해에 따르면, 'ㅏ ㅑ ㅓ ㅕ …'는 다만 홀소리스런 입굴의 꼴을 나타낼 뿐이므로, 반드시 목청 떪을 나타내는 첫소리를 더 붙여야 하는데, 'ㅇ'이 곧 그것이다. 그러나 오늘날 음성학의 이론으로 보면, 모든 홀소리는 반드시 목청 떨음소리이다. 따라서 'ㅏ ㅑ ㅓ ㅕ …'는 제 홀로 소리가 나고, 'ㅇ'는 다만 소리없는 빈자리를 채워 낱내 본위 맞춤의 모양을 보임에 불과하다고 보고, 'ㅇ'은 소리 값을 인정하기 어려움으로 뒷날 가로글씨에서는 'ㅇ'을 버려야 한다고 외솔은 주장했다.

4) 'ㆆ'의 소리값
'극히 맑고 빠른 목터짐 소리'이다.

그 증거로, ① 훈민정음 종성해에서 이것이 목청터짐 맑은 소리 계열임과, ② 훈민정음 사잇소리 쓰기의 보기(那낭ㆆ字)와, ③ 당시의 기록의 보기(이經디넗사ᄅ미(석보 19권 18장)/經디닐싸ᄅ미(석보 19권 17장))를 들었다.

5) 'ㅸ'의 소리값
'두 입술을 덜닫고 내는 가벼운 소리'이다.

그 증거로, 훈민정음의 "以輕音脣乍合而喉聲多也"와, 사성통고 범례(四

---

53) 김석득: 「소실자운(消失字韻, graphmeme)」고, 연세대학교 『인문과학』 13집, 1965.

聲通攷凡例)의 "爲ㅂ之時將合勿合吹氣出聲爲ㅸ"과, 당시의 문헌에서 'ㅸ'이 쓰인 환경을 들고 있다.

글쓴이는 'ㅸ'을 간극 1도(一度)의 목청 떨음 입술갈이소리(유성마찰순음)[β]로 보고, 당시의 음소 /β/로 처리한 바 있다.[54]

글쓴이의 견해:

이상에서 소리 값에 대한 외솔 최현배의 설을 보았다. 글쓴이의 견해로 볼 때, 소리값의 상고 문제와, 나아가서 그 소리값을 가진 것의 '음소(phoneme)' 성립 여부와는 절대적 관계가 있다고 본다. 외솔의 설에서는 이 '음소' 문제를 들어 말하지 아니했다. 따라서 당시의 공시적 음운 체계와 통시적 음운 변천사적인 측면에서 필요한 선결 문제인 음소 문제는 우리의 과제로 그대로 남는다. 글쓴이는 이에 대하여 조금 시도한 바 있으니, 이를 참고하여 주기 바란다.[55]

(3) 갈바쓰기의 세움(並書音)

여기에서 관심 있는 것은 '된비읍', '된 시옷', '된 비읍 시옷', '갈바쓰기' 따위이다.

1) 된 비읍의 'ㅂ'은 'ㅂ' 스스로의 소리 값을 가졌었다.

외솔은 그 증거로, 'ㅄ'의 풀이를 들었다: 1. 현대어에서 '햅쌀, 입쌀, 좁쌀' 따위의 경우 'ㅂ'이 들어나는데, 이는 원래 '쌀'의 'ㅂ'이 제 값을 가진 소리였기 때문이다. 2. 『계림유사(鷄林類事)』(孫穆)의 "白米曰漢菩薩, 粟曰田菩薩"에서 'ㅂ'이 발음되었음을 미루어 알 수 있다. 3. 현대어에서 '욉씨, 몹쓸놈'에

---

54) 김석득: 「중세순경음(中世脣輕音) ㅸ음소고(音素攷)」, 연세대 『인문과학』 12집, 1964, ㅉ.5~10. 또한 「ㅸ」에 관하여, 허 웅: 『국어음운학』, ㅉ.286~94을 볼 것.

55) 김석득: ㉠『한글갈』, 「없어진 글자의 상고─음운론적 입장에서─」, 『나라사랑』 14집, 1974; ㅉ.139~45. ㉡ 「중세순경음(中世脣輕音) ㅸ음소고(音素攷)」 연세대 『인문과학』 12집, 1964, ㅉ.1~19.

서 'ㅂ'이 나타남은 지난날 'ㅄ', 'ㅄ'의 'ㅂ'이 소리 났음이다. 4.『사성통해(四聲通解)』에 '萩'를 '뿟리'라 했는데, 순천 송광사에 '비사리구수'가 있고, 또한 충청도 지방에서 싸리를 '비사리'라 한다 하니, 이는 '뿟리→비사리'로 미루어 짐작되므로, 'ㅂ'소리 남을 짐작할 수 있다. 따라서 '된 비읍'은 '된 소리의 표' 가 아니다.

2) 된 시옷의 'ㅅ'은 'ㅅ' 스스로의 소리 값을 가졌었다.

1. 'ㅅ나히→사나히'에서 'ㅅ'이 소리남을 증거할 수 있다. 2.『삼국사기』(三國史記, 권38)의 '舒發翰, 舒弗邯'이 다 '角干'과 뜻이 같다는 황윤석(黃胤錫)의 「화음방언자의해(華音方言字義解)」의 풀이에 따라서, '쌸'의 'ㅅ'이 제 소리로 남을 짐작한다. 3. 덕종왕비의『오대진언집(五大眞言集)』의 한글 뒤 침에서 'stha→짜' 등으로 함도, 그리고 4. 평북삼메말(山蔘採取人用語)에서 '떡'을 '시더구(← 썩)'로 말함도 다 된 시옷이 'ㅅ' 제 소리값으로 난 증거가 된 다고 했다.

3) 된 비읍 시옷의 'ㅄ'도, 이미 위에서 본 증거에 따라서 각각 제소리 값 을 가졌다고 보며, 보충적으로, '뿌리다(破) →브스뜨리다'를 들었다.

4) 갈바쓰기는 이제 말처럼 모두 된소리로 본다. 그리하여 'ㄴㄴ, ㅇㅇ, ㅎㅎ'도 다 된소리로 본다. 그리하여, 역사적 근거, 소리갈스런 증거(음성학적 근거), 글자갈스런 심리갈스런 근거(文字學的・心理學的 根據)를 들어 된소리 표기 는 맞춤법에서 병서해야 한다고 외솔은 주장했다.

글쓸이의 견해:

된 비읍 'ㅄ, ㅲ, ㅳ, ㅄ' 등, 이른바 'ㅂ계 합용병서'에서 'ㅂ'은 제 소리값 을 가졌으되 내파음[p̚]일 것이다(환경 '−C 곧 닿소리 앞에서의 안터짐소리 'ㅂ'). 그리고 그것은 구성음소 /p/가 될 것이다. 따라서 다음과 같은 기술이 가정된다.

ㅄ → [p〉s] → /ps/, ㅵ → [p〉t] → /pt/

ㅶ → [p〉c] → /pc/, ㅷ → [p〉th] → /pth/

된시옷 'ㅺ, ㅺ, ㅼ, ㅽ' 등 이른 바 'ㅅ계 합용병서'와 된비읍 시옷 'ㅴ, ㅵ' 등, 이른바 'ㅄ계합용병서'도 다음과 같은 음성 및 음소 기술이 가정된다.

ㅺ → [sk] → /sk/ ᄮ → [sn] → /sn/

ㅼ → [st] → /st/ ㅽ → [sp] → /sp/

ㅴ → [p〉sk] → /psk/ ㅵ → [p〉st] → /pst/

그러나 이에 대한 연구는 더 기다려야 할 것 같다.

갈바쓰기 'ᅇ'의 경우는, 최현배는 『훈민정음 해례』의 'ㅇ'의 유성성을 인정하는 바, 'ᅇ'은 'ㅇ'의 된소리임을 주장할 수 있다. 그러나 'ㅇ'은 글쓸이의 견해로는 '영의 소리값'(zero)이다. 그러므로 'ᅇ' 역시 소리값은 '영'이다. 따라서 이것이 실제 쓰인 보기(使ᄂᆞᆫ ᄒᆡᅇᅧ ᄒᆞ논 마리라(훈), 生死애 ᄆᆡᅇᅩᆫ根源(楞 5:5), 사ᄅᆞᄆᆡ게 ᄆᆡᅇᅵᆫ 고ᄃᆞᆯ 긋 아라(蒙山 19))에서 'ᅇ'은 된소리가 아니고, 그것은 [y]나 [i]의 긴장(tense)의 표기로 추정한다.[56]

(4) 한글의 기원

한글의 여러 가지 기원설을 정리하고, 이를 낱낱이 비판하면서 외솔은, '발음 기관 본뜸 기원설'을 세웠다. 외솔이 이러한 단정을 내리고 나서 얼마 안 되어 1940년 7월에 『훈민정음 해례』가 발견됨으로써 외솔의 논단이 참에 가까운 것으로 증명되었다.

56) 허 웅: 『국어 음운학』, ㅉ.337; 김석득: 「한글갈, 없어진 글자의 상고」, 『나라사랑』 14집, 1974, ㅉ.147~8.

(5) 한글의 세계 글자에서의 자리잡음

이 대목에서는, 우리 글자의 우월점과 특이한 점으로 글자 발달사적 계단으로 보나, 과학적 짜임새로 보나, 민중 교화의 사명으로 보나, 내리글 가로글로 마음대로 쓸 수 있는 성능으로 보나, 세계 글자 중 가장 좋은 글임을 기리었다.

(6) 견주는 한글갈(比較正音學): 음운론적 원칙의 세움

이것은 한글을 로마자로 뒤치기(Romanization)와 로마자를 한글로 뒤치기(Koreanization)의 음운론적 원칙을 주장한 것으로 풀이된다.

로마자로 뒤치는 원칙은 다음과 같이 세웠다.

목적: 로마자를 쓰는 서양사람이나 로마자를 배워 아는 다른 나라 사람들에게 우리말 소리를 나타내 보이는 것이다.

원리: 그러므로 우리의 주관보다 온 누리의 객관적 견해에 따라야 한다. 곧 로마자와 한글의 음운 조직에 맞아야 한다. 뿐만 아니라, 맞춤법은 소리뜻(音韻, 音素, phoneme)을 나타냄에 있다는 드루벳즈고이(N. Trubetzkoy)의 원리 적용에 따라서 가닥소리(支音 allphone)는 무시하고 으뜸소리(principal member, based allphone)만을 적는다.

ㄱㄷㅂㅈ→k t p č(혹은 c)

박→pak	박만→pak-man	가기→kak-i
탑→thap	탑만→thap-man	탑이→thap-i
물→mur	물이→mur-i	
옷→os	옷과→os-kwa	

또한 로마자에는 될 수 있는 대로 부호를 안 붙인다. 짧은 「i」는 「y」로 한다.

야→ya 여→ye 애→ay 에→ey

갈바쓰기는 다음과 같다.

쓰→ss   ㄲ→gg   ㅉ→jj ……

쓰기의 두가지 섬자리:
① 연구하는 자리에서는 맞춤법대로 한다.
 kaps(값), kaps-to, kaps-kwa
 issta(있다), issko
② 낱말이나 월을 임시로 알리기 위한 것은 맞춤법을 무시한다.
 kap(값), kap-to, kap-kwa
 itta(있다), isse(있어), itko
한글로 뒤치는 원칙은, 한글에서 으뜸 되는 소리값 하나로 맞댄다고 한
다. 글쓸이가 이를 풀이한다면, 가령, 영어의 'p', 'b'는 두 개의 대립 음소이지
만, 국어의 경우는 그것이 'ㅂ'의 변이음(allophone)이기 때문에 국어의 으뜸소
리 'ㅂ'으로 적는다고 할 수 있다.

p b→ㅂ

글쓸이의 견해:
로마자로의 된소리 표기(gg, jj, …)는 더 연구할 필요가 있다고 생각한다.
그러나 한글의 로마자 삼기나, 로마자의 한글 삼기에서, 음운론적 원칙을 제
시한 것은 매우 타당성을 갖는다. 그러나 또한 그렇기 때문에, 이 문제 해결
을 위한 선결 문제로, 음운 체계 설립을 위한 외국어의 음운분석과 국어 음
운 분석 따위 개별적 음운론과 대조 음운론(contrast phonemics)의 연구가 선
행되어야 한다고 본다.

4. 정인승의 『표준 중등 말본』, 『표준 고등 말본』과 준종합주의 체계, 음운 법칙론

정인승(건재)은 연희전문 시절(1921~1926) 김윤경(한글)에게서 주시경 선생의 민족학문 정신을 전해 받는다. 한편 그는 정인보(위당)의 '조선의 얼'을 체득한다. 그의 민족문화의 금탑인 "큰사전" 편찬의 얼과 학문 정신은 거기에서 형성된다. 그의 학문의 초기 이론은 사전학에서 터득되는 바 그 체계적 이론은 음운법칙론과 말본론으로 나타난다. 편의상 말본론을 먼저 본다.

4.1. 말본론: 준종합주의 체계

'표준 중등 말본'은 1949년에 나오고, "표준 고등 말본"은 1956년에 나왔다. 이처럼 정인승의 말본책은 해방 뒤에 나왔다. 그럼에도 이를 여기에서 다루는 의도는, 글쓴이가 표준하는 바 체계와 언어관에 따라서 볼 때, 그것은 주시경 선생 이후 3대 체계 중 '준종합주의' 체계에 들어가기 때문이다. 정인 승의 위 두 책은 모두 규범 말본책이다. 그러나 거기에서는 말본의 일관된 자가 체계가 명백한 준종합 체계로 잡히므로 연구사의 관심을 끈다. 이제 이 말본 체계의 특정지을 만한 점을 다음에 들면서 글쓴이의 비평을 곁들여 본 다.

(1) 낱말의 뜻 매김

낱말을 말의 근본 형태라 하고, 이를 "소리 마디가 하나든지 또는 둘 이 상으로 모여서든지, 무슨 한 개의 뜻을 나타내게 된 것을 낱말이라고 한다"고 뜻매김했다.

생각하건대, 위에서 "뜻을 나타내게 된 것"의 뜻의 '뜻'이 문제될 수 있다. 이 '뜻'의 뜻이 기능(function) 까지를 뜻하는 것이라면 토씨 뿐 아니라 이른바 다른 말본적 범주 요소(끝)도 낱말로 보아야 한다. 따라서 의미부(sémantème)

도 독립한 낱말로 보게 된다. 극단적으로 보면, 형태소(morphéme) 하나하나를 다 낱말로 보아야 한다는 체계도 나온다. 이른바 분석주의 경향의 체계가 여기에서 생긴다. 만일 '뜻'의 뜻이 기능적인 것을 배제하는 것으로 본다는, 토나 접미사의 낱말됨을 용인하지 않기 때문에, 필연적으로 종합주의적 경향의 체계가 생겨난다. 또한 독립한 뜻이 있다 없다의 '뜻'의 문제는 매우 주관적이다. 그러므로 적어도 '뜻'의 뜻 매김이 당연히 있어야 하는 것이다.

(2) 낱말의 분류 원칙

① 월에서의 낱말의 성질인 "어떠한 무엇이 어떻게 무엇하다"와 같은 '물음에 대한 대답'에 둔다. ② 다른 요소와의 구조적 관계에 둔다. 이 원칙 밑에서 일곱 품사 체계가 나온다. 다음은 그것이다.

이름씨(명사): "무엇이냐"의 물음에 대답하는 말로써, 밑에 토가 온다.

움직씨(동사): "무엇하느냐"의 물음에 대답하는 말로써 그 끝이 '다, (느)ㄴ다, …'들로 될 수 있다.

　　　　　: 앉다, 눕는다, …

그림씨(형용사): "어떠하냐"의 물음에 대답하는 말로써, 그 끝이 '다, 으이, …'들로 될 수 있다('느'는 안됨).

　　　　　: 밝다, 좋다, …

매김씨(관형사): "어떤"이라는 물음에 대답하는 말로써, 그 아래에 토가 안 온다. 그리고 끝도 이리저리 갈리지 않는다.

어찌씨(부사): "어떻게"라는 물음에 대답하는 낱말이며, 움직씨 그림씨를 주로 꾸민다.

느낌씨(감탄사): 월 안의 어떤 말과도 직접 연락 관계가 없다.

토 씨(조 사): 주로 이름씨에 붙어, 어떠한 관계를 가지도록(말과 말의 관계(자리토씨), 앞 말의 뜻 도움(도움토씨)) 함이 근본이다.

　　　　　: 학교의 앞에 있는 집의 나의 집이다.

생각하건대, '물음에 대한 대답'의 원칙은, 결과적으로 품사의 수를 줄였다는데 뜻도 잇지만, 객관성을 띠었다는데 더 큰 뜻을 주어야 할 것 같다.

(3) '이다'를 '풀이자리토씨'(서술격 조사)로

위에서 보면, 풀이씨의 줄기와 씨끝이 합하여 한 낱말로 처리되었다. 그리고 풀이씨(움직, 그림)의 씨끝은 끝바꿈하는 것으로 처리한다. 잡음씨(최현배의)는 토씨로 처리하는 바, 그의 '토씨'쪽에 따르면 '이다'는 자리토씨 중 풀이토씨, 곧 '풀이자리토씨(서술격 조사)'가 되어 토씨가 씨끝 바꿈하는 체계로 나타난다.

생각하건대 '이다'가 이름씨와 자유스럽게 직접구성소의 자리를 차지하는 것(자유대치원리)은 여느 토씨와 다름없다. 따라서 이는 토씨와 같이 독립한 낱말로 인지된다는 것은 당연하다. 그리고 '이다'는 풀이하는 자리에 있으므로 이를 '풀이자리토씨'라고 하는 것이 이해될 만하다. 문제는 형태 구조의 동형성(pattern congruity)의 어긋남이다. 국어의 토씨 유형은 절대로 끝바꿈하지 아니한다는 일반적인 토씨와의 동형성에 어긋난다. 또한 자리토씨(격조사)란 이름씨와 직접구성을 이루면서 함께 풀이씨와 직접구성을 이루는 것이다. '이다'는 이러한 자리토씨와 같은 직접구성의 동형성을 벗어난다. 오히려 '이다'는 끝바꿈으로 '풀이힘'을 드러냄으로써 다른 풀이씨(움직씨, 그림씨)와 동형성을 이룬다. 따라서 '이다'는 풀이는 풀이씨 범주로 묶임이 자연스러운 형태구조의 이해일 것이다.

일찍이 최현배도 1920년대 '우리말본 초고'에서 '이다'를 풀이자리토씨(설명격 조사)라고 했다. 그러나 1930년에는 그 풀이씨의 속성 이론을 캐어 이를 다른 풀이씨와 나란히 한 풀이씨로 세워 '이다'를 잡음씨로 창안 확정했다.[57]

한편, 이희승은 '이다'를 체언의 '활용어미'로 보고, '이'를 조음소(euphony)

---

57) 최현배: 「조선어 품사 분류론」, 『조선어문연구』, 연희전문학교 문과연구집 제1집, 쪽.93, 1930.

라 한다.[58] 이는 토씨를 독립한 낱말로 보면서 토씨보다 분립독립의 인지도가 높은 '이다'를 어미로 본다는 모순을 안고 있다. 또한 이러한 활용어미설은 그 어미가 이름씨를 풀이씨로 만든다는 데서 활용어미가 파생어미 기능을 한다는 모순을 안고도 있다.

다른 한편, 이숭녕은 '이다'를 '서술격 어미'로 보았다.[59] 이는 결국 토씨를 포함하여 '이다'를 '격어미'로 봄으로써 '종합체계' 문법을 이루게 된다. 이는 '격'과 '어미'의 개념의 모호성을 자초할 뿐 아니라, 낱말의 인지 문제에 혼동을 일으킨다(가령, "사람은 동물이다"에서, '사람'도 한 낱말, '사람은'도 한 낱말, '동물'도 한 낱말, '동물이다'도 한 낱말).

어떻든 정인승의 '이다', '풀이자리토씨' 설이은 그의 독특한 문법 체계를 확인해 주는 것이기도 하다.

또한 '토'의 낱말 인정과, 씨끝의 낱말 불인정으로써, 정인승의 말본은 '준종합주의' 체계의 하나임을 알 수 있다.

(4) 말본 범주 중 때매김의 자리

① 끝바꿈으로 보이는 것

이제: ㄴ다, 는다	도로생각: 더니, 던가
올적: 리다, 리까	
매김말에서 이제: 는	지난적: (으)ㄴ
도로생각: 던	올적: (으)ㄹ

② 도움줄기로 보이는 것

지난적: 았, 었	지난적 끝남: 았(었)었

---

58) 이희승: 『초급국어문법』, 1950.
59) 이숭녕: 『중등국어문법』, 1956.

지난적의 장차: 겠엤   올적: 겠

올적의 끝남: 었(았)겠

생각하건대, 끝바꿈 접미사군 전체를 때매김 지표로 보는 것은 문제가 없지 않다. 왜냐하면, ① 때매김, 형태소의 불충분한 분석을 보임이 그 문제의 하나요, ② 도움줄기나 매김말 접미사는 그것만으로 때매김을 나타내는 것으로 보고, 끝바꿈에는 종결접미형태소까지 합하여 본 불균형성이 그 문제의 둘이다.

(5) 끝바꿈에서 다섯 가지의 법(서법)

이를 글쓸이(필자)가 정리하면 아래와 같다.

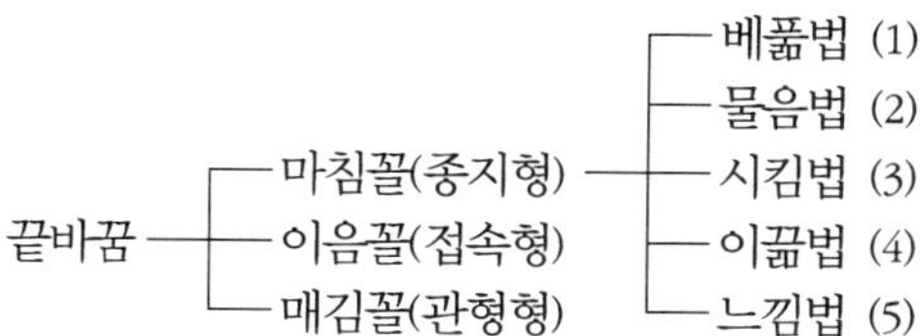

① 위에서 보면, 최현배의 끝바꿈체계와 다르다.[60]

② '느낌법'이 서법의 하나로 들어감에 관심이 간다.

③ 최현배의 어찌꼴(게, 지, 어야, …)이 정인승에게서는 '이음꼴'에 갈라 붙였다. 그 이유는 밝히지 않았지만 흥미있는 처리 방법의 하나임에는 틀림 없다.

(6) 월의 한 갈래

월의 갈래를 풀이씨 끝바꿈으로 기준삼아서 갈라 보았다. 이는 다음과

---

60) 『우리말본』, 아홉 번째 고침 펴냄, 1982, ㅉ.262~5.

같이 정리된다.

> 베풂법→베풂월: 꽃이 핀다.
> 물음법→물음월: 그것이 무슨 꽃입니까?
> 시킴법→시킴월: 어서 가 보시오.
> 이끎법→이끎월: 우리 함께 갑시다.
> 느낌법→느낌월: 달이 밝구나!

전체를 보고: 학교 말본이기 때문에, 필연적으로 전체적 말본의 골격을 이루는 이론적 배경을 구체적으로 볼 수 없어서 아쉽다.

4.2. 음운 법칙론

정인승의 연구 논문 중에서, 첫째 'ㅣ의 역행동화 문제—그 원리와 처리 방법'[61]에서 제기한 '음운 법칙의 원리 및 제약성과 실제 언어의 처리 문제', 둘째, '어감 표현 상 조선어의 특징인 모음상대법칙과 자음가세법칙'[62]에서 제기한 '말 맛(어감)의 문제 등은 우리말의 독특한 법칙을 체계적으로 확립한 것이니, 이는 그의 독창적 음운 법칙으로 높이 평가할 만하다(둘째 것은 '상징론'의 길을 열어놓은 것이기도 한다).

(1) 'ㅣ의 역행동화 문제—그 원리와 처리 방법'에서, 음운 법칙의 조음음
    성학적 원리 및 제약 규칙의 독창적 이론
    'ㅣ'의 역행동화는 이른바 'ㅣ'의 치닮기 문제이다. 곧 'ㅣ'가 위 음절의 홀소리에 동화의 현상을 일으키는 현상을 말한다. 이는 당시의 이와 관련한 언

---

61) 『한글』 제5권 제1호, 통권 41호, 1937, 조선어학회.
62) 『한글』 제5권 제9호, 통권 60호, 1938, 조선어학회.

어 처리문제 해결의 보편적 이론 바탕을 제기해 주었을 뿐 아니라 오늘날의 이와 관련한 언어문제도 처리할 수 있는 이론적 바탕을 제공해 준다는 데서 그 연구사적 의미를 갖는다. 이제 그의 이론의 중요한 점을 살펴본다.

ㄱ. 이 현상은 발음기관의 자연 현상이므로 정도의 차이는 있으나 어느 말 겨레나 있을 수 있는 보편적 현상이라 한다. 그러나 특히 우리의 언어 사실은 그 정도 현상이 현저하고 그 습관이 또한 강하다 하여 이는 '우리말의 특성'임을 밝힌다. 따라서 '맞춤법 정리'나 '표준말 사정'에서 반드시 해결해야 할 현실적 언어 처리 문제를 상정한다. 그리고 그 보기로 '서울나기 / 서울내기', '멋장이 / 멋쟁이' 등을 든다.

생각하건대, 이 현상의 문제는 오늘날 일만 언어의 '보편규칙'과 '특수 언어규칙' 문제를 상정해 주는 것이요, 또한 오늘의 우리말에서도 음운 규칙과 언어 처리 문제가 된다는 데서 이는 매우 주목할 만한 착안이다.

ㄴ. 'ㅣ'에 따른 변화의 원리를 세 가지 부류로 나누어 본다.
제1부류: 중간에 다른 닿소리가 끼이지 아니하고 단순히 위 음절의 홀소리와 아래 음절의 'ㅣ'가 직접 연발하는 경우를 든다. 이 경우는 위의 음절 홀소리가 거두어지지 아니한 채 혀가 곧 'ㅣ'의 발음 자리를 취하기 때문에, 위 음절 소리와 다음의 'ㅣ' 소리 사이에 경계가 분명하지 아니하므로, 동화 정도가 가장 강하여, 심한 것은 'ㅣ'가 딴 음절로서의 존재까지 잃어버린다는 것도 있다고 한다. 그 보기로 '꼬이다 / 꾀이다', '차이다 / 채이다 / 채다' 등을 든다.

생각하건대, 여기서 우리는 발음 기관의 자연의 현상이라는 음리 상의 '보편적 음운 규칙 1'을 상정하게 된다.
제2부류: 'ㄱ, ㅋ, ㅇ, ㅎ, ㅁ, ㅂ, ㅍ'이 중간에 끼인 경우에도, 'ㅣ'의 역행 동화가 일어난다고 한다. 그 음리 상의 원리는, 이들 혀뿌리 및 목청소리나 입술소리는 혀의 높낮이와 홀소리의 앞뒤 됨에는 아무 관계가 없기 때문에

제1 부류에서와 같은 강한 'ㅣ' 역행동화의 원리가 적용된다는 것이다. 그 보기로 '아기 / 애기', '부엌이 / 부엨이', '엉덩이 / 엉뎅이', '덮이다 / 뎊이다', '쌓이다/쌯이다', '어미 / 에미', '아비 / 애비', '덮이다 / 뎊이다', '초필(抄筆) / 최필' 등을 든다.

생각하건대, 여기에서는 '보편적 음운 규칙 2'를 상정하게 된다.

제3부류: 중간에 혀앞바닥 혹은 혀끝소리 'ㅅ, ㅈ, ㅊ, ㄴ, ㄷ, ㅌ, ㄹ'이 끼일 경우에는 혀의 자리가 모두 'ㅣ'의 발음 자리와 비교적 가깝기 때문에 위의 음절 홀소리로부터 'ㅣ'로 옮기는 도중에 이에 가까운 닿소리가 먼저 나버리므로 'ㅣ'의 영향이 미칠 겨를이 없어 동화 현상이 일어나지 아니한다는 것이다. 다만 혀끗소리 'ㄴ, ㄷ, ㅌ, ㄹ'만은 'ㅣ'에서 좀 거리가 있으므로 그 역행동화를 방지하는 작용이 약하기는 하지만, 이는 일률적이 못되어 습관 범위도 일반적이지 못하니, 결국 혀압바닥소리와 동일한 부류로 잡아 'ㅣ' 역행동화를 방지하는 닿소리로 간주하는 것이 타당하다고 결론을 내렸다. 그 보기로 '가시 / *개시', '가지 / *개지', '까치 / *깨치', '언니 / *엔니', '어디 / *에디', '버티다 / *베티다', '우리 / *위리' 등을 들었다. 그러나 지방 습관으로 이 원칙을 벗어나는 특례도 있음을 지적했다. 보기로 '모시다 / 뫼시다', '가지고 가다 / 개지고 가다', '다니다 / 대니다', '마디 / 매디' 등을 들었다.

생각하건대, 이 제3부류는 '음운의 제약규칙과 예외규칙'이라 하겠다.

이러한 역행동화 현상은 필연적으로 '언어의 정책적 처리 문제'를 제기한다.

언어 (정책적) 처리 방법:

① 제3부류의 제약조건에도 불구하고 벗어나는 예외 규칙은 'ㅣ'가 없는 다른 경우 곧 '단추 / 댄추' '만들다 / 맨들다'가 됨과 같이 우연의 습관에 의하여 넘나드는 것으로 보아야 한다고 한다. 생각하건대 이는 아마도 정책적으로 표준화할 수 없다는 말이 숨어 있는 것으로 이해된다.

② 제1 - 제2부류의 경우에는, 실제 언어를 무시할 수도 없는 한편 뚜렷한 언어 체계 법칙도 가벼이 할 수 없으므로 그 중간을 밟아 조화를 취해야

한다고 한다. 그리하여, 다음과 같이 처리해야 한다는 것이다.

첫째, 실제 어음이 강하여 어법일치의 발음으로 회복이 어려운 정도의 것은 현실음을 좇되, 어법 조직을 돌아보는 정도로 그친다. '내다' : '나이다—내이다' 등.

둘째, 현실 언어 조직 체계의 상치 혹은 불편한 점이 없는 한에서는 현실음을 원칙으로 잡는다. '새기다'(원칙) : '사기다', '재미'(원칙) : '자미' 등.

셋째, 동화 현상이 어느 정도 강할지라도, 아래 음절이 없어져버릴 정도까지 이르지 아니하거나 언어 조직 체계로 보아 어원이나 유어(類語)들을 돌아보지 않을 수 없는 것은 발음까지를 정격의 발음으로 처리함이 온당하다. '먹이다'(정격) : '멕이다', '삭이다'(消化. 정격) : '색이다' 등.

덧붙여서, 'ㅑ, ㅕ, ㅛ, ㅠ' 대 'ㅣ'의 경우에도 위의 원리가 적용되며 ('이야기'(원칙) : '이얘기' 등), 제2부류의 경우 닿소리가 둘이 끼일지라도 이 원칙이 적용되고('깎기'(원칙) : '깩기' 등), 제3부류의 제약의 경우, 두 닿소리가 끼일지라도 그 제약은 변함이 없다는 것이다. '언니' : *'엔니', '얼씬' : *'엘씬', 또한 제2부류의 닿소리와 제3부류의 닿소리가 거듭 끼일지라도 동화작용은 제약된다는 것이다. '삯이' : *'샑이', '작년' : *'쟁년' 등.

이제 다음과 같이 생각해 본다. 정인승은 1936년에 사전 편찬의 책임을 맡았고, 또한 사전 편찬의 기초 작업인 맞춤법통일안과 표준어 사정이 결정된 현실이었으나, 실무에서 직면하는 큰 과제로 오른 것이 국어의 특질인 'ㅣ' 동화 처리였을 것이며, 이에 대한 이론적 뒷받침은 현실적인 필연적 요구였을 것이다. 그러나 그러한 현실적 요구에서 나온 것이라 하더라도 첫째, 그 음운 이론(원리 및 제약)이 정교하며, 둘째, 이 이론 아래서 사전의 맞춤법과 그 표준 발음이 합리성을 띠며, 셋째, 끊임없는 변화를 거쳐 온 오늘의 언어에서도 문제가 되는 국어의 특징인 'ㅣ'동화 현상은 그의 이론으로 합리적으로 처리할 수 있으며, 넷째, 일반언어의 이런 유의 현상에 대하여도 보편적 이론을 제공할 수 있다는 데, 그 이론의 탁월성이 평가된다.

(2) '어감 표현 상 조선어의 특징인 모음상대법칙과 자음가세법칙'에서,
말의 '맛'문제와 상징적 법칙 체계의 가능성을 보임

이 연구는 앞의 논문인 ' ㅣ '역행동화론과 쌍벽을 이루는 탁월한 것이다.
이제 이 연구 결과를 다음에 보기로 한다.

ㄱ. '뜻(어의)'과 말의 '맛(어감)'의 구별

이 논문에서는 말에서 '뜻'과 '맛'을 구별해 낸다. 뜻은 사람의 생각을 나
타내는 것이요, 맛은 사람의 감정을 나타내는 것이라 한다. 그리고 같은 뜻을
가진 말이라 하더라도 표현 양식이나 조건 여하에 따라서 이를 받아 느끼는
맛이 여러 가지로 달라진다는 것이다. 곧 같은 뜻을 가진 말이 조건에 따라
'시골 맛, 옛 맛, 시체 맛, 고상한 맛, 저비(低鄙)한 맛, 유쾌한 맛, 급한 맛, 느
린 맛, 큰 맛, 작은 맛, 무거운 맛, 센 맛, 가벼운 맛, 부드러운 맛 등 천태만
상'이라는 것이다. 곧 맛(어감)은 말하는 사람이나 그 말을 받는 사람의 감정
또는 감각의 여하에 따라 일정하지 아니하므로, 말의 '주관적 자유적 생동적'
방면이라 한다며, 뜻은 말의 '객관적 규약적 고정적' 방면이라고 한다.

생각하건대, 여기에서 주목할 것은, 말의 뜻 곧 어의와 말의 맛(어감)의
차이를 구별했다는 것이다. 말의 뜻은 기본적인 '주의미'이요, '지적의미
(Trubetzkoy가 말하는 signification intellectuelle)'이다. 이 기본적인 주의미가 주
어지는 조건에 따라 여러 가지 맛으로 나타난다고 보고, 그 조건이란 주관적
자유적 생동적 방면이라고 한 점이 또한 주목할 점이다. 조건에서 '주관적 자
유적'이란 것은 의미론에서 기본의미인 주의미와 변이(주변)의미를 상정케
하고, 또한 더 나아가서 변이의미의 하위 분류까지를 상정케 한다. 물론 맛의
문제는 주관적이고 자유적이고 생동적인 면 뿐만 아니라 객관적인 인지 면을
포함하기도 한다(사실상 이 논문의 주된 문제는 객관적인 인지문제와 연관이 있다). 맛의
객관적인 인지 면은 상징성과 관계되는 의미론, 형태론 및 어휘론 등을 제기
한다. 또한 이는 우리말의 광범위한 '음성 상징론'의 길을 열어 주는 것이기
도 하다.

ㄴ. 어감 표현의 각양 방식

이 논문에서는 어감 곧 말 맛의 표현 양식으로, ① 음조의 차이, ② 음가의 변환, ③ 음절의 변한 증감, ④ 단어의 환용(換用), ⑤ 수사의 변화, ⑥ 동작의 차이 등을 들었다. 그리고 이 가운데 ②의 '음가의 변환'만이 우리말의 특징임을 확언하고, 나머지는 어느 나라든지 대개 공통되는 조건이라 했다.

"동일한 단어의 동일한 음절에 모음이나 또는 자음만을 그 상대되는 다른 모음이나 다른 자음으로 바꾸어 어감을 달리 표현하는 방식은 세계 각종 언어 가운데 조선어(우리말)같이 발달 진화한 언어가 없다. 다른 나라 말들에 이런 방식으로 된 것을 찾아 보건대, 감탄어나 의성어 가운데 약간 인정할 수 있다고 보겠으나, 그나마 대체로 불규칙적이어서 족히 거론할 정도의 것이 되지 못하고, 그 중에 조선어(우리말)와 어계를 같이 한 우랄·알타이말의 모음 조화 법칙이 있어온 여러 국어 곧 퉁구스어, 몽골어, 고 만주어, 일본어, 토이기어, 핀랜드어, 에스토니아어 등에는 대개 이 음가 변환으로 어감의 차이를 표현하는 양식이 비교적 현연히 있음을 엿볼 수 있으나, 이 또한 모음조화 법칙과 같이 우랄·알타이어계의 한 특징이라고 보아야 좋겠으나, 분명한 체계적으로 독특한 한 개의 법칙적 양식으로 이루어있기는 조선어(우리말)에서와 같은 유례는 없다."[63]

생각하건대, 여기에서 중요한 사실은, 우리말은 홀소리나 닿소리의 바꿈으로 어감을 달리하되(의성어 곧 소리흉내말), 이것이 분명한 법칙적 체계를 이루는 세계 유일의 언어로 진화 발달한 말이라고 확언한 점이다. 이것은 일반언어학사 상의 의의를 던져 준 큰 성과다. 소쉬르(F. de Saussure)는 『일반언어학원론』에서 소리 흉내말은 결코 언어 체계의 조직적 요소가 아니며, 그 수도 생각보다 적다고 했다.

---

63) 『한글』 6권 9호, 통권 60호, ㅉ.11.

"...elles ne sont jamais des éléments organiques d'un système linguistique. Leur nombre est d'ailleurs bien moins grand qu'on ne le croit."[64]

이것은 소쉬르가 한국어를 모른데서 온 잘못으로 지적된다.

정인승이 밝힌 우리말의 '모음상대법칙과 자음가세법칙'은 다음과 같다.

ㄷ. 모음상대법칙

동일한 뜻의 말이 모음의 상대 변환으로 말미암아 어감의 대소, 곧 '크게, 굵게, 맑게', 혹은 '작게, 잘게, 적게' 등으로 느끼게 하는 상대적 차이가 나타난다는 것이다. 'ㅏ/ㅓ: '가뭇가뭇 / 거뭇거뭇', ㅐ/ㅔ: '깨죽거리다 / 께죽거리다', ㅑ/ㅕ: '야리다 / 여리다', ㅘ/ㅝ: '좔좔 / 쥘쥘', ㅙ/ㅞ: '왱그랑 / 웽그렁', ㅗ/ㅜ: '고깃고깃 / 구깃구깃', ㅚ/ㅟ: '되롱되롱 / 뒤룽뒤룽', ㅛ/ㅠ: '뾰(뽀)루통 / 뿌(뿌)루퉁', ㅏ/ㅡ: '가득하다 / 그득하다', ㅐ/ㅣ: '배스듬하다 / 비스듬하다' 등이 그것이다. 그리고 우리말의 실례를 모두 조사해 보면, 이는 우연이 아니라, 지묘하게도 현대과학으로 밝혀진 음성학 상 발음 부위의 상대와 서로 부합한다고 했다.

한편, '모음특수상대법칙'에서는 의성 의태어가 많음을 지적했다. 그리고 이에는 '복합상대법'(네 개의 말이 두 개씩 각각상대)을 이루는 것: '탕탕 / 텅텅 // 통통 / 퉁퉁' '겸합상대법'(동류인 한쪽 말이 대신 노릇을 겸하는 상대)을 이루는 것: '자그마하다 / 저그마하다 // 조그마하다 / 적으마하다', '교차상대법'(서로 어긋맞게 상대)를 이루는 것: '넓은 작은 모음 대 좁은 큰 모음' 상대로 된 '말씬말씬 / 물씬물씬', '좁은 작은 모음 대 넓은 큰 모음' 상대로 된 '고 / 그', '요것 / 이것' 등이 있음을 들었다.

---

64) F. de Saussure(1916): Tullio de Mauro, 1976, pp.101~2.

ㄹ. 자음가세법칙

이는 자음의 변환이 어감의 강도, 곧 동일한 뜻의 말이 혹은 예사로 혹은 센 맛, 거센 맛으로 느껴지게 하는 것으로 우리말에는 세게 혹은 거세게 하는 자음에 한하여 있다는 전제가 붙어 있다. 다음이 그 보기이다. ㄱㄲㅋ: '가맣다 / 까맣다', '깜깜하다 / 캄캄하다', ㄷㄸㅌ: '당당 / 땅땅 / 탕탕', ㅂㅃㅍ: '반드르 / 빤드르', '번들번들 / 뻔들뻔들/펀들펀들', ㅅㅆ: '사느랗다 / 싸느랗다', ㅈㅉㅊ: '잘깍 / 짤깍', '겅정겅정 / 껑쩡껑쩡 / 껑청껑청', ㄹ ㄹㄹ: '아른아른 / 알른알른', ㅇㅎ: '움켜잡다 / 훔켜잡다'.

생각하건대, 위의 '모음상대' 및 '자음가세법칙'에서 나타나는 말의 맛은 결국 그 상대적 어휘 동아리끼리는 어감의 차이가 객관적 어휘의 변별성을 보인다고 할 수 있다. 아무튼 이 논문에서는 우리말의 '상징성'이 풍부하게 생동하는 특유의 법칙을 발굴하여 이를 체계화했다는 점에 연구사상 의의가 매우 크다고 본다. 물론 당시『한글』같은 호에 장성균의 '조선말의 풍부성'에서 비슷한 내용을 담긴 했으나 그 양과 질 면에서 건재 정인승의 글에 미치지 못한다. 그러나 그의 이 문제에 대한 동시적 착안은 평가할 만은 하다. 또한 이에 앞서 열운 장지영은『조선말본』(1930)과 우리말의 상징성에 관한 문제를 다루기도 했다.[65] 또 한편, 최현배『우리말본』(1937)에서는 밑말(본어)의 홀소리를 바꾸어서 그 밑말의 뜻을 얕잡은 말 또는 작은 말 등의 연구 체계가 잡혀 나오고, 그 뒤의 '깁고 고침판'에는 이를 '중심의 뜻'과 '말맛(어감)'의 차원에서 구체화하면서, 이는 온누리(전세계)말 가운데 우리말만이 매우 발달한 형식을 가지는 것이니, 이것은 곧 우리말의 미묘한 감정발표의 특질이라고 했다.[66]0

---

65) 장지영:『조선말본』(1930)의 '아음'(듣기 좋은 소리)과 '야음'(듣기 나쁜 소리) 쪽과,『조선어전 초보』(1935)의 '소리바꿈' 쪽.

66) 최현배:『우리말본』(1937)의 '홀소리바꾼 뜻바꿈' 쪽과, 1955년 이래 네 번째 고침 펴낸『우리말본』(1971)의 '소리바꾼 뜻바꿈' 쪽의 '중심뜻과 말맛(어감) 풀이'의 쪽(ㅉ.727~31).

그런데 이에 대한 정인승의 논문을 크게 평가하는 것은 연구사면에서 처음으로 총체적 체계와 실증을 보인 데 있다. 선각들의 이러한 연구는 뒤의 사람들에 의하여 '음성상징론'으로 확대 전개된다.[67]

정인승은 연희전문학교의 독특한 국학의 태동기를 거쳐 그 국학을 발전시킨 '연전 국학파'이요, '주시경 학파'에 속한다. 그의 업적은 첫째, 우리나라 저항기 전후에 걸쳐 우리 문화의 금탑인『큰사전』을 이룩해 내는 데 큰 몫을 감당했다. 둘째, 그의 문법학은 우리나라의 세 큰 문법체계 가운데, 준종합체계의 자리를 차지한다. 셋째, 그의 '무름에 대한 대답의 원칙'에 둔 씨갈음법과 '풀이자리토씨'(서술격 조사) 설은 그의 말본의 특징을 드러낸다. 그의 논문 가운데, 두 논문 곧 'ㅣ 역행동화'론과 그리고 '모음상대법칙과 자음가세법칙' 론은 우리말의 특질을 발굴한 탁론이다. 특히 뒤의 논문은 우리말 상징론의 확대적 연구의 길을 열어 놓았다.

5. 이희승의『초급 국어문법』,『새 고등 문법』과 준종합주의 체계

일석 이희승의 국어학 연구는,『초급 국어문법』(1950),『중등 문법』(1956)『고등 문법』(1956),『새 고등 문법』(1967) 등 학교 말본과『국어학 개설(國語學槪說)』(1955)로 집약된다. 그런데 말본의 체계적인 전모는 일찍이『초급 국어문법』에서 잘 드러난다. 이는 해방 뒤에 나온 학교 말본에 지나지 않지만, ① 앞에서 본 이들과 같은 준종합주의적 말본 체계이면서 또한 몇몇 특이한 점을 지니고 있다. ② 첫 말본책은 아직 우리나라에 현대 언어학이 정착되기 이전에 나온 것이다. 여기 일석 이희승의 학설의 특징을 들어 말하면서 글쓸

---

67) 허 웅:『국어음운학』(1985). '음성상징'쪽; 김석득:「우리말의 상징성 연구」,『한글』229호, 1995; 국어연구원:『국어생활』, 3권 2호, 1993. 또한 이에 대한 학위 논문들도 나오고, 특히 이와 관련한 의성·의태어 사전도 나왔다.『조선말 의성·의태어 사전』, 조선어 연구회, 1971;『조선어 의성·의태어 분류 사전』, 연변 연구소, 1981.

이의 생각을 곁들여 본다.

(1) 말본의 갈말(술어)이 한자말로 되어 있다. 한자 갈말은 우리 말본학계에 두고두고 연구할 문제가 아닌가 한다.

(2) 준종합주의적인 10품사 체계를 보인다.

　　: 명　사, 대명사, 동　사, 형용사, 존재사,

　　　관형사, 부　사, 감탄사, 접속사, 조　사

위에서 풀이말(서술어: 동사, 형용사, 존재사)은 "줄기(어간)+끝(어미)"을 한 낱말로 보며, 토를 '조사'로 독립시킴으로써, 준종합주의적 체계를 이룬다.

(3) '존재사'(있다, 없다, 계시다, 안 계시다)를 한 낱말로 설정한 것이 특색이다. 그 이유는 활용 방식이 동사, 형용사와 일치하지 않고, 동작이나 작용 및 상태 표시도 아니며, 물건의 존재 여부만 나타내기 때문이라고 한다.

이 '존재사'는 역사적으로 보면, 이미 박승빈(朴勝彬)의 『조선어학(朝鮮語學)』(1935)에서 세운 바있다.

(4) 활용(끝바꿈)의 뜻이 매우 확대되어 나타난다. 곧 활용에는, ① 용언(동, 형, 존재)의 활용과 ② 체언(명, 대)의 활용이 있다고 본다.

1) 용언의 활용

'이다'(최현배의 잡음씨)는 이희승의 경우 '체언의 활용 어미'로 보고, 그 대신 '존재사'(있다, 없다)를 신설함으로써, 용언의 활용을 곧 동사, 형용사, 존재사의 활용으로 설명한다.

2) 체언의 활용

체언 곧 명사나 대명사는 그 아래에 조사가 붙어 격을 표시한다. 그러나 체언이 서술어로 쓰일 경우에는 조사가 붙지 않고, 어미가 붙어 활용한다고 본다. 이 체언의 활용으로 말미암아 어미 변화가 생긴다고 풀이하는데, 이를 글쓸이가 풀어서 정리하면 아래와 같다.

체언의 어간+활용어미(종결어미, 연결어미, 전성어미):

{개, 닭} + {(이)다, (이)냐, (이)로구나}: <u>종결어미</u>

개　　+{거든, 니까, ㄴ데, ㄴ지, 든지, 라면, 여도, 어야, 요}: <u>연결어미</u>

국민　+ { {임, 이기}: <u>명사형</u> } : 전성어미
　　　　{ {일, 인, 이든}: <u>관형사형</u> }

　　위에서 괄호 안에 든 '이'는 받침있는 어간(체언) 아래에 쓰인다고 '주의'를 주고 있다.

　　또한 위에서 전성어미의 경우 말들의 변하는 순서를 다음과 같이 설명하고 있다.

① (체언) → (용언) → (체언의 자격)

국민 → 국민<u>이다</u> → 국민<u>임</u>

청년 → 청년<u>이다</u> → 청년<u>이기</u>

② (체언) → (용언) → (수식어, 곧 관형사의 자격)

동량 → 동량<u>이다</u> → 동량<u>일</u>

보배 → 보배<u>다</u> → 보배<u>인</u>

소학생 → 소학생<u>이다</u> → 소학생<u>이든</u>

　　①의 경우는, 체언에 '임, 이기'가 붙어서, 그 체언을 서술어로 만드는 동시에, 다시 체언의 자격(명사형)을 갖게 한 것이요, ②의 경우는 체언에 어미 '일, 인, 이든'이 붙어서 체언을 서술어로 만드는 동시에 관형사의 자격을 가지게 한 것이다. 이와 같이 체언에 붙어서 그 체언을 다른 품사와 같은 뜻으로 바꾸는 어미를 '전성어미(轉成語尾)'[68]라 일컫는다고 했다.

---

68) 이희승의 '전성'이란 용어에 주의해야 한다. 여기 '전성'이란 용어는 활용에서, 다른 품사와 같은 뜻으로 바꾸는 것, 곧 이른바 감목법(자격법)에 해당한다. 그러나 그는 또 '품사전성'이라는 말을 쓰는데, 이 '전성'은 품사의 본적을 완전히 다른 것으로 바꾸는

글쓴이의 생각 :

위의 활용에서 볼 때 몇 가지의 문제가 생긴다.

(ㄱ) '이다'의 '이'가 받침 있는 어간 아래 쓰인다는 문제, 곧 이를 '조음소'로 보고 음운론적 문제로 풀이하려는 점.

(ㄴ) 전성어미와 품사 문제.

위의 (ㄱ)에서 '이'를 단순한 '음운론적 조음소'로 보려는 문제

'조음소'란 풀이씨에서의 '으'처럼(벗으면, 좋으니) 의미나 말본적 기능을 가지지 않는 순수한 음운론적 조건의 음운 개재 현상이다. 그런데 '이다'의 '이'는 이러한 단순한 음운론적 현상이 아니다. 그 자체 '뜻의 가장 적은 낱덩이(의미적 최소 단위)'인 형태소이다. '으' 조음소 현상은 의무적(obligatoire) 제한을 받는다. 곧, 홀소리 아래에서는 의무적으로 '으'가 나타나지 않고, 닿소리 아래에서는 의무적으로 '으'가 나타난다.

"그가 보를 서면 안 된다 / 그가 없으면 안 된다"
*서으면 / *없면

그러나 '이다' 의 '이'의 경우는 다르다.

"밭을 가는 것은 소다 / 뛰는 것은 말이다"
소이다 / *말다

위에서는 음운론적 제약에 의하여 '이'가 홀소리 아래에서는 줄어진다. 그러나 또한 홀소리 아래에서도 '이'가 나타날 수 있다. 곧 홀소리 아래라도, '밭을 가는 것이 아니라 소임'을 특별히 드러내어 강조할 때는 '이'가 들어간다(보기: 소이다). 이처럼 들어내어 강조하려는 언어 심리적면과 논리적 명시

일이다. 곧 이는 활용으로서의 전성이 아니다.

"그 신은 값이 비싸다" (신=명사)
"그 구두를 신어 보시오" (신=동사)

위의 보기에서 '신'은 품사전성이 되었다.

성을 나타내기 위한 필연적 언어 사실로 '이'가 드러나는 것이다. 그러므로 이 경우 '이'의 드러남은 '수의적(faculatives, optional)'이다. 이러한 '이'는 결코 단순한 조음소적 현상 이상의 의미 차원의 꼴이다.

(ㄷ) 전성어미와 품사 문제, 파생성 문제

체언의 활용에 따라 말들이 변하는 순서가 나타나는데, 그 결과, 그 변화된 것을 품사로 볼 때 무슨 품사라고 할 것인가가 명시되지 않았다. 곧 활용에 따라, '체언 + 종결어미'는 용언(서술어)이 되는데, 이 용언은 품사가 무엇일까? 명사(명사의 활용이기 때문에)? 형용사(용언(형용사)의 구실을 하기 때문에)? 똑같은 문제가 '체언 + 연결어미'에서도 생긴다. 더욱 '체언 + 전성어미'의 경우는 복잡하다. 먼저, 동사나 형용사의 용언 활용의 경우와 견주어 보자. 거기에서 명사형, 관형사형, 부사형(어(아), 게, 지, 고)을 전성어미로 보고, 그 품사의 본적은 역시 동사로 보았다. 그러므로 체언의 활용에서도 '체언+전성어미'의 본적은 서술어(용언)로 보아야겠는데, 그러면 이 경우 서술어(용언)는 무슨 품사일까? 또한 이렇게도 풀어 보자. 명사가 서술어로 일단 변한 것으로 본다면 활용어미는 파생접사의 구실을 한다고 풀이된다. 곧 ① 명사가 활용어미 '(이)다'와 결합하면 서술어(용언)로 파생된다고 풀이된다.

[[N]어간 **활용어미**]서술어(용언)

② '이' 파생된 서술어(용언)에 전성어미가 오면 서술어(용언)의 명사형, 관형사형이 된다. 그러므로 이 경우 서술어의 품사의 정체를 필연적으로 묻게 된다. 이 물음에 대한 대답이 없다.

위에서 말한 바 활용어미를 파생접사로 풀이함이 가정된다면, 여기에서는 두 가지 문제가 제기된다.

(가) 활용어미를 파생형으로 보는 것이 일반 언어학상에서 용납될 수 있을 것인가? 어렵다고 본다.

(나) '파생의 속성'에 '(이)라'가 과연 맞아 들어갈 것인가? 안 맞아 들어간

다. 다음과 같은 '파생의 속성'을 생각해 보면 알 것이다.[69]

　　㉠ 어근(어간)의 대치가 한정된다.

　　㉡ 품사성을 바꾸거나 새 낱말을 파생시킨다.

　　㉢ 낱말의 말본적 의미보다 낱말의 의미 첨가의 구실을 한다.

'파생'은 일반적으로 '굴절'에 대한 대립 개념이다. 물론 '합성'(composé)에도 대립한다. 이희승의 체언의 전성어미 활용은, 과정의 속 내용으로 보면 일차적인 파생(또는 활용) 과정(용언으로의)과 이차적인 활용 과정(이름씨 자격이나 매김씨 자격을 갖는)의 복합적인 것으로 풀이된다. 일차적인 파생의 경우를 위에 적은 파생의 속성에 비추어 보면, 그 초점이 맞지 않는다. 그러므로 '(이)다'는 용언을 파생시키는 파생적 속성을 갖지 못한다.[70]

　　(5) 종결어미의 '결어법(結語法)'에는, '문체법(文體法)'과 '존비법(尊卑法)'이 있다고 하고, 이를 다음과 같이 분류하였다.

　　문체법

　　　　동사, 존재사: 설명법, 의문법, 명령법, 공동법, 약속법, 허락법, 감탄법

　　　　　　　　　(7가지).

　　　　형용사, 체언: 설명법, 의문법, 감탄법(3가지)

　　존비법

　　　　등 분: 해라체, 하게체, 하오체, 합쇼체, 하소서체(5등분)

　　　　　　　이밖에 어물어물하는 '반말'이 있다고 했다.

　　(6) '공대법(恭待法)'에 남을 높이는 '존경법'과 자기를 낮추는 '겸손법'이

---

69) Eugene A. Nida : *Morphology*, 1949, p.99.

　　P. H. Matthews: *Morphology*, 1974, p.111.

　　김석득: 『국어 구조론』, 1971. ㅉ.14.

70) 겉구조에서 '이다'와 같은 분포(구조 관계)를 가지는 것에 '하다'가 있다: "사람<u>이다</u>. 사랑<u>하다</u>." 그러나 속구조로 보면, '이다'는 모든 이름씨와 자유 결합함으로써 그 독립성을 유지하지만, '하다'는 한정된 이름씨에만 결합하므로, 파생적 접사의 구실을 할 뿐이다.
　　　(((사랑)이름 하)용언(움)어간 다)움

있다고 했다.

생각하건대, 종결어미에서의 '존비법'과 여기 '공대법'은 그 뜻의 변별적 바탕이 분명치를 못하여 혼동하기 쉽다. 여기 공대법은 높임의 어느 등분에 들어가는 것일까? 존대 개념을 일원화시킬 때 높임의 등분은 분명해지리라고 본다.

(7) '특수조사' 문제: 일정한 한 가지 격만을 가지게 하지 않고, 때를 따라서 '주격, 호격, 목적격, 여격'에 두루 쓰이는 조사를 특수조사라고 했다. 그 한 보기를 '은'으로 들어 본다.

'은'
주 격: "청년은 나라의 보배다."
호 격: "모든 청년은 일어서라."
목적격: "누구든지 청년은 부러워한다."
여 격: "마라톤에 일착한 청년은(=에게는) 일등상을 준다."

특수조사의 특성을 구조적으로 이해하려는 것은 매우 중요한 관점이다.

(8) 삽요어(infix, infixe)에 대한 특이한 관점: 삽요어를 "다른 말 중간에 끼어서 함께 낱말을 이루는 것이다"라고 하고, 국어의 '입음(피동), 시킴(하임, 사동), 높임, 시상' 접미사와 '내ㅅ가'의 사잇소리 'ㅅ'을 들었다.

일반 언어학적으로 보면, 삽요어(접요사) 곧 속가지란, 의미 변화를 위하여 한 낱덩이의 낱말 안에 끼어드는 접사 요소이다.[71] 여기 '한 낱덩이 낱말'이란, '합성어(composé)' 및 '단순어(simple)'의 경우를 모두 가리킨다. 그러므로 속가지(삽요어)가 있을 곳은 합성된 '어근(root, racine)사이'(R inf R)와 '어근 자체 안'일 것이다. 따라서 속가지는 파생접사의 한 가지이다.

---

71) On appelle infixe l'affixe qui s'insère à l'intérieur d'un mot pour en modifier le sens, ⋯ *Dictionare de linguistique* (Rarousse), 'Infixe' 쪽.

이희승의 'ㅅ'(내ㅅ가)은 틀림없이 속가지(삽요어)가 된다. 그러나 그 밖의 것은 어근 자체 안에 끼어들어감을 증명해야 한다. 이에 앞서 라틴말의 한 예를 끌어와 보기로 하자. 라틴말 어근 'frag-'는 그 어간 자체 안에 'n'을 끼어 넣음으로써, 'frango(좌절시키다, 깨뜨리다)'가 된다. 이 때 'n'은 속가지(삽요어)이다. 국어의 '입음, 시킴, 높임, 시상'의 접사는 '어근밖'에 위치한다. 그리고 그것은 어근의 의미 변화를 위한다기 보다 말본적 구실이 위주이다. 또한 높임과 시상 접사는 파생적 구실이 아닌 굴절의 구실을 한다(물론, '입음, 시킴' 접사는 파생적 구실을 하나, 말본적 구실을 하기도 한다). 따라서 이들은, 속가지(삽요어)로 보기 어렵다고 생각된다.

6. 분석주의론의 계승자들

"언어는 종합적인 특성을 갖는다"라는 언어관이, 한힌샘 주시경의 과도한 분석적 경향을 지양하게 되고, 그보다는 종합적인, 그러면서도 한편으로 분석성을 잃지 않은 체계를 확립한 대표적인 것이 『우리말본』이었음은 이미 아는 바이다. 그러나 다른 한편으로는 "언어는 종합적인 데서 분석적인 방향으로 발전한다"는 언어관 밑에서, 주시경의 분석적 체계를 그대로 계승 발전시킨 학자들이 많이 있었으니 김두봉, 김윤경, 이상춘(李常春), 홍기문(洪起文), 강 매(姜邁) 등 여럿이다. 그러나 그 대표적인 이로 김두봉, 김윤경(한결)을 들 수 있다. 이제 분석적인 체계의 대표적인 학자로 김두봉 김윤경을 택하여 앞으로 그 말본 체계의 특징을 살피고, 그의 언어관을 유도해 보기로 한다.

7. 김두봉의 『깁더조선말본』과 분석주의 체계

김두봉은 1916년 4월 13일에 『조선말본』을 지어냈고, 1924년에는 『깁더조선말본』을 지어냈다(『깁더조선말본』 '머리말'의 "말본을 박은 지 여듧 해만에 이 책을 다시 박게 됨"에 따름). 『깁더조선말본』은 『조선말본』의 잘못된 것을 깁고 모자란 것을 더하였으며, 끝에 '좋을글', '날적', 그리고 '표준말'이 더 붙어 있다.

이제 이 책의 특징 가운데 알아 둘만한 것을 골라 다음에 적어 본다.

(1) '흘림 글씨'를 처음 창안했다. 이 책의 '붙임'에는 이미 밝힌 바, '좋을글', '날적'(빠르게 적는 법, 속기술), '표준말'이 붙어 있으며, '좋을글'은, 어떠어떠한 조건을 갖추어야 가장 좋은 글이 될까 함을 말한 것이다. 이 가운데는 '우리글의 고칠 것'이 들어 있는데, 이에는 가로(풀어)쓰기가 들어 있다. 가로(풀어)쓰기에는 '본 글씨'와 '흘림 글씨'가 창안되어 있다. '본 글씨'는 그의 스승 주시경(김두봉은 '조선어강습원' 고등과 제1회 졸업생임)이 이미 창안한 바이나, '흘림 글씨'는 이이가 처음이다.[72] 여기 '좋을글'은 우리글의 개혁안이라 할 수 있다.

(2) 한글 쓰기와 쉬운 우리말 표현

'머리말'에서, 이 책의 글은 우리말로 바탕을 삼는다 하고, 한문 잘 모르는 사람이 음만 듣고 모르는 것은 우리말로 옮겼다고 했다. 따라서 이 책은 순 한글 쓰기로 되어 있고, 또 이 책 중에는 많은 순수한 우리말이 나타난다. 다음은 그 보기다.

標 → 보람	法 → 본	민족 → 결레(겨레)
理 → 결	言語學 → 말갈	論理學 → 결갈
(一)章 → (첫째)매	語音學 → 말소리갈	原理 → 밋결

---

72) 가로 글씨가 그 뒤 크게 발전한 것으로는, 최현배의 『글자의 혁명』(1947)을 들 수 있다.

成分 → 감　　　　　內外 → 안밖, 따위

뿐만 아니라 말본 용어에서 '품사', '문장', '자음', '모음', '명사', '동사' 따위를 좋지 않은 것이라고 말하고, 순우리말로 '씨', '월', '닿소리', '홀소리', '임씨', '움씨' 등으로 썼다.

(3) 말본은 말갈(언어학)과 결갈(논리학)에 기초를 두어야 함을 밝혔다(「첫재(째) 역(編), 얽말(總論)」에서).

(4) 말본은 공시적 연구임을 밝히고, 또한 그것은 이치와 습관을 함께 생각에 넣어야 할 것임을 보였다.

(5) 말본은 말의 본을 밝히는 것으로, '소리'를 말본에 넣음은 맞지 아니하나, 말이 소리로 이루어진 것이므로, 소리를 모르면 말본 교육에 크게 막힌다 하고, 말본에 소리를 넣어야 한다고 했다.

(6) 훈민정음은 범문(梵文)이나 전자(篆字)를 본받음이 아니라, 세종 어제이다.

(7) 『훈민정음』의 "첫 소리를 끝소리에 다시 쓴다"를 들어, 최세진의 팔종성법의 부당성을 지적했다.

(8) 'ㆍ' 소리는 'ㅣㅡ'의 거듭임을 주장했다.

(9) '낱말'을 '씨'라 하고, 이를 9개로 나누었다:

임, 얻, 움, 겻, 잇, 맺, 언, 억, 늑

(10) 씨끝바꿈(어미 활용)을 부정하고 분석 체계를 정립하니, 얻(形), 움(動)은 이른바 그 줄기(어간)만으로 독립된 씨가 된다고 보았다. 곧, '이르, 늦, 많, 흔하', 따위는 '얻씨'이요, '가, 자, 맞, 잡히, 먹이' 따위는 '움씨'이다. 따라서 이른바, 씨끝(어미)을 독립한 씨 곧 낱말로 본다. 이는 종합적 견해인 씨끝바꿈(어미 변화)을 부정하는 것이다.

1) 감목법(자격법) 씨끝바꿈의 부정과 '겻씨' 설립.

'임, 얻, 움' 등의 씨 아래에 오되, 어느 임씨에 딸리어 쓰이는 것(이른바 오늘의 매김자리토(관형격 조사), 매김꼴 씨끝(관형형 어미)은 모두 같은 '딸림겻'이라 하여, 겻씨로 독립시킨다. 가령, '봄의 꽃, 곱은 꽃(고운꽃), 웃는 꽃'에서, '의, 은, 는'은 다 '딸림겻'이라 하여, 겻씨로 독립시켰다(깁더, ㅉ.102). 그리고 '임, 얻, 움' 아래에 오되, 어느 씀말(풀이말)에 매여 쓰는 것은 '매임겻'이라고 하여, 또한 겻씨로 독립시켰다.

가령,

집[에서]	웃[을]	입다.
물이	어르미[이]	되다.
웃[을]	바르[게]	입다.
웃[을]	갈[아]	입다.
맘이	달[과]	같다.
힘이	쇠보다	세다.

에서, '에서', '을' (이상은 오늘의 자리토(격조사)), '이'(바꾸임자리토(변성격 조사)), '게', '아'(이상은 오늘의 어찌꼴(부사형)씨끝), '과', '보다'(이상은 오늘의 견줌자리토(비교적 조사)) 따위를 '매임겻'이라 하여 '겻씨'로 독립시켰다(깁더, ㅉ.104).

2) 이음법(접속법) 씨끝 바꿈의 부정과 '겻씨' 설립

또한 잡음씨나 이음법 씨끝(접속법 어미)은 '잇(連)씨'라 하여 독립 낱말로 처리했다.

가령,

그이는 사람[이요] 저것은 짐승이라.

> 달은 밝고 기럭이는 울더라.
> 기럭이가 울[면서] 날아가오.
> 글을 읽[다가] 글씨를 쓰오.

에서 '이요, 고, 면서, 다가'를 "월의 마디를 두로 다 같은 값으로 잇는 토"라 하여, 이를 '두로잇'이라는 독립 낱말로 정립했다(깁더. ㅉ.112).

3) 마침법 씨끝바꿈의 부정과 '맺씨' 설립.

마침법 씨끝을 모두 '맺(結)씨'라고 하여 독립 낱말로 처리했다. 따라서 이른바 오늘날의 '서법'은 '맺의 갈래'에서 분류되어 나온다(깁더. ㅉ.314~8).

이와 같이 씨끝을 겻씨로 독립시킴으로써, 종합 체계의 씨끝바꿈을 부정한다. 따라서 이는 주시경과 같은 분석 체계에 해당한다.

(11) 종합 체계에서 월의 '서법'은 풀이씨의 마침법 씨끝으로 나타나나, 이 체계에서는 '맺씨의 갈래'에서 나타난다. 맺씨는, '홀로, 이름, 물음, 시김(킴)'으로 나눈다. 이밖에 '바람, 느낌, 미룸, 함께'를 더할 수도 있다.

> 홀로: 누른 것이 꾀꼬리[로다].
> 이름: 버들 잎은 푸르[오이다].
> 물음: 이 짐승이 범[이냐], 아기가 우느냐].
> 시김(시킴): 이것 보[아라].
> 바람: 일이 이뤄[어지이다].
> 느낌: 아 그것 참 좋[구나].
> 미룸: 그 일이 잘될 껠].: [ㄹ껠]
> 함께: 이 일을 같이 [합시다].: [ㅂ시다]

그러나 그는 결국 '느낌은 홀로에', '바람, 함께는 이름에', '미룸은 물음에' 넣을 수 있다고 했다.

(12) 이른바 도움줄기는 '움씨'의 뜻바꿈으로 처리했다.

오늘날 입음(피동), 시킴(사동), 높임, 때, 세기(강세)의 '도움줄기(보조어간)'는 움씨의 '밑말(원어)'에 더하여, 다만 '뜻바꿈' 되는 것으로 봄으로써, 이 따위 도움줄기를 움씨의 한 구성요소로 보았다(깁더. 쪽.92~4).

가령,

'웃기, 잡히, 잡으시, 보앗, 떨치, 일으키 일우'

따위는 움직씨의 뜻바꿈으로 보았다. 뜻바꿈과 함께, '움씨'의 바꾸임(남음→제움, 제움→남움), 안바꾸임(제움→제움, 남움→남움)이 있음도 보이었다.

생각하건대, 씨끝을 모두 씨(낱말)로 독립시키는 분석 체계에서, 도움줄기를 독립시키지 아니하고, 이를 움직씨의 구성 요소로 봄은, 그의 분석체계의 모순을 나타낸 것이라 할 수 있다.

8. 김윤경의 『조선말본』과 분석주의 체계 시사

한결 김윤경의 말본 연구에 관한 것으로는 1926년에 나온 『조선말본』(필사본)을 필두로, 1946년 9월의,『한글말본(朝鮮語文法)』과 1948년에 출판한 『나라말본』을 그 주요한 것으로 들 수 있다. 이 중『나라말본』은 한결의 말본 연구의 결정적 결산물이기 때문에, 이것을 중심으로, 그의 말본의 특징과 언어관을 도출함이 마땅하되, 이에 앞서, 『조선말본』의 간단한 평가를 필요로 한다. 그것은, 『조선말본』이 연대적으로 매우 앞서서, 우리말 연구의 역사적인 뜻을 갖기 때문이다.

『조선말본』은 앞서 말한 바와 같이 1926년에 나온 필사본이다.[73]

(1) 언어 문자와 국가 성쇠와의 함수 관계(函數關係)

'조선말과 글' 중 '말과 글의 값'의 대문에서는 말 글의 효용가치를 말한 것으로, 그의 언어 문자관을 엿볼 수 있다. 한결은 언어 문자의 효용 가치를 '국가 성쇠와의 함수관계'에서 구한다. 한 나라의 성쇠는 문화에 있고, 그 문화 발달 여부는 국민이 제 뜻을 올바르게 잘 나타내느냐 못 나타내느냐에 달렸다 는 것이다.[74] 실로 국어 국문은 문화 발전 여부에 직결되고, 궁극적으로는 국 가 성쇠에 직결되는 것으로 인식하였다. 좀더 구체적으로 보면, 언어 문자의 효용 가치는 '실제적'인 것과 '파생적'인 것으로 볼 수 있는데, 실제적으로는, 남의 뜻을 이해하는 지식과, 제 뜻을 밝히는 기능에 있고, 파생적인 것으로는, 언어 문자는 사람에게 미감(美感), 정직, 사고력, 정밀성을 주고 또한 이들을 기를 뿐 아니라, 기억력, 상상력, 도덕심, 명철성, 그리고 단합심과 애국심을 길러 주는 데 있다는 것이다. 말과 글의 이와 같은 효력은 글쓸이의 이해로는 문화면에 직결되는 것으로 볼 수 있을 뿐 아니라, 국민의 단결심과 애국심에 영향을 준다고 생각되며, 이러한 언어관은, 김윤경 국어학의 '인문주의와 민족 주의적인 면'을 말해 주는 것이라고 볼 수 있다. 이러한 언어관은 그의 상동청 년학원 시절 스승인 한힌샘 주시경의 언어관과 바로 통하는 것이다.

(2) 말본 연구의 통시관(通時觀)

'조선말과 글' 중의 '우리글의 변천'이란 대문에는 역사적인 통시적 서술 이 되어 있다. 이는 하나의 '국어학사'적 성격을 띤다. 그의 대저인 『조선문자 급 어학사(朝鮮文字 及 語學史)』(1938)는, 이미 여기에서 기틀을 잡고 있는 것으로 보인다. 이 대문에서는, 우리말이, '우랄·알타이 말 겨레'임을 밝혔다. 그리고 세종의 훈민정음 창제 이전의 우리글로, 단군 때의 '신지비사(神誌秘 詞)'문과, 북 부여(北扶餘)의 '왕문문(王文文)'을 사실(史實)에 의거하여 언급

---

73) 이 필사본은 연세대학교 중앙도서관의 '한결 김윤경 문고'에 소장한 것임. 이 필사본 의 '씨갈'과 '월갈'의 대문은 그대로 『한글말본(朝鮮語文法)』(1946)에 전재 출판함.
74) 김윤경: 『조선말본』, ㅉ.1.

하였다. 한편, 신라의 설총(薛聰)의 이두 창작설[75]과 그 구결(口訣)로의 발달
에 언급하면서, 이것들은 모두 우리 의사를 표현함에 부적당하므로, 세종이
훈민정음을 만들게 되었다는, 훈민정음 제정의 역사적 배경을 서술하고 있다.
다음으로는, 최세진(崔世珍)의 『훈몽자회(訓蒙字會)』 「범례(凡例)」의 소개와
해제, 및 그 '팔종성법'을 비판하였다. 끝으로, 국어 연구의 터잡음을 그의 스
승 주시경(周時經)의 『국어문전음학(國語文典音學)』, 『국어문법(國語文法)』,
『말의 소리』에 두고, 그 뒤 김두봉(金枓奉)의 『조선말본』, 『깁더 조선말본』,
이규영(李奎榮)의 『현금조선문전(現今朝鮮文典)』, 권덕규(權悳奎)의 『조선어
문 경위(朝鮮語文經緯)』, 강 매(姜邁)의 『조선문법제요(朝鮮文法提要)』, 이
규방(李奎肪)의 『신찬조선어법(新撰朝鮮語法)』, 김원우(金元祐)의 『조선정음
문전(朝鮮正音文典)』, 이필수(李弼秀)의 『선문통해(鮮文通解)』 등의 연구가
뒤이어짐을 언급하였다.

　　위에 언급한 바는, 모두 국어학사의 성격을 띠는 통시적인 연구이다. 이
러한 통시적인 진술을 초기 말본갈에서 올 수 밖에 없는 어찌할 수 없는 현
상이지만, 공시성을 띠는 말본 연구에는 불필요한 부분이 된다. 그러나 이러
한 통시적 연구는, 그의 대작인 『조선문자 급 어학사(朝鮮文字 及 語學史)』
(1938)의 기틀을 마련하여 주었다는 데서, 그 의의를 찾을 수도 있다.

(3) 규범적 언어관의 시사

　　'조선말과 글' 중, '이제 쓰는 말과 글의 그릇된 것'이라는 대문에서는, 음
성학과 맞춤법에 대하여 언급하고 있다. 여기 음성학에 해당하는 것은 『한글
말본』(1946)의 '소리갈(音學)'로 나오고, 이를 더 정리한 것이 『나라말본』(1948)
의 '소리갈'로 나타난다. 이것은 그 대문에서 다루기로 한다.

　　'바로 잡아 나아갈 점'에서는 표준말 및 각종 출판물의 한글 표기 원칙에

---

75) 김윤경, 『조선문자 급 어학사(朝鮮文字 及 語學史)』(1938) ㅉ.58~62와, 『새로 지은 국
　　어학사』(을유문화사, 1963)에는, 이두의 창작에 대하여, 여러 사람의 손에 의하여, 여러
　　세대를 통하여 된 것으로 시정하고 있다.

대한 주장 등을 하고 있는데, 이는 하나의 언어 문자의 정책적인 언급이다.

'어찌하면 우리글이 나아가게 할까'에서는 우리말과 우리글을 쓰는 사람의 정신적 자세를 말하고 있다.

이 모든 것은 올바른 법에 따른 언어 문자 생활에 대한 하나의 엄격한 규범이라 할 수 있고, 말본에 대한 규범관을 시사한 것이라 할 수 있다.

(4) 분석주의 체계의 시사

'씨갈'(單語學)은, 그대로 『한글말본』(1946)에 활자화되어 나오고, 『나라말본』(1948)에 그 이론적 배경이 구체적으로 펴져 나온다. 자세한 것은 『나라말본』에 미루거니와, 여기 이른바 분석주의의 말본 체계는 이미 『조선말본』에 기본을 두고 있기 때문에, 간단히나마 이를 말하지 않을 수 없다. 물론 여기에는 이론적 배경이 거의 없다. 다만 씨(단어)에 대하여 그 뜻매김이 간단히 내려져 있을 뿐이다.

"씨(단어)는 한 소리나 한 소리 이상으로 무슨 뜻을 나타내는 낱으로 된 말을 이름"[76]이라고 뜻매김하였다. 이 뜻매김은 얼핏 보면, '뜻을 가진 최소의 낱덩이', 곧 '형태소(morpheme)'로 이해된다. 그러나 한결의 낱말 개념이 오늘날 형태소의 개념과 일치하는 것은 아니다.

그의 낱말의 보기에 따르면, 놀(遊)(움씨), 붉(赤)(언씨) 등의 줄기(어간, stem)를 하나의 낱말로 본다. 그런데 이런 따위는, "형태소 단위가 곧 낱말이다"라고 할 법도 하다. 그러나 먹히(움씨) 이러하(언씨)와 같은 형태소 배합형도 하나의 낱말로 보았으며, 또, 낱말이 배합하여 된 검붉, 굳세, 늦벼, 낮보 등도 새로운 낱말로 보는가 하면, 읍니까(맺씨), 는가(맺씨) 등의 형태소 배합형도 하나의 낱말로 보았다. 따라서 한결의 낱말관은, 분석적이긴 하되 '형태소 단위'는 아님을 알 수 있다.

그러나 그렇다 하더라도 그의 낱말관은 될 수 있는 대로 분석 가능한 곳

---

76) 김윤경: 『조선말본』, 씨갈, ㅉ.1; 김윤경: 『한글말본』, ㅉ.5.

까지 가늘게 분석하여 그것을 낱말로 규정지으려는 분석주의적 경향이 강하다. 그리고 그것은 바로 주시경의 분석 체계와 일치하는 것이다.

김윤경은 씨(낱말)를 아홉 개(9품사)로 나누었는데, 이는 주시경과 일치하며, 씨의 이름을, '임씨, 얻씨, 움씨, 겻씨, 잇씨, 맺씨, 언씨, 억씨, 늑씨' 따위와 같이 함도 그의 스승 주시경과 유사한 것이다. 다만, 주시경의 '끗씨'를 '맺씨'로, '놀씨(감탄사)'를 '늑씨'로 함이 다를 뿐이다.

아홉 개의 낱말로 하위 분류함과 그 뜻 및 보기는 '보기 틀'에 의하여 잘 나타나 있다. 그러나 여기에서는, 주시경의 경우와 같이 이론적 원칙이 결여되어 있다.

그런데 주시경에서 빚었던 말본 범주의 혼동을 김윤경의 말본 연구에서 제거한 것은 '분석주의 체계의 과학적 발전'이라 할 수 있다. 가령, 주시경은 '씨의 몸바꿈'을 너무 과잉으로 적용한 나머지, 같은 말본 범주를 중복하여 설명해야 할 불필요성을 만들었다. 곧 았다, 는다와 같이 때매김(시제)이 끗씨에 나타나는가 하면, 가는(언씨)과 같이 몸바꿈한 언씨(관형사)에서도 같은 때매김이 나타나서, 결국, 같은 때매김을, 실사와 허사에서 중복하여 다루게 되는 결과를 가져왔다. 그러나 김윤경에서는 이와 같은 때매김은 다 토씨(맺씨, 종결사)에서 처리된다(가-는, 가-ㄴ다, 가-았다, ……). 이는 주시경의 분석 체계로부터 발전함을 뜻한다.

(5) 월문장의 뜻매김의 특이성

월갈(문장학)에서는, 월의 뜻매김을 내리고, 월의 갈래(임자, 풀이, 딸림(종속), 매임(관계))를 자세히 틀로 보이었다. 그리고 이를 낱낱이 그림풀이로 보였다. 그런데 월의 감(재료)의 갈래나 그림풀이의 기본 방법은 주시경과 비슷하다. 그러나 김윤경의 월갈(문장학)과 주시경의 짬듬갈(일종의 문장학)은 그 개념상에 차이가 있다.

주시경의 '짬듬갈'은 '다'가 꾸미어 지는 법을 배우는 것이다. '다'란 둘 이상의 낱말이 결합되는 말을 이른다.[77] 그러므로 낱말이 결합하여 월을 짜 이루거나, 직접 월을 이루지 아니하고 월의 감(재료)을 짜 이룬다 하더라도, 이는 '짬듬갈'의 범주에 들어가는 것이다.[78]

그러나 김윤경의 '월갈'은, 월에 대한 연구이다. 월을 뜻매김하여, "여러 가지, 씨 곧 낱말을 모아 한 생각을 나타내는 것"이라 하였다. 여기 '한 생각'이라는 것은 심리학적인 개념어이다. 따라서 '한 생각'이라는 개념 범주가 이른바 월뿐만 아니라, 월을 만드는 감(재료)까지 미칠 수 있겠지만, 분명히, "월"이라고 한즉 월의 감은 제외된다. 그러므로 김윤경의 '월갈'은 임자 · 풀이 (주 · 술) 관계를 가진 온전한 월에 대한 연구이지, 단순히 낱말의 결합 조직 (짬듬)에 대한 연구는 아닌 것이다.

김윤경의 '월갈'은 주시경처럼 그림 풀이 되었는데, 이는, 직접 구성 요소 분석(immediate constituent analysis)에 비슷한 것이며, 오늘날 월(문장) 분석에 큰 도움이 된다고 보인다.

9. 김윤경의 『나라말본』과 분석주의 체계 확립

『나라말본』(1948)은 한결 김윤경의 말본 연구로서는 결정적인 것이다. 이미 말한 바와 같이 이는 『조선말본』과 『한글말본』을 토대로 하여 기워서 이루어진 것(학교말본)이기 때문에, 그 기본 체계는 같다. 그러나 체계의 이론적 배경을 서술하고, 그에 구체적인 살을 붙이어, 한결 말본 체계를 합리화 시킨 것은, 『나라말본』에서 처음 볼 수 있다.

---

77) 주시경: 『국어분법』, ㅉ.26.

78) 이러한 것은 마치 나이다(E. A. Nida)의 통어론(syntax)과 일치하는 것이다. 나이다는 낱말의 결합이 구(phrase)나 월(sentences)을 구성하면, 통어론에서 다룬다고 하였다 (combinations of words into phrases and sentences are treated under the syntax). (E. A. Nida: *Morphology*, p.1.)

9.1. 규범 언어관의 재천명

『나라말본』의 내용은, 크게, '총론', '소리갈(음학)', '씨갈(단어학)', '월갈(문장학)'로 나누어져 있다. 총론에는 말의 연구 목적과 또, 말 연구의 종류와, 훈민정음의 해제, 그리고 『훈몽자회』의 비판을 하고 있다.

말 연구의 목적은 "온전한 생각의 표출과 남의 생각의 온전한 이해"에 있다고 보았다. 그리고 독일 언어학자, 프리드리히 뮐러(F. Mueller)가 분류한 언어 연구의 세 가지 방향: 곧, '실용적 연구, 고전학적 연구, 언어학적 연구' 중에서, 말본은 실용적 방면의 연구가 되어야 한다 하고, 그러한 말본은, "말의 본, 곧 말의 법칙을 연구하는 것"이라 규정지었다. 이는 『조선말본』에서 시사한 말본에 대한 그의 공시적인 규범적 언어관을 재천명한 것이라 볼 수 있다. 그럼에도 그의 말본에서 『훈민정음의 해제』와 『훈몽자회』의 비판을 한 것은 『조선말본』에 있는 역사적 연구를 추려서 정리한 것이지만, 이미 말한 말본의 공시적인 규범성에 어긋나는 것이다.

9.2. 조음 음성학의 체계 확립

『조선말본』의 음성 교육에 관한 부분이 정리되어, 『한글말본』의 소리갈로 나타나고 그 구체적인 것이 『나라말본』의 소리갈로 나타난다.

'소리갈'에서는 목소리의 갈래, 닿소리의 갈래, 홀소리의 갈래, 소리고룸, 버릇소리 등에 대하여 설명하고 있다. 그런데 이 설명의 기본적인 입장은 다른 학자들에게서 볼 수 있는 것과 같이, 생리학에 기반을 둔 조음 음성학(articulatory phonetics)이다. 이는 오늘날 음운 구조나 음운 체계 및 음운 배합론에 크게 참고가 될 만하다. 한결의 소리갈에는 약간의 의문이 없지 아니하다. 이제 그것을 살펴보기로 한다.

(1) 조음점을 여덟 가지로

조음점의 종류는 대체로 다섯 가지 내지 여섯 가지로 가름이 예사이다. 그런데 한결은 여덟 가지로 갈랐으니: 입술-입술, 웃이-아랫입술, 혀끝-웃이, 혀끝-웃잇몸, 혀몸-센입천정, 혀뿌리-여린입천정, 혀뿌리-목젖, 목청이 그것이다. 이와 같이 여덟 개로 나누게 된 것은, 현실에 안쓰이는 옛말 소리까지 배려했기 때문이다. '웃이-아랫입술'은 옛 순경음을 생각해서 잡은 조음점인 듯하다. 그러나 현실 말본에서, 이러한 옛말 소리의 조음점을 분류하는 일은 다시 생각해야 할 것 같다.

(2) 우랄·알타이 말의 특질: 홀소리 고룸

홀소리 고룸(vowel harmony) (솔솔, 잡아, 겪어, ……)은 우랄·알타이 말의 특질임을 밝혔다. 글쓴이의 소견으로는 우리의 홀소리 고룸과 알타이말 겨레의 홀소리 고룸은 그 양상과 성격 및 차원이 다르다. 그러나 속규칙으로서의 형태론적인 홀소리 고룸 규칙은 알타이계와 공통점이 있다고 보아진다.79)

---

79) 우리의 15세기 이래 지금까지 그 잔재가 남은 홀소리 고룸은, 한글 모음 글자의 음양(陰陽)조화와 상관관계를 가지는 것으로써, 같은 우랄·알타이 계의 말의 단순한 조음상의 경제적 현상으로서의 홀소리 고룸과는 근본적으로 다르다. 가령, 터키말(Turkish)의 홀소리를 보면 여덟 개의 홀소리(ieüöïauo)가 '세 개의 차원'으로 나누어져 조화를 이룬다. 곧, '일차원'은 앞홀소리(ieüö)와 뒤홀소리(ïauo), '이차원'은 높은 홀소리(iüui)와 낮은 홀소리(eöao), '삼차원'은 둥근 홀소리(üöuo)와 펴진 홀소리(ieai)로 나누어지고, 그 동일 차원 간에서 홀소리의 고룸을 이룬다(H. A. Gleason: *An Introduction to Descriptive Linguistics*, 1966, p.267).

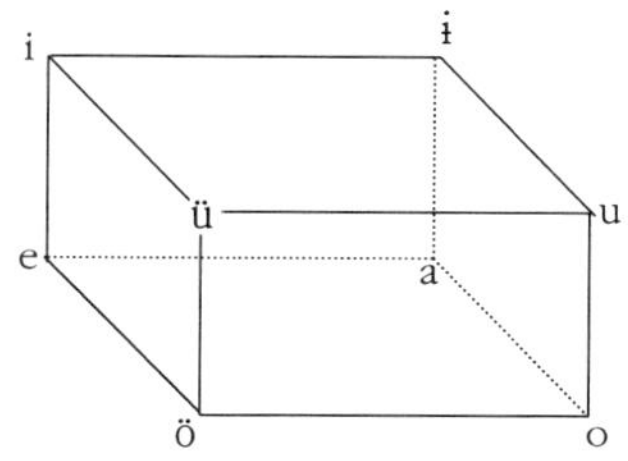

국어의 홀소리 고룸은 음양(陰陽)글자와 상관관계를 가지는 것으로, 음성 글자를 가진 홀소리끼리, 양성글자를 가진 홀소리끼리의 조화가 그 원리를 이루고 있다는 데서, 홀소리 고룸의 성격이 터키말의 그것과는 아주 다르다. 만일 음양 개념을 음성적 개념으로 바꾸어 본다 하더라도, 홀소리 고룸의 체계에서 우리와 알타이계는 차원이 다르다. 가령 '몽골어'의 경우는 '앞·뒤

(3) 추상 개념과 구체 개념, 필연성과 우연성 문제

음성학에서, 추상 개념은 음소(phoneme)이고, 구체 개념은 음성(phone)이다. 그 당시는 아직 우리나라의 음소(phoneme)의 개념을 명백히 파악하지 못하던 때이라, 『나라말본』에서도 소리갈 전체를 통하여, 음소와 음성이 구별되어 있지 않다. 특히 '입천정 소리됨'(palatalizing)에서 보면 'ㄷㅌㄱㄴㄹ'이 'ㅣ'를 닮아서,

ㄷ→ㅈ, ㅌ→ㅊ

ㄱ→ㅈ, ㄴ→ᄔ

ㄹ→ᄙ

이 된다고 하였다. 그런데 여기에는 두 가지 문제가 있다.

그 하나는, 추상 개념인 음소와 구체 개념인 음성의 미구별이다. 'ㄷ ㅌ ㄱ'이 'ㅈ ㅊ ㅈ'으로 바꾸이는 것은, 한 음소에서 다른 음소로의 음소 변동(phonemic alternation)이 일어난 구개음화 현상이다. 그러나 'ㄴ ㄹ'이 'ᄔ ᄙ'로 바뀐 것은, 한 음소 안에서의 구체적인 음성의 변이이다.

다른 하나는, 필연성과 우연성의 미구별이다. 'ㄷ ㅌ ㄴ ㄹ'이 'ㅈ ㅊ ᄔ ᄙ'로 바꾸이는 것은, 어떠한 조건에서 일어나는 필연적 사실이다(해돋이→해도지, 같이→가치, 가니[ᄔ], 빨리[ᄙ]).[80] 그러나 'ㄱ'이 'ㅈ'이 되는 것은 꼭

차원'(앞-앞, 뒤-뒤 조화)이나, 국어의 경우는 '높·낮이의 차원'(높-높, 낮-낮의 조화)과 '앞·뒤의 차원'(i 는 높·낮 바탕의 홀소리를 두루 지배함)을 이룬다. 그러나 관심이 가는 것은, 일반적으로, 한 형태소 안에서 홀소리 고룸이 경향성이 강하다거나, 또한 이름씨와 토씨 사이, 줄기(어간)와 접미사 사이에 이루어지는 '속규칙으로서의 형태론적 홀소리고룸'은 고전 몽골어나, 15세기 국어의 경우, 공통점을 가지고 있다는 사실이다(이상, 김석득: ㉠ 「형태음소 변동 요인으로서의 모음조화―고전몽골어의 경우」, 『한글』158, 1976. ㉡ 「형태음소변동요인으로서의 모음조화규칙―15세기 국어」, 『연세논총』13, 1979. ㉢ 「15세기 국어와 고전 몽골어의 모음조화」, 『연세교육과학』10집, 1976, 참조).

80) 'ㄷ ㅌ'이 'ㅣ'와 만난다고 모두 구개음화하는 것은 아니다. 보기: '디디다, 티끌' 따위.

그렇게 될 필연성은 없고, 방언이나, 사람에 따라 우연히 그리 바뀌는 것 뿐이다(길→질).

9.3. 분석주의 말본 체계의 확립과 기계주의

『조선말본』(1926)의 쪽에서, 글쓴이는 김윤경의 씨(단어)에 대한 관점은 일반적으로, 될 수 있는 대로, 분석 가능한 곳까지 가늘게 분석해 가려는 경향성으로 나타난다고 했다.

그런데 이와 같은 경향성은 바로 『나라말본』에서 다시 다져 나온다. "씨(단어)란, 말의 낱덩이를 이름이다. ……한 생각이나 한 법칙을 보이는 말로서 더 가를 수 없는 낱덩이를 이름이다"[81]함이 바로 그 재확인이라 할 수 있다. 그렇다면, 이러한 관념은 어떠한 배경에서 오는 것일까? 『나라말본』에서는 그 배경을 충분히 유도하여 낼 수 있다. 다음은 그것이다.

(1) 우랄·알타이 말의 특질: 개념어와 형식어의 구별

우리말은 계통적으로 우랄·알타이 말 겨레에 속하고, 형태적 특질로는 덧붙는 말(첨가어)에 속한다. 따라서 우리말은 생각을 보이는 생각씨(실사, 개념어)와 토씨(허사, 형식어)로 크게 갈라진다 하고, 토씨는 생각씨에 첨가되는 것이 특질이라고 보았다. 이러한 특질을 살려서 낱말을 분류하면, 으뜸되는 생각씨와, 그 으뜸되는 생각씨에 붙어 나타나는 토씨가 있게 되고, 또, 토가 안 쓰이면서 생각씨나 월을 꾸미는 꾸밈씨(이 꾸밈씨는 생각씨와 토씨를 가를 수 없이 굳어 붙으므로, 이를 '모임씨'라 함)가 있게 된다는 것이다.

이는 역사적 이유(드듸→디디, 틔ㅅ글→티끌 따위)에서 볼 때, 그 속홀소리(기저모음)가 /iy/이기 때문이다. 이에 대해서는, 김석득: 「구개음화와 기저모음 및 어휘고」, 『눈뫼 허웅 박사 환갑 기념 논문집』 ㅉ.85~108을 볼 것.

81) 김윤경: 『나라말본』, ㅉ.35.

이들 생각씨와 토씨와 꾸밈씨를, 의미와 구조 기능에 따라 하위 분류하면, 생각씨(으뜸씨)는 임씨(명사), 언씨(형용사), 움씨(동사)로; 토씨(붙음씨)는 겻씨(助詞), 엇씨(接續詞), 맺씨(종지사)로; 모임씨(꾸밈씨)는 언씨(冠詞), 억씨(副詞), 늑씨(感嘆詞)로 나뉘어서 모두 9개의 씨가 분류되어 나온다는 것이다. 이 갈래와 보기를 글쓴이가 정리해 보자.

$$
씨
\begin{cases}
\text{생각씨(실사, 개념)} \\
\quad = \text{으뜸씨(원어)} \\
\text{토씨(허사, 형식어)} \\
\quad = \text{붙음씨(종속어)} \\
\text{모임씨(실사와 허사 결합)} \\
\quad = \text{꾸밈씨(수식어)}
\end{cases}
\begin{cases}
\text{임씨: 사람, 아침, ……} \\
\text{언씨: 검, 크, ……} \\
\text{움씨: 가, 잡히, ……} \\
\text{겻씨: 이, 은, 보다, ……} \\
\text{잇씨: 와, 고, 면서, ……} \\
\text{맺씨: 이라, 겠다, 었다, ……} \\
\text{언씨: 이, 저, 여러, 날, 풋, 올, ……} \\
\text{억씨: 천천히, 솔솔, ……} \\
\text{늑씨: 허허, 여보, ……}
\end{cases}
$$

이와 같은 이론적 배경과 분류에서는 다음과 같은 특징과 문제점이 발견된다.

1) 특징: 분석성과 기계주의

① 어간 형태소를 그대로 낱말로 정립시켰다. 따라서 한 어간 형태소가 곧 낱말이 된다. 그러나 때로는 형태소의 배합(잡히)이 낱말이 되는 경우도 있다.

② 토나 접미사 형태소의 무리(群)는 그대로 한 낱말로 정립했다. 따라서 낱말의 식별이 아주 기계적이어서 편리하다. 물론, 여기에서도, 하나의 형태소나, 형태소의 배합이 낱말이 되는 경우가 있다. 그렇다 하더라도 역시 낱말 분석은 기계주의적이다.

③ 어간과 접미사를 낱말로 각립시키는 것은 덧붙는 말겨레(첨가어족)의 본질을 밝힌 체계라 할 수 있다. 이렇게 본 결과, 때매김(시제) 형태소나 존대 형태소(이른바 때도움줄기와 높임도움줄기)는 모두 토씨에서 일률적으로

다루게 되어 체계의 통일성을 가져 온다.

④ 접미사 형태소 무리(接尾辭 形態素 群)는 하나의 독립한 낱말이기 때문에, 씨끝바꿈(어미 활용) 또는 씨끝(어미)의 변화라는 것은 있을 수 없게 된다.

2) 문제점

① 낱말은 "한 생각의 단위"라고 뜻매김하였다. 그런데 줄기(어간)나 접미사 무리만으로는, 개념 파악이 얼른 오지 못한다. 따라서 그것은, 한 생각의 단위가 되지 못한다는 이의가 일어날 가능성이 있다. 다시 말하면, 어간 형태소나, 접미사 무리만으로는 '생각의 단위'가 될 수 있는 마음의 불러일으킴(심적 환기)이 미약하다는 반론이 일어나기 쉽다.

② 말본 체계라는 것이 말의 규칙을 잘 설명해 주는데 있다면, 끝바꿈 체계를 부정하는 체계가, 끝바꿈을 용인하는 체계보다 더 잘 설명할 수 있다는 근거가 미약하다.

③ 낱말로서의 접미사 형태소와 단순한 접미사 형태소를 식별할 수 있는 이론적 근거를 찾기 어렵다. 곧, 일반적으로는 낱말의 기계적인 식별의 편리성을 수긍할 수는 있으나, 실제에 있어서는 그 한계가 모호하다. 가령, '잡히'는 한 움씨(동사)로 보았는데, 이때, 입음(피동)의 접미사 '히' 등을 접미사 무리의 토씨 쪽으로 갈라 붙이지 아니 하는 이론적 근거가 미약하다. 물론 '히'는 '꼬리더음'(접미사, suffix)이라고 했다. 그러나 이 꼬리더음(접미사)과 낱말이 되는 접미사와의 한계는 여전히 불명확하다. 생각하건대, 입음의 접미사 같은 것을 파생접미사(derivational suffixes)로서의 꼬리더음으로 밝혀 놓았다면, 파생의 기능이 없는 씨끝과 구별이 되어 문제가 없을 줄로 안다.

④ 접두사 형태소와 낱말의 한계에 이론적 근거가 없다. 가령. 날(고기), 풋(나물), 올(벼) 등은 '언씨'(관사)로 보았고, 숫(색시), 들(기름), 돌(피), 개(살구), 한(숨) 등은 '머리더음'(접두사, prefix)이라 하였다. 여기에서는 언씨(冠詞)와 접두사 구별의 이론적 근거를 찾을 수 없다. 이를 구별할 어떠한 조작

장치가 필요하다. 글쓸이의 견해로는, 분포(distribution)의 원리(확대의 원리 (expansion), 대치의 원리(substitution))[82]에 의하면 이러한 문제들은, 이론적 근거를 찾을 수 있다고 본다. 그런데 이 원리에 의하면, 이미 말한 낱말의 정립은 다시 해야 한다는 문제에 직면한다. 만일, 좀더 면밀한 이론적 뒷받침을 받아서 분석주의 체계의 모순점을 개선 발전시킨다면, 더욱 과학적 말본 체계가 이루어질 수 있다고도 생각된다.

(2) 요약

김윤경은 주시경 스승의 분석 체계를 계승 발전시켰다. 그이의 말본 연구는, 『조선말본』과 『한글말본』을 거쳐 『나라말본』에 이른다.

『조선말본』에서, 언어 문자와 국가 성쇠와는 함수 관계에 있음을 확신함으로써 국어 연구에 겨레 의식을 함께 담고 있다. 한편, 『조선말본』에서 시사된 말본의 규범관은 『나라말본』에서 재천명된다.

'소리갈'은 『나라말본』에서 집약되어 나오며, 이러한 소리갈을 통하여서는 생리학적인 조음 음성학의 형성을 볼 수 있다. 물론, 조음점(point of artic- ulation)의 정립 문제라든가 홀소리 고룸의 문제는, 새로운 각도에서 논의되어야 할 것이다. 또한 음소와 음성을 구별하지 안했다는 것은, '추상 개념'과 '구체적 개념'을 구별하지 아니했음을 보임이요, 구개음화에서의 방언의 우연적 변화등을 고려하지 아니한 점은, 변화에서의 필연적 사실과 우연적 사실을 분별하지 아니하였음을 보임이다.

『조선말본』에서 시사된 분석주의 체계의 언어관은 『나라말본』에 재확인 되었다. 그 이론적 배경은 우랄·알타이 말의 특질을 지닌 우리말을 '개념어'와 '형식어'로 나누어지는 덧붙는 말(첨가어)로 볼 뿐만 아니라, 말은, 종합에서 분석적인 방향으로 발달하여 간다는 굳은 신념에 두고 있다. 이러한 기계

---

82) Z. S. Harris: *The Methods in Structural Linguistics*, p.245; 김석득: 「국어형태론」, 『연세 논총』 4집, 1966, ㅉ.2~3.

적 분석성의 특질을 지님에도 불구하고, 실제로, 접미사와 낱말의 한계에 혼동이 생겼다. 그러나 주시경의 지나친 '씨몸바꿈'으로 말미암은 문법 범주의 중복된 설명(가령, 때매김을 끗씨나 언씨에서 중복하여 다룸)을, 김윤경은 기계적인 분석 처리에 따라, 토씨에서 그것을 일률적으로 처리하였음은 큰 발전이라 할 수 있다.

월갈에서의 월의 분석과 그림풀이는, 구조주의 언어학에서의 '직접 구성 요소 분석'에 상당한 것이다.

결론적으로 보면, 용의주도한 분석에로의 집념에 일관하였으니, 이는 한결 김윤경 자신이 하나의 '분석철학'과 '기계주의' 철학관에 뿌리박고 있는 데서 연유한 것으로 보아지는 것이다.

10. 김윤경의 『조선문자 급 어학사(朝鮮文字 及 語學史)』와 우리말 글의 역사적 조명

이것은, 국어학사에 해당하지만 이 책은 자체가 국어 연구사 상 없어서는 안 될 금자탑이다. 이 자리는, 분석주의를 논증하는 자리이긴 하나 그의 학문이나 그 학맥으로 보아 여기에서 다루어 두는 바이다. 『조선문자 급 어학사』는 1938년 1월에 초판이 나오고, 1938년 2월에 재판이, 1946년 9월에 3판이, 그리고 1954년 12월에는 더 기워서(1940년, 훈민정음 원본 발견 전후의 일과 해방 뒤의 학계동향 등) 『한국문자 급 어학사(韓國文字 及 語學史)』란 이름으로 바꾼 4판이 나왔다. 또한 1963년에는 『새로지은 국어학사』로 출판되었다. 이 『한국(조선)문자 급 어학사』는 본문이 1015쪽(4판)에 달하는 대저이며, 이 책의 짜임은 크게 '서론'과 '본론' 두 편으로 나누어졌다.

'서론'에서는 '언어에 대한 일반론적인 것', '우랄·알타이 어족의 특질', '조선말의 범위', 그리고 '글자의 발생과 글자의 종류' 등에 대하여 밝혔다. 특히 세계 언어의 분류를 '계통적 분류'와 '형태적 분류'로 나누고, 언어학자의 계통적 분류에 따라, 우리말을 우랄·알타이 어족의 범주에서 알타이갈 중의 퉁구스말에 해당함을 보이었다. 그러나 한결 김윤경은 우리말과 일본갈을 우랄·알타이어에 붙이는 문제에 대하여, 학자 간에 일치가 되지 않고 있음을 분명히 밝히고 있다.[83] 형태적 분류로 보면, 고립어, 부착어(첨가어), 곡절어(굴절어, 곡미어), 포합어, 집합어 중, 우리말은 부착어(첨가어)에 속함을 밝히고 있다. '우랄·알타이말의 특질'로는 '홀소리 고룸', '닿소리 법칙', '첫소리 규칙', '끝소리 규칙', '월의 구성법'으로 나누어 설명했다. '조선어의 범위'로는 문헌에 근거하여, 단군조선, 부여, 한족 지배의 조선, 예, 옥조, 진한, 마한, 변한, 신라, 고구려, 백제, 발해, 고려, 탐라로 잡고 있다.

'본론'은 크게, '훈민정음 창제 이전의 글자'와 '훈민정음'으로 나누었다. '훈민정음 이전의 글자'로는 '전하지 못하는 글자'로 문헌에 근거하여 '삼황내문(三皇內文), 신지비사문(神誌秘詞文), 왕문문(王文文), 각목문(刻木文), 고구려문자, 백제문자, 향찰, 발해문자, 고려문자'를 말하고, '오늘까지 전하는 글자'로, '이두, 구결'을 들었다.

여기에서 밝혀 둘 일은, 김윤경은, 향찰(鄕札)은 이두문(吏讀文)이 아닌, 범서(梵書)를 이어씀과 비슷한 것(鄕札似梵書連布)이라는 균여대사전(均如大師傳)에 의거하여, 향찰을 신라 고유 문자로 인정하고 있음이다.[84] 더욱

---

83) 지금도 이 문제는 해결되지 않고 있다. 가령, *dictionnaire de linguistique*(larousse, 1973)210쪽에 따르면, 언어 분류 쪽에서, 일본어와 한국어족은 그들 사이에 먼 친족 관계를 가지고 있는 것 같다(Les familles japonaise (japonaise proprement dit et ryu-kyu) et coréenne ont probablement entre elle une parenté lointaine.)하고, 209쪽에서 알타이 어족과는 구별하고 있다(La famile altaïque se subdivise en branches turque(···), mongole et mandchoue(mandchou et toungouse). 또한 글리슨(H. A. Gleason)도 '*An Introduction to Descriptive Linguistics*'에서 1955년 판에는, 한국어와 일본어는 각각 독립적 어족이라 했고, 1966년 판에서는 두 언어 사이에 어떤 관계가 있는 것으로 기술하고, 그러나 때때로 우랄·알타이 어족에, 일본어, 한국어, 에스키모말까지 확대 가정하기도 한다. 그러나 그 결정적 증거는 없다고 했다(some language and language families 쪽).
84) 홍기문, 『정음발달사』, 하권, ㅉ.11에 따르면, 우리말을 한자로 번역하는 방법을 곧 '향찰'이라 했다. 그리고 향가의 번역은 '범서의 연포'를 방불케 하는 바 없지 않다고 했다.

이러한 균여전의 기사, 평양지(平壤誌)의 기사, 곧 평양 법수교 다리에 옛 비문이 있는데, 언문도 아니요, 범자도 아니요, 전자(篆字)도 아니어서, 사람이 능히 깨칠 수가 없다(平壤法首橋有古碑, 非諺, 非梵, 非篆, 人莫能曉)는 기사와, 또한 서시(徐市)의 제명이라고 전하는 남해도(南海島)의 바위에 새겨진 글자(조선총독부 편, 조선금석총람(朝鮮金石總覽))가 전서(篆書)와 아주 다른 일, 따위로 보아 '고대의 고유 문자'가 있었음을 단언하고 있다.

"훈민정음"에 대해서는 '명칭', '제정의 이유', '제정의 고심', '훈민정음의 본문'(1940년 7월에 발견된 『훈민정음』 원본 전문의 사진판과 번역을 더함), '훈민정음의 성질과 가치', 여러 가지 '기원설' 및 '반포 이래의 발전의 개요'를 소개했다. 특히 훈민정음 기원설에서 한결은 '고대문자 기원설'을 주장했다(앞서 말한 고대문자가 있었다는 근거에 따름).

'정음 반포 이래의 변천의 개요'는 국어학사에 해당하나는 이 책의 핵심적인 부분을 이룬다. 이 부분은, 세종에서 연산주에 이르는 문자 보급과 정책적인 면(세종의 실행 장려: 공문서에 반영, 홍무정운 역훈, 동국정운 편찬. 세조 및 그 뒤 역대의 실행장려: 세조의 불경 언해, 연산주의 폭정하의 한글 박해 등), 최세진(崔世珍) 이래 조선조의 여러 학자들의 우리글자와 음운에 대한 학설과 갑오경장 이래 광복 이전까지의 우리말 말본의 연구에 대한 여러 학자들의 학설이 소개되어 있다. 그리고 다시 '문자 보급 정책적인 면'으로, 한글의 보급과 발전에 대한 기독교의 공헌, 총독부의 철자법 규정, 조선어학회의 한글 맞춤법 통일안 등이 소개되고, '최근의 한글 운동'으로 한글 보급 운동, 한글날 제정 경위, 표준말 사정 경과, 이밖에 4판에서 보충된, 외래어 표기법 통일안, 조선어학회 수난사건의 소개, 큰사전 편찬의 경과와 중단, 해방뒤 한글 운동 곧 국문 국어의 부활과 한글전용 운동, 한글파동 등을 서술하고 있다. 그리고 끝으로 한글 연구 자료의 문헌을 소개하고 있다.

우리는 이 책에서 우리말·글의 근원과 특질과 그리고 수난과 발전을 읽을 수 있다. 아울러, 우리 정통적 말·글 연구의 발달사를 밝게 볼 수 있다.

한말로 이 책의 밑바닥에는 우리 민족의 정신사가 조명되어 있다고 할 것이다.

붙임: 국어학사의 한 성격을 띠고 있는 것으로 홍기문(洪起文)의 『정음발달사(正音發達史)』 上·下(1947)가 있다. 그러나 이는 정음의 발달사적으로 보아 그 전모를 드러낸 것은 아니다. 국어학사류에 주목할 만한 것으로 다음을 들 수 있다. 이들은 사관에 따라 그 기술의 시각에 차이가 있다. 1. 오구라(小倉進平) 『朝鮮語學史』, 1920: 이는 민족사관 외적인 경향성을 띤다. 또한 국어연구의 발전사적 체계가 잘 잡히지 않는다. 2. 김민수 『國語學史』, 1964·1980: 연구사뿐 아니라 의식사(意識史)는 물론 정책, 교육, 순화 등까지를 국어학사 테두리 안에 넣는다. 3. 유창균 『國語學史』, 1994: 국어학사를 문화사의 하나로 보는 매우 넓은 국어학사의 개념을 취한다. 4. 강신항 『國語學史』, 1979·2001: 국어학사는 국어학의 순수 학술 연구사를 뜻하므로 서지해제나 표기법변천, 언어정책 등은 배제해야 한다고 하면서도, 그러나 결국 조선조 이전으로 소급할 수 없는 순수 국어학의 연구사(심악 이숭녕의 「국어학사의 기술 태도」, 『사상계』, 1956과 『革新國語學史』 1978에서 보인 국어학사관과 같은)와, 조선조 이전의 고대 국어의식변천 등을 다루는('서론'에서) 절충적 기술 태도를 취한다(위의 자세한 기술은, 김석득: 「우리말의 '역사 연구'와 '연구 역사'의 한 시각」, 임용기, 홍윤표 편(2006), 『연세국학총서』 66(태학사)을 볼 것). 이 밖에 학문과 함께 세밀한 인간성 추구라는 사관 아래 기술한 박태권의 『국어학사 연구』(2002·고친판 2008)는 특수하다.

11. 정열모의 『신편 고등 국어문법』과 종합주의 체계

종합주의란, 말본에서 실사와 허사를 모두 합하여 한 낱말로 처리하는 말본 연구의 한 경향이다. 이는 주시경 이후에 생긴 준종합주의 및 분석주의에 대립하는, 이른바 우리나라 세 큰 말본 체계 중 하나이다. 이 종합주의 체계는, 해방 바로 뒤, 정열모, 『신편 고등 국어문법』(1946)에서 이루어지기 시작하니 앞의 두 체계에 견주어 그 이룩됨이 매우 늦은 감이 있다.

이의 말본에 대한 연구로, 『조선어 문법론(朝鮮語文法論)』, 『신편 고등 국어문법』이 있으나, 앞 것보다 뒷 것이 더 완전한 체계이므로, 뒷 것을 다루기로 한다.

『신편 고등 국어문법』은 1946년(서울)에 얽어진 것이다. 이 책의 '머리에 두는 말'에, "일본 국학원 대학 교수 마쓰시다 씨의 표준 일본문법이란 책을 읽어, …… 이 책의 조직은 전적으로 그를 모방한 것이다." 또는 "나의 국어 연구의 벽은 한힌샘 스승으로 말미암아 싹이 트고,……"85)라는 구절이 있다. 이것으로 보아, 그는 주시경의 제자로 국어학을 연구하는 기틀을 닦았으나, 그 체계는 주시경과는 다른, 마쓰시다의 『표준 일본문법』의 영향을 받은 것임을 알 수 있다. 이 책에 쓰인 갈말(술어)도 따라서 주시경과 같은 순수 고유어를 가지고 쓰려는 노력이 나타나 있으니 '도튼말(총론), 말본갈, 낱뜻, 으뜸낱뜻, 감말(품사), 빛(格)' 등으로 나타남이 그것이다. 다만 씨(품사)의 이름만은 일본문법의 한자 갈말(술어)인, '명사, 동사, 관형사……' 등으로 뒤바꿔 놓은 것은 이색적이다.

이 책은 크게 여섯 편으로 나누었으니: '첫째 편 총론'(도튼말), '둘째 편 낱뜻', '셋째 편 감말의 본성론', '넷째 편 감말의 꼴(相)', '다섯째 편 감말의 빛(格)', '여섯째 편 감말의 상관론(문장론)'이 그것이다.

이제 이와 같은 얽어리 속에서 이것이 국어학사 상에 남긴 중요한 뜻에 대하여 소개 및 비판을 하여 보기로 한다.

---

85) 정열모: 『신편 고등 국어문법』, 머리에 두는 말. 정열모는 '조선어강습원' 고등고 제2회 졸업생임.

11.1. 논리적 이론 및 기술(記述)적 방법

말본은 인간의 '정신 작용'에 뿌리박은 현상을 연구하는 인문과학이라 하고, 그의 말본 연구의 배경을 '논리학적'인 데 두었다. 말본갈에는, 그에 의하면, 기술적(記述的)인 것과 이론적인 것이 있는데, '이론적'이란, 모든 법칙을 통일하는 큰 법칙을 찾기를 목표로 하는 태도를 말하고, '기술적'이란, 법칙을 가지가지 빼지 않고 알리는 태도라 한다. 그리고 이론적 연락이 없는 연구는 학문이 아니며, 이론적 지식의 가지가지가 갈피 있게 통일된 한덩이를 이룰 때 학문이라고 할 수 있으므로, 자기는 나라말본갈로서 이론적인 것과 기술적인 것을 겸한다고 하였다.[86] 이와 같은 말본관은 '기술언어학적인 관점'이요, 또한 나아가서 보편적 법칙을 모색하는 '이론 언어학적 관점'이라 할 수 있다.

11.2. 말의 본질: 심리학적 이해 - 나와 상대의 동질적인 소리의 마음표(심상)

말의 의사 전달 과정이란, 생각과 그 생각에 잡아매인 소리의 마음표(심상)를 전하는 것으로 보았다. 이때의 '소리'는 앎(지각)의 현상을 일으키는 마음표(심상)이기 때문에, 이것이 입밖으로 나가면, 상대의 소리의 마음표를 일으며, 상대의 마음에 내 마음에 있는 주관적인 말과 같은 말을 생기게 한다는 것이다. 물론 이 경우, 소리의 마음표의 보람인 글씨를 통하여, 상대방의 마음표를 불러일으키는 경우도 있다고 하였다.[87]

이것은 말의 본질을, 나와 상대의 동질적 마음표로 확신하는 것으로써, '언어의 심리학적 이해'와 아울러 '언어의 사회성', 그리고 동일 사회의 말무리

---

86) 윗 책, ㅉ.23.
87) 윗 책, ㅉ.5.

(언중)에게 약속된 공동적인 존재로서의 언어 인식이라고 할 수 있다.

말의 뜻매김을, "소리나 글씨를 보람으로 하여 생각을 나타내는 방편물이라"[88]하였는데, 이 평범한 표현 안에는 나와 상대의 동질적인 소리의 마음표(말무리에게 약속된 공동적인 존재)라는 말의 본질을 내포하고 있는 것으로 풀이된다.

11.3. 말본의 양면성: 속법칙(내부 법칙)과 겉법칙(외부 법칙)

'말본'은 말씀의 됨됨이 법칙이며, 이 말본에는 '속법칙'(내부 법칙)과 '겉법칙'(외부 법칙)이 있다고 했다. '속법칙'이란 생각에 매인 길이요, '겉법칙'이란 소리의 마음표, 나아가서는 소리, 글씨에 매인 길이라고 했다.[89] 가령, 임자빚(주어토)의 명사는 임자말이 된다는 것 같은 법칙은 '속길'이요, 임자빚(주어토)은 '이, 가'를 단다고 하는 것 같은 법칙은 '겉길'이라고 하였다. 이와 같은 것은 말본을 내부적 심리적인 방향으로 결부시켜보느냐, 단순한 외부적인 방향으로 결부시켜 보느냐에 따라서 말본의 양면성을 띨 수 있다는 견해를 보인 것이라 하겠다. 그러나 이러한 양면성의 인식은 다른 말본 학자의 연구로 볼 때는 별다른 차이를 가져오는 것은 아니다. 다만 거기에는 말을 바라다보는 특이한 관점의 차이를 보이고 잇을 뿐이다. 특이한 관점의 차이가 실제 체계에 별다른 영향을 줄 수 없다면, 그 특이한 관점이란, 빛을 잃는 것이요, 무의미한 것이라 할 수 밖에는 없다.

---

88) 윗 책, ㅉ.4.
89) 윗 책, ㅉ.6.

11.4. 사상 형성의 두 가지 다리: '관념'과 '단정'에서 오는 통합론(統合論)

말의 됨됨이 과정으로 볼 때, 말은 '낱뜻', '감말', '월'의 세 가지 다리르 밟아야 한다는 것이다.

그런데 이 세 가지의 다리는, 사람의 말 속의 속살인 생각(사유)과 긴착한 관계가 있다는 것이다. 그 '생각'에는 두 개의 다리가 있는데, 그것은 '관념'과 '단정'이라는 것이다.

논리학으로 보면, '생각함'에서는 사상이 나오고, 그 사상은 순전히 지력(知力)에 붙는 것이지만, 말본학에서의 사상이란, 생각함(사유)에서 뿐 아니라, 직관(본대로)과 지력(知力)에서 오는 것이다. 이러한 말본학에서의 생각함과 직관과 지력에서 오는 사상이 그 사상을 온전하게 이룸에는 '관념'과 '단정'이라는 두 가지 다리를 밟게 되는데, 이러한 관념과 단정을 배경으로 그는, 그의 말본 체계를 정립한 것이다.

그의 감말(월의 유일한 재료로서, '낱말', '씨'에 해당함)은 이러한 '관념'과의 관계가 있는 것이고, 월에 대한 연구는 '단정'과 관계가 있다.

(1) 관념과 감말(詞) 및 낱뜻: 통합관

'관념'이란, '자극'과 '지각'의 반응으로 생기는 현상에 대한 특수하고 구체성을 띠는 인상(印象)과, 공통적이고 일반적이며 추상성을 띠는 개념(概念)을 말한다. 그는 이에 대하여 좀 자세히 언급하였는데, 간단히 간추려 소개하면 다음과 같다.

질림(刺戟)으로 인하여 앎(知覺)의 반응이 일어나고 앎의 결과 인상(印象)이 생긴다. 이러한 인상은 구체적이고 특수적이다. 가령 '개'를 지각하고 그 인상을 구체적으로 남기는 것과 같다. 그러나 그 다음, 여러 가지 개를 보면 하나의 참말로의 개의 인상보다는 여느 개도 아닌 모든 개를 대표하는 공통적

인상의 본보기가 생기는데 이를 개념(槪念)이라 한다. 개념이란, 추상적, 일반적인 들뜨기(抽象)이다. 이러한 인상이나 개념을 모두 '관념'이라 한다.[90]

이러한 관념(인상, 개념)을 나타내는 것에는 말본에서 '감말'(詞)과 '낱뜻'(辭)이 있다고 했다. '감말'(詞)은, 월의 유일한 성분이요 재료인 낱말 또는 씨를 가리키고, '낱뜻'(辭)은, 감말의 재료이며, 말을 이룸에 있어, 말의 제일 밑에 드는 자리에 있다. 가령, '돛대'는 한 감말인데, 그 '돛'과 '대'는 낱뜻이다. '토'도 하나의 낱뜻이다.

이러한 감말과 낱뜻은 다 관념(인상, 개념)을 나타내지만, 낱뜻 중 제홀로 감말을 이룰 수 있는 '알낱뜻'(꽃, 달, ……)이 있으니 이는 단독의 힘으로 관념을 나타낸다, 제홀로 또한 감말을 이룰 수 없는 '겉낱뜻'(토, 또는 '연필'의 '연', '필', '달이 뜨ㄴ다'의 'ㄴ다' 등)이 있으니 이는 단독의 힘으로 관념을 나타내지 못한다는 것이다. 이러한 '겉낱뜻'은 독립된 관념으로서의 감말이 되지 못하고, 독립된 다른 낱뜻(감말)에 붙어야 비로소 그 관념을 나타내기 때문에, 겉낱뜻은 감말의 한 부분일 뿐이라고 하였다. 가령,

"산에 오르ㄴ다."

에서, '산'은 한 관념을 나타내는 '속낱뜻'이요, 따라서 그대로 감말이 되나, '에'는 겉낱뜻으로서, 독립된 관념을 못 가진다. 따라서 '산'과 '에'가 결합한 '산에'가 되어서 비로소, 온전한 한 관념을 나타내는 감말이 된다는 것이다. 또 '오르ㄴ다'에서도, '오르'와 'ㄴ다'는 다 독립된 관념을 나타내지 못하는 겉낱뜻이다. 이것은 '오르ㄴ다'가 되어서 비로소 하나의 온전한 관념을 나타내는 '감말'이 된다는 것이다.

이와 같이, 토를 체언에 합하여 한 관념을 나타내는 감말(낱말)로 보고,

---

90) 윗 책, ㅉ.9~10.

또 어간에 어미를 합하여 한 관념을 나타내는 감말로 보는 것은, 그의 말본에서의 '개념과 개념의 통합'을 가장 중요시하는 '통합적 언어관'에서 오는 것이다.

(2) 단정(斷定)과 월의 개념

'단정'이란, 어떠한 현상에 대하여, 마음속에 관념적으로 인정하는 것이다. 그는 이에 대하여 다음과 같이 예를 들어 말했다.

"화재를 보고 불이야 하면, 한 단정이다. 단정은 사상의 단위이며, 말씀의 단위이다. 사상이 관념으로만 있을 뿐이어서는 한 사상이라 할 수 없다. 생각이 사상으로 됨은 단정이라는 다리를 밟아야 한다."[91] 하고, 단정을 인식하는 법을 따라 '사유적 단정(思惟的斷定)'과 '직관적 단정(直觀的斷定)'으로 나누었다. '사유적 단정'이란 판단의 작용(判斷作用)으로 말미암아 생기는 단정인데, 대개, 월에서는, '제목있음'과 '제목없음'으로 나타날 수 있다는 것이다. 이러한 월을 '사유적 월(思惟的文)'이라 하고, 그 보기를 다음과 같이 들었다.

"오늘은 보름날이다." (제목 있음)　⎫
　　　　　　　　　　　　　　　　　　⎬ 사유적 월
"달이 밝다."·········· (제목 없음)　⎭

'직관적 단정'이란, 판단의 작용에 따르지 않고, 곧, 현상에 대한 관념이 판단의 대상과 재료로 갈리지 않고, '직관' 그대로 인식되는 단정이다. 이것은 월에서는 직관적인 월이 된다는 것이다. 가령, 지진을 만나, '앗' 하고 외치는 것은 아무 판단없이 직관 그대로 인식된 것으로 이는 직관적 월이라 한다. 그런데 '앗' 하고 외친 것은, 그 '앗' 속에 개념이 없기 때문에 그것은, '주관적인 직관(主觀的直觀)'이라 했다. 그러나 '지진' 하고 외쳤다면, 그것은 재료를

---

91) 윗 책, ㅉ.11.

통해서 안 인식이므로, '개념적 직관(槪念的直觀)'이라 할 수 있는 것이다.

<pre>
(지진을 만나) '앗'········주관적 ⎫
                                    ⎬ 직관적 월
(지진을 만나) '지진'······객관적 ⎭
</pre>

이와 같이, 월의 종류를, 단정에 따라, '사유적인 월'과 '직관적인 월'로 나누었다. 이것은, 월에 대한 '논리관(論理觀)'이라 할 수 있다. 이러한 월에 대한 관점은, 첫째, 월의 요소는 '임자, 풀이'가 있어야 한다는 설을 부정하게 된다. 월은 반드시 '임자, 풀이'가 없어도 성립된다 하고, "현상에 주체가 없는 것은 아니나, 주체 관념은 현상의 개념 속에 숨어 있어, 개념으로 떨어지지 아니하므로, 임자말을 낳지 아니하는 경우가 생긴다"고 풀이하였다. 따라서 '그렇다', '뜨거워'는 임자말 없는 월로 충분히 인정된다는 것이다. 둘째, 위와 같은 이유로 자연히 '종래의 단문(simple sentence)과, 복문(complex sentence), 합성문(compound sentence)의 분류는 부정된다.'

11.5. 말본갈의 범주: 낱뜻론(辭論)과 감말론(詞論) −'소리갈'을 뺌

앞에서 언급한 바와 같이, 그는 말은 생각(사유)의 보람이요, 그 생각은 심리학(심리학)의 맡음으로 보았다. 말은 생각을 내면으로 하여 성립하는 것이므로, 말의 내면으로서의 생각 곧, 소리의 마음표(심상)에 눌어붙은 생각의 됨됨은 말본의 대상에서 가장 중요한 것이라고 보았다. 그러므로 말이 생각의 보람으로 소리를 사용하기는 하지만, 그 소리 자체는 말이 아니므로 소리 자체에 대한 연구는 말본 밖에 따로 소리갈이 성립되어야 할 것이지, 그것이 말본갈의 한 모가 될 수는 없다고 주장하고(25쪽), 이를 말본갈의 범위에서 빼내었다. 그리고 말본의 연구 범위를 '낱뜻론'(辭論)과 '감말론'(詞論)의 둘로 나누었다(27쪽). '감말론'에서는 '단독론'(품사론, 그는 이를 'etymology'라 함)과 '상관론'으로 나누어 논의함으로써 이른바 종래의 월갈(syntax)은 말본의 큰 범주로 세우지 않고, '감말의 상관론'에서 다루어야 한다고 주장하였다.

'감말의 상관론'이란 낱말의 배합론이므로, 곧 그것은 통사적(통어적) 구조(syntactic structure)에 관한 연구이다. 통사적 구조에 관한 연구를 '월갈'(syntax)이라 하건, '감말의 상관론'이라 하건, 이것은 부름의 차이이지 무슨 개념상 문제가 있는 것은 아니다. 그러나 말본갈에 소리갈이 들어갈 수 없다는 범주론은 확실히 우리 말본학사 상 주목할 만한 주장이다.

'월'(문장)이란 결국 구체적 음성으로 산출(out put) 표면화하는 것이라고 생각한다면, 이른바 말본갈에서 음성학적 기술면을 적어도 아주 배제할 수 없는 것이다. 그렇다 하더라도, 종래의 모든 말본갈에서 다루었던 바와 같은 말의 법과 직접적으로 연관성이 없는 문자론이나, 구체적인 조음 음성학 및 음향 음성학 자체를 위한 음성학적인 면을 말본 앞 대문에서 꼭 다루어야 한다는 일은 재고되어야 한다. 소리갈은 음성학(phonetics)이나, 음소학(phonemics) 또는 음운론이라는 이름으로, 말의 본인 말본과는 다른 새로운 연구분야로 독립시켜야 하지 않겠는가 하는 것이다.

11.6. 감말의 분류의 종합관과 철학관

'낱뜻'이란, 낱말을 이루고 있는 구성요소이며, 최소의 낱뜻은 형태소(morpheme)에 접근한다. 따라서 그의 '낱뜻론'에서는 감말(낱말)의 구성 요소를 분석함으로써 어느 정도 형태론의 면모를 갖춘다.

이와 같은 낱뜻에는, 이미 언급한 바와 같이, '속낱뜻'과 '겉낱뜻'이 있는데, '속낱뜻'은 독립관념(獨立觀念)이 있으므로 그대로 감말(낱말)이 되지만, '겉낱뜻'은, 독립관념이 없으므로 오직 감말의 구성요소가 될 뿐이라 함도 잘 알 수 있었다.

이러한 낱뜻 또는 낱뜻의 배합으로 이루어진 말의 단위가 그의 '감말'이다.

그의 '감말론'은 단독론(單獨論)과 상관론(相關論)으로 나뉜다. '단독론'은 품사론(낱말론)에 해당하는데, 감말 곧 품사는 그 근본적 성능(본성)에 따라 크게, 5품사: 명사(사물의 개념), 동사(작용의 개념), 관형사(속성의 개념: 다른 실체 개념에 종속), 부사(속성의 개념: 다른 운용 개념에 종속), 감동사(주관적 관념)로 나누었다.

'명사'에는, 종래의 대명사를 포함한다. 그리고 빛(토)이 있을 때는 그것까지 합하여 명사로 본다. 곧 '사람'이나, '사람이'는 모두 명사이다.

글쓸이의 생각으로, 이와 같이 토를 합하여 한 낱말로 보는 종합 체계는, 사전의 어휘 처리에서 이루 말할 수 없는 복잡성을 초래한다고 본다. 뿐만 아니라, 토가 모든 체언에 분포하고(distribute) 있으므로, 모든 체언에서 낱낱이 토에 대한 말본적 언급을 중복하여 언급해야 하므로, 그 말본 처리의 복잡성은 말할 나위도 없이 일어나게 된다고 본다.

'동사'는 어간에 접미사를 합하여 보는 종합성을 띤다. 그러한 동사는 종래의 형용사까지를 포함한다. 그 이유는 모든 사태는 주체와 작용과를 갈라 생각할 수 있는데, 동사난 형용사는 개념의 성질상 판정성(判定性)이라는 같은 작용을 하기 때문이라고 한다. 그리하여, 동사의 하위 분류에서 종래의 동사는 '동작동사'로, 종래의 형용사는 '형용동사'로 나누어 다룬다. 그러면, 동사를 이와 같이 하위 분류하는 근거는 어디 있는가? 그는 이 근거를 철학적 개념에서 추구하고 있다.

동작과 상태의 구별은, 단순한 동(動)과 정(靜)의 구별이 아니라는 것이다. 왜냐하면, 동작에는, 정지적 동작(靜止的動作)도 있기 때문이라는 것이다. 그러면, 동작과 상태의 구별은 어디에서 오는가? 그것은 '인식하는 법의 구별'에서 온다는 것이다. 철학자 칸트는, "직관하는 형식으로, 시간과 공간의 둘을 말하고 있음"에 대하여 그는, 우리가 작용의 개념으로 인식하는 것은 단순한 직관이 아니라, 사유 개념(思惟槪念)으로 인식한다고 비판한다. 그러면서, 어떠한 작용이란, 장소 없이는 이루어지지 않지만, 시간의 형식은 작용에 반드시 필요한 것은 아니라고 주장한다. 시간의 형식에 따라 생각하면, 동(動)과 정(靜)은 함께 동작이요, 시간의 형식에 따르지 아니하면, 상태(형용)이라고 그는 인식했다. 그리고 그 예로, "<u>기차가 닫다</u>"는 시간 있는 동작이요,

"눈이 희다"는 시간 없는 상태임을 들었다. 그리하여, 시간 있는 동작은, '동작동사'로, 시간 없는 상태는 '형용동사'라고 하기에 이르렀다. 이리하여, 동작동사는 '작용+시간'의 뜻이 들어가며, 따라서 시간의 운동성(간다, 온다)과 정지성(존재: 있다, 없다; 지정: 이다)의 뜻이 있는 것은 다 동작동사이고, 형용동사는 단순한 작용만의 뜻이 있는 것이라고 했다.

> 작용(상태)=형용동사
>
> 작용(상태)+시간=동작동사

이 품사 분류에는 문제 되는 것이 많이 있으나, 동사의 하위 분류로 동작동사와 형용동사를 넣었다든가, 명사의 하위 분류로 대명사 등을 넣었다는 것은 오늘날 구조언어학에서 볼 때 십분 수긍하는 처리들이다. 오늘날 영어학에서도 동사와 형용사를 합하여 'Verb'라 하고, 그 하위 분류로 +v (action-verb), -v (non-action verb)를 기술한다. 꼭 영어학에서 그래서가 아니로되 국어의 움직씨와 그림씨는 구조적 의미가 너무 비슷하기 때문에 일차적인 큰 분류에서는 합하여 움직씨로 봄이 좋다. 곧, 국어의 경우도 구조적인 객관적 방법에 의하여, 움직씨류(verb class)를 일차적으로 갈라놓고, 그 하위 분류는 +v, -v로 봄이 합당하다고 보는 바이다.

이와 같이 보면, 대이름씨나 셈씨도 이름씨와 대립적인 일차 분류에 들어갈 수 없음은 뻔하게 알 수 있는 사실이다.

11.7. 직접 구성요소 분석

그의 월의 유별적 개념은 논리학적인 것이기 때문에, 오늘날 우리가 인식하는 구조 중심의 단문, 복문, 중문의 개념과는 너무나 동떨어지거나 수긍키 어렵다. 그러나 그의 '감말의 상관론'(문장론에 해당) 등에서 힘주어 설명한 직접 성분의 이론은, '직접 구성요소(immediate constituents) 분석'에 해당한다. 이제 그의 주장에서 중요한 직접 구성요소에 해당한 부분을 소개하고 이를 비판해 보기로 한다.

(1) '말빛의 실질화'와 직접 구성요소 분석

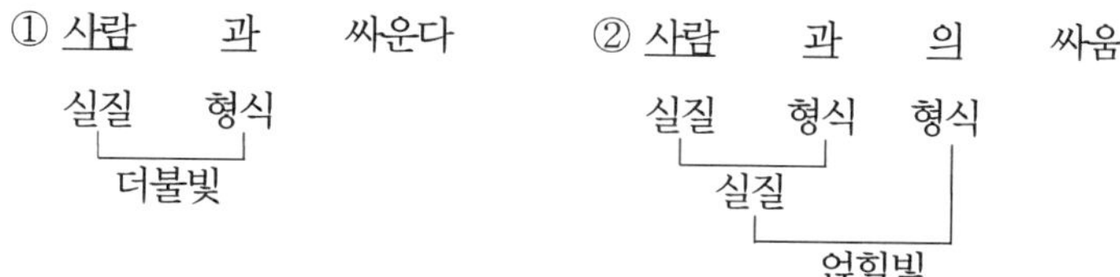

위에서 ②는 ①의 임자말되기 변형(주어화 변형: nominalization)이라고 할 수 있다. 이와 같이 변형된 ②에서는 '형식'의 둘이 생긴다. 그러나 직접 구성요소 분석을 해 보면, 그 한 형식은 다른 것과의 통합 관계에서 '실질화'하는 것이다(161쪽). 이와 같은 것은 '실질'과 '형식'의 결합이라는 정적(靜的)인 비통합적이고 비유기적인 것으로 보는 것보다 더 구조의 구체성을 설명해 주는 것이다.

(2) '감말의 상관론'과 직접 구성요소 분석

여기 그의 상관론은 감말과 감말의 상대적 관계를 논의한 것이다. 감말의 상관론 중에서 관심이 가는 것은 '덧감말론'에서의 성분 관계이다. 이 성분 관계는 성분 서로 간에 종속과 통솔 관계에 있다고 보고 그것을 관념에 따라 다섯 가지로 나누었다.

① 주체 관계: 주어와 서술과의 관계
② 객체 관계: 객어와 귀착말과의 관계
③ 실질 관계: 보어와 형식말과의 관계

④ 딸림 관계: 딸림말롸 딸림받을 말과의 관계

⑤ 얹힘 관계: 얹힘말과 얹힘받을 말과의 관계

이 다섯 가지 통합 관계는 관념의 통합에 뿌리박은 근본적 관계이므로, "세계 인류에 공통 보편적 범주"라 했다(170쪽). 그는 또 '종래의 성분설'은 성분의 상대적 성질을 생각지 않았기 때문에, 다음과 같이 해부가 안되는 불합리성이 있다고 한다.

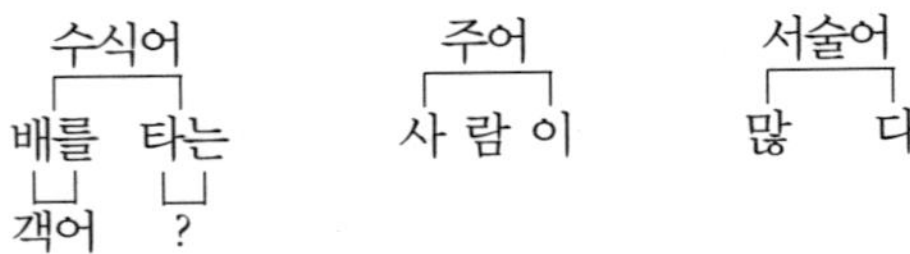

그리고 이것은 사실상 다음과 같은 상대적 관계로 보아야 한다고 하였다(173쪽).

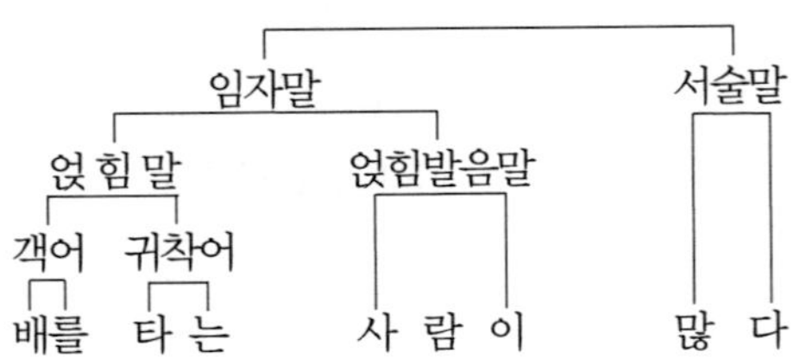

이것은, 이미 본 다섯 가지 통합 관계에서 3, 4의 경우를 빼놓고 다 적용한 보기이다.

이것은 이른바 오늘날 구조언어학의 '직접 구성요소 분석'과 일치한다.

여기에서 그는 '사람이'를 하나의 감말로 보았기 때문에 위와 같은 통합 관계로 분석을 하였다. 그러나 직접 구성요소 분석으로 보면 그것엔 잘못이 있다. 사실상 임자자리(주격)를 나타내는 '이'는 '사람'과 직결 통합 관계를 갖는 것이 아니라 그 '이'는 '배를 타는 사람' 전체에 직결 통합 관계를 갖는다고

보아야 할 것이다. 그리하여 다음과 같이 분석을 해야 옳은 구조 설명이 될
것이다.

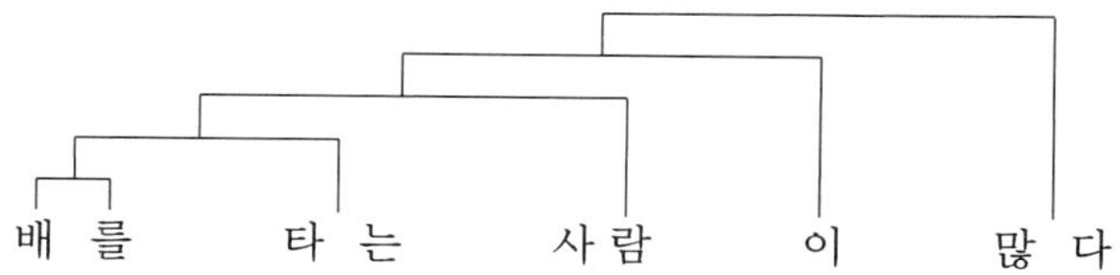

그는, 우리의 사유(思惟) 방법은 종속 관념이 먼저 일어나고 통솔 관념
이 내종에 일어난다고 보았다. 결국, 그러한 통솔 과정은 작은 통합 관계에서
큰 통합 관계로 몇 층(層)이고 간에, 그 안팎층을 만들어 낸다는 것이다. 그
리하여 그 구조 관계를 다음과 같은 '계층구조'(hierarchy)로 보았다(214쪽).

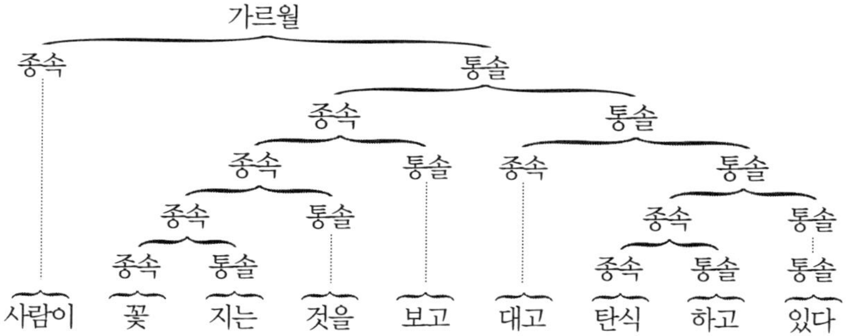

위의 '통솔 구조'는 곧 '직접 구성요소 분석'이다. 또 그것은 오늘날 '나무
꼴 그림'(tree diagram)에 해당하기도 한다. 그리고 거기의 안팎층은 이른바 나
무꼴 그림의 '절점'(tree diagram node)에 해당한다. 우리가 그 절점(node)의 수
를 헤아리면 거느림(지배)의 수를 알 수 있는 것처럼, 여기 이른바 안팎층의
수는 통솔(統率)의 수(數)인 동시에 거느림의 수가 되는 것이다.

직접 구성요소 분석의 구체적인 언급으로는 '그의 성분의 간접 관계'[92]
라는 대문에도 나타난다. 가령,

"아이가 나쁘게 된다."

에서, 그 통합의 친소 관계를 보면, '나쁘게'와 '된다' 사이는 '직접(통합) 관계'
이고, '아이가'와 '나쁘게'와의 사이에는 아무 직접 관계가 없으며, 다만, '된다'
의 중매로 '간접 관계'에 있다는 것이다.

이것을 그는 '통합 관계의 친소'라고 하였는데, 이는 두 말할 나위도 없
이 '직접 구성요소 분석'에 해당하는 것이다.

11.8. 문장 변환 의식

그의 '주체의 소유자 관념이 주체 개념화한 경우'[93]조에 보면, 문장의 '변
형 의식'이 보잡(看取)한다.

"소나무가지가 부러졌다"라는 월은, '소나무'만 주체 개념화할 수 있는 다
음과 같은 월로 만들 수 있다는 것이다.

소나무가지가 부러졌다
⇒소나무가 '가지가' 부러졌다 (⇒은 글쓴이가 한 것임)

이 경우 '가지가 부러졌다'는 서술어이고, '가지가'는 작은 임자말이며, 이
에 대하여 '소나무가'는 '큰 임자말'이라 했다. 곧 문장이 변형되면서 구성요
소의 개념이 변질되었다고 볼 수 있다. 여기에는 구조 변화의 설명에 미숙한
점이 없지 않다. 그러나 어떻든 이는 월에 대한 변형을 의식한 것이라 할 수
있다.

---

92) 윗 책, ㅉ.215.
93) 윗 책, ㅉ.178.

이제까지 보아온 바를 요약하면 아래와 같다.

그는 말의 본질을, '심리학'적 입장에서 이해하였다. 따라서 소리 자체의 연구는 말본의 소관이 아니며, 그것은 따로 '소리갈'로서 설정되어야 한다고 보았다.

그의 말본은, '논리적' 배경 하에서, 이론과 기술적 방법에 의하여 이루어졌다. 이리하여, 사상 형성의 두 가지 다리로 '관념'과 '단정'을 인식하게 된다. 그는 관념을 '자극'과 '지각'으로 이해함으로써, '낱말의 통합적 체계'를 이끌어냈다. 그리고 단정을 인식하는 법을 따라, '사유적'인 것과 '직관적'인 것으로 나눔으로 말미암아, 이에 따른 월을 이끌어 내어, 종래의 월의 종류를 부인하게 되고, '임자, 풀이'가 있어야 한다는 문장에 대한 종래의 견해를 부인하게 된다.

이리하여, 그의 말본의 범위는, 결국 낱말의 구성 요소인 '낱뜻론'(辭論)과, 낱말의 단독론 및 낱말의 상관론인 '감말론'(詞論)의 둘로 나누게 된다.

'낱말의 단독론'에서는, 관념과 구조의 주종 관계에 따라 종합적 체계를 이끌어내고, 철학적 개념에 따라 하위 분류를 하였다.

'낱말의 상관론'은 월에 대한 연구에 해당하며, 거기에서는 우리의 사유 방법은 '종속 관념'과 '통솔 관념'에 있음을 인식하고, 문장의 '통합론'을 이끌어 내었다. 이 통합론에서는, 특히 '통합의 친소 관계'를 끌어 옴으로써, '구조주의의 직접 구성요소 분석'에 접근한다. 뿐만 아니라, 문장의 동적인 변형 의식까지 불러일으키고 있다.

'논리적 이론' 밑에서, 낱말의 종합적 체계를 이끌어 냄에는 큰 무리가 없었다. 그러나 결과적으로 나타난 종합적 체계가, 실제적인 말의 본을 과학적 방법으로 낱낱이 처리할 수 있는가에는 상당한 문제가 개재되어 있다.

12. 박승빈(朴勝彬)의 『조선어학(朝鮮語學)』과 극단적 분석주의

박승빈은 『조선어학 강의요지(朝鮮語學講義要旨)』(보성전문학교 1931)를 낸 바 있으나, 그의 학설의 체계적인 것은 『조선어학』(조선어학연구회(朝鮮語學研究會), 1935)에서 볼 수 있다.

박승빈은 비록 분석주의 체계를 이룩했지만 정통적인 말본 체계와는 아주 다른 특수한 점을 가지고 있다. 그는 주시경의 체계를 부당하다고 생각함으로써 주시경 후계 학자들과 정면으로 맞서게 되었다. 그는 당시 '조선어학연구회'를 조직하고 기관지 "정음(正音)"을 간행하여, '조선어학회'의 기관지 『한글』지와 치열한 논전을 벌인 바 있다. 주시경과 그 후계학자들의 학설의 종합적 결과로 마련된 '맞춤법 통일안'(1933)과 박승빈 체계는 아주 다르기 때문에, 그 사이의 논전은 필연적인 것이었다.

이제 그의 학설 중 특이한 것을 다음에 소개하기로 한다. 이 책은 '서론(緒論)', '음리 급 기사법(音理 及 記事法)', '문법(文法)'의 세 편으로 나누었다.

(1) 영어와 일본말 말본 책의 영향을 받은 듯

"著者는 英語文法과 日本語의 文法의 糟粕을 解得한 관계는 聯想的으로 朝鮮語文法에 關係한 思考가 頭腦의 一部分에 侵入하야 씀은 거금 26年부터 이얏다……점점 그 量과 度가 加重되야 드디여 頭腦의 全部를 專占한 狀態를 이루엇다. ……八年間에 辛苦를 繼續하야 겨우 이 粗略한 稿를 마쳤노라"[94]

이는 그의 말본 체계가 일본 문법과 영어 문법의 영향을 받았음을 암시한 것이다(사실상, 책 전체를 통하여 일본말과 영어와의 비교가 많이 나올 뿐

---

94) 『조선어학』, 「서언」, 쪽.3.

아니라, 그의 무의미한 활용 체계는 일본말을 흉내낸 것이다.).

(2) 우리 글자를 음절문자(音節文字)라고 함

이는 우리 글자를 가나 문자(일본의)와 같이 보려 한 때문이다.

(3) 새 기사 방법(新記寫方法)의 사용

우리 말소리의 기사 방법에 불비가 있으면, 증보하여야 한다 하고, 격음조(激音調)의 부호로 'ㄱ'을, 경음조(硬音調)의 부호로 '〃'을, ㄹ의 경음으로 'ᄙ'(영어의 'L'과 비슷하다고 함)을 만들었다.

<pre>
보기: 안(內)ㄱ 밭(外)   발음은 '안팥'
      可 ㄱ 다   '可하다'의 촉략음(促略音)
      안 〃 고
      부 ᄙ (呼)며   발음은 '불르며'
</pre>

위의 경음조 부호를 좀 더 설명해 보자. 경음조가 어음(語音)에 출현하는 데는 두 가지 경우가 있다.

　　① 고유한 경음 발성음　　보기: 쑴, 쌀
　　② 각립한 경음조　　　　　보기: 나무ㅅ가지(발음은 나무까지)

이때 'ㅅ'을 '된시옷'이라 한다. 위에서 ① ②의 혼동을 피하기 위하여 '〃'을 경음 조부호로 따로 정한다. 그러나 역사상 습관에 좇아 일반 기사에는 'ㅅ'을 습용하고 음리 설명이 필요할 때만 '〃'을 쓴다고 했다.

(4) 경음 표시는 된시옷: ㅅㄱ ㅅㄷ ㅅㄹ ㅅㅂ······이 옳고

　　쌍서(雙書): ㄲ ㄸ ㅃ······ 등은 그릇된 것이다.

된소리는 '쑴, 짜름, 쏘, 쌀'이 되어야 한다 하고,

> "百年前에 柳僖氏가 최초로 경음에 雙書가 可하다 하는 說을 唱導한 일
> 이 이서쓰나 社會에 問題가 되지 아니하얏고, 二十餘年前에 周時經氏가 다시
> 雙書를 主唱하고 硬音의 本質을 '짝거듭소리'라고 해석하야 爾後 그 學派에
> 배흔 人士들이 그 綴字法을 主張하는 바이라"[95]

라고 적어, '쌍서', '짝거듭소리'설을 그르다고 보았다. 그러나 생각해 보건대,
'ㅅ'이 된소리가 아니라는 증거는 이미 황윤석(黃胤錫)이 「화음방언자의해(華
音方言字義解)」에서 '쌀'의 'ㅅ'이 된소리가 아니라는 풀이에서도 나타나 있
다. 또한, 신경준(申景濬)의 『훈민정음운해』에서 탁음(濁音)을 'ㅅㄱ ㅅㄷ' 등으로
씀은 잘못이고, 'ㄲ, ㄸ' 등으로 써야 한다고 했다. 유 희(柳僖)는 드디어 탁음
곧 'ㄲ, ㄸ'들을 된소리로 회복시켰다. 주시경도 짝거듭소리를 주장하고 그것
을 썼으며(1864년에 나온 천주교 관계 "신명초형"에는 이미 갈바쓰기(並書)를
주장하면서, 이른바 '된 시옷'과 '된 비읍'은 본시 된소리가 아니고 제바탕 소
리를 가진 것으로 논증하였다. 맞춤법 정리기에 이 된소리 표기는 논쟁거리
의 하나였다.

(5) 훈민정음의 병서(並書)의 해석을 잘못했다.

박승빈은 초성 합용병서(初聲合用並書)를 어떠한 초성이건 둘을 합하여
쓸 때에 그 음자들을 횡으로 가지런히 씀을 교시한 것이라고 하며, '꿩 땀' 뿐
아니라 'ㅼ ㅳ 쌀'들도 다 "초성을 합용병서ᄒᆞ라"의 법측에 의한 자형이라 했
다. 생각하건대, 그는 병서 곧 '합용병서'와 '각자병서'의 이해에 무슨 오해가
있는 것 같다.

(6) 한 범위 안에서 변한 소리들의 동일음 인식

> "朝鮮人이 '가'의 標準音에 依하야 發音한 것이라도 그 사람의 男女에 依

---

95) 『조선어학』, ㅉ.111~2.

하며 老少에 依하며 聲帶의 說鈍에 依하며 發音狀態에 依하야 그 音은 반드시 쪽 가트디 아니함이라. 그러나 그 發音은 모두 '가'의 標準音의 節圍內에 이슴으로써 말금 다 同一한 '가'의 音으로 認定하는 것이라'96)

이는 오늘날 개념으로 보면, 한 소리 영역(음역)에서의 변이음을 하나의 음소로 인식한다는 말과 통하는 생각으로 매우 주목할 만하다.

(7) 'ㅎ' 받침의 부인과 '섞임거듭'의 부인

'ㅎ'은 음리(音理)상 끝소리에 나타날 수 없다는 '여음불발의 법칙(餘音不發의 法則)'과 또 『훈민정음』이나 『용비어천가』에도 'ㅎ' 종성의 보기가 없다는 것과, 『훈민정음』의 '종성 부용 초성(終聲復用初聲)'이 초성에 있는 음을 모두 반드시 종성에 쓰라는 뜻이 아니라고 풀이함으로써, 'ㅎ'이 받침으로 쓰임을 부인 한다. 그리고 한힌샘 주시경이 창도한 '섞임거듭'(ㄱㅎ=ㅋ, ㅎㄱ=ㅋ)은 'ㅎ' 받침이 있음을 전제해야 가능하므로, 이도 이정할 수 없다고 반론한다. 또한, 가령 'ㅎ' 받침을 이정하여도 'ㄱ ㅎ'이 'ㅋ'과 발음이 같지 않다는 것이다. 그는 이처럼 'ㅎ' 받침을 부인함으로써, '많고'와 같은 표기를 '만ㅇ고 만코'로 함이 옳다고 한다.

(8) 으 단음 원음설(으段音原音說)과 용언(用言)의 받침 없음

용언의 원음(原音)을 '으 단음(으段音)'으로 삼는다. 그리고 그 원음은 약음(略音)으로 나타날 수 있다고 한다.

보기: <u>원음(原音)</u>　　　<u>약음(略音)</u>

　　　마그며　　　마ㄱ고 (막쏘=막고)

　　　미드며　　　미ㄷ고 (믿쏘=믿고)

---

96) 『조선어학』, ㅉ.14.

<table>
<tr><td>기프다</td><td>기프다 (깁짜=깊다)</td></tr>
<tr><td>올흐다</td><td>올 타</td></tr>
<tr><td>머그자</td><td>머ㄱ자 (먹짜=먹자)</td></tr>
<tr><td>시므고</td><td>시ㅁ고 (심꼬)</td></tr>
</table>

이상에서 다음과 같은 사실이 생긴다.

① 용언 원음에는 받침이 없어진다.

② 겹받침도 없어진다.

③ 그 대신 원음에 비현실음이 생긴다.

이 사실은 맞춤법 체계(1933)와 정면충돌한다.

(9) 12품사 체계와 철저한 분석주의 체계

품사는 다음과 같은 12개다.

명사(名詞), 대명사(代名詞), 존재사(存在詞), 지정사(指定詞), 형용사(形容詞), 동사(動詞), 조용사(助用詞), 조사(助詞), 관형사(冠形詞), 부사(副詞), 접속사(接續詞), 감탄사(感歎詞)

이 품사 체계는 도저한 분석적 체계이다. 이유는,

① 용언의 이른바 보조용언(도움줄기)이 조용사(助用詞)라는 독립된 낱말이 되었다.

② 이른바 토씨나 씨끝이 모두 조사(助詞)라는 낱말이 되었다.

③ 따라서 이른바 체언이나 용언의 어간이 독립된 낱말로 인정되었다.

<table>
<tr><td>보기: 宇宙에 世界가 <u>이스오</u></td><td>(존재사)</td></tr>
<tr><td>工夫는 끝이 <u>업스</u>ㅂ니라</td><td>(〃)</td></tr>
<tr><td>범은 사나온 動物<u>이오</u></td><td>(지정사)</td></tr>
<tr><td>사심은 猛獸가 <u>안이다</u></td><td>(〃)</td></tr>
</table>

山이 <u>크</u>오   (형용사)

쏮이 <u>불그</u>오   (〃)

<u>의러하</u>오   (〃)

고기를 <u>자브</u>오   (동 사)

쥐가 고양이에게 <u>잡히</u>오   (조용사)

그 선생님이 <u>오시</u>오   (〃)

李氏가 <u>가쓰 ㅂ니다</u>   (〃)

나비<u>와</u> 벌<u>이</u> 쏮을 <u>차자서</u>

全氏<u>의</u> 동산<u>에</u> <u>오ㅂ니다</u>   (조 사)

이상으로 보아, 이는 종래의 분석 체계보다 더 철저한 분석주의 체계라고 할 수 있다.

(10) 별동동사(別働動詞, 도움토씨, 특수조사) 출현과 목적격 조사 생략
목적격 명사 다음에 별동동사가 사용되는 때에는 목적격 조사가 생략됨을 밝히고 있다.[97]

보기: 풀은 쏟바라   (←풀∅은… ←풀을은…)

나모도 쏟바라 (←나무∅도… ←나무를도…)

(괄호안은 글쓸이가 설명을 붙인 것)

(11) '자동사'가 '타동사'로 되는 경우
동류목적어(同類目的語)를 취하는 자동사는 타동사가 됨을 밝혔다.[98]
  ① 동사와 목적어가 전연 동일한 어원일 때:

---

97) 『조선어학』, ㅉ.184.
98) 『조선어학』, ㅉ.320.

아이가 잠을 자오

② 동사와 목적어가 유사한 뜻을 가진 때:

馬夫가 길을 가오

崔甲龍이가 旅行을 써나ㅅ다

저 사람이 病을 앓흐오

(12) 언어 외형상 자동사가 타동사와 같은 형상이 될 때의 해석

　　보기: 釜山을 가오

　　　　해석 ① 釜山ㅅ길을 가오

　　　　해석 ② 釜山에를 가오

　　　　　　　(에를→얼→을)

　　②의 경우는 목포가 아니고 부산이라는 의사를 표시함이 주된 목적이므로, '부산'은 직접목적어가 아니오, 서술어를 수식하는 '부서격명사(副叙格名詞)'라고 한다.[99]

　　이 밖에 동사의 내용인 동작의 분량적 관계(分量的關係)를 표시하는 경우도 외형은 직접목적어와 같으나, 그 내용은 서술어를 수식하는 부서격 명사로 보아야 한다는 것이다.[100]

　　보기: 세 時間을 자오

　　　　十里를 거러(步) 쓰오

　　　　두番을 갓다

　　　　　('세 時間, 十里, 두番'은 부서격 명사)

---

99)『조선어학』, ㅉ.209.

100)『조선어학』, ㅉ.209~10

(13) 불완전 타동사와 보어

보기: 李도령이 成春香이를 안해를 사마(맨드러)ㅅ다

農夫가 밭을 논을 맨드럿다.

위의 '成春香, 밭'은 목적어이고, '안해, 논'은 불완전 타동사를 돕는 보어라고 했다.

(14) 이른바 파생접미사 '하'를 동사 또는 형용사로 처리

'求하오, 사랑하며, 活動하오' 등에서 어간(語幹)된 말 '求, 사랑, 活動' 등은 사물의 무슨 동작을 표시하는 의미를 함유(含有)하고 있으나, 문법상 동사 됨의 세(勢)가 구비되지 못하여 거기에 동사의 세만을 표시하는 동사 '하'가 어미로 첨부되어서, 비로소 동사인 품사가 완성된다는 것이다. 그리고 이러한 '하'는 동사에 속하는 한 낱말(단어)이 된다는 것이다.[101] 이러한 '하'는 또한 동작의 뜻이 없는 고로, 특정한 동작의 뜻을 가진 낱말과 연락이 되어서 비로소 그 뜻이 표시된다는 것이다.

工夫를 하오 (하오=동사 세를 표시하는 단어)

決定은 하얏다

* 그 사람이 하오

* 나무가 하ㄴ다

'하'가 독립된 낱말인 만큼, 그것은 다음과 같은 경우는 형용사가 된다는 것이다.

어둡기도 하며

---

101) 『조선어학』, ㅉ.212~3.

훌륭은 하니

서늘하오

(15) 어간, 어미의 이질적 견해와 활용(活用) 곧 끝바꿈의 특이성

그가 말한 '용언 어미의 활용(用言語尾活用)'은 외솔(최현배)이 정립하여 일반화된 끝바꿈과는 아주 다른 이질적인 것이다. 따라서 그가 말하는 어간 (語幹), 어미(語尾)의 개념도 아주 이색적인 것이다. 그는 용언을 이른바 어간과 어미로 나누고, 어미란 단어의 최후의 음절을 이르며, 어미 위 모두를 어간이라 했다. 다음은 그의 이러한 견해다.

<table>
<tr><td>'望' 바 라</td><td>'高' 노 프</td></tr>
<tr><td>어간 어미</td><td>어간 어미</td></tr>
<tr><td>용 언</td><td>용 언</td></tr>
</table>

따라서 그는, '어간, 어미'의 용어는 낱말의 낱내의 구분에 관한 말이요, 의미에는 무관계하다고 한다. 그리고 '어미의 변동(語尾의 變動)'쪽에서, 어미 에는 원단(原段)과 변동단(變動段)이 있는데, 이 변동단을 활용형(活用形)이 라 했다. 따라서 그의 이른바 '활용'은 다음과 같다.

'食' 어간 어미

    머　　그　(며)

    머　　거　(서)

    머　　ㄱ　(고)(발음이 촉급할 때)

위에서 '그'는 원단(原段)이며, '거, ㄱ'은 변동단(變動段) 곧 활용형이라 는 것이다.[102)]

위에서 다음과 같은 문제가 생긴다.

① 활용 곧 끝바꿈의 개념이, 말본에서 아무 요긴한 뜻을 들어내지 아니하니, 이러한 풀이는 말본에서 아무런 값이 없다.

② '어간 곧 줄기'와 '어미 곧 씨끝'의 개념이 단순히 낱말의 낱내의 구분에 불과한 말이요, 뜻에는 무관하다.[103]

이는 일반 언어학적 개념을 벗어나는 견해이다.

③ 맞춤법 상의 어간의 고정성 원칙이 파괴된다. 이는 곧 말본의 파괴를 뜻한다.

(16) 조용사(助用詞)와 태(態), 존경(尊敬), 시상(時相)

그의 조용사(보조용언)란 이른바 도움줄기에 해당한다. 이러한 도움줄기는 주시경이나 김윤경 같은 분석주의 학자도 독립한 낱말로 보지 아니했는데, 박승빈은 이에 대하여 독립한 낱말의 자격을 주었다. 그의 분석성이 도저하다. 조용사 가운데는, 태(態), 존경(尊敬), 시상(時相)이 있다. 그는 '태'를 기본태(능동태), 변동태(수동태, 사역태, 수성태(遂成態))로 나누었다. 그중 지적할 만한 것은 아래와 같다.

① 사역태가 불완전할 때는 대신 '게(조사), 하(동사)'의 문구를 만들어 쓴다: "그 사람을 가게 하오"

② 수성태(遂成態)의 '수성'을 '가능'이라고도 한다 하고, "日氣가 더워 디오"를 보기로 들었다. 그리고 수동태를 사용하는 습관이 확립되지 못한 타동사에 수성태의 조용사를 빌어서 수동태의 뜻을 인정하여 사용한다[104]고 했다. 그렇다면, 글쓴이 생각으로는 수성태는 수동태의 범주에 들어가야 할 것 같다.

그가 쓴 '시상(時相)'이란 용어는 단순한 '때매김(tense)'일 뿐이다. 이른바 'aspect(상)'는 시상 속에 고려되지 않았다. 그의 시상에서 지적해 둘 것은, '과

---

102) 『조선어학』, ㅉ.225~8.

103) 『조선어학』, ㅉ.227.

104) 『조선어학』, ㅉ.291.

거시상'은 '쓰'(조용사)가 원음이고, 그 약음은 '쓰=ㅅ'이며, 그 변동단(變動段)은 '써'라는 것이다:

> 數日前에 蹴球大會가 이서 쓰오
> 儆新學校가 優勝旗를 바다 써요

  위의 주장에서는 형태 분석의 문제성과, 맞춤법 상의 문제(1933)와가 크게 충돌된다.

(17) 조사(助詞)는 토씨 뿐 아니라 씨끝까지 포함

  그는 '조사'를 크게 '체언조사(體言助詞)', '용언조사(用言助詞)', '별동조사(別働助詞)'의 셋으로 나누었다. '체언조사'는 이른바 토씨에 해당하며, 그것은 표격(表格)과 접속(接續)으로 다시 나누어진다. '표격'은 오늘날 자리토씨(격조사)에 해당하며, '접속'은 이른바 이음토씨에 해당한다. '용언조사'는 이른바 씨끝이며, 그것은 종지(終止)와 중간(中間)으로 나누어지는데, '종지'는 마침법의 씨끝에 해당한다. 따라서 '종지'에는 마침법과 같은 서법(體法)의 분류(평서, 의문, 명령, 감탄)와 높임의 등분이 분류된다. '중간조사'에는 접속조사와 응용조사(應用助詞)가 있다고 하였는데, '접속조사'는 이음법의 씨끝에 해당하고, '응용조사'는 감목법(자격법)의 씨끝에 해당한다. 끝으로 '별동조사(別動助詞)'란 이른바 도움토(특수토)를 말한다.

  위에서 다음과 같은 사실을 밝혀낼 수 있다.

1) '종지조사(終止助詞)'와 서법(체법) 및 높임의 등분

  이른바 씨끝바꿈 중 마침법은 여기 용어조사 중 종지조사에서 다루어진다. 그리하여, 마침법에서의 서법과 높임의 등분은 여기 종지조사에서 다루어진다. 그리고 그것은 다음과 같다.

  ① '서법'의 네 가지: 평서, 의문, 명령, 감탄.

② '높임의 등분' 다섯 가지:

$$
비경어
\begin{cases}
하대(下待) \\
홀대(忽待)
\end{cases}
$$

$$
경\ \ 어
\begin{cases}
평범(平凡) \\
예우(禮遇) \\
지공(至恭)
\end{cases}
$$

2) '접속조사'와 이음법, '응용조사'와 감목법(자격법)

이른바 씨끝바꿈 중 이음법은 용언조사의 접속조사에서, 감목법(자격법)은 용언조사의 응용조사에서 다루어진다.

결론적으로 보면, 끝바꿈(활용)에서 나타나는 말본의 범주가, 여기에서는 모두 용언조사에서 이루어짐을 알 수 있다. 그러므로 이미 본 바 있는 그의 '활용'이란 아무 할 일 없이 그 말본의 부담을 '조사'로 넘겨주고 있다. 따라서 그의 체계에서는 '활용'이란 무의미하거나 아니면 없다고 할 수 있다.

(18) 박승빈 학설과 그 뒤

이제까지 보아온 바 박승빈은 이론적으로나 실질적으로 문제를 안으면서 주시경과 그 후계 학설에 대하여 근본적으로 반대의 자리에 서 있다. 그러므로 당시 우리말 정리기에 있어서 그 논전이 어떠하였는가는 짐작이 간다. 1933년에 만들어진 맞춤법통일안(조선어학회)은 박승빈의 체계와는 전적으로 다른 말본 및 형태론의 총정리와 그 완성이었다. 광복 이후 박승빈의 학설을 붙좇는 이가 물론 없지 않다. 그러나 그것은 연구사에서 들어 말할 만한 일은 못된다.

13. 이숭녕의 『중등 국어문법』, 『고등 국어문법』과 종합주의 언어관: 서구 이론에 접근

심악 이숭녕의 국어학 연구는 말본과 음운론으로 나누어진다. 말본에는 학교 말본인 『중등 국어문법』(1956), 『고등 국어문법』(1956), 그리고 15세기 말본인 『중세 국어문법』(1961)이 있다. 음운론에는 『국어 음운론 연구 제일집 '·' 음고』(1948의 '朝鮮'이, 1954에 '國語'로 바뀜)와 그 계속으로 나온 『음운론 연구』(1955), 그리고 『국어학 개설』 등을 들 수 있다.

이숭녕의 초기 말본이 나올 때는 우리나라에 미국의 기술언어학, 구조언어학이 들어오기 시작하던 때다. 심악 이숭녕의 말본은 아직 그 방법이 체계화된 것은 아니다. 그러나 서구 이론에 접근한 흔적이 엿보인다. 이숭녕의 말본 체계를 주시경 이후 형성된 세 큰 말본 체계에 비추어 보면, 그것은 '종합주의 체계'에 해당한다. 그의 말본이 학교 말본이지만, 여기에 따로 논하는 소이는 이에 있다. 한편, 음운론에 관한 한, 이미 이숭녕은 50년대 이전에 서구 이론에 접근하고 있다. 특히 서구 이론에 따라 국어의 음운을 통한 '비교 언어학'을 시도한 것은 국어학사상 특기할 만하다.

『중등 국어문법』과 『고등 국어문본』은 둘 다 학교 말본이다. 그러나 이 체계가 밑천이 되어 『중세 국어문법』이 이루어진 것이다. 이제 아래에 이숭녕의 말본 체계의 특징을 들어 보기로 한다.

(1) 말본 연구의 세 분야 설정과 보조 과학에 관심

말본 연구의 부문에, 음운론(phonology), 형태론(morphology), 통사론(syntax) 등 세 가지가 있음을 밝혔다. 그리고 말본 연구와 관계되는 보조 과학으로, 음성학, 의미론, 논리학, 철학, 사회학, 심리학, 문학, 외국어학, 인류학, 사회 생활 들이 있음을 말하고 있다. 이 보조 과학의 언급은 말본 연구의 방법론과 관계있는 것으로 언제나 귀 기울여야 할 중요한 것이라고 본다.

(2) 음운과 음성의 식별

이에 대한 체계적인 연구는 없으나, 음운과 음성의 차이를 여러모로 구체적으로 밝힌 것은 우리나라 초기 기술언어학의 태동을 보이는 듯도 하다. 이숭녕이 말한 음운과 음성의 식별 중 중요한 몇 가지를 들면 아래와 같다.

음운 '아'는 하나로 생각하나 음성 'a'는 수많은 소리로 나뉜다. 음운 '아'는 뜻을 나타냄에 쓰이는 마음의 소리요, 음성 'a'는 뜻과 관계없이 발음되는 소리, 자연의 소리, 물리적인 소리다. 음운 '아'는 머릿속에 간직되어 있으며, 뇌는 그대로 내라고 명령한다. 음성은 발음기관이 '아'로 내지만, 수많은 'a'를 내게 되는데 이 수많은 것은 음성이다. 음운 '아'는 '어오우으이'와 차이를 느끼는 곧 뜻을 구별하는 데 소용된다.(『고등 국어문법』, 12~5쪽의 요점)

생각하건대, 이러한 음운과 음성의 식별 의식은 매우 중요하며, 이는 당시 외국 '기술언어학'의 영향을 받은 데서 온 듯하다.

(3) 말본 구실(문법 기능)을 가지는 요소는 독립적으로 살 수 없다.

어간을 제한 나머지 부분을 어미 또는 접미사(接尾詞)로 본다. 이들은 어간에만 붙어서 살면서 말본의 구실을 다한다 하고, 이러한 말본 구실을 하는 요소는 독립적으로 살 수 없다고 한다.

생각하건대, 이 말은 토나 어미(심악이 어미 개념은 '토'까지 포함)는 독립한 낱말이 될 수 없음을 원칙론으로 못박은 것이라 할 수 있다.

(4) 어미의 재분석(형태소 분석에로의 접근)

말의 구조를 어근, 어간, 어미(접미사라고도 함)로 분석하되 어간 뿐 아니라, 어미도 더 분석해야 한다고 하고 가령 어미의 경우, '한다'의 어미 'ㄴ다'는 'ㄴ-다'로, '하였더라며는'의 어미 '였더라며는'은 '였-더-라-며-는'으로 분석해야 한다고 했다.

종래에는 분석 체계라 하더라도 '어미'를 뭉뚱그려 하나로 보려는 경향을 보였었다. 이 어미를 가능한 한 더 분석하려는 관점은 '형태소(morpheme)' 의식의 접근이라 할 수 있고, 이 의식은 '어미'라는 말을 '접미사'라는 용어로 쓸 때 더욱 두드러질 수 있는 것이다. 글쓴이의 생각으로는 '어미'는 뭉뚱그려진 개념인 동시에 변화의 개념을 가지나, '접미사'는 뭉뚱그려진 개념과 또 한편으로 분석의 개념을 함께 가진다고 본다. 이러한 접미사의 분석 개념은 어미의 재분석을 요구하게 되는 것이다.

(5) 종합주의의 8품사 체계

품사 분류의 세 가지 방법으로, '뜻', '구실', '형태 구조 및 어미 변화'를 든다. 이에 따라, 다음과 같은 8품사: '명사, 대명사, 수사(이상, 체언: 어미 변화있음), 동사, 형용사(이상 용언: 어미변화 있음), 관형사, 부사(이상 어미 변화 없음), 감탄사(특수 품사)'로 나눈다.[105]

위에서, ① '토'와 '어미'(심악은 토까지 포함)가 품사로 정립되지 못함과, ② 말본의 체계 형성과 큰 관계가 있는 '존재사', '지정사', 그리고 '접속사' 등이 부인됨을 알 수 있다.

① '토씨'를 강력히 부인한다. 그리하여, '명사'의 경우 '옷을', '복동이는', '노인을', '모양이었다', '위에' 등을 다 각각 '명사'라 하고, 만일 대표로 내세울 때에는 '옷', '복동', '노인', '모양', '위'로 하고, 이를 명사의 '기본어'(基本語)라고 했다. 이와 같은 토나 그리고 어미의 품사 부정은 그의 '격(어미)변화'와 '어미활용'이라는 체계를 낳게 되니, 이것은 이른바 종합주의 말본 체계의 특질을 이루는 것이다. '토'가 낱말이 아니다 함은 분석 체계, 준종합 체계와 대립함이요, 어미가 낱말이 아니라 함은 분석체계와 대립함이다.

② '존재사', '지정사'를 부인한다.

---

105) 『중세 국어문법(中世國語文法)』(1961)에 가면, 같은 8품사 체계인데, 그 내용이 조금 고쳐져 나온다. 곧 거기에서 고쳐 밝히기를, '후치사'(後置詞)를 신설하고, 대신 '관형사'는 형용사 속에 넣는다고 했다.

‘존재사’의 부인은 박승빈, 이희승의 ‘존재사’설에 대립하고, ‘지정사’(잡음씨)의 부인은 최현배의 ‘잡음씨’설에 대립한다. 이숭녕은 ‘존재사’를 ‘형용사’로, ‘지정사’를 체언 격변화의 ‘서술격’으로 처리했다.106)

(6) ‘어미’의 범주와 ‘격어미’(Case) ‘활용어미’(Conjugation)설

심악 이숭녕의 ‘어미’에는 종래의 토와 어미(용언에 붙는)를 함께 포함한다. 그리하여, 토는 ‘격’(case, 격어미)라 하고 이를 ‘첫째접미사’라고도 이른다. 용언 어미는 ‘활용어미’(conjugation)라 하고 이를 ‘둘째접미사’라고도 한다. ‘격’(격어미)은 격변화를 일으키는데, 이른바 이를 체언의 ‘격변화’(또는 곡용, declension)이라 한다.

용언의 활용어미가 여러 가지로 가리는 것을 ‘활용’이라 한다. 체언의 격변화에서 나타나는 격어미와, 용언의 활용어미에 나타나는 활용어미는 아래와 같이 분류한다.(『고등 국어문법』 76 · 79~84쪽)

14개의 격어미107):

절대격: −는, 는(께서는)
주   격: −이, 가(께서)
소유격: −의
처   격: −에
여   격: −에게, 게(께)
목적격: −을, 를
조   격: −으로, 로
탈   격: −에게서, 게서

---

106) 『중세 국어문법(中世國語文法)』(1961)에 가면, ‘지정사’는 ‘존재사’와 함께 ‘형용사’에 넣었다고 고쳐서 밝혔다.
107) 『중세 국어문법』에서는 곡용(曲用)에서 ‘격’의 명칭을 바꾼 것이 있다. 곧 ‘절대격’을 ‘주제격’으로 개칭하는 따위다.

비교격: −보다

공동격: −과, 와, 도

재 격: −에서

시발격: −으로부터, 로부터, 부터

서술격: −이다, 다

호 격: −아, 야

활용어미:

종결어미: 먹<u>는다</u>, <u>느냐</u>, <u>어라</u>, <u>노라</u>

연결어미: <u>오고</u>, <u>며</u>, <u>아야</u>, <u>는다고</u>, <u>는다만</u>, 자

전성어미: { 부사형어미−아(어), 게, 지, 고
관형사형어미−는, (으)ㄹ, (으)ㄴ, 던
명사형어미−(으)ㅁ, 기

글쓸이의 생각: 위에서 보면, '이다, 다'를 다른 격과 똑같이 체언의 격어미 범주로 보았다. 그러나 '이다, 다'는 그 자체 격으로 또한 활용을 함을 알 수 있다. 따라서 이를 '서술격 어미'라고 한 뜻을 이해할 수 있다. 그러나 '이다, 다'의 '격'과 '활용'의 이중성이 문제된다. 왜냐하면, 이숭녕의 체계에서는 크게 '격변화'와 '활용' 두 가지로 나누어지고, '이다, 다'는 격 속에 넣었는데, 그 격변화 속에 또한 활용이 들어 있기 때문이다.

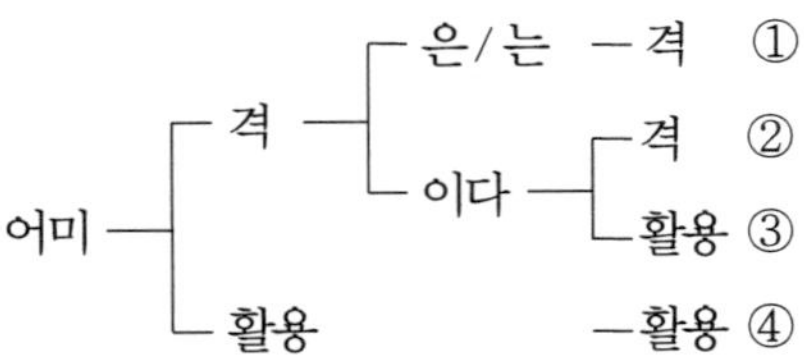

위와 같이 ③과 ④가 충돌하는 것은 분류 체계로서 문제가 된다. '이다'에서 격의 기능이 중요하냐, 활용의 기능이 더 중요하냐는 그 기능 부담량에

약간의 문제가 될 수는 있다. 그러나 글쓴이의 생각으로는 '이다'에서 ②의 격 개념을 제거할 수는 있어도, 활용의 개념은 제거할 수 없다고 본다. 그리하여 격과 활용의 분류 체계를 일원화함이 문제 해결의 열쇠가 될 것이다.

어미 ┬ 격 —— ①
　　　└ 활용 —— ③ ④

　　이렇게 본다면, 심악 이숭녕의 14개의 격어미 체계에서 '서술격'은 제거될 수 있는 것이다. 물론, '이다'를 격어미로 처리함으로써, 지난날에 해결하지 못한 말의 본이 명석하게 해결된다면 문제는 다르다. 그러나 '이다'의 지정사를 강력히 부인하여, 이를 서술토에 넣었다고 해서 그 주장의 강도만치 해결의 열쇠를 얻었느냐 하면 그렇지 않은 것 같다. 앞의 '주'에서도 밝힌 바와 같이 그의 학교 말본이 나온 지 5년 뒤인 1961년의 『중세 국어문법』의 자서에 따르면, 지정사를 형용사에 넣었음을 고쳐 밝혔다. 그러나 내용에 들어가면 역시 지정사를 체언(명, 대, 수)의 서술격으로 다루었으니, 실질적으로 그 고침이 없다 하겠다.

　　(7) 경어법의 체계를, '주어 경어법', '공손법', '목적어 경어법'으로 나눔
　　이러한 분류(『고등 국어문법』 139쪽)는, 문장의 구조와 말의 참여자를 함께 생각한 이원적 기준으로 풀이 된다. 이는 말함에 참여하는 참여자들의 상황(말할이, 말들을이, 제 삼자 등)으로 그 기준을 일원화함이 좋을 듯하다. 그렇게 본다면, 주어 경어법이니 목적어 경어법이니 하는 것은 어느 특정한 사람에게 귀결하는 존대가 될 것이다.

14. 이숭녕의 『중세 국어문법(中世國語文法)』과 종합주의 체계

심악 이숭녕의 『중세 국어법』(1961)의 말본 체계 바탕은, 학교 말본인 『중등 국어문법』, 『고등 국어문법』으로 이루어져 있다. 이 책은 주로 문헌을 중심으로 15세기의 공시적 말본 체계를 세우려 한 것이다. 여기에서 관심 있는 것은 종래의 자가설에 대한 몇 가지 고침이 있음과, 15세기 우리말에 대한 특이한 견해를 가지고 있음이다.

이 책은 '음운편', '조어편', '형태편', '통사편'으로 나누어지나, '형태편'이 핵심을 이룬다. 이제 심악의 설 가운데에 특징이 될 만한 것을 골라 간략히 소개해 보기로 한다.

(1) 음운편에서

① 'ㄲㄸㅃ…'은 한자음의 'g, d, b…'를 표기코자 만든 것이며, 국어의 음운 단위가 될수 없다.

② 'ㆆㅇ'은 15세기 음운 단위가 될 수 없다. 'ㆆ'은 경음화(ʾ)구실을 한다.

③ 'ㅸ'은 훈민정음 초성 체계에서 제거되었으나, 당시 국어 현실로 볼 때 음운이다(자세한 논증은, 『음운론 연구(音韻論硏究)』 1955, ㅉ.245~52 참조).

④ 'ㆅ'은 이음운(異音韻, 변이음)에 불과하며, 음운 단위가 아니다.

⑤ 'ㅽ'(ㅅ계 병서)은 오늘날 ㅃ과 같은 경음(된소리)이다.

⑥ 'ㆍ'의 음가에 대하여 최현배와 20여 년의 논전을 계속했으나 'ㅏㅗ' 사이소리를 거듭 세운다.

생각하건대, 'ㆆ'이 경음화의 구실을 하는 [ʾ] 이라면, 오히려 그것은 된소리 되게 하는 성분음소(componental phoneme) /ʾ/로 봄이 마땅할 것이다.[108] 또한 'ㆅ'이 무엇의 이음운(변이음)인지, 또한, 그것이 훈민정음 「합자

---

108) 김석득: ㉠「국어 음운 분석론」, 『한글』 126, 1960. ㉡「없어진 글자의 상고」, 『나라사랑』 14집, 1974, ㅉ.135~8을 볼 것.

해」에 최소대립(minimal pair)을 이루고 있음(·혀 爲舌/ :혀 爲引)과, 한편 ㆅ/ ㅎ의 대립적 변천(ㅆ, ㅋ/ㅅ) 등이 /ㆅ/(ʔç)의 음소 설립 가능성을 보이는데,[109] 심악의 설에서 이런 문제들이 궁금하다. 'ᄲ'의 된소리설은 박승빈과 같으며, 외솔(최현배)의 'ㅅ'소리 유지설과 맞선다. 궁금한 것은 'ㅂ계'의 ㅳ 등은 [pt¯] 등으로 보면서, 'ㅅ계'만은 된소리설을 세우는 일이다.

(2) 형태편에서

1) 종래의 8품사 체계를 고쳤다. 곧 후치사(後置詞)의 신설과, 관형사를 형용사에 합침과, 지정사를 형용사에 넣었다. 그리하여 15세기 국어의 품사 분류로 8품사를 아래와 같이 세웠다.

명 사	대명사	수 사	후치사
동 사	형용사	부 사	감탄사

① '후치사' 신설에 대하여: 심악의 품사 분류에서 보면, 중등(고등)문법에 없는, 후치사를 신설한 동시에 종래의 관형사가 안보이는데, 관형사는 형용사 안에 넣었다고 했다. 후치사의 설정은 알타이 제어의 문법에서 의례히 설정하므로 반드시 설정해야 한다고 하고, 그것은 실사에서 발달하여 그 구실은 일반적으로 격과 비슷하다고 했다(보기: 붙다(附) →부터, 쓰다(用) → ᄲᅢ). 또한 후치사는 앞이나 뒤에서 어간과의 사이에 격을 가질 수 있다(−을 부터, −으로부터). 그리하여 '부터, ᄭᅡ장, 다비, 더브러, 드려' 등을 후치사에 넣었다. 따라서 '격'은 독립 품사가 아니지만, '후치사'는 뜻과 기능을 가지는 독립 품사라고 하면서, 전날 '토씨'(格) 속에 후치사가 들어 있으므로, 토씨를 부인한다고 하면 후치사까지 부인함이 되어 모순이 있었으나, 후치사는 독립

---

109) 김석득: 「없어진 글자의 상고」, 『나라사랑』 14집, ㅉ.145~6을 볼 것.

품사로 떼어 놓고 토씨를 격으로 하여 독립 품사가 아님을 주장함이 마땅하다고 했다.

생각하건대, 여기에서는 몇 가지 의문이 있다.

㉠ 국어를 알타이계로 단정하여 놓고 그에 동일시하려는 생각이다. 국어가 알타이계이냐는 세계 언어학계의 문제임을 이미 밝힌 바 있다(김윤경, 『조선문자 급 어학사』 소개편에서).

㉡ 공시적 말본 문제를 통시적인 배려에서 해결하려는 것은 너무 어원적 풀이가 아니겠는가 싶다.

㉢ 후치사가 현실적으로 격과 같은 구실을 한다면, 그것은 바로 격일 것이다. 또한 후치사가 뜻이 있다는 것은 역사적인 뜻이지 현실적인 뜻이 아니지 않는가 하는 것이다.

㉣ 물론 15세기 말을 기준할 때 아직 '부터' 같은 말이 허사화되지 아니했다면 그것은 후치사라고 하기보다는 실사로 봄이 어떨까 하는 생각이 든다.

② '지정사'를 '형용사'에 넣는 일에 대하여: 심악의 학교 말본이 나온 지 5년 뒤인 1961년의 '중세 국어문법'의 '자서'에서 지정사를 형용사에 넣었음을 고쳐 밝혔다고 했다. 그러나 사실 내용에 들어가면, 역시 지정사를 체언(명, 대, 수)의 서술격으로 그대로 다루고 있다.[110]

2) 종래의 '절대격'(는는, 은은, ㄴ) (음운론 연구(1955)나 중등, 고등 문법에서의)을 '주제격(主題格)'으로 바꾸었다.

3) 서법(Mood) 곧 화자의 서술의 태도에 따라 달리 표기되는 것을 통틀어 '서법'이라 하고 이를 서술어의 종결형과 관계지어 '직접법', '의도법', '명령법'으로 나누었다. 그리고 '직접법'은 사실 그대로의 직접표현이고("이 그림은 사람이라"), '의도법'은 주관적 판단의 자기 의사를 가미하는 것이라("그 자는

---

110) 『중세 국어문법』, ㅉ.101·118·294~9.

人間이 아니라 짐승이로다")고 뜻매김했다.

위에서 중요하게 관심이 가는 것은,

① 심악의 서법 체계는 종결형(마침법)에서 말할이의 일방적인 서술태도에 초점을 맞추고 있다는 것이다. 이것은 마침법에서 말할이와 말들을이와의 관계에 초점을 맞추는 관점과는 다름을 보이는 것이다.

② 시제를 서법에서 다루고 있음이다. 가령, 직접법의 종결형(긍정법)에서 다음과 같이 보았다.

ᄒ　다−기본형(시제 형태 없는 부정시제: 'ᄒ+무시제+다')

ᄒᄂ다−현재형('ᄂ'가 현재 시제 형태)

ᄒ리라−미래형('리'가 미래 시제의 형태)

ᄒ더라−과거형('더'는 과거 표시이나, 상(相)에서 보아 미완료의 행동)

이처럼 서법에서 시제를 다루고 있으면서, 시제를 엄연히 구별한 데 관심이 간다.

4) '시제'와 '상(相, Aspect)'을 구별했다.

심악은 '시제'와 '상'을 분명히 구별했는데, 이는 매우 중요한 점을 지적해 준 것이다.

가령, 과거형 '−더라'를 과거 어느 행동이 진행 중인 미완의 상태를 나타내는 '회상법'으로 보고, '더'는 과거형 표시의 형태이나 '상'에서 보아 미완료의 행동을 나타냄이 가장 중요한 점이라고 했다. 이러한 행동의 종별을 상(aspect)이라고 했으며, '상'에는 완료상, 미완료상, 지속상, 기동상, 순간상이 있음을 명시했다.[111]

---

111) 『중세 국어문법』, 쪽.202.

　국어의 상(aspect)에 대해서는, 김석득: ㉠「한국어의 시간과 시상」, 『한불연구』 1, 1974. ㉡「우리말의 시상」, 『애산학보』 1호, 1981. 일반적 시상 이론에 대해서는, J.

또, 심악에 따르면, 15세기 시제는, 먼 과거, 가까운 과거, 현재, 가까운 미래, 먼 미래로 시간을 끊고, 또 행동이나 상태를 먼 과거에서 끝난 것이냐, 가까운 과거에서 끝난 것이냐, 또는 그것이 지금까지 계속 되느냐, 또는 지금 시작되고 전개되어 가까운 미래로 지속되느냐의 상에서 풀어야 한다고 했다. 여기에서 시간과 상을 분명히 구별하고, 그것을 각각 세분한 점을 특기할 수 있다. 시간을 직선상에서의 거리로 파악하려는 것은, 아마도 예스페르센의 시간관을 도입한 듯한데, 국어의 경우 시간의 직선적 거리관은 앞으로 좀더 연구해야 할 흥미 있는 과제로 본다.[112]

5) 경어법에 특수성을 보인다.
심악은 15세기의 경어법을 아래와 같이 나누었다.

> 존경법(주체 존대법: '시, 샤'의 개재)
> 겸양법(주체 겸양법: '습 숩 줍'의 개재)
> 공손법(상대 존대법: '이'의 개재(현대어 '－ㅂ니다'))

위에서 보면, 이미 심악이 학교 말본에서 보인 경어법 체계와 차이가 있는 듯하나(학교 말본: 주어 경어법, 공손법, 목적어 경어법), 자세히 보면, 그 내용은 같다. 중요한 것은 15세기의 존대법과 현대어 존대법 체계의 차이가 있느냐이다. 위에서 보면, 그 체계에 관한 한 역사적 변동이 없다는 것으로 보았다고 풀이할 수 있는 것이다. 여기에서 심악의 '겸양법'이 오늘과 같은 존대 양식으로 풀이되는 것은, 허 웅(눈뫼)의 '객체존대'설과 대립되는 점이다.[113]

David et R. Martin: *La notion d'aspect*, 1980, Recherches Linguistiques V, l'université de Metz를 볼 것.

112) 김석득 「한국어의 시간과 시상(時相)」, 『한불연구』 1, 1974, ㅉ.97~145.

113) 허 웅, ㉠ 『용비어천가 주해』, 1956, 정음사, ㅉ.47~52. ㉡ 『중세 국어 연구』, 정음사, 1963, ㅉ.95~9. ㉢ 『우리 옛말본』, 1975, 샘문화사, ㅉ.726~7.
그밖에 '상대 높임설'이 있는데 이에 대한 허 웅의 비판은 『우리 옛말본』 ㅉ.724~5.

15. 이숭녕의 『국어 음운론 연구(國語音韻論硏究) 제일집(第一集) '·' 음고(音攷)』와 '·' 음가 학설 맞섬

심악 이숭녕의 연구 중 두드러진 것은 음운 연구분야이다. 그 중에도, 여기에서 보려는 '·' 음고와 비교 언어학을 시사한 『음운론 연구(音韻論硏究)』(1955)이다. 조선조의 음운 연구는 근대를 거쳐 통시적(비교) 음운론에까지 발전해 온 셈이다.

『국어 음운론 연구 제일집 '·' 음고』(초판은, 『조선어 음운론 연구 제일집 '·' 음고』)는 외솔 최현배의 'ㅏㅡ' 사이소리 설(ㆆ)과 오랫동안 맞서오는 'ㅏㅗ' 사잇소리로 집약된 단행본이다. 이는 잡지 신흥(新興)(1935)에 나온 '·' 음고(音攷)를 1940년 『진단학보(震檀學報)』 12권에 발표하였다가 이에 외솔의 설을 종합 비판하는 형식으로 나온 것(1948)이라 해도 과언이 아니다(1948년 '자서' 참조).

이 책은 'ᄋᆞ' 음에 대한 여러 설[114]을 개관 비판하고, 자가의 'ㅏㅗ' 사이소리설의 논증을 위하여, (1) 음운변화에서 본 'ᄋᆞ' 음가 추정, (2) 우믈라우트(umlaut) 형성과 'ᄋᆞ' 음가 추정을 하고 있다. 그리고 다음에, 'ᄋᆞ'음 소실의 시기, 'ᄋᆞ'음 폐기의 연혁, 끝으로 보수편으로 제주도 방언과 그 의의, 'ᄋᆞ'음과 '이'음의 발달의 대응, 우믈라우트 현상과 이중모음, 모음조화와 'ᄋᆞ'음 등을 실었다. 그러나 무엇보다도 저자의 관심은 'ᄋᆞ'의 음가 추정이 제일 큰 과제였다. 이제 심악의 'ㅏㅗ' 사이소리 주장의 근거를 다음에 약술해 보기로 한다.

(1) '훈민정음' 제자해의 표기에는 최대의 신임을 주어도 좋다
　　· 舌縮而聲深
　　ㅡ 舌小縮而聲不深不淺

---

114) ㉠ 유 희(柳僖)의 'ㅏㅡ'의 사이소리설, ㉡ 주시경의 'ㅣㅡ' 합음설, ㉢ 이능화(李能和)의 'ㅏㅓㅡㅜ'의 사이소리설, ㉣ 박승빈(朴勝彬)의 폐구음(閉口音)의 'ㅏ'음설, ㉤ 이극로(李克魯)의 'ㆁ'음설, ㉥ 고오노(河野六郎)의 'ʌ'설, 등.

ㅣ 舌不縮而聲淺

ㅗ 與·同而口蹙

ㅏ 與·同而口張

ㅜ 與一同而口蹙

ㅓ 與一同而口張

풀이:

첫째: ‘舌縮, 舌小縮, 舌不縮’(이를, W. Ripman: The Sounds of Spoken English의 구강도와 Jepersen의 Lehrbuch der phonetik에서 전재한 Techmer의 구개도로 설명함.)

‘舌不縮’ ㅣ = 혀가 오므라지지 않음=혀펴짐=전설모음

‘舌小縮’ ㅡ = 혀가 조금 오므라짐=중설모음

‘舌　縮’ · = 혀가 오므라짐=후설모음

둘째: ‘口蹙　口張’ = 개구도(開口度)

예스페르센(Jespersen)의 분류는 1도~8도, 소쉬르(F. de Saussure)는 0도~6도로 나눈 것을 여기에서는 다만, ‘口蹙　口張’으로 표현한 것으로 대비했다.

ㅗ = ‘口蹙’ = 개구도가 작다

ㅏ = ‘口張’ = 개구도가 크다

셋째: ‘聲深, 聲不深不淺, 聲淺’=소리 깊이=소리 인상

이상에서 모음 ‘·’는 후설모음이라는 단안을 내렸다. 그리고 ‘與·同, 與一同’에서 ‘同’은 ‘口蹙　口張’ 곧 혀의 꼴(舌形, 혀의 위치)과 심천(深淺, 음성 인상)이 같다는 말로 풀이한다. 그러므로

“與·同系 모음”……오, 아

“與一同系 모음”……우, 어

로 보아, ‘·’는 후설모음이고 ‘ㅗㅏ’의 사이소리라고 한다.

(2) 음운 변화에서 본 '약'음가 추정

① 단음절의 '약' 음이 '야'로 발달하였다.

약>아 등, 이는 자생적(spontane) 발달로 믿을 만하다. 물론 예외는 있다: 흙, 특

② 이음절어 이상에서 약>아의 자생적 발달이 절대적이다.

③ 약>오의 발달

'齒+약+屑'에서 스매>소매, '병+약+齒'에서 ㅎ병사>ㅎ오사.

또한 방언(제주도) (小倉進平, 李克魯, 河野六郎 등의 연구)에서

오구라: 약는 [o]

고오노: 약는 [ω]

이극로: 약는 [ɔ]

는 모두 후설모음이다. 또한 동화작용(모음조화)으로 보아 '약〉오'의 발달을 알 수 있다.

노릇>노롯

부사형에서의 발달도 이를 증거한다(바룩>바로). 이화 작용의 발달도 그 증거다.

약+르+약 > 약+르+오: ㅎ룩>흐르

④ 약>어의 발달

양적으로 적으나, 여러블>여러벌, 부리다>버리다는 '약'가 '어'에 가까움을 알 수 있다. '오'는 본시 모음도상 '어'에 가깝다.

(3) '우믈라우트(umlaut)' 현상과 '약' 음가 추정

'우믈라우트' 이론은 파울의 언어사 원리(H. Faul: *Prinzipien der Sprachgeschichte*)에서 따내었다. 실례로 볼 때 '우믈라우트'권 내에 들어가는 것은 '아, 어, 오' 등 후설모음이다. '약'음은 '우믈라우트' 한다(부얌>비얌). 그러므로 '약'는 '아, 어, 오'와 같은 '우믈라우트'권 내에 들어가는 후설모음이다.

이와 같은 근거로, 심악은 '약'의 소리값을 '아 오'의 사이소리라 결론지

었다. 이러한 결론에 맞서 있는 것은 두 말할 것 없이 최현배의 'ㅏㅡ' 사이소
리설이다. 독자는 이에 대하여, 외솔 최현배의 『한글갈』과 비교하여 보기 바
란다.

16. 이숭녕의 『음운론 연구(音韻論硏究)』와 비교 언어학의 시도

이 책(1955)은 앞든 'ㆍ' 음고의 계속으로 나온 음운론의 제2집이 된다.
그러나 이것은 이숭녕의 연구 업적을 집성한 것이며, 우리나라 학자에 의한
본격적인 최초의 비교 언어학적 시도라는 데에 국어학사적 큰 뜻을 가진다.
일찍이, 이재 황윤석이 비교 방면에 눈뜬 바는 있지만 이에 견줄 바는 아니다.
이 글은 「모음조화 연구」, 「순음고(脣音攷)」, 「소유격과 처격(處格)의 비
교 시도」, 「15세기의 모음 체계와 이중모음의 kontraction적 발달에 대하여」,
「국어의 hiatus와 자음 발달에 대하여」 등을 논하고, 부록으로 「람스테트(G. J.
Ramstedt) 박사의 생애와 업적」을 소상히 붙이고 있다.
이제 여기 심악 이숭녕의 독특한 학설을 추려 소개하면서, 필요할 때마
다 글쓸이의 소견을 곁들이기로 한다.

(1) '모음조화'는 우랄·알타이 말의 특질의 하나

이숭녕의 모음조화 연구의 동기중 하나는 오구라(小倉)와 람스테트의
연구에 말미암는다. 모음조화 연구는 1445년 이후의 자료로 충분하다고 한
다. 그리고 모음조화의 근간이 되는 모음 체계를 다음과 같이 세웠다.

강모음(저모음) '아오ᄋ'
약모음(고모음) '어우으'
중성모음　　　'이'

물론 기원론으로 볼 때, 뵈에틀링크(O. Böhtlingk)의 야크우트어 연구(Ueber die Sprache der Jakuten)에서 모음조화를 내재적 특성으로 보려는 견해로 전 우랄·알타이 민족의 언어 기구의 고유한 조직으로 봄에 관심이 가나 그 기원론엔 역시 문제점이 있음을 지적했다.

국어의 모음조화는 주로 어간 모음과 접미사 모음 간에 있으며, 음성 현상과 형태론(形態論)의 작용을 맞붙여 보아야 한다는 라들로프의 견해에 찬의를 보내고, 국어 모음조화의 중심적 관점을, (ㄱ) 대격(對格)과 절대격(絶對格), 조격(造格)에서 '♀, 으' 중심으로, (ㄴ) 처격에서 '애, 에' 중심으로, (ㄷ) 처격, 소유격에서 '의, 의' 중심으로, (ㄹ) 명사형에서 '오, 우' 중심으로, (ㅁ) 부사형에서 '아, 어' 중심에 두고 그 조화의 유형을 추출해 냈다.

생각하건대, 모음조화의 초점을, 음성 현상과 형태론의 작용으로 맞붙임에 둔 것은 옳은 견해이다. 15세기 어의 형태적 인식은 그 형태 분석에 있는데, 그 형태 분석은 모음조화라는 '음소론적 조건(phonological condition)'에 의한 변이형태(allomorphs)의 인식이 없이는 불가능하다. 그런데 이러한 모음조화는 국어의 경우 어간과 토, 어간과 접미사 간에 원칙적으로 일어나서 말본적 요소인 토나 접미사에 변이형태를 일으킨다.115)

그런데 이러한 현상은 글쓴이가 연구한 바로는 같은 계통 문제로 제기되는 몽골어의 경우에도 그렇다.116) 그러나 뵈에틀링크의 모음조화의 내재적 특성 문제를 놓고 볼 때, 여기 글쓴이가 밝혀 둘 몇 가지 문제가 있다. 필자가 연구한 바 있는 고전 몽골어의 모음조화의 경우는, 15세기 국어와 공통적인 형태론적 모음조화 규칙을 가지고 있다. 그러나 다음과 같은 세부적 차이가 있음을 보았다.

---

115) 김석득: 「형태음소 변동 요인으로서의 모음조화 규칙 ―15세기 국어―」, 『연세논총』 13, 1976, ㅉ.1~36.

116) 김석득: ① 「형태음소 변동 요인으로서의 모음조화 ―고전 몽골어의 경우―」, 『한글』 158, 1976, ㅉ.3~23. ② 「15세기 국어와 고전 몽골어의 모음조화의 공통성 모색」, 『연세교육과학』 10집, 1976, ㅉ.71~87.

① 몽골어의 경우는 앞·뒤의 차원(앞-앞, 뒤-뒤)이나 국어는 높·낮이의 차원(높-높, 낮-낮)이다.

② 몽골어는 엄격한 모음조화가 이루어지므로 이른바 '앞모음 계열어'와 '뒷모음 계열어'가 엄하게 구별된다. 국어에는 그렇지 않다. 특히 복합형태인 경우 더욱 예외적 규칙이 지배적이다.

③ 몽골어는 모음조화에 예외가 없다. 국어에서는 음운론적 및 형태론적 제한 조건이 있다.

④ 몽골어에서는 이름씨나 어간 자체가 '앞모음 계열', '뒷모음 계열'로 나누어져 있고, 토나 접미사의 배합체는 온통 통일된 앞모음 계열, 뒷모음 계열로 분류된다. 국어는, 이름씨나, 어간 끝낱내 핵모음 자질에 의하여 모음조화가 일어날 뿐이다.

⑤ 몽골어는 모음조화에 의한 토나 접미사 변이형태소의 핵모 유형에 u/ü, a/e, i(뒤)/i(앞)가 있으나, 국어의 경우는 토의 핵모 유형에 a/ə, o/u, ʌ/ɨ이다(주의: 글쓸이는 'ㅣ' 가진 이중모음의 경우, 'ㅣ'는 모음조화에서 나머지 바탕(redundant feature)이기 때문에, 유형에 'ㅣ'가진 이중모음이 없다고 봄).

(2) 순음고(脣音攷) - ㅸ중심 -

우랄·알타이 어학에서 비교 연구의 법칙성 수립을 위하여, 어두 'P'음에 대한 친근성 입증 문제가 관심거리임을 먼저 밝히고 있다. 람스테트(G. J. Ramstedt)는 특히 몽골어 위주의 순음 연구에서 공통기어 'P'의 단계적 변이를 보이는 법칙(이른바 '람스테트 법칙')을 세웠는데, 이에 대한 소바제오(A. Sauvageot)의 '우랄·알타이어의 어휘에 대한 연구'(Recherches sur la vocabulaire des langues Ouralo-Altaiques)에서는 람스테트 법칙(loi de Ramstedt) 곧 원시 어두 P~의 단계적 변이법칙인 F~, h~, zero 형의 수정이 있음을 밝혔다.

생각하건대, 위에서 볼 때 우랄·알타이어의 공통기어 'P'의 발달에 대하여 학자 간에 문제가 있음이 우선 지적된다. 이숭녕은 국어의 '울'(서울, 기타 지명에서)은 원시 우랄·알타이형 'P~l'이 뿌리임을 추정한다.

삼국사기 동국여지승람(三國史記 東國輿地勝覽)에서 지명의 '火型'은, 우랄·알타이어의 공통기어 계통으로 발달한 '촌락, 주택의 집단'을 뜻하는 것으로, 국어에서 'P'로 나타난 것으로 확신하면서, 또한 순음 발달의 암시로 백제 수도의 옛이름 '所夫里'(首都)가 '셔볼→셔울'로 됨을 들어 '울'이 우랄· 알타이어의 '*P~l'형이 남은 것으로 확신한다. 이제의 많은 지명의 '울'형이 다 원시 우랄·알타이 뿌리(기어) 'P~l'형이 단계 변이한 것으로 확신한다.

그리하여, 그 단계 변이의 추측으로 ~P~>~b~>~β~>~zero를 가정한다. 또, '火, 夫里'의 대비형 '忽'은 '火, 夫里'와 같이 촌락, 주택의 집단인 우랄· 알타이어의 'P~l'형의 단계 변이이니, '忽'은 P~>X~>h~0의 과정에서 'xol, hol' 의 형이 되고, 다시 '골'로 변이하여 '洞'자로 배자되었다고 한다. 15세기 '셔볼' 또는 '스マ볼'(鄕)의 병존은 서기 초 또는 그 이전에 '火, 夫里'보다 '忽'형의 차이가 있음을 보인 것인데, 'P'의 단계 변이에서 '忽'은 '火, 夫里'보다 한걸음 발달된 것으로 본다는 것이다.

이상과 같은 가정 하에 향가(양주동: 사뇌가) 연구와 오구라(小倉進平) 를 비롯한 여러 주해에서 신라시대 'ㅸ' 음의 존재로 다룬 것이라든가, 마에 마(前間恭作)의 '여언고'(麗言巧)에서 그것을 이조 초기어로 해독함은 잘못임 을 지적하고, 계림유사(鷄林類事) 시대인 고려 초는 모음 간의 약화음 [b] 음 이나 'ㅸ' 음은 아직 등장 이전 시대라고 논단하였다. 그리고 조선조에 와서, 훈민정음의 'ㅸ'은 유성 양순 마찰음 [β]으로 단일 음운을 이루고 있었던 것 으로 추정하였다.

생각하건대, 위의 비교 언어학적 논증은 매우 흥미 있고 우리말 어원을 캐는 데, 중요한 실마리를 풀어 줌에 틀림없다. 그러나 더 많은 공통기어를 발견하고, 그 공통기어의 발전 과정이 한국어에서 더 풍부하게 발견되어, 오 늘날 대두되는 한국어의 우랄·알타이 동계설의 의아심을 풀어 주어야 할 것 이다.

'ㅸ'의 소리값에 대해서는 김윤경의 [ʋ]설[117] 남광우의 이상적 표기설,[118] 유창돈의 이음(異音) 및 상징적 표기설,[119] 최현배, 허 웅의 음운설[120] 등이

있다. 여기 이숭녕의 설도 음운설이다. 글쓸이도 '병'은 양순마찰음 [β]이고
음운 /β/이 됨을 논증한 바 있다.[121]

(3) 이두의 '矣'의 연구에서 소유격과 처격의 비교 시도
이숭녕은 소유격의 재구 가설로 알타이계의 소유격 접미사 'ŋ'이 고대
몽골어에서 탈락한 예와 같이 고조선어 시대의 발달 경로를

$$* \sim n \sim \left(\begin{matrix} na \\ n\breve{u} \end{matrix} \, ? \right) > \begin{matrix} \sim nai \\ \sim n\breve{u}i \end{matrix} \quad \sim \breve{u}i$$

로 추정하고 있다.
근거는 '어ᄂ, 어느, 여느'의 '느'는 소유격적 기능을 가진 ~n~이라는 것
이다. 특히 오구라의 향가 해독에서, '矣家, 矣身'을 '내집, 내몸'으로 하였는
데, 여기 nai, ~ (nŭi) > ~ai, ~ŭi > ~ŭi로 보아 '矣'는 '내'의 소유격과 동음어로
신라 시대에 사용된 일면으로 추정된다고 했다.
'矣'는 소유격 '의'로도 되고(其矣等段置 그의무리딴두) '되'로도 나타난다
(是如爲乎矣 이다ᄒ오되)하고, 이는 본시 국어의 처격이 '듸'이었던 것이 초
두 t(d)음의 탈락으로 '의, 의'가 된 것으로 보이며, 고형 '듸'를 표기함에 새로
운 표기법을 더 제정하지 않고 놔둔 것으로 풀이한다('의'의 후기 발달을 생
각하면, 고형은 '듸'일 것이다)고 했다. 이 배경은 우랄·알타이어의 처격이,

---

117) 김윤경: 『최현배 선생 환갑기념 논문집』, ㅉ.83.
118) 남광우: 『중앙대학교 논문집』 제4집, 1960.
119) 유창돈: 『국어변천사(國語變遷史)』, 1961; 『이조국어사 연구(李朝國語史研究)』, 1964.
120) 최현배: 『한글갈』.
    허 웅: 『국어 음운론(國語音韻論)』, 1958; 『국어 음운학(國語音韻學)』, 1965.
121) 김석득: 「중세 순경음(中世脣輕音) 병 음소고(音素攷)」, 『연대 인문과학』 12집, 1~19,
    1964.

이 '뒤'와 유사한 계통이라는, 람스테트와 그 제자 뻰띠 알또(Pentti Aalto)의 연구에 의지하고 있는 것이다.

(4) 이중모음

'애, 에, 외, 이' 등의 이중모음 설은 허 웅의 "국어국문학" 제1호에서의 설과 일치한다. 다만, 예스페르센의 설에 의지하여 이중모음을 나누되, 'ㅛㅑㅠㅕ'는 상승적 이중모음, 'ㅐㅔㅚ'는 하강적 이중모음, 'ㅔㅟ'는 횡진적(橫進的) 이중모음으로 나누었고, 'ㅢㅐㅚ' 등이 역사적으로 단모화됨은 'kontracrion' 적 발달로 인한 것이지 'hiatus'에서 간 것이 아니라고 본 점이 특이하다.

이른바 모음충돌(hiatus)은 두 낱내(이음절)를 구성하고, 이중모음(diphthong)은 한 낱내에서 두 개의 홀소리의 결합을 구성한다는 이 둘의 구별법은 서양류(西洋流)로, 국어에는 마땅치 않은데, 이는, 낱내 이론상 국어의 이중모음이 히아투스와 같이 두 낱내로 의식되는 때문이라고 밝히고 있다. 그러므로 심악은 이중모음의 범주를 버리고 '히아투스'로 종합하여 보는 쪽을 취한다.

'히아투스의 회피현상'은 [j], [ŋ]의 발달을 가져오는데, [ŋ]의 발달은 '이'가진 히아투스에서 가장 많이 나타남이 국어의 특질이라고 했다. 그러나 조선조 중기부터는 [j]의 교체 경향이 보임을 규명했다.

(5) 비교 언어학자 람스테트

끝으로, 심악 이숭녕은 핀란드의 알타이 어학자 람스테트(G. J. Ramstedt: 1873~1950)의 생애와 업적을 소상히 소개하면서, 특히 국어 중심의 비교 연구를 특기하였다. 거기에서, 국어의 연원을 우랄·알타이계에 두고 있음을 확신하고 있다고 강조했다.

글쓸이는 꼬레지 드 프랑스(collège de France)의 도움으로 핀란드의 헬싱키 대학과 핀·우그르학회(Suomalais-ugrilaisen seuran=Société Finno-ougrienne) 도서관을 찾은 바 있다. 거기에서, 람스테트의 많은 연구 흔적을 볼 수 있었고, 그 많은 한국어 비교의 연구 노트, 특히 우리 사전을 사이 종이(간지)를 넣어 다시 제본하고, 그 낱말마다에 비교 연구의 주를 달아 놓음을 보고 글쓸이는 놀랐다. 람스테트가 한국말 연구를 위하여 모은 카드 5000여 장 중, '*Studies in Korean Etymology*'에 실리고 남은 3000여 장을 고송무 교수가 정리하고 있음을 보았는데, 그것이, 고송무 편, "*Paralipomena of Korean Etymologies*, Suomalais-Ugrilainen Seura, Helsinki 1982"로 펴져 나왔다.

그러나 세계 어학계는 물론 한국 학계에서도 국어의 우랄·알타이계 설에 대해서는 아직도 많은 회의를 가지고 있음을 주시하지 않을 수 없다. 또한 우리나라 안에는 아직도 알타이말에 대한 자체적인 근본적 연구가 거의 없는 것 같다. 그 이유의 하나는 우리나라 안에서의 어원적 연구는 기본적 자료의 결핍을 면치 못하고 있기 때문이라 본다.

17. 김선기의 유럽 언어학

17.1. 언어학의 민족주의 접목
－피히테의 언어관과 전통적 민족 언어관 다지기－

무돌 김선기는 도이취의 철학자 피히테(Johan Fichte: 1762~1814)의 『도이취 국민에게 고함』(1807년말~8년초, 백림 대학에서 학자, 교육자, 우국지사 앞에서 한 강연)을 읽고, 현상계의 피안의 세계를 꿰뚫어 보는 인식 능력을 가진 피히테의 언어에 대한 사상에 깊은 느낌을 받았다고 한다. 이에 그는 '피히테의 언어관'이라는 제목으로 『한글』지에 상·하로 연재했다.[122] 이를 보면, 일찍이 연희전문학교에서 형성된 무돌의 잠재적 주시경 학파의 민족적 언어관(무돌은 주시경 선생의 제자인 외솔 최현배 선생의 제자임)은 피히테

---

122) 김선기: 「피히테의 언어관」 상, 『한글』 제1권 제1호, 1932.5.1; 「피히테의 언어관」 하, 『한글』 제1권 제2호, 1932.6.1.

의 언어관에 접함으로써 더욱 굳게 내재화된 것으로 이해된다. 그러면 그가 깊게 느낌을 받은 피히테의 언어관은 무엇인가?

(1) 언어 본질관 인식

피히테의 언어관의 이해를 위하여, 무돌이 소개한 피히테의 언어관을 다음에 간략히 요약한다.

"말은 사람이 하는 것이 아니라 사람의 본질이 하는 것이다. 그러므로 말은 같은 본질을 가진 다른 사람에게 통하는 것이다. 말은 어느 시대 어느 곳에든지 결코 인류 공통의 형태를 취하지 않는다. 동일한 외적 영향 아래서 공동생활을 하고 끊임없이 사상 교환을 하는 전체를 민족이라 부를진대, 이 민족의 언어는 필연적 법칙에 의하여 현재와 같이 된 것이니, 사람은 민족을 인식함으로써 민족의 입을 빌어서 자기를 표현하는 것이다. 언어는 오성(悟性)의 생명 속에서 나오는 것이므로 그것은 끊임없이 발전해 나아감으로써 직접 생명을 움직이고, 생명을 자극하고, 말하는 사람을 움직인다. 이와 같이 모든 말은 어느 부분이나 생명이요, 또 생명을 만든다. 그러므로 민족의 말은 언제나 낱말마다 생명이요, 새 생명을 지어낸다. 또한 말은 초감각적 부분에 있어서도 생명을 자극하는 힘이 있어, 적어도 자기의 정신적 기관을 부릴 수 있는 사람에게는 언어가 틀림없이 생명을 자극한다. 따라서 비록 외국어가 들어온다 하더라도, 민족의 환경에 들어오지 못하게 침묵을 지키게 하고, 국어의 미래의 기초가 되지 못하게 한다면 그것은 아무런 영향을 주지 못한다. 반대로 민족이 제 나라말을 버리고 다른 민족의 초감각적 표현을 할 수 있으리만큼 외국어를 채용한다면, 중대한 결과를 부르게 되니, 곧 초감각의 생명은 굴절을 받거나 그것을 완전히 잃어버리게 된다. 이런 말은 표면으로는 생명이 있는 듯이 보이지만, 그 속 뿌리에는 생명이 없는 요소가 들어 있어 민족 자체가 문화생활의 창조적 생명을 잃어버리게 된다."

이것은 피히테의 언어의 본질관인 바, 또한 이는 이를 소개한 바로 무돌 김선기의 언어 본질관의 인식으로도 볼 수 있다.

(2) 언어 본질관에 따른 필연적 결과 이해

피히테는 이 언어의 본질관으로 말미암아 나타나는 필연적 결과를 이끌어내는 바, 무돌은 이를 소개한다. 이제 그 소개를 간단히 다음에 요약한다.

"생명이 있는 말을 가진 민족은 산 사유 작용을 한다. 그런 미족에게는 산 철학이 있다. 죽은 국어를 가진 민족에게는 정신적 발달과 생명은 서로 교섭할 수 없다. 거기에는 산 철학이 없다. 산 말을 가진 민족은 생활 그 자체를 포함하여 모든 것에 세찬 충동을 준다. 죽은 말을 가진 민족은 자기의 행복을 자연에 맡기어 되는 대로 산다."

이와 같이 피히테의 언어의 본질관과 그 필연적 결과를 인식 이해한 무돌 김선기는 마음의 눈을 우리 민족에게 돌린다. "우리는 5천년 오랜 문화생활을 했다고는 하나, 우리가 범한 과오 곧 한문자 생활에 일관함으로써, 창조적 노력이 부족하여 민족 고유의 철학을 가지지 못하였다. 따라서 삶에 대한 진지한 태도나, 자아에 대한 자각이나, 민중의 이익이나 지위 등에 대한 상반하는 과오를 범했다."고 말하면서, "우리는 민족 문화에 대한 많은 자각과 외적 환경에 대한 철저한 인식을 가져야 한다"고 말을 맺는다.

위에서 보아, 무돌 김선기는 피히테의 언어관을 마음으로 받아드리면서, 이미 연희전문학교에서 이루어진 그의 정신적 바탕 위에 이러한 언어관이나 민족의 언어 철학이 더욱 다져지는 것으로 이해를 할 수 있다.

17.2. 유럽 언어학의 도입

무돌 김선기의 연구에는 '유럽 언어학의 소개'나 '음성학 연구,' 그리고

'향가' 등의 탐구가 있다. 그리고 조선어학회의 연구 활동도 했다. 그런데 그의 학문을 연구사적 뜻으로 보면, 대강이나마 유럽 언어학의 소개를 통한 '유럽 근대언어학사'를 밝힌 점이나, '유럽 언어학(음성학)의 도입'에 관계되는 괄목할 만한 연구 등에 오히려 초점이 맞추어진다.

(1) 유럽언어학의 소개
'유럽 근대언어학사'의 윤곽의 밝힘과 유럽 언어학(음성학)의 도입
「서구의 언어학계 －국제 성음학 제2차 대회를 보고－」를 통하여

이 「서구의 언어학계」의 글은, 1934년에 조선어학회의 파송을 받은 무돌이 파리에 유학하고 있을 때인 1935년 7월에, 그가 런던에서 열린 '제2회 만국 음성학 대회'에 참가하고, 그 훗날에 발표한 보고서이다.[123] 그는 이 보고에서, 서구의 융성한 언어학계를 보고, 우리의 그리 보잘것없는(영성한) 학계에 대한 적막감을 느꼈다고 실토한다. 그러면서, 유럽(프랑스와 스위스, 잉글랜드와 덴마크, 독일과 오스트리아) 학자들을 중심으로 언어학의 발달 현황을 소개한다. 무돌의 이 현황의 소개야말로 우리나라의 유럽 언어학의 발달사적 이해와 그 이론 도입에 선구적으로 이바지했음을 기록해 두어야 할 것이다. 이제 그가 소개한 유럽 언어학계의 대강을 보기로 한다.

1) 프랑스와 스위스의 경우
파리는 언어학의 발달과 관계가 깊다. 그는, 언어학을 처음 연구한 하인봅(Bopp)이 산스크릿을 연구하기 시작한 곳이 파리의 국립도서관임을 먼저 지적한다.

또한 파리는 사회학파의 시조인 드 소쉬르(F. de Saussure)가 10년 동안이나 강의 활동하던 곳이며, 현재에도 이 학파는 주류를 이루다시피 하고 있

---

123) 『한글』, 제6권 제2호, 1938.2.1.

음을 지적한다.

지난해(당시를 말함) 세상을 뜬 석학 꼬레지 드 프랑스(Collège de France) 교수 메이예(Meillet)는 프랑스가 낳은 대학자이다. 그는 『의미론(*Essai de sémantique*)』의 저자 브레알(Brèal)의 후계자로 꼬레지 드 프랑스에 들어갔다고 소개한다.

현재(그 당시) 소르본 교수요 『언어(*Le langage*)』의 저자인 방드리에스(Vendryes)와 즈네브 대학의 교수요 『언어와 생활(*Le langage et la vie*)』의 저자인 바이이으(Bally)는 아울러 사회학파의 거두이라 한다. 이 여러 학자들은 현대 사회학에 공헌이 큰 뒤르케임(Durkeim)과 한 학풍을 이루던 친지들이라고 설명을 한다.

소르본에는 명저 『사고와 언어(*La penses et le langage*)』의 저자 브뤼노(Brunot) 교수와 심리학 교수 될라크로와(Delacroix)가 있으며, 될라크로와 교수는 '언어 및 사고'를 발표하여, 언어를 심리학적 견지에서 고찰했음을 특별히 지적했다. 그리고 될라크로와 교수가 언어를 심리학적 자리에서 고찰한 '언어 및 사고'를 발표한 것을 들었다.

프랑스 언어학계에서 지예롱(Gilleron)을 중심한 언어지리학의 발전을 들 수 있음을 또한 밝혔다. 그는 종래 독일 소장파가 주장한 음운 변천의 절대 규칙성을 방언 연구에 의하여 시험해 보았으며, 또 종래의 방언의 한계선에 대한 암흑을 밝혀 낸 업적도 소개했다.

프랑스에는 루셀로(Rousselot)와 같은 자랑할 만한 실험음성학의 개척자가 있으며, 김선기가 솔본느에 학적을 두고 있을 때는 풋쉐(Fouche) 교수의 강의를 들었다고 한다. 풋쉐 교수는 저 유명한 몽뻴리에르(montpellier)대학 교수인 그람몽(Grammont)의 제자라고 한다. 그람몽은 메이예의 친우로 당시 역저 『성음학(*Traite de phonétique*)』을 냈음을 말하고, 이밖에 프랑스의 성음학자로 『일반 음성학 초보(*Éléments de phonétique générale*)』의 저자 루데(Roudet)와 국제음성학회 회장인 뽈 빠시(Paul Passy)가 있음을 밝혔다.

생각하건대, 이는 프랑스의 근대언어학사(학문의 흐름의 현황과 학파의 형성 과정)의 단면을 보인 것이라 하겠다. 그리고 프랑스는 스위스와의 연계 선상에 있는 드 소쉬르를 중심한 사회학파를 주류로 하고, 방법론 상에서 보면, 심리언어학파, 의미론파, 언어지리학파, 실험음성학파, 음운학파들이 있었음을 알 수 있다.

2) 잉글랜드와 덴마크 : 런던 학파와 덴마크 학파(코펜하겐 학파)

막스 뮐로(Max Muiller)가 옥스퍼드대학에서 언어학을 강의한 이래 언어학이 자연과학적인 '언어과학(The science of language)'으로 알려졌다고 한다.

당시 잉글랜드는 산스크릿을 과중히 여기던 시대에 있었다고 한다. 김선기의 은사인 좁슨(Jopson) 교수는 인구어학자로서 스라브문화 학원(The School of Slavic Studies)에서 연구하고 있었으며, 청강을 한 바 있는 인구어의 세계적 석학인 터너(Turner) 교수는 동방 문화 학원(The School of Oriental Studies)의 교수라 한다.

또한 런던 대학 때 김선기의 은사인 퍼드(Firth) 교수는 "말(Speech)"과 "인류의 언어(The Tongues of Men)"를 독창적으로 발표한 이로, 특히 그는 '한국어의 성음학'을 담당하고 있었으며, 그의 한국어의 음운 조직에 대한 이해가 탁월하다고 소개한다.

당시 잉글랜드의 학풍은 전반적으로 실증주의 경향이 농후하였고, 영국 언어학계의 상황으로 보면, 성음학 부분이 가장 발달하였으며, 그 가운데서도, 시화법(視話法)의 창안자인 벨(Bell)의 제자인 헨리 스위트(Henry Sweet)는 옥스퍼드대학이 낳은 천재적 언어학자인 동시에 성음 학자의 한 사람이라고 극찬한다. 세계적인 학자 다니엘 존스(Daniel Jones(김선기의 런던 대학 시절의 지도 책임자) 교수와 덴마크의 예스페르센(Jespersen) 교수는 그의 뛰어난 제자라고 한다. 다니엘 존스 교수는 원래 수학을 전공했으나, 성음학으로 전공을 옮긴 뒤, 빼어난 성음학자로서, 『영어 발음학 개론(An Outline of English Phonetics)』과 『영어 발음 사전』을 지었으며, 이 이를 중심으로 '런던 학파'가 생겼다고 한다. 이러한 다니엘 존스는 김선기의 런던 대학 시절의 책임 교수이니, 김선기는 그를 '학문 생활의 아버지'라고 했따.

잉글랜드에는 실험음성학자 스크립추어(Scripture)가 있음을 소개한다. 그는 당시 국제 실험 음성학회 회장으로, 성음학은 실험음성학에 의해서만 학적 가치를 인정할 수 있다고까지 극언하며, 엄정한 자연과학적 방법에 의하여 성음학을 발전시키려 함을 엿볼 수 있다는 것이다. 또한 실험 음성학을 라디오그램(Radiogram)에 의한 연구로 공헌한 스티븐 존스(Stephen Jones: 역시 김선기의 은사)를 소개했다.

덴마크와 잉글랜드 사이의 긴밀한 문화적 관계에서 알려진 세계적인 영어학자요, 언어학자요, 성음학자인 예스페르센은, 명저서 『언어의 본질 발달 및 기원(*Language, Its Nature, Development and Origin*)』과 『문법의 원리(*The Philosophy of Grammar*)』 등의 저자임을 특히 부각시킨다. 덴마크는 일찍부터 언어학자가 많이 나왔으니, 언어학의 세 큰 창건자로, 라스크(Rask), 톰손(Thomson), 마드빅(Madvig)이 그들임을 든다. 현재(1935년 당시)에는 예스페르센을 비롯하여, 페테르슨(Pederson), 브뢴달(Brøndal) 같은 석학이 있음을 든다. 그 밖의 청년 학자로, 탁월한 옐름슬레브(Hjelmslev), 울달(Uldal)이 있음을 들었다. 옐름슬레브는 1935년 회의에서 새 학설 포네마틱스(Phonematics)를 발표했으며, 이 이가 중심이 되어 '덴마크 학파'(코펜하겐 학파)를 이루려는 기운이 무르익어 가고 있음을 밝혔다. 이 밖에 인구어 비교언어학의 방법으로 중국어의 공통어(La langue commun chinoise)를 재건함에 성공한 스웨덴의 세계적인 중국어 학자 칼그렌(Karlglren) 교수에 대한 소개도 더하였다.

생각하건대, 위의 보고에서 알 수 있는 중요한 것은 첫째, 잉글랜드와 덴마크를 중심한 근대언어학사의 뼈대를 이해할 수 있다. 둘째, 잉글랜드에서는 인구어 연구나 언어학 및 성음학 연구가 주종을 이루고 있으나, 전반적으로 '실증주의'에 바탕을 둔 '자연주의 방법'에 의하여 발전한 '성음학' 부문에서 세계적인 성음학자나 실험 성음학자를 많이 배출하였음을 알 수 있다. 셋째, 음성학의 주요한 계보로는 '벨-헨리 스위트-다니엘 존스' 등으로 이어지며, 다니엘 존스 중심의 '런던 학파'가 형성되었음을 알 수 있다. 넷째,

이 런던 학파 존스는 김선기의 지도 책임자였고, 퍼드 또한 그를 지도한 은사이다. 따라서 조선어학회에서 파송한 김선기는 '런던 학파'의 소속으로 우리나라, 특히 연희전문학교를 관문으로 하여 들어왔음을 알 수 있다. 다섯째, 덴마크에는 예스페르센(헨리 스위트의 제자), 브뢴달 등 세계적인 학자와, 청년 학자 옐름슬레브, 울달 등이 있었고, 특히 옐름슬레브 중심의 '덴마크 학파'의 태동을 읽을 수 있다('덴마크 학파'는 '코펜하겐 학파'를 말한다. 곧 이 학파는 옐름슬레브(1899~1965)와 브뢴달(1887~1942)이 중심이 되어 창설되었으며, 1934년 이후 '코펜하겐 언어학단 회보' "Bulletin du Cercle Linguistique de Copenhague"가 출판되었다. 이들의 주요 기관지는 "Travaux du Cercle Linguistique de Copenhague"(TCLC)이다—김석득).

3) 독일, 오스트리아 학계: 소장 문법학파

독일은 19세기에 언어학의 발달이 큰 나라였음을 소개한다. 봅(Bopp), 그림(Grimm) 이래 소장 문법학파를 거쳐 오늘에 이르렀음을 밝힌다. 특히 19세기 말엽의 시베르스(Sievers), 비에토(Vietor) 등 성음학자의 공헌이 컸다고 한다. 1935년의 대회에서 만난 학자 중, 뷜러(Bühler)와 트르베츠코이(Trubetskoy)를 다음과 같이 소개한다. 뷜러 교수는 비엔나 학자로 세계적으로 이름난 심리언어학자란다. 그는 언어의 지고(知告), 환기, 제시의 세 가지 근본적 기능이 있음을 창설한 학자라고 한다. 그는 이 대회에서 '성음학과 음운학과의 관계에 대한 심리(Psychology uber des Verhaeltis von Phonetik und Phonologique)'란 제목으로 발표를 했다 한다. 트르베츠코이 교수는 성음의 본질은 물리 생리학적 방법으로는 이해할 수 없다고 함으로써 실험 음성학파와는 대립하며, '언어학적 음운학'을 제창한다고 소개했다.

생각하건대, 위의 소개는 단편적이나마 이는 유럽 근대언어학사의 단면을 소개했다는 뜻을 지닌다. 연구 방법론에서 19세기의 비에토의 순수 성음학적 방법론을 넘어, 뷜러의 심리음성학과, 트르베츠코이의 물리 생리음성학의 비판과 그의 언어학적 음운학의 제창 등이 그것이다(트르베츠코이는 본시

러시아 사람으로, '음성학은 말의 소재적(素材的)인 과학이며, 음운론은 소리
가 언어 형성체 가운데에 있는 일정한 기능을 수행하는 것'으로 본다. 이것은
그를 중심한 이른바 '프라그 학파'의 '기능주의 음운관'이다. 이 학파는 1928년
제1회 국제언어학자 회의에서 처음으로 공식적인 이름을 가지게 되었으며,
1929년 이래 그 기관지가 "프라그언어학단기요(Travaux du Cercle Linguistique
de Prague)"라는 이름으로 간행되고 있다-김석득).

　　이상에서 소개한 김선기의 '서구의 언어학계-국제음성학회 제2차 대회
를 보고'는 그가 '서구의 근대언어학사'의 윤곽을 대강으로나마 드러내 주었
다는 데 평가를 받을 수 있다. 그는 서구의 언어학을 한국에 비교적 처음으
로 소개함으로써 한국 학계에 세계적인 안목을 넓혀 주었다는 선구적 역할도
평가를 받아 마땅하다. 또한 조선어학회의 파송을 받은 그가 런던 음성학파
를 우리나라에, 특히 연희전문학교에 연계할 수 있는 자리에 있었음도 주시
할 대목이다.

　(2) 논문
　무릇 김선기의 논문 가운데, 전공인 음성학과 관계가 있는 두어 개를 골
라서, 그의 유럽 유학 이전과 유학 이후의 서구 이론이 이에 어떻게 반영되
었는가를 다음에서 살피기로 한다.

　1) '된소리(경음)의 본질'
　이 논문은 1933년 8월 4일자 『한글』[124]에 실린 것으로, 무릇 김선기가
유럽 유학 전해에 발표한 것이다. 그런데 이 논문은 이미 그가 음성학을 전
문으로 하며, 이 분야의 세계 학계의 첨단 이론의 정보에 접하고 있었음을
짐작하게 한다. 저 '맞춤법 통일안'의 원안이 채용 가결된 것이 1933년 10월
19일이요, 원안이 발표된 것이 1933년 10월 29일이니, 이 논문은 맞춤법 통일

---

124) 『한글』, 제1권 제9호, 1933.8.4.

안 심의가 한창 논의되던 때에 나온 것임을 주시할 필요가 있다. 특히 이는 논쟁의 큰 대상의 하나인 된소리의 본질과 그 표기에 대한 언어정책의 학리적 뒷받침이 된다는 점과 아울러 순수 이론적 연구라는 점에서 그 연구 역사적 의미가 적지 않다는 것도 관심의 초점이 될 것이다.

(가) 김선기의 세계적인 첨단적 음성학관

된소리(경음)의 글자 적기 규정 문제는 음성학적 된소리의 본질 문제와 직결된다. 무돌 김선기는 이러한 글자와 음성학과의 관련을 생각하면서, 특히 음성의 본질을 집중적으로 규명한다. 그는 음성은 자연과학적 사실이므로 물리음향학적 생리해부학적 또는 청각심리학적 설명이 필연적임을 역설한다. 그는 최근(당시)의 음성학의 연구 방법으로, 음성의 관찰은 내용적 주관적 관찰로부터 점점 실험적인 객관적 방법으로 발전하여 '실험음성학'(Die Exprimentelle Phonetik)이라는 독립 학문으로 나타남을 밝히면서, 앞으로 이 학문의 힘으로 음성 사실이 설명될 것을 전망했다.

우리는 '음성 실험실'이 없지만, 세심한 주의와 다른 방법으로 실험하고, 또한 선진 제국의 실험 방법을 참고하면 참에 가까운 사실을 이끌어낼 수 있다는 것이다.

그는 음성을 관찰하기 위한 '정밀한 표기'는 정자법(orthography)의 자모나, 자모에 여러 부호를 붙여 쓰는 것보다는 '국제표음문자'(International Phonetik Symbols)를 쓰는 것이 더 만족스럽다고 한다.

(나) 김선기가 본 된소리의 본질

먼저 박승빈이 된소리에 대하여 설명한, '평음의 음질이 강하게 발음됨'은 청각영상에 되게 들리는 긴요한 사실의 설명이 추호도 밝혀지지 않은 것이라고 혹평한다. 다음으로 오구라(小倉進平)가 된소리에 대하여 설명한, "①무성음, ②터져나오는 기류의 힘이 평음보다 약함, ③파열의 바로 앞의 순간은 폐쇄의 정도가 좀 강함"은, 그 각각이 '그렇게 되는 까닭'을 밝히지 않은 것이라고 비판한다.

무돌 김선기는, 된소리는 중국 말, 로만스계(프랑스, 이탈리아, 스페인)

말, 독일 말, 슬라브 말에도 있으며, 소음(素音, Phon)(음소를 말하는 듯. 뒤에서는 이것을 '음소(Phoneme)'라고도 했다—글쓴이)으로는 존재하지 않지만 연음관계로 나타나는 영어의 경우도 있다고 하면서(불완전 파열음 다음에 오는 파열음: 『한글』 제1권 9호), 그러나 이들과 국어의 된소리와의 차이는 앞으로의 실험을 통한 과제로 남겼다(위의 책 같은 호, 같은 논문 5쪽).

무돌 김선기는 모든 자음의 본질을 원칙적으로 발성기관의 작용과 관계 짓는다. 그리하여 국어의 된소리의 경우, 혀뿌리(설근)가 인후벽으로 당겨져 후두의 통로가 좁아지면서, 아울러 모든 발성기관의 작용이 긴장 상태에 놓인다는 것이다. 그리고 이러한 사실은 다음의 사실에서 증명된다는 것이다. 이제 그 몇 개를 소개한다. 첫째, 오구라(小倉進平)가 말한, "된소리는 숨의 힘이 평음보다 약하다"의 까닭은, 성문에서 한번 막혀 힘을 잃은 데다가 다음에 또 좁은 후두의 통로를 지나게 되니, 다음에 또 한번 막은 곳을 트고 나올 적에는 아주 약하여진다는 데 있다는 것이다. 그 실험은 손바닥을 입에 대고 '바'와 '빠'를 발음해 보면 알 수 있다는 것이다. 둘째, 감상돌기 위에 혀뿌리가 있는 곳에 손가락을 대고 된소리 'ㅃ'를 내면 혀뿌리가 긴장 상태에 있음을 알 수 있다는 것이다. 셋째, 두 귀를 막고 된소리를 세게 내면, 후두가 파열되는 것을 느낄 수 있다는 것이다. 넷째, 기압(氣壓)이 평음보다 높다는 것이다. 다섯째, 된소리에서 성문(Glottis)의 폐쇄 정도는 음에 따라, 말에 따라 다르다고 한다.

생각하건대, 무돌은 발성기관 작용의 실험을 통하여 된소리의 본질을 규명함으로써 그 과학적 합리성을 증명하려 한다. 그 결과 된소리의 본질은 '후두 긴장, 혀뿌리 긴장, 숨의 힘이 평음보다 약함, 기압이 평음보다 낮음, 성문 폐쇄' 등으로 본 셈이다.

그는 이러한 된소리는 '무성음'이라고 한다. 그것은 파열음의 세 가지 시간 단계(폐쇄-폐쇄동안-개방) 중 둘째 번 단계(폐쇄동안)에서 성대진동을 시킬 수 없기 때문이라 한다.

그는 우리의 된소리는 국제표음문자로 'ㅃ[p'], ㄸ[t'], ㄲ[k'], ㅉ[c'], ㅆ[s']'로

함을 제안한다.

또한 된소리의 표기와 관련하여, '일음소 일문자'(One Phoneme One let-
ter) 라는 음소문자의 이상을 깨뜨릴 수 없다는 논리를 댄다(여기 '음소'라는
용어의 개념이 음성과 변별하는 것으로 처음 쓰인 것에 관심이 간다. 저 앞
에서는 '소음'이라고도 했다. ―김석득). 이는 당시 맞춤법통일안 논의에서, 된
소리 표기는 평음에 된소리 부호 'ㅅ'을 붙여('ㅽ, ㅼ, ㅺ' 등) 써야 한다는 박
승빈 등의 주장에 대하여 그 부당성을 합리적으로 지적한 것이라고도 본다.

2) '기준 모음과 모음 도표'

이 논문은 1938년 『한글』[125)]에 실려 잇다. 이 논문은 유럽 유학(프랑스
와 잉글랜드)을 마치고 연희전문학교 교수로 부임하고 난 뒤에 발표한 것이
다. 이는 그가 유럽 학문을 한국에 도입하는 의미와 아울러, 그의 연구가 유
학 이전보다 이론적으로 더 성숙하였음을 보이는 것이기도 하다.

그때까지 전 세계에 가장 널리 보급되고 실용되고 있었던 기준 모음과
모음 도표는 다니엘 존스(D. Jones)의 것이었다. 그러나 실험 음성의 연구에
따라 그에 대한 과학적인 비판이 늘게 되었다. 그러나 또한 기본 모음의 규
정 원리와 방법이 아직 극난하여 이를 능가할 만한 것이 없었다. 이런 점에
착안하여 김선기는 런던 대학에서 새 모음표 작성을 연구하여 이를 학위 논
문에 실용했으며, 이러한 새 도표를 작성하는 데는 역시 무돌 김선기의 은사
인 퍼드(Firth) 교수의 돈독한 지도도 있었다는 것이다(『한글』 앞든 호, 4쪽).
여기 『한글』지에 발표한 이 논문은, 무돌 자신의 은사이며 지도 교수인 존스
의 '사각도 기본 모음'과 도표에 이론상의 난점이 없지 않음을 지적하고, 실
험 음성학적인 라디오그램에 따라서 '타원형의 새로운 기준 모음'의 도표를
이끌어 낸 것이다.

---

125) 『한글』, 제6권 제1호(통권 52호), 1938.

(가) 존스 교수의 기준 모음 선택 규정의 난점을 지적

모음 도표는 독일의 헬박과 비에토 이후 여러 가지가 있으나, 기준 모음의 규정 원리에 기초하여 만든 것은 존스의 것이 효시라 하면서, 그러나 존스 교수의 기준 모음 규정의 근거에는 다음과 같은 난점이 있음을 지적했다.

'모음의 점에 의한 표시'의 문제:

존스 교수는 모음을 낼 때 혀의 자세 곡선의 초고점을 취하여 그 최고 정점의 상대적 위치를 점으로 표시하나, 그 정점을 찾아내기란 그리 쉬운 일이 아니며, 한 개의 모음이 발생함에는 복잡한 물리 생리학적 이론이 있음을 잊어서는 안 된다는 것이다.

'모음의 극한선(Vowel limit)의 가정'의 문제:

모음의 극한선(존스의 『영어발음학개론』에 있는)의 개념은, 모음의 자세 곡선의 정점이 어느 정도 임의적인 것이므로, 만인이 절대 동일한 것은 아니라는 것이다. 따라서 극한선도 물리 생리적 현상을 설명하기 위한 가정이라고 봄이 옳다는 것이다.

'i, a 모음의 규정'의 문제:

존스 교수의 8개의 기본 모음 가운데 가장 고정하기 쉬운 것이 i 와 a 모음이다. 이 둘은 각각 접근 자음(j, R)에 의하여 자세(姿勢) 곡선의 정점을 찾을 수 있다. 그런데 존스는 이 a를 자세 곡선의 가장 높은 점이라 했으니, '높은 점'이라는 데는 일종의 엄밀성이 결여되어 있어, 차라리 "극한선에 가장 가까운 점"이라 함이 옳다는 것이다. 그것은 a 는 혀의 전방이 후방보다 높고, 설근부를 낮출 수 있는 대로 낮춘 모음이기 때문이라는 것이다. i, a, 다음에 u, a도 규정해야 하나, 이의 규정 방법은 없음도 지적했다.

'전모음 후모음의 규정'의 문제:

존스 교수는 i, a를 규정한 뒤에(u, a의 규정은 없이), 이들 사이에 있는 전방 모음은 e, ɛ, a이니 이들은 청각상 등거리에 있고, 후방 모음은 u, o, ɔ이니 이들은 또한 등거리에 있다고 하나, 이러한 청각상 거리 이론은 의심을 자아내는 것이라고 한다.

(나) 김선기의 새 도표

그는, 새 도표의 기준 모음의 음가는 존스 교수의 것과 동일하되, 도표는 존스 교수의 4각도 대신에 '타원형'이 되어야 한다고 한다. 그 까닭은 라디오그램에 의한 극한선의 모양이 타원형에 가깝기 때문이라는 것이다. 곧 i, a의 연결선이 타원의 최대축이 된다는 것이다. 최소축과 최대축의 비례에 대해서는 숫자로 확정하기는 어려우며, 다만 라디오그램에 드러난 형상에 크게 틀리지 아니하면 어떠한 타원이든 좋다고 한다. 이 타원의 최대치의 중심점을 잡아 '중심 기준 모음'으로 삼고, 이 기준 모음을 중심으로 중앙 모음 음역이 정해진다는 것이다.[126]

생각하건대, 이 논문은 라디오그램과 물리 생리학적 근거에서 기준모음과 모음도표를 이끌어낸 것으로, 거의 세계의 기준으로 삼고 있는 존스의 모음도를 수정할 수 있는 가능성을 제시했다는 데 큰 의미가 있다. 곧, 첫째, 기준 모음 결정의 원리를 라디오그램과 물리 생리학적 근거에 두었다는 것, 둘째, 4각모음도가 '타원형 모음도'로 수정된다는 것, 셋째, 타원의 최대치의 중심점을 '중심 기준 모음'으로 잡는다는 것, 넷째, 이 기준 모음을 중심으로 '중앙 모음 음역'이 결정된다는 것, 등이 그것이다.

무돌 김선기의 사상과 학문적 특징을 다음과 같이 요약한다.

---

126) 이러한 새 도표와 이에 대한 자세한 설명은 『한글』 제6권 제1호에 실린 이 논문 4~5 쪽을 볼 것.

① 언어학을 하는 길과 나라를 생각하는 정신 형성의 바탕은 연희전문 학교 시절 외솔에게서 깨친다. 그리고 무돌이 읽어서 소개한 피히테의 글은 그를 더욱 민족의 언어철학관의 형성으로 이끈다.

② 무돌은 조선어학회에서 우리말의 정리 보급 등 일을 보다가(조선어 사전 편찬위원, 맞춤법통일안 수정위원 및 정리위원 등. 결국 이런 일로 1942년에 조선어학회 사건으로 검거되지만) 조선어학회의 주선으로 1934년에 유럽 유학의 파송을 받는다. 이것은 우리나라가 정식으로 유럽의 언어학과 음성학의 이론을 도입하는 주춧돌이 놓이는 시점이 된다.

③ 그의 유학하고 난 뒤에 기술한 보고(1938)는 거칠게나마 '유럽 근대언어학사'의 성격을 띠며, 이는 우리나라의 그 분야에서 비교적 선구적 업적으로 평가되는 것이다. 또한 이는 한국 학계에 세계적 이론의 안목을 넓혀주는 데도 이바지한 것으로 평가된다.

④ 그의 학문의 특징을 지울 만한 많은 논문이 있지만 특수한 시각으로 볼 때, 특히 유학 이전과 이후에 발표한 두어 편이 그 대표적 논문으로 부각된다.

(ㄱ) 유학 이전의 논문 중, 「된소리론」(1933)은 이미 유학 이전부터 세계의 실험음성학의 정보를 가지고 과학적 이론을 개척한 발판이 된다고 할 것이다. 이 논문이 관심을 갖는 것은 첫째, '실험음성학의 개척'이다. 둘째, 음성학의 설명에서 등장하는 '음소의 개념의 인식'이다. 셋째, '된소리의 본질'에서, 얻어지는 우리말의 파열, 파찰음의 로마자표기의 상정이다. 넷째, 음소와 문자와의 관계에서, '일음소 일문자'의 음소문자의 이상을 세우고, 'ㅅ' 된소리 부호를 덧붙이는 그릇된 맞춤법 론을 학문적 이론으로 제압하여, 이를 올바른 길로 이끌어나간 것이다.

(ㄴ) 유학 이후의 논문 중, 「기준 모음과 모음도표」(1938)를 주시한다. 이는 라디오그램과 물리 생리학의 관점에서, 다니엘 존스의 '4각 도표'를 '타원형 도표'로 수정한 것이다. 이는 오늘의 우리나라 뿐 아니라, 세계 음성학 연구 역사상 크게 평가할 만한 업적이다.

18. 허 웅의 공시 및 통시적 연구: 말본의 기능구조주의와 생성 언어관 배경

눈뫼 허 웅의 연구 저서에서 굵직한 것(정책적인 많은 논저가 있으나 여기선 뺌)으로 다음을 들 수 있다:『주해 용비어천가』(1955),『국어음운론』(구판)(1958),『국어음운학』(개고 신판)(1965),『중세국어연구』(1963),『언어학개론』(1963),『옛말본』(1969),『우리 옛말본 15세기 국어 형태론』(1975),『언어학－그 대상과 방법－』(1981),『언어학개론』(고친판)(1983),『국어학 －우리말의 오늘·어제－』(1983),『국어음운학 －우리말 소리의 오늘·어제－』(1985),『국어 때매김법의 변천사』(1987),『16세기 우리 옛말본』(1989),『15·16세기 우리 옛말본의 역사』(1991),『20세기 우리말의 형태론』(1995),『20세기 우리말의 통어론』(1999),『20세기 우리말의 형태론』(고친판)(2000).

물론 이 각 저서들이 나오기까지는 혹은 그 각론에 해당하는 논문이 미리 발표되기도 하였고, 혹은 학계의 주목할 만한 몇 번의 논전으로 나타나기도 했다. 그 대표적인 것으로 다음을 들 수 있다:「"애, 에, 외, 의"의 음가」,『국어국문학』1집, 1952;「병서의 음가에 대한 반성」,『국어국문학』제7집, 1953;「존대법사」,『성균학보』제1집, 1954;「방점 연구」,『동방학지』제2집, 1955;「삽입모음고－15세기 국어의 1인칭 활용과 대상 활용에 대하여」,『서울대학교 논문집』(인문 사회과학) 제7집, 1958;「15세기에서 16세기에 이르는 우리말 때매김법의 변천」,『세림 한국학 논총』제1집, 1977.

이러한 저서들과 주목되는 논문을 통하여 볼 때, 허 웅의 학문은 일반언어학, 국어학, 음운학(공세－통시 포함), 말본학(형태론 통어론 포함)으로 집약된다. 말본학은 옛말본론(공시－통시)과 현대 말본론(형태론과 통어론)으로 나뉜다. 일반 언어학과 국어학은 그 각 연구 이론과 실제 분석 및 체계가 각 분야의 배경으로 녹아 들어간다.

눈뫼 허 웅의 말본학은 공시론 및 통시론의 옛말본론과, 현대 말본론으로 나뉜다. 공시적인 옛말본론에는, 형태론을 다룬(소극적인 통어론을 함께 다룬)『우리 옛말본—15세기 국어 형태론』과, 형태론 및 통어론을 함께 다룬 『16세기 우리 옛말본』이 있다. 통시적인 옛말본에는 『15·16세기 우리 옛말본의 역사』가 있다. 현대 말본에는 『20세기 우리말의 형태론』과 『20세기 우리말의 통어론』이 있다. 그의 공시 및 통시적 연구에는 구조주의 언어관에서 생성언어관 까지가 그 이론적 배경을 이루고 있다.

18.1. 『우리 옛말본 15세기 국어 형태론』: 공시 형태론으로서의 옛말본학, 준종합주의 체계의 계승 발전

주시경 이후 그 후계자들에 의하여 세 큰 말본 학파를 형성했다. 그 중 하나인 준종합 체계인 최현배의 『우리말본』은 학적 체계 면에서 거의 독보적인 것이었다. 그 연구서가 나온 지 매우 오래지만 이를 능가할 학적 업적이 없었으니, 이는 최현배의 우리말본의 이론적 깊이를 말해주는 것이기도 하다. 과연 최현배의 현대 말본은 1937년에 나온 이래 오늘까지 독보적 권위를 유지하고 있다.

그런데 우리말본이 나온 지 38년 만에 우리말본과 어깨를 겨눌 만한(옛말의 경우) 업적이 나왔으니, 허 웅의 『우리 옛말본』(1975)이 그것이다. 최현배의 『우리말본』을 현대말의 공시적 말본(소리갈을 포함) 및 형태론의 완성이라 한다면, 『우리 옛말본』은 말본에서 구체적 소리갈을 배제한(물론 15세기 음운학의 대강이 기술되기는 하였으나, 이는 형태론을 위한 부득이한 것이다) 15세기의 공시적 말본의 형태론(현대적 뜻으로서의)의 완성이라 할 수 있다. 허 웅의 『우리 옛말본』은 방법론적으로 서구의 구조주의적 방법으로부터 생성론적 방법에까지 받아 삭여가면서 우리 옛말의 본을 세우되, 스승 최현배의 학문의 정신과 말본의 준종합 체계를 이어 받아서 발전시키려 한 것이다.

첫째, 정신적인 면에서, 허 웅은 주시경과 최현배, 그 밖의 주시경의 후계 학자들과 똑같이, 말이란 민족의 창조적 정신 활동의 소산이요, 민족의 고유한 정신을 형성하는 요인임을 인식하고, 말의 연구는 민족의 현재와 미래를 위한 올바른 지침을 목적으로 함을 밝히고 있다. 이른바 '주시경학파'의 맥을 이어간다.

둘째, 체계적인 면에서, 최현배의 『우리말본』의 그것을 뼈대로 하고, 책의 제목도 『우리말본』을 생각하면서 붙였음을 밝혔다.

셋째, 역사적 자리에서, 『우리 옛말본』은 944면에 달하는 대저이다. 내용으로나 부피로나 이를 따를 만한 말본(형태론)의 연구서가 없다는 데서, 이는 우리 국어학의 역사적 새 봉우리가 된다고 할 수 있다.

넷째, 방법론 상에서, 기능 구조와 더 나아가서 생성 언어관에까지 들어가 있으나, 연구 대상이 옛말이라는 데서 오는 언어능력의 한계성을, 많은 문헌(문헌은 그러나 무한한 언어 수행(linguistic performance, parole)의 한 부분임을 인정하면서)의 검토 분석을 통한 귀납법적 연구 방법으로 극복했다. 그러나 또한, 문헌이란 긍정적인 자료를 제공해 줄지언정 부정적 자료는 제공해 주지 않는 점을 강조함으로써, 옛 말본의 특수성을 지적하고 있다.127)

이 연구는 크게 '앞머리', '조어론 - 말만들기 - ', '준굴곡론 - 임자씨와 토씨 - ', '굴곡론', '그 밖의 품사들'로 나누어져 있다. 이제 이러한 갈래를 통하여 허 웅이 연구한 내용의 특징을 연구사적 측면에서 조명해 보기로 한다.

(1) 기능 구조주의 언어관

1) 형태론으로서의 말본 : 형태론 개념 정립

말본의 두 큰 부문으로 '통어론'과 '형태론'이 있음을 밝히고, 말본의 한 부문으로서의 '형태론'이 성립됨을 분명히 했다. 허 웅은, 형태론을 형태소 및 그 배합 곧 자립 형식(free form)과 구속 형식(bound form)과의 통합 방법, 구속 형식과 구속 형식과의 통합 방법의 연구라고 하였다. 이는 지난날의 낱말

---

127) 『우리 옛말본』, ㅉ.412.

단위의 연구 층으로부터 그 구성요소의 층 곧 형태소의 층으로 연구의 눈을 내려 돌림을 뜻한다. 그러므로 말본 연구는 형태소의 발견으로부터 그 결합의 연구로 진행되며, 이 단계에서 형태소의 변이형태(allomorph) 및 변이형태를 만들어 내는 조건 등이 말본의 첫 과제로 등장한다. 여기『우리 옛말본』에서는 이러한 형태론의 개념이 정립되며, 말본을 형태론적인 측면에서 보게 됨을 특징으로 추출해 낼 수 있다. 그리고 이러한 연구의 밑바탕에는 기능 구조주의적 언어관이 내재하고 있음을 또한 투시해 볼 수 있다.

생각해 보면, 오늘날 형태소의 개념은 이른바 나이다(E. A. Nida) 및 초기 구조언어학 식의 개념과는 달라져 가고 있다. 마티우스(P. H. Matthews)[128] 에 따르면, 형태소를 추상적 개념으로서의 속층(deep level)으로 이해하고, 변이형태(allomorph)를 겉구조의 생성 개념으로 이해한다. 또 할레(Morris Halle), 아로노프(Mark Aronoff), 로에퍼(Thomas Roeper)[129]는 생성문법의 위치에서 형태론을 전개한다. 또한 빌메(Marc Wilmet)[130] 같은, 형태론을 형태·통어(사)론적 관점에서 전개하는 이도 있다. 형태론을 통어(사)론적 측면에서 보려는 관점은,『우리 옛말본』의 경우에도 여러 군데서 짙게 나타난다.

2) 말본에서의 형태론의 위치 확정

허 웅은 형태론을 크게 '굴곡법'과 '조어법'으로 나누었다. 그리고 굴곡법은 '순수굴곡'(활용)과 '준굴곡'(토에 의한 굴곡)으로 나누고, '조어법'은 '파생법'과 '합성법'으로 나누었다. 이는 그대로 현대말이나 15세기 말을 포함한 허

---

128) P. H. Matthews: *Morphology, An introduction to theory of word-structure*, cambridge university, 1974.

129) Morris Halle, Mark Aronoff: Thomas Roeper의 *Morphology in Generative Grammar* 중에 실린 M. Halle의 'prolegomena to a theory of word Formation', Linguistic Inquiry vol.4, 1973., M. Aronoff의 'Word Formation in Generative Grammar', Linguistic Inquiry Monograph 1976., Th. Roeper의 'A Lexical Transformation for Verbal Compounds', Linguistic Inquiry vol.9 No.2 1978.

130) M. Wilmet: *Études de morpho-syntaxe verbale*, Klincksieck, Paris, 1976.

웅의 형태론의 일반적 범주가 된다. "우리 옛말본"의 형태론은 앞으로 이러한 체계 아래서 논의된다.

3) 씨의 분류 : 준종합 체계

낱말의 분류를 뜻보다는 주장으로 구실과 굴곡 방식에 둠으로써, 낱말의 분류가 다기함을 가져오는 예스페르센 식의 뜻 기준을 비판하는 자리에 선다. 그러나 사람의 사고의 근저에는 비슷한 방식으로 표현하려는 유추작용이 있으므로 대개 사물의 이름은 이름씨가 되고 움직임은 움직씨가 되는 따위와 같이 뜻이란 구실과 굴곡에 관련이 있으므로 뜻도 어느 정도 고려하여야 한다고 밝혔다. 이러한 결과 『우리 옛말본』의 체계는 최현배의 준 종합체계와 합치하는 결론에 이른다.

① '토'는 낱말이다.

토는 말본적 뜻을 나타내 주고 임자씨의 기능 또는 뜻을 정밀하게 해준다.

② 풀이씨 씨끝(가지)은 뿌리에 포함한다(가−다=한 낱말).

③ '이다'는 풀이씨 중 잡음씨이다.

생각하건대, 위의 ①에서, 토를 독립한 낱말로 인정하는 견해는 종합주의(정열모, 이숭녕)에 대립하는 것이다. 낱말 분류를 굴곡형식의 관점에서 주장으로 보는 허 웅은, 토씨는 그 자체 굴곡하지 않는다는 점, 곧 그 자체 안에 서술의 성격이 없다는 데서, '이다'를 풀이토씨(서술격 조사)로 보는 설(정인승)과도 맞서며,[131] '이다'는 굴곡하기 때문에 풀이씨가 된다고 했다. 풀이씨 중에는 움직씨, 그림씨, 잡음씨가 있는데, 잡음씨되는 소이는 옛말에서 명

---

[131] 15세기 말에서는 '−이라'로 분석되는 말 가운데에 잡음씨가 아니고 토씨가 되는 경우가 있음을 밝히고 있다(ㅉ.405·561). 잡음씨는 풀이말이 되어 임자말을 가져야 한다.

　: 不根은 모로매 세히라사 ᄒ리오(월석 14:31)

의 '−이라사'는 풀이말이며 임자말을 갖는다. 그러므로 이는 잡음씨이다. 그러나

　　三千무리라사 비르수 戎馬의 氣運을 鎭壓ᄒ리오(두언 6:22)

의 '−이라사'는 임자말로 가능하여 뒤에 오는 풀이말에 종속된다. 이는 잡음씨에서 임자자리 토처럼 변동한 것이다.

백하니, 가령, 줄기 '이-', '아니-'에는 '-라'가 붙으나, 움직, 그림씨 밑에는 '-다'가 나타나는 굴곡의 특징이 있기 때문이라는 것이다. '이다'를 이러한 풀이씨 중 잡음씨로 정립함은 이미 말한 '풀이 토씨'설을 부인하는 것뿐 아니라, 활용어미로 보는 씨끝 설(이희승, 이숭녕)도 부인하는 입장이다. 또한 '-이', '아니-'만을 잡음씨(지정사)로 보고 '-다'를 토씨(조사)로 보는 설(박승빈)과도 맞선다.

4) '품사' 체계 정립

『우리 옛말본』의 낱말 분류는 결과적으로 '품사' 체계로 정립된다. 그것이 분류되어 나오는 과정을 다음에 나타내 본다.

```
낱말 ┌ 뿌리포함 ┌ 굴곡없음 ┌ 여러 기능…( 임자씨(체  언) ┌ 이 름 씨(명  사)
     │         │          │                            ├ 대이름씨(대명사)
     │         │          │                            └ 셈   씨(수  사)
     │         │          └ 한 기 능… ┌ 꾸밈씨(수식사) ┌ 매 김 씨(관형사)
     │         │                      │                └ 어 찌 씨(부  사)
     │         │                      └ 홀로씨(독립사) ┌ 이 음 씨(접속사)
     │         │                                       └ 느 낌 씨(감탄사)
     │         └ 굴곡있음(풀이말로 기능)              ┌ 움 직 씨(동  사)
     │                         …풀이씨(용  언) ┤ 그 림 씨(형용사)
     │                                          └ 잡 음 씨(지정사)
     └ 뿌리 포함하지 않음…………………………걸림씨(관계사) { 토    씨(조  사)
```

이 체계는 구실(기능)과 굴곡 방법을 원칙으로 하고, 뜻을 부차적으로 고려한 데서 오는 '준종합주의 체계'의 얽이임을 잘 알 수 있다. 그리고 결과적으로 최현배의 체계의 얼거리(10품사)와 같음을 알 수 있다. 다만, 여기에서는 이음씨(접속사)가 하나 더 들어가 11품사가 되었다. 이음씨는 최현배의 경우는 어찌씨에 포함된다. 허 웅이 이를 독립시킨 이유는, 이음씨는 통어론상 어찌말 기능보다는 홀로말 기능을 가진 때문이라는 것이다. 또한 느낌씨의 경우 최현배는 꾸밈씨의 하나로 보았는데, 허 웅은 느낌씨도 통어론 상 홀로 말로만 기능하므로 홀로씨로 보았음을 밝혔다. 이 점은 허 웅이 낱말의 분류 원칙을 굴곡과 기능으로 주장삼은 점을 더욱 확인해 준 것이라 할 수 있다.

(2) '조어론'에서 분포(Distribution)주의, 구조주의

하리스(Z. S. Harris)는 모든 환경의 총화를 분포(distribution)[132]라는 개념어로 나타내고, 이 분포적 차이를 구조적 특징으로 파악했다. 이 분포주의적 언어관은 하리스의 '구조 언어학'의 특징인 것이다. 허 웅은 '조어법'을 '합성법'과 '파생법'으로 나누었다. 그런데 여기에서 문제로 제기되는 것은, 파생법의 대립 개념을 가지는 '굴곡법'과 '파생법'의 한계를 긋는 일이다. 이 한계선의 결정을, 허 웅은 구조적 환경의 차이, 곧 '분포'라는 자로 측정하고 있는 것이다.

1) 파생과 굴곡의 분포적 차이 : 분포의 자유성과 제한(국한)성

분포의 '자유성'과 '제한(국한)성'은, 파생과 굴곡을 구별하는 요체로 인식한다. 그리하여, 그 구체적 보기를 다음과 같이 들었다.

① 파생의 가지는 국한된 수의 뿌리와만 연결된다(불구적). "ㅊ갑다"의 '갑'은 'ㅊ' 이외의 뿌리에 별로 결합이 없다. 어떤 것은 널리 연결되는 경우도 있다. '-ㅂ'은 15세기의 동작성 풀이씨를 상태로 바꾸는 데 꽤 많이 쓰인다: 그리- → 그리ㅂ-, 두리- → 두리ㅂ-. 굴곡의 가지는 어떠한 줄기에도 붙을 수 있다: "먹지, 가지, 오지"……의 '지'.

---

132) Z. S. Harris: *Methods in Structural Linguistics*, The University of Chicago, 1951, 1955, p.61. "We now arrange the segments according to the sum of environments in which each occurs. The totality of environments is called the distribution of segment, or its freedom of occurrence."

② 굴곡의 가지는 말본적 같은 종류의 뿌리에 대체로 자유스러이 오나, 파생의 가지는 뿌리를 하나하나 벌여 놓지 않으면 안 된다. 가령, '-혀-'는 꽤 많이 남움직씨와 결합하나, 연결 안되는 많은 남움직씨가 있다. 그러나 '으시'는 제한없이 연결된다.

③ 굴곡의 가지는 이은말이나 월에까지 연결되나, 파생의 가지는 절대로 안된다. 국어의 '토'는 독립된 하나의 낱말이지만, 굴곡의 가지의 한 가지로서 그것은 이은말에도 월에도 붙는다(굴곡의 가지 중에도, 씨끝은 결코 이은말이나 월에 붙지 않는다). 파생의 가지는 굴곡의 가지보다 뿌리에 가깝게 놓인다("니르-혀-시-니-라"에서, '혀'는 다른 것보다 뿌리에 가깝다).

그럼에도 파생과 굴곡의 구별은 쉬운 것은 아니다. 입음(피동)과 시킴(하임, 사역)의 가지는 파생인지 굴곡인지 구별하기 어려운 것 중의 하나다. 허 웅에 따르면, 국어의 입음, 하임은 많은 풀이씨에 연결되고 월의 구조를 바꾸며, 말본 범주를 형성하므로 굴곡의 범주(inflectional category)를 성립한다 하고, 그러나 그럼에도, 하임의 가지는 그림씨, 제움직씨, 남움직씨 밖에 풀이씨 일반에 붙지 못한다 하며, 또 한글 맞춤법 통일안 및 최현배의 처리나 사전에서의 새 낱말 처리와 특히 15세기 말에서는 하임 밖에도 파생법의 경우 구조를 바꾸는 일이 있으니,

'즐기다 → 즐겁다'에서

수으를 즐기거나(석보 9:37)

모든 무슴미 즐겁더니(월석 21:207)

그러므로 국어에서는 하임법, 입음법은 파생적 범주이며 굴곡 범주가 아니라고 논단했다.

현대 국어의 경우, 글쓴이는 말본 범주 설정에서 이 문제가 중요하기로

이러한 분포주의에 입각하여 굴곡법과 파생법을 구별해 본 일이 있다.[133] 거기에서, 입음(피동)과 시킴(하임, 사역)의 가지를 무엇으로 보느냐의 문제를 제기하면서, 이들 입음과 시킴의 가지는 굴곡과 파생의 양면성을 띠나 파생성이 월등함을 인정하여 이를 '굴곡적 파생 접미사'라고 결론하였다.

　　허 웅은 합성법과 파생법의 구별 문제도 용이하지 않음을 지적하면서, 그러한 보기로 'ㅎ다'(노르ㅎ다, 말ㅎ다)는 '-ㅎ-'의 동작성이 강하여 합성어로 봄이 나을 듯하지만, 그런 것도 다른 분명한 파생어(ㄱ득ㅎ다, 거머ㅎ다)들과의 동형성으로 보아 'ㅎ다' 풀이씨는 모두 파생어로 다루었다.[134] 여기에서도 뜻보다는 동형성이라는 구조적 관점에 초점을 맞추고 있음을 알 수 있다.

　　2) '합성어'를 구성 요소간의 구조적 기능 관계로 이해

　　『우리 옛말본』의 합성어 처리의 자리에서는, 15세기 합성어의 여러 구조를 각각 구성소 상호간의 기능적 구조 관계로 파악하려 한다. 그리하여, 상호 구조적 관계를 '대등적인 것', '수식적인 것', '파생적인 것'으로 나누었다. 보기를 들면 통어적 합성어 '밤-낮'은 대등적인 합성 이름씨이다. 그 대등적인 근거는 이른바 속뜻[135]으로 '과'가 있음을 들었다. '수식적인 합성어'는 이른바 종속적 구조 관계를 보이는 것이며, '묏골', '묏수플' 등이 그 보기이다. '파생적인 합성이름씨'는 한 쪽 성분이 가지에 가까우나 가지가 아니라 이름씨인 경우이니, 가령, '공장-바치', '믈-아들'에서, '바치', '믈'은 각각 뒷가지 혹은 앞가지 같으나, 역시 단독으로 쓰인다고 보아 이러한 합성어를 '파생적인 합성어'라고 했다. 또한 이와 같은 것은, '비통어적 합성어'(풀이씨)의 경우도 마찬가지여서, '대등적인 것'(오르-ㄴ리다), '수식적인 것'(거두-쥐다), '파생

---

133) 김석득: ① 「국어형태론」, 『연세논총』 4, 1967, ㅉ.11. ② 『국어구조론』, 연세대 출판부, 1971, ㅉ.13~4.

134) 『우리 옛말본』, ㅉ.209~22.

135) '속뜻'은 주시경이 처음 쓴 말이다. 허 웅은 이를 생성변형문법의 '속구조'(deep structure)에 해당하는 것이라 하며, 이러한 토씨의 생략을 '생략 변형'이라고 설명하였다(『우리 옛말본』, ㅉ.263).

적인 것'(겉−니다) 등으로 나누어, 15세기말 전반에 걸쳐 고찰하였다.

글쓸이는 현대 국어에 대하여, 합성법과 파생법을 직접 구성 요소간의 기능적 관계를, 전체와 부분(구성 요소)과의 관계, 부분(구성 요소) 상호간의 기능적 관계로 정리해 본 일이 있다.136) 그리하여, 일반적인 관점에서 전체와 구성요소와의 관계를, '동심적 구조'(endocentric construction)와 '이심적 구조'(exocentric construction)로 나누고, 부분 상호간의 관계에서는, '등위 구조'(coördinate construction)와 '종속적 구조'(subordinative construction), 그리고 '비등위 비종속적 구조'로 나누어 국어를 조어법적 관점에서 다룬 바 있다.

3) 파생법에서, 파생의 가지(접사)를 낱말 생성의 기능자로 이해

낱말의 됨됨을 세 가지, 곧 '단순어'(simple word), '합성어'(뿌리+뿌리), '복합어'(뿌리+파생가지= 파생어, 뿌리+굴곡가지)로 나누었다.

여기에는 서너 가지 관심을 모은다. 첫째, 파생어를 합성어와는 다른 복합어로 봄137)으로써 '합성어=복합어'로 보는 학자와의 사이의 견해차가 생긴다. 둘째로, 파생어의 가지에는 앞가지(국어에서는 품사 안바꾸는 가지, 밑말에 뜻만 더함), 허릿가지(접요사), 뒷가지(품사 바꾸는 가지)가 있는데, 이들은 다 함께 낱말의 생성 기능을 가지고 있다는 점을 밝힌 점이다. 셋째, 비파생어, 곧 '뿌리+굴곡가지'도 파생어와 함께 복합어의 범주에 넣었다는 점이다.

(3) '준굴곡론'에서, 임자씨와 토씨와의 관계를 준굴곡 범주로

이미 앞에서 밝힌 바 '굴곡론'은 말본의 활용(끝바꿈)에 관계되는 것으로 보았는데, 여기 '준굴곡론'은 말본 기능을 위한 '격'(case)론으로 처리하였다.

---

136) 김석득, 「직접구성요소(IC)간의 기능적 관계」, 『이숭녕 박사 송수기념 논총』(1968) ㅉ.89~106. 이러한 직접구성요소(IC)간의 기능적 관계에 대해서는, L. Bloomfield: *Language* p.194; Z. S. Harris: *Methods in Structural Linguistics* p.276; E.A. Nida: *Morphology* p.94; Hocket: *A Course in Modern Linguistics*, p.184를 볼 것.

137) B. Bloch & G. L. Trager: *Outline of Linguistic Analysis* 1942, pp.54~5; P. H. Matthews, *Morphology*, p.40.

『우리 옛말본』에서는 임자씨에 붙는 토씨를 낱말로 인정하므로, 이숭녕의 곡용(declension)을 인정하지 않는다. 그리고 이른바 곡용은 활용과 아울러 굴곡으로 처리한다. 그러나 임자씨에 토씨가 붙는 모습은 곡용과 비슷하기 때문에 이를 준굴곡법으로 처리함을 분명히 하였다.

1) 임자씨: 형태통어론(형태통사론 Morpho-syntax)적 관점

임자씨에 대해서는 그 됨됨이, 그 다양한 용법, 매인 임자씨, 그리고 여러 가지의 임자씨를 분석하여 내는 작업이 이루어진다. 또한 거기에서는 임자씨가 환경에 따라 바뀌는 형태음소적 변동을 다루고 있다. 여기에서 관심의 초점은, 형태론을 통어(사)적 차원에서 함께 다루는 이른바 형태통어(사)(morpho-syntax)적 처리라 할 수 있다.

① 임자씨의 통어(사)(월성분)적 기능의 관점

임자씨는 토씨의 의지를 입어 여러 가지 월성분으로 기능할 수 있고, 또한 경우에 따라서는 토씨가 '속뜻'[138]으로 숨어 있어 문맥의 도움을 입어 여러 가지 월성분으로 기능한다 하고, 그러나 통어론상의 기능이야 무엇이든 임자씨(이름씨)에 속한다고 하며, 다음과 같이 보기를 들었다.[139]

사ᄅᆞᆷ사ᄂᆞᆫ(월석 1:8)―임자말

사ᄅᆞᆷ모도믈(월석 2:16)―부림말

사ᄅᆞᆷ ᄀᆞ토ᄃᆡ(월석 1:15)―견줌말

사ᄅᆞᆷ쁘디리잇가(용 15장)―매김말

위에서는 토씨'―이, ―을, ―과, ―익'가 '속뜻'으로 숨어 있다. 그러므로 통어론상 임자씨 기능은 위에서와 같이 다양한 용법의 기능을 가진다. 그러

---

138) '속뜻'은 앞에서 이미 밝힌 바 있음.

139) 『우리 옛말본』, ㅉ.263.

나 통어론상 기능은 어떻든 '사름'은 임자씨에 속한다고 밝히고 있다. 글쓸이가 이를 바꾸어 말하면, 이는 임자씨가 통어론상 다양한 용법의 기능을 갖는다는, 이른바 임자씨의 통어론적 관점을 보인 것이라고 풀이할 수 있다.[140]

② 매인이름씨(불완전 명사)의 통어론적 기능의 관점

매인이름씨의 존재 인식도 통어상에서 오며, 그것이 월에서의 기능적 관점—전체구성을 임자씨처럼 기능하는 경우(니르고저 훓배이셔도). 그것이 이끄는 전체 구성을 어느 한 가지 월성분으로 기능하는 경우(믈톤자히 건너시니이다)—에서 처리하고 있다.[141]

③ 임자씨의 형태음소적 변동은 통어적 배합 과정에서 처리된 것

어떠한 형태소이건 그것이 놓이는 자리(환경)에 따라 그 형태음소의 꼴이 바뀐다. 임자씨의 형태음소의 변동(morphophonemic change)은 한 낱말 안에서 조어법 상에 이루어지는 경우(가르비→가르븨)가 있지만, 한편, 통어적 배합(월성분) 과정에서도 이루어짐을 밝히고 있다.[142] 형태음소 변동이 일어나면, 이에 따라 변이형태(allomorph)가 생긴다. 그리고 그 중 기본 형태가 고정되어 맞춤법으로 반영되기도 함을 밝히고 있다. 허 웅은 임자씨에서, 이러한 통어적 과정에서 일어나는 형태음소의 변동과 그 변이형태를 다루고 있다. 그리고 그 변이형태를 가져오는 조건으로, '음성적 조건'과 '형태적 조건'이 있음을 밝히고, 또한 '보편적'(모든 형태소에 적용되는 일반적 성격)인 변동과 개별적(일반적 성격이 아닌 국한된 형태소에 한해서 일어남)인 변동으로 나누어짐을 밝히고 있다.[143] 『우리 옛말본』의 이 대목에서는, 15세기 말에

---

140) 『우리 옛말본』, ㅉ.263~73에서는 이러한 통어론적 기능적 관점에서 임자씨를 다루고 있다.
141) 『우리 옛말본』, ㅉ.274~300.
142) 『우리 옛말본』, ㅉ.301.
143) 『우리 옛말본』, ㅉ.301.

서 통어적 배합 관계에서 위와 같은 조건으로 임자씨의 끝에 일어나는 소리 변동을, '끝음소 변동'(가령, 낮→낫: 나진도ᄃ니 / 낫ᄀ티) '첫소리 음소 변동'(소리→쏘리: 우름쏘리), 운소 변동('구룸'은 '거-평'과 '거-거'로 변동한다: 구·루미 / ·구·루 미·라) 등으로 다루었다.[144] 다시 말하지만, 여기에서 관심이 가는 것은, 형태음소 변동이란, 조어법상의 경우만이 아니라, 통어적 배합 과정에서도 처리되어야 함을 보인 점이다.

2) 토씨: 기능과 구조적 환경에 따른 분류와 형태 분석

15세기 토씨를, 말 사이의 관계를 나타냄과 뜻 보태 주는 것의 두 가지로 크게 가르고, 이를 다음과 같이 더 가늘게 나누었다.

토씨 {
 말사이의 관계를 나타냄 { 일정한 기능 포함…자리토씨
 기능과 관계 없음…연결토씨
 뜻을 더 보태어 줌 { 월을 끝맺음 ………물음토씨
 월을 끝맺지 않음…도움토씨

위의 토씨는 물론 통어적 기능 관계라는 측면에서 더욱 자세한 분류가 이루어졌다.[145] 한편, 그러한 토씨들의 나타나는 환경 조건에 따른 변이형태의 정리, '속뜻'으로의 있음, 그리고 끝으로 토씨의 겹침 문제까지 분석하여 이를 일람표로 보이는 작업을 했다.[146]

(4) '굴곡론'에서, 풀이씨의 활용을 굴곡 범주로

1) 언어능력(Linguistic Competence)의 한계성 인정

---

144) 『우리 옛말본』, ㅉ.302~29.
145) 『우리 옛말본』, ㅉ.332~94.
146) 『우리 옛말본』, ㅉ.407~8.

풀이씨는 줄기와 씨끝으로 나누어지며, 씨끝은 말본적 뜻을 나타내기 위하여 끝바꿈(활용, 굴곡)하는데, 이는 우리의 언어 능력에 따라 '끝바꿈의 일람표'가 이루어진다는 것이다. 허 웅은, 그러나 그 '언어능력'은 오늘말과 옛날의 경우는 아주 다르다고 보는데, 그 이유는 오늘날 풀이씨 끝바꿈은 우리가 죄다 생성해 낼 수 있는 인간의 '창조적 언어 능력'에 따라 끝바꿈의 완전한 일람표를 만들 수 있다고 하면서, 이 일람표에 따라 풀이말의 움직, 그림, 잡음씨를 식별할 수 있다고 했다. 그러나 한편, 옛말의 경우는, 우리의 언어 능력에 한계성이 있다고 했다. 곧 옛말이기 때문에 우리가 끝바꿈을 죄다 만들어 낼 수 있는 언어능력을 가지지 못한다는 것이다. 따라서 많은 문헌을 검토분석하여 말본 규칙을 귀납적으로 세우고 끝바꿈의 일람표를 만들지만, 문헌이란 유한한 '언어 수행'(linguistic performance)에 불과하므로, 문헌에 나타나지 않았다고 해서 그러한 꼴이 없었다는 증거는 없다는 것이다. 그리하여, 문헌은 긍정적인 자료는 제공해 줄지언정, 부정적인 자료는 제공해 주지 않는다는 점을 강조하고 있다.[147] 이러한 옛말 연구의 특수성을 인정하면서, 그러나 풀이씨 중 잡음씨만은 그 수가 극히 국한되어 있어서, 다른 풀이씨(움, 그림)와 구별이 편리함을 밝혔다.

2) 풀이씨 줄기의 환경 조건에 따른 형태음소 변동

임자씨의 경우와 같이 통어적 배합 과정에서 오는 환경 조건에 따라 변동하는 형태음소 변동과 이로 말미암는 변이형태소를 식별했다.[148]

(5) '씨끝의 분석'에서, 형태통어론적 '겉구조'와 '속구조'의 언어관

씨끝은 '씨끝바꿈'으로 말본의 범주를 나타내는 중요한 기능을 가진다. 이러한 씨끝에는 '맺음씨끝'과 '안맺음씨끝'이 있음을 밝혔다. 그런데 글쓴이

---

147) 『우리 옛말본』, ㅉ.412.
148) 『우리 옛말본』, ㅉ.444~75.

가 이 대목에서 중요시 하는 것은, 이 씨끝의 분석에서, '겉구조'와 '속구조'의 언어관이 내재하고 있기 때문이다.

1) 맺음씨끝 : '겉구조'와 '속구조'로 이해

허 웅은 맺음씨끝을 기능에 따라 크게 두 가지로 나누었다. 두 가지 기능이란, '속뜻'(속구조)과 '겉구조'를 말한다. 다음은 그 설명이다.

"됴ᄒᆞᆫ 法"의 '됴ᄒᆞᆫ'은 겉구조로는 매김말의 구실을 하나 '속뜻'으로는 풀이말의 구실을 한다.

法이 <u>둏다</u> ⇒ <u>됴ᄒᆞᆫ</u> 法
풀이말 매김말

또 '됴ᄒᆞᆫ法 닷고ᄆᆞᆯ못ᄒᆞ야'의 '닷곰'은 임자씨 자격인데, 'ᄋᆞᆯ'을 더하여 부림말이 되게 한다. "됴ᄒᆞᆫ法 닷다"의 '닷다'에서는 풀이말이 된다. 곧 '닷ㄱ'은 차원을 달리하는 두 구조에서 기능을 달리하고 있다(풀이말→부림말). 그러나 '못ᄒᆞ다⇒못ᄒᆞ야'의 경우는, 변형된 '…못ᄒᆞ야'는 특별한 말로는 바꾸어지지 않고 둘다(못ᄒᆞ다, 못ᄒᆞ야) 풀이말이다. 위에서 '됴ᄒᆞᆫ'의 '－ᄋᆞᆫ', '닷곰'의 '－ㅁ'은 이중적 기능을 가지는 '두 기능법'이고, '못ᄒᆞ야'의 '－야'는 '한 기능법'[149]이다. 곧 '두 기능법'은 '속구조'의 풀이말을 '겉구조'에서는 다른 성분(월에 있어서)으로 기능하게 하는 말본의 방법이다. '한 기능법'은 '속구조'의 풀이말이 '겉구조'에서도 풀이말의 기능을 안바꾸는 방법으로 보는 것이다.

이상은 허 웅의 설명을 요약한 것이다. 이와 같이 '두 기능법', '한 기능법'은 '속구조', '겉구조'의 개념에서 가름되는 것이다.

'두 기능법'(풀이말→매김말, 풀이말→부림말)은 각각 '매김법'(관형법),

---

149) 물론, '못ᄒᆞ야'를 어찌꼴로 보면, 이것도 두 가지 기능이 되나, 허 웅은 여기서 어찌꼴을 인정하지 않는다.

'이름법'(명사법)으로 하위 분류되고, '한 기능법'도 두 가지로 하위 분류되니, '속구조'에서 마디로 변형시키지 않는 '마침법'(종지형)과, '속구조'의 월을 '겉구조'의 마디로 변형시키는 '이음법'(접속법)이 그것이다. 가령,

> "그듸 이 굼긧 개야미 보라"(석보 6:36)

의 '−라'는 '한 기능법' 씨끝이다. 이것은 '속구조'의 월을 마디로 변형시키지 않는다. 이것은 따라서 '마침법'이다.

> "울며 여희시니라"(석보 6:9)

에서 '−며'는 '속구조'의 월을 '겉구조'의 마디로 변형(울다→울며) 시켜주니, 이음법이다.

이와 같이 씨끝을 월의 '속구조'에서 '겉구조'에로의 변형 기능(속→겉)에 따라 맺음씨끝을 분류하고 있다. 이렇게 하여 분류된 15세기 씨끝의 굴곡 범주를 다음과 같은(ㄱ, ㄴ) 틀로 보이었다.

ㄱ. 씨끝 분류

$$
\text{씨끝}
\begin{cases}
\text{맺음씨끝}
\begin{cases}
\text{한 기능법 씨끝}
\begin{cases}
\text{마침법 씨끝} \\
\text{이음법 씨끝}
\end{cases}
\!\!\!\!
\begin{cases}
\text{정상적 씨끝} \\
\text{불구적 씨끝}^{150)}
\end{cases}
\\
\text{두 기능법 씨끝}
\begin{cases}
\text{이름법 씨끝} \\
\text{매김법 씨끝}
\end{cases}
\end{cases}
\\
\text{안맺음씨끝}
\end{cases}
$$

---

150) 맺음씨끝 중, 특수한 것은 반드시 그 앞에 특정한 안맺음씨끝의 개입을 요구한다 하고, 그 보기로 이름법의 '−ㅁ'은 15세기에는 반드시 '−오/우−'를 요구함을 들고, 이러한 '−ㅁ'은 불구적 맺음씨끝(정상적 맺음씨끝에 대하여)이라고 했다. 이 경우의 '오/우'는 아무런 말본의 뜻을 가지지 않고, 기계적으로 끼어들 뿐이다. 그러나 '−오/우−'는 여러 가지 일반적 맺음씨끝에 앞설 수 있고, 그 경우 뚜렷한 말본의 뜻을 가진 독립한

ㄴ. 맺음씨끝 굴곡 범주

한 기능법 $\begin{cases} ① \text{ 마침법 (풀이말} \rightarrow \text{풀이말)} \\ ② \text{ 이음법 (풀이말} \rightarrow \text{풀이말)} \end{cases}$

두 기능법 $\begin{cases} ① \text{ 이름법 (풀이말} \rightarrow \text{부림말)} \\ ② \text{ 매김법 (풀이말} \rightarrow \text{매김말)} \end{cases}$

위의 굴곡 범주의 체계에 따라, 필요한 하위 분류를 더하고 15세기의 말을 구체적으로 조사 분석했다.[151] 이 중에서 글쓴이가 관심을 가지는 원리적인 문제를 빼어서 아래에 적어 본다.

2) 맺음씨끝의 굴곡 범주에서

① 마침법(의향법)의 하위 분류 원칙: 말할이의 상대적 의향

이 마침법은 말할이의 의향에 따라 여러 가지로 하위 분류됨을 보이었다. 그것을 다음에 틀로 나타내 보자.

형태소의 자격을 가지므로, 불구적 맺음씨끝에 앞서는 경우에도 따로 떨어진 형태소로 본다고 한다(ㅉ.482). 그리고 이 '-오/우'는 변이형태로 '-오/우-'(홀소리 조화 규칙), '-요/유-'(/j/다음), '-로-'(잡음씨 밑/ㄹ/덧붙임), 무형('가-, 나-, 자-, 하-; 녀-; 오-, 보-, 두-, 주-'나 합성어 '만나-', '빛나-'에서 '오-/우-'가 줄면서 줄기끝 음절 성조가 상성으로 변함)이 있음을 밝혔다(ㅉ.627~31).

이음법 중 제약법(구속법)의 '-든/든'도 반드시 '-거-, -더-, -아/어-'를 요구하는 불구적 맺음씨끝임을 밝혔다(ㅉ.481, 549~52) (설명법 '-딕'나, 의도법 '-려'도 불구적 맺음씨).

마침법의 씨끝 중, 서술의 '-라(←다)'(ㅉ.711)나, 서술법 약속의 '-마'(ㅉ.787)는 반드시 '-오/우-'를 취한다. 기타 불구적 맺음씨끝에 '-딕'(ㅉ.612), '-마'(ㅉ.493, 787), '-딘'(ㅉ.545), 'ㄴ딘'(ㅉ.544), '-ㄹ뎬'(ㅉ.548), '-ㄹ뎐'(ㅉ.548)이 있음을 밝혔다.

151) 『맺음씨끝』, ㅉ.486~654.

마침법
(의향법)
{ 들을이에게 요구 없음(서술, 느낌, 약속)········· (1) 서술법
{ 들을이에게 { 대답을 요구 ····················· (2) 물음법
  요구 있음 { 행동을 요구 { 들을이만의 행동을 (3) 시킴법
                         { 함께 함을··········· (4) 꾀임법

생각하건대, 이 마침법은 이른바 서법에 해당한다. 위에서 그 분류 원칙은 말할이의 의향에 있는데, '의향'이란, 반드시 말들을이를 전제한 것으로 풀이된다. 따라서 '의향의 흐름의 범위는 담화의 배경으로 전제되는 말할이와 말들을이 사이에 차지하는 상대적 관계일 것이다. 그래야만 마침법은 위와 같은 객관적 분류에 도달할 것이다. 만일 말들을이 없는 오직 말할이만의 절대적 의향이라면 주관적 분류의 복잡성을 면할 수 없을 것이다.

② 이음법: '중심적 뜻'을 기준으로 16개 가설

이음법의 공통적 구조의미(episemes)는 월을 다른 말로 이어가는 활용형인 데 있다. 그러나 그 하위 분류는 그리 쉬운 일이 아니어서, 객관성을 찾기 어렵다. 허 웅은, 이를 중심적 뜻에 따라 가른다 하고, 15세기의 이음법을 16가지로 가설했다.[152]

1. 제약법	2. 불구법	3. 나열법	4. 가림법
5. 의도법	6. 미침법	7. 전환법	8. 비교법
9. 동시법	10. 설명법	11. 비례법	12. 흡사법
13. 힘줌법	14. 가치법	15. 되풀이법	16. 연결법

---

152) 이들 낱낱의 뜻과 구조적 특징(쓰임)에 대해서는 ㅉ.521~626, 참조.

3) 안맺음 씨끝 : (형태통어론적)구조주의 언어관

① 높임법: '속구조'와 '겉구조'의 관점

"우리 옛말본"에서는 높임법에 대하여, 말할이와 말들을이와의 관계 및 말할이와 말에 등장된 사람과의 관계를 원칙으로 하고 있다고 풀이된다. 이 원칙에 따라 말할이가 말들을이에게 자신을 낮추면서 들을이를 높이는 '상대 높임'과, 말할이가 말에 등장한 사람(또는 그 사람에 관한 일이나 물건)을 높이는 '주체 높임'(임자말로 등장한 사람 사물 높임)과 '객체 높임'(부림말로 등장한 사람 사물 높임)으로 나눈다. 그리고 주체, 객체 높임에서는, '속뜻'으로는 항상 어떤 사람을 높이는 것(직접 높임)이고, 표면상(겉구조)으로는 일이나 물건을 높인다(간접 높임)고 했다. 다음의 틀이 그것이다.

$$
\text{높임법}
\begin{cases}
\text{들을이 높임} \cdots\cdots\cdots\cdots \text{상대높임} \\
\text{말에 등장한 사람 높임}
\begin{cases}
\text{주체 높임} \\
\text{객체 높임}
\end{cases}
\begin{cases}
\text{직접 높임} \\
\text{간접 높임}
\end{cases}
\end{cases}
$$

생각하건데, 위의 설명법은, 높임법에 대하여 속구조에서 겉구조에로의 생성 과정으로 고찰한 것이라고 본다. 곧 '들을이 높임'과 '말에 등장한 사람의 높임'은 말할이의 마음속에 잠겨 있는(자리잡고 있는) '높임의 속구조'이다. 그리하여 들을이 높임은 '상대 높임'으로, 말에 등장한 사람 높임은 '주체 높임'과 '객체 높임'이라는 '높임의 겉구조'로 생성되어 나온다. 이러한 높임의 변형(생성)관에 주안점을 둔 것이 허 웅의 높임의 언어관이라 풀이 된다.

글쓸이는 현대 우리말의 존대법 체계를 세운 바 있는데,153) 이도 그 체

---

153) 김석득: ① 「더 낮춤법과 더 높임법」, 한국 외국어대학 언어연구소, 『언어(言語)와 언어학(言語學)』 제5집, 1977, ㅉ.41~57. ② 「국어의 존대의 같은 주고받음(Reciprocal use)과 다른 주고받음(Non-reciprocal use)에 대하여」, 한국 언어학회, 『언어』 제2권 제1호, ㅉ.51. 여기에서 보인 높임법의 체계는 아래와 같음을 밝혔다.

계의 주안점은, 높임법의 속구조와 겉구조의 생성 개념에 두었던 것이다.

② 객체 높임의 기본 형태: {－ᅀᆞᇦ－}

객체 존대설은 허 웅이 처음 세운[154] 오래 전부터의 학설로서 통설화한 것이다. 이는 주로 부림말, 위치말로 지시되는 사람이나 일이나 물건을 높이는 15세기 특유의 높임법에 해당한다. 객체 존대의 표지는 '습, ᅀᆞᇦ, 습, ᅀᆞᇦ, 줍, ᄌᆞᇦ' 등 여섯 가지의 변이형태로 나타난다. 여기서 관심을 갖는 것은 이들 중 어느 것을 기본 형태로 기준하느냐의 문제이다. 이 기준은 원칙적으로 다른 변이형태에 대한 설명이 간편하고 합리적인 데 둠이 원칙이다. 이 원칙에 따라, 허 웅은 '－ᅀᆞᇦ－'를 기본 형태로 함이 좋다는 것이다. 그것은 이것만이 개별적인 설명을 피할 수 있고 보편적인 설명을 할 수 있기 때문이라는 것이다. 만일 '－습－'으로 기본을 삼으면, 'ㅅ→ㅿ', 'ㅂ→ㅸ'을 보편적으로 설명할 수 없으니, 이는 모든 유성 사이에서 'ㅿ'음화나 'ㅸ'음화가 안 되기 때문이라는 것이다. 기본 형태 설정은 쓰임의 우월성, 생산성, 직관성 등으로 결정하나 원칙적으로 자의적이라고 본 재래의 관점에 비하면, 이는 매우 과학적 관점이라 할 수 있다.

③ 객체 높임에 대한 다른 견해의 비판
－상대 높임 겸양법 설－

15세기 '－습－'의 현대말에서 남은 꼴을 생각하여 현대어와 똑같은 상대 높임으로 보는 견해는 다음과 같은 이유로 옳지 않다는 것이다.

첫째, 상대 높임은 15세기에서 따로이 '－으이－'가 있다.

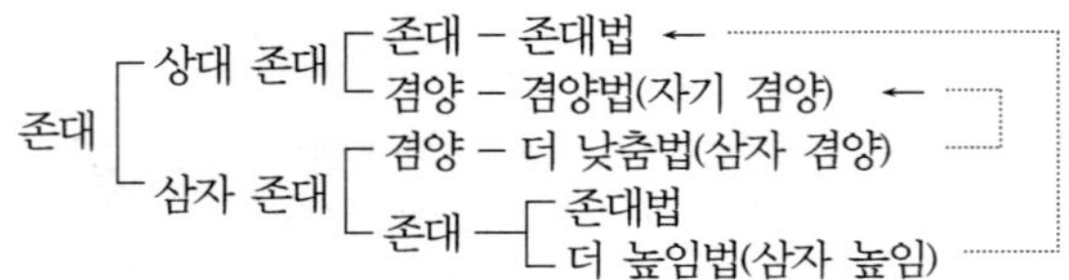

154) 허 웅: 「존대법사」, 『성균 학보』 제1집, 1954.

둘째, '-습-'이 들어가도 상대 높임이 안되는 경우가 있다.

> 흔ᄆᆞᅀᆞ므로 부텨를 보ᅀᆞᄫᆞ라(월석 8:22)

위의 보기는 명령투인데, '-습-'이 들어 있다. 여기 '-습'은 상대 높임이 아니다.

> 世尊하……이런 고디 업스이다(능엄 1:50)

위의 보기는 '-습-'이 없어도 상대 높임이 된다.

-주체 겸양설-
이와 같은 설도, 결국 주체 겸양이란 문제의 핵심을 파악하지 못한 명칭(말본 범주의 명칭)이라고, 다음 보기를 들어 비판하고 있다.

> 그 王이(菩薩을) 사ᄅᆞᆷ 부려 쏘아주기ᅀᆞᄫᅵ려(월석 1:7)

이 경우는 오히려 주체가 객체를 학대한다. 그러므로 '-습-'은 주체 겸양이 아니라고 한다.

④ 인칭법 형태통어론적(공존관계) 관점
인칭법은 활용형과 임자말(인칭)과의 관계를 통어론적 관점에서 살피는 것이다. 이는 안맺음씨끝 '-오/우-'에 의한 인칭법과 '-오/우-' 이외의 다른 안맺음 씨끝에 의한 인칭법으로 나누어진다. 그리고 그 인칭법은, 1-인칭법, 2·3-인칭법 등으로 나누어진다. 다음에 한 보기로 1-인칭 활용법을 들어 본다.

$$(-\text{습}-)+(-\text{ᄂᆞ}-)+\text{'}-\text{오/우}-\text{'}+\begin{cases}\text{'}-\text{다'}\ (\rightarrow\text{라})\\\text{'}-\text{으니'}\end{cases}$$

$$(-\text{습}-)+(-\text{ᄂᆞ}-)+\text{'}-\text{오/우}-\text{'}+\ \text{'}-\text{으이}-\text{'}+\text{'}-\text{다'}$$

위와 같은 활용형에서는 임자말이 말할이 자신임을 나타낸다는 것이다. 이것은 임자말과 활용 어미들과의 사이의 상호간의 말본의 연결 관계 (grammatical relation, relation of mutual tolerance, relation of dependency)를 이루는 공존관계(co-occurrence)[155]의 관점에서 연구한 것이라고 풀이된다.

⑤ 주체-대상법: 속구조(속뜻)관

이는 매김법의 통어론적 변형관을 보임이니, '주체-대상법'이란 속구조 (속뜻)의 관점에서 끌어낸 구조적 감말이다.

<u>깃븐</u> ᄆᆞᅀᆞᆷ(석보 6:42) ⇐ ᄆᆞᅀᆞ미 깃브다

위에서 매김법 씨끝 '-은'은, 그 한정을 받는 임자씨가 속뜻으로는 이 풀이씨(깃븐)의 임자말이 됨을 나타내는데, 이는 '주체법'에 해당한다고 했다 (ᅏ. 810).

제<u>지순</u> 罪(석부 9:30) (罪ᄅᆞᆯ짓다 ⇒ 지순罪)

에서 '-오/우+ㄴ'은 그 한정을 받는 말이 이 풀이씨(지순)의 의미상의(속구조에 있어서의) 부림말이 됨을 표시하는 활용 형식이기 때문에 이 말본 범주를 '대상법'이라고 했다(ᅏ.810·812). 그리고 '대상법'의 활용형 풀이씨가 부림말을 가질 수 있어야 하기 때문에, 거기에는 남움직씨(타동사)가 나타남을

---

155) '공존관계'에 대해서는, 김석득: 『국어 구조론』, 1971, ᅏ.22 이하 참조.

밝혔다. 곧 대상법의 확대형은 '남움-오/우+ㄴ'이라고 할 수 있겠다. 주체법에서 '-은' 활용형은 제움직씨나 그림씨에도 나타난다.

이상에서 보면, '-은'은 겉구조로는 매김꼴이지만 속구조로는 주체법 활용(그 피한정어가 임자말 되게 하는 기능)형이 됨을 보임이요, '-오/우+ㄴ'은 겉구조로는 매김꼴이지만 속구조(속뜻)로는 '대상법 활용'(그 피한정어가 부림말 되게 하는 기능)형이 됨을 보임이다. 이는 매김법의 맺음씨끝 '-은'('-을'도)과, 매김법의 맺음씨끝과 안맺음씨끝의 결합(-오/우+ㄴ)에서는 속구조로서의 '주체법'과 '대상법'의 차이가 있음을 밝힌 것이니, 이는 속구조 관에서 끌어낸 결과라고 풀이할 수 있다.

⑥ 때매김: 국어 '시상'의 혼합 의식의 견해

15세기의 때매김의 분류 기준을 첫째, 말하고 있는 현재를 토대로 하여 시간 관념을 표시하는 것과, 둘째, 지난 때를 기준하여 말할이가 그 때를 지금으로 생각하고서 시간 관념을 표시하는 것으로 나누고, 이를 기준삼아 그 하위 분류를 아래와 같이 했다.

$$
\text{때매김}
\begin{cases}
\text{현재를 기준}
\begin{cases}
\text{(1) 현실법}\\
\text{(2) 확정법(기정법)}\\
\text{(3) 추정법(미정법)}
\end{cases}\\
\text{과거를 기준}\cdots\text{(4) 회상법(경험법)}
\end{cases}
$$

이는 때매김을 '시간'과 '상'의 혼합 개념의 관점에서 본 것이라고 풀이된다. 그거은 위의 네 가지 법의 뜻매김에서도 알 수 있는데, '현실법'은 방금 눈앞에 나타나 있는 것으로 생각하면서 기술하는 것이요, '확정법'은 이미 확정된 일, 확정된 것으로 생각하면서 기술하는 것이요, '추정법'은 아직 실현되지 않는 일, 또는 추측적인 일을 기술하는 것이요, '회상법'은 지난 때의 시간 관념이나 경험을 기술하는 것이라고 한 것으로 넉넉히 짐작할 수 있다. 이와 관련하여 허 웅의 '15세기에서 16세기에 이르는 국어 때매김법의 변천'156)이라는 글을 상기할 수 있는데, 거기에서 15, 16세기의 때매김법은, 시간적인 관념이 전혀 포함되지 않은 것은 아니지만, 그것보다도 '어떠한 모양과 움직임이 일어나는 모습에 초점'을 두고, 그것을 말할이가 주관적으로 파악하여 나타내는 것이 특색이라고 하고, 그러므로 우리말의 때매김법은, 전형적인 서양말의 '텐스(tense)'도 아니요 그렇다고 노어와 같은 전형적인 '애스펙트(aspect)'도 아니다[157]라고 결론했다. 이는 15, 16세기 국어의 때매김이 '시간'과 '상'의 혼합 개념(그러나 초점은 '상'에 둠)임을 명시한 것으로 해석된다.

글쓸이는 현대 국어의 '시상' 문제를 다루는 자리에서,[158] 현대 국어에서는 '시간' 개념과 '상' 개념이 함께 혼합되어 있으며, 그러나 시간은 음성적 잠재적이고, 상의 개념은 양성적임을 밝힌 바 있다.

이것으로 보아 국어의 때매김은, 예나 이제나 같은 성격을 가진 것으로 생각된다.

여기서 강조해 둘 것은, '시간'과 '상'의 의식이 국어에서 예나 이제나 고통적 의식적인 것이라 할지라도 일반 언어학 상에서 시간(tense, temps)과 상(aspect)의 개념은 분명히 구별해야 한다는 것이다.[159]

(6) '우리 옛말본'의 마무리

우리 옛말본 곧 "우리 옛말본 15세기 국어 형태론"은 구조주의 방법에 의하여 15세기 공시태의 국어 문법, 또는 국어 형태론을 총체적으로 체계화한 것이다. 이제 이를 기반으로 우리말의 말본(국어 문법)의 변천사 연구는 그 확고한 토대가 이루어진 것이라 하겠다.

---

156) 『세림 한국학 논총』, 제1집.

157) 허 웅: 「15세기에서 16세기에 이르는 국어의 때매김법의 변천」, 『세림 한국학 논총』, 제1집, 1977, ㅉ.481.

158) 김석득: ① 「한국어의 시간과 사상」, 『한불연구』 1집, 1974. ② 「우리말의 시상」, 『애산학보』 1집, 1981.

159) 참조: *La notion d'aspect,* Recherches Linguistiques, V, Etudes publiées par le Centre d'Analyse syntaxique de l'Université de Metz, 1978.

18.2. 『16세기 우리 옛말본』: 옛말본의 형태론 및 통어론

(1) 책의 성격

공시적인 옛말본으로는 이 『16세기 우리 옛말본』(1989)이 두 번째의 것이다. 이 책은 16세기 우리말의 단면적 연구와 역사적 변천 현상을 연구한 것이다.

허 웅은 말본의 역사를 추적하는 방법으로 두 가지를 생각한다. 하나는, 말본의 범주를 역사적으로 추적한 다음, 이를 어울러서 정리하는 방법이니, 이미 펴낸 바 있는 『국어 때매김의 변천사』(1987)는 이 방법에 따른 것이다. 이것은 다섯 번에 걸친 연구를 종합한 것이다(① 「15세기에서 16세기에 이르는 국어 때매김법의 변천」, 『세림한국학 논총』 1집, 1977. ② 17세기 국어 때매김법 연구, 『한글』 164호, 1979. ③ 「18세기 국어의 때매김법 연구」, 『애산학보』 1집, 1981. ④ 「19세기 국어 때매김법 연구」, 『한글』 177호, 1982. ⑤ 「한국말 때매김법의 걸어 온 발자취」, 『한글』 178호, 1982). 다른 하나는, 각 시기를 100년 단위로 하여 공시적인 말본 체계의 총체를 기술하고, 그 각 시기의 말본을 통합하여, 그 역사적 변천의 모습을 체계화하는 것이다. 앞의 『우리 옛말본 15세기 국어 형태론』은 그 공시적인 말본의 총체적 연구이요, 여기 『16세기 우리 옛말본』 또한 그러한 것이다. 다만 16세기 언어는 15세기에서 넘어 온 것이므로 그 변화의 모습을 추적하는 것을 포함한다.

이 연구의 초점을 다시 밝혀 본다.

첫째, 16세기 언어는 15세기에서 넘어 오면서 변화한 말본 체계이므로, 그 변화의 모습을 추적한다.

둘째, 말본 체계의 기술 방법을 대체로 『우리 옛말본 15세기 국어 형태론』을 쫓았으나, 부분적으로 그 체계를 고친다.

셋째, 『우리 옛말본 15세기 국어 형태론』에서 따로 기술하지 아니한 '통어론'을 시도했다.

넷째, 이 연구는 '준굴곡론', '굴곡론', '통어론'에 국한한다(말본 체계의 문제, 15세기 음운의 대강, 낱말 만들기, 형태음소론적 변동의 규칙 등은 다루지 않는다).

이 책의 얽이는 크게 다섯 장으로 되어 있다: Ⅰ. 16세기 말본 자료, Ⅱ. 준굴곡론－토씨, Ⅲ. 굴곡론－풀이씨 끝바꿈, Ⅳ. 홑월의 짜임새, Ⅴ. 겹월의 짜임새.

자료는 16세기 초기 문헌인 『박통사(번역) 상』을 비롯하여 말기 문헌인 『선가귀감』에 이르는 22가지의 문헌에 관한 선지적 고증과 아울러 언어학적 풀이를 함으로써, 당시의 글 적는 방법, 글에 비친 음운 체계 등을 규명한다. 이러한 많은 문헌의 동원은 옛말 연구에서 오는 필연적인 '언어능력의 제약을 극복하기 위한 최선의 방법'이라 평가된다.

(2) 몇 가지 특징

우리말은 말본 요소를 덧붙여 언어 기능을 수행하는 교착어의 말 겨레이므로 형태론의 비중은 매우 크다. 준굴곡론과 굴곡론은 모두 형태론이다.

1) 준굴곡론에서 '토씨'의 수정

준굴곡론의 토씨 체계는 『우리 옛말본』(『우리 옛말본 15세기 국어 형태론』)과는 조금 다르고, 『국어학』(1983)의 것에 일치한다. 『우리 옛말본』에서는 말 사이에서 일정한 기능 관계가 없는 것을 '연결토씨'라 하였으나. 『16세기 우리 옛말본』에서는 말을 이어서 하나의 월성분으로 가능하게 하는 것을 '이음토씨'라 했다. 또한 『16세기 우리 옛말본』은 『국어학』을 따라 마디에만 붙는 것을 '특수토씨'라고 했다.160) 그리하여 16세기의 다섯 가지, 토씨, 곧 '자리, 이음, 물음, 도움, 특수' 토씨의 세분된 갈래에 대한 공시적인 쓰임과 아울러, 15세기와의 비교를 통하여, 변천의 간략한 실상을 밝힌다.

---

160) 토씨의 분류 원리는 『15·16세기 우리 옛말본의 역사』(1992) 20쪽에서는 또한 조금 고친다.

2) 굴곡론에서 기능법 / 개체높임법 / 때매김법 문제

기능법 문제:

굴곡론에서는 맺음씨끝의 굴곡 범주를 한기능법(마침법(의향법), 이음법)과 두기능법(이름법, 매김법, 어찌법)으로 나눈다. 이 기능법은 안맺음씨끝의 굴곡범주(높임법, 인칭법, 주체－대상법, 때매김법, 강조－영탄법)와 함께 15세기 옛말본 체계와 거의 일치하게 처리한다. 다만 맺음씨끝의 두기능법(이름법, 매김법, 어찌법)의 경우, 어찌법은 15세기 옛말본에서는 한기능법의 이음법에 넣어서 다루었으나, 16세기 옛말본에서는『국어학』의 체계에 좇아, 두기능법에 넣어 어찌법으로 다루었다.161)

그런데 여기 어찌법은 종래의 어찌법과는 다름에 유의해야 한다. 이미 앞에서 밝혔지만, 가령『우리 옛말본』에서 다룬 '흡사법'(616~8쪽)의 '－둣, －듯, －덧'이나 '미침법'(601~5쪽)의 '－두록, －도록' 따위는 한기능법의 '이음법'이라 했는데, 그렇게 보는 것보다 '어찌마디'를 형성하는 것으로 보고, 이를 두기능법의 '어찌법'으로 다루었다.162) 또한 '－게'(두스시게 ᄒ고)는 'ᄒ다'와 두 명제가 명백하므로 '어찌법'으로 다루었다.

안맺음씨끝이 가지는 말본의 각 정보(높임법, 인칭법, 때매김법, …)에 대해서는 16세기 공시태와 아울러 15세기의 것과의 비교를 통하여, 변천의 현상을 한 눈으로 볼 수 있도록 밝혀 놓았다. 특히 이 가운데 높임법 중 '객체 높임법'과 '때매김법'을 간단히 보기로 한다.

객체 높임법:

16세기에도 15세기와 같이 '들을이 높임법', '주체 높임법', '객체 높임법'

---

161) 여기 '기능법'이란 용어는『국어학』(1983)을 시작으로『20세기 우리말의 형태론』(1995)으로 이어 '자격법'으로 바뀐다. 그러나 앞에서 말한 바『16세기 우리 옛말본』(1989)과『15·16세기 우리 옛말본의 역사』(1992)에서는 '기능법'이라 한다. 그러나 결과적으로 허 웅은 이를 '자격법'으로 고정했다.

162)『16세기 우리 옛말본』, ㅉ.276.

의 3가지 높임의 굴곡 범주가 분명히 있었다는 것이다. 객체 높임법은 15세기와 같이 [-습-]으로 나타내나, 15세기의 중기와 말기의 변이형태는 16세기에 와서 바뀐다. 그 중요한 까닭의 하나는 16세기 중에 일어난 /ㅿ/의 없어져서이다. 주의할 것은 16세기 초기에 보이는 [ㅈᄫ, ㅅᄫ]는 15세기 중기 책을 그대로 이어 받은 것이지, 말의 실상은 아니라는 것이다.

때매김법: '때'와 '상'의 뜻을 함께 가짐

최근의 말본 연구의 관심의 하나는 '때매김법'을 세우는 방법이라 한다. 흔히 국어의 경우, 인도구라파말의 tense에 해당하느냐, mood에 해당하느냐, aspect에 해당하느냐, 아니면, tense-aspect의 복합으로 보느냐의 문제가 있음을 제기한다. 물론 이들의 범주를 약간씩 가지고 있으나, 이는 재고되어야 한다고 한다. 우리말의 경우 우리말 자체의 활용 형태에서 찾아야 하는 것이지 다른 나라말 체계에서 나타나는 aspect나 tense나 mood의 관념이 우리말에서 어떻게 나타나느냐의 문제에서 출발하는 것은 잘못임을 지적한다(355쪽). 낱말의 분화되는 모습은 각 나라말에 따라 다 다르므로, '낱말밭'의 이론은 원칙적으로 말본 형태소에도 당연히 적용되어야 하는 것이라고 하면서(356쪽), 우리는 우리말의 말본 형태소를 분석하고, 그 나타나는 관념에 따라 체계를 세워야 한다고 한다. 15세기 우리말의 말본 형태소를 분석해 보면, 때(시간)와 밀접하게 관련된 변두리 뜻을 짊어지고 있는 한 동아리의 형태소가 있다고 한다. 곧 현실은 현재의 시간과 밀접한 관계가 있고 회상도 과거와 관련되며, 추정(미정)은 미래와 관련이 있고, 물론 말할이의 '의도'도 미래와 관련이 있는 것이다. 따라서 이 한동아리를 묶어 하나의 큰 말본범주를 세워 이를 '때매김'이라고 부른다는 것이다(355~6쪽).

이러한 관점에서 15세기 말에서 '다섯 때매김법'을 분석 확정했다(356쪽).

1. 현실법: -ᄂᆞ-, -ᄂᆞ니-, -은(-), -는(-)
2. 회상법: -더/디-, -더니/다니-, -던/단-
3. 확정법: -으니-, -아(다), -거(다)/나(다), -과(라), -은(-)

   4. 미정법: -으리, -으리니-, -을(-), -으린

   5. 추정회상법: -으리러-, -으리러니-, -으리런(-)

생각하건대, 허 웅의 때매김법을 세우는 방법은 국어의 특질을 분석한 결과에서 얻어지는 것이지, 다른 나라의 체계를 국어에 맞추는 방법은 결코 아니라는 것이다. 여기에서 적용되는 때매김의 낱말밭 이론(때매김의 형식이 때와 밀접한 관련이 있는 변두리 뜻을 짊어지고 있는 한동아리의 형태소로 봄)은 독창적이다. 이를 글쓸이(필자)의 풀이로 보면, 결국 그의 '때매김법'은 '때'(tense, 시간)를 머금(잠재, 함유)고 있는 '상'(aspect)의 개념에 유사한 뜻이라 하겠다. 그리고 또한 이들은 결코 서법(mood)의 개념은 아니라는 것을 함축하고 있다 하겠다. 이러한 때매김의 관점은 '시상'의 관점과 비슷한 것이라 하겠다. 상 곧 '움직임상'이나 '마음의 상'(심상)은 그 안에 '때'를 불분명하게 공유하고 있으되 잠재하고 있는 '중화' 상태라 하겠다. 이 중화되어 있는 때의 분명한 인식(분화)은 통어적인 '때어찌씨'(시간부사)에 의하여 비로소 명시되는 것이다.[163]

15세기의 때매김법은 16세기에 와서 그 형태적 변화가 몇 군데 일어났음을 확인한다. 그 중 중요한 몇 개만을 다음에 보인다(401쪽).

   1. 현실법에서, '-ᄂ다-'가 '-ㄴ다-'로 줄어 지금말에 다가선다.

   2. 회상법에서는 '-더-'와 '-디-'의 대립은 있으나 '-다니-'와 '-단-'이 안 보인다. 또한 '-드-'가 쓰이기도 한다.

   3. 추정회상법의 '-으리런'은 없어진 듯.

   4. 완결회상법에서 '-앗다니-', '-앗단'은 없어지고, '-앗드-'가 쓰이기도 한다.

---

163) 김석득: ①『우리말 형태론』, ㅉ.590 이하. ②「시상 체계에 대하여」,『제28회 국어학회 공동연구회 발표 논문집』, ㅉ.45~51, 2001.12 석좌강의.

(3) 홑월의 짜임새: 통어론

홑월의 짜임새와 겹월의 짜임새는 모두 통어론에 해당한다. 앞에서 말한 준굴곡론과 굴곡론은 형태론이니, 따라서 『16세기 우리 옛말본』은 형태론과 통어론을 모두 다룬 '말본'이다. 『우리 옛말본 15세기 국어 형태론』 머리말에서는 "분량이 많아(쪽수 994) 통어론을 넣지 못하게 되었으나, 그 통어론이 나올 때는 기약할 수 없다."고 했다. 그런데 『언어학』(1981)에서 그 통어론의 일반론이 나오고, 좀더 구체적인 현대 국어에 대한 통어론이 『국어학』(1983)에 나왔다. 이제 『16세기 우리 옛말본』에서는 통어론이 2개의 장에서 무려 121쪽수를 차지하고 있다. 이는 16세기 우리말의 본격적인 통어론이라 하겠다. 이 통어론은 "앞으로 시도할 현대말의 통어론의 기반이 될 것이다"(위의 책. 2쪽 머리말)라고 했다(이 통어론이 『20세기 우리말의 통어론』(1999.11. 쪽수: 1069)으로 나왔다).

월의 분류는 두 가지 시각에서 본다. ① 마침법의 의향법의 시각에서의 분류(서술월, 물음월, 시킴월, 함께월(꾀임월))과, ② 월의 짜임새라는 시각에서의 분류(홑월: '임자-풀이'의 한 번 관계. 겹월: '임자-풀이'의 두 번 이상의 관계)가 그것이다. 특히 겹월을 만드는 방법은 이음법에 의한 '이음'과 '마디'를 한 월 성분으로 안은 '안음'이 있음을 밝혔다. 또한 월을, 풀이말에 직접 이끌리는 월성분(임자, 부림, 위치, 견줌, 방편, 어찌말)과 간접적으로 이끌리는 월성분(홀로말, 맞섬말, 매김말, 풀이말)을 유도하고, 이들 각각에 대하여, 16세기 말의 말본 정보를 논했다. 특히 '의향법'에 따라 16세기 우리말의 '높임법, 때매김법, 인칭법' 등 말본범주를 논했다. 또한 임자 부림은 토와의 관계에서 정밀하게 그 구조를 따졌다. 겹월의 경우는, 이를 '이은겹월', '안은겹월', '이음과 안음의 되풀이로 된 겹월' 등으로 나누었다. 그리고 이들에 대한 16세기 우리말의 통어적인 뜻과 높임법, 때매김법 등의 말본 정보와 그 정보의 제약, 통어적 정보 등을 논증했다.

(4) 『16세기 우리 옛말본』의 마무리

이 연구에서 같은 말본범주론(높임법, 때매김법, 인칭법 등)이 겹쳐 나오는 것을 어떻게 통일하느냐는 문제로 남는다. 그러나 언어학의 이론을 배경으로 풍부한 자료를 분석함으로써 16세기 백년 동안의 우리말의 공시적 말본 체계를 명시적으로 규명한 것, 그리고 나아가 15세기에서 16세기로 변천하는 모습을 밝히려 한 것 등은 국어사 연구에서 획기적 자리를 차지한다고 본다.[164]

18.3. 『15·16세기 우리 옛말본의 역사』: 통시적 형태론과 통어론

허 웅의 말본의 역사관은 100년 단위로 끊어서, 그 각 시기의 언어를 공시적으로 기술하고, 그것들을 통시적으로 꿰뚫어 보는 것임은 이미 앞에서 말한 바 있다. 이러한 국어사관에 의하여, 15세기와 16세기 말본의 공시적 연구를 했던 것이다. 그리고 또한 그 사관에 따라 그 두 시기의 통시적 연구에 착수한 것이 바로 여기 『15·16세기 우리 옛말본의 역사』(1992)이다. 따라서 우리는 다음과 같은 생각을 필연적으로 하게 된다. 우리말의 역사 탐구는 첫째, 17세기에서 19세기에 이르는 각 세기의 공시적 연구가 계속되어야 한다. 둘째, 그것이 완성된 다음에는 이들을 꿰뚫는 통시적 연구가 이루어져야 한다. 그런데 허 웅은 이들 세기를 뛰어넘어 20세기의 공시적 연구로 들어갔다(이 책 18.4를 볼 것). 나이의 한계성(통어론을 펴낸 해가 81살, 형태론의 고친판을 펴낸 해가 82살이다)을 느낀 결과이겠다. 다음의 말은 이를 보인 것이다:

"… 그러나 그러기에는 너무나 길은 먼데 해가 짧음을 느끼지 않을 수 없

---

164) '국어사 기술'은 시각에 따라 달리 할 수 있다. 다음을 볼 것:
김석득: 「우리말의 '역사 연구'와 '연구 역사'의 한 시각」, 『국어사 연구 어디까지 와 있는가』, 『연세 국학총서』 66, ㅉ.28~31, 연세대 국학연구원, 2006.

다."(『15·16세기 우리 옛말본의 역사』 머리말)

그는 나머지는 후학들에게 맡긴 셈이다. 그의 사관은 분명한 지라 만일 그 사관에 따른다면 그 성과 여부는 후학들의 노력 여하에 달려 있다고 할 것이다.

『15·16세기 우리 옛말본의 역사』(아래『옛말본의 역사』라 함)에서 특이한 점을 찾아본다.

인용 문헌 자료의 넉넉함:

인용된 15세기 문헌 자료로는, 『용비어천가(龍飛御天歌)』(1445)를 비롯하여 『구급간이방(救急簡易方)』(1489)에 이르는 22종에 달한다. 16세기 문헌 자료로는, 『박통사(朴通事)』(번역, 1510년 앞뒤)를 비롯하여, 『선가귀감(禪家龜鑑)』(1590년 앞뒤)에 이르는 20종에다 옛날 편지 31통(1571~1603), 그리고 순천 김씨묘 출토 간찰(1570 앞뒤) 등을 포함한다. 이와 같이 많은 인용 문헌의 동원은, 옛말 연구에서 필연적으로 제약을 받는 언어능력(competence)의 한계성을 극복하기 위함일 것이다.

언어 이론 문제:

'옛말본의 역사'에서는 특별한 언어 이론은 없다. 이는 이미 앞의 논저에서 이론을 전개했으므로, 중복을 피하고, 다만 그 이론을 전제하여 대상을 직접 분석했기 때문일 것이다.

'기능법'이라는 용어 문제:

앞에서 밝힌 바 있지만, 15세기 옛말본에서는 풀이씨의 맺음씨끝의 문법 범주에서는 '기능법'(기능법, 두기능법)이라 하던 것을 『국어학』(1989)에서는 '자격법'으로 바꾸었으나, '옛말본의 역사'에서는 또 '기능법'이라 했다. 이것은 『20세기 우리말의 형태론』(1995)에서부터 '자격법'으로 고정된다.

말본론으로서의 형태론과 통어론의 균형 문제:

'옛말본의 역사'에서는 통어론 문제는 주체-대상법의 속구조론 등에 매우 한정적이다. 그리고 형태론(물론 그 논의의 전개는 형태통어론적임)이 거의 자리를 차지한다. 그 까닭은 아마도 통어 구조의 변화는 그리 흔하지 않기 때문일 것이다.

형태론의 논의 초점 문제:

『15·16세기 우리 옛말본의 역사』의 구성은 '표기법과 소리, 토씨, 풀이씨의 씨끝'이다. 표기법과 소리 문제에서는 간단히 언급했으나 다음은 역사상 눈 여겨 둘 문제이다. 곧 16세기 초기부터 형태소를 나누어 적으려는 경향이 강하게 나타나기 시작하여 그 후 계속 진전을 보이었는데, 그 이유는 한자말 임자씨에 우리말 토씨를 나누어 적는 방법이 토박이말에까지 미쳤을 것이라고 가정한 점이다.

'토씨'와 '풀이씨의 씨끝' 문제는 형태론으로서 이 연구서의 주된 논의 대상이다. 그 까닭을 생각해 본다. 그것은 허 웅의 준종합주의 체계에서 준굴곡법의 '토씨'와 굴곡법의 '씨끝'은 우리말 문법범주의 핵을 이루고 있기 때문일 것이다. 이제 이 문법범주에서 논의된 것 중, 특이한 것을 찾아본다.

'토씨' 문제 -고친 점과 변한 것

고친 점:

여기『15·16세기 우리 옛말본의 역사』에서의 토씨의 갈래 문제는, 그 가르는 원리와 그 나타난 결과가『우리 옛말본 15세기 국어 형태론』의 것('말 사이의 관계'와 '뜻 더보탬'을 양분하여 하위 분류함: 자리, 연결, 물음, 도움)을 고친『국어학』및『16세기 우리 옛말본』('주로 임자씨에 붙음'과 '마디에 붙음'으로 양분하여 하위 분류함: 자리, 이음, 물음, 도움, 특수)과 다르다.『15·16세기 우리 옛말본의 역사』에서는, 먼저 '월이나 월의 짜임새 안에 높임'(1)과 '월이나 마디의 짜임새 밖에 놓임'(2)(특수토씨)으로 양분한다. (1)은 다시 '성분 사이의 관계'(1-1)와 '그렇지 않음'(1-2)으로 하위 분류한다. 또한 (1-1)은 '풀이말에 이끌림'(자리토씨)과 '두 말을 이어서 하나의 월성분으로 가능하게 함'(이음토씨)로 하위 분류한다. (1-2)는 '풀이말의 자리에서 물음을 나타냄'(물음토씨)과 '뜻을 정밀하게 나타냄'(도움토씨)으로 하위 분류한다(20쪽).

결과적으로, 『16세기 우리 옛말본』에서 본 '마디에만 붙는 특수토씨'는 '월이나 마디의 짜임새 밖에 놓이는 특수토씨'로 바뀌고(20쪽), 그 특수토씨는 '마디토씨'와 '부름토씨'로 나뉜다(51쪽). 가령 '-마른, -마는'은 특수토씨 중 마디토씨이요. '-아, -하' 등은 특수토씨 중 부름토씨이다. 또한 "우리 옛말본 15세기 국어 형태론"에서의 자리토씨 중 '매김토씨'('-의/익')로 본 것을 "16세기 우리 옛말본"에서는 '이음토씨'(자리토씨가 아님)로 고쳤다(19, 20쪽). 그리고 이음토씨는 '매김 이음토씨'('-의/익')와 '맞섬(함께) 이음토씨'('-과/와)로 나뉜다(32-3쪽).

이음토씨론은 매우 이치에 맞는다. 그것은 특히 자리토씨란 원칙적으로 으뜸성분인 풀이씨에 직접 이끌려야 하는데, '-의/익'는 그렇지 못하고 다만 임자씨를 이어주는 구실만을 하기 때문이다(김석득: 『우리말 형태론』, 쪽.324-5).

변한 것:
이제 16세기에 들면서 바뀌는(변하는) 것 몇 가지를 보기로 한다.

15세기 위치자리토씨는 대개 '-에/애'로 나타나고, 특별한 경우에만 '-의'가 나타나나, 16세기에는 '-의/익'가 우세하다(24쪽). 또한 15세기 매김 이음토씨는 '-의/익'이나 16세기에는 전혀 보이지 않던 '매김 이음토씨' '-에/애'가 드물게 보인다고 한다(33쪽). 물음토씨에서 '고-물음토씨'는 16세기 후기에 오면 /ㄹ/ 다음에서 /ㄱ/이 없어지지 않는 현상이 일어난다. 그런데 '가-물음토씨'의 경우는 /ㄱ/이 없어지지 않는 경향이 강하다(37쪽). 도움토씨에서는 16세기 중기부터 /ㅿ/음소가 동요함에 따라 여러 가지 변이형이 생긴다. 곧 15세기 '-ᅀᅣ'는 16세기 '-아, -야, -ᅀᅣ, -사'의 변이형으로 바뀐다('-ᅀᅣ='-ᅀᅡ'와 '-야'의 섞임 꼴). 특수토씨 중 마디토씨 '-마른, -마는'은 15세기 끝에서 16세기 초에 걸쳐 섞여 쓰이다가 16세기에는 '-마ᄂᆞᆫ'으로 고정되었다는 것이다(52쪽). 특히 변화에서 관심이 가는 거은 특수토씨 중 부름토씨 '-하'는 16세기말에서는 '높임의 등분이 조금 낮아지는 경향이 있다는 지적이다(55쪽).

指揮하 내 아ᄅᆡ ... (박통 상:67)

한기능법의 마침법의 높임법 변화:

앞에서 말한 토씨의 문제는 준굴곡범주이며, 풀이씨의 씨끝 문제는 굴곡범주이다. 굴곡범주는 씨끝 곧 맺음씨끝과 안맺음씨끝의 한 테두리이다. 맺음씨끝의 경우는 한기능법(마침법=의향법, 이음법)과, 두기능법(이름법, 매김법, 어찌법)이 있다.

맺음씨끝의 한기능법(한자격법)의 마침법(의향법)에서 대두되는 문법범주는 높임법이다. 높임법 중, '낮춤'은 두 세기에 걸쳐 달라짐이 없으나, 특별히 16세기에 처음으로 더 보이는 씨끝이 있음을 밝혔다: '-고나, -고녀/오녀, -고야/괴여, -ᄂᆞ매라, -ᄋᆞᆯ셰랴'(59-60쪽)

아주높임은 '-ᄋᆞ이다'의 안맺음씨끝 '-ᄋᆞ이-'로 나타내는 점은 15-16세기가 한가지이다. '이다'가 아주 줄어 없어지는 일이 있다. 다만 '-이다'가 줄어 없어지면서 /이/가 앞소리마디에 스며든 흔적만 남기는 일이 있는데, 이런 경우는 맺음씨끝 '-의'가 생겨난 것으로 풀이한다(60-1쪽).

祥瑞도 하시며 光明도 하시나 ᄀᆞ업스실ᄊᆡ '숩뇌' (월석 2:45)

그런데 16세기에는 15세기의 아주높임의 '-의'가 조금 낮아지다가 드디어 '반말'로 발달한다는 것이다(62쪽).

갈 제 ᄆᆞ리 업스니 '민망희'(1570년 앞뒤의 무덤편지 20)

한기능법에서 이음법 씨끝의 변화:

이음법 중 불구법에서는 15세기의 /ᄫ/이 없어지면서 16세기에서는 변이형이 일어난다: "-(~)디ᄫᅵ〉 -디위, -디외, -디웨"(103-4쪽). 16세기 후기 책에는 벌임법에서 ㄱ이 그대로 유지되는 일이 많다(107쪽):

갈고(소학 6:92)　　보내고(소학 6:54)...

두기능법(두자격법)에서 이름법의 변화:

바뀜에서 중요한 하나는 이름법의 경우, '-움/옴'이 '-음'으로 바뀌는 현상은 15세기에도 나타나는 일이 있지만, 16세기 후기에는 이것이 보편화한다는 것이다(155-6쪽).

안맺음씨끝에서 높임법의 변화:

15세기의 들을이 아주높임은 '-으이'요, 그 한층 낮은 높임 곧 높임에는 '이'의 'ㆁ'만이 남아 '-ㆁ다', '-으닛가'가 발달하였으며, 16세기에는 '-으잇다, -으잇가, -으잇고'가 온통 줄어 없어지면서 새로 생겨난 맺음씨끝 '-의'가 보편적으로 '반말'로 쓰이게 되었다는 것이다. 그리고 '-ᄉᆞᆸ-'이 변화한 '-소, -오' 따위 맺음씨끝이 다시 생겼다는 것이다. 그리하여 들을이 높임은 마침법(의향법)의 한 큰 범주에 들어감을 밝혔다(132쪽). 주체높임의 '-으시'는 15-16세기가 다를 바 없다. 객체높임의 경우는, 15세기 /ᄫ/이 존재하던 시기와 /ᄫ/이 /ㅗ/로 바뀐 시기와 두시언해 시기에 나타난 변이형태가 있는 바, 두시언해 시기의 변이형태가 16세기로 이어지는데, 16세기에서는 /ㅿ/이 유지되던 전기와 없어진 후기에 따라 그 변이형태가 달리 나타난다(136-7쪽).

전기: '-ᄉᆞᆸ-, -ᄉᆞᆸ-, -ᄌᆞᆸ-, -ᄌᆞᆸ-, -ᅀᆞᆸ-, -ᅀᆞᆸ-, -ᄉᆞ오-, -ᄉᆞ(오)-, -ᄉᆞ으-, -ᄌᆞ오-, -ᄌᆞ(오)-, -ᅀᆞ오-, -ᅀᅳ오-, -ᅀᆞ(오)-'

후기: '-ᄉᆞᆸ-, -ᄉᆞᆸ-, -ᄌᆞᆸ-, -ᄌᆞᆸ-, -ᄋᆞᆸ-, -ᄋᆞᆸ-, -ᄉᆞ오-, -ᄉᆞ(오)-, -ᄌᆞ오-, -ᄌᆞ(오)-, -ᄋᆞ오-, -오-'

안맺음 씨끝에서 때매김법 변화:

중요한 것의 하나로 지적된 것이 '완결(지속)법'의 발달과 그 겹침의 문제이다. 통어론적 짜임새 '-어+잇/이시'는 완결된 상태로 지속을 뜻하는데, 이는 15-16세기에 걸쳐 있으며, 한 음절 중에서 '-엣/에시'로 쓰임도 15-16세기에 걸쳐 쓰이나, 16세기에는 덜 쓰이는 것 같다고 했다(『15·16세기의 우리 옛말본의 역사』, ㅉ.169). 그런데 위의 겹홀소리가 홑으로 바뀌어 '-엇/어시'가 되는데, 이렇게 되면 하나의 안맺음씨끝으로 보아지며, 굴곡법주로서의 '완결(지속)법'이 성립된다고 한다. 이런 현상은 15세기 중기에 더러 보이나, 주로 말기에 많이 나타난다고 했다. 그리고 이로 말미암아 결국 '겹침 때매김법'(완결(지속)법 '-엇/어시', 완결회상법: '-엇더/엇다', 완결추정법: '-어시리', 완결추정회상법: '-어시리러(니)-')이 발달되기에 이른다고 논증하면서, 이러한 때매김법은 오늘날의 때매김법의 기반이 된다고 결론했다(ㅉ.169-74).

주체-대상법에서 '대상법'의 퇴조:

이는 통어론의 변형 이론에 해당한다. 가령, '-은'은 한정을 받는 임자씨가 속뜻으로는 이 풀이씨의 임자말이 됨을 나타내는 것을 '주체법'이라 한다(『15세기 우리 옛말본』 810쪽)

> 出家혼 사ᄅᆞᆷ(석보 6:22) ⇐ 사ᄅᆞ미 出家ᄒᆞ다

'-오/우+ㄴ'은 그 한정을 받는 임자씨가 속뜻으로는 이 풀이씨의 부림말이 됨을 나타내는 것은 '대상법'이라 한다(『15세기 우리 옛말본』, ㅉ.810).

> 지순罪(석보 9:30) ⇐ 罪ᄅᆞᆯ 짓다

그런데 15세기에는 속구조(주체-대상)로 돌이킬 수 없는 경우나 또한 그 규칙을 찾을 수 없는 곳이 많음을 지적했다(윗 책 848, 852쪽). 또한 주체-대

상법의 규칙은 15세기부터 허물어지기 시작하여, 대상 활용이 쓰일 자리에 주체 활용이 쓰이는 일이 훨씬 많아 대상 활용이 주체 활용으로 갈음될 조짐을 보이는 데 16세기에는 대상법의 퇴조가 심함을 지적했다(『15·16세기 우리 옛말본의 역사』, 쯔.155).

생각하건대, 『15·16세기 우리 옛말본의 역사』에서는 다음과 같은 사실을 알 수 있다. 첫째, 음소 체계의 변천에 따라 굴곡범주인 말본범주의 변이 형태나 뜻이 바뀐다. 둘째, 씨끝의 소멸 등으로 새로운 법칙을 찾아 높임법의 등분이 변화 생성한다. 셋째, 통어적 결합 구조가 겹홀소리로의 변천과 또한 겹홀소리의 홑홀소리로의 축약으로 말미암아 새로운 굴곡범주의 때매김법이 생성 발달한다. 다만 이 과정에서 통어적 짜임인 '-어+잇/이시'를 때매김 형식 범주로 넣지 않은 듯이 풀이한 것은 연구의 대상으로 남는다.[165] 주체-대상법의 속 규칙이 허물어지면서 대상법이 퇴조함으로써 통어 구조의 변화 조짐이 보인다.

18.4. 『20세기 우리말의 형태론』: 현대 말본의 공시 형태론

우리의 말본 연구의 결정적인 것은 주시경의 "국어문법"에 뿌리를 두고, 더욱 발전시킨 것은 그 후계 학자들의 3대 말본 체계(김두봉, 김윤경 중심의 분석체계, 최현배 중심의 준종합체계, 정열모의 종합체계)이다. 그 중에도 최현배의 전기 구조주의적(기술 구조)인 준종합체계가 우리 현대 말본계의 중심을 이루어 왔다. 그런데 여기 준종합체계를 현대언어학의 이론을 배경으로 더욱 발전적인 후기 구조주의적(변형의 경향성을 띤) 체계로 끌어올린 결정적인 말본 시대를 열게 되었으니, 곧 앞에서 논의한 허 웅의 옛말의 공시적 연구(『15세기와 16세기의 우리 옛말본』)와 통시 연구(『15·16세기 우리 옛말본의 역사』)가 그것이요. 여기 논하려는 현대 말본론인 "20세기 우리말의 형

---

165) 이 문제와 관련하여, 김석득: 『우리말 형태론』(1992) 중 658쪽의 '-어잇'의 역사적 정보'를 볼 것.

태론"(1995, 2000)(뒤에 논의하려는 『20세기 우리말의 통어론』을 합하여)이다. 특히 근대의 공시적인 주시경의『국어문법』(1910)에서부터 최현배의『우리말 본』(1937)이 나오기까지 27년이 걸렸고,『우리말본』에서부터 허 웅의 형태론 (말본론)이 나오기까지 58년이 걸렸다. 허 웅은 이 사실을 밝히면서, "이어받 으려고 한 전통은, 주시경, 김두봉, 김윤경, 최현배 여러 선배 스승님들이 이 룩해 놓은 양식—특히 최현배 스승님의 양식—이 우리말에는 가장 적합한 것 으로 생각"(『20세기 우리말의 형태론』(1995) 머리말)한다고 했다. 그러면서, 그러나 이를 그대로 받아들이지는 않으며, 더 좋은 집(체계)을 짓기(세우기) 위하여 최근의 일반언어학의 연구 성과를 참고했음을 밝혔다(위의 책, 같은 쪽). 이로 보아, 허 웅은 주시경, 최현배를 잇는 후계 '주시경 학파'이면서 그 의 학문적 업적은 더욱 발전적인 것으로 나아감을 우선 짐작할 수 있다.

　허 웅의 말본의 분야는 선각들과는 확실히 다른 데가 있다. 곧 그의 말 본 분야는 크게 '형태론'과 '통어론'으로 이루어진다. 그러므로 그는 옛말본이 라는 이름 아래 형태론과 통어론의 양이 적고 조금 많고 간에 이들을 한 저 서에서 논의했다. 소리의 연구(음성학/음운론)는 말본 연구의 주 대상이 아니 며, 다만 형태론이나 통어론에서 필요할 때 그 필요한 만치 끌어오는 것이 그의 말본분야관이다. 앞에서 논의한 옛말의 공시적, 통시적 연구는 이러한 것이었다.

　허 웅은 그러나 20세기 우리말의 말본 연구에서는 형태론과 통어론의 양이 많으므로 한 책으로는 어려워 이를 따로따로 펴낸다고 했다. 그러므로 여기 형태론은 말본의 한 분야에 해당하는 셈이다.

　『20세기 우리말의 형태론』은 1995년 9월에 초판(쪽수 : 1530)으로 나왔 다. 그러나 이것은 다시 2000년 12월에 "20세기 우리말의 형태론"(고친판) (쪽 수 : 1538)으로 펴냈다. 고친판은 글자의 잘못을 바로잡고, 풀이를 깁보태고, 보기말의 들어갈 자리가 잘못된 것을 정리하고, 풀이말을 되도록 쉽도록 한 것이므로('고침판을 내면서' 6쪽), 언어이론이나 말본관이나 내용에는 초판과 고친판 사이에 별 차이가 없다. 그러나 여기에서는 '고친판'을 대본으로 삼을 수밖에 없다. 이제 이를 중심으로 '20세기 형태론'의 이론과 체계를 간략하게 살피기로 한다.

고친판의 짜임은 크게 '말본의 기본 뼈대'와 '형태론 1, 2, 3'으로 짜여 있다.

(1) 말본의 기본 뼈대

여기에서는 언어 연구의 일반론과 말본 연구의 역사를 개관했으나, 중요한 것은 첫째, 말본의 연구 분야로는 형태론과 통어론이 있음을 밝힌 점, 그리고 형태론의 연구 범위를 밝힌 점이다. 둘째, 말 그 자체는 상당히 논리적 짜임을 가진 조직체이긴 하나, 그 조직체는 물샐틈없는 구성체는 아니므로, 각 분야의 한계를 넘나들 수 있다는 것을 밝히면서, 그러나 각 분야의 한계는 여전히 존재한다는 점을 밝힌 점이다(91-7쪽: 쪽은 고친판 "20세기 우리말의 형태론"의 것임. 아래도 같음). 셋째, 말본 연구의 울타리 안의 일은 아니나 상황과 말할이의 마음가짐(말이 이루어지는 상황 문맥, 말할이와 들을이 관계, 말의 속뜻을 이해하기 위한 말할이의 마음가짐의 이해)을 고려해야함을 주장한 점이다(98-107쪽). 물론 이는 새로운 현대 언어학의 이론을 섭렵한 데서 온 것이다. 따라서 『20세기 우리말의 형태론』(아래 『20세기 형태론』이라 함)에서는 어떻게 선각들의 연구를 바탕으로 하면서, 그보다 나아가는 체계를 이끌어 낼 수 있는가를 예견할 수 있다. 여기에서 '우리말의 말본 연구의 뿌리' 대목을 특별히 설정하여, 주시경의 『국어문법』과 최현배의 『우리말본』을 앞서 다룬 점이 이해된다(108-42쪽). 그리고 특수한 스스로의 이론의 고비마다 선각과의 같고 다름의 차별성을 비추어 놓은 의도를 읽을 수도 있다. 이제 『20세기 우리말의 형태론』의 특징을 들어 평설하기로 한다.

(2) 형태론 1

전통적인 말본은 소리갈에서 씨갈음으로 띈다. 그러나 형태론은 씨갈음의 하위 단계에서 비롯한다. 이는 구조언어학의 소산이다. 형태론에서는 형태소의 분석 및 기능, 낱말 등을 다룬다. 낱말 문제는 씨갈음과 낱말 마들기가 주된 논의 대상이다.

1) 형태 분석에서 특기할 점

『20세기 형태론』에서 특기할 것은 첫째, 구조언어학에서 다루는 형태 분석의 이론에 따라 국어의 형태를 분석한 점이다. 이는 아래로는 낱말의 하위 단위로 형태소(morphemes)의 발견의 문제이요, 위로는 그 배합 구조로 이루어지는 낱말의 구성과 낱말 만들기의 문제가 된다(더 올라가면 월이 됨). 뿐만 아니라, 이는 앞으로 형태론의 두 큰 축인 굴곡범주와 준굴곡범주론의 기반이 되는 것이다. 둘째, 형태 분석에서 형태소의 됨됨이 중, '갈음형태'와 '숨어있는 형태소'를 인정한 점이다. 이는 다른 말로 하면, 이른바 대치형태소(replacive morphemes)와 영형태소(zero morphemes)를 인정한 것으로 형태소에 대한 구체적 실체 인식의 결과라 하겠다. 다만 자리바꿈(metathesis)에서 오는 불연속 형태(안+밖→/anphak'/→/an...h/, /p...ak'/) 등에 대한 불연속 형태의 견해가 어떤지 궁금하다. 셋째, '굴곡의 가지'(inflectional suffixes)와 '말만드는 가지'(derivational suffixes)의 식별 원칙을 밝힌 점이다. 그 원칙은, ① 뿌리와의 배합에서 국한성 여부, ② 사전적 뜻보탬이냐 말본뜻이냐, ③ 말본범주를 만드는 힘의 있고 없음, ④ 새 낱말 만들어짐의 여부, ⑤ 사전의 올림말의 있고 없음, ⑥ 뿌리에 더 가까이 자리하느냐의 여부 등이 그것이다. 이 원리에 따라 국어의 굴곡가지와 파생가지를 분석했다(『20세기 형태론』, 156-8쪽). 넷째, 대표형태(원형)는 변동 규칙에 따라 변이형태를 만들어 내되, 변이형태는 '같은계통'과 '다른계통'으로 나뉜다는 점, 그리고 변동의 조건은 음성적 조건과 형태적 조건에 따라 '음성적 변이형태'와 '형태적 변이형태'로 나누어진다는 점, 변동 규칙은 '필연적 규칙'과 '수의적 규칙'으로 나뉜다는 점등을 밝혔다.

2) 낱말 문제에서 특기할 점

낱말 문제에서 특기할 것은, 허 웅은 최현배의 ‘준종합 말본체계’와 일치한다는 것이다. 이를 가늠게 보면 그것은, 첫째, 낱말 설정의 역사에서, 주시경과 최현배의 낱말관을 비교하고, 최현배의 ‘씨의 자립성’을 기준 삼음으로써 한힌샘의 씨의 개념을 수정한 데 대하여, 이를 허 웅이 수용한 점이다. 둘째, 자립성의 원리에 의하면, 최현배의 ‘토씨’와 ‘-이다’는 자립성에 걸리므로, 정열모(『신편 고등국어문법』, 1946)나, 그 밖의 몇몇 사람들, 그리고 북한의 규범문법이 이를 독립한 낱말로 처리하지 않았다는 것을 밝힌 점, 그러나 허 웅은 ‘토씨’나 ‘-이다’는 구속형태임에도 낱말이 자격을 주도록 해야 하는 최현배의 방법을 취했다는 것을 분명히 한 점이다(“20세기 형태론” 209쪽). 그리고 이에 대한 변해를 다음과 같이 했다. 곧, ① 자립성이 대원칙이나, 모든 낱말이 모든 나라말에서 그래야 하는 것은 지나친 요구라는 것이다. 예스펠센의 ‘낱말의 분립성’ 문제에 대한 견해는 참조할 만하다 하면서, “분립성은 많은 경우 도움이 된다. 그러나 낱말로 인정되어야 할 말로서, 이러저러한 이유로 분리되지 않는 낱말들이 있다. … 결코 따로 떨어져서는 쓰이는 일이 없는 프랑스말의 je, tu, le 따위가 낱말이라면, 그것은 완전한 낱말들과 여러 자리에 놓일 수 있기 때문이다”(O.Jespersen: *Philosophy of Grammar*, 쪽.64-5)를 인용한다. 이러한 원리로 우리말의 씨끝은 자립성이 없는 줄기에 붙으므로 그들은 서로 꼭 붙는 힘이 강하나 토씨와 ‘-이다’는 그 앞에 자립성이 강해서 얼마든지 분리성이 강하다는 것이다. ② 토씨와 ‘-이다’와 씨끝은 한 자리에서 풀이 될 수 없음을 밝힌 점이다. 먼저 토씨와 씨끝을 본다. 토씨는 그 놓이는 자리가 매우 자유스럽나 씨끝은 구속형태인 줄기에만 이어지기 때문에 그 자리를 떠날 수 없다. 또한 토씨는 씨끝과는 달리 토씨끼리 자리바꿈을 할 수 있다는 것이다. 이는 토씨는 ‘자율성을 가진 구속형태’라는 것이다. 다음으로 ‘-이다’와 토씨 문제를 본다. ‘-이다’는 단순한 낱말의 경지를 넘어서 마디 노릇을 한다(“내가 간 것은 너를 위해서-였다”에서 속뜻으로 보면, ‘-였다’는 ‘간 것이었다’라는 마디를 피하기 위한 그 갈음으로 쓰인 것이다)는 것이다. 한편

'-이다'의 '-이-'는 최현배가 똑똑하게 지적한 바와 같이 고름소리가 아니고, 말의 본체는 바로 '-이-'라는 것이다. 이러한 '-이다'는 끝바꿈하는 풀이씨라는 것이다. 그런데 '-이다'는 체언을 용언으로 만들되 풀이성을 가지게 된다는 것이니, 이 또한 논리적으로 석연치 않은 일이기도 하다고 했다.

결과적으로 허 웅은 말본의 체계 형성의 열쇠가 되는 토씨와 '-이다'와 씨끝 문제를 분포(distribution)에 의한 분립성 여부와, 끝바꿈 여부와 속구조(속뜻)의 원리에 따라 주시경의 분석체계도, 정열모의 종합체계도 아닌 최현배의 준종합 말본 체계('-이다'에 대한 약간의 논리적 석연치 않은 점이 없지 않으나)에 거의 일치하는 것으로 나타났다. 그러면 허 웅의 씨갈음의 기본틀은 무엇인가? 다음에 보기로 한다.

3) 준 종합체계의 씨갈음을 이끌어냄

여기 씨갈음의 원칙은 최현배의 『우리말본』의 그것과 거의 같다. 『우리말본』에서는 세 가지의 원칙을 들되, '구실'(기능)을 으뜸으로 하고, '꼴'(형식)과 '뜻'(추상화 된 뜻)을 딸림으로 한다. 허 웅 역시 이 세 가지 원칙을 따른다. 그런데 이 가운데 가장 구체성을 띠는 '꼴'을 먼저 내세움이 『우리말본』과 다른 점이다. 이 차이를 기본적으로 살피면, 『우리말본』은 우리말의 씨 곧 말의 핵을 생각하는 두 축으로 '관념'과 '관계'를 든다. 관계의 구실을 하는 것은 토씨이다. 관념은 문장상의 구실로 '으뜸'과 '꾸밈'으로 양분하고, 이들은 계속 구실과 뜻을 따라 '양립체계로 계층적 하위 분류'하여, 마침내 10품사(이름, 대이름, 셈, 움, 그림, 잡음, 매김, 어찌, 느낌, 토씨)를 이끌어낸다. 허 웅의 우리말의 씨 곧 낱말의 분류의 큰 명제는 '꼴바꿈이 있음·없음'의 양립체계로 분류하는 것이다. 꼴바꿈이 있는 것은 풀이씨이며, 이는 다시 그 꼴바꿈의 방법에 따라 하위 분류(움, 그림, 잡음)한다. 꼴바꿈이 없는 것은 월 안에서 차지하는 자리 자격(구실: 여러 자격·한 자격)을 따라 계층적 하위 분류를 하되, 경우에 따라 뜻을 따져, 마침내 11품사(움, 그림, 잡음, 이름, 대이름, 셈, 매김, 어찌, 이음, 느낌, 토씨)를 이끌어낸다(『20세기 형태론』, 쪽.232-3).

이는 결과적으로는 『우리말본』과 비슷하게 된 것이다. 허 웅 자신도 "이 것은 외솔의 '우리말본'에 그 기반을 두고 있으면서 약간 고친 것이다"(『20세 기 형태론』 233쪽)라 했다. 다만, 어찌씨로 처리한 것 중에서, '및, 곧, 그뿐 아니라, 더구나, 그런즉, 하물며, 그러니, 그러나 그러므로 …' 등은 어찌씨가 아니라 '이음씨'라는 것이다. 그것은, 어찌씨는 월의 짜임새 안에서 풀이말에 바로 이끌리는 꾸밈씨 기능을 하는 데, 위의 보기들은 그러한 월 짜임새 안 에 바로 놓이지 않고, 월의 짜임새에 간접 관여하므로 이는 꾸밈씨가 아닌 '홀로말'의 구실(자격)을 하기 때문이라는 것이다(『20세기 형태론』 233, 422-3 쪽). 허 웅의 이와 같은 결과는 그의 낱말 인식의 엄격한 구조적 구실(자격) 관에 말미암은 것으로 평가된다.

이러한 구조적 구실 관에서, 또 하나 『우리말본』보다 발전적으로 이끌어 낸 것이 있으니, 그것은 이른바 '매김자리토씨' '-의'는 자리토씨가 아니고 '이 음토씨'라는 것이다. 그것은, 자리토씨란 풀이말에 대한 직접적인 관계 기능 을 하는 것인데, '-의'는 '-과'와 같이 월의 풀이말에 간접적(건너로 이끌림)이 요, 두 말을 이어서 한 월조각을 만들어 주는 것이기 때문이라는 것이다("20 세기 형태론" 1237-8쪽). 이러한 결정은 이미 "우리 옛말본 15세기 국어 형태 론"에서 내린 바 있음을 이 글 쓰는 이(글쓴이)는 밝힌 바 있지만, 이는 '직접 구성 분석'의 관점에서 볼 때 새롭고 매우 발전적인 것이라 하겠다.

4) 낱말 만들기에서 특수한 점

낱말 만들기의 갈래는, '가지 붙이기'(앞가지 붙이기/뒷자기 붙이기)와 '뿌리 합치기'(통어적 합치기/비통어적 합치기)로 이루어짐을 밝혔다. 그리고 그 됨됨이에 대하여 보기를 통하여 모두 유형별로 보였다.

낱말 만들기는 이른바, '조어법'(word formation) 또는 '말만듦법'이며, 이 는 '파생법'(파생가지 더함)과 '합성법'(뿌리끼리 더함)으로 이루어지는 '파생 어'(derivative mot dérivé)와 합성어(compound word)의 새 말의 생성 법이다. 그 일반적인 유형은 [A+B]→[C]이다.

낱말 만들기에서 문제가 되는 것은 하임(시킴, 사동)과 입음(피동)의 뒷 가지이다. '20세기 형태론'에서는 이들은 굴곡론에 들어갈 가능성도 있으나, 그보다 말만들기에 더 가까운 특성을 가진다고 하면서, 이들을 형태론에서는 말만들기의 파생의 뒷가지로 다룬다고 했다. 그러면서도, 만들어진 말(가령, 하임의 경우, '웃다'→'웃기다')은 그 밑말('웃다')이 쓰일 경우와는 다른 월의 짜임이 이루어지므로, 이것은 통어론에서도 풀이가 되어야 한다고 하여, 이들에 대한 통어론적 특징을 간단히 보이기도 했다(『20세기 우리말의 형태론』 (1995), 쪽.449-52, 그 고친판(2000), 쪽.455-7). 그리고 이러한 통어론의 풀이는 『20세기 우리말의 통어론』(1999)에서 다시 다루고 있다(이 책 502-16쪽). 이러한 하임과 입음의 가지를 파생의 가지라고 할 것인가, 굴곡의 가지라고 할 것인가는 명백한 언급은 없으나 그 중심을 파생의 가지 쪽에 두고 있는 것만은 분명한 것 같다. 그것은 풀이씨의 씨끝바꿈, 곧 굴곡론에서는 전혀 이를 볼 수 없기 때문이다.

이 글쓸이 생각으로는 하임-입음 가지는 '굴곡적-파생가지' 또는 '파생적-굴곡가지'라는 이중적 기능의 말본 범주 가지로 봄이 어떨까 한다. 그것은 파생의 기능과 아울러 '월의 변형적 기능'이 또한 만만치 않기 때문이다(김석득 "우리말 형태론" 180-96쪽을 볼 것).

(3) 형태론 2
굴곡법의 말본 범주 :

여기에서는 풀이씨의 씨끝바꿈에서 나타나는 굴곡의 범주 문제를 다룬다. 굴곡의 범주는 '맺음씨끝'과 '안맺음씨끝'으로 나누어진다는 것이다. 맺음씨끝은 한 - 두자격법으로 나누어지는 바, 한자격법에는 '의향법과 들을이높임법/이음법'이 있고, 두자격법에는 '이름법/매김법/어찌법'이 있다는 것이다. 그리고 안맺음씨끝에는 '임자(주체)높임법/때매김법/다짐법'이 있다는 것이다.

여기서 관심이 가는 것은, 첫째, 의향법의 기본 분류 원칙이 말할이와 말들을이와의 관계에서, 말할이의 요구의 있고-없음에다 두었다는 사실이다.

그러나 이는 이미 앞에서도 여러 번 밝힌 바이다. 그러함에도 여기서 또 다시 관심을 갖는 것은, 그 원리에 의하여 이끌린 의향법의 4개의 종류 곧 '서술법/물음법/시킴법/함께법'이 『20세기 우리말 형태론』에서부터 시작하여(525쪽) 그 고친판(529쪽)에서는 서술법에 대하여 더 구체적인 하위 분류 원칙을 세웠기 때문이다. 곧, 서술법은 들을이를 강하게 의식하는 '일러듣김'(가령, 그림씨와 잡음씨에서: '-다/라', 움직씨에서: '-는다/ㄴ다' 등)과 '약속'으로 분류하고, 말할이의 마음가짐으로 보아 '뜻'(의욕)과 '느낌'으로 분류했다(529쪽). 이것은 구체적인 의향법의 체계라는 점에서 매우 중요한 것으로 평가된다(김석득: 『우리말 형태론』의 '움직씨 의향법의 속체계와 겉체계' 394-5쪽을 볼 것). 둘째, 의향법의 구체적인 체계는 들을이높임법의 구체적인 체계와 직결하는 문제로 판단하고, 들을이높임법을 의향법과의 2차원의 상관적 관계로 파악한 점이 주목된다. 셋째, 두자격법에서 '어찌법'은 기존(최현배) 어찌꼴과는 달리 어찌말의 자격을 가지며, 이러한 씨끝에는 '-듯, -듯이, -게, -도록, -을수록' 들이 있음을 말한 것이다. 그러나 이러한 체계는 허 웅의 앞선 연구에서 이미 밝힌 바 있다. 넷째, 안맺음씨끝에서 논의한 '임자(주체)높임법' 문제이다. 허 웅은, 우리말의 높임법에는 크게 '말들을이높임법'과 '임자(주체)높임법'이 있다고 본다. 그리고 '말들을이높임법은 한자격법인 의향법'이 맡고(의향법은 말할이의 들을이에 대한 태도를 나타내는 것이므로), '임자높임법은 안맺음씨끝'이 맡는다고 한다(『20세기 형태론』, ㅉ.1052). 이 두 높임법은 다 같이 말할이가 어떤 대상을 높여 대우하는 점에서는 같지만 두 범주의 말본상의 성격은 다른 차원이라고 한다. 곧 들을이높임은 말이 이루어지는 '상황'에 관한 것이고, 임자말높임은 말 안에 등장하는 임자(주로 사람)와의 관계에서 이루어지므로 '통어적' 성격을 띠는 통어론과 겹치는 문제라는 것이다(위의 책 같은 쪽). 한편 이른바 '낮춤법'(겸양법)은 결국 상대적으로 들을이를 높이는 높임법의 범주에 들어간다는 것이다. 생각하건대, 높임법이란 결국 말들을이에게 귀결하는 것이라면, 주체높임법도 말들을이의 범주에 넣어도 무방하리라는 이론이 나올 수 있다. 또한 제3자 높임 문제는 어떻게 되는 지도 연구거리이다(김석득 『우리말 형태론』). 다섯째, 때매김법에서, 때매김이란, 객관적인 때의 흐름만을 나타내는 방법이 아니라, '때의 흐름과 관련이 있는 모든 현상'을 포함한다고 본 점을 주시한다. 그러므로 미래에 대한 추측도, 지난 일에 대한 추측도, 누군가의 뜻(의도)도 때와 관계가 있다는 것이다. 이러한 때의 개념으로 볼 때 우리말에서는 적극적인 방법으로는 안맺음씨끝(-었-, -겠-, -더-, -으리-)과 매김씨끝(-는, -은, -을)으로, 소극적인 방법으로는 의향법 씨끝(-는(ㄴ)다/라, -을까, -을지)으로 수행된다는 것이다. 이러한 때매김의 분류는, 일차적으로 현실성이 있고-없음으로 나누인다. 현실성이 있는 것은 ① '현실법'이다. 현실성이 없는 것은 회상성인데, 이 회상성의 있고-없음으로 보아 회상성이 있는 것은 ② '회상법'이요 없는 것은 완결성인데, 완결성이 있는 것은 ③ '완결법'이요 없는 것은 ④ '추정법'이다. 생각하건대 그의 때매김법은 시간성을 전제한 움직임상태와 마음의 상태(심상) 곧 '시상'의 개념에 가깝다. 이에 대한 것은 이미 그의 형태론에서 본바 있고 또한 이는 형태론의 굴곡 범주의 형태통어론에 해당한다. 다만 소극적인 방법인 '의향법 씨끝'이 때매김이 된다는 것은 더 생각해 볼 문제이다. 여섯째, 안맺음씨끝에서 하임법(사동법)과 입음법(피동법) 씨끝을 다루지 않은 것은 이들을 파생법으로 보고 있기 때문임은 이미 앞서 다룬 바 있다. 그런데 이를 통어론에서 다루고 있음도 말해 둔 바 있으나, 역시 하임-입음의 가지의 속성에 대해서는 더 연구해야 할 대상이 된다.

(4) 형태론 3

이는 '준굴곡론'에 해당한다. 여기에서 주로 다룬 문제는 '토씨론'이다. 토씨론에서 문제가 되는 것은 '매김자리토씨'(최현배) '-의'의 수정론이다. 자리토씨의 본은 풀이말에 직접 관계를 갖는 것이다. '-의'는 풀이말에 간접적 관계를 가지며, 두 말도막을 이어주는 구실을 하므로 자리토씨가 아닌 '이음토씨'라는 것이다(『20세기 형태론』 쪽.1237). 이에 대한 정당성도 이미 앞에서 논의한 바 있다.

(5) 형태론의 마무리

이 연구는 우리말의 연구 역사 상 새로운 세기를 열어 놓은 큰 연구 성과라 하겠다. 생각해 보면 주시경의 『국어문법』(1910)으로부터 최현배의 『우리말본』(1937)까지 27년이 걸려 새 봉우리가 이루어졌고, 『우리말본』이 나온 이래 허 웅의 『20세기 우리말의 형태론』(1995. 고친판은 2000년)이 나오기까지 58년(『우리옛말본』(1975)으로 보면 38년만)이 걸려 새로운 학문의 봉우리가 이루어진 것이다. 그런데 최현배의 학문이 주시경의 분석적인 체계를 수정하되 그 형태주의를 기반으로 하면서 새로운 이론을 배경으로 더욱 발전적인 준종합체계를 세운 것처럼, 허 웅의 학문도 주시경을 발전적으로 이은 최현배의 준종합체계를 기반으로 하면서 새로운 이론을 배경으로 더욱 발전적인 준종합체계를 이루었다는데 큰 의미를 둘 수 있다.

18.5. 『20세기 우리말의 통어론』: 현대말본의 공시 통어론

『20세기 우리말의 통어론』(1999. 아래 『통어론』이라 함)은 모두 1069쪽에 이르는 큰 통어론의 연구이다. 허 웅의 말본학은 '형태론'과 '통어론'을 포함한다. 그는 말본학은 주시경과 최현배에서 정교하게 다듬어졌으나 통어론의 이론과 기술 방법이 좀더 다듬어졌으면 하는 생각을 하고 있었다(『통어론』 머리말).

이 『통어론』은 네 개의 묶음으로 짜여 있다. '통어론의 기본 이론/홑월의 짜임새/안은 겹월의 짜임새/이은 겹월의 짜임새와 안음과 이음의 소용돌이'가 그것이다.

(1) 통어론의 기본 이론- 후기구조언어학/변형생성론

여기에서 제기되는 것은 통어론과 형태론의 관계, 통어론적인 짜임새에 대한 '속구조'의 관점이다.

통어론과 형태론의 관계는 서로 교섭(뒤엉킴)이 되지만 또한 그 두 분야에는 분명한 한계가 있다는 것이다. 그리고 이 두 분야의 비중 문제를 보면, 우리말은 '교착어'이므로 고립어적인 특질보다 종합어적인 특질이 강하여 형태적 짜임새에서 많은 말본 정보를 짊어지고 있다는 것이다. 그러므로 우리말의 말본은 형태론의 비중이 상당히 높은 쪽에 든다는 것이다(『국어학』 쪽.187-8, 『통어론』 쪽.56, 186). 이는 어디까지나 국어의 교착어적인 속성상 그 비중이 크다는 것일 뿐, 통어론의 독립성과 중요성은 아무리 강조해도 지나침이 없을 것이다. 다만 형태론이나 통어론이 서로 물려 있는 것만은 또한 사실이다.

　　월(문장)의 통어론 상의 힘의 중심: 풀이말의 이끌림과 '손질' 과정
　　언어 형태들이 통어론적인 월을 짜 이룰 때는 그 조각(성분)들 사이에 역학적 관계가 맺어지며, 그 힘의 중심은 풀이말에 있음을 인식해야 한다는 것이다. 월은 풀이말을 중심으로 하여 다른 조각들이 이에 이끌려 만들어지고, 그 사이에는 이끌림의 규칙과 방법이 있다는 것이다. 이렇게 하여 만들어지는 월의 통어적인 기본 짜임새는 굳어진 것이 아니라, 간편하도록 환경의 힘으로 '줄여 없애기'(임자말 줄임, 다른 월조각 줄임: 이는 말이 이루어지는 상황에서 말할이와 말들을이 사이에 공통으로 머리 속에 숨어 있는, 곧 '속뜻'으로 있는 것임: 가령 주시경의 '먹는다'는 임자-부림이 숨어 있는 속뜻인 'ㅅ-ㅅ/ㅅ-ㅅ/먹는다'로 인식하는 것처럼), '옮기기'(말도막/월조각의 자리옮김), '갈음'('꽃이 곱기도 하다'(←곱다)) 등의 '손질'을 한다는 것이다. 겹월인 경우, 의향법 씨끝을 다른 씨끝으로 바꾸거나 바꾸지 않고 다른 큰 월 안에 안기기도 하고, 다른 월을 잇대는 일도 있다. 이것은 월의 1차적 손질이다. 다음으로 '줄여 없애기', '옮기기', '갈음' 등의 2차적 손질을 한다는 것이다. 그리고 이 손질이야말로 '힘의 경제적 욕망'에서 말미암는다는 것이다(『통어론』, 쪽.237).

　　생각하건대, 이는 월의 중심적인 힘을 가진 풀이말에 이끌릴 때 속구조(심층구조)가 '손질'이라는 변형 규칙 과정을 거쳐 겉구조(표면구조)로 생성하

는 이론을 깔고 있는 것이라 하겠다. 그리고 그 '손질'의 근본 원인은 인간 활동에서 힘을 덜 들이려는 인간의 강한 '힘의 경제적 욕망'과 자연적인 힘에 항거하여 새로운 힘으로 '새로움을 만들어 내려는 강한 의욕'에 말미암는다는 철학에 두고 있는 것이다. 그러므로 이미 이 통어론의 기본 이론은 사람의 창조적 능력을 긍정하는 철학을 바탕으로 한 '변형 생성론'이라 하겠다. 이는 '후기구조언어학의 통어론'임에 틀림없다.

(2) 홑월의 짜임새

여기에서 주목할 것은 첫째, 홑월의 짜임새와 그 구성 성분을 이끌림(순차적인 직접 구성 성분 분석)으로 설명한 것과, 둘째, 풀이말의 월조각 가려잡기의 갈래 문제이다.

1) 구성성분의 이끌림 문제

월은 풀이말을 중심으로 하여, '임자말, 부림말, 위치말, 방편말, 견줌말, 어찌말' 등이 이끌려 만들어지는데, 부림말, 위치말, 방편말, 견줌말, 어찌말이 임자말에 앞서 풀이말에 이끌려 '큰 풀이조각'을 만들고, 임자말은 이 큰 풀이조각으로 하여 이끌린다는 것이다. 이는 홑월의 짜임새를 순차적인 직접 구성요소로 분석한 것으로 풀이된다. 이 과정에서 풀이씨 씨끝의 굴곡범주의 통어적인 문제를 형태-통어적인 문제와 문법범주 문제로 논의하였고, 임자씨와 토씨 관계의 준굴곡범주의 통어론적인 문제를 역시 형태-통어적인 문제와 문법범주 문제로 논의하였다. 살피건대 이들은 '20세기 형태론'과 중복되는 것이기도 하다.

2) 풀이말의 월조각 '가려잡기'의 문제

풀이말의 월조각 가려잡기에서 나오는 갈래는 '제움직씨와 남움직씨', '제-남움직씨', 제움직씨의 하임(사동), 그리고 남움직씨의 입음(피동)이다. 그리고 가려잡기할 때에 형태론적 수행이 함께 논의된다.

제움직씨는 부림(객체)이 없어도 정상적인 월을 만들 수 있다. 이런 점에서 그림씨와 잡음씨는 제움직씨또래라고 한다(『통어론』, ㅉ.496). 그러나 남움직씨는 주체의 움직임이 개체를 요구하는 뜻 바탕을 가지므로, 반드시 부림말을 요구한다.

한 움직씨가 제움직씨와 남움직씨의 두 쪽으로 쓰이는 것도 있다. 이는 제-남움직씨라는 것이다('손이 떤다-손을 떤다'에서 '떤다').

풀이씨 중 하임움직씨는 본디움직씨(제움)와는 월조각을 달리 가려잡는다는 것이다. 곧 본디 임자말을 부림말로 바꾸는 동시에 새로운 임자말을 필요로 한다는 것이다. 이 경우 임자(주체)가 둘이다. 하나는 하임의 임자이요, 또 하나는 밑말의 임자이다('아이가 웃는다⇒어른이 아이를 웃긴다')(『통어론』, ㅉ.502, 507). 이 "20세기 통어론"에서는 '하임의 생산성' 문제를 제기하면서 하임말은 가지만으로는 안 되는 제약성이 있음을 지적하고, 생산성을 위하여 '갈음'의 방법(최현배『우리말본』처럼 '하다→시키다')을 제시한다.

남움직씨가 뒷가지 붙이기 방법을 써서 입음움직씨로 바뀌면 부림말이 임자말로 바뀌고, 남움직씨를 제움직씨로 만들며, 제힘의 임자말은 위치말로 갈음된다. 하임의 경우와 같이 입음에서도 가지만으로는 안되는 제약성이 있으므로 생산성이 낮아서, '하다'로 만들어진 말의 입음은 '당하다, 받다' 등을 갈음한다('통어론' 515-6쪽). 이 '당하다, 받다' 등은 하임의 '시키다'와 같이 통어론적 짜임새에 가까운 성격을 띠고 있다고 했다(『통어론』, ㅉ.516).

생각하건대 위의 하임법과 입음법의 '가려잡기' 문제는 이른바 변형의 이론이다. 그리고 이 변형의 과정에서 준굴곡법(토씨의 바꿈)과 굴곡적 파생법(가지 붙이기)과 갈음법(통어론적 짜임새)은 생산성을 가지는 옳은 방법이다. 그런데 왜 도움움(보조동사)에 의한 하임법(l-게 하대)과 입음법(l-어지대)은 피했을까? 이것도 통어론적 짜임새의 성격을 띠고 있는 것은 아닐까? 더구나 하임법에서는 주체가 둘이 됨은 본질인데, 도움움의 경우에도 그와 동형성이 아닐까?(최현배의 『우리말본』에서도 이를 하임법의 범주에서 다루었음) 오히려 '갈음법'보다 '도움법'(도움풀이씨의 도움으로 하임법/입음법의 빈간을 메우는 방법)이 생산성을 가지는 것은 아닐는지? 등의 의문이 일어난다. '20세기 통어론'의 752쪽에서, '-게 하다/만들다', '-도록 하다'의 '-게', '-도록'을 '하임-어찌마디 만들기'라고 보고, 이는 임자 풀이의 관계가 두 번 이루어지므로 한 홑월로는 풀이되지 않는다고 했다. 이것으로 보면 '하다'는 도움풀이말(보조서술어)이 아닌 독립된 풀이말로 보고, 그러한 것은 하임법에서 뺀 것으로 이해가 간다. 그렇다면 입음의 '-어 지다' 문제는 어찌 보아야 할 것인가는 여전히 연구로 남는다.

(3) 겹월의 짜임새

이 논저에서, '홑월의 짜임새'('통어론', ㅉ.241) 묶음과 짝을 이루는 '겹월의 짜임새'란 묶음은 없다. 다만 '안은 겹월의 짜임새'('통어론,' ㅉ.531)와 '이은 겹월의 짜임새와 안음과 이음의 소용돌이'(857쪽)라는 묶음이 있을 뿐이다. 그러나 여기 '안은...'과 '이은...'은 '겹월의 짜임새'라는 전제 아래 이루어진 것으로 본다.

1) 안은 겹월의 짜임새

안은 겹월은 한 월이 안긴마디를 한 월조각(월성분)으로 안고서 만들어진다("20세기 통어론" 533쪽). 이 안긴마디는, 구실로 보아 여러 가지 월조각의 구실을 하는 것과 오직 한 가지 월조각의 구실을 하는 것으로 양분한다. 여러 가지 월조각의 구실을 하는 것에는 이름마디(여러 구실: 임자말, 부림말, 위치말, 방편말, 견줌말, 매김말, 맞섬말, '-이다'에 이끎말 등의 구실), 월을 가진 최소자립형태(완전한 월의 형식에 특수토나 일반토를 가짐으로 이루어짐(『통어론』 173-5쪽).) 형식이 있고, 오직 한가지 구실을 하는 것에는 매김마디(매김말 구실), 어찌마디(어찌말의 구실), 풀이마디(풀이말의 구실), 따옴마디(따옴말의 구실)가 있다고 했다("통어론" 533쪽).

여러 가지 구실-임자말의 경우:

아무리 간단한 겹월이라도 임자말과 풀이말은 둘이라고 한다. 이름마디를 임자말로 안은 겹월은 한 임자말은 이름마디 안에 있고, 다른 임자말은 이름마디 그 자체라는 것이다(“내일은 비가 오기가 쉽겠다”에서 ‘비가’는 이름마디 안의 임자말이고, ‘비가 오기가’는 이름마디 그 자체가 임자말이다. 이러한 분석은 풀이말에서도 가능하다). 이 과정에서 임자말에 대한 ‘손질’을 설명한다. 그 손질은 1차로 마디를 만들기 위하여 그것을 다른 월 안에 안기도록 월을 손질함이요, 2차로 ‘줄임, 옮김, 갈음’ 등의 손질을 한다는 것이다(『통어론』, ㅉ.555). 이러한 것은 이름마디의 여러 월조각의 구실의 경우도 함께 적용되는 것으로 풀이된다.

한가지 구실―매김말 / 어찌말 / 풀이말 / 따옴말의 경우:
안긴 월을 가지는 이름마디가 여러 가지 월조각의 구실을 하는 데 비하여 ‘매김마디, 어찌마디, 풀이마디, 따옴마디’ 등은 씨 끝에 따라서 각각 매김말의 구실, 어찌말의 구실, 풀이말의 구실, 따옴말의 구실 등 오직 한 가지씩의 월조각의 구실만을 가진다고 풀이한다. 이러한 것들도 손질(‘통어론’ 651쪽에서는 이를 ‘변형’이라는 할주를 붙임)을 거쳐 안은 겹월을 이루는 것으로 풀이된다.

생각하건대, 안은 겹월을 만드는 과정에서는 1차적으로 속월(심층문장)을 안기는 손질이 있어야 하고, 2차적으로 안기는 마디를 만드는 변형 과정의 손질이 있음을 알 수 있다. 그리고 이 손질은 안긴 마디의 종류에 따라 여러 가지 또는 오직 한가지의 월성분의 구실에서 이루어짐을 알 수 있다. 이에 따라 속문장이 다양한 마디 안긴 월로 변형되어 나오는 겉구조도 기대할 수도 있다. 이와 같이 볼 때 ‘안긴 겹월’이란 개념은 속구조의 변형적 개념(안긴 월⇒안긴 마디)이라 할 수 있다.

2) 이은 겹월의 짜임새와 안음과 이음의 소용돌이
이은마디 만들기:

이는 원칙적으로 이음씨끝이나 특수토씨에 따라 이음마디가 만들어짐으로써 이은 겹월을 만들어 낸다고 한다(『통어론』, ㅉ.859). 이를 좀 자세히 보면, 이음법 씨끝의 통어적 관계에 따라서는 딸림과 맞섬의 마디가 생기는데, 딸림은 앞마디가 뒷마디에 대해서 뜻의 딸림성(종속성)이 강한(강-약의 제약) 것이며, 맞섬은 두 마디가 독립성이 강한 것이라고 한다(ㅉ.859-60). 이들은 물론 형태-통어적 제약을 받는다. 특수토의 한가지인 이음토로도 이은 겹월이 만들어진다고 본다('그것이 좋기는 하다만는 값이 너무 비싸구나').

안음과 이음의 소용돌이:

겹월은 이음 안에 이음과 안음이 있고, 안음 안에도 이음과 안음이 있어 더 복잡한 겹월이 되풀이된다는 것이다. 따라서 말은 무한하게 복잡성을 가진다는 것이다.

생각하건대, 이은 겹월이나, 안음과 이음의 소용돌이를 이루는 겹월의 경우에도, 안은 겹월에서 적용되는 '손질'의 변형 과정은 한결같이 겪어야 함을 알 수 있다.

(4) 통어론의 마무리

통어론의 경우, 주시경에서 시작한 월의 속뜻(심층구조)론은 최현배에 와서는 오히려 구체적인 겉뜻론에 치우친 경향이 있었다. 최현배의 구체적인 월의 겉뜻론과 주시경의 월의 속뜻 론을 바탕으로 하여, 통어론을 현대 언어학의 변형론으로 체계화한 것이 허 웅의 『20세기 우리말의 통어론』이라 하겠다.

붙임: 언어학과 국어학

허 웅의 『언어학개론』(1963, 고친판 1983), 『언어학 -그 대상과 방법-』(1981), 그리고 『국어학 -우리말의 오늘·어제-』(1983)에는 그의 언어 이론과 우리말의 공시-통시의 실제 분석이 체계적으로 이루어져 있다. 이들은 그 이론과 실제 체계의 연구 무게로 보아 따로 자세히 평설해야 마땅할 것이다. 그러나 이 글이 길어짐을 피하고, 또한 이러한 이론과 실제는 이제까지 살핀 말본학(공시적-통시적 형태론과, 공시적 통어론)에 녹아 있으므로, 여기에서는 생략한다.

맺음말

허 웅의 학문은 음운학과 말본학으로 크게 나뉜다. 음운학은 현대의 공시적 연구와, 15세기 공시적 연구와, 15세기를 기점으로 하는 전망적인 통시적 연구가 총체로 이루어진다. 말본학은, 옛말본 연구로, 15세기 및 16세기 우리말의 말본에 관한 총체적인 공시적 형태론과 형태-통어적 연구가 이루어지고, 통시적 연구로는 15-16세기의 우리말의 말본의 변한 역사가 총체로 이루어진다. 또한 20세기의 공시적 말본 연구로는 형태론과 통어론이 각각 총체로 이루어진다.

통시적 연구의 종착점은 현대 우리말의 공시적 체계에 있다. 그리고 그 통시적 연구의 방법은 먼저 15세기를 기점으로 하여 전망적으로 100년 단위의 공시적 말본의 총체적 체계를 세우는 것이다. 다음으로 이 체계 사이의 연계적 역사를 기술하는 것이다. 이것은, 그가 한 세기 단위의 말본의 모든 연계적 교차 구조 체계를 세우지 아니하고는(개별적인 대상만으로는) 정확한 체계적 변천 변화란 불확실한 것으로 확신하고 있었기 때문이다. 그는 역사적 연구에서 많은 자료를 동원한다. 이것은, 필연적으로 만날 수밖에 없는 역사 현장의 언어능력(competence)의 제약성을 이로써 극복할 수 있다고 확신하기 때문이다. 이러한 결과 우리말의 역사적 공시-통시태의 객관적 체계화에 큰 공을 세웠다. 공시-통시적 체계를 함께 구축한 그의 음운학은 전통적인 선각의 연구와 서구의 현대 음운 이론을 바탕으로 하여 이룩한 체계로 그 치밀성은 가히 역사적이다. 공시적 말본학은 형태론과 통어론을 말본학의 두 축으로 잡는다. 그러면서 우리말의 교착어로서의 속성을 따져 그 연구 비중이 형태론에 있음을 인식한다. 말본학의 한 축인 형태론은, 20세기 우리말의 경우(옛말의 경우도 마찬가지이지만) 선각들의 연구를 바탕으로 삼고 현대언어학의 이론, 특히 변형 관과 상황론(말할이와 말들을이와의 관계, 말할이의 마음가짐 등)을 배경으로 하여, 굴곡·준굴곡의 말본범주를 치밀하게 체계화함으로써, 구조주의 형태론을 완성한다. 말본학의 또 한 축인 통어론은 월의 직접구성 분석론뿐 아니라 속구조(월의 통합 : 안은 월과 겹월)와 겉구조('손질' 과정을 거친 마디 가진 월)의 변형 이론까지 바탕으로 하여 그 체계를 구축했다.

허 웅의 우리말의 연구는, 주시경의 연구와 최현배의 연구를 바탕으로 삼고, 서구의 첨단 언어 이론을 배경으로 하여 새로운 체계를 발전적으로 구축함으로써 이 두 선각을 이어 새로운 '후기 구조주의' 음운학(다음에서 논할)과 말본학(준종합 말본 체계의 형태론과 통어론) 시대를 열었다는 데서, 우리말 연구사의 의미가 매우 크다.

19. 허 웅의 『국어음운학 – 우리말 소리의 오늘·어제 –』: 공시·통시의 생성 구조 음운학

1956년에 탈고하여 1958년에 책으로 나온 눈뫼 허 웅의 『국어음운론』은 우리나라 현대의 최초의 독립적 음운론이다. 이 음운론은 깁고 더하여 1965년에 개고 신판 『국어음운학』으로 나오고, 다시 이를 고치고 더 보태어 1985년에 『국어음운학 -우리말 소리의 오늘·어제-』로 나왔다. 물론 이론 면에서 이들 사이에는 큰 차이가 있는 것은 아니다. 그러나 역시 연구의 본은 최종의 것으로 삼음이 마땅하다.

19.1. 역사적인 뜻

(1) 전통 음운학을 이어 발전시킴
조선조의 음운학의 맥을 이은 근대의 말의 소리 연구는 대체로 말본의 테두리 안에서 함께 연구되었다. 물론 주시경의 『국어문전음학』(1908)과 "말의 소리"(1914)는 독립된 음운서이기도 하다. 주시경 이후로는 최현배의 『우리말본』(1937) 안에서 '소리갈'이 현대음성학으로서 구체성을 띠었고, 따로 『한글갈』(1942)의 '이론편'에서 이론적으로 탐구되었다. 물론 이 밖에 권덕규, 김윤경, 이극로, 박승빈, 이희승, 신명균, 방종현, 정인승, 정인섭, 김선기, 이숭녕, 홍기문, 이 탁, 김형규 등 여러분이 "한글", "정음", "진단학보" 등에서 음운론에 관한 것을 발표하기도 했다.[166] 그러나 그때는 대체로 한글의 연원이나 소리값(음가) 문제가 연구의 주 대상이었다. 물론 김선기의 존스의 이론(Das System der Association Phonetique International)과 사구마(佐久間)의 이론(『一般音聲學』) 아래 논한 '경음의 본질'[167]과 정인섭의 '조선어 실험 음성학'[168]은 관심을 끄는 것이었다. 특히 이숭녕의 'ㆍ 音考'는 음가 추정론에서 크게 관심을 모은 것이었다.[169] 그러나 일반적으로 1950년 이전의 대부분의 연구들은 연구 방법론에서 보면 역시 전통주의를 크게 벗어나지 못했다. 가령 그 시대는 소리에 대하여, 변별성과 비변별성의 구별을 인식하지 아니했다. 더욱 그때의 연구들은 음운의 공시 및 통시적 연구가 총체적으로 체계화되지 못한 개별적인 논의가 대부분이었다.

눈뫼 허 웅은 초기의 음운론에서부터 이미 소리의 변별성과 비변별성을 분명히 인식하고 있었다. 나아가서 음운의 공시태와 통시태(변천사)를 총체적으로 체계화하는 데 관심을 기울였다. 그의 이러한 점은 1950년 이전과 분명히 금을 긋는 현대음운론(학)의 기점이 되는 것이다.

---

166) 김석득: 「국어사 연구의 사조적 개관」, 『나라사랑』 26집, 1977.
167) 김선기: 「경음의 본질」, 『한글』 제11권 9호, 1933., 기본 모은과 모음도표, 『한글』 제6권 제1호, 1938.
168) 정인섭: 「조선어 실험 음성학」, 『조선교육』 1호, 1947.
169) 이숭녕: 「ㆍ 音考」, 『신흥』, 1935., 『진단학보』 12권, 1940.

(2) 일반 음운 이론의 섭렵과 국어 음운학의 체계화

이제 허 웅 음운학의 특징에 대하여 『국어음운학 -우리말 소리의 오늘·어제-』를 중심으로 펴 나아가기로 한다. 다만 이 특징은 현대언어학 역사 상 선구적인 것이므로 비교적 자세히 보일 것임을 미리 말해 둔다.

이 연구는 "국어음운론"의 개고 신판인 『국어음운학』('론'이 '학'으로 바뀐 점을 주시할 일)을 더욱 깁고 고친 것이다. 고친 점은 이러하다: ① 한자를 없애고 우리말을 다듬어 썼다. ② 음운 규칙을 더욱 체계화했다. ③ 음소들의 변별바탕을 좀더 정밀하게 다듬었다. ④ 지금과 15세기의 음운 변동 규칙을 더 자세히 체계화하여 이를 낱말의 소리 '변화' 체계와 관련시켰다. ⑤ 공시언어학과 통시언어학의 서로 얽힌(만남) 모습을 드러내려 했다. ⑥ '음운의 변천사'를 손질하여 국어사의 시기를 정리했다.

허 웅의 남다른 연구 상은 이미 나온 연구 결과를 그대로 두지 않고 계속 발전적으로 깁고 고친다는 데 있다. 깁고 고친다는 것은, 더하여 깁거나 부분적으로 고치거나 더 정밀하게 체계화하되 그 이론이나 짜여진 큰 틀은 거의 그대로 유지한다는 뜻이다. 두 번이나 깁고 고쳐 나온 『국어음운학 -우리말 소리의 오늘·어제-』(1985)에는 그러한 뜻이 있다.

'오늘·어제'에서, '오늘'은 현대의 공시태를 뜻하며, '어제'는 옛말의 '공시태와 통시태'를 뜻한다. 이러한 부제가 암시하듯 그의 『국어음운학』은 체제의 세 큰 틀인 '현대 국어의 음운학', '15세기 국어의 음운학', '국어 음운사'로 짜여 있다. 그리고 이러한 연구의 일반적인 이론 바탕으로 '말소리의 일반적 성격'(말소리 내는 법과 적기, 음소, 음소 체계, 음운학과 음성학)이 맨 앞 대목을 차지한다. 한편 우리말 소리의 특징인 '음성 상징'론을 끝에 다루어, 이를 트르베츠코이의 'phonostylistique'의 연구 분야와 결부시킨다. 이와 같은 큰 틀은 이미 나온 『음운학』(1965)에서 일찍 세워진 것이다.

(3) 구조주의 일반 음성학을 폭넓게 펼침

그의 국어 음운학 연구에서는, 많은 서구 학자들의 구조주의 음운 이론에 접근하기 위하여, 그 음운 분석의 선결 문제가 되는 조음음성의 정밀한 기술 이론을 참고하고 있음을 본다. 허 웅의 연구의 그러한 성격을 알기 위하여, 그가 참고한 초기 구조주의 학자를 다음에 소개한다.

B. Bloch and G. L. Trager: *Outline of Linguistic Analysis*, 1942.

D. Jones: *An Outline of English Phonetics*, 1957.

K. L. Pike: *Phonemics*, 1947.

L. Bloomfield: *Language*, 1933.

R-M. S Heffner: *General Phonetics*, 1952.

J. Vendryes: *Le Langage, Introduction linguistique à l'histoire*, 1950.

M. Grammont: *Traité de phonétique*, 1933.

F. de Saussure: *Cours de linguistique générale*, 1916.

H. A. Gleason: *An Introduction to Descriptive Linguistics*, 1955.

그는 이들의 음성 기술을 두루 참고하면서, 국어의 닿소리와 홀소리의 정밀한 음성 기술 목록을 이끌어낸다. 더욱 나아가서 음성을 만드는 소리바탕(음성자질)을 '보편바탕과 특수바탕', '본디바탕과 뜨내기바탕'으로 분류한다. 이 소리바탕은 생성음운론과 연관성이 있는 것이다.

(4) 음소(phoneme)와 음성(phone) 차이 인지: 변별과 비변별 인지

현대적인 뜻으로서의 '음소'와 '음성'의 차이를 구체적으로 밝혀 준다. 소리 중 변별적(distinctive) 대립적인 것은 '음소'이며, 비변별적(non-distinctive)인 것은 음성이라 한다. 이 경우, 음소를 구별하는 조작 장치는 뜻 분화의 기능을 하는 최소차이(minimal distinction) 또는 준동음어(quasi-homonym)이며, 비변별적인 소리들 곧 변이음(allophons)은 상보적 배치(서로 배타적인 분포)라 한다. 곧 하나의 음소는 나타나는 자리에 따라 무의식적인 비변별적 변이음으로 변이한다는 것이다. 허 웅의 이러한 음소관은 1950년 중반부터 적극적으로 들어오는 미국의 기술-구조 언어학의 영향으로 더욱 박차를 가하였다. 물론 그 무렵 '신진 소장 학자'들도 이러한 음소관에 따른 음소 분석의 논문

이 있었지만(가령, 김석득, 국어음운분석론(1958 석사학위논문)., 음운분석론 기술언어학에서 본 음운 설립을 중심하여, 『한글』126호, 1960) 논저로 체계화된 것은 허 웅이 처음이다.

허 웅은 그러나 음소의 정체는 밝히기 어려워서 학자들 간에도 그 정의가 다양함을 소개한다. 곧 심리적 대등(Baudouin de Courtnay: l'équivalent psychic du son du langage); 언어 의식이 불가분리의 것으로 감지하는 최소의 단위(N. Van Wijk: les plus petites unités que la conscience linguistique sent comme indivisibles)를 비롯하여, 심리적인 존재(E. Sapair); 발음 운동의 이상, 곧 발음하는 목적 의도(有坂秀世); 같은 환경에 쓰일 수 없는 음성들의 가족(D. Jones); 심리적 성격보다 말의 뜻을 분화하는 기능(N. Trubetzkoy); 한 언어의 음소는 소리가 아니라 말할이가 인지하도록 훈련된 소리의 단순한 바탕(L. Bloomfield); 동시적으로 나타나는 변별적 소리바탕의 전체(A. Martinet); 여러 쌍이 서로 극단적으로 양분 대립(binary opposition)하는 변별적 바탕으로써 음소를 규정하는 것(R. Jakobson, C. Gunnar, M. Fant, M. Halle) 등이 그것이다.

허 웅은 총괄적으로, 이들의 다름은 그 중점을 두는 자리를 달리하는 것일 뿐이니, 음소를 가려내는 데는 다른 방법들을 빌어쓰기 마련이라 하고, 이러한 모든 정의는 음소 분석에서 다 이용될 수 있는 것이라 하였다(『국어음운학 - 우리말 소리의 오늘·어제-』, 쪽.84. 다음부터 나오는 쪽수는 특별한 경우가 아니고는 이 책의 쪽수임).

이상에서 허 웅은, 음운학의 독립적 학문 분야를 부각시킨다. 곧 음운학은 그 바탕이 되는 음성학의 심화된 이론이 전제되어야 하지만, 음성학은 음운학과 학문의 연구 대상으로는 다름을 분명히 한다. 또한 그러나 소리바탕에 기반을 두는 음운학은 음성학과의 상호 관계가 밀접한 것임을 강조한다. 여기에서 허 웅의 음운학은 우리의 전통적인 소리갈을 넘어서 현대 음운학으로 깊숙이 들어가는 바탕을 이루고 있음을 알 수 있다.

19.2. 현대 국어의 음운학 정립: 현대 공시 음운학

눈뫼 허 웅은 위의 음소관을 바탕으로 국어의 음운학을 정립한다. 이 음운학의 구성은, 음소 분석, 음소의 체계, 운소론, 음운 변동론으로 이루어진다.

(1) 음소 분석: 분포, 기능주의

음소 분석에서는 표준말의 음운 체계를 세우는 일이다. 이를 위한 작업은 표준말의 음운의 수와 정체를 밝혀내는 일이다. 이 일을 위하여, 먼저 모든 음성을 가능한 한 정밀 기술하는 것이다. 다음은 그들에서 음소를 가려내고, 그 음소의 변이음을 확인하는 일이다. 이러한 작업에는 일정한 원리가 적용되어야 한다. 허 웅은 표준말 음성(닿·홀)의 총괄을 기술하고(139-40쪽) 음소 분석의 원리로 '갈음과 대립'(이른바 최소대립), '임의 변이'(또는 '수의 변이'), '결합 변이'(이른바 상보적 분포, 또는 배타적 배치에 의한 변이)를 적용하여 닿·홀의 음소를 33개로 확정지었다(ㅉ.183-84. 1965년의 "국어음운학"에서는 거듭홀소리(중모음)를 넣어 43개로 보았다). 이상으로 보아 허 웅의 음소 관은 분포, 기능주의라 하겠다.[170]

(2) 음소의 체계

여기에서는 각 음소의 변별적 소리바탕을 기술하고, 이에 따라 음소들이 일원대립과 다원대립으로 나타나고, 또한 음소들이 바탕에 따른 상관(유무 대립 등 상관쌍)의 묶음의 체계로 나타남과 음소의 조직표를 만들어냈다(209-20쪽).

---

170) 더욱 분포 기능주의를 바탕으로, 우리말의 공시적 음운체계를 세운 것을 볼 것: 김석득: 음운분석론 - 기술언어학에서 본 음운설립을 중심하여, 『한글』 126호, 1960.

(3) 음소의 결합과 '음절' 문제

음소가 결합한 기본적인 단위는 '음절'이다. 음절 유형은 CVC, CV, VC, V 이고, 음절의 수는 이론적인 계산에서 3,520이다(V형 22, VC형 22×7=154, CV형 19×22=418, CVC형 19×22×7=2,926). 그러나 실제 쓰이는 수는 음소결합의 제약('말 첫머리의 첫-가운데의 이음' 제약, '가운데-끝의 이음' 제약, 끝-첫소리의 제약)의 수를 빼어야 한다. 허 웅은 이 실제의 수는 그대로 과제로 남긴다(229-41쪽). 역사적으로 보면, 이론적인 음절의 수의 계산은, 최석정(崔錫鼎)이 밝힌 12,288자가 최초이다.[171]

(4) 운소론

운소론에서는, 소리의 말끝의 높낮이가 말본의 의미를 가지는 통어적 표현인 월가락(intonation)과, 어휘적 대립에 이용되는 운소인 세기, 높낮이(국어의 세기, 높낮이는 말뜻의 변별 기능이 없음. 다만 경상도 방언에서는 높이가 세 가지 토님(toneme)으로 대립됨), 길이(낱말의 뜻 분화의 기능이 있음) 문제를 다루었다. 운소 관에서 제시한 중요한 사실은 첫째, 어휘적 뜻(lexical meaning)을 분화하는 힘의 있고 없음, 둘째, 통어적인 대립 곧 말본의 뜻(grammatical meaning)의 분화에 관여 여부이니, 이 두 가지 기능을 가진 '뜨내기바탕'만이 음운학의 테두리에 든다는 것이다. 그리고 다만 어감의 분별에 이용되는 경우에는 음운학에서 벗어나 'phonostylistique'에서 다룬다는 것이다. 그렇다 하더라도 음운학에서는 이러한 뜨내기소리바탕도 전혀 돌볼 필요가 없는 것은 아니라고 결론한다(250쪽).

일반적으로 구조언어학에서는 음소(phoneme)를 분절 음소(segmental phoneme)와 업힌 음소(엎힌 음소, suprasegmental phoneme, prosodic phoneme)로 갈라 본다. 그리고 업힌 음소는 분절 요소 이외는 모두 업힌 요소로 보기 때문에, '이음새'(연접법, juncture)까지를 업힌 음소로 본다. 허 웅의 음운학에서

---

171) 崔錫鼎, 『經世訓民正音圖說』의 「律呂相乘 配合成字圖」 쪽.

는, '음운'을 '음소'와 '운소'(프. prosodème)의 둘로 갈라 보고, 음소는 음소론, 뜨내기바탕인 '운소'는 '길이 높이 세기'를 말하며, 이는 운소론에 해당한다고 본다. 그리고 이 '운소론'에서는 '이음새' 문제가 빠진다. 이음새 문제는 '음소의 결합 관계' 안에서 논의한다. 그의 음소론과 운소론은 통틀어 '음운학'이 된다(133쪽, 242쪽).

(5) '음운의 변동'에서 보인 음운 규칙

음운의 변동 문제는 음소의 결합의 결과 나타나는 현상으로서 기본형태와 변이형태 분석에 기본이 된다. 그러므로 이는 형태음소(morphophoneme)의 변동 문제이요, 형태음소론(morphophonemics)이 된다. 이 형태음소론은 공시적 체계에 국한하는 것이다. 형태음소론에서는 기본형태와 변이형태를 부른다. 허 웅은 기본 형태를 결정하는 방법으로 간결한 것, 일반성 있는 것, 합리적 설명이 될 수 있는 것을 든다(253쪽). 음운의 변동에서는 그 변동의 규칙이 근본적인 문제이다. 그 규칙에는 규칙 적용의 차례(가령 {값} → 갑(만) → 감(만))와 음운 조건이 규명되어야 한다. 허 웅의 경우, 이 조건으로, 필연과 임의, 보편과 한정을 들었다. 그리고 그에 대한 원인으로는, 음소의 가로(통합) 체계의 제약성(음절 짜맞추기, 머리소리 규칙, 닿소리 이어바꿈), 발음의 편의를 위한 자연적인 경향(닮은, 줄임, 없앰), 말의 청취 효과를 똑똑히 함(/ㄴ/ 덧나기, /ㄷ/ 덧나기, /ㄹ/ 겹치기)을 들었다. 그리고 이 결과 얻어진 총체적 일람표를 제시했다(288-9쪽).

이러한 형태음소 변동론은 음운론과 형태론의 사귐의 현상이요, 형태론의 시발점이기도 하다. 물론 이러한 변동론은 선각들, 특히 최현배의 「소리갈」(『우리말본』 안의)을 잇고 나아가서 이를 뛰어넘는 연구로서, 전-후기 구조주의 음운론과 형태론에 끼친 영향은 매우 큰 것이다. 또한 이 변동론은 맞춤법의 언어 이론적 뒷받침이 된다는 데 그 의미를 둘 수 있다. 이 문제와 관련, 허 웅도 선각들의 맞춤법은 보편, 필연적인 것은 원형을 밝히고, 한정적인 것은 비록 필연적이라 하더라도 원형을 밝히지 않으며, 임의적인 것은

표준 발음을 따르게 처리한 1933년의 통일안의 이론의 근거가 명백함을 밝히
고 있다(290-303쪽).

19.3. 15세기 국어의 음운학 정립: 15세기 공시 음운학

이는 15세기 국어 음운학을 공시적으로 정립한 연구 역사적 의미를 가
진다. 이 연구가 가진 또 다른 뜻은, 우리가 분명히 거슬러 올라갈 수 있는
언어 상태는 15세기의 것이요, 이를 중심으로 회고적인 여구와, 다음으로 이
어지는 언어의 바뀐 현상을 전망할 수 있다는 데 있다. 허 웅은 15세기 언어
의 이해뿐 아니라 15세기 이후의 전망적인 연구에 궁극적인 목적을 두었으므
로, 그의 연구자료 문헌은 15세기에서 18세기에 이르는 방대한 것이다(자료:
304-5쪽).

15세기 음운 체계의 실체 파악을 위하여 "훈민정음"의 조직 이해로 시작
한 것은 말할 것 없이 적절하다. 그것은 가장 확실한 문자 체계가 훈민정음
에서 비로소 이루어졌으며, 이 문자 체계를 통하여, 그 소리값을 알고 나아가
서 음운체계를 설립할 수 있기 때문이다. 그런데 그 소리값을 추정하려 할
때 문제되는 것은 지금 쓰이지 않는 글자(없어진 글자)와 소리 바뀐 글자(변
음자)의 소리값이다. 이 문제만 해결하면 15세기의 공시적인 음운 체계는 설
립할 수 있다

(1) 쓰이지 않는 글자: 소리값과 음소 설립

'ᄫ'은 제자해의 설명이나 최세진, 신숙주의 설명, 그 쓰임 등 문헌적 연
구나 분포 조사에 근거하여 소리값과 음운의 기술은 공깃길 1도의 두 입술
울림소리 [β], /β/라 한다(중국음 기술에서는 [f]). 이것은 최현배가 고친 "한
글갈"에서 추정한 것과 일치하는 것이다. 그런데 이 음가에 대한 논전은 매
우 심했다. 남광우의 '이상적 표기설'[172]과 유창돈의 '이음 및 상징적 표기설'
이 대표적인 것이다. 'ᅙ'은 우리말 표기의 경우 '목청 닫힘소리'의 부호라 했

다. 『국어음운학』, 1965년판 367쪽에서는 이를 '조직외적 음소'라 했다. 'ㅿ'은 훈민정음 해례의 설명과 그 때 문헌에 쓰인 분포와 방언의 증거들에 따라 [z], /z/로 보았다. 이러한 단정은 최현배의 ㅅ의 흐린소리 설과 일치한다. 그런데 이 문제도 역시 학계의 논전이 많은 대상이다. 'ㅇ'는 「훈민정음 해례」 설명의 혀의 상태에서 보나, 소리의 인상에서 보나, 음소의 변동으로 보나, 음소의 변천 변화에서 보나, 중국말 소리와의 대비에서 보나, 방언의 소리에서 보아, 'ㅏ, ㅗ, ㅡ'에 가깝다고 하고, 이를 [ʌ~ə]라고 결론을 내렸다. 이 문제는 일찍부터 최현배의 'ㅏ ㅓ ㅗ ㅜ ㅡ'에 두루 가까운 중간 소리 설과 이숭녕의 'ㅏ ㅗ'의 사이소리 설이 첨예하게 대립되었던 문제이기도 하다. 'ㆅ'은 ㅎ의 된소리[ç] /ㆅ/이요, 'ㅥ'은 단순한 ㄴ의 겹침일 뿐이며, 'ㆀ'은 그 자체는 무음가로 이와 배합하는 홀소리가 된소리 [j̈, ï, ü]임을 보인 것이라고 했다. 그리고 ㅅ계 합용(ㅺㅼㅾㅽ), ㅂ계 합용(ㅲㅳㅄㅶㅷ), ㅄ계 합용(ㅴㅵ)은 그 합용된 글자의 음가가 있는 것으로 보았다. 이는 최현배의 견해와 같은 것이요, 이숭녕의 'ㅅ계 된소리 표기설'과는 맞서는 것이다. 허 웅의 이 소리값 추정은 바로 음소 추정이 되는 것이다 : /sk sn st sp/, /pk pt ps pc pth/, /psk pst/. 허 웅의 병서에 대한 소리값 문제는 이미 1953년에 발표되었던 것이다.[173]

(2) 소리 바뀐 글자: 음가와 음소 설립

'ㅇ'은 음가가 없으며, 'ㆁ'은 [ŋ] /ŋ/이다. 15세기 ㅓ는 [ɘ](앞으로 약간 기울어지는 일이 있음)였을 것이라 한다. 'ㅚ, ㅐ, ㅟ, ㅔ, ㅒ, ㅖ, ㅘ, ㅝ, ㅙ, ㅞ, ㆎ'의 소리값에 대해서는 훈민정음의 설명으로나, 음소 변동으로나, 음소의 통시적 변화로나, 외국말 소리의 우리말 소리로의 옮김 방법으로 보아서, 이들은 두겹홀소리(ㅚ, ㅐ …) 또는 세겹홀소리(ㅒ, ㅖ …)라 했다. 허 웅의 이러한 논증은 이미 1952년에 이루어진 바 있다.[174] 모든 치음은 아직 입천

---

172) 『중앙대학교 논문집』 제4집, 1960.
173) 「병서의 음가에 대한 반성」, 『국어국문학』 제7집, 1953.
174) 『국어국문학』 제1집, 1952.

장소리의 변이음을 가지지 않은 잇몸소리로 추정했다.

이와 같은 추정으로 15세기의 총괄적인 음성표가 작성되고(391-2쪽), 그 음성표에 나타난 음성들의 음소 형성과 변이음들의 정리 과정을 거쳐, 15세기의 총괄적 음소표가 작성된다(402-3쪽).

15세기 음소표는 현대 음소론에서와 같은 각 음소의 변별적 소리바탕의 논의와 '음소의 대립 관계'의 논의를 거쳐, 다시 소리 내는 자리와 방법 등 변별바탕에 따라 체계화되는 '홀소리와 닿소리의 음소 조직표'를 이끌어낸다 (410쪽, 412-3쪽).

(3) 음절론: 음절 형성과 제약, 음절 경계의 동요

15세기 말에서는 홀닿소리 음소 22, 겹닿소리 10개 모두 32 음소라 한다. 이들은 이론적으로는 음절 첫소리를 형성하나 실재 쓰임에는 이들 가운데 어두에서 제약을 받는 것이 있음을 지적했다. /ㅆ, ㆅ/을 뺀 모든 된소리, 향음의 /ㅸ, ㅿ, ㄹ, ㅇ/이 그것이다. 끝소리에서 'ㅅ'은 음절 끝소리로 제소리 값을 냈다고 추정하여(증거: '엇뎨/듣고' 등에서와 같이 지금의 닫음소리 'ㄷ'이 나는 자리에 'ㄷ, ㅅ'이 꽤 정연하게 구별되어 쓰임.) 8종성을 인정한다. 이런 까닭으로 15세기 표기법에서 끝소리에서 닿소리의 거듭은 그대로 한 음절 구성소로 보고 있다. 음절 경계로 보면, 첫째, -VCV-의 경우는 음절 경계가 지금과 같으나, 때로는 닿소리가 끝소리로 나는 일도 있다: 앗이(앗이), 엿이(엿이), 달아…. 둘째, 가운데소리 사이의 둘 이상의 닿소리가 올 때는 그 음절 경계가 동요한다 :

    [-VC- + CV-]   닷곤, 깃브다

    [-V + CCV-]   쉬뼈. 가스라

    [-V + CCCV-]   모쁴

    [-VC + CCV-]   블뼈, 거슬쁘-, 블쁘디-

    [-VCC + CV-]   거슯즈-, 넓드디

생각하건대, 15세기라는 역사적 공시태의 특수 음절 유형과 그 제약, 그리고 음절 경계의 동요 현상을 '공시적인 문헌학의 방법'으로 극복한 것은 크게 주목을 끌만한 것이다. 이는 예스페르센(O. Jespersen)의 'sonority'(들림의 힘)이론이나, 소쉬르(F. de Saussure)의 'implosif, fermeture'(내파음) 'explosif, ou-verture' (외파음)이론이나, 그라몽(M. Grammont)의 'décroissant'(점약음) 'croissant' (점강음)이론으로 모두 해결 될 수 없는 것이기 때문이다.

(4) 음소 변동론: 변동 규칙의 조건

여기에서는 음소 변동의 조건에 따라 일어나는 변이형태의 형태음소 변동에 초점을 맞춘다. 변동의 조건으로, 가로(통합)체계의 제약성으로 일어나는 변동(음절짜임새 맞추기, 머릿소리규칙, 닿소리 이어바꿈)과, 발음의 편의로 일어나는 변동(닮음, 줄임, 없앰)과, 표현을 똑똑하게 하려는 데서 일어나는 변동을 들되 이에 대한 문헌적 실례를 자세히 들었다. 그리고 그 총체적 일람표를 일목요연하게 보였다(쪽.444~5).

생각하건대, 이 변동 규칙은 형태소의 결합론에서 대두되는 '결합 법칙(sandhirule)'에서 규명되는 것으로, 형태음소론, 형태분석론에 해당한다고 본다. 형태분석론의 제일 과제는 기본형태를 분석하는 일이요, 다음은 이 기본형태의 결합조건에 따라 일어나는 형태음소의 변동에 의한 변이형태를 분석하는 일이다. 그런데 이 작업은 옛말의 공시태의 경우 광범하고도 정밀한 문헌학적 연구를 필요로 한다. 허 웅에서는 이것이 거의 완벽하게 수행되었다. 그리고 경우에 따라서는 기본형태 설정을 합리적으로 설명하기 위하여 '가상적 기본형태'를 끌어오기도 한다. 허 웅이 헉켓(C. F. Hockett)의 '이론적 기본형태(theoretical base form)'를 따온 것은 형태분석에서 중요한 의미를 갖는 것이다. 가령, 문헌에 출현하는 '남ㄱ와' '나모' 중 어느 것을 기본형으로 잡아도 그 변이형태의 설명은 합리적이지 못하다. 만일 이론적 기본형태로 '나목'을 가정하면, 홀소리 위에서는 홀소리가 줄어 '남ㄱ'가 되고, 닿소리 위에서는 닿소리가 줄어 '나모'가 되니, 합리적인 설명이 된 셈이다. 한 말로 '음소 변동론'

은 15세기 구조 형태론의 기틀이·된다고 할 것이다.

(5) 운소론: 방점과 성조

방점을 성조론으로 다룬 눈뫼는 훈민정음의 설명과 중국어 사성과의 비교, 음운 변동, 변화의 실례, 경상도 방언의 성조를 근거로, 15세기 방점(평, 상, 거)이 성조를 표기한 것으로 확신하고, 그 때의 언어를 '굴곡조를 가진 수평 조직 언어'(register tone language with contour overlap)라고 했다(『국어음운학』, 1965판 406쪽., 『국어음운학 -우리말소리의 오늘·어제』, 쪽.45). 이러한 성조 연구는 이미 일찍이 논문으로 발표한 바 있다.[175]

19.4. 국어 음운사의 체계화: 통시 음운학

음운사 기술에는 소쉬르가 제시한 회고적인 방법과 전망적인 방법이 있다. 허 웅의 음운사도 이 두 가지 방법을 제시한다. 그런데 그는 국어의 경우에는 음운사에서 회고적인 방법에는 한계가 있다는 것이다. 그것은 문헌에서 신라 향가 25수에 기댈 수밖에 없으며, 그마저 11수는 고려 초기에 된 것이라는 점을 지적한다. 고려 시대에 내려와서도 손목(孫穆)의 『계림유사』(鷄林類事)의 300여 어휘(한자로 수록)나 『화이역어』(華夷譯語) 중의 '조선관역어'(朝鮮館譯語)가 있으나 고려 시대의 전반적인 음운 상태를 파악하기는 어렵다는 것이다. 그리하여 똑똑하게 알 수 있는 것은 훈민정음 이후의 음운의 변천-변화의 모습이니, 국어 음운사는 이를 전망적으로 고찰해야 한다는 것이다. 눈뫼는 이러한 전망적인 음운사에는 두 가지 방향, 곧 낱말의 시니피앙(signifiant)으로서의 음운이 바뀌는('뷔다'가 '비다'로 바뀌는 따위) '어휘론적인 음운 변화'와, 음운 체계 자체가 변천하는(음운이 없어지고 생겨남, 음절을 만드는 방법이 바뀜, 음소 연결 방법의 바뀜) '음운 체계의 변천'이 있음을 제

---

175) 「旁點硏究」, 『동방학지』 제2집, 1955.

시한다.

'음운 체계의 변천'에서는 15세기와 지금의 음운 체계의 다른 점(닿소리 체계의 다름, 홀소리 체계의 다름, 음소 연결 방식의 다름, 운소의 다름)을 보인다(쪽.463-5). 음운 변천의 시기는 닿소리 체계의 변천(쪽.465-78)과 홀소리 체계 변천(쪽.478-88), 음소 연결 방식의 변천(쪽.488-98), 높이와 길이의 갈음(쪽.498~500), 에 대하여 문헌학적으로 논증한다. 그리고 변천의 총체적 사실을 일람표로 보인다(쪽.512~24).

'낱말의 소리 변화'에서는 결합적(통합적) 관계로 일어나는 변화(노력 경제: 닮은, 줄임, 없앰), 표현을 똑똑하게 하려는 데서 일어나는 변화(달라짐 곧 이화 dissimilation, 덧보탬, 강화, 잘못 돌이킴), 무의식적인 잘못으로 일어나는 변화(자리바꿈, 서로 통합), 낱말의 연합적(기억적) 관계로 일어나는 변화(유추, 민간어원, 뒤섞임)에 대하여 역시 문헌학적으로 논증한다(이상 쪽.514-75).

이러한 음운사의 전망적인 통시적 연구는 공시적 연구와 관계가 깊다. 여기에서 눈뫼는 '통시언어학과 공시언어학의 만남'을 세워, 음운 체계의 통시적 변천과 변동 규칙 문제와, 낱말의 소리 변화와 소리 연결의 체계 문제를 논한다(쪽.575-81).

이 음운학의 대단원은 '음성 상징(sound symbolism)'론으로 내린다. 이는 의성어와 의태어 등에 대한 음성의 상징적 규칙을 논의한 것이다(582-93쪽).

음성 상징의 문제는 세계 언어에서 우리말만이 가지는 체계이다. 이러한 우리말의 음성 상징 체계를 인식하지 못한 소쉬르는 그의 『언어학원론』(*Cours de linguistique générale*)에서 이를 등한시 했다.176) 이러한 연구의 선구적인 것에는 일찍이 정인승의 "어감 표현상 조선어의 특징인 모음 상대 법칙과 자음 가세법칙"177)이 있다. 허 웅은, 이러한 소리의 연구는 지적 의미를 분화하

---

176) 우리말 상징론에 대해서는, 김석득: 「우리말 상징성 연구」, 『한글』 제229호, 1995를 볼 것.
177) 『한글』 제9호(통권 60호), 1938.

지 않고 감정의 세계를 나타내는 이른바 트루베츠코이의 'phonostylistiqye'라고 봄으로써 그 나름의 특색을 보인다.

음운학의 마무리: 연구사 상의 자리 매김

조선조의 음운학이 근대화 이후에는 근세 음성학 연구로 이어지고, 그 뒤 또한 여러 학자들의 음성학 또는 음운론의 이름으로 연구되었다. 그러다가 마침내 현대적인 뜻으로서의 '공시음운학'과 '통시음운학'의 총체적 체계를 세우는 데까지 이르게 되었으니, 여기 눈뫼 허 웅의 "국어 음운학"이 그것이다. 오늘날 생성 음운론이라는 이름으로 국어 음운의 연구가 한 걸음 나아가고 있음은 사실이다. 그러나 이는 현대어의 공시적인 일각의 연구에 지나지 않는다. 그 체계가 자가 노작으로 이루어지기까지는 아직도 먼 느낌이 든다. 그러한 연구가 체계화되기 위해서는 이 "국어 음운학"에 기대지 않고는 어려울 것이다. 여기 "국어 음운학"의 국어 연구사 상의 큰 뜻을 발견할 수 있다.

6장
국어학의 역사적 현실과 전망

『우리말 연구사』가 여기에 이르러 대단원을 내리려 하니 많은 아쉬움을 느낀다. 그것은, 첫째, 글쓴이(글쓸이)의 사정(연구 사조의 흐름에 초점)에 따르다 보니, 나라 안팎의 학자들의 여러 연구 분야의 업적에 대한 분석 평가를 놓쳤다는 것, 둘째, 그 놓친 이들 중에도 다만 한정된 이들에 대한 업적을, 그것도 역사적 성과의 이름만을 다음에 밝혀 둠에 그쳐야 하겠기 때문이다.

첫째, 향가와 이두 연구로, 무애 양주동의 『朝鮮古歌硏究』(1942, 증보판 『古歌硏究』 1957), 오구라(小倉進平)의 『鄕歌及び吏讀の硏究』(1929), 장지영·장세경의 『이두사전』(1976. 장세경 깁고 더한 『이두자료 읽기 사전』 2001) 들을 든다. 둘째, 한자음에 대한 연구로, 남광우의 『조선(이조) 한자음 연구』(1969), 특히 『東國正音』에 대한 유창균의 연구(1966)와 이동림의 연구(1970)를 든다. 셋째, 방언의 연구로, 오구라(小倉進平)의 『朝鮮語方言の硏究』 상하(1944), 고노(河野六郎)의 『朝鮮方言學試攷 ‘鋏’語考』(1945), 최학근의 『國語方言學序說』(1959) 등을 든다. 넷째, 국어사의 연구로, 유창돈의 『國語變遷史』(1961)와 『李朝國語史硏究』(1964) 및 『語彙史硏究』(유고집 1971), 이기문의 『國語史槪說』(1961, 개정판 1972, 1976), 김동소의 『한국어 변천사』(1998) 등을 든다.

이들에 대한 개별적 소개 논평은 뒷날로 미루기로 한다(다만 장지영·

장세경의 『이두사전』은 글쓴이가 이미 그에 대한 연구사적 뜻을 평론한 바
있다: 『연세국학총서』 50(2005), 쪽.411~15).

이제, 우리말 연구의 발전적 과정을 사조사적 관점으로 보아, 현대 국어
학에 이르러서 나타난 특징을 다음에 약술함으로써, 오늘을 파악하고 내일을
헤아려 보기로 한다.

1. 전기 구조주의: 형태론 태동, 음운론 정착

1950년에서 1960년에 이르는 동안은 전통주의와 전기 구조주의의 경향
이 공존하던 때다. 이때는 국어 연구의 대상으로 음운론, 형태론, 통어론이
각립하기 시작한 때이기도 하다. 이들 각 분야에서는 구조의 구성요소의 분
포(distribution)조사에 따른 기능적 이해를 하는 새 기운이 일어났다. 물론 '음
운론' 연구의 경우, 이 당시에는 전통적 방법에 따른 여러 학자들[1]의 연구가
지배적이었다. 그러나 또 한편, 유럽 언어학의 영향과 미국 구조 언어학의 섭
렵으로 이미 국어 음운론을 체계화한 허 웅의 논저[2]가 나왔으니, 이는 음운
론의 경우, 전통주의와 전기 구조주의의 금을 긋는 획기적 계기가 되는 것이
다. '형태론'의 분야는 이 시대에 아직 전통적 방법을 벗어나지 못했으나, 그
주요 연구 대상으로는 토(격조사), 때매김(시제), 고대 국어 형태론, 잡음씨
(지정사), 존대법사, 존재사 등을 들 수 있으며, 그 밖의 연구 등이 전통적 방
법에 따르기는 했으나, 좋은 성과를 가져왔다.[3]

---

1) 김석득: 국어학 연구의 사조사적 개관, 외솔회, 『나라사랑』 26집, 쪽.151~2.
2) 허 웅: 『국어음운론』, 1958.
3) 이숭녕: 격의 독립품사 시비, 『국어국문학』 4, 1953.
   나진석: 미래 시상 보간 '리'와 '겠'의 교체, 『국어국문학』, 6, 1953.
   이숭녕: 고대어의 형태론적 연구 시도, 『최현배 선생 환갑기념 논문집』, 1954.
   김형규: 주격토 '가'에 대한 소고, 『최현배 선생 환갑기념 논문집』, 1954.

1960년 앞뒤로는 거의 미국 일변도의 수입학파의 성격과 정통 학파가 나누어지는 경향이 보인다. 그러나 그 사이에 끊임없는 교호 작용이 전례없이 빈번히 일어남도 이때부터다. 물론 이 교호 작용과는 관계없이, 전통적 방법에 의한 중세의 운학 관계 연구(유창돈, 남광우)가 활발하게 이루어지기도 했다. 그러나 이때 연구의 새로운 이론과 방법론을 정착시키는 작업에 초점을 맞출 필요가 있다. 당시 최현배의 ' ' 소리값 상고—소리몸(音韻)의 연구'(『동방학지』 4집, 1959)는 전통주의로부터 현대 구조주의에로의 관심을 의미하는 것이기도 하다. 좀더 현대적인 구조 음운론에 해당하는 것에 음운 분석론[4]이나 음소 배합론(phonotactics) 또는 형태음소론(morphophonemics),[5] 운율 또는 운소(prosodie, suprasegmental phoneme)론[6]에 대한 연구를 들 수 있다.

한편, 최소 뜻의 낱덩이인 형태소(morpheme) 분석이 이때 진행되었으니 미국 언어학의 소개[7] 및 몇몇 학자들[8]에 의한 형태소 분석이 깊이를 더해갔

이남덕: 지정사 '이다'에 대하여, 『국어국문학』 11, 1954.

허　웅: 존대법사, 『성균학보』 1, 1954.

김윤경: 말은 종합에서 분석적으로 발전한다, 『한글』 108, 1956.

최현배: 안 갖은 움직씨 '닥다'에 대하여, 『한글』 118, 1956.

이희승: 존재사 '있다'에 대하여, 그 형태 요소로의 발전에 대한 고찰, 『서울대 논문집』 111, 1956.

4) 김석득: 음운분석론—기술언어학에서 본 음운 설립을 중심하여—, 『한글』 126, 1960.

5) 이강로: 국어 형태음운의 변동에 대하여, 『한글』 128, 1961.

　김석득: 형태음소론(morphophonemics) 소고, 『국어학』 1, 1962.

　김민수: 국어음소와 그 배열에 대하여, 『고대문리 논총』 6, 1962.

6) 장태진: 현대국어의 음소 설정과 prosody 문제, 『국어국문학』, 24, 1961.

　황희영: 15세기 Prosodic Metre 시굴을 위한 Accent 설정에 있어서의 몇가지 원인 문제, 『대전대 논문집』, 1962.

　박창해: 국어의 얹힘음운에 대한 연구, 『동방학지』, 6, 1963.

7) 김민수: 국어 문법론 연구, 『통문관』, 1960.

8) 김민수: 늦씨와 morpheme- 주시경 및 블룸필드의 문법적 최소 단위에 대하여, 『국어국문학』, 24, 1961.

　이남덕: 국어의 형태 분류론, 『이대 대학원』, 1961.

　김석득: 형태소의 변이형태소에로의 분석, 『한글』 129, 1962.

다 물론, 이 당시의 중세 국어 연구[9]에도 계속 관심이 간다. 중세어 연구에서는 결국 현대적 뜻의 형태론에 의한 체계를 세우지 아니한 채 전통주의에 의한 체계를 세운 데 주의할 필요가 있다. 그것은 중세 문법[10]에 이숭녕, 국어사[11]에 유창돈, 김형규 등을 들 수 있다. 또한 당시 집고 넘어가야 할 것은 학술 논쟁이다. 먼저 이숭녕의 'mood'론에 대한 허 웅의 비판과 이숭녕의 반론을 들 수 있다.[12] 다음은 허 웅의 객체존대 이론에 대한 이숭녕, 김형규의 반대 이론이다. 그리고 전통적인 공시적 말본의 씨가름(품사 분류)론의 논쟁을 들 수 있다. 그것은 최현배의 잡음씨론[13]이 1956년과 1963년에 걸쳐 같은 논제로 전개되었음과, 이석린[14]의 이에 대한 두 번에 걸친 '이다' 옹호설로 입증된다. 또한 이 시대에는 전통주의 말본의 씨가름론의 극성기이기도 하다. 그리하여, 『한글』 125호에는 이에 대한 특집[15]이 나오기까지 했다. 그러나 그럼에도 불구하고, 당시의 전통적인 방법은 대체로 그 세력이 미약해 감이 특징이었다. 한편 음운론은 이 시기에 이미 전기 구조주의로 정착된다. 그러나 이에 비기면 형태론은 아직 유동기를 벗어나지 못했다.

강윤호: [i]를 중심으로 한국어 형태의 몇가지 양상에 관한 시론. 『국어교육』 6, 1963.
이병근: 용인 지방어의 연구-형태론적 고찰, 낙산어학회, 『언어연구』 3, 1963.
9) 이숭녕: 주격 '가'의 발달과 그 해석, 『국어국문학』, 19, 1958.
이기문: 중세 국어의 특수어간 교체에 대하여, 『진단학보』, 23, 1962.
허 웅: 15세기 국어 용언의 강세 접미사, 『조명기 박사 회갑논문집』, 1956.
10) 이숭녕: 『중세 국어문법』, 1961.
11) 유창돈: ① 『국어 변천사 연구』, 1961. ② 『이조 국어사 연구』, 1964.(유고로 1971년 『어휘사 연구』가 있음)
김형규: 『국어사연구』, 1963.
12) 허 웅: 이숭녕 박사의 중세 국어-mood론에 대한 비판, 『한글』 123, 1964.
이숭녕: 국어 mood론-허 웅씨 소론에 답함, 『어문학』 11, 1964.
13) 최현배: ① 잡음씨의 세움, 『한글』 120, 1956. ② 잡음씨에 대하여, 『연세 논총』 2, 1963.
14) 이석린: 잡음씨 '이다'에 대하여, 『한글』 127, 1960; 134호, 1965.
15) 『한글』 125, 1959: ① 정인승: 우리말 씨갈음에 대하여. ② 김윤경: 말의 발달의 방향과 씨가름. ③ 이희승: 내가 주장하는 국어 문법의 기준. ④ 이숭녕: 나의 문법 연구 태도,

2. 후기 구조주의 정착 (1): 음운학, 그 밖

    1960년 후반에 들어서면서부터 오늘날까지의 미국의 변형 생성론의 수입 및 정착기를 대체로 '후기 구조주의'라고 하려 한다. 이러한 후기 구조주의의 특징은 '속구조'와 '겉구조'의 관계를 생성의 이론으로 이해하려는 언어관임에 있다. 이러한 생성 음운론은 이승환,[16) 이해숙[17)이 최초로 도입하고, 김진우가 그 영향을 주기도 했다. 이 무렵, 전상범,[18) 이병건,[19) 그리고 강윤호[20)의 연구는 주목할 만하다. 물론 이러한 생성적 연구는 국어사 연구에도 적용되었다.[21) 한편, 당시의 변형 생성 음운론과는 달리, 이현복[22)의 영국계 구조주의 방법, 곧 크리스탈(D. Crystal: *Prosodic System and Intonation*, 1969)의 이론을 적용한 성조의 연구는 독특한 것이었다. 이밖에 특수한 방법에 따라 이루어진 국어의 성조연구[23)도 볼 수 있다.

    1960년 후반에 미국 언어학(음운론) 일변도의 연구가 시작될 무렵, 한편으로 프랑스나 프라그 학파 등 유럽의 언어 이론이 김방한[24)에 의하여 도입 소개됨도 주시되어야 한다. 그러한 때에, 이미 유럽의 구조 이론과 미국의 후

---

16) 이승환: ① Jakobson의 변별적 자질,『영어영문학』 21, 1967. ② Reconstruction for Tense Vs. Lax Features,『어학연구』 111-1, 1967.

17) 이혜숙: ① Structural Phonemics Versus Generative Phonology,『이대 논총』 1, 1969. ② Lexical Feature Redundancy Rule of Korean,『어학연구』, Ⅳ. 1968.

18) 전상범: *Phonological Aspect of Late Middle Korean*, 1975.

19) 이병건:『현대 한국어 생성음운론』, 1976.

20) 강윤호:『한국어에 있어서의 모음 음소배합 유형에 관한 연구』, 1974.

21) 김완진: 음운 현상과 형태론적 제약,『학술원 논문집』 10, 1971. 기타 학자의 연구로는, 이기문: 국어사 연구가 걸어온 길,『나라사랑』 26집, ㅉ.138을 볼 것.

22) 이헌복: ① 현대 한국어의 액센트,『문리대학보』, 통 28, 1973. ② 한국어 억양연구, 한국언어학회,『언어학』 1, 1976.

23) 문효근:『한국어 성조의 분석적 연구』, 1974.
정영찬:『경상도 방언 성조 연구』, 1974.

24) 김방한은, 사실상 1960년 초부터, 유럽이론을 소개한 바 있다.
김방한: ① (번역) 앙드레 마르티네,『언어학원론』, 서울, 일조각, 1963. ② 프라그 학파의 언어이론,『어학 연구』 3-2. 1967.

기 구조주의 이론을 섭렵하고, 이를 자가 이론 체계로 정립하여, 이에 따라, 국어의 현대와 15세기의 공시적(synchronique), 통시적(diachronique) 체계를 확립한 허 웅의 개고 신편『국어 음운학』(1965)이 나왔다. 그리고 이를 고치고 더한『국어 음운학―우리말 소리의 오늘·어제―』(1985)는 후기구조주의 국어 음운학의 결정적인 것으로 드러난다. 음운학의 후기구조주의 사조는 오늘날도 흐르고 있음을 주시한다.[25]

한편 생성론에 비판적인 자리에서 전기구조주의를 고수, 후기구조주의와 공존의 자리를 굳게 차지하고 있는 것을 특히 주목한다. 박창해의『한국어 구조론 연구 1과 2―음운론 및 음운배합론―』(1990)이 그것이다.

후기구조주의의 음운학과는 별도로 70년대 중반부터 나타난 '구결'에 대한 새연구[26]와 '이두'에 대한 새로운 체계 확립[27]을 주목한다. 또한 이보다 앞선 연대에 이루어진 고대 국어 연구들[28]도 주시하는 바다.

---

25) 김진우: The Vowel System of Korean,『Language』44, 1968; Rule Ordering in Korean Phonology,『언어』1.1, 1976:『언어 이론과 그 응용』깁더본, 탑출판사, 2008.
26) 심재기: 舊譯仁王經上 口訣에 대하여,『미술자료』18, 1975.
   남풍연·심재기: 舊譯仁王經上 口訣 硏究,『동양학』8, 1976.
   이동림: 舊譯仁王經上 口訣解讀을 爲하여,『동국대학교 논문집』21, 1982.
27) 장지영 · 장세경,『이두사전』, 1976.
28) 박병채: 향가 표기법의 원류적 고찰,『국어국문학』32, 1965.
   이기문: 고구려의 언어와 그 특징,『백산학보』4, 1968.
   김완진: 고구려어의 t 구개음화에 대하여,『이숭녕 박사 송수기념 논총』, 1968.
   도수희: 백제의 왕칭어(王稱語)소고,『백제연구』3, 1973.
   박병채: 고대 국어의 연구, 1971.
   서재극: 백련초해의 석(釋)에 대하여,『한국학 논집』1, 1973.
   진태하:『鷄林類事硏究』, 1975.
   이돈주:『漢字學總論』, 1974.

3. 후기 구조주의 정착 (2): 형태론 또는 형태통어론

1960년 중반부터의 형태론 연구[29]는 그 정립을 위한 작업으로 진행되는 한편, 형태론 또는 형태통어(사)론(morpho-syntax)적 위치에서 연구되었으니, 서법,[30] 조어법,[31] 존대법,[32] 격조사[33] 등이 그 중심 과제를 이루었다.

1970년 중반에 들어서면서 더욱 존대법의 비교(대조) 연구,[34] 시제[35] 및 시상[36](tense-aspect)이 집중적으로 논의되었으며, 1980년대로 들어오면 특히 유럽의 '상'의 개념[37]을 도입, 일정한 시간에 일어나는 동작상을 시간 관계와 결부지어 보려는 경향[38]도 생긴다. 그러나 역시 후기구조주의(우리나라의 후기구조주의란 변형생성주의 그대로는 아니다. 다만 변형 생성론의 속겉 구조의 생성관계를 인식하는 언어관이다. 따라서 경우에 따라서는 전기구조주의의 분포적 뒷받침을 받기도 한다) 시대의 총 결산의 업적은 허 웅의 역사적 공시 연구인『우리옛말본』(1975)과『16세기 우리옛말본』(1989), 통시적 연구인『15 · 16세기옛말본의 역사』(1991), 그리고 현대의 공시적 연구인『20세기 우리말의 형태론』(1995, 2000)을 들지 않을 수 없다. 글쓴이(필자)의『우리

---

29) 김석득: 형태소의 변이형태(Allomorphs)애로의 분석,『한글』129, 1962.

　　이익섭: 국어 복합명사의 IC 분석,『국어국문학』30, 1965.

　　기타 다른 학자들의 연구에 대해서는, 김석득: 국어 연구의 사조사적 개관,『나라사랑』26집, ㅉ.165~6을 볼 것.

30) 고영근: 현대국어의 서법 체계에 대한 연구, 서울대,『언어연구』, 1965.

31) 김계곤: 현대국어 조어법 연구,『국어국문학』, 42, 43합, 1969.

32) 안병희: 15세기 국어의 공손법의 한 연구,『국어국문학』28, 1965.

　　김석득: 한국어 존대법의 일치와 확대구조,『국어국문학』41, 1968.

33) 김승곤: 중세어의 '이' 비유격 조사고,『국어국문학』42·43 합, 1969.

34) 서정수: 한일 양국어의 경어법 비교연구,『수도사대 논문집』6, 1974.

35) 남기심:『국어문법의 시제문제에 관한 연구』, 국어학연구선서 6, 탑출판사, 1978.

36) 김석득: 한국어의 시간과 시상, 연세대『한불연구』1, 1974.

37) *La notion d'aspect*, Recherches Linguistiques, V, Etudes publiées par le Centre d'Analyse Syntaxique de l'Université de Metz, 1978.

38) 김석득: 우리말의 시상,『애산학보』1, 1981.

말 형태론』(1993)도 이 시대의 산물이다. 그런데 글쓴이의 형태론의 특징은 '형태통어론'의 시각에 맞추었다는 데 있다. 이 밖에 앞으로 연구사적인 면에서 주시할 말한 형태론의 연구[39]와 문법론,[40] 그리고 문법사 연구[41]가 있음을 밝혀 둔다.

여기 후기구조주의 형태론은 정착을 한 셈이다. 다만 후기구조주의를 비판, 전기구조론(특히 기술언어학)을 고수함으로써 그것이 후기구조주의시대와 공존하게 된 박창해의『한국어구조론 연구』1, 2, 3 합본(1990)은 앞으로 정밀한 분석을 요하는 연구사적 대상이다. 물론 사조사적 흐름으로 보아 이 시대에 공존하는 전기구조론의 또 다른 연구 성과도 볼 수 있다.[42]

4. 후기 구조주의 정착 모색: 통어론, 그 밖

미국 언어 이론이 들어온 뒤 무엇보다도 활발한 움직임을 보인 것은 변형 생성 이론에 따른 통어론이었다. 그러나 그 활발한 움직임과는 대조적으로, 그 총체적 체계와 학맥은 언제나 이루어질지 모르리만큼, 이론과 연구 결과가 다기한 것이 오늘의 실정이다. 그 연구자도 외국어 전공자에 많음이 특징이라 하겠다.

우리나라에 '변형 생성문법' 이론이 구체적으로 도입되기 시작된 것은 1966년 이승환·이혜숙의 변형 이론의 소개[43]로부터다. 그리고 장석진이 1967년에 촘스키의 "*Aspect of the Theory of Syntax*"(1965)의 해설 논문을 내면서

---

39) 고영근:『국어형태론』, 1989.
40) 서정수:『국어문법』, 1994(형태론과 통어론을 합한-글쓴이)
41) 권재일:『문법사 연구』, 1998.
42) 심재기:『國語語彙論』, 1982.
　　김종택:『국어어후론』, 1992.
　　김승곤:『국어 토씨 어원과 용법』, 2004.
43) 이승환·이혜숙:『(번역)변형 생성문법의 이론』: Noam Chomsky: *Syntatic Structure* 1966.

좀더 나아가고, 손호민이 필모아(Fillmore)의 "*Case Grammar*"(1966)를 소개함으로써, 이 이론에 따른 국어 연구들이 나타나기 시작했다. 그리하여, '격문법' 이론에 바탕을 둔 양인석[44]의 저서와 생성 의미론의 바탕이 되는 'discourse analysis'라는 장석진[45]의 논문이 나온 것이다.

변형 생성론의 연구 대상은 다양했으나, 그 주 대상에 초점을 맞춘 것으로, '부정법',[46] '주어·겹주어·주체화',[47] '피·사동법',[48] '보조기능(comple-mentation)',[49] '관계문화(relativization)',[50] '격문법'[51] 그리고 '하(다)문법'[52] 등을 들 수 있다. 조동사의 의미·문제[53]도 관심을 끈다. 1983년에는, 생성 의미론 및 언어 사용론(화용론)을 바탕으로, 국어의 감탄문[54]을 분석한 논저도 나왔고, 후기 구조주의 방법에 따른, 국어 전반에 걸친 체계적 윤곽[55]을 밝히려 노력한 논저도 나왔다. 그러나 통어론에 관한 한 그 전반에 걸친 체계의 연구는 이루어지지 못했다. 그러다가 허 웅의 『우리말의 통어론』(1999)으로 정착함을 본다. 그 정착의 시대는 21세기로 흐르고 있다.[56] (글쓴이 책이

---

44) 양인석: *Korean Syntax*, Pack Hap Sa, 1972.

45) 장석진: A Generative Study of Discourse in Korean, On Connecting Sentences, 『어학연구』 9~2, 1973.

46) 박순함: *Transformational Analysis of Negation in Korean*, 1967. 이 밖의 다른이의 연구는, 서정수: 『나라사랑』 26, ㅉ.179.

47) 김한곤: A Semantic Analysis of the Topic Particles in Korean and Japanese, 『어학연구』 3-2, 1967.

48) 김석득: 『국어구조론』, 한국어의 형태 통사 구조론 연구―피동 및 사동 접미사의 공존 관계와 변형 구조, 1971.
    양동휘: Semantic Constrains Causivization, 『어학연구』 11-2, 1975.

49) 남기심: 『국어완형 보문법 연구』, 계명대 한국학 연구소, 1973.

50) 이홍배: 국어의 관계절화에 대하여, 『어학연구』 11-2, 1973.

51) 김영희: 한국어의 조사류의 연구, 『문법연구』 1, 1974.

52) 서정수: 『동사 하―의 문법』, 1975.

53) 이기동: 조동사 '지다'의 의미 연구, 『한글』 161호, 1978.

54) 노대규: 『국어의 감탄문 문법』, 1983; 『한국어의 화용의미론』, 2002.

55) 김민수: 전정판 『신국어학(新國語學)』, 1983.

56) 남기심: 『현대 국어 통사론』, 태학사, 2001; 『국어문법탐구Ⅰ-국어통사론의 문제-』, 태학사, 1996.

다 될 무렵) 박창해의 『현대한국어통어론연구』가 나왔다.(연세대출판부, 2007.11) 1424쪽의 이 큰 논저는 '마음의 기저언어규칙을 표출언어로 구조화하는 것이 핵심'이다. 이는 앞으로 후기구조주의 통어론으로서 심층 분석 논의되어야 할 것이다.

끝으로, 1970년대 후반부터, 유럽의 언어이론이 직수입 되고 있다는 사실을 밝혀야 하겠다. 물론, 이 책에서 이미 말한 바와 같이, 유럽의 학문이 1930년대 이래, 김선기, 정인섭에 의하여 소개되었고, 그것이 좀더 적극적으로, 허웅, 이숭녕, 그리고 김방한에 의하여 섭렵되거나 소개되었음은 잘 아는 바다. 그러나 그것은 적어도 아주 최근의 일은 아니다. 최근의 유럽의 이론으로는 독일과 프랑스의 이론을 들 수 있다. 독일의 경우는 허 발[57]에 의하여, 바이스게르바(Weisgerber)의 '낱말밭' 이론이 소개되었다. 프랑스에서는뀔리올리(A. Cuilioli)[58]의 '에농시아숑'(énonciation)과 그로스(M. Gross)[59]의 '실험실증주의'가 힘을 얻고 있는 바, 후자의 경우는 그 제자에 의하여 적극적으로 받아들여지고 있다.[60]

이리하여 거의 미국의 촘스키 주류의 경향에서 숨을 돌릴 수 있게 되었다는 것은 다행한 일이다. 그러나 한편 촘스키를 시발점으로 하는 변형 생성론이 궁극적으로 추구하는 자연언어의 보편문법에 대한 합리적 해답을 얻기 위하여, '언어의 뇌과학'[61](뇌는 말을 어떻게 창조하는가, 말의 본(문법)은 뇌의 어느 곳에 있는가, 뇌는 어떻게 마음을 표상하는가, 등을 연구하는 학문)으로 나아가고 있음은 만만치 않은 일이다. 그러함에도 일찍부터 가졌던 자연언어의 보편말본의 실체에 대한 언어학계의 회의와 비판은 언어학의 다양

김영희:『한국어 통사 현상의 의의』, 역락, 2005.

57) 허 발: Weisgerber에 의한 Wortfeld-Theorie의 동적 고찰에 대하여,『한글』157, 1976.
58) A. Cuilioli: Recherche en linguistique, Théorie des opérations énonciatives, transcription du séminaire, Department de Recherches Linguistiques, Université Paris VII. 1975~6.
59) M. Gross: *Methodes en syntaxe*, Hermann Paris, 1975.
60) 홍재성: *Syntaxe verbes de mouvement en coréen contemporan*, Amsterdam, 1985.
61) 酒井邦喜:『言語の腦科學』, 中央公論新社, 2007.

한 연구 분야를 불러왔다. 가령, 지각 등 언어 이외의 인지적 요소가 주는 관점에서 언어 문제에 접근하는 인지언어학 또는 인지의미론, 심리언어학, 말쓰임이론(어용론), 사회언어학, 정보언어학 등은 우리나라에까지 영향을 준 그 보기들이다. 이 분야의 우리말 연구에도 설립된 각 학회를 중심으로 연구 업적이 돋보인다.[62] 그러나 이 시점에서 생각할 일은 다양한 새로운 이론의 도입은 언제나 당연한 일이지만 그저 그 이론 모형을 그대로 추종하는 것보다는 이를 중간세계에서 섭렵하고 소화함으로써, 이론의 자기중심잡기, 곧 자기의 언어관과 이론을 정립하는 것이 바람직하다. 이러한 자기중심의 이론을 바탕으로 삼아 우리말 체계를 세움으로써 후기구조주의 다음 단계를 이루는 우리말 연구사적 업적이 이어 나올 것으로 믿는다.

한편, 근래 연구된 방언학의 성과를 주목한다.[63] 이들은 연구 대상에 따라 속성상 주로 전기 구조론에 바탕을 두고 있다. 이들 연구에서는, 지역어의 각 특수 분야 체계를 통합적 방법으로 이끌어낸다. 이것이 다른 지역어 간에 속겉 체계의 같고 다른 점을 수리적 확률과 정량적 평가로 견주는 발전적 앞날이 내다보인다. 이 또한 미래의 우리말 연구사에 이바지할 보람있는 업적이 나올 것으로 믿는다. 또 한편 특히 현대에 와서 우리말과 만주 퉁구스말과의 비교 연구에 쌓은 업적들을 평가하며[64], 몽골말의 연구도 주목한다.[65] 그리고 노걸대(老乞大)류 6종의 어휘색인(1권~6권)[66]도 눈여겨보아야 하는 바,

---

62) 장석진:『話用論硏究』, 탑 출판사, 1886.
  김하수: 화행의 개별언어적 현상, 연세대『인문과학』65집, 1991.
  김진우:『인지언어학의 이해』, 한국문화사, 1999.
  이익환 · 이민행:『심리동사의 의미론(영어 한국어와 독일어 대조 연구』), 역락, 2005.
63) 김차균:『중부 동해안 방언의 성조 비교』, 도서출판 글누림, 2006.
  성낙수:『우리말 방언학』, 한국 문화사, 1993.
  이익섭 · 전광현 · 이광호 · 이병근 · 최명옥:『한국언어지도』, 태학사, 2008.2.
64) 성백인:『한국어와 만주, 퉁구스어와의 비교 연구-현상과 몇 가지 문제-』, 대동문화 연구, 1990.
  김동소:『여진어, 만주어 연구』, 1992.
65) 최기호:『몽어노걸대 연구』, 상명대학교 출판부, 1995.

이것은 옛말 연구에서 드러내는 언어능력의 한계성 극복에 이바지 하리라 보기 때문이다. 더욱 이론 체계를 바탕으로 한 『이두사전』(열운 장지영의 연구가 1976년 장세경에게서 마무리 된 것이다. 열운은 한힌샘 주시경의 제자로 분석주의 체계로 이두를 풀이한 주시경 학파계이다)이 나온 지 25년 만에 이를 깁고 더하여 펴낸 『이두자료 읽기 사전』[67]을 특히 주목한다. 물론 일찍이 정태진과 김병제가 함께 펴낸 『朝鮮古語方言辭典』(1948) 중 '吏讀部'(25~82쪽)에 이두 어휘가 소개되었지만 이는 한정된 어휘의 단순한 사전 처리를 한 것이다. 『이두자료 읽기 사전』은 저 『이두사전』(1976)을 깁고 더한 위에 '원문장 안에서 어휘 인식'을 이끌어 낸다는 특색이 있다. 이것은 고대어의 자료를 가능한 한 집대성했다는 것은 물로, 특히 고대어 연구에서 만나는 필연적인 속 구조 추론의 취약성과 언어 능력의 한계성을 극복하여, 역사적 공시태나 통시태의 구조 체계 추론에 크게 이바지할 것으로 평가된다. 『고대 국어 어휘 표기 한자의 자별 용례 연극』[68]라는 최근의 연구가 나왔다. 이는 고대 국어의 체계 확립을 위한 또 하나의 길을 열어 놓은 것이다.

남북한 말본의 비교 연구는 많은 이들의 관심거리이다. 이에 대한 논문들이 더러 나왔으며, 그 논저도 나왔다.[69]

오늘 세계화 속에서 우리 말글의 중심잡기가 논의 되면서, 훈민정음에 대한 연구도 더욱 힘을 받고 있다. 물론 훈민정음에 대한 연구는 특히 근 현대사 과정에서 선각들이 펼친 연구 중 그 중심 과제의 하나이기도 했다. 그 결과 마침내 현대에 있어 한글연구사 류, 국어학사 류, 우리말 연구사 류, 등에서 깊이 있는 연구가 이루어졌다(이에 대한 특정한 것은 이 글 가운데 적당한 자리에서 밝힌 바 있다). 그런데 오늘날 이에 대한 새로운 관심이 대두되고 있다. 훈민정음에 대한 역주 및 정신사 규명 등 종합적 연구[70]와 세종

---

66) 서상규: 『飜譯老乞大의 語彙索引』(老乞大 류 6종의 어휘 색인 6권), 박이정, 1997.
67) 장세경: 『이두자료 읽기 사전』, 한양대학교 출판부, 2001.
68) 송기중: 『고대 국어 어휘 표기 한자의 자별 용례 연구』, 2004.
69) 하치근: 『남북한 문법비교연구』, 한국문화사, 1993.

및 세종시대 학자들의 음운 이론 연구[71]가 그들이다. 특히 세종시대 학자들의 음운 이론 연구는 세계 음운학사 속에서 '15세기 우리 음운학 시대'를 재인식하게 하는 것으로 주목한다.

2008년에는 '제18차 세계언어학자대회'가 서울에서 열렸다(2008.7.21~6). 예순(60) 나라에서 1,500여 명이 참가하였고, 800여 편의 논문을 발표하였다. 주제인 '언어의 통일성과 다양성'의 이론은, 크고 작던 간에 앞날의 우리말 연구(혹은 응용)에 투영될 것이다. 이 과정에서 다시 강조하는 것은 우리말 연구(응용)의 '중심잡기'이다.

---

70) 박종국: 『훈민정음종합연구』, 세종학연구원, 2007.
71) 임용기: 세종 및 집현전 학자들의 음운 이론과 훈민정음, 『국어학』 41집, 2008.11.

(ㅈ)